国家示范性高职院校建设项目成果
高等职业教育"工学结合"课程改革教材
高等学校"十二五"规划教材

通风工程施工

主　编　苏德权　王全福
副主编　吕　君　毛　辉
主　审　李晓冬

哈尔滨工业大学出版社

内 容 简 介

本书为适应高等职业教育特点而编写,致力于系统解决通风工程设计施工方面的实际需要。全书围绕民用建筑通风、工业通风、建筑防火排烟等内容,按照通风工程施工的相关岗位能力培养的需要,设计了5个学习项目,12个学习任务,结合典型通风工程案例,较系统地阐述了通风工程的施工图识读、相关理论基础、设计计算方法、施工工艺与调试验收标准,以及国内外相关先进技术。

本书可作为高职高专院校供热通风与空调、暖通设备管理专业的教材,也可作为函授教材或专业人员培训教材,亦可供有关工程技术人员参考。

图书在版编目(CIP)数据

通风工程施工/苏德权,王全福主编. —哈尔滨:哈尔滨工业大学出版社,2013.8
 ISBN 978-7-5603-4116-3

Ⅰ.①通… Ⅱ.①苏…②王… Ⅲ.①通风工程-工程施工-高等职业教育-教材 Ⅳ.①TU834

中国版本图书馆 CIP 数据核字(2013)第 130229 号

策划编辑	贾学斌
责任编辑	张 瑞
出版发行	哈尔滨工业大学出版社
社　　址	哈尔滨市南岗区复华四道街10号 邮编150006
传　　真	0451-86414749
网　　址	http://hitpress.hit.edu.cn
印　　刷	黑龙江省地质测绘印制中心印刷厂
开　　本	787mm×1092mm 1/16 印张28.5 字数725千字
版　　次	2013年8月第1版 2013年8月第1次印刷
书　　号	ISBN 978-7-5603-4116-3
定　　价	58.00元

(如因印装质量问题影响阅读,我社负责调换)

前　言

《通风工程施工》是为适应高等职业教育教学改革和培养供热专业高等技术应用型人才的需要而编写的。本书针对高职技术教育的特点，重视理论和实践相结合，注重培养学生的实际动手能力及发现问题、分析问题、解决问题的能力，重点介绍了当前通风工程领域的新技术、新工艺、新材料等相关方面的内容。

本书围绕通风工程施工的实际需要，设置典型的学习项目和学习任务，同时注重任务的开放性，便于主讲教师结合各院校实际情况，选择、调整学生学习任务的内容组成和要求，力图实现深度工学结合，突出学生的主体作用，培养职业素养、团队精神、社会能力，切实提高专业能力和方法能力，为学生未来职业发展和继续学习打下良好基础。

本书为国家示范专业——供热通风与空调技术专业建设项目成果，适用于高职高专院校供热通风与空调专业、暖通设备管理、制冷与空调专业、建筑设备专业、建筑环境技术专业、建筑水电技术专业、物业管理专业的相关课程。

本书具有较强的综合性、实用性、实践性，通俗易懂，可作为供热专业、造价专业相关岗位培训、中职学校相关专业教学用书，也可作为从事通风工程技术及工程管理专业人员的参考用书。

本书由黑龙江建筑职业技术学院苏德权、王全福担任主编，黑龙江建筑职业技术学院吕君、四川建筑职业技术学院毛辉担任副主编，由哈尔滨工业大学李晓冬主审。参编人员有黑龙江建筑职业技术学院倪珅、哈尔滨工业大学王方、东北林业大学李晗阳。具体编写分工为：学习项目一由苏德权编写；学习项目二由吕君编写；学习项目三中任务五由倪珅、李晗阳编写；学习项目三中任务六～八由王全福编写；学习项目四由毛辉编写；学习项目五中任务十一由倪珅编写；学习项目五中任务十二由王方编写。全书由苏德权、王全福统稿。

由于编者水平有限、编写时间紧迫，书中难免存在疏漏和不足之处，恳请广大读者批评指正。

编　者
2013 年 4 月

目 录

学习项目一 民用建筑排风系统安装

任务一 通风系统施工图的识读 ·· 1
  单元一 通风方式 ··· 1
  单元二 通风系统施工图的识读 ··· 5
任务二 民用建筑排风系统安装 ··· 20
  单元一 通风系统风道的设计计算 ····································· 20
  单元二 风道制作安装 ··· 51
  单元三 通风机的安装与调试 ·· 105

学习项目二 工业厂房全面通风系统安装

任务三 全面送排风系统的设计与安装 ····································· 123
  单元一 全面通风系统 ··· 123
  单元二 均匀送风 ··· 143
  单元三 全面送排风系统设计实训 ································· 148
  单元四 全面通风系统安装 ··· 153
  单元五 通风系统综合能效的测定与调整 ························ 166
任务四 自然通风系统的设计与安装 ······································· 172
  单元一 风压、热压作用下的自然通风 ··························· 172
  单元二 自然通风设备的安装 ······································ 180

学习项目三 工业厂房局部排风系统安装

任务五 工业有害物来源及危害分析 ······································· 187
  单元一 工业有害物的来源 ··· 187
  单元二 工业有害物的危害 ··· 188
任务六 局部排风罩的设计 ·· 195
  单元一 柜式排风罩 ··· 197
  单元二 密闭罩 ··· 199
  单元三 外部吸气罩 ··· 201
  单元四 槽边排风罩 ··· 204
  单元五 热接受罩 ··· 207
  单元六 吹吸式排风罩 ·· 209
任务七 车间局部排风系统的设计与安装 ································ 211
  单元一 局部排风系统构成与设计 ································· 211
  单元二 局部排风系统安装 ··· 216
任务八 工业有害物净化设备安装 ··· 219
  单元一 有害气体的净化 ··· 219

单元二	除尘器的类别、机理及性能	221
单元三	重力沉降室、惯性除尘器、旋风除尘器	229
单元四	袋式除尘器	238
单元五	电除尘器	243
单元六	湿式除尘器	249
单元七	除尘设计	257
单元八	除尘器的安装	264

学习项目四 工业厂房局部送风系统安装

任务九 车间岗位送风系统的设计与安装 286
单元一 局部送风系统构成与设计 286
单元二 局部送风系统的安装 291

任务十 车间大门风幕的设计与安装 296
单元一 风幕分类、构造与设计应用 296
单元二 局部淋浴 301
单元三 风幕安装与维护 304

学习项目五 建筑防排烟系统安装

任务十一 排烟系统安装 306
单元一 防排烟系统施工图的识读 306
单元二 排烟系统的设计与安装 309

任务十二 加压送风系统安装 340
单元一 加压送风系统施工图的识读 340
单元二 加压送风系统的设计与安装 347

附 录

附录1 风管单位长度沿程损失线算图 362
附录2 钢板圆形风管计算表 363
附录3 钢板矩形风管计算表 369
附录4 局部阻力系数 381
附录5 通风管道统一规格 390
附录6 通风工程质量验收记录表 392
附录7 漏光法检测与漏风量测试 407
附录8 成年男子散热散湿量 412
附录9 居住区大气中有害物质最高允许浓度(摘要) 413
附录10 车间空气中有害物质最高允许浓度(摘要) 414
附录11 大气污染物综合排放标准 416
附录12 新污染源大气污染物排放限值 423
附录13 镀槽边缘控制点的吸入速度 429
附录14 建筑通风防排烟施工图实例 431

参考文献 448

学习项目一　　民用建筑排风系统安装

【能力目标要求】

了解各种通风方式及其特点；掌握通风设备图的表示方法；掌握通风工程施工图的构造与要求，能识读和绘制通风工程施工图；掌握用流速控制法进行风道设计计算的方法与步骤；掌握风道材料选择、加工制作方法及安装步骤；掌握轴流、贯流、斜流及离心式风机的结构、原理、工作特性及安装、调试方法。

任务一　　通风系统施工图的识读

【任务描述】

介绍通风方式及其特点、通风设备图的表示方法、通风工程施工图的构造与要求。

【目标要求】

了解各种通风方式及其特点；掌握通风设备图的表示方法；掌握通风工程施工图的构造与要求，能识读和绘制通风工程施工图。

单元一　　通风方式

所谓通风，就是把室内的污浊空气直接或经净化后排至室外，把新鲜空气补充进来，以保证房间的空气参数符合卫生标准和满足生产工艺要求。

1.1.1　通风方式

通风方式的分类如下：

1. 按通风系统的动力不同

按通风系统的动力不同通风方式可分为自然通风和机械通风。

（1）自然通风

自然通风是依靠室内外空气温度差所造成的热压和室外风力造成的风压来实现换气的通风方式。

① 热压作用下的自然通风。

图1.1为利用热压进行自然通风的简图，由于房间内空气温度高，密度小，因此产生了一种上升力，使得房间内空气上升后从上部窗口排出，室外冷空气从房间下部门窗孔洞或缝隙进入室内。这种通风方式称为热压作用下的自然通风。

② 风压作用下的自然通风。

图1.2为利用风压进行的自然通风，气流由建筑物迎风面的门窗进入房间内，同时把房间内的空气从背风面的门窗排出去。因此，在房间内形成了一种由风力引起的自然通风，这种通风方式称为风压作用下的自然通风。

自然通风可分为有组织自然通风和无组织自然通风。有组织自然通风是利用车间的侧窗和天窗进行的，通过控制其开启度调节进、排气量。有组织自然通风对热车间，特别是冶金、轧钢、铸造、锻造等热车间是一种经济有效的通风方式，目前采用的较为广泛。无组织自然通风是靠门窗缝隙进行的。

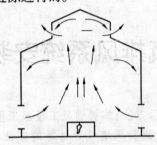
图1.1 热压作用下的自然通风

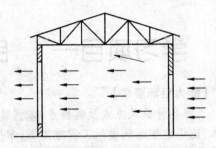
图1.2 风压作用下的自然通风

影响自然通风的因素很多,如室内外空气的温度、室外空气的流速和流向、车间门窗孔洞、缝隙的大小以及位置等,其风量是变化的,所以要根据具体情况不断调节进排风口的开启度来满足需要。

自然通风的特点是投资小、经济性好,但是作用、适用范围小,主要用于工业热车间。由于自然界风向的不确定性,一般在设计时不考虑风力作用的自然通风。

(2)机械通风

机械通风是利用通风机产生的动力进行换气的方式。其主要特点是系统的风量和压力稳定,不随着自然环境的变化而变化,作用范围大,调节方便;缺点是消耗动力,投资大。机械通风是进行有组织通风的主要技术手段。

图1.3为均匀排风系统,图1.4为局部排风系统。图1.5为除尘系统,除尘系统也可以用来回收粉料,如回收面粉、金属粉末、水泥等。图1.6为机械送风系统,室外空气在风机的作用下经百叶窗进入进气室。在进气室中经过滤器过滤、加热器加热后,通过风管送入通风房间。

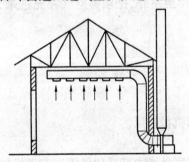
图1.3 均匀排风系统

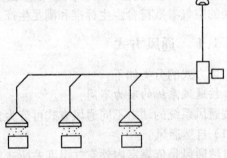
图1.4 局部排风系统

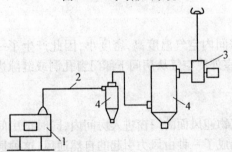
图1.5 除尘系统
1—有害物收集器;2—风管;3—风机;
4—除尘器

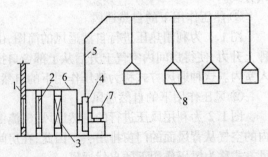
图1.6 机械送风系统
1—百叶窗;2—空气过滤器;3—空气加热器;4—通风机;5—风管;6—空气处理室;7—电动机;
8—空气分布器

2. 按通风系统的作用范围不同

按通风系统的作用范围不同通风方式可分为全面通风和局部通风。

（1）全面通风

全面通风是在房间内全面进行通风换气。全面通风的目的在于稀释房间空气中的污染物和提供房间需要的热量。其特点是作用范围广、风量大、投资和运行费用高，当采用局部通风方式难以保证卫生标准时采用。

全面通风可以利用机械通风来实现，也可用自然通风来实现，全面通风可分为全面排风（图1.7）、全面送风（图1.8）和全面送排风（图1.9）。

（2）局部通风

局部通风可分为局部送排风（图1.10）、局部送风（图1.11）和局部排风（图1.12）。局部排风是将有害物就地捕捉、净化后排放至室外，而局部送风则是将经过处理的、符合要求的空气送到局部工作地点，以保证局部区域的空气条件。

局部通风的特点是控制有害物效果好、风量小、投资小、运行费用低。

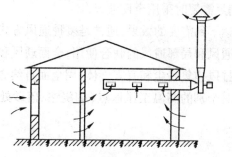

图1.7　全面机械排风系统

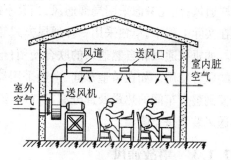

图1.8　全面机械送风系统

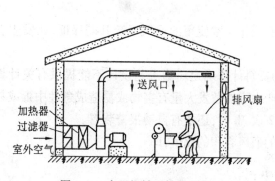

图1.9　全面机械送排风系统

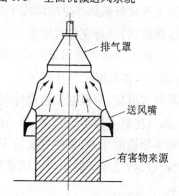

图1.10　局部送排风系统

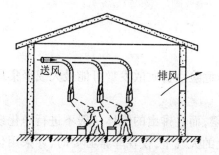

图1.11　局部送风系统（空气淋浴）

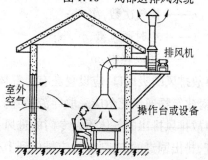

图1.12　局部排风系统

3. 按通风系统的特征不同

按通风系统的特征不同通风方式可分为送风和排风。

（1）送风

送风就是向房间内送入新鲜空气。它可以是全面的，也可以是局部的。

（2）排风

排风就是将房间内的污浊空气经过处理，符合排放标准后排出到室外。它也可以是局部的或全面的。

4. 按照服务对象不同

按照服务对象不同通风方式可分为工业通风和民用建筑通风。

1.1.2 通风方式的选择

在实际工程中，从技术经济角度出发，应优先考虑采用自然通风，当其不能满足需要时采用机械通风；优先考虑采用局部通风，当其不能满足需要时采用全面通风。

在实际工程中，单独采用一种通风方式往往达不到需要的效果，通常是多种通风方式联合使用。如机械通风和自然通风的联合使用；全面通风和局部通风的联合使用；全面通风和局部进风的联合使用。如在铸造车间，一般采用局部排风捕集粉尘和有害气体，用全面自然通风消除散发到整个车间的热量及部分有害气体，同时对个别的高温工作地点（如浇注、落砂处），用局部送风装置进行降温。

1.1.3 事故通风

当生产设备偶然产生故障或事故时，会突然散发大量有害气体或有爆炸性气体的车间，应设置事故排风，以备应急时使用。

事故通风所必需的风量应由事故通风系统和经常使用的通风系统共同保证，在发生事故时，必须能提供足够的送排风量。

事故排风量，应根据工艺设计所提供的资料计算确定。当工艺设计不能提供有关计算资料时，换气次数不应小于12次/h。但在生产中可能散发大量有害物或易造成急性中毒或易燃易爆化学物质的车间，其换气次数不小于12次/h时，还要有自动报警装置。

换气次数是房间的小时通风量和房间的通风容积的比值，即

$$n = \frac{L}{V}$$

式中　　n——换气次数，次/h；

　　　　L——小时通风量，m^3/h；

　　　　V——通风容积，m^3。

事故排风的吸风口，应设置在有害气体或爆炸危险性物质散发量可能最大或聚集最多的地点，对建筑物通风死角应采取导流措施。

事故排风排出的气体不设专门的进风系统补偿，而且排出的气体一般不进行净化或其他的处理，排出剧毒的有害物时，应排放到10 m以上的大气中，仅在非常必要时，才采用化学方法中和。

事故排风的排风口应符合如下规定:
①排风口不应布置在人员经常停留或经常通行的地点。
②排风口与机械送风系统进风口的水平距离应不小于20 m,当其与机械送风系统进风口的水平距离小于20 m时,排风口必须高于进风口6 m以上。
③排风口应高于20 m范围内最高建筑物的屋面3 m以上。
④当排风中含有可燃气体时,事故排风的排风口距可能发生的火源20 m以上。
⑤排风口不得朝向室外空气动力阴影区或正压区。
⑥风机开关,应分别装在室内、外便于操作的位置。
设置事故通风系统,应符合下列要求:
①放散有爆炸危险的可燃气体、粉尘或气溶胶等物质时,应设置防爆通风系统或诱导式事故排风系统。
②具有自然通风的单层建筑物,所放散的可燃气体密度小于室内空气密度时,宜设置事故送风系统。
③事故通风宜由经常使用的通风系统和事故通风系统共同保证,但在发生事故时,必须保证能提供足够的通风量。

单元二　通风系统施工图的识读

1.2.1　通风设备及附件的表示方法

1.风道代号

风道代号见表1.1。自定义风道代号应避免与表1.1相矛盾,并应在相应图面说明。

表1.1　风道代号

代号	风道名称
K	空调风管
S	送风管
X	新风管
H	回风管(一、二次回风可附加1、2区别)
P	排风管
PY	排烟管或排风、排烟公用管道

2.风道、阀门及附件图例

风道、阀门及附件图例见表1.2。

3.暖通空调设备图例

暖通空调设备图例见表1.3。在不同图中亦有部分图例不同,但大体表示一致。

4.调控装置及仪表图例

调控装置及仪表图例见表1.4。在不同图中亦有部分图例不同,但大体表示一致。

表1.2　风道、阀门及附件图例

序号	名　称	图　例	附　注
1	砌筑风、烟道		其余均为：
2	带导流片弯头		
3	消声器、消声弯管		也可表示为：
4	插板阀		
5	天圆地方		左接矩形风管，右接圆形风管
6	蝶阀		
7	对开多叶调节阀		左为手动，右为电动
8	风管止回阀		
9	三通调节阀		
10	防火阀		表示70℃动作的常开阀。若因图面小，可表示为：70℃,常开

续表1.2

序号	名称	图例	附注
11	排烟阀	(280 ℃ 常闭) (280 ℃ 常开)	左为280 ℃动作的常闭阀,右为常开阀。若因图面小,表示方法同"防火阀"
12	软接头		也可表示为:
13	软管	或光滑曲线(中粗)	
14	风口(通用)	或	
15	气流方向		左为通用表示法,中表示送风,右表示回风
16	百叶窗		
17	散流器		左为矩形散流器,右为圆形散流器。散流器为可见时,虚线改为实线
18	检查孔 测量孔	检 测	

表 1.3　暖通空调设备图例

序号	名　称	图　例	附　注
1	散热器及手动放气阀		左为平面图画法,中为剖面图画法,右为系统图、Y轴测图画法
2	散热器及控制阀		左为平面图画法,右为剖面图画法
3	轴流风机		
4	离心风机		左为左式风机,右为右式风机
5	水泵		左进右出
6	空气加热、冷却器		左、中分别为单加热、单冷却,右为双功能换热装置
7	板式换热器		
8	空气过滤器		左为粗效,中为中效,右为高效
9	电加热器		
10	加湿器		
11	挡水板		
12	窗式空调器		
13	分体空调器		
14	风机盘管		可标注型号
15	减振器		左为平面图画法,右为剖面图画法

表1.4 调控装置及仪表图例

序号	名称	图例	附注
1	温度传感器	--[T]-- 或 --[温度]--	
2	湿度传感器	--[H]-- 或 --[湿度]--	
3	压力传感器	--[P]-- 或 --[压力]--	
4	压差传感器	--[ΔP]-- 或 --[压差]--	
5	弹簧执行机构		如弹簧式安全阀
6	重力执行机构		
7	浮力执行机构		如浮球阀
8	活塞执行机构		
9	膜片执行机构		
10	电动执行机构	~ 或 ○	如电动调节阀
11	电磁(双位)执行机构	M 或 □	如电磁阀
12	记录仪		
13	温度计	T 或	左为圆盘式温度表,右为管式温度计
14	压力表		
15	流量计	F.M. 或	
16	能量计	E.M. 或 T1 T2	
17	水流开关	F	

5. 其他要求

(1) 一张图幅内有平、剖面图等多种图样时,平面图、剖面图、安装详图按从上至下,从左至右的顺序排列;一张图幅内有多层平面图时,往往是按建筑层次由低至高,由下至上顺序排列。

(2) 平面图、剖面图中的水、汽管道一般用单线绘制,而风管常用双线绘制。

(3) 在管道系统图、原理图中,水、汽管道及通风、空调管道系统图均为单线绘制。一个工程设计中同时有供暖、通风、空调等两个及两个以上的不同系统时,常按表1.5的代号对系统编号。当一个系统出现分支时,可采用图1.13所示的画法。系统编号宜标注在系统总管处。竖向布置的垂直管道系统,应标注立管号,如图1.14所示。在不致引起误解时,可只标注序号,但应与建筑轴线编号有明显区别。

表1.5 系统代号

序号	字母代号	系统名称	序号	字母代号	系统名称
1	N	(室内)供暖系统	9	X	新风系统
2	L	制冷系统	10	H	回风系统
3	R	热力系统	11	P	排风系统
4	K	空调系统	12	JS	加压送风系统
5	T	通风系统	13	PY	排烟系统
6	J	净化系统	14	P(Y)	排风兼排烟系统
7	C	除尘系统	15	RS	人防送风系统
8	S	送风系统	16	RP	人防排风系统

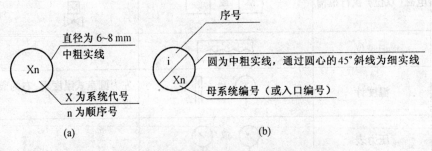

图1.13 系统代号、编号的画法

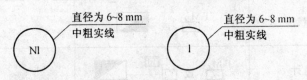

图1.14 立管号的画法

(4) 管道标高、管径(压力)、尺寸标注

① 在不宜标注垂直尺寸的图样中,应标注标高。标高以米为单位,精确到厘米或毫米。

②标高符号应以等腰直角三角形表示,详见《房屋建筑制图统一标准》。当标准层较多时,可只标注与本层楼(地)板面的相对标高,如图 1.15 所示。

图 1.15　相对标高的画法

③水、汽管道所注标高未予说明时,表示管中心标高。

④水、汽管道标注管外底或顶标高时,应在数字前加"底"或"顶"字样。

⑤矩形风管所注标高未予说明时,表示管底标高;圆形风管所注标高未予说明时,表示管中心标高。

⑥低压流体输送用焊接管道规格应标注公称通径或压力。公称通径的标记由字母"DN"后跟一个以毫米表示的数值组成,如 DN15、DN32;公称压力的代号为"PN"。

⑦输送流体用无缝钢管、螺旋缝或直缝焊接钢管、铜管、不锈钢管,当需要注明外径和壁厚时,用"D(或φ)外径×壁厚"表示,如"D108×4"、"φ108×4"。在不致引起误解时,也可采用公称通径表示。

⑧金属或塑料管用"d"表示,如"d10"。

⑨圆形风管的截面定型尺寸应以直径符号"φ"后跟以毫米为单位的数值表示。

⑩矩形风管(风道)的截面定型尺寸应以"A×B"表示。"A"为该视图投影面的边长尺寸,"B"为另一边尺寸。A、B 单位均为毫米。

⑪平面图中无坡度要求的管道标高可以标注在管道截面尺寸后的括号内,如"DN32(2.50)"、"200×200(3.10)"。必要时,应在标高数字前加"底"或"顶"的字样。

⑫水平管道的规格宜标注在管道的上方;竖向管道的规格宜标在管道的左侧。双线表示的管道,其规格可标注在管道轮廓线内,如图 1.16 所示。

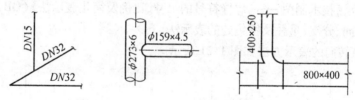

图 1.16　管道截面尺寸的画法

⑬当斜管道不在图 1.17 所示 30°范围内时,其管径(压力)、尺寸应平行标注在管道的斜上方。否则,用引出线水平或 90°方向标注,如图 1.17 所示。

⑭多条管线的规格标注方式如图 1.18 所示。管线密集时采用中间图画法,其中短斜线也可统一用圆点。

⑮风口、散流器的规格、数量及风量的表示方法如图 1.19 所示。

⑯图样中尺寸标注应按《房屋建筑制图统一标准》的 10.1~10.7 节执行。

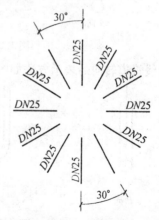

图 1.17　管径(压力)的标注位置示例

⑰平面图、剖面图上如需标注连续排列的设备或管道的定位尺寸或标高时,应至少有一个自由段,如图 1.20 所示。

⑱挂墙安装的散热器应说明安装高度。

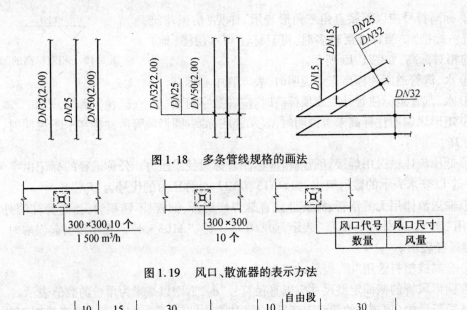

图 1.18　多条管线规格的画法

图 1.19　风口、散流器的表示方法

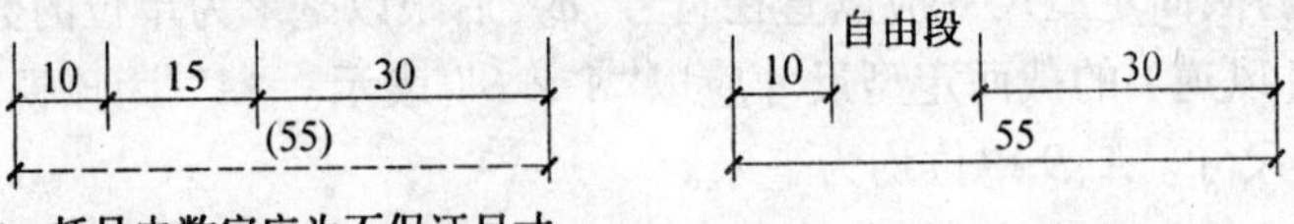

注：括号内数字应为不保证尺寸，不宜与上排尺寸同时标注

图 1.20　定位尺寸的表示方法

⑲设备加工（制造）图的尺寸标注、焊缝符号可按现行国家标准《机械制图——尺寸注法》（GB 4458.4）、《技术制图——焊缝符号的尺寸、比例及简化表示法》（GB 12212）执行。

（5）管道转向、分支、重叠及密集处的表示法。

① 单线管道转向的表示方法如图 1.21 所示。

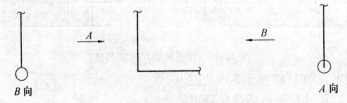

图 1.21　单线管道转向表示方法

② 双线管道转向的表示方法如图 1.22 所示。

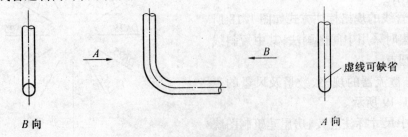

图 1.22　双线管道转向表示方法

③ 单线管道分支的表示方法如图 1.23 所示。

④ 双线管道分支的表示方法如图 1.24 所示。

图 1.23　单线管道分支的表示方法

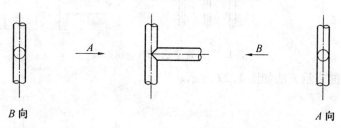

图 1.24　双线管道分支的表示方法

⑤送风管转向表示方法如图 1.25 所示。

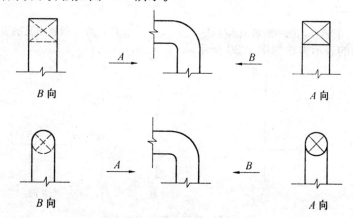

图 1.25　送风管转向的表示方法

⑥回风管转向表示方法如图 1.26 所示。

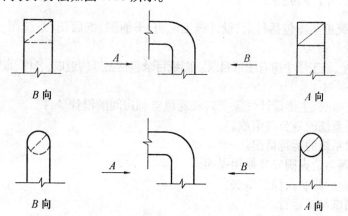

图 1.26　回风管转向的表示方法

⑦平面图、剖视图中管道因重叠、密集需断开时,应采用断开表示法,如图 1.27 所示。

⑧管道在本图中断,转至其他图面表示(或由其他图面引来)时,应注明转至(或来自)的图纸编号,如图 1.28 所示。

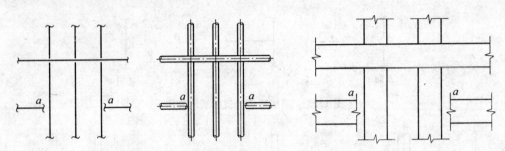

图 1.27 管道断开的表示方法

⑨ 管道交叉的表示方法如图 1.29 所示。

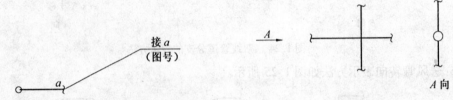

图 1.28 管道在本图中断的表示方法　　图 1.29 管道交叉的表示方法

⑩ 管道跨越的表示方法如图 1.30 所示。

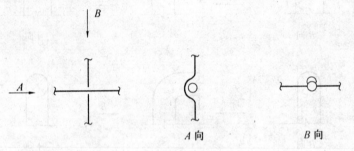

图 1.30 管道跨越的表示方法

1.2.2　通风空调施工图的组成

通风空调系统施工图包括目录、设计施工说明、平面图、剖面图、系统图、详图及主要设备材料表等。

为了查阅方便,施工图中应有图纸目录。图纸目录包括图纸的组成、名称、张数、图纸顺序等。

1. 设计施工说明

① 设计主要参数、主要设计气象资料和通风空调房间的设计条件。
② 通风空调系统的划分与组成。
③ 通风空调系统的运行情况。
④ 风管、风阀与防火阀安装使用说明。
⑤ 管道、设备的防腐及保温做法。
⑥ 设备的调试与试运行。

2. 平面图

平面图表示通风空调设备、管道的平面布置及与建筑物的尺寸关系,一般包括以下内容:
① 风机、电动机等设备的位置、形状轮廓及设备型号。
② 空调机组、风管、风口、调节阀等设备与部件的定位尺寸、风管尺寸,用符号注明送、回风口的空气流动方向。

③剖面图的剖面位置及其编号。

3. 剖面图

剖面图主要反映管道及设备在垂直方向的布置及尺寸关系,横纵向管道的连接,管道、附件和设备的标高等。

4. 系统图

系统图主要表示管道在空间的布置及交叉情况,它可以直观地反映管道之间的上下、前后、左右关系。图中应注有通风空调系统的编号、管道断面尺寸、设备名称及规格型号等。

5. 详图

详图主要表示管道、构件的加工制作及设备安装要求等,如通风空调管件的展开下料,管道吊、托、支架制作,管道的保温,风机减振基础等设备的安装。常可选用国家标准图。

6. 设备材料表

设备材料表应明确设备、附件的型号规格、主要性能参数、数量以及材料的性能要求、数量等。

1.2.3 通风空调施工图的绘制要求

绘制施工图是施工图设计阶段的重要环节,它直接体现设计者的成果,也是施工的主要依据。施工图的图幅、标题栏、线条、符号、尺寸标注、文字、比例、系统与设备的表达方式等要严格符合有关规定、统一技术条例及制图规定,图面表达与计算要一致,施工图的深度应能保证通风空调系统施工质量。

1. 平面图

管道和设备布置平面图应以直接正投影法,按假想除去上层楼板后俯视规则绘制,否则应在相应垂直剖面图中表示平剖面的剖切符号,剖视的剖切符号应由剖切位置线、投射方向线及编号组成,剖切位置线和投射方向线均应以粗实线绘制。用于通风空调系统设计的建筑平面图,应用细实线绘出建筑轮廓线和与通风空调有关的门、窗、梁、柱、平台等建筑构配件,并标明相应定位轴线编号、房间名称、平面标高。常用绘图比例为1:100。

2. 剖面图

剖面图应在平面图基础上尽可能选择反映系统全貌的部位垂直剖切后绘制。断面的剖切符号用剖切位置线和编号表示。管道不宜用单线绘制,应注明管道、设备标高。常用绘图比例为1:100。

3. 系统图

系统图是以轴测投影法绘制,宜采用与相应的平面图一致的比例,按正等轴测或正面斜二测的投影规则绘制。管道系统图的基本要素应与平、剖面图相对应。系统图可用单线绘制,图中的管线重叠、密集处,可采用断开画法,断开处宜以相同的小写拉丁字母表示,也可用细虚线连接。常用绘图比例为1:100。

4. 详图

详图表示某些设备或管道系统复杂连接点的详细构造及安装要求,应在平、剖面图上标注索引符号。常用绘图比例为1:20或1:50。

需要指出的是详图采用标准图集中的统一做法时可不必绘出,只需指出标准图号,供施工人员从标准图集中查阅。

1.2.4 通风空调施工图示例

现以一仪表车间的通风空调施工图为例介绍通风空调施工图的组成。

1. 设计说明书

设计说明书如下:

一、设计依据

(1)《采暖通风与空气调节设计规范》(GB 50019—2003);
(2)《通风与空气调节施工及验收规范》(GB 50243—2002)。

二、设计参数

本工程位于黑龙江省哈尔滨市

(1) 主要设计气象参数

空调室外计算干球温度:冬季 $t_{wk}=-29\ ℃$,夏季 $t_{wg}=30.3\ ℃$;

夏季空调室外计算湿球温度:$t_{ws}=23.4\ ℃$。

大气压力:冬季 $P_d=100.15\ kPa$;夏季 $P_x=98.51\ kPa$。

(2) 室内设计参数(表 1.6)

表 1.6 室内设计参数

房间类型	夏季		最小新风量 /(m³·h⁻¹)	换气次数/(次·h⁻¹)	噪声声级 NC/dB
	$t/℃$	$\varphi/\%$			
仪表	23	50	15	—	50
办公室	25	60	18	—	40
卫生间	—	—	—	10	—
配电室	—	—	—	5	—

(3) 本工程空调建筑总面积约为 1 000 m²,空调夏季设计冷负荷为 120 kW。

三、空调系统(图 1.31)

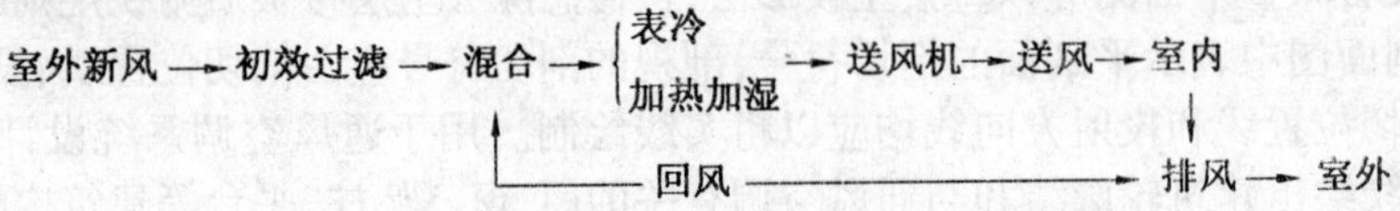

室外新风 → 初效过滤 → 混合 → {表冷 / 加热加湿} → 送风机 → 送风 → 室内

回风 ←———————————————————————————

→ 排风 → 室外

图 1.31 空调系统

四、风管安装

(1) 空调通风管道和防排烟系统风管均采用镀锌钢板制作。厚度及加工方法按《通风与空调工程施工及验收规范》(GB 50243—2002)执行。

(2) 空调主风管道贴梁安装,以尽量保证净剩高度。

(3) 安装单位根据调试要求在适当的部位配置测量孔,测量孔的做法见国标 T615。

(4) 与通风机进、出口相连处,设置长度为 200~300 mm 的软管软接,软接的接口应当牢固、严密;在软接处禁止变径。

(5) 风管上的可拆卸接口,不得设置在墙体或楼板内。

(6) 所有水平或垂直的风管必须设置必要的支吊架或托架,其构造形式由安装单位在保证牢固、可靠的原则下根据现场情况选定,参见国标 T616。

(7) 空调新风及送回风管道均做保温,保温材料采用 30 mm 厚带增强铝箔的玻璃棉毡,或 25 mm 厚难燃橡塑保温材料。

(8) 风管、支吊架或托架设置于保温层的外部,并在支吊架或托架与风管间镶以垫木,同时,避免在法兰、测量孔、调节阀等零部件处设置支吊架或托架。

(9) 安装调节阀、蝶阀等调节配件时,必须注意将操作手柄配置在便于操作的部位。

(10) 安装防火阀时,先对其外观、质量和动作的灵活性与可靠性进行检验,确认合格后再进行安装。

(11) 防火阀的安装位置必须与设计相符,气流方向务必与阀体上标志的箭头相一致,严禁反向。

(12)防火阀必须单独配置支吊架。

(13)其他各项施工要求,应严格遵守《通风与空调工程施工及验收规范》(GB 50243—2002)。

2.设备表

设备表详见表1.7。

表1.7 施工图中的设备表

编号	名称	规格尺寸/mm	数量	单位	备注
1	组合空调机组	$W \times H \times L = 3\,000 \times 2\,700 \times 1\,500$	1	台	2 500 kg 4 500 m³/h
2	粗效过滤器	$W \times H \times L = 550 \times 375 \times 700$	1	台	
3	电动密闭保温调节阀	550×375	1	个	与风机联锁
4	单层百叶风口	550×375	2	个	
5	方形散流器	喉口尺寸:320×320	10	个	配调节阀
6	手动对开多叶调节阀		3	个	

3.平面图

该案例的通风空调系统的平面图如图1.32所示。

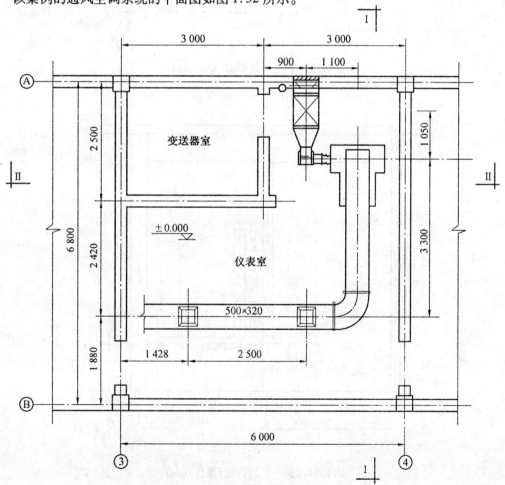

图1.32 通风空调系统平面图(单位:mm)

4. 剖面图

该案例的通风空调系统的平面图如图 1.33 和图 1.34 所示。

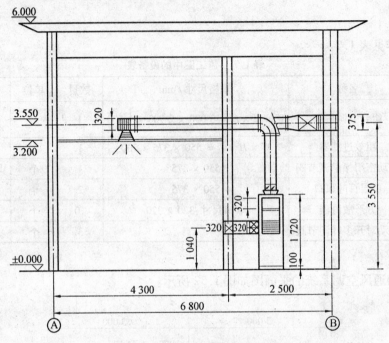

图 1.33　Ⅰ—Ⅰ 剖面图（单位：mm）

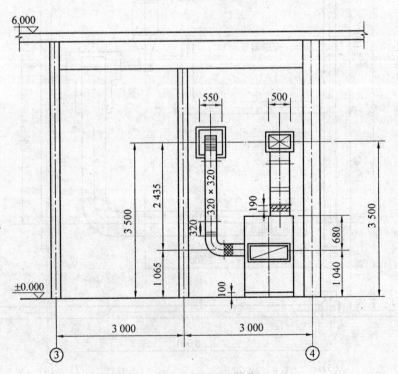

图 1.34　Ⅱ—Ⅱ 剖面图（单位：mm）

5. 系统图

该案例的通风空调系统的系统图如图1.35所示。图中1~6注释见表1.6。

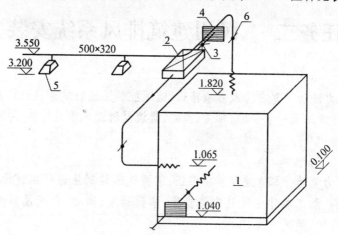

图1.35　通风空调系统图(单位:m)

由图可见,该空调系统设在一层,空调机房设在仪表室北面独立小室。新风进口由建筑北墙外3.5 m标高处引入。仪表室的送、回风管均设在机房和仪表室的隔墙上,送风管标高为3.55 m,回风管标高为1.04 m。回风进入立柜式空调机组。

新风通过单层百叶风口、初效过滤器进入立柜式空调机组,和进入的回风一起进行集中处理,处理后的空气由送风管道并通过设在仪表室标高为3.2 m的两个散流器均匀送入室内。

平面图1.32上可以看出两个剖面图的剖切位置,Ⅰ—Ⅰ剖面位于建筑④轴线西侧,由东向西可以看出送风管、回风口、新风管和送风口的设置情况、管道标高等;Ⅱ—Ⅱ剖面位于机房和仪表室隔墙北侧,由南向北可以看出送风管、新风管设置情况、管道标高等。

空调系统图1.35可以直观地反映出空调管道、设备和附件的设置情况及全貌。为降低系统噪声,新风管道、回风管道和送风管道与空调机箱均采用硅玻钛金不燃软接头。

为监测空调系统的工作状况,系统送风、回风和新风管道上还设有温度和风量测量孔,空调自控装置可以根据监测数据及用户需要不断进行即时调解。

任务二　民用建筑排风系统安装

【任务描述】

介绍风道中阻力流动计算方法及各项修正,流速控制法进行风道设计计算的方法与步骤;风道材料、加工制作方法及安装步骤;轴流、离心、贯流及斜流风机的结构、原理、工作特性及其安装、调试方法。

【目标要求】

掌握风道中阻力流动计算方法及各项修正;掌握流速控制法进行风道设计计算的方法与步骤;掌握风道材料、加工制作方法及安装步骤;掌握轴流、离心、贯流及斜流风机的结构、原理、工作特性及其安装、调试方法。

单元一　通风系统风道的设计计算

2.1.1　风道设计基础

1. 风管设计的基本任务

风管设计的基本任务是:首先根据生产工艺和建筑物对通风空调系统的要求,确定风管系统的形式、风管的走向和在建筑空间内的位置以及风口的布置,并选择风管的断面形状和风管的尺寸(对于公共建筑,风管高度的选取往往受到吊顶空间的制约);然后计算风管的沿程(摩擦)压力损失(ΔP_m)和局部压力损失(ΔP_j),最终确定风管的尺寸并选择通风机或空气处理机组。

风管的压力损失 ΔP(Pa)为

$$\Delta P = \Delta P_m + \Delta P_j$$

2. 风管的分类

(1)按制作风管的材料分为金属风管和非金属风管

工程上常见的金属风管主要包括普通钢板风管、镀锌钢板风管、彩色涂塑钢板风管(塑料复合钢板风管)、不锈钢板风管、镀锌钢板螺旋圆风管、镀锌钢板螺旋扁圆形风管、铝合金板风管等。

工程上常见的非金属风管主要有酚醛铝箔复合板风管、聚氨酯铝箔复合板风管、玻璃纤维复合板风管、无机玻璃钢风管、硬聚氯乙烯风管、聚酯纤维织物风管、柔性风管等。

(2)按风管系统的工作压力分为低压系统、中压系统和高压系统

风管系统的工作压力及密封要求,见表2.1。

现行《建筑设计防火规范》和《高层民用建筑设计防火规范》指出:"通风、空气调节系统的管道等,应采用不燃烧材料制作,但接触腐蚀性介质的风管和柔性接头,可采用难燃材料制作"。所以,在选择通风、空调系统风管的材质时,务必采用不燃烧材料制作。

表 2.1 风管系统工作压力及密封要求

系统类别	系统工作压力 P/Pa	密封要求
低压系统	$P \leq 500$	接缝和接管连接处严密
中压系统	$500 < P \leq 1\ 500$	接缝和接管连接处增加密封措施
高压系统	$P > 1\ 500$	所有的拼接缝和接管连接处,均应采取密封措施

根据《公共建筑节能设计标准》(GB 50189)的规定:"空气调节风系统不应设计土建风道作为空气调节系统的送风道和已经过冷、热处理后的新风送风道。不得已而使用土建风道时,必须采取可靠的防漏风和绝热措施"。工程上,有时也可将土建风道作为敷设钢板风管的通道使用。

3. 通风管道的规格

通风管道的规格,对于金属风管以外径或外边长为标注尺寸,而对于非金属风管以内径或内边长为标注尺寸。

(1)圆形风管规格(表 2.2)。有基本系列和辅助系列,应优先采用基本系列。适用于钢(铝)制风管、除尘风管、气密性风管和硬聚氯乙烯板风管、无机玻璃钢风管等。

表 2.2 圆形风管规格

风管直径 D/mm			
基本系统	辅助系列	基本系统	辅助系列
100	80	500	480
	90	560	530
120	110	630	600
140	130	700	670
160	150	800	750
180	170	900	850
200	190	1 000	950
220	210	1 120	1 060
250	240	1 250	1 180
280	260	1 400	1 320
320	300	1 600	1 500
360	340	1 800	1 700
400	380	2 000	1 900
450	420		

(2)矩形风管规格(表 2.3)。适用于钢(铝)制风管、硬聚氯乙烯板风管、无机玻璃钢风管、酚醛铝箔复合板风管、聚氯酯铝箔复合板风管、玻璃纤维复合板风管等。

表 2.3 矩形风管规格(mm)

风管边长:长边×短边		风管边长:长边×短边	
120×120	630×500	320×320	1 250×400
160×120	630×630	400×200	1 250×500
160×160	800×320	400×250	1 250×630

续表 2.3

风管边长:长边 × 短边		风管边长:长边 × 短边	
200 × 120	800 × 400	400 × 320	1 250 × 800
200 × 160	800 × 500	400 × 400	1 250 × 1 000
200 × 200	800 × 630	500 × 200	1 600 × 500
250 × 120	800 × 800	500 × 250	1 600 × 630
250 × 160	1 000 × 320	500 × 320	1 600 × 800
250 × 200	1 000 × 400	500 × 400	1 600 × 1 000
250 × 250	1 000 × 500	500 × 500	1 600 × 1 250
320 × 160	1 000 × 630	630 × 250	2 000 × 800
320 × 200	1 000 × 800	630 × 320	2 000 × 1 000
320 × 250	1 000 × 1 000	630 × 400	2 000 × 1 250

在某些公共建筑的通风工程中,由于受到层高和吊顶高度的制约,无法采用矩形风管统一规格的标准尺寸,不得不尽量减小矩形断面的高度。为了适当满足这种需要,给出"钢板非标准矩形风管规格"(表2.4),其最大的长边与短边之比为4,并将非标准矩形风管规格纳入钢板矩形风管单位长度沿程压力损失计算表,供设计人员使用。

表 2.4 钢板非标准矩形风管规格(mm)

风管边长:长边 × 短边		风管边长:长边 × 短边	
320 × 120	630 × 200	1 000 × 320	2 000 × 500
400 × 120	800 × 200	1 250 × 320	2 000 × 630
400 × 160	800 × 250	1 600 × 400	
500 × 160	1 000 × 250		

(3)螺旋圆风管规格。由于该风管及其配件是采用专门的加工机械和生产流水线制作的,其规格由生产厂家提供,见表2.5。

表 2.5 螺旋圆风管规格(mm)

风管直径 D	钢板厚度 t	风管直径 D	钢板厚度 t	风管直径 D	钢板厚度 t	风管直径 D	钢板厚度 t
80	0.5	300	0.6	600	0.8	1 200	1.0
100	0.5	315	0.6	630	0.8	1 250	1.0
125	0.5	350	0.6	650	0.8	1 300	1.0
150	0.5	355	0.6	700	0.8	1 350	1.2
160	0.5	400	0.8	800	0.8	1 400	1.2
200	0.6	450	0.8	900	0.9		
250	0.6	500	0.8	1 000	0.9		
280	0.6	550	0.8	1 100	0.9		

(4)螺旋扁圆风管及其配件,也由专用的加工机械制作,其规格见表2.6。

学习项目一　民用建筑排风系统安装

表2.6　螺旋扁圆风管规格（表中所列为公称宽度，即长轴 B，mm）

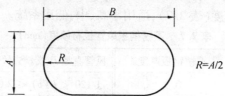

$R = A/2$

板厚/mm	扁圆风管公称高度，即短轴 A/mm													
	75	100	125	150	175	200	225	250	300	350	400	450	500	600
0.6	200													
	275	265												
	315	300			220									
	350	340	325	310	300		260							
	390	375	360	350	325		305							
	440	415	400	390	375		340							
			425	410	400		355							
			500	490	470	450	425							
				525	510	490	475	460	415					
					550	540	520	500	460					
0.8					625	610	600	575	565	535				
					700	690	675	660	650	615				
					790	775	760	735	725	700	665			
					860	840	830	815	800	775	750	715		
					890	875	860	850	830	805	775	750	715	
					940	925	910	890	880	825	800	765	735	
					1 020	1 000	990	975	960	935	910	875	850	825
					1 100	1 090	1 070	1 050	1 035	1 010	985	950	925	900
					1 160	1 150	1 135	1 115	1 085	1 060	1 035	1 010	985	915
1.0					1 310	1 300	1 285	1 275	1 250	1 215	1 185	1 160	1 135	1 075
					1 475	1 455	1 440	1 435	1 400	1 375	1 350	1 315	1 285	1 225
					1 625	1 610	1 600	1 585	1 560	1 535	1 500	1 475	1 450	1 385
1.2					1 785			1 750	1 715	1 685	1 660	1 635	1 600	1 550
					1 940			1 900	1 875	1 850	1 815	1 785	1 760	1 700
														2 000

（5）金属圆形柔性风管，直径 $D \leqslant 250$ mm，壁厚 $\delta \geqslant 0.09$ mm；$D = 250 \sim 500$ mm，$\delta \geqslant 0.12$ mm；$D > 500$ mm，$\delta \geqslant 0.2$ mm。对于铝箔聚酯膜复合柔性风管，其壁厚 $\delta \geqslant 0.021$ mm，钢丝的规格应符合现行国家标准的规定。

4. 金属风管、非金属风管及其配件的板材厚度

(1) 不锈钢风管板材厚度(表2.7),适用于高、中、低压系统。

表2.7 不锈钢板风管板材厚度(mm)

风管直径D或长边尺寸b	不锈钢板厚度	风管直径D或长边尺寸b	不锈钢板厚度
$100 < D(b) \leq 500$	0.5	$1120 < D(b) \leq 2000$	1.0
$500 < D(b) \leq 1120$	0.75	$2000 < D(b) \leq 4000$	1.2

(2) 钢板风管板材厚度(表2.8),适用于高、中、低压系统。

表2.8 钢板风管板材厚度(mm)

类别 直径D或长边b	圆形风管	矩形风管		除尘系统风管
		中、低压系统	高压系统	
$D(b) \leq 320$	0.5	0.5	0.75	1.5
$320 < D(b) \leq 450$	0.6	0.6	0.75	1.5
$450 < D(b) \leq 630$	0.75	0.6	0.75	2.0
$630 < D(b) \leq 1000$	0.75	0.75	1.0	2.0
$1000 < D(b) \leq 1250$	1.0	1.0	1.0	2.0
$1250 < D(b) \leq 2000$	1.2	1.0	1.2	按设计
$2000 < D(b) \leq 4000$	按设计	1.2	按设计	按设计

注:① 螺旋风管的钢板厚度可适当减小10% ~ 15%;
② 排烟系统风管钢板厚度可按高压系统;
③ 特殊除尘系统风管钢板厚度应符合设计要求;
④ 不适用于地下人防与防火隔墙的预埋管。

(3) 铝板风管板材厚度(表2.9),适用于中、低压系统。

表2.9 铝板风管板材厚度(mm)

风管直径D或长边尺寸b	铝板厚度	风管直径D或长边尺寸b	铝板厚度
$100 < D(b) \leq 320$	1.0	$630 < D(b) \leq 2000$	2.0
$320 < D(b) \leq 630$	0.75	$2000 < D(b) \leq 4000$	按设计

(4) 硬聚氯乙烯风管板材厚度(表2.10),适用于中、低压系统。

表2.10 硬聚氯乙烯风管板材厚度(mm)

圆形风管		矩形风管	
风管直径D	板材厚度	风管长边尺寸b	板材厚度
$D \leq 320$	3.0	$b \leq 320$	3.0
$320 < D \leq 630$	4.0	$320 < b \leq 500$	4.0
$630 < D \leq 1000$	5.0	$500 < b \leq 800$	5.0
$1000 < D \leq 2000$	6.0	$800 < b \leq 1250$	6.0
		$1250 < b \leq 2000$	8.0

(5) 无机玻璃钢风管板材厚度(表2.11),适用于中、低压系统。

表2.11　无机玻璃钢风管板材厚度（mm）

圆形风管直径D或矩形风管长边尺寸b	风管壁厚	圆形风管直径D或矩形风管长边尺寸b	风管壁厚
$D(b) \leq 300$	2.5~3.5	$1\,000 < D(b) \leq 1\,500$	5.5~6.5
$300 < D(b) \leq 500$	3.5~4.5	$1\,500 < D(b) \leq 2\,000$	6.5~7.5
$500 < D(b) \leq 1\,000$	4.5~5.5	$D(b) > 2\,000$	7.5~8.5

5. 通风管道配件

通风与空调工程的风管系统是由直风管和各种异形配件（例如，弯管、来回弯管、变径管、"天圆地方"、三通和四通）、各种风量调节阀以及空气分布器（送风口、回风口或排风口）等部件所组成。

弯管用来改变空气的流动方向，使气流转90°弯或其他角度；来回弯管用来改变风管的升降、躲让或绕过建筑物的梁、柱及其他管道；变径管用来连接断面尺寸不同的风管；"天圆地方"是用来连接圆形与矩形（或方形）两个断面的部件；三通和四通用于风管的分叉和汇合，即气流的分流和合流。

(1) 钢板圆形风管的配件

①圆形弯管：按照制作方法不同，有冲压成型弯管、皱褶型弯管和分节组合弯管3种。按弯管的角度分有90°弯管、60°弯管、45°弯管和30°弯管，圆形弯管的曲率半径以中心线计。

冲压成型弯管的管径$D = 75 \sim 250$ mm，其曲率半径$r = 1.5D$；皱褶型弯管的管径$D = 100 \sim 400$ mm，其曲率半径$r = 1.5D$。

分节组合弯管由两个端节和若干个中节所组成。工程中常见的5节90°弯管的管径$D = 80 \sim 1\,500$ mm，曲率半径$r = 1.5D$；7节90°弯管的管径$D = 80 \sim 1\,500$ mm，曲率半径$r = 2.5D$。至于3节90°弯管，由于阻力相对较大，一般可不予采用。

②圆形变径管：有双面变径管和单面变径管，前者的夹角（θ）宜小于60°，后者的夹角（θ）宜小于30°。"天圆地方"有正心的和偏心的之分。

双面变径管的长度：

$$l = \frac{D_1 - D_2}{2\tan\frac{\theta}{2}}$$

单面变径管的长度：

$$l = \frac{D_1 - D_2}{2\tan\theta}$$

式中　D_1, D_2——分别代表变径管的大断面、小断面的直径。

③圆形来回弯管：由两个相同角度的圆形弯管按相反方向连接而成。

④圆形三通：按照主管与支管的夹角不同，有$\theta = 30°$、$\theta = 45°$圆形三通，$\theta = 30°$圆形封板式三通和$\theta = 45°$圆形燕尾（俗称裤衩）式三通。当三通支管的气流方向转90°时，在支管的出口处应连接角度为$(90° - \theta)$的圆形弯管。圆形四通宜采用两个斜三通的做法。

详见《全国通用通风管道配件图表》。

(2) 钢板矩形风管的配件

①矩形弯管：工程上常见的有：a. 内外同心弧型弯管（图2.1(a)），弯管曲率半径宜为一个平面边长；b. 内弧外直角型弯管（图2.1(b)）；c. 内斜线外直角型弯管（图2.1(c)）；d. 内外直角型弯管（图2.1(d)）。

内外同心弧型矩形弯管,内弧的曲率半径 r 为 $0.5a$,外弧的曲率半径不宜小于 $(1.5 \sim 2.0)a$,该弯管气流阻力小,但占用空间较大。当内外弧型弯管的平面边长大于 500 mm 时,且内弧半径 (r) 与弯管平面边长 (a) 之比小于或等于 0.25 时,应设置导流片(图 2.2),以减小气流阻力。导流片的弧度应与弯管弧度相等,迎风边缘应光滑。导流片的间隔是内侧密外侧疏,其片数及设置位置应符合表 2.12 的规定。

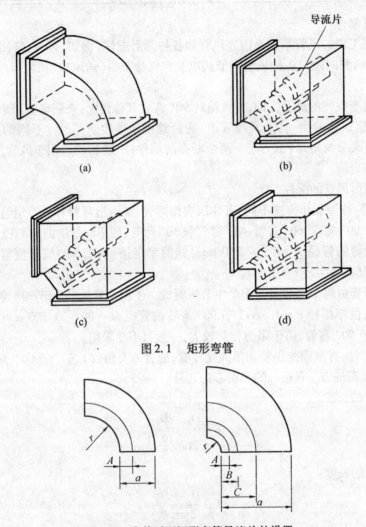

图 2.1 矩形弯管

图 2.2 内外弧型矩形弯管导流片的设置

表 2.12 内外弧型矩形弯管导流片片数及设置位置

弯管平面边长 a/mm	导流片数	导流片位置		
		A	B	C
$500 < a \leq 1\,000$	1	$0.33a$	—	—
$1\,000 < a \leq 1\,500$	2	$0.25a$	$0.5a$	—
$a > 1\,500$	3	$0.125a$	$0.33a$	$0.5a$

内弧外直角型、内斜线外直角型和内外直角型矩形弯管,它们与内外同心弧型矩形弯管相比,占用空间小些,但阻力相对较大。对于内外直角型矩形弯管以及边长大于 500 mm 的内弧

外直角型、内斜线外直角型矩形弯管,应设置导流片,以减少气流阻力,如图2.3(a)、(b)、(c)所示。导流片有单弧形(图2.3(d))和双弧形(图2.3(e))两种,它们在弯管内是按等距离设置的。导流片的圆弧半径R_1(或R_1、R_2)及片距P宜按表2.13确定。

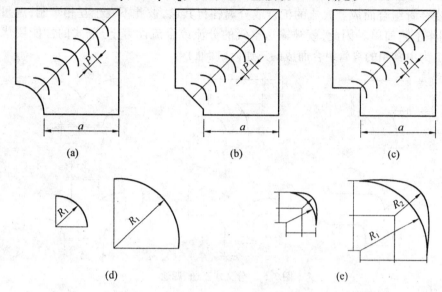

图2.3　内弧、内斜线外直角和内外直角矩形弯管导流片的设置

表2.13　单弧形或双弧形导流片圆弧半径及片距(mm)

单圆弧导流片		双圆弧导流片	
$R_1 = 50$	$R_1 = 115$	$R_1 = 50$	$R_1 = 115$
$P = 38$	$P = 83$	$R_2 = 25$	$R_2 = 51$
		$P = 54$	$P = 83$
镀锌板厚度宜为0.8		镀锌板厚度宜为0.6	

②矩形变径管:工程上常用的有双面偏变径管和单面偏变径管两种形式。对于双面偏变径管(图2.4(a)),其夹角(θ)宜小于60°;对于单面偏变径管(图2.4(b)),其夹角宜小于30°。为了减少气流阻力,风管断面缩小部分的收缩角应尽量小于45°,风管断面扩大部分的扩张角应尽量小于20°。

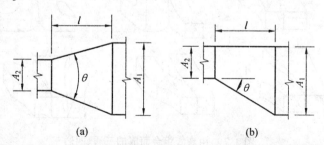

图2.4　矩形双面偏与单面偏变径管

矩形变径管的长度计算式与圆形变径管相似,只要用矩形大断面的边长A_1、小断面的边长A_2来取代圆形的直径D_1和D_2即可。

③矩形来回弯管:有角接来回弯管、斜接来回弯管和双弧形来回弯管等形式。

④矩形三通和四通:工程上有分叉式(图2.5)和分隔式(图2.6)两种形式。分隔式三通是由两个90°弯管或者由一个90°弯管和另一根直风管组合而成,分隔式四通是由两个90°弯管和一根变径管组合而成。气流的汇合或分离各行其道,彼此不发生互相牵制,风量分配均匀,加工制作工艺简单。因此,就被输送空气的分流或合流而言,分隔式的性能要优于分叉式。图2.7为由常用的弯管组合而成的三通(或四通)。

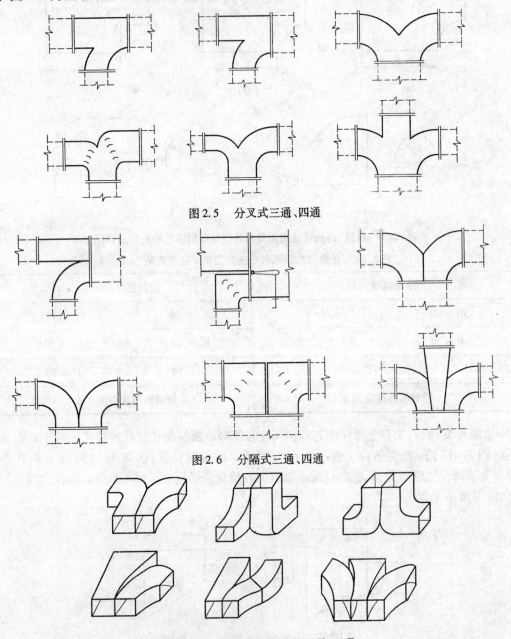

图2.5 分叉式三通、四通

图2.6 分隔式三通、四通

图2.7 由弯管组合而成的三通、四通

《全国通用通风管道配件图表》推荐的矩形整体式三通和矩形插管式三通或四通,参见图2.8。钢板矩形风管配件的正、误做法,如图2.9所示。

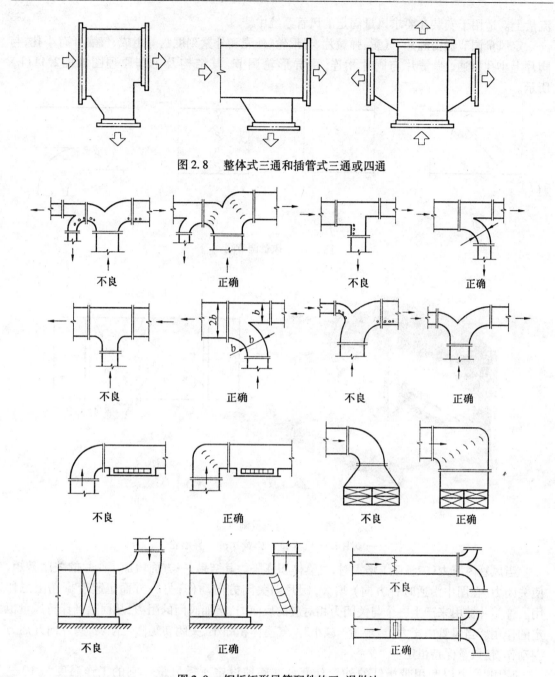

图 2.8 整体式三通和插管式三通或四通

图 2.9 钢板矩形风管配件的正、误做法

6. 风量调节阀和定风量调节器

(1) 风量调节阀

目前工程上常用的风阀有蝶阀(图 2.10(a))、平行式多叶阀(图 2.10(b))、对开式多叶阀(图 2.10(c))、矩形三通阀(图 2.10(d))等。

(2) 定风量调节器

定风量调节器(图 2.11(a))是一种机械式的自力装置,它对风量的控制无须外加动力,只依靠气流自身的力来定位阀片的位置,从而在整个压力差范围内将气流保持在预先设定的流量上。适用于安装在要求风量固定的风管系统中。

定风量调节器由阀片、气囊、弹簧片、异形轮、外壳和外置刻度盘等组成,气囊开有小孔,与阀片上小孔相通,弹簧片与阀片相连,由异形轮调节,其结构及工作原理图如图2.11(b)所示。

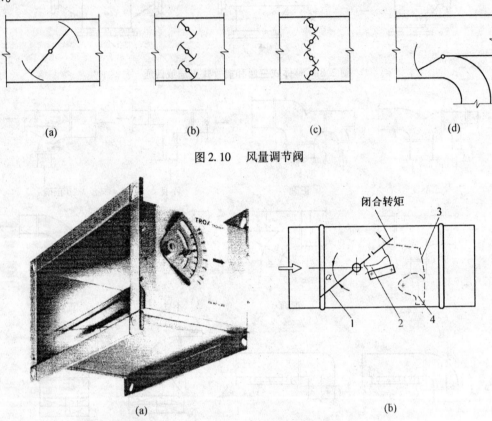

图2.10 风量调节阀

图2.11 定风量调节器
1—阀片;2—气囊;3—弹簧片;4—异形轮

当风管内压力(或流量)增大时,气囊体积膨胀。其结果,一方面增加了阀片的关闭转矩,使关闭力(在图中沿逆时针方向)增大,阀片向关闭方向动作;另一方面也起着振荡阻尼作用。弹簧片被用来产生一个与关闭力相对应的反向力,增加阀门的阻力,从而达到保持风量恒定的作用。当风管内压力(或流量)减小时,气囊体积缩小,关闭转矩随之减弱,阀片向开启方向动作,使风量保持恒定。

应用时,可以利用带指针的外置刻度盘准确地设定所需风量。它的工作温度为 10 ~ 50 ℃,压差范围为 50 ~ 1 000 Pa。定风量调节器的断面形状有矩形和圆形两种,两端均带法兰,便于与被调试的风管相连接。安装时不受位置限制,但阀片的轴应保持水平。为保证正常工作,要求在气流进口前有 $1.5B$(B 为风量调节器宽度) 的直线入口长度和 $0.5B$ 的直线出口长度。

7. 风机与风管的连接

通风机进、出口与风管的正确连接,可保证达到风机的铭牌性能。如果处理不当,会造成局部压力损失增大,导致系统风量的严重损失,即使风管系统阻力计算得很精确,也无法弥补。为此,在进行系统设计布置时必须给以足够的重视。

(1) 风机吸入侧的连接

风机吸入口与风管的连接要比压出口与风管的连接对风机性能的影响大。在设计时应特别注意风机吸入口气流要均匀、流畅,从风管连接上极力避免偏流和涡流的产生,对吸入侧防止产生偏流的尺寸作出规定。

图 2.12 所示为风机吸入侧的接法。图中(a)为与吸入口直径相同的直风管连接,如果要变径,宜采用较长的渐扩管;(b)为直角弯管接入风机吸入口时,弯管内应设置导流片;(c)为应采取渐缩管或加弧形导流措施接入风机吸入口,采用突然缩小管接入风机吸入口是不可以的;(d)为进风箱入口处采用弯管并在两个弯管内设置导流片,若进风箱入口处造成偏心气流,其风量损失可达 25%;(e)为气流转弯后进入进风箱,应分别在转弯和入口处设置导流片,否则会造成涡流,风量损失可达 40%。

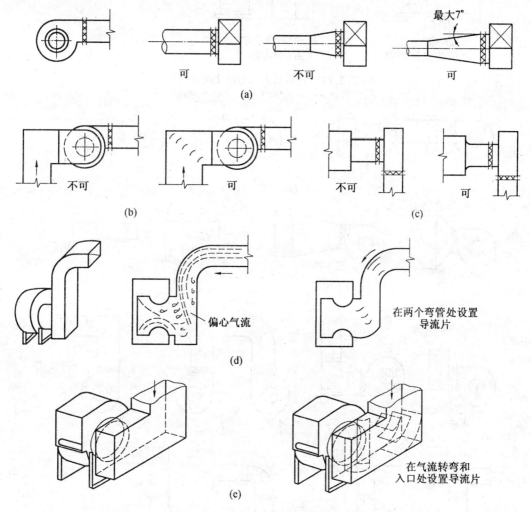

图 2.12 风机吸入侧的接法

有关风机吸入侧的尺寸规定,如图 2.13 所示。

(2) 风机压出侧的连接

图 2.14 所示为风机压出侧的接法。图 2.14(a)为可采用与风机出口尺寸相同的直风管连接,或采用单面偏的渐扩式变径管连接,不能采用突然扩大的接管;图 2.14(b)的情况与

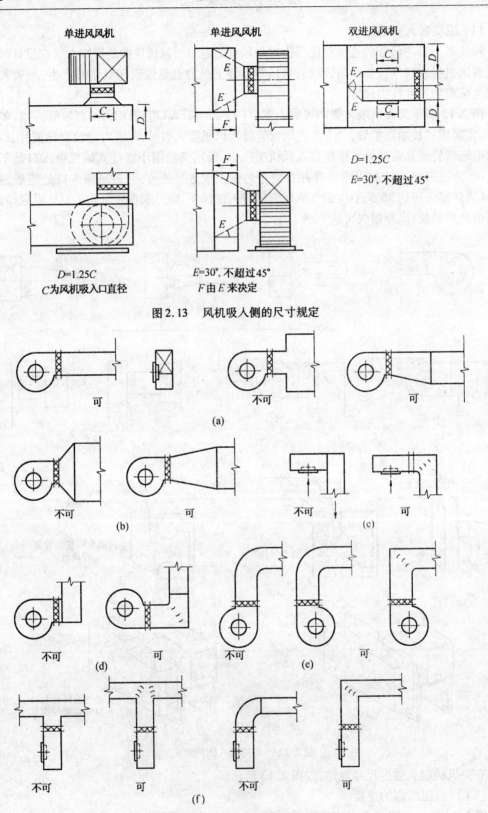

图 2.13　风机吸入侧的尺寸规定

图 2.14　风机压出侧的接法

图2.14(a)类似,应采用两面偏的渐扩式变径管;图2.14(c)、(d)为当风机出口气流呈90°转弯时,直角弯管内应设置导流片;图2.14(e)为风机出口气流呈90°转弯时,弯管的弯曲方向应与风机叶轮的旋转方向相一致,内外弧型弯管、内外直角弯管内应设置导流片;图2.14(f)为风机出口接丁字三通管向两边送风或接90°弯管时,为改善管内气流状况,应加长三通立管或弯管长度,同时应在分流处或转弯处设置导流片。

8. 风管测定孔和检查孔

(1) 风管测定孔

风管测定孔主要用于通风与空调系统的调试和测定。测定孔有测量空气温度用和测量风量、风压用两种(见《采暖通风国家标准图集》T605)。

风管测定孔的位置,应选择在气流较均匀且平稳的直管段上。按照气流的流动方向,测定孔设在弯管、三通等异形配件后的距离应大于$(4 \sim 5)D$或$(4 \sim 5)a$(D为圆形风管的直径,a为矩形风管的长边尺寸);设在上述异形配件前的距离应大于$(1.5 \sim 2)D$或$(1.5 \sim 2)a$。调节阀前后应避免布置测定孔。为了便于系统调节,在主干风管分支点前后必须留有测定孔。

设在通风机进口前的测定孔,应有不少于1.5倍风机进口直径的距离;设在通风机出口后的测定孔,应有2倍风机出口当量直径的距离。

对于净化空调系统,凡设在风管中的低、中、高效过滤器的前、后,应设测压孔和测尘孔,并连接U形测压管,以便在系统运行过程中,根据U形测压管的读数来确定过滤器是否需要清洗或更换。在新风管、总送风管、回风管及支管上均应预留测定孔,测定孔应采取密封措施。

设置在吊顶内的风管测定孔部位,应留有活动吊顶板或检查门。

(2) 风管检查孔

风管检查孔(见《采暖通风国家标准图集》T604)主要用于通风与空调系统中需要经常检修的地方,例如风管内的电加热器、中效过滤器等。在除尘风管的适当部位,例如容易积尘的异形配件附近应设置密闭清扫孔,以便清除沉积在管内的灰尘。检查孔的设置应在保证检查和清扫的前提下数量尽量减少,以免增加风管的漏风量和减少保温工程施工的麻烦。

2.1.2 风道阻力

通风管道是通风和空调系统的重要组成部分,设计计算的目的是在保证要求风量分配的前提下,合理确定风管布置和尺寸,使系统的初投资和运行费用综合最优。通风管道系统的设计直接影响到通风空调系统的使用效果和技术经济性能。

根据流体力学可知,空气在管道内流动,必然要克服阻力产生的能量损失。空气在管道内流动时有两种形式的阻力,即摩擦阻力和局部阻力。

1. 摩擦阻力

由于空气本身的黏滞性和管壁的粗糙度所引起的空气与管壁间的摩擦而产生的阻力称为摩擦阻力。克服摩擦阻力而引起的能量损失称为摩擦阻力损失,简称沿程损失。

空气在横断面不变的管道内流动时,沿程损失可按下式计算:

$$\Delta P_m = \lambda \frac{1}{4R_s} \cdot \frac{\rho v^2}{2} l \tag{2.1}$$

式中　　ΔP_m——风道的沿程损失,Pa;

λ——摩擦阻力系数;

v——风道内空气的平均流速,m/s;

ρ—— 空气的密度,kg/m³;
l—— 风道的长度,m;
R_s—— 风道的水力半径,m。

$$R_s = \frac{F}{P} \tag{2.2}$$

式中　F—— 管道中充满流体部分的横断面积,m²;
　　　P—— 湿周,在通风系统中即为风管周长,m。

单位长度的摩擦阻力,也称比摩阻,R_m 为

$$R_m = \lambda \frac{1}{4R_s} \cdot \frac{\rho v^2}{2} \tag{2.3}$$

(1) 圆形风管的沿程损失

圆形风管的水力半径为

$$R_s = \frac{F}{P} = \frac{\frac{\pi}{4}D^2}{\pi D} = \frac{D}{4} \tag{2.4}$$

式中　D—— 风管直径,m。

则圆形风管的沿程损失和单位长度沿程损失分别为

$$\Delta P_m = \lambda \frac{1}{D} \cdot \frac{\rho v^2}{2} l \tag{2.5}$$

$$R_m = \frac{\lambda}{D} \cdot \frac{\rho v^2}{2} \tag{2.6}$$

摩擦阻力系数 λ 与风管管壁的粗糙度和管内空气的流动状态有关,在通风和空调系统中,薄钢板风管的空气流动状态大多数属于紊流光滑区到粗糙区之间的过渡区。通常,高速风管的流动状态也处于过渡区。只有流速很高、表面粗糙的砖、混凝土风管的流动状态才属于粗糙区。因此,对于通风和空调系统,在紊流过渡区中 λ 用下式计算:

$$\frac{1}{\sqrt{\lambda}} = -2\lg\left(\frac{K}{3.71D} + \frac{2.51}{Re\sqrt{\lambda}}\right) \tag{2.7}$$

式中　K—— 风管内壁的当量绝对粗糙度,mm;
　　　Re—— 雷诺数。

$$Re = \frac{vD}{\gamma} \tag{2.8}$$

式中　γ—— 风管内流体(空气)的运动黏度,m²/s。

在通风管道设计中,为了简化计算,可根据计算公式绘制各种形式的线算图或计算表进行计算。附录1为风管单位长度沿程损失线算图,附录2为圆形风管计算表。只要知道风量、管径、比摩阻、流速四个参数中的任意两个,即可求出其余的两个参数。附录1和附录2的编制条件是:大气压力为 101.3 kPa,温度为 20 ℃,空气密度为 1.2 kg/m³,运动黏度为 15.06×10^{-6} m²/s,管壁粗糙度 $K = 0.15$ mm,当实际使用条件与上述条件不同时,应进行修正。

① 大气温度和大气压力的修正

$$R'_m = \varepsilon_t \varepsilon_B R_m \tag{2.9}$$

式中　R'_m—— 实际使用条件下的单位长度沿程损失,Pa/m;

ε_t——温度修正系数；
ε_B——大气压力修正系数；
R_m——线算图或表中查出的单位长度沿程损失，Pa/m。

$$\varepsilon_t = \left(\frac{273+20}{273+t}\right)^{0.825} \quad (2.10)$$

$$\varepsilon_B = \left(\frac{B}{101.3}\right)^{0.9} \quad (2.11)$$

式中 t——实际的空气温度，℃；
B——实际的大气压力，kPa。
ε_t 和 ε_B 也可直接由图 2.15 查得。

② 绝对粗糙度的修正

通风空调工程中常采用不同材料制成风管，各种材料的绝对粗糙度见表 2.14。

$$R'_m = \varepsilon_k R_m \quad (2.12)$$

式中 ε_k——粗糙度修正系数。

$$\varepsilon_k = (Kv)^{0.25} \quad (2.13)$$

式中 v——管内空气流速，m/s。

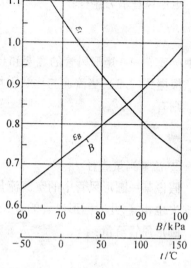

图 2.15 温度和大气压力曲线

表 2.14 各种材料的粗糙度 K

管道材料	K/mm	管道材料	K/mm
薄钢板和镀锌钢板	0.15 ~ 0.18	胶合板	1.0
塑料板	0.01 ~ 0.05	砖管道	3 ~ 6
矿渣石膏板	1.0	混凝土管道	1 ~ 3
矿渣混凝土板	1.5	木板	0.2 ~ 1.0

【例 2.1】 已知太原市某厂通风系统采用钢板制圆形风道，风量 $L = 1\,000\text{ m}^3/\text{h}$，管内空气流速 $v = 10\text{ m/s}$，空气温度 $t = 80\text{ ℃}$，求风管的管径和单位长度的沿程损失。

解 由附录 1 查得：$D = 200\text{ mm}$，$R_m = 6.8\text{ Pa/m}$，太原市大气压力：$B = 91.9\text{ kPa}$，由图 2.15 查得：$\varepsilon_t = 0.86$，$\varepsilon_B = 0.92$，所以

$$R_m = \varepsilon_t \varepsilon_B R_m = (0.86 \times 0.92 \times 6.8)\text{Pa/m} = 5.38\text{ Pa/m}$$

(2) 矩形风管的沿程损失

风管阻力损失的计算图表是根据圆形风管绘制的。当风管截面为矩形时，需首先把矩形风管断面尺寸折算成相当于圆形风管的当量直径，再由此求出矩形风管的单位长度摩擦阻力损失。

当量直径就是与矩形风管有相同单位长度沿程损失的圆形风管直径，它分为流速当量直径和流量当量直径两种。

① 流速当量直径

假设某一圆形风管中的空气流速与矩形风管中的空气流速相等，且两风管的单位长度沿程损失相等，此时圆形风管的直径就称为该矩形风管的流速当量直径，以 D_v 表示。

圆形风管水力半径：

$$R'_s = \frac{D}{4} \tag{2.14}$$

矩形风管水力半径：

$$R''_s = \frac{F}{P} = \frac{ab}{2(a+b)} \tag{2.15}$$

式中　a、b——矩形风管的宽度和高度。

根据式(2.3)，当流速与比摩阻均相同时，水力半径必相等，$R'_s = R''_s$。

则有

$$D_v = D = \frac{2ab}{a+b} \tag{2.16}$$

② 流量当量直径

假设某一圆形风管中的空气流量与矩形风管中的空气流量相等，且两风管的单位长度沿程损失也相等，此时圆形风管的直径就称为该矩形风管的流量当量直径，以 D_L 表示：

圆形风管流量：

$$L = \frac{\pi}{4} D^2 v'$$

$$v' = \frac{4L}{\pi D^2}$$

$$R'_m = \frac{\lambda}{D_L} \cdot \frac{\rho \left(\frac{4L}{\pi D^2}\right)^2}{2}$$

矩形风管流量：

$$L = abv''$$

$$v'' = \frac{L}{ab}$$

$$R''_m = \frac{\lambda}{4} \cdot \frac{1}{\dfrac{ab}{2(a+b)}} \cdot \frac{\rho \left(\frac{L}{ab}\right)^2}{2}$$

令 $R'_m = R''_m$，则

$$D_L = 1.265 \sqrt[5]{\frac{a^3 b^3}{a+b}} \tag{2.17}$$

必须说明，利用当量直径求矩形风管的沿程损失，要注意其对应关系。当采用流速当量直径时，必须采用矩形风管内的空气流速去查单位管长沿程损失；当采用流量当量直径时，必须用矩形风管中的空气流量去查单位管长沿程损失。这两种方法得出的矩形风管单位管长沿程损失是相等的。

为方便起见，附录3列出了标准尺寸的钢板矩形风管计算表。制表条件同附录1、附录2，这样即可直接查出对应矩形风管的单位管长沿程损失，但应注意表中的风量是按风道长边和短边的内边长得出的。

【例2.2】 有一钢板制矩形风道,$K = 0.15$ mm,断面尺寸为 500 mm × 250 mm,流量为 2 700 m³/h,空气温度为 50 ℃,求单位长度摩擦阻力损失。

解一 矩形风管内空气流速为

$$v = \frac{L}{3\ 600F} = \frac{2\ 700}{3\ 600 \times 0.5 \times 0.25}\ \text{m/s} = 6\ \text{m/s}$$

流速当量直径为

$$D_v = \frac{2ab}{a+b} = \frac{2 \times 0.5 \times 0.25}{0.5 + 0.25}\ \text{m} = 0.33\ \text{m}$$

由 $v = 6$ m/s,$D_v = 330$ mm,查附录1得 $R_m = 1.2$ Pa/m。

由图2.15查得 $t = 50$ ℃ 时,$\varepsilon_t = 0.92$,所以

$$R'_m = \varepsilon_t R_m = 0.92 \times 1.2\ \text{Pa/m} = 1.1\ \text{Pa/m}$$

解二 流量当量直径

$$D_L = 1.265\sqrt[5]{\frac{a^3 b^3}{a+b}} = 1.265\sqrt[5]{\frac{0.5^3 \times 0.25^3}{0.5+0.25}}\ \text{m} = 0.384\ \text{m}$$

由 $L = 2\ 700$ m³/h,$D_L = 384$ mm 查附录1得 $R_m = 1.2$ Pa/m,所以

$$R'_m = \varepsilon_t R_m = (0.92 \times 1.2)\text{Pa/m} = 1.1\ \text{Pa/m}$$

解三 利用附录3,查矩形风道 500 mm × 250 mm。

当 $v = 6$ m/s 时,$L = 2\ 660$ m³/h,$R_m = 1.08$ Pa/m;

当 $v = 6.5$ m/s 时,$L = 2\ 881$ m³/h,$R_m = 1.27$ Pa/m。

由内插法求得:

当 $L = 2\ 700$ m³/h 时,$v = 6.09$ m/s,$R_m = 1.12$ Pa/m,则

$$R'_m = \varepsilon_t R_m = (1.12 \times 0.92)\text{Pa/m} = 1.03\ \text{Pa/m}$$

2. 局部阻力

风道中流动的空气,当其方向和断面的大小发生变化或通过管件设备时,由于边界急剧改变,该区域出现旋涡和流速重新分布而产生的阻力称为局部阻力,克服局部阻力而引起的能量损失称为局部阻力损失,简称局部损失。

局部损失按下式计算:

$$\Delta P = \xi \frac{\rho v^2}{2} \tag{2.18}$$

式中 ΔP—— 局部损失,Pa;

ξ—— 局部阻力系数。

局部阻力系数通常用实验方法确定,附录4中列出了部分管件的局部阻力系数。在计算局部阻力时,一定要注意 ξ 值所对应的空气流速。

在通风系统中,局部阻力所造成的能量损失占有很大的比例,甚至是主要的能量损失,为减小局部阻力,以利于节能,在设计中应尽量减小局部阻力。通常采用以下措施:

(1)布置管道时,应力求管线短直,减少弯头。圆形风管弯头的曲率半径一般应大于(1~2)倍管径,如图2.16所示。矩形风管弯头的宽高比越大,阻力越小,应优先采用,如图2.17所示。必要时可在弯头内部设置导流叶片,如图2.18所示,以减小阻力。应尽量采用转角小的弯头,用弧弯代替直角弯,如图2.19所示。

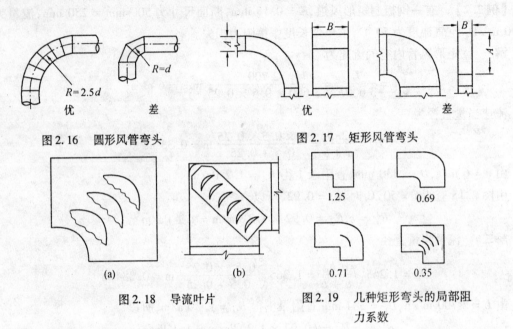

图 2.16　圆形风管弯头　　　　图 2.17　矩形风管弯头

图 2.18　导流叶片　　　图 2.19　几种矩形弯头的局部阻力系数

(2) 为避免风管断面的突然变化,管道变径时,尽量利用渐扩、渐缩代替突扩、突缩。其中心角 α 最好在 $8°\sim 10°$,不超过 $45°$,如图 2.20 所示。

(3) 管道和风机的连接要尽量避免在接管处产生局部涡流,如图 2.21 所示。

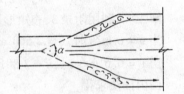

图 2.20　渐扩管内的空气流动

(4) 三通的局部阻力大小与断面形状、两支管夹角、支管与总管的截面比有关,为减小三通的局部阻力,应尽量使支管与干管连接的夹角不超过 $30°$,如图 2.22 所示。当合流三通内直管的气流速度大于支管的气流速度时,会发生直管气流引射支管气流的作用,有时支管的局部阻力出现负值,同样直管的局部阻力也会出现负值,但不可能同时出现负值。为避免引射时的能量损失,减小局部阻力,如图 2.23 所示,应使 $v_1 \approx v_2 \approx v_3$,即 $F_1 + F_2 = F_3$,以避免出现这种现象。

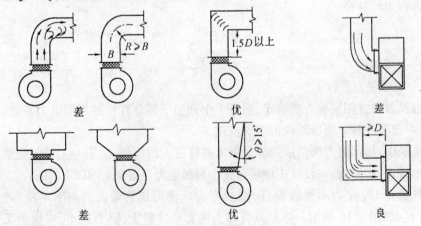

图 2.21　风机进出口的管道连接

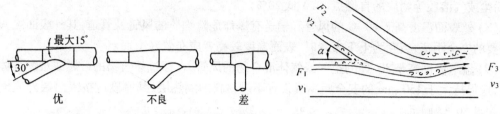

图 2.22　三通支管和干管的连接　　　　图 2.23　合流三通

(5)风管的进、出口:气流流出时将流出前的能量全部损失掉,损失值等于出口动压,因此可采用渐扩管(扩压管)来降低出口动压损失。如图 2.24 所示,空气进入风管会产生涡流而造成局部阻力,可采取措施减少涡流,降低其局部阻力。

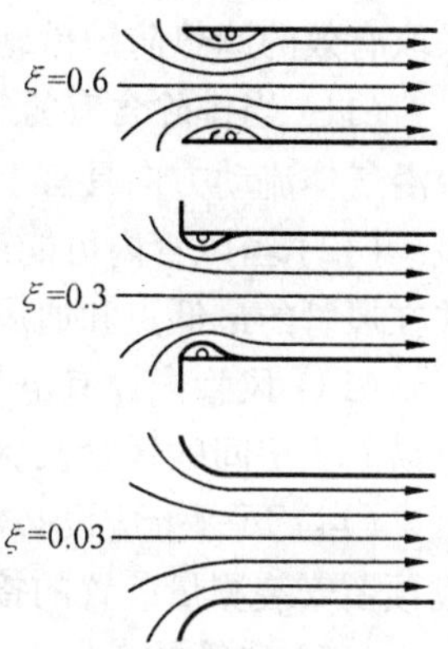

3. 总阻力

摩擦阻力与局部阻力之和为总阻力,克服摩擦阻力和局部阻力而引起的能量损失称为总阻力损失。

$$\Delta P = \Delta P_m + \Delta P_j \quad (2.19)$$

式中　ΔP——管段总阻力损失,Pa。

2.1.3　风道的水力计算

1. 风道布置设计原则

图 2.24　风管进口

风管布置直接影响通风、空调系统的总体布置,与工艺、土建、电气、给排水、消防等专业关系密切,应相互配合、协调。

(1)布置中应使风管少占建筑空间并不得妨碍生产操作,常沿着墙、柱、楼板屋梁或屋架敷设,安装在支架或吊架上。

(2)除尘风管应尽可能垂直或倾斜敷设,倾斜时与水平面夹角最好大于45°。如必须水平敷设或倾角小于30°时,管段不宜过长,并应采取防止积尘的措施,如加大流速、设清洁口等。支管宜从主管的上面或侧面连接;三通的夹角宜采用15°~45°。在容易积尘的异形管件附近,应设置密闭清扫孔。

(3)当输送含有蒸汽、雾滴的气体时,应有不小于 0.005 的坡度,并在风管的最低点和风机底部设水封泄液管,注意水封高度应满足各种运行情况的要求。

(4)排除有爆炸危险物质和含有剧毒物质的排风系统,其正压管段不得穿过其他房间。排除有爆炸危险物质的排风管,其各支管节点处不应设置调节阀,但应对两个管段结合点及各支管之间进行静压平衡计算。排除含有剧毒物质的排风系统,其正压管段不宜过长。

(5)有爆炸危险厂房的排风管道及排除有爆炸危险物质的风管,不应穿越防火墙,其他风管不宜穿过防火墙和不燃性楼板等防火分隔物,如必须穿过时,应在穿过处设防火阀。在防火阀两侧 2 m 范围内的风管及保温材料,应采用不燃材料。风管穿过处的缝隙应用防火材料封堵。

(6)可燃气体管道、可燃液体管道和电线、排水管道等,不得穿越风管的内腔,也不得沿风管的外壁敷设。可燃气体管道和可燃液体管道,不应穿过风机室。

(7)热媒温度高于 110 ℃ 的供热管道不应穿过输送有爆炸危险混合物的风管,亦不得沿风管外壁敷设;当上述风管与热媒管道交叉敷设时,热媒温度应至少比有爆炸危险的气体、蒸汽、粉尘或气溶胶等物质的自燃点(℃)低 20%。

(8) 外表面温度高于 80 ℃ 的风管和输送有爆炸危险物质的风管及管道,其外表面之间应有必要的安全距离;当互为上下布置时,表面温度较高者应布置在上面。

(9) 输送温度高于 80 ℃ 的空气或气体混合物的风管,在穿过建筑物的可燃或难燃烧体结构处,应保持大于 150 mm 的安全距离或设置不燃材料的隔热层,其厚度应按隔热层外表面温度不超过 80 ℃ 确定。

(10) 输送高温气体的非保温金属风管、烟道,沿建筑物的可燃或难燃烧体结构敷设时,应采取有效的遮热防护措施并保持必要的安全距离。

(11) 当排除含有氢气或其他比空气密度小的可燃气体混合物时,局部排风系统的风管,应沿气体流动方向具有上倾的坡度,其值不小于 0.005。

(12) 当风管内可能产生沉积物、凝结水或其他液体时,风管应设置不小于 0.005 的坡度,并在风管的最低点和通风机的底部设排水装置。

(13) 风管内设有电加热器时,电加热器前后各 800 mm 范围内的风管和穿过设有火源等容易起火房间的风管及保温材料均应采用不燃材料。

(14) 风管上应设必需的调节和测量装置(如阀门、压力表、温度计、测定孔和采样孔等)或预留安装测量装置的接口,且应设在便于操作和观察的地点。

(15) 风管的布置应力求顺直,避免复杂的局部管件。弯头、三通等管件要安排得当,与风管的连接要合理,以减少阻力和噪声。

(16) 与通风机等振动设备连接的风管,应装设挠性接头。

(17) 对于排除有害气体和含有粉尘的通风系统,其风管的排风口宜采用锥形风帽或防雨风帽。

(18) 输送高温气体的风管,应采取热补偿措施。

2. 风道水力计算方法

风管水力计算的方法主要有以下三种:

(1) 等压损法

等压损法是以单位长度风道有相等的压力损失为前提条件,在已知总作用压力的情况下,将总压力值按干管长度平均分配给各部分,再根据各部分的风量确定风管断面尺寸,该法适用于风机压头已定及进行分支管路阻力平衡等场合。

(2) 假定流速法

假定流速法是以技术经济要求的空气流速作为控制指标,再根据风量来确定风管的断面尺寸和压力损失,目前常用此法进行水力计算。

(3) 静压复得法

静压复得法是利用风管分支处复得的静压来克服该管段的阻力,根据这一原则确定风管的断面尺寸,此法适用于高速风道的水力计算。

3. 流速控制法计算方法和步骤

(1) 绘制系统轴测示意图,并对各管段进行编号,标注长度和风量。通常把风量和断面尺寸不变的管段划为一个计算管段。

(2) 确定合理的气流速度

风管内的空气流速对系统有很大的影响。流速低,阻力小,动力消耗少,运行费用低,但是风管断面尺寸大,耗材料多,建造费用大。反之,流速高,风管段面尺寸小,建造费用低,但阻力大,运行费用会增加,另外还会加剧管道与设备的磨损,并使系统运行时噪声增大。因此,必须经过技术经济分析来确定合理的流速,表2.15、表2.16列出了不同情况下风管内空气流速范围。

表2.15 工业管道中常用的空气流速(m/s)

建筑物类别	管道系统的部位	风速		靠近风机处的极限流速
		自然通风	机械通风	
辅助建筑	吸入空气的百叶窗	0～1.0	2～4	10～12
	吸风道	1～2	2～6	
	支管及垂直风道	0.5～1.5	2～6	
	水平总风道	0.5～1.0	5～8	
	近地面的进风口	0.2～0.5	0.2～0.5	
	近顶棚的进风口	0.5～1.0	1～2	
	近顶棚的排风口	0.5～1.0	1～2	
	排风塔	1～1.5	3～6	
工业建筑		总管	支管	室内进风口	室内回风口	新鲜空气入口
	材料薄钢板	6～14	2～8	1.5～3.5	2.5～3.5	5.5～6.5
	砖、矿渣、石棉水泥、矿渣混凝土	4～12	2～6	1.5～3.0	2.0～3.0	5～6

表2.16 空调系统中的空气流速(m/s)

部位	风速	低速风管						高速风管	
		推荐风速			最大风速			推荐风速	最大风速
		居住	公共	工业	居住	公共	工业	一般建筑	
新风入口		2.5	2.5	2.5	4.0	4.5	6	3	5
风机入口		3.5	4.0	5.0	4.5	5.0	7.0	8.5	16.5
风机出口		5～8	6.5～10	8～12	8.5	7.5～11	8.5～14	12.5	25
主风道		3.5～4.5	5～6.5	6～9	4～6	5.5～8	6.5～11	12.5	30
水平支风道		3.0	3.0～4.5	4～5	3.5～4.0	4.0～6.5	5～9	10	22.5
垂直支风道		2.5	3.0～3.5	4.0	3.25～4.0	4.0～6.0	5～8	10	22.5
送风口		1～2	1.5～3.5	3～4.0	2.0～3.0	3.0～5.0	3～5	4	—

(3)由风量和流速确定各管段风管断面尺寸,计算沿程损失、局部损失及总损失。计算时应首先从最不利环路开始,即从阻力最大的环路开始。确定风管断面尺寸时,应尽量采用通风管道的统一规格,见附录5。

(4)其余并联环路的计算

为保证系统能按要求的流量进行分配,并联环路的阻力必须平衡。因受到风管断面尺寸的限制,对除尘系统各并联环路间的压损差值不宜超过10%,其他通风系统不宜超过15%。若超过时可通过调整管径或采用阀门进行调节。调整后的管径可按下式确定:

$$D' = D\left(\frac{\Delta P}{\Delta P'}\right)^{0.225} \tag{2.20}$$

式中　D'——调整后的管径，mm；
　　　D——原设计的管径，mm；
　　　ΔP——原设计的支管阻力，Pa；
　　　$\Delta P'$——要求达到的支管阻力，Pa。

需要指出的是，在设计阶段不把阻力平衡的问题解决，而一味地依靠阀门开度的调节，对多支管的系统平衡来说是很困难的，需反复调整测试。有时甚至无法达到预期风量分配，或出现再生噪声等问题。因此，我们一方面加强风管布置方案的合理性，减少阻力平衡的工作量，另一方面要重视在设计阶段阻力平衡问题的解决。

(5) 选择风机

风管漏风量应根据管道长短及其气密程度，按系统风量的百分率计算。风管漏风率宜采用下列数值：一般送、排风系统为5% ~ 10%；除尘系统为10% ~ 15%。

考虑到设备、风管的漏风和阻力损失计算的不精确，选择风机的风量，风压应按下式考虑：

$$L_f = K_L L \tag{2.21}$$

$$P_f = K_p \Delta P \tag{2.22}$$

式中　L_f——风机的风量，m^3/h；
　　　L——系统总风量，m^3/h；
　　　P_f——风机的风压，Pa；
　　　ΔP——系统总阻力，Pa；
　　　K_L——风量附加系数，除尘系统$K_L = 1.1 ~ 1.15$，一般送排风系统$K_L = 1.1$；
　　　K_p——风压附加系数，除尘系统$K_p = 1.15 ~ 1.20$，一般送排风系统$K_p = 1.1 ~ 1.15$。

当风机在非标准状态下工作时，应按公式(2.23)、(2.24)对风机性能进行换算，再以此参数从风机样本上选择风机。

$$L_f = L'_f \tag{2.23}$$

$$P_f = P'_f \left(\frac{1.2}{\rho'}\right) \tag{2.24}$$

当通风系统的风量或阻力较大，采用单台通风机不能满足使用要求时，宜采用两台或两台以上同型号、同性能的通风机并联或串联安装，但其联合工况下的风量和风压应按通风机和管道的特性曲线确定。不同型号、不同性能的通风机不宜串联或并联安装。

【例2.3】　如图2.25所示的机械排风系统，全部采用钢板制作的圆形风管，输送含有有害气体的空气（$\rho = 1.2\ kg/m^3$），气体温度为常温，圆形伞形罩的扩张角为60°，合流三通分支管夹角为30°，带扩压管的伞形风帽$h/D_0 = 0.5$，当地大气压力为92 kPa，对该系统进行水力计算。

解　(1) 对管段进行编号，标注长度和风量，如图2.25所示。

(2) 确定各管段气流速度，查表2.15有：工业建筑机械通风对于干管$v = 6 ~ 14\ m/s$；对于支管$v = 2 ~ 8\ m/s$。

(3) 确定最不利环路，本系统①~⑤为最不利环路。

(4) 根据各管段风量及流速，确定各管段的管径及比摩阻，计算沿程损失，应首先计算最不利环路，然后计算其余分支环路。

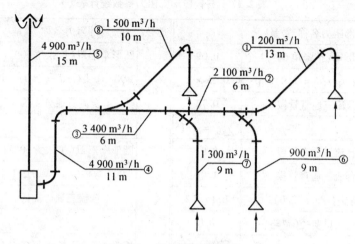

图 2.25 机械排风系统图

如管段①,根据 $L = 1\ 200\ \text{m}^3/\text{h}, v = 6 \sim 14\ \text{m/s}$:

查附录 1 可得出管径 $D = 220\ \text{mm}, v = 9\ \text{m/s}, R_m = 4.5\ \text{Pa/m}$;

查图 2.15 有 $\varepsilon_B = 0.91$,则有

$$R'_m = (0.91 \times 4.5)\text{Pa/m} = 4.1\ \text{Pa/m}$$

$$\Delta P_m = R'_m l = (4.1 \times 13)\text{Pa} = 53.3\ \text{Pa}$$

也可查附录 2 确定管径后,利用内插法求出实际 v、R_m。

同理可查出其余管段的管径、实际流速、比摩阻,计算出沿程损失,具体结果见表 2.18。

(5)计算各管段局部损失。

如管段①,查附录 4 有:圆形伞形罩扩张角 60°,$\xi = 0.09$,90°弯头 2 个,$\xi = 0.15 \times 2 = 0.3$,合流三通直管段,如图 2.26 所示。

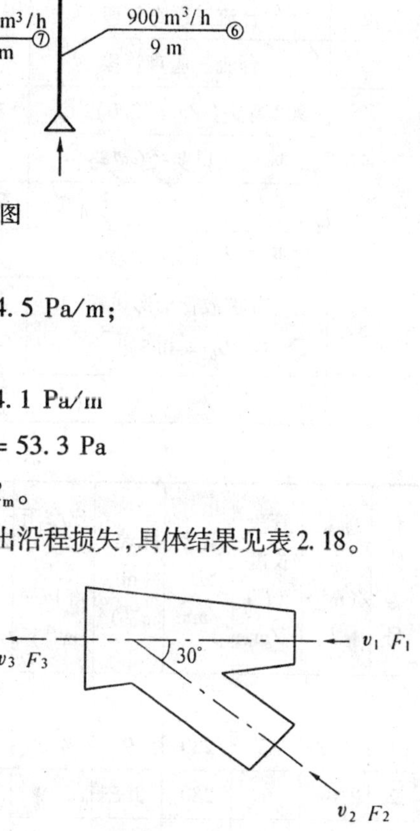

$$\frac{L_2}{L_3} = \frac{900}{2\ 100} = 0.43$$

$$\frac{F_2}{F_3} = \left(\frac{200}{280}\right)^2 = 0.51$$

图 2.26 合流三通

$$F_1 = \frac{\pi}{4}(0.22)^2 = 0.038, \quad F_2 = \frac{\pi}{4}(0.2)^2 = 0.031$$

$$F_3 = \frac{\pi}{4}(0.28)^2 = 0.062, \quad F_1 + F_2 \approx F_3$$

$\alpha = 30°$,查得 $\xi = 0.76$,$\sum \xi = 0.09 + 0.3 + 0.76 = 1.15$

其余各管段的局部阻力系数见表 2.17。

$$\Delta P_j = \sum \xi \frac{\rho v^2}{2} = 1.15 \times \frac{1.2 \times 9^2}{2}\ \text{Pa} = 55.89\ \text{Pa}$$

同理可得出其余管段的局部损失,具体结果见表 2.18。

(6)计算各管段的总损失,结果见表 2.18。

表 2.17　各管段局部阻力系数统计表

管段	局部阻力名称、数量	ξ	管段	局部阻力名称、数量	ξ
1	圆形伞形罩(扩张角60°)1个	0.09	6	圆形伞形罩(扩张角60°)1个	0.09×1
	90°弯头($r/d=2.0$)2个	0.15×2		90°弯头($r/d=2.0$)1个	0.15×1
	合流三通直管段	0.76		合流三通分支段	-0.21
		$\sum\xi=1.15$			$\sum\xi=0.03$
2	合流三通直管段	0.81		圆形伞形罩(扩张角60°)1个	0.09×1
3	合流三通直管段	1.08	7	90°弯头($r/d=2.0$)1个	0.15×1
	90°弯头($r/d=2.0$)2个	0.15×2		合流三通分支段	0.4
4	风机入口变径(忽略)	0.0			$\sum\xi=0.64$
		$\sum\xi=0.3$		圆形伞形罩(扩张角60°)1个	0.09×1
5	风机入口变径(忽略)	0.0		90°弯头($r/d=2.0$)1个	0.15×1
	带扩散管伞形风帽($h/D_0=0.5$)1个	0.6×1	8	合流三通分支段	0.9
				60°弯头($r/d=2.0$)1个	0.12
		$\sum\xi=0.6$			$\sum\xi=1.26$

表 2.18　通风管道水力计算表

管段编号	流量 L /(m³·h⁻¹)	管段长度 l /m	管径 D /mm	流速 v /(m³·s⁻¹)	比摩阻 R_m /(Pa·m⁻¹)	比摩阻修正系数 ε_t	实际比摩阻 R'_m /(Pa·m⁻¹)	动压 P_d /Pa	局部阻力系 ξ	沿程损失 ΔP_m /Pa	局部损失 ΔP_j /Pa	管段总损失 ΔP /Pa	备注
最不利环路													
1	1 200	13	220	9	4.5	0.91	4.1	48.6	1.15	53.3	55.89	109.2	
2	2 100	6	280	9.6	3.9	0.91	3.55	55.3	0.81	21.3	44.79	66.1	
3	3 400	6	360	9.4	2.7	0.91	2.46	53	1.08	14.76	57.24	72.0	
4	4 900	11	400	10.6	3	0.91	2.73	67.4	0.3	30.03	20.22	50.3	
5	4 900	15	400	10.6	3	0.91	2.73	67.4	0.6	40.95	40.44	81.4	
分支环路													
6	900	9	200	8	4.1	0.91	3.73	38.4	0.03	33.57	1.2	35.1	与①平衡
7	1 300	9	200	11.9	9.5	0.91	8.7	85	0.64	78.3	54.4	132.7	与①+②平衡
8	1 500	10	200	13.0	11	0.91	10	101.4	1.26	100	127.8	227.8	与①+②+③平衡
9	900	9	160	12.3	13	0.91	11.83	90.8	0.03	106.4	2.7	109.1	阻力平衡

(7) 检查并联管路阻力损失的不平衡率。
① 管段⑥和管段①
不平衡率为

$$\frac{\Delta P_1 - \Delta P_6}{\Delta P_1} \times 100\% = \frac{109.2 - 35.1}{109.2} \times 100\% = 67.9\% > 15\%$$

调整管径

$$D' = D\left(\frac{\Delta P}{\Delta P'}\right)^{0.225} = 200 \times \left(\frac{35.1}{109.2}\right)^{0.225} \text{mm} = 155 \text{ mm}$$

取 $D' = 160$ mm。
查附录2,得

$$D = 160 \text{ mm}, v = 12.3 \text{ m/s}, R_m = 13 \text{ Pa/m}$$

$$R'_m = \varepsilon_B R_m = (0.91 \times 13) \text{Pa/m} = 11.83 \text{ Pa/m}$$

$$F_1 + F_2 = 0.058 \text{ m}^2, F_3 = 0.062 \text{ m}^2$$

$$F_1 + F_2 \approx F_3$$

查附录4,合流三通分支管阻力系数为 -0.21,$\sum \xi = 0.03$(见表2.17)。
阻力计算结果见表2.18,$\Delta P = 109.1$ Pa。
不平衡率为

$$\frac{\Delta P_1 - \Delta P_6}{\Delta P_1} = \frac{109.2 - 109.1}{109.2} = 0.1\% < 15\%$$

满足要求。
② 管段⑦与管段①+②
不平衡率为

$$\frac{(\Delta P_1 + \Delta P_2) - \Delta P_7}{\Delta P_{1-2}} = \frac{175.3 - 132.7}{175.3} = 24.4\% > 15\%$$

若将管段⑦调至 $D_7 = 180$ mm,不平衡率仍然超过15%,因此采用 $D_7 = 200$ mm,用阀门调节。
③ 管段⑧与管段①+②+③
不平衡率为

$$\frac{(\Delta P_1 + \Delta P_2 + \Delta P_3) - \Delta P_8}{\Delta P_1 + \Delta P_2 + \Delta P_3} = \frac{247.3 - 227.8}{247.3} = 7.9\% < 15\%$$

满足要求。
(8) 计算系统总阻力。

$$P = \sum (\Delta P_m + \Delta P_j)_{1-5} = 379 \text{ Pa}$$

(9) 选择风机。
风机风量:

$$L_f = K_L L = (1.1 \times 4\,900) \text{ m}^3/\text{h} = 5\,390 \text{ m}^3/\text{h}$$

风机风压:

$$P_f = K_p P = (1.15 \times 379) \text{Pa} = 436 \text{ Pa}$$

可根据 L_f、P_f 查风机样本选择风机、电动机。

2.1.4 风管管网总压力损失的估算

(1)对于一般的进风、排风系统和空调系统,管网总压力损失 $\Delta P(\text{Pa})$,可按下式进行估算:

$$\Delta P = \Delta p_m \times l(1 + k) \quad (2.25)$$

式中 Δp_m——单位长度风管沿程压力损失,当系统风量 $L < 10\,000\ \text{m}^3/\text{h}$ 时,$\Delta p_m = 1.0 \sim 1.5\ \text{Pa/m}$;风量 $L \geq 10\,000\ \text{m}^3/\text{h}$ 时,Δp_m 按照选定的风速查风管计算表确定;

l——风管总长度,是指到最远送风口的送风管总长度加上到最远回风口的回风管总长度,m;

k——整个管网局部压力损失与沿程压力损失的比值,弯头、三通等配件较少时,$k = 1.0 \sim 2.0$;弯头、三通等配件较多时,$k = 3.0 \sim 5.0$。

(2)通风、空调系统送风机静压的估算。

送风机的静压应等于管网的总压力损失加上空气通过过滤器、喷水室(或表冷器)、加热器等空气处理设备的压力损失之和,可按表 2.19 给出的推荐值采用。

表 2.19 推荐的送风机静压值

类型		风机静压值/Pa
送、排风系统	小型系统	100 ~ 250
	一般系统	300 ~ 400
空调系统	小型(空调面积 300 m² 以内)	400 ~ 500
	中型(空调面积 2 000 m² 以内)	600 ~ 750
	大型(空调面积大于 2 000 m²)	650 ~ 1 100
	高速系统(中型)	1 000 ~ 1 500
	高速系统(大型)	1 500 ~ 2 500

2.1.5 风道压力分布

空气在风道中流动时,由于风道内阻力和流速的变化,空气的压力也在不断地发生变化。下面通过图 2.27 所示的单风机通风系统风道内的压力分布图来定性分析风道内空气的压力分布。

压力分布图的绘制方法是取一坐标轴,将大气压力作为零点,标出各断面的全压和静压值,将各点的全压、静压分别连接起来,即可得出。图中全压和静压的差值即为动压。

系统停止工作时,通风机不运行,风道内空气处于静止状态,其中任一点的压力均等于大气压力,此时,整个系统的静压、动压和全压都等于零。

系统工作时,通风机投入运行,空气以一定的速度开始流动,此时,空气在风道中流动时所产生的能量损失由通风机的动力克服。

从图中可以看出,在吸风口处的全压和静压均比大气压力低,入口处的一部分静压降转化为动压,另一部分用于克服入口处产生的局部阻力。

在断面不变的风道中,能量的损失是由摩擦阻力引起的,此时全压和静压的损失是相等的,如管段 1 ~ 2、3 ~ 4、5 ~ 6、6 ~ 7 和 8 ~ 9。

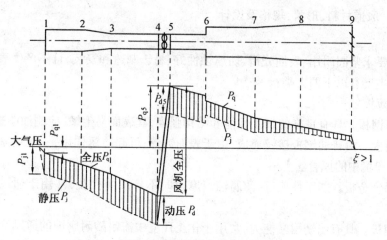

图 2.27 风管压力分布示意图

在收缩段 2～3,沿着空气的流动方向,全压值和静压值都减小了,减小值也不相等,但动压值相应增加了。

在扩张段 7～8 和突扩点 6 处,动压和全压都减小了,而静压则有所增加,即会产生所说的静压复得现象。

在出风口点 9 处,全压的损失与出风口形状和流动特性有关,由于出风口的局部阻力系数可大于 1、等于 1 或小于 1,所以全压和静压变化也会不一样。

在风机段 4～5 处可看出,风机的风压即是风机入口和出口处的全压差值,等于风道的总阻力损失。

2.1.6 风道设计中的有关问题

2.1.6.1 系统划分

由于建筑物内不同的地点有不同的送排风要求,或面积较大、送排风点较多,为了运行管理,常需分设多个系统,通常一台风机与其联系在一起的管道及设备构成一个系统。系统的划分应当本着运行维护方便,经济可靠为主要原则,系统划分的具体原则是:

(1) 空气处理要求相同或接近、同一生产流程且运行班次和时间相同的,可划为一个系统。

(2) 以下情况需单设排风系统:
① 两种或两种以上的有害物质混合后能引起燃烧、爆炸。
② 两种或两种以上的有害物质混合后会形成毒害更大、腐蚀性的混合物或化合物。
③ 两种有害物质混合后易使蒸气凝结并积聚粉尘。
④ 放散剧毒的房间和设备。
⑤ 有防火防爆要求的房间和储存易燃易爆物品的单独房间。

(3) 对除尘系统还应考虑扬尘点的距离、粉尘是否回收、不同种粉尘是否可以混合回收、混合后的含尘气体是否有结露可能等因素来确定系统划分。

(4) 排风量大的排风点位于风机附近,不宜和远处排风量小的排风点合为同一系统。

2.1.6.2 风道材料、形状、规格及设计

1. 材料

风道材料要求坚固耐用、表面光滑、防腐蚀性好、易于制造和安装,且不产生表面脱落等特点。常用材料主要有以下两大类:

(1) 金属薄板

① 普通薄钢板。具有良好的加工性能和结构强度,其表面易生锈,应刷油漆进行防腐。

② 镀锌钢板。由普通钢板镀锌而成,由于表面镀锌,可起防锈作用,一般用来制作不受酸雾作用的潮湿环境中的风管。

③ 铝及铝合金板。加工性能好,耐腐蚀。摩擦时不易产生火花,常用于通风工程的防爆系统。

④ 不锈钢板。具有耐锈耐酸能力,常用于化工环境中需耐酸耐腐蚀的通风系统。

⑤ 塑料复合钢板。在普通薄钢板表面喷上一层0.2～0.4 mm厚的塑料层,常用于防尘要求较高的空调系统和 -10～70 ℃ 温度下耐腐蚀系统的风管。

通风工程中常用的钢板厚度是0.5～4 mm。

(2) 非金属材料风管

① 硬聚氯乙烯塑料板。适用于有酸性腐蚀作用的通风系统,具有表面光滑、制作方便等优点。但不耐高温、不耐寒,只适用于0～60 ℃ 的空气环境,在太阳辐射作用下,易脆裂。

② 玻璃钢。无机玻璃钢管是以中碱玻璃纤维作为增强材料,用十余种无机材料科学地配成黏结剂作为基体,通过一定的成型工艺制作而成。具有质轻、高强、不燃、耐腐蚀、耐高温、抗冷融等特性。

玻璃钢风管与配件的壁厚应符合表2.20的规定。

表2.20 玻璃钢风管与配件的壁厚(mm)

圆形风管直径或矩形风管长边尺寸	壁厚	圆形风管直径或矩形风管长边尺寸	壁厚
≤200	1.0～1.5	800～1 000	2.5～3.0
250～400	1.5～2.0	1 250～2 000	3.0～3.5
500～600	2.0～2.5		

保温玻璃钢风管可将管壁制成夹层,夹层厚度根据设计而定。夹心材料可采用聚苯乙烯、聚氨酯泡沫塑料、蜂窝纸等,以及金属软管、橡胶管等安装快捷的风管材料。砖、混凝土等材料的风管主要用于与建筑配合的场合,多用于公共建筑。

2. 形状、规格及设计

常用的有矩形和圆形两种断面形状,圆风管强度大、阻力小、节省材料、保温方便,但构件制作较困难,不易与建筑、结构配合。矩形风管在民用建筑、低速风管系统方面应用更多些。为了避免矩形风道阻力过大,其宽高比宜小于4,最大不应超过10,在建筑空间允许的条件下,越接近1越好。考虑到最大限度地利用板材,加强建筑安装的工厂化生产,在设计、施工中应尽量按附录5选用国家统一规格。风管的截面尺寸,宜按国家现行标准《通风与空气调节工程施工质量验收规范》(GB 50234)中的规定执行。金属风管管径应为外径或外边长;非金属风管管径应为内径或内边长。

除尘系统的风管,宜采用明设的圆形钢制风管,其接头和接缝应严密、平滑;除尘风管最小直径,不应小于以下数值:细矿尘、木材粉尘 80 mm;较粗粉尘、木屑 100 mm;粗粉尘、粗刨花 130 mm。

2.1.6.3 风道阀门

通风空调系统中的阀门主要用于启动风机、关闭风道、风口,调节管道内空气量,平衡阻力以及在防排烟中控制火灾烟气等使用。风阀安装于风机出口的风道、主干风道、分支风道上或空气分布器之前等位置。常用的阀门有蝶阀、调节阀、插板阀、止回阀、防火阀、排烟防火阀。

1. 蝶阀

蝶阀如图 2.28 所示,多用于风道分支处或空气分布器前端。转动阀板的角度即可改变空气流量。蝶阀使用较为方便,但严密性较差。

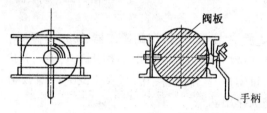

图 2.28 蝶阀构造示意图

2. 调节阀

调节阀如图 2.29 所示,一般用于空调、通风系统管道中,用来调节支管的风量。该阀分为手动和电动两种,电动可以自动控制调节风量与自控系统配套。

3. 插板阀

插板阀如图 2.30 所示,多用于风机出口或主干风道处作为开关。通过拉动手柄来调整插板的位置即可改变风道的空气流量,其调节效果好,但占用空间大。

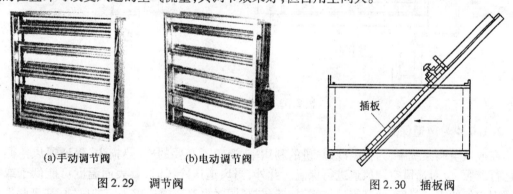

图 2.29 调节阀   图 2.30 插板阀

4. 止回阀

止回阀如图 2.31 所示,安装在空调、通风系统风道内,保证在风机停止运行时,防止气流倒流。使用止回阀时风道内的风速应大于 8 m/s。

5. 防火阀

防火阀如图 2.32 所示,是通风空调系统中的安全装置,保证在火灾发生时能立即关闭,切断气流,避免火灾从风道中传播蔓延。防火阀其关闭方式采用温感易熔件,易熔件熔断点 70 ℃。当火灾发生时,气温升高,达到熔点,易熔片熔化断开,阀板自行关闭,将系统气流切断。

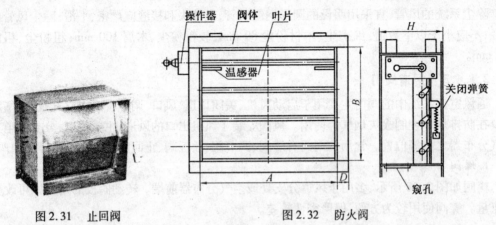

图 2.31 止回阀　　　　图 2.32 防火阀

6. 排烟防火阀

排烟防火阀如图 2.33 所示，由阀体、排烟阀操作器、280 ℃ 温感装置、开启弹簧和关闭弹簧等部分组成。一般安装在排烟管道上，平时处于关闭状态，手动开启或接到消防中心信号依靠开启弹簧阀门开启进行排烟，一旦排烟管中温度达到 280 ℃ 时，280 ℃ 温感装置动作，依靠关闭弹簧将阀门关闭起防火作用。

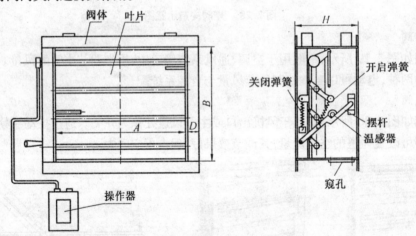

图 2.33 排烟防火阀

2.1.6.4 风道保温

在通风空调系统中，为提高冷、热量的利用率，避免不必要的冷、热损失，保证通风空调系统运行参数，应对通风空调风道进行保温。此外，当风道送冷风时，其表面温度可能低于或等于周围空气的露点温度，使其表面结露，加速传热，同时也对风道造成一定的腐蚀，基于此也应对风道进行保温。

保温材料主要有软木、聚苯乙烯泡沫塑料（通常为阻燃型）、超细玻璃棉、玻璃纤维保温板、聚氨酯泡沫塑料和硅石板等，导热系数大都在 0.12 W/(m²·℃) 以内，保温风管的传热系数一般控制在 1.84 W/(m²·℃) 以内。

通常保温结构有四层：

① 防腐层：涂防腐漆或沥青。

② 保温层：粘贴、捆扎、用保温钉固定。

③ 防潮层：包塑料布、油毛毡、铝箔或刷沥青，以防潮湿空气或水分进入保温层内，破坏保

温层或在其内部结露,降低保温效果。

④保护层:室内可用玻璃布、塑料布、木板、聚合板等作保护,室外管道应用镀锌铁皮或铁丝网水泥作保护。

2.1.6.5 通风系统的防火防爆

1. 通风系统防火

通风空调系统发生火灾时,风道极易传播烟气,使烟气从着火区蔓延到非着火区,甚至安全疏散通道,因此在工程设计时应采取以下可靠的防火措施:

(1) 垂直排风管道应采取防止回流的措施。如厨房、浴室和厕所的排风管与竖井风道连接时,可在支管上安装止回阀。

(2) 必要部位设置防火阀,如风道穿越防火分区的隔板或楼板、穿越通风空调机房及重要房间的隔墙处、穿越变形缝处风管的两侧。

(3) 严格选取设备及风管材料。通风系统的设备及风管应采用不燃材料制成,管道和设备的保温材料、消声材料和胶黏剂应为不燃材料或难燃材料,风道内设有电加热器时,风机应与电加热器联锁,电加热器应设无风断电保护装置。

(4) 合理布置通风系统。尽量使风道不穿越防火分区,通风空调系统竖向不宜超过五层。

2. 通风系统防爆

通风系统发生爆炸是空气中的可燃物含量达到了爆炸浓度极限,同时遇到电火花、金属碰撞引起的火花或其他火源而造成的。因此,在设计有爆炸危险的通风系统时,应注意以下几点:

(1) 空气含有易燃、易爆物质的房间,为了防止风机停机后,易燃、易爆物质从风管倒流,引起燃烧爆炸事故,其送、排风系统采用相应的防爆型通风设备,风管应考虑导除静电的接地措施。

(2) 当风机设在单独隔离开的通风机房内,且在送风干管上设有防火阀及止回阀时,由于可以防止危险物质倒流到风机内,此时可采用普通型通风设备。

(3) 空气中含有易燃、易爆物质的房间,其空气不应循环使用,且应设独立的通风系统。

(4) 系统风量除满足通风空调需求外,还应校核可燃物浓度,若处于爆炸浓度极限范围时,则应加大风量。

(5) 有爆炸危险的通风系统,应设防爆门。当系统内压力急剧升高时,防爆门自动开启泄压。

单元二 风道制作安装

通风管道(包括空调风管)制作工艺流程:备料→展开放样→下料(剪切)→板材纵向连接→咬口制作(咬口、铆接、焊接)→卷圆或折方→成型→法兰装配(下料加工、焊接、打眼冲铆法兰)→成品喷漆→检验→出厂。

通风管道的加工制作是指组成整个系统的风管(包括管件、部件、配件)的制作和组装过程,也就是根据设计图纸,从原材料到半成品、成品的加工制作过程。当前,风管(包括管件、部件、配件)的加工与制作有两种方法:

(1) 在加工厂制作,施工现场组合安装的方法。对于工程规模大、安装质量要求较高的工程,可以在加工厂或预制厂内利用各种专用机械集中加工制成成品和半成品后运到施工现场,进行组合安装。既提高了机械化程度,降低工人的劳动强度和生产成本,又有利于提高制作质量和单位产量,而且还有利于充分利用原材料,避免浪费。

(2)在施工现场进行加工制作和安装的方法。对于工程量不大或施工现场条件允许,可以使用一些小型加工机械在现场加工制作风管,这样可以减少风管(包括管件、部件、配件)的运输费用,避免装卸和堆放可能造成的成品、半成品的损坏,能够比较好地配合现场的施工进度进行加工制作。但由于施工现场条件所限,手工操作人员的技术能力不同,易造成原材料浪费和产品质量下降的现象。下面就风管施工中的基本操作技术作以简介。

2.2.1 钢材变形与矫正

风管与部件在放样画线之前,应对所用钢材进行检查,要求所用钢材不应有弯曲、扭曲、凹凸不平、波浪状变形等缺陷。对于有变形缺陷的钢材,当钢材超过允许偏差时,在放样画线之前必须进行矫正。

钢材的矫正,按矫正的温度不同,可分冷矫正和热矫正两种方法。冷矫正是指钢材在常温下进行的矫正,主要适用于塑性较大的钢材。热矫正是将钢材加热到 700 ~ 1 000 ℃ 高温下进行矫正,主要用于变形大、塑性差的钢材。钢材矫正按作用外力方式不同,可分为手工矫正、火焰矫正、高频热矫正和机械矫正等。由于通风与空调工程所用板材的厚度较薄,一般可在常温下用手工矫正。

1. 钢板的矫正

钢板矫正采用的方法有手工矫正和机械矫正。当风管制作采用卷材时,可用钢板矫平机的多辊反复弯曲来矫正钢板,当风管制作采用板材时,平板的变形可用手工锤击的方法进行矫正。

钢板的变形有凸起、边缘呈波浪形、弯曲等现象。矫正前应分析产生变形的原因,来确定手工矫正方法,薄钢板的矫正方法如图 2.34 所示。

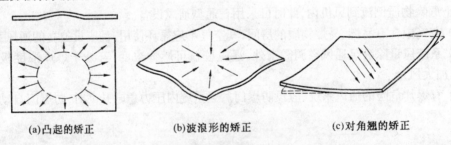

(a)凸起的矫正　　　　(b)波浪形的矫正　　　　(c)对角翘的矫正

图 2.34　薄钢板的矫平

薄钢板凸起变形时,可用手锤由凸起的四周逐渐向外围锤击,锤点由里向外逐渐加密,锤击力也逐渐加强,使凸起部位的四周均匀外展,中间凸起部分就会消除。当有几处相邻凸起部位时,应在凸起的各交界处轻轻锤击,使之合成一个凸起部位,然后再按上述方法锤击四周,使钢板矫平,如图 2.34(a) 所示。

薄钢板四周呈波浪变形时,应从四周向中间逐步锤击,锤点密度从四周向中间逐步增加,同时锤击力也逐渐增大,以使中间伸长而达到矫平钢板的目的,如图 2.34(b) 所示。

薄钢板弯曲变形时,应沿着没有弯曲翘起的另一个对角线锤击,使钢材组织延伸而达到钢板矫平的目的,如图 2.34(c) 所示。

2. 角钢的矫正

角钢常见的变形有外弯、内弯、扭曲和角变形等,如图 2.35 所示。

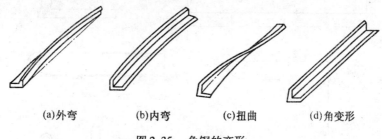

(a)外弯　　　(b)内弯　　　(c)扭曲　　　(d)角变形

图 2.35　角钢的变形

① 角钢的外弯矫正:是将角钢放在铁砧上,角钢弯曲处的凸部向上,用铁锤锤击凸部,达到矫正外弯的目的。角钢的内弯矫正,是将角钢内弯的凸面部向上,用铁锤锤击凸部,以使角钢内弯得以矫正。

② 角钢的扭曲矫正:是将角钢一端用台虎钳夹住,再用扳手夹住角钢的另一端并作反方向扭转,使扭曲变形得以矫正。

③ 角钢的角变形矫正:当角钢的角变形大于90°时,将角钢放在V形槽的铁砧内或斜立在平台上,用铁锤锤击,使角钢夹角缩小到90°为止。当角钢的角变形小于90°时,将角钢仰放铁砧或平台上,用铁锤锤击角钢内侧(角钢内侧应垫上型锤),使角钢夹角扩大到90°为止。

3. 扁钢的矫正

扁钢的变形有弯曲和扭曲两类。扁钢的弯曲有两种:当扁钢在厚度方向弯曲时,用铁锤锤击弯曲凸部处,使扁钢矫平;当扁钢在宽度方向弯曲时,用铁锤依次锤击扁钢的内层,使弯曲矫正。扁钢的扭曲矫正方法与角钢矫正方法相同。

4. 槽钢的矫正

槽钢的变形有立弯、旁弯和扭曲等形式。槽钢的立弯矫正,是将槽钢放在平台上,使凸部向上,用铁锤锤击凸部处的腹板进行矫正。槽钢的旁弯矫正,是将槽钢放在两根平行圆钢组成的平台上,用铁锤锤击凸部处翼腹板进行矫正。槽钢的扭曲矫正,是将槽钢放在平台上,使扭曲部分伸出平台外,再用卡子将槽钢压住,用锤锤击伸出平台部分翘起的一边,使其反向扭转,边锤击边使槽钢向平台方向移动,然后再调头用同样方法锤击,直至矫正为止。

以上是钢材冷态下的手工矫正法。钢材还可以采用热态手工矫正法,即用火焰加热或用高频加热后,再用上述方法进行矫正。

机械矫正多采用冷态矫正,即利用钢板矫平机、型钢矫正机、压力机等专用矫正机进行矫正。

2.2.2　通风管道的展开放样

在通风工程中,用各种板料制成的风管、零件、部件都有一定的几何形状和外形尺寸,所以必须先用展开图的方法求出各风管、部件的尺寸后,才能进行风管、部件制作加工。

通风管道的展开图,是用作图的方法将所需制作的风管、管件和部件,按其表面的真实大小,在各种板材的平面上画成图形,即称为放样或画展开图。

2.2.2.1　用画线工具画展开图

在画风管展开图和风管展开下料图时,要用画线工具。常用的画线工具如图2.36所示。

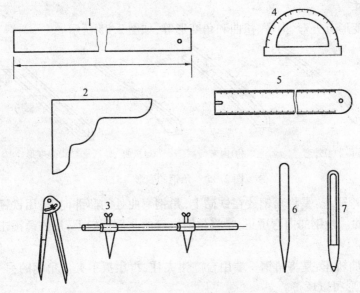

图 2.36 画线工具
1—钢板直尺;2—角尺;3—划规、地规;4—量角器;
5—1 m 长不锈钢板尺;6—划针;7—样冲

(1) 不锈钢尺:长度为 1 m,用来度量直线长度和画线用。
(2) 钢板直尺:长度为 2 m,用以直角画线用。
(3) 角尺:画直线或平行线用,并可测量配件两平面是否垂直。
(4) 划规和地规:截取线段、画圆、画弧线用。
(5) 量角器:测量和划分角度用。
(6) 划针:在钢板上画线用。
(7) 样冲:在钢板上冲点作记号,为圆规画圆或画弧定心用。

画展开图所用的工具应保持清洁、精确度,划针、划规的端部要保持尖锐度(避免画线粗,误差大),确保画线的准确度。

2.2.2.2 画展开图的基本要求

画展开图通常在平台上进行,对常用的管件、部件,可用薄钢板或油毡纸制成样板,并在样板上标注名称、规格、尺寸,以防在使用中发生差错。对于单一的管件、部件,可直接在所需的板材上画展开图并进行下料。

通风管件、部件在制作过程中,必然要涉及展开图的板材厚度、咬口连接的咬口余量,法兰连接的余量等问题,这些问题在画展开图时处理不当,就会造成制作件的尺寸不准或无法使用。

1. 板材厚度的处理

通风管道、管件、部件的尺寸标注时,通常是矩形风管以外边尺寸计算,圆形风管以外径尺寸计算。通风管道采用薄钢板、镀锌钢板、铝板和不锈钢板制作时,当板厚在 0.5~2.0 mm 内,由于板厚对展开图的尺寸影响很小,所以在展开图放样时,可忽略不计板材厚度,可按风管标注的外边或外径画展开图。当板厚大于 2.0 mm 时,要考虑板厚的影响,圆形风管画展开图时,按风管的中径(外径减板厚或内径加板厚)作为展开图计算尺寸。矩形风管画展开图时,仍按风管的外边尺寸作为展开图计算尺寸。

2. 风管咬口余量的确定

风管和管件采用咬口连接时,应根据咬口加工方式(手工咬口或机械咬口)和咬口形式确定展开图中所预留的咬口余量。咬口余量分别留在板料两边,并且两边留的余量是不一样的。风管下料时预留的咬口余量见表2.21。

表2.21 咬口余量(mm)

薄板厚度	机械咬口						手工咬口					
	平咬口		按扣式咬口		联合角咬口		平咬口		角咬口		联合角咬口	
0.5～0.7	24	10	31	12	30	7	12	6	12	6	21	7
0.8	24	10	31	12	30	7	14	7	14	7	24	8
1～1.2	24	10	31	12	30	7	18	9	18	9	28	9

对于预留咬口余量没把握时,可按咬口形式进行试验,以便确定适当的咬口余量。金属钢板风管接合处采用焊接时,应根据焊缝形式预留搭接量。

3. 风管法兰连接的余量确定

风管之间采用法兰连接时,应在管端留出相当于制作法兰角钢的宽度与翻边量(约10 mm)之和的余量,采用无法兰插条连接时,应根据插条形式和插接咬口机的种类而定。

2.2.2.3 画展开图的基本方法

通风空调系统安装中,画展开图是管道、管件及部件加工制作中的重要工序,是一项基本的操作技能,正确掌握画展开图的技术,对保证加工件的质量、节约材料、提高工作效率具有重要作用。

画展开图一般在平台上进行。就是根据管道、管件及部件几何形状和外形尺寸,用作图的方法,按1∶1的比例将风管(包括管件、配件)的展开图形画在金属薄板上。对于较常用的风管(包括管件、配件)可用油毡纸制成样板,作为下料剪切的依据。

画展开图的基本方法有:平行线法、放射线展开法、三角形法及近似法(画不可展开曲面图用)。

1. 平行线法

平行线法就是利用无限多的相互平行素线,将所要展开的截体表面,划分无限多的小平面,把这些小平面按原来的先后顺序和上下位置,不遗漏、不重合地平铺起来,所形成的图就是平行线法的展开图。

平行线法主要用在表面是柱面(圆柱、棱柱、矩形柱等)的风管或管件的侧表面上画展开图。平行线法的步骤是:

(1)画出立面图(主视图)和正断面图(俯视图)。

(2)将断面图分为若干等份,把各个等分点平行与中心轴线的线投影到立面图上。以表示出各个等分点对应的素线、位置和长度。

(3)在与立面图中心轴线垂直的方向上,将柱体表面展开并同样进行等分,随后得到各个对应等分线(素线)的长度,连接各点就可以得到展开图。

【例2.4】 方形、矩形直角弯头的展开图。

方形、矩形直角弯头的展开图,如图2.37所示。

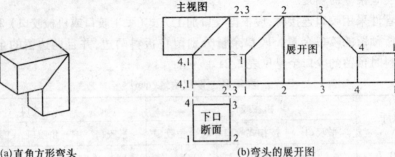

(a)直角方形弯头　　(b)弯头的展开图

图2.37　方形直角弯头展开图

(1)画出方形直角弯头的主视图和俯视图(下口断面图)。

(2)按俯视图上1、2、3、4、1的周长,画展开图1、2、3、4、1的底边长度。

(3)画展开图上1—1、2—2、3—3、4—4、1—1的棱线,使棱线的高度等于主视图上1—1、2—2、3—3、4—4、1—1各棱线高度,连线得出矩形直角弯头的展开图,如图2.37(b)所示。

【例2.5】　圆形直角弯头的展开图。

圆形直角弯头的展开图,如图2.38所示。

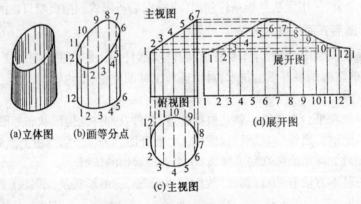

图2.38　圆形直角弯头的展开

(1)画出斜口圆形风管的主视图和俯视图,见图2.38(c)所示。

(2)将俯视图按圆周长分成12等份,得出12个点。

(3)通过等分点向上、向主视图引平行线,并与斜口线相交,得出1、2、…、7个点。

(3)作展开图,如图2.38(d)所示。作主视图底边的延长直线,直线长度为主视图的圆周长并分成12等份。通过12等分点向上作垂直线,与主视图斜口的7个点引出水平线相交,得出1—1、2—2、…、12—12、1—1线,然后用圆滑曲线连接1、2、…、12各点,即为圆形直角弯头的展开图。

【例2.6】　多节圆形弯头的展开图。

多节圆形弯头的展开图,如图2.39所示。

(1)由已知尺寸管道直径D,弯管角度α和曲率半径R,圆形风管的组成最少节数画出弯头的立面图(其中弯管的中间节在大小上等于两个端节,故每个端节在弯管中所占的角度为$\frac{\alpha}{n+2}$,n为中间节节数)。

(2)在立面图上画出断面圆并将其12等分,过各点作垂直于OB的直线与OC交于各点,

延长 OB 线并截取 EF 线段使其等于圆管的周长 $D\pi$ 并 12 等分。

(3)由 OC 线上各点作平行于 EF 的平行线与各等分线分别相交并连接各点即得端节展开图,向下镜像作图即得中间节展开图。

圆形弯管曲率半径和最少节数,可按表 2.22 确定。

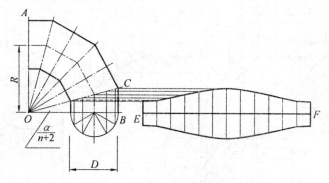

图 2.39　多节圆形弯头展开图

表 2.22　圆形弯管曲率半径和最少节数

弯管直径 D/mm	曲率半径 R	弯管角度和最少节数							
		90°		60°		45°		30°	
		中节	端节	中节	端节	中节	端节	中节	端节
80~220	≥1.5D	2	2	1	2	1	2	—	2
220~450	D~1.5D	3	2	2	2	1	2	—	2
450~800	D~1.5D	4	2	2	2	1	2	1	2
800~1 400	D	5	2	3	2	2	2	1	2
1 400~2 000	D	8	2	5	2	3	2	2	2

【例 2.7】　等径圆形三通的展开图。

等径圆形三通的展开图,如图 2.40 所示。

(1)按实形图(a),作主视图(b)图。

(2)作结合线,因甲、乙两圆管是等径的,可用内切线球体法求得它们的结合线是两条平面曲线,在主视图(b)中是一条折线。

(3)作甲圆管的展开图:①将甲圆管的圆周 16 等分,图(b)上是 8 等分,过每一等分点向相贯线引平行线素线,并与它相交。②将甲圆管沿一素线切开平摊在主视图右侧,并按圆周的等分画平行素线。③过结合线上的交点向图(d)引平行素线分别与它上面的平行素线相交。④用平滑曲线依次连接图(d)的交点,即可得出甲圆管的展开图,如图 2.40(d)所示。

(4)作乙圆管的展开图:①将乙圆管的右视图(见图(c)),同样将其圆周 16 等分。②将乙圆管沿一条素线切开摊平在主视下(见图(e)),并用平行线将其分成 16 等份。③过结合线上的交点向图(e)引平行素线,并与其上的平行线分别相交。④在图(e)上用平滑曲线依次连接各交点,便可得出乙圆管的展开图,如图 2.40(e)所示。

按上述方法也可以进行等径圆四通管的展开图。

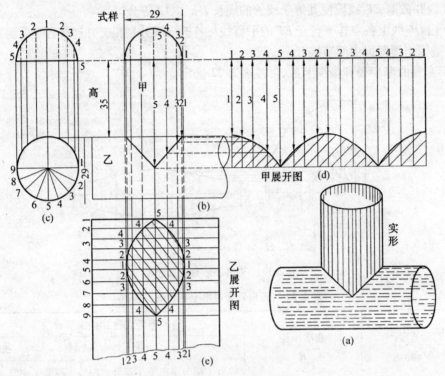

图 2.40 等径圆形三通展开图

【例 2.8】 等径圆形斜三通管的展开图。

等径圆形斜三通管的展开图,如图 2.41 所示。

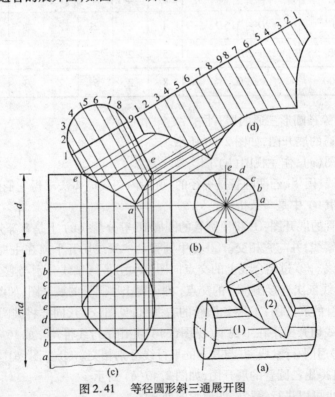

图 2.41 等径圆形斜三通展开图

(1)按实体图(a),作投影图(b)。

(2)求结合线,因为是两个等径圆管相交,相贯线是两段平面的曲线,反映在主视图上是一条折线,见图(b)。

(3)作上部圆管的展开图:①在上部圆的直径上作半圆,并将其分成8等份(则整圆均分成16等份),等分点分别为1、2、3、4、5、6、7、8、9,延长线段1—9,并在延长线上取一线段等于上部圆管的周长,将其分成16等份,得到分点为1、2、3、…、3、2、1,过每一等分点作9—e的平行线。②过上部圆管半圆上的等分点作9—e的平行线,分别与相贯线e—a—e相交,再过每一交点作1—9的平分线,分别与图(d)的平分线相交,用平滑曲线依次连接各交点,可得出上部圆管的展开图,如图2.41(d)所示。

(4)作下部圆管的展开图:①下部圆管的左视图是一个圆,见图2.41(b),并把它分成16等份,用a、b、c、d、e分别代表各等分点。将圆管水平切开平铺在主视图下,分别过a、b、c、d、e作平行线。②在下部圆管左视图上,分别过a、b、c、d、e作e—e的平行线与V形相贯线e—a—e的两侧相交,再过每一交点向下引平行线分别与图(c)上的水平平行线相交,再用平滑曲线依次连接各交点,可得出下圆管的展开图。

【例2.9】 异径圆形斜三通的展开图。

异径圆形斜三通的展开图,如图2.42所示。

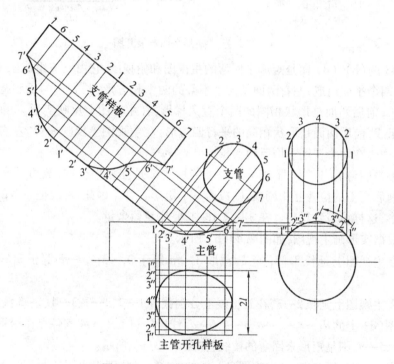

图2.42 异径圆形斜三通展开图

由图可知,主管外径为D、支管外径为D_1,主管与支管轴线的交点为a。要画支管的展开图和主管上开孔的展开图,应先求出支管与主管的结合线。

(1)先画出异径斜三通的立面图与侧面图,在该两图的支管端部各画半个圆,并分为6等份,各分点为1、2、3、4、3、2、1,然后在立面图上通过各等分点作平行于支管中心线的斜直线,同时在侧面图上通过各等分点向下作垂线,这组垂线与主管圆周相交,得出交点为$1''$、$2''$、$3''$、$4''$、$3''$、$2''$、$1''$。

(2) 过点 $1''、2''、3''、4''、3''、2''、1''$ 向左分别引水平线,使之与立面图上支管斜平行线相交,得出交点为 $1'、2'、3'、4'、5'、6'、7'$,将这些点用平滑曲线依次连接起来,可得出异径三通的结合线。

求出异径三通的结合线后,再按图 2.41(b) 所示的方法,可画出支管和主管(开孔)的展开图。

【例 2.10】 矩形来回弯的展开图。

矩形来回弯的展开图,如图 2.43 所示。

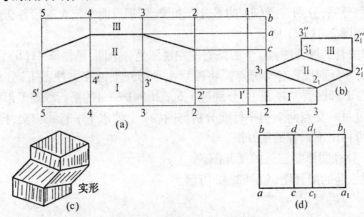

图 2.43 矩形来回弯展开图

图 2.43 的(b)、(d) 图是矩形来回弯的主视图和俯视图,它由三节组成。Ⅰ 节和 Ⅲ 节完全相同,由四个平面组成,左右两面是大小不等的两个长方形,长方形的长和宽在两个视图上均反映实长,前后两面是形状相同的两个直角梯形,在主视图上反映实形。中间一节也是由四个平面组成,前后两面是形状相同的平行四边形,在主视图上反映实形,左右两面是形状相等的矩形,边长在两个视图上均反映实长。

因矩形来回弯的 Ⅰ、Ⅱ、Ⅲ 三节表面上的棱线都是互相平行的,故可用平行线法画展开图。如将前后两面的位置互相调换,则成为一个矩形直管。因此,可以把三节的展开图拼合成一个长方形,这样可节约材料。在实际工作中,要注意留余量。

(1) 根据实形画主视图,如图 2.43(b) 所示。

(2) 在主视图上延长 $3—3_1$ 至 b,截取 $3_1—a$ 等于 $3_1—3_1'$,$a—b$ 等于 $3_1'—3_1''$,$c—b$ 等于 $2_1'—2_1''$。

(3) 在主视图上延长 2—3,在延长线上分别截取 1—2、2—3、3—4、4—5 线段,使线段分别等于俯视图(d) 上的 $d_1—c_1$、$c_1—a$、$a—b$、$b—d_1$ 线段。过 1、2、3、4、5 各点作铅垂线 1—1、2—2、3—3、4—4、5—5,则是矩形来回弯的棱线,如图 2.43(a) 所示。

(4) 作 Ⅰ 节的展开图,过主视图(b)上的 $2_1、3_1$ 点分别引水平线与图(a)上的五条线相交,其交点为 $1'、2'、3'、4'、5'$,依次连接各点,得出 Ⅰ 节的展开图,即 $1—1' \sim 5'—5—1$,如图 2.43(a) 所示。

(5) Ⅱ 节、Ⅲ 节展开图的作法与上述 Ⅰ 节的展开图作法相同。

2. 放射线展开法

放射线展开法,就是利用无限多的斜素线,将所要展开的截体表面,划分无限多的小平面(小三角形,近似平面),当把这些小三角平面按原来的先后顺序和上下位置,不遗漏、不重合地平铺起来,所形成的图就是放射线法的展开图。

放射线展开法主要用在表面是锥体或表面是锥体的一部分(正圆锥、斜圆锥、棱锥)的管件。如圆形变径管、伞形吸气罩、伞形风帽、锥形风帽、圆锥形散流器的展开画线。放射线法展开的步骤是:

(1)画出立面图(主视图)和正断面图(俯视图)。

(2)将周长分为若干等份,从各个等分点向立面图底边引垂线,并标出它们的位置和交点的连接长度;平行与中心轴线的线投影到立面图上,以表示出各个等分点对应的素线、位置和长度。

(3)以交点为圆心、以斜线的长度为半径,作出与平面图周长等长的弧,并在弧上划分若干个等分点,把各等分点与交点(圆心)相连。再以各等分点在立面图上的实长为半径,在其对应的连线上截取各点,连接各截点就可以得到展开图。

【例2.11】 正心圆形变径管的展开图。

正心圆形变径管的展开图,如图2.44所示。

(1)根据已知变径管大口直径D、小口直径d及变径管高h,作出变径管的平面图和立面图。

(2)以O为圆心,分别以OA和OC为半径,画两个圆弧。在OA为半径的圆弧上取任意点A',并截取圆弧$A'A''$等于圆周长$D\pi$,定出A''点,连接OA'、OA'',则$A'A''C'C''$就是圆形变径管的展开图。

【例2.12】 正心圆形变径管的展开图。

正心圆形变径管的展开图,如图2.45所示。

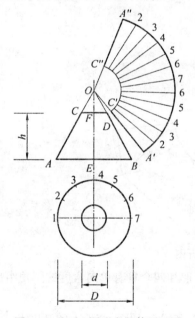

图2.44 正心圆形变径管展开图

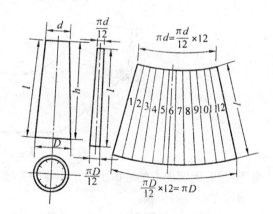

图2.45 正心圆形变径管展开图

对不易得到顶点的正心圆形变径管,当大口直径和小口直径相差很少,其顶点相交在很远的地方时,不可能采用放射线法作展开图,一般常采用近似的画线法来得到展开图。

(1)根据已知的大口直径D、小口直径d以及高度h先画出主视图和俯视图。

(2)将大口直径和小口直径的圆周长各12等分。

(3) 取变径管的斜边 L 和 $\dfrac{D\pi}{12}$ 及 $\dfrac{d\pi}{12}$ 作图,即可得出正心圆形变径管的展开图。

3. 三角形法

三角形法就是把所要展开的截体表面,分割成无限多的小三角形,把这些小三角形按原来的左右相互位置和顺序,不遗漏、不重合地平铺起来,所形成的图就是三角形法的展开图。

凡平行线法、放射线展开法不能展现的物体表面,都可采用三角形法。因此,三角形法的应用更广泛。

画任意三角形,只要知道三条边的实长即可。因此,三角形法必须首先求出三条边的实长,然后才能作出展开图。求实长的方法,可以采用直角三角形法和直角梯形法两种。当零件的中心(轴)线与水平投影面相垂直时可采用直角三角形法;当零件的中心(轴)线与水平投影面相互倾斜时则采用直角梯形法。

【例 2.13】 正心天圆地方的展开图。

正心天圆地方的展开图,如图 2.46 所示。

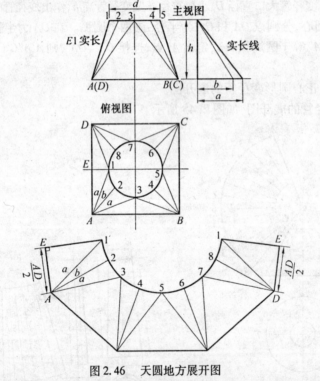

图 2.46 天圆地方展开图

由图可知,天圆地方的表面由四个相等的等腰三角形和四个具有单向弯度的圆角组成。

天圆地方展开的步骤:

(1) 根据已知的圆管直径 D,矩形风管端口尺寸 AB 和 BC 以及天圆地方的高度 h,画出主视图和俯视图,如图 2.46 所示。并将上口的圆周分成 8 等份,过等分点分别向下口的四个角连线,使每个周角都分为三个三角形(这三个三角形都有一个边是曲线,如将圆周的等份划分得多时,则其曲线可近似当作直线)。

(2) 利用已知直角三角法求表面各棱线的实际长线。俯视图中的 $E1$ 棱线为天圆地方的接口处。其实长线已直接反映主视图,不必另求,仅求 a、b 的实长线。用三角形法画展开图,

先画线段 EA 为 $(AD)/2$，以 E 点为圆心，$E1$ 实长为半径画弧，与以 A 点为圆心，a 的实长为半径画弧相交于 1 点；再以 1 点为圆心，12 的弧长为半径画弧，与以 A 点为圆心，b 的实长为半径画弧相交于 2 点。

(3) 作展开图，按已知的三角形三个边的实长作图，即可得出天圆地方的展开画线图。

在通风和空调工程中，风管的其他类型管件配件展开画线一般均可采用上述的方法进行。但是，应注意：画线下料的展开图图样尺寸大小应针对板厚进行适当的处理，一般情况下，如果板厚为 2 mm 以下时按管件的外壁尺寸进行放样，板厚在 3 mm 以上时按板中心尺寸进行放样；同时放线下料的展开图尺寸还必须根据风管连接咬口的形式加放咬口余量和法兰的翻边余量。

2.2.3 板材的剪切

板材的剪切就是按板材上的展开图形，利用剪切工具进行裁剪的过程。剪切前应对展开图的画线进行核对，避免下错料造成浪费。板材剪切的基本要求是：剪切位置准确、切口整齐、直线平直、曲线圆滑。剪切可用手工和机械进行。

2.2.4 板材的连接

2.2.4.1 金属薄钢板的连接

通风管道、管件和部件制作时，可根据板材厚度、设计要求，确定连接形式。金属薄板材的连接可分咬口、铆接、焊接等形式，其中咬口是最常用的连接方式。金属薄板的连接形式主要取决于板厚及材质，金属薄板连接方式确定详见表 2.23。

表 2.23　金属薄板连接方式的适用范围

板 材	板 材 厚 度			
	$\delta \leq 1.0$	$1.0 < \delta \leq 1.2$	$1.2 < \delta \leq 1.5$	$\delta > 1.5$
钢板连接方式	咬接	咬接	焊接(电焊)	焊接(电焊)
铝板连接方式	咬接	咬接	咬接	焊接(氩弧焊及气焊)
不锈钢板连接方式	咬接	焊接(氩弧焊及电焊)	焊接(氩弧焊及电焊)	焊接(氩弧焊及电焊)

1. 咬口连接

咬口连接是用折边法将板材的板边折成曲线钩状，然后相互钩挂咬合压紧。板材咬口加工连接变形小，外形美观。板材咬口加工可用机械和手工操作。手工咬口一般限于加工厚度小于 1.2 mm 的普通薄钢板和镀锌薄钢板、厚度小于 1.5 mm 的铝板、厚度小于 0.8 mm 的不锈钢板。手工加工咬口的操作过程主要是折边(打咬口)和压实咬合。折边应宽度一致和平直，保证在咬合压实时不出现含半咬口和开裂现象，以确保咬口缝的严密、牢固。

2. 铆钉连接

铆钉连接是将两块需要连接的板材，按规定的尺寸用铆钉穿连铆合在一起。在实际工程中，由于制作风管的板材较厚，手工咬口或机械咬口无法进行，或板材质地较脆不适于咬口连接时，按设计要求采用铆接或焊接。在风管制作中，常用于板材与板材之间的连接、板材与角钢法兰的连接。铆接可采用手工铆接或机械铆接。

3. 焊接

焊接是安装风管及部件的常用方法之一。根据金属板材种类和设计要求确定焊接方式，经常采用的焊接方式有:电弧焊、氧-乙炔焊、二氧化碳气体保护焊、氩弧焊、点焊、缝焊和锡焊等。

2.2.4.2 非金属板风管的黏接

(1)酚醛铝箔复合板风管与聚氨酯铝箔复合板风管制作

采用45°角黏接或采用"H"形加固条并在拼接处涂胶黏剂拼接而成。酚醛铝箔复合板与聚氨酯铝箔复合板风管制作,当风管边长小于或等于1 600 mm时采用45°角形槽口直接黏接,并在黏接缝处两侧粘贴铝箔胶带,如图2.47所示。

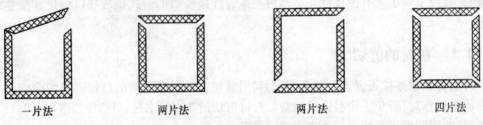

一片法　　　两片法　　　两片法　　　四片法

图2.47　矩形风管45°角组合方式

矩形风管组合,可采用一片法、两片法或四片法,复合板材切割应使专用刀具,拼接处的切口应平直、风管的折角应平直,拼缝黏接应牢固平整,黏接材料宜为难燃材料。风管管板组合前应清除油渍、水渍、灰尘,组合时45°角切口处应均匀涂满胶黏剂黏合。黏接缝应平整,不得有歪扭、错位、局部开裂等缺陷。铝箔胶带粘贴时,其接缝处单边粘贴宽度不应小于20 mm。风管内角缝应采用密封材料封堵,外角缝铝箔断开处,应采用铝箔胶带封贴。

"H"形加固条拼接,其接缝处应涂胶黏剂黏合,边长大于1 600 mm时,采用"H"形PVC或铝合金加固条在90°角槽口处拼接,如图2.48所示。

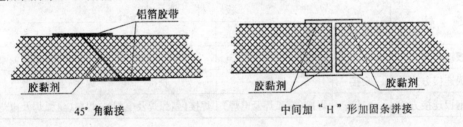

45°角黏接　　　　　　　中间加"H"形加固条拼接

图2.48　风管板材拼接方式

(2)玻璃纤维复合板风管制作

玻璃纤维复合板风管制作,应采用整板材料。如板材需要拼接时,在结合缝处均匀涂满胶液,使板缝紧密黏合。应在外表面接缝处预留宽30 mm的外护层,经涂胶密封后,用一层大于或等于50 mm宽热敏(压敏)铝箔胶带粘贴密封。接缝处单边粘贴宽度不应小于20 mm。内表面接缝处可用一层大于或等于30 mm宽铝箔复合玻璃纤维布粘贴密封或采用胶黏剂抹缝。如图2.49所示。

风管制作,一般采用45°角形或90°梯形接口,应使用专用刀具切割成形。并且不能破坏铝箔表层,在组合风管的封口处留有大于35 mm的外表面搭接边量,如图2.50所示。

风管组合前,先清除管板表面的切割纤维、油渍、水渍。在风管组合时,调整好风管端面的平整度,槽口不得有间隙和错口,如图2.51所示。

风管内角接缝处用胶黏剂勾缝。风管外接缝应用预留外护层材料和热敏(压敏)铝箔胶带重叠粘贴密封。

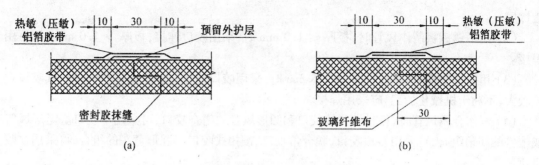

图 2.49 玻璃纤维复合板拼接

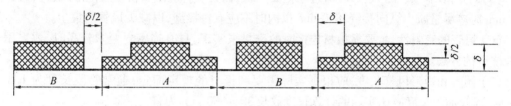

图 2.50 玻璃纤维复合板风管梯形接口

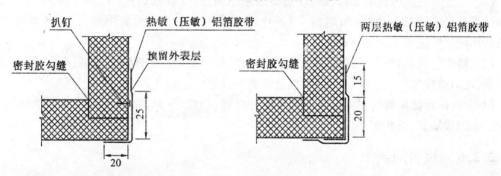

图 2.51 风管直角组合

丙烯酸树脂涂层应均匀,涂料质量不应小于 105.7 g/m²,且不得有玻璃纤维外露。风管采用金属槽形框外加固时,应设置内支撑,并将内支撑与金属槽形框紧固为一体。负压风管的加固,应设在风管的内侧。风管采用外套角钢法兰、外套 C 形法兰连接时,其法兰连接处可视为一外加固点。其他连接方式风管的边长为 1 200 mm 时,距法兰 150 mm 内应设纵向加固。采用阴、阳榫连接的风管,应在距榫口 100 mm 内设纵向加固。风管加固内支撑件和管外壁加固件的螺栓穿过管壁处应进行密封处理。风管成形后,在外接缝处宜采用扒钉加固,其间距不宜大于 50 mm,并应采用宽度大于 50 mm 的热敏胶带粘贴密封。

风管成形后,管端为阴、阳榫的管段应水平放置,管端为法兰的管段可立放。风管应待胶液干燥固化后方可挪动、叠放或安装。风管应存放在防潮、防雨和防风沙的场地。

2.2.5 风管制作的一般要求

(1)用金属薄钢板制作风管时,可根据板材和系统的严密要求,选用咬口连接、铆接或焊接。其中,镀锌钢板及各类含有复合保护层的钢板,应采用咬口连接或铆接,不得采用影响镀锌层、复合保护层的连接方式。咬口接缝对风管起加强作用,风管的变形较小。薄钢板风管的厚度 ≤ 1.2 mm 时,应采用咬口连接,板厚 > 1.2 mm 时,可采用焊接。用镀锌钢板制作的风管,板厚 ≤ 1.2 mm 时,应采用咬口连接,板厚 > 1.2 mm 时,可采用铆接,避免采用焊接而破坏镀锌层。

(2) 用不锈钢板制作风管时，板厚 ≤ 1.0 mm 时，采用咬口连接，板厚 > 1.0 mm 时，可用焊接。

(3) 用铝板制作风管时，板厚 ≤ 1.5 mm 时，采用咬口连接，板厚 > 1.5 mm 时，其咬口宽度较大，不利于机械化加工，应采用焊接。

(4) 制作金属风管时，板材的拼接咬口和圆形风管的闭合咬口，可采用单咬口。矩形风管或配件的四角组合，可采用转角咬口、联合角咬口、按扣式咬口。圆形弯头的组合，可采用立咬口。

(5) 空气洁净系统的风管，咬口缝不但要严密，而且板材应减少拼接。矩形风管大边超过 800 mm 时应尽量减少纵向接缝，800 mm 以内时不应有拼接缝，以减少风管内集尘。

(6) 风管的密封性，主要靠板材连接时的密封来实现，只有当密封要求较高时，才采用密封胶嵌缝的方法。

(7) 圆形和矩形风管长度，应根据实际需要和板材的规定而定，通常管段长度为 1.8 ~ 4.0 m，风管加工长度应比实际的计算长度放长 30 ~ 50 mm 为宜。

(8) 风管外径或边长的允许偏差应按负偏差控制，当外径或边长 ≤ 300 mm 时为 -2 ~ 0 mm，当外径或边长 > 300 mm 时为 -3 ~ 0 mm。管口平面度的允许偏差为 2 mm，矩形风管两条对角线长度之差不大于 3 mm。

(9) 制作金属风管时，板面应保持平整，严格控制四边的角度，防止咬口后产生扭曲、翘角等现象，咬口缝应紧密、宽度均匀，纵向接缝应错开并有一定距离。

(10) 制作焊接风管时，焊缝应平整，不应有裂缝、凸瘤、穿透的夹渣、气孔及其他缺陷，焊接后的变形应矫正，并将焊渣及飞溅物清除干净。

2.2.6 风管的制作

1. 圆形风管制作

圆形风管加工基本工序：展开画线 → 剪切下料 → 加工咬口折边 → 卷圆 → 合缝装配。

(1) 圆形风管展开画线

圆形风管的展开图比较简单，通常在钢板上直接画线。展开图是根据图纸给定的风管直径 D、管节长度 L，再按风管的圆周长 πD 及 L 的尺寸作矩形图，如图 2.52 所示。

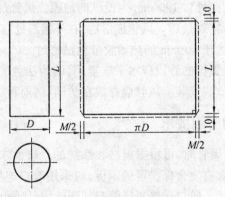

图 2.52 圆形风管展开样图

画圆形风管展开的矩形图时，首先要保证矩形图的四个边规成角方，一边长为圆周长 πD，另一边长为管节长度 L，并根据板材厚度不同留出咬口余量 M 和法兰翻边量（一般为10 mm）。当风管采用对焊时，可不设咬口余量；法兰与风管采用焊接时，也不再设翻边量。

风管的管段长度（管节长度 L），应按现场的实际需要和板材规格来确定，通常在 3～4 m 内设置一副法兰。

圆形风管展开图所用板材的拼接形式，如图 2.53 所示。

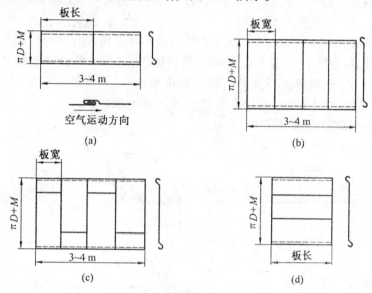

图 2.53 圆形展开图板材的拼接形式

制作直径小的风管时，可用板宽 750 mm（或 900～1 000 mm）作展开圆周长 πD，如图 2.53(a) 所示。

风管直径大时，板宽不够展开圆周长加咬口余量时，可在板长方向作展开圆周长加咬口留量，如图 2.53(b) 所示。风管直径较大时，板长也不够展开圆周长加咬口留量时，可用板长再拼接一块板来满足展开圆周长加咬口余量的需要，如图 2.53(c) 所示。

目前常用的风管道加工机械长度规格是 2 000 mm，所以风管长度多采用 1 800 mm 或 2 000 mm 板材长度，可用板宽作展开圆周长，板宽不够时，采用拼接法满足展开圆周长要求。风管展开时，应注意图形排列，尽量节约板材，并减少板料的切口和咬口量。当拼接板材纵向和横向咬口时，应把咬口端切出斜角，避免咬口处出现凸包。

当风管采用焊接或横向缝采用焊接时，以板长或板宽作展开圆周长，加工卷制后，再焊成 3～4 m，纵向焊缝应交错设置。

(2) 剪切下料与咬口

按展开图的风管周长、咬口留量和管段长度，可用手工或机械进行剪切下料。圆形风管剪切下料后，可用手工或机械的方法加工纵向单平咬口，应注意两边的咬口，应一正一反，否则卷圆后无法挂合。

(3) 卷圆与合缝装配

圆形风管直径较大时，一般不需卷圆，只需将咬口折边挂合后，用木槌或木方尺打实即可，待铆接法兰时风管套进法兰后自然整圆。只有当圆形风管直径较小、板材较厚后时，才需要卷圆。卷圆后，进行咬口挂合，咬口挂合无抵碰时，再行合缝打实。风管采用焊接时，可直接剪切、卷圆、焊接成风管。

2. 矩形风管制作

矩形风管加工基本工序:展开画线 → 剪切下料 → 加工咬口折边 → 折方 → 合缝装配。

(1) 矩形风管展开画线

矩形风管的展开画线方法与圆形风管基本相同,将圆管的周长改为矩形风管周长(风管的四个边之和),即 $2(A+B)$,但预留咬口量的方法与圆形风管不同。

矩形风管的展开图是一个矩形,一边为 $2(A+B)$,另一边是风管管节长度 L,如图2.54所示。

矩形风管展开后,应严格角方,否则加工的风管会出现歪扭、翘曲现象,误差大时很难纠正。通风系统组装后,会横不平、竖不直,影响工程质量。矩形风管的咬口留量,可根据咬口形式和板厚算出留量 M,分别留在展开图两侧。如单角咬口,其留量一边为 $M/3$,另一边为 $2M/3$。联合咬口、按扣咬口等可分别计算出 M 后,留在展开图两侧。

矩形风管纵向咬口形式,如图2.55所示。

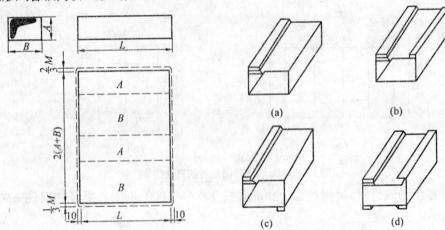

图2.54　矩形风管展开样图　　图2.55　矩形风管纵向咬口形式

当 $2(A+B)+M$ 小于板宽时,只设一个单角咬口,如图2.55(a)所示。当板小于 $2(A+B)$、大于 $A+B$ 时,应设两个转角咬口,如图2.55(b)、(c)所示。当风管两个边很大、板宽小于 $A+B$ 时,展开下料分为四片,设四个转角咬口,如图2.55(d)所示,并应注意展开图两侧的咬口留量,大边和小边的留量不能颠倒,否则加工的风管边宽不合格。

(2) 剪切下料与咬口

按展开图的风管周长、咬口留量和管段长度,可用手工或机械进行剪切下料。剪切下料后,可用手工或机械的方法进行咬口,咬口尽量采用咬口机,特点是咬口速度快、质量好、便于咬口组合。

(3) 折方与合缝装配

矩形风管若采用一个或两个转角咬口连接时,需对板材进行折方。折方是在风管下料并咬口后进行。合缝装配是风管制作的最后工序,首先检查咬口折边是否平直,无抵碰下进行。按扣式咬合缝简单,只需将一块板料的单折边按入另一块板的双折边中即可。

2.2.7　风管的加固

为保证风管断面不变形或减小变形,对于较大口径的风管,需要采取加固措施。

1. 圆形风管的加固

圆形风管由于本身刚度就比矩形风管好,加上两端法兰也起一定的加固作用,一般不作加固处理。当圆形风管直径 ≥ 800 mm、管段长度 > 1 250 mm 或管段面积 > 4 m² 时,均应采取加固措施。一般每隔 1 000 ~ 1 500 mm 时,加设一个扁钢加固圈,并用铆钉将其固定在风管上,以起到加固作用。为了防止咬口在运输或吊装过程中开裂,圆形风管直径 > 500 mm 时,其纵向咬口两端应用铆钉或点焊固定。非规则椭圆风管的加固,可参照矩形风管进行加固。

2. 矩形风管的加固

矩形风管刚度不及圆形风管,故矩形风管容易变形。按施工验收规范规定:矩形风管边长 > 630 mm、保温风管边长 > 800 mm、管道长度 > 1 250 mm 或低压风管单边面积 > 1.2 m²、中高压风管 > 1.0 m² 时,均应采取加固措施。风管的加固方法如图 2.56 所示,风管加固构造如图 2.56 所示。

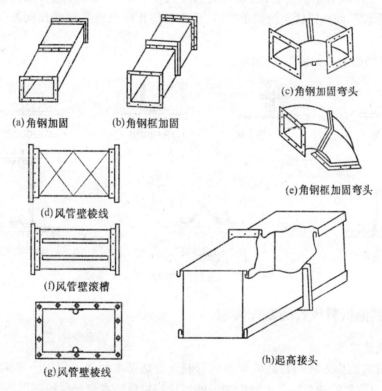

图 2.56 风管的加固方法

对矩形风管加固方法和规定如下:

(1)接头起高的加固(图 2.56(h))

接头起高的加固多采用立咬口,特点是节省角钢,但加工工艺复杂,接头处易漏风,目前使用较少。

(2)风管或弯头中部用角钢框加固(图 2.56(b)、(e))

角钢框加固特点:强度较好,应用广泛。当大边尺寸为 630 ~ 800 mm 时,采用 -25 × 4 扁钢做加固框;当大边尺寸为 800 ~ 1 250 mm 时,采用 L 25 × 4 的角钢做加固框;当大边尺寸为 1 250 ~ 2 000 mm 时,采用 L 30 × 4 角钢做加固框。加固框与风管铆接,铆钉的间距与铆接法兰方法相同。

(3) 用角钢加固长边(图2.56(a)、(c))

适用风管长边尺寸在规定范围内,而短边尺寸未超过规定范围,仅对风管长边进行加固,加固角钢规格与法兰相同。

(4) 风管壁板上滚槽加固(图2.56(f))

风管展开下料后,先在壁板放在滚槽机上进行(十字或直线形)滚槽,然后咬口、合缝。但在风管展开下料时要考虑到滚槽尺寸影响。特点为工艺简单,能节省人工和材料,施工方便,但空调洁净系统不应使用。

(5) 风管内壁设置加固筋条(图2.56(g))

用厚度1.0～1.5 mm镀锌钢板制成加固筋条,并在风管内部的适当位置、间断铆接在风管内壁上,起到加固作用。目前,这种加固方法使用较少。

(6) 高压和中压风管系统的管段,当风管长度大于1 250 mm时,应有加固框补强,如图2.56(a)、(b)所示。高压风管系统的单咬口,还应有防止咬口缝胀裂的加固补强措施,如图2.56(d)所示。

风管的主要加固形式如图2.57所示。

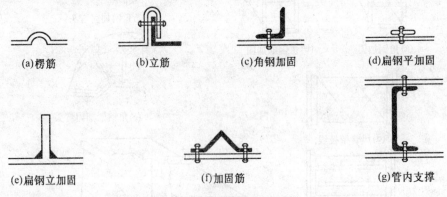

图2.57 风管的加固构造

2.2.8 其他板料风管的制作要求

1. 不锈钢风管制作

不锈钢风管的制作方法与普通碳钢板风管制作方法基本相同。但因不锈钢材料较为特殊,所以制作时也有些特殊要求。不锈钢表面的纯化膜对材料本身起保护作用,它一旦受到局部破坏,会形成腐蚀(点腐蚀),因此加工不锈钢风管时,必须对不锈钢板表面的纯化膜采取以下保护措施。

(1) 保护不锈钢板表面纯化膜的措施如下:

① 工作台最好铺设木板或橡胶板,并保持环境清洁。

② 不得在板材上用金属划针画线,应尽量避免出现划伤表面的现象。

③ 画线时,可先制好样板,用样板在不锈钢板表面上画线下料。

④ 尽量采用机械加工,做到一次成型,减少手工操作敲击产生变形使板材增加硬化,降低板材耐腐蚀性能。

⑤ 加工前,应除去加工机械设备上的铁锈和杂物,以免铁锈和氧化物对不锈钢表面产生腐蚀。

⑥需手工锤击时,应使用木锤、铜锤、木拍板和不锈钢制工具,尽量不用碳钢制工具。
⑦堆放不锈钢板时,最好竖靠在木架上,不得与碳钢板混放。

(2)板厚和法兰材料规格

不锈钢风管的板厚和法兰材料规格,详见表2.24、表2.25确定。

表2.24 不锈钢板风管的板材厚度(mm)

风管直径 D 或边长尺寸 b	不锈钢板厚度
$D(b) \leqslant 500$	0.50
$500 < D(b) \leqslant 1\,120$	0.75
$1\,120 < D(b) \leqslant 2\,000$	1.00
$2\,000 < D(b) \leqslant 4\,000$	1.20

表2.25 不锈钢、铝板风管法兰材料规格

圆形风管直径或圆形风管边长 /mm	不锈钢风法兰材料规格	铝板风法兰材料规格	
	扁钢	扁铝	角铝
≤280	-25×4	-36×6	∟30×4
300~560	-30×4	-35×8	∟35×4
600~1 000	-35×6	-40×10	∟40×4
1 060(铝板)~2 000 1 120(不锈钢)~2 000	-40×8	-40×12	—

(3)板材连接

当板材厚度≤1 mm时采用咬接,板材厚度>1 mm时,采用电焊或氩弧焊焊接。不锈钢焊接可用非熔化极氩弧焊,电焊或氩弧焊所用焊条应与母板相同。

不锈钢焊接时,应用汽油或丙酮等溶剂将焊缝区的油脂擦净。采用直流电弧焊时,应采用反极进行焊接,焊接过程中,可在焊缝两侧涂上白垩粉,以免焊渣黏附在表面上。焊后应将焊渣及飞溅物清除干净。

2.铝板风管制作

铝板风管,应采用纯铝板或防锈铝合金板制作。

(1)铝板厚度

铝板风管所用板材的规格和厚度,详见表2.26。

表2.26 铝板风管的板材厚度(mm)

风管直径 D 或边长尺寸 b	铝板厚度
$D(b) \leqslant 320$	1.00
$320 < D(b) \leqslant 630$	1.50
$630 < D(b) \leqslant 2\,000$	2.00
$2\,000 < D(b) \leqslant 4\,000$	设计要求

(2)保护铝板表面氧化膜的措施

铝板风管制作过程中,应采取保护铝板表面氧化膜的措施,如画线下料的平台上铺橡胶板,放样画线不用硬质金属划针,咬口尽量采用机械成型,手工咬口使用木拍板或木锤。

(3) 板材料连接

铝板风管的连接,不宜采用插条形式和无法兰连接。铝板风管法兰可用扁铝或角铝制作,法兰所用板材规格详见表 2.25。法兰采用碳钢时,应根据设计要求做防腐处理(一般在法兰表面需镀锌或喷绝缘漆),铆接应采用铝铆钉。

3. 塑料复合钢板风管制作

采用塑料复合钢板制作风管时,其加工方法与普通碳钢板风管制作方法基本相同。复合钢板表面有一层使钢板不易锈蚀的塑料保护层,加工时必须采取保护措施。应尽量采用咬接或铆接。机械咬口时,咬口机上不允许有尖锐的杂物和棱边,以免划破塑料层。若保护层有局部破损时,应涂漆加以保护。

2.2.9 风管安装

2.2.9.1 施工现场各专业的配合与检查

通风空调系统的安装要在土建主体基本完成,安装位置的障碍物已清理,地面无杂物的条件下进行。

在土建施工阶段,要做好预埋件、预留孔工作。预留孔洞应比风管实际截面每边尺寸大 100 mm。同时,在安装时尽量利用土建的脚手架、井架、塔吊等设施。

对于空气洁净系统的安装,应在建筑物内装修及地面做好后,室内无灰尘源及有防尘措施的条件下才能进行。

一般除尘风管安装,宜在厂房的工艺设备安装完成或设备基础已确定,设备的连接管、罩体方位已定的情况下进行。

安装开始时,由施工技术人员向班组人员进行技术交底,内容包括有关技术、标准与措施、质量、安全及注意事项等内容。

2.2.9.2 施工安装程序

1. 确定标高

按照设计图纸并参照土建基准确定风管的标高位置并放线。

因风管基本上在走廊夹层或设备层内布置,管线较密集,应认真检查水、暖、电气等管线在标高上有无交错重叠现象,土建在施工时有无变更(如梁、柱尺寸变化),风管按图安装有无困难等,以便制定安装方案。

另外,因为在高空及夹层中组对安装风管比较困难,所以风管应尽量预先在地面组对好一定长度后再安装在实际位置上。

2. 支、托、吊架制作与安装

标高确定以后,按照风管系统所在的空间位置,确定风管支、托、吊架形式。常用支、托、吊架形式如图 2.58 所示。

风管支、托、吊架要严格按照《采暖通风设计选用手册》用料规格和做法制作。

相同系统、同一规格的每排风管的支、托、吊架的形式应一致,其尺寸应按风管距墙、柱或楼板的实际距离确定。

支架的悬臂、吊架的横担采用角钢或槽钢制成;吊杆采用圆钢;扁铁用于制作抱箍。

制作支、托、吊架的钢材不应使用氧气-乙炔切割,抱箍的圆弧应与风管圆弧一致,支架的焊缝必须饱满,保证具有足够的承载能力。

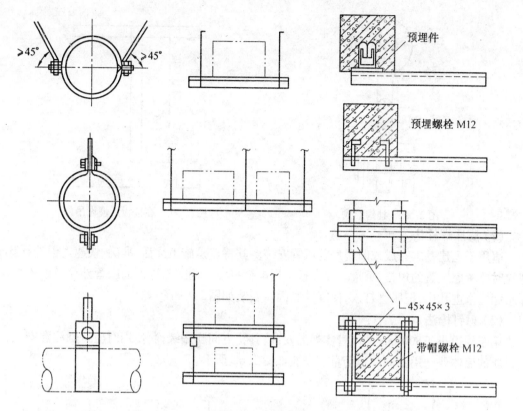

图 2.58 风管支架

吊杆所用圆钢应根据风管安装高度截取。套丝段不宜过长,丝扣末端不应超出托盘最低点。挂钩应煨成如图 2.59 所示的形式。

风管支、托、吊架制作完毕后,应进行除锈,刷一遍防锈漆(栽埋于墙体的部分不刷漆)。

风管的吊点应根据吊架的形式设置,有预埋件法、膨胀螺栓法、射钉枪法等。

(1)预埋件法

预埋件法分前期预埋与后期预埋两种方式。

① 前期预埋

一般将预埋件按图纸坐标位置和支、托、吊架间距,在土建绑扎钢筋时牢固固定在墙、梁、柱的结构钢筋上,然后浇灌混凝土。

② 后期预埋

a. 在砖墙上埋设支架

首先确定支架位置,然后用冲击钻在砖墙上钻孔洞,打洞深度一般不小于 120 mm。栽支架时,先用水将墙洞浸湿,将支架嵌入墙洞中,对正位置后,灌入水泥砂浆,并用碎石挤紧,最后用水泥砂浆填满墙洞并抹平。

b. 在楼板下埋设吊件

首先确定吊件位置,然后用冲击钻在楼板上钻一个孔洞,再在地面上凿一个 300 mm 长、深 20 mm 的槽(图 2.60),将吊件嵌入槽中,用水泥砂浆将槽填平。

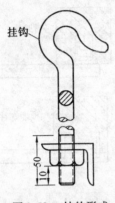
图 2.59　挂钩形式

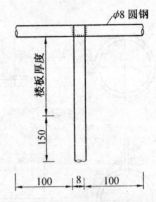
图 2.60　在楼板下埋设吊件

(2)膨胀螺栓法

适用于土建基本完成或旧楼房的风管安装。其特点是施工灵活、准确、快速。但选择膨胀螺栓时要考虑风管的规格、重量。在楼板上用电锤打一个同膨胀螺栓的胀管外径一致的洞,将膨胀螺栓塞进孔中,把胀管打入,使螺栓紧固。安装如图 2.61 所示。

(3)射钉枪法

用于周边小于 800 mm 的风管支架的安装,其特点同膨胀螺栓,使用时应特别注意安全,不同材质的墙体要选用不同的弹药量。安装如图 2.62 所示。

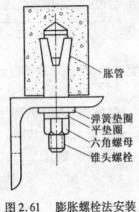
图 2.61　膨胀螺栓法安装

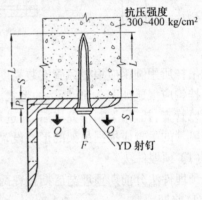
图 2.62　射钉枪法安装

(4)安装吊架

① 按风管的中心线找出吊杆敷设位置,单吊杆在风管的中心线上,双吊杆可以按横担的螺孔间距或风管的中心线对称安装。

② 吊杆根据吊件形式可以焊在吊件上,也可以挂在吊件上。焊接后应涂防锈漆。

③ 立管管卡安装时,应从立管最高点管卡开始,并用线锤吊线,确定下面的管卡位置和进行安装固定。

④ 当风管较长,需要安装很多支架时,可先把两端的支架安好,然后以两端的支架为基准,用拉线法确定中间各支架的标高进行安装。

⑤ 支、吊架安装应注意的问题:

a.采用吊架的风管,当管路较长时,应在适当的位置增设防止管道摆动的支架。

b.支、吊架的标高必须正确,如圆形风管管径由大变小,为保证风管中心线的水平,支架型钢上表面标高应作相应的提高。对于有坡度要求的风管,支架的标高也应按风管的坡度要求安装。

c. 风管支、吊架间距如无设计要求时,对于不保温风管应符合表2.27的要求。对于保温风管支、吊架间距无设计要求时按表2.27间距要求值乘以0.85。螺旋风管的支、吊架间距可适当增大。

d. 支、吊架的预埋件或膨胀螺栓埋入部分不得油漆,应除去油污。

e. 支、吊架不得安装在风口、阀门、检查孔处,以免妨碍操作。吊架不得直接吊在法兰上。

f. 圆形风管与支架接触的地方应垫木块,否则,会使风管变形。保温风管的垫块厚度应与保温层的厚度相同。

g. 矩形保温风管的支、吊架装置宜放在保温层外部,但不得损坏保温层。

h. 矩形保温风管不能直接与支、吊架接触,应垫上坚固的隔热材料,其厚度与保温层相同,防止产生"冷桥"。

表2.27 不保温风管支、吊架间距

圆形风管直径或矩形风管长边尺寸	水平风管间距	垂直风管间距	最少吊架数
≤400 mm	不大于4 m	不大于4 m	2付
≤1 000 mm	不大于3 m	不大于3.5 m	2付
>1 000 mm	不大于2 m	不大于2 m	2付

3.风管穿越屋面或墙的作法

风管在穿越屋面和墙处应有防雨防漏措施(图2.63),防雨罩应设置在建筑结构预制的井圈外侧,使雨水不能沿壁面渗漏到室内。风管上的法兰需涂防锈漆。

一般情况下,超出屋面1.5 m的风管设一层拉索固定,超出3~8 m需设两层拉索,每层应不少于3根,拉索采用镀锌铁丝或钢丝绳,以防止被风吹倒。穿过屋面的风管必须严密不漏雨水。

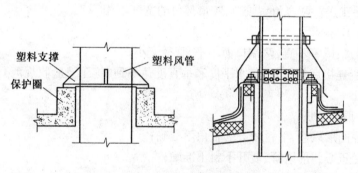

图2.63 风管穿越屋面和墙的防雨防漏措施示意图

2.2.10 风管制作与安装常见的质量通病

1.薄钢板矩形风管的刚度不够

(1)表现形式:风管的大边上下有不同程度的下沉,两侧面小边稍向外凸出,有明显的变形。

(2)危害性:系统运转时,风管表面颤动产生噪声,除造成环境噪声污染外,还降低风管的使用寿命。

(3)产生的原因分析

① 制作风管的钢板厚度不符合施工及验收规范的要求;

② 咬口的形式选择不当;

③ 没有按照《施工及验收规范》要求(对于边长≥630 mm或保温风管≥800 mm,其管长在1 200 mm以上,均应采取加固措施)施工。

2. 薄钢板矩形风管扭曲、翘角

(1)表现形式:风管表面不平;对角线不相等;相邻表面互不垂直;两相对表面不平行及两管端平面不平行等。

(2)危害性:风管产生扭曲、翘角现象,会使风管与风管连接受力不均,法兰垫片不严密,增加漏风量;同时风管系统达不到《施工及验收规范》的平直要求,影响其美观和降低使用寿命。

(3)产生的原因分析

① 矩形板料下料后,未对四个角进行严格的角方测量;

② 风管的大边或小边的两个相对面的板料长度和宽度不相等;

③ 风管的四个角处的咬口宽度不相等;

④ 手工咬口合缝受力不均。

3. 薄钢板矩形弯头角度不准确

(1)表现形式:弯头的表面不平,管口对角线不相等,咬口不严。

(2)危害性:影响与弯头连接的支管和风口的坐标位置,并增加系统的漏风量。

(3)产生的原因分析

① 弯头的侧壁、弯头背和弯头里的片料尺寸不准确;

② 两大片料未严格角方;

③ 弯头背和弯头里的弧度不准确;

④ 如采用手工进行联合角型咬口,咬口部位的宽度不相等。

4. 圆形风管不同心

(1)表现形式:风管不直,两端口面不平,管径变小。

(2)危害性:连接后的风管,其水平度和垂直度达不到《施工及验收规范》要求,并影响风管系统的美观。

(3)产生的原因分析

① 制作同径圆形风管,下料角方的直角不准确;

② 制作异径正心圆形风管,展开下料不准确;

③ 咬口宽度不相等。

5. 圆形弯头角度不准确

(1)表现形式:弯头角度线偏移,直径减少及外形歪扭等。

(2)危害性:弯头与其他部件、配件连接后,影响其坐标位置的准确性,而且造成支管系统歪扭等弊病。

(3)产生的原因分析

① 展开画线不准确;

② 弯头咬口严密性不一致;

③ 弯头组装时各节的相应展开线未对准;

④弯头采用单立咬口,各节的单、双咬口宽度不相等,致使弯头的角度不准确、弯头咬口松动或受挤开裂。

6. 圆形三通角度不准、咬合不严

(1) 表现形式:三通角度线偏移,咬合处漏风。

(2) 危害性:由于三通角度不准,当与其他部件、配件连接后,影响其坐标位置的准确性,并增加系统的漏风量。

(3) 产生的原因分析

① 展开下料画线不准确;

② 咬口的宽度不等;

③ 插条加工后的尺寸不准确。

7. 法兰互换性差

(1) 表现形式:法兰表面不平整,圆形法兰旋转任何角度和矩形法兰旋转180°后,与同规格的法兰螺栓孔不能重合;圆形法兰的圆度差,矩形法兰的对角线不相等;圆形法兰内径或矩形法兰内边尺寸超过《施工验收规范》和《质量检验评定标准》的允许偏差。

(2) 危害性:法兰互换性差将影响风管、部件在施工现场的正常组装。法兰偏差较小增加安装过程中不必要的修改、打孔等工作;偏差较大将造成返工,浪费人力物力。

(3) 产生的原因分析

① 下料的尺寸不准确,下料后的角钢未找正调直,致使法兰的内径或内边尺寸超出允许的偏差;

② 圆形法兰采用手工热煨时,由于扭曲产生的表面不平和圆度差的弊病;

③ 圆形法兰采用机械冷煨时,由于煨弯机未调整好处于非正常状态;

④ 矩形法兰胎具的直角不准确;

⑤ 法兰接口焊接变形;

⑥ 法兰螺栓分孔样板分孔时有位移;

⑦ 法兰冲孔或钻孔的孔中心有位移。

8. 法兰铆接偏心

(1) 表现形式:法兰与风管不垂直,成品风管中心偏移;套法兰后风管咬口开裂。

(2) 危害性:风管系统组装后其水平度或垂直度误差过大,达不到《施工验收规范》规定的偏差,影响其外形美观。

(3) 产生的原因分析

① 圆形风管的同心度差;

② 圆形法兰的圆度误差大,矩形法兰不角方;

③ 法兰的内径或内边尺寸大于风管的外径或外边尺寸,超过《施工验收规范》的规定,致使法兰与风管铆接后,风管向一侧偏移;

④ 法兰的内径或内边尺寸小于风管的外径或外边尺寸,法兰强行将风管套上,致使风管咬口缝开裂。

9. 法兰铆接后风管不严密

(1) 表现形式:铆接不严,风管表面不平,漏风量过大。

(2) 危害性:系统运转后由于漏风及振动噪声较大,空调冷、热量造成不应有的损失,并影响空气洁净系统的洁净精度。

(3) 产生的原因分析
① 铆钉间距大,造成风管表面不平;
② 铆钉直径小,长度短,与钉孔配合不紧,使铆钉松动,铆合不严;
③ 风管在法兰上的翻边量不够;
④ 风管翻边四角开裂或四角咬口重叠。

10. 风管的密封垫片及风管连接不符合要求
(1) 表现形式:风管法兰连接处漏风,风管系统的噪声增大。
(2) 危害性:增加风管系统冷、热量的损耗,或增加有害气体的泄漏量而污染环境。
(3) 产生的原因分析
① 通风、空调系统选用的法兰垫片材质不符合《施工验收规范》的要求;
② 法兰垫片的厚度不够,因而影响弹性及紧固程度;
③ 法兰垫片凸入风管内;
④ 法兰的周边螺栓压紧程度不一致。

11. 无法兰风管连接的不严密
(1) 表现形式:风管与插条法兰的间隙过大,系统运转后有较大的漏风现象。
(2) 危害性:由于风管连接的不严密,增加了系统的漏风量,使运行的能耗增加,甚至造成空调系统的风量不足,影响空调房间温、湿度的要求,并增大环境噪声。
(3) 产生的原因分析
① 压制的插条法兰形状不规则;
② 插条法兰的结构形式选用不当;
③ 采用 U 形插条连接时,风管翻边的尺寸不准确;
④ 未采取涂抹密封胶等密封措施。

12. 不锈钢风管耐腐蚀性能差
(1) 表现形式:风管表面有划伤、擦毛等缺陷和焊渣飞溅物,焊缝表面呈现黑、黄斑及花斑,甚至风管局部锈蚀。
(2) 危害性:降低不锈钢通风系统的抗腐蚀能力,缩短使用寿命。同时由于风管局部腐蚀,降低了通风系统的严密性,使有害气体扩散到环境中,影响工作人员的身体健康。
(3) 产生的原因分析
① 风管板材下料、加工的方法不当;
② 在操作过程中,碳素钢与不锈钢接触,使其表面出现腐蚀中心,破坏其氧化层的钝化膜;
③ 选用的焊接工艺不合理,应采用氩弧焊、直流电弧焊,不得采用氧气-乙炔焊;
④ 焊接过程中未采取防止焊渣飞溅直接下落到风管板材上的措施,应在焊缝两侧表面涂抹白垩粉;
⑤ 焊接后表面未清理,应先去除油污、焊渣及飞溅物,然后酸洗、热水冲洗及钝化处理;
⑥ 在焊缝及其边缘处开洞,将使洞口变形,以及由于二次焊接而产生的金相结构变化;
⑦ 风管支架采用的碳素钢支架未采取隔离措施;
⑧ 风管的法兰连接螺栓、螺母未采用不锈钢制成的紧固件,采用碳素钢紧固件时,应涂刷耐酸涂料。

13. 铝板风管耐腐蚀性能降低

(1) 表现形式:风管表面有划痕,焊缝内遗留焊渣和焊药,风管局部腐蚀。

(2) 危害性:降低铝板通风管道的抗腐蚀能力,缩短使用寿命。

(3) 产生的原因分析

① 风管板材画线下料未放在铺有橡胶板的工作台上进行。放样画线不能使用金属划针,否则会损伤具有防腐性能的氧化铝薄膜;

② 焊接时未采取措施,即焊接时未消除焊口处及焊丝上的氧化皮等;

③ 风管焊接后未用热水清洗焊缝和去除焊缝上的焊渣、焊药;

④ 法兰与风管并非同一材质,产生电化学腐蚀,采用角钢制作法兰时,未将角钢法兰表面做镀锌或喷涂绝缘漆等防电化学腐蚀的绝缘处理;

⑤ 风管与法兰连接采用碳素钢制铆钉,未采用4～6 mm的铝铆钉;

⑥ 支架未采取防腐绝缘处理措施;

⑦ 法兰连接螺栓、螺母与风管材质不符,采用镀锌螺栓、螺母,在法兰的两侧未垫上镀锌垫圈增加接触面,防止法兰被螺母划伤。

14. 硬聚氯乙烯塑料矩形风管扭曲、翘角

(1) 表现形式:风管表面不平,对角线不相等,邻表面互不垂直,两管端平面不平行。

(2) 危害性:风管产生扭曲、翘角现象,使风管与风管连接受力不均,法兰垫片不严密,增加漏风量;风管系统由于达不到平直要求和受力不均而损坏,降低使用寿命。

(3) 产生的原因分析

① 硬聚氯乙烯塑料板是由层压法制成,在制作风管过程中再次被加热后,由于板材内部存在各向异性和残余应力,冷却后将出现收缩现象。下料前应对每批板材做收缩量试验,确定收缩值,画线时把收缩量部分放出后,再行下料;

② 在板材画线下料时,未使两个相对边的长度和宽度相等;

③ 加热折方不准确;

④ 焊接的坡口不正确,未按施工及验收规范的要求进行。

15. 硬聚氯乙烯塑料风管焊接质量低劣

(1) 表现形式:焊缝的强度低,焊接处凸起,焊缝结合的不紧密,出现裂缝等缺陷。

(2) 危害性:风管结合处的强度降低;严密性不够,影响使用效果。

(3) 产生的原因分析

① 焊接的温度不合适。焊接的空气温度应控制在210～250 ℃的范围;

② 焊条直径与焊枪直径不匹配。一般焊枪的焊嘴直径接近焊条直径时的焊缝强度最高;

③ 焊缝的形式必须适应风管、部件的结构特点,未按《施工验收规范》要求选择;

④ 焊接的方法不正确。

2.2.11 风管防腐施工工艺

1. 除锈、去污

① 人工除锈时可用钢丝刷或粗纱布擦拭,直到露出金属光泽,再用棉纱或破布擦净。

② 喷砂除锈时,所用的压缩空气不得含有油脂和水分,空气压缩机出口处,应装设油水分离器;喷砂所用砂粒,应坚硬且有棱角,筛除其中的泥土杂质,并经过干燥处理。

③ 清除油污,一般可采用碱性溶剂进行清洗。

2. 涂漆施工要点

① 油漆作业的方法应根据施工要求、涂料的性能、施工条件、设备情况进行选择;

② 涂漆施工的环境温度宜在 5 ℃ 以上,相对湿度在 85% 以下;

③ 涂漆施工时空气中必须无煤烟、灰尘和水汽;室外涂漆遇雨、雾时应停止施工。

3. 涂漆的方式

① 手工涂刷:手工涂刷应分层涂刷,每层应反复进行,并保持涂层均匀,不得漏涂;快干漆不宜采用手工涂刷。

② 机械喷涂:采用的工具为喷枪,以压缩空气为动力。喷射的漆流应和喷漆面垂直,喷漆面为平面时,喷嘴与喷漆面应相距 250 ~ 350 mm;喷漆面如为曲面时,喷嘴与喷漆面的距离应为 400 mm 左右。喷涂施工时,喷嘴的移动应均匀,速度宜保持在 10 ~ 18 m/min。喷漆使用的压缩空气压力为 0.3 ~ 0.4 MPa。

4. 涂漆施工程序

涂漆施工程序是否合理,对漆膜的质量影响很大。

① 第一层底漆或防锈漆,直接涂在工件表面上,与工件表面紧密结合,起防锈、防腐、防水、层间结合的作用;第二层面漆(调和漆和磁漆等),涂刷应精细,使工件获得要求的色彩。

② 一般底漆或防锈漆应涂刷一道到两道;第二层的颜色最好与第一层颜色略有区别,以检查第二层是否有漏涂现象。每层涂刷不宜过厚,以免起皱和影响干燥。如发现不干、皱皮、流挂、露底时,需进行修补或重新涂刷。

③ 表面涂调和漆或磁漆时,要尽量涂得薄而均匀。如果涂料的覆盖力较差,不允许任意增加厚度,而应逐次分层涂刷覆盖。每涂一层漆后,应有一个充分干燥的时间,待前一层表面干燥后才能涂下一层。

④ 每层漆膜的厚度应符合设计要求。

2.2.12 风管及部件的保温施工工艺

本部分适用于工业与民用建筑的通风、空调系统和空气洁净系统及工业厂房的一般送风、排风系统风管的保温工程。

1. 材料要求

(1) 所用保温材料要具备出厂合格证明书或质量鉴定文件。

(2) 使用的保温材料应符合空调设计参数要求和消防防火规范要求,具体如下:

① 计参数要求:导热系数为 0.022 ~ 0.047 W/(m·K);

② 防火要求:不燃或阻燃。

(3) 常用保温材料一般有两大类:

① 纤维状:岩棉板、铝箔岩棉板、超细玻璃棉毡。

② 多孔状:自熄性聚苯乙烯泡沫塑料,聚氨酯泡沫塑料。

(4) 保温附属材料:玻璃丝布、防火涂料、黏结胶、铁皮、保温钉,应符合设计要求。

2. 主要机具

主要机具包括:圆盘锯或平板锯、手锯、保温刀、钢板尺、盒尺、毛刷子、打包钳等。

3. 作业条件

(1) 现场土建结构已完工,无大量施工用水情况发生。

(2) 风管、部件安装质量符合质量标准,需防腐部件已做好刷漆工作。

4. 操作工艺

(1)工艺流程如图 2.64 所示。

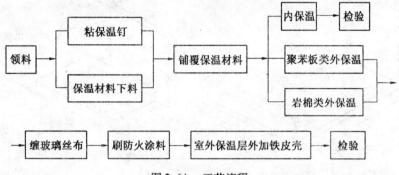

图 2.64 工艺流程

(2)保温材料下料要准确,切割面要平齐,裁料时要使水平、垂直面搭接处以短边顶在大面上,如图 2.65 所示。

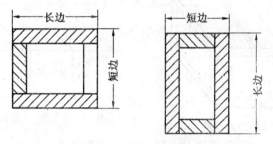

图 2.65 保温材料下料

(3)黏接保温钉前要将风管壁上的尘土、油污擦净,将黏接剂分别涂抹在管壁和保温钉的黏接面上,稍后将其黏上(如图 2.66 所示)。保温钉黏接密度见表 2.28。

表 2.28 保温钉黏接密度

使用隔热层材料	在风管侧面、下面	在风管上面
岩棉保温层	20 只/m²	12 只/m²
玻璃棉保温层	12 只/m²	9 只/m²

保温钉黏上后应待 12~24 h 后再铺覆保温材料。

(4)保温材料铺覆应使纵、横缝错开(图 2.67)。

小块保温材料尽量铺覆在水平面上。

(5)各类保温材料做法

①内保温。保温材料如采岩棉类,铺覆后应在法兰处保温材料断面上涂抹固定胶,防止纤维被吹起。岩棉内表面应涂有固化涂层。

②聚苯板类外保温。聚苯板铺好后,在四角放上铁皮短包角,然后薄钢带作箍,用打包钳卡紧。钢带箍每隔 500 mm 打一道(图 2.68)。

③岩棉类外保温。对明管保温后应在四角加上长条铁皮包角,用玻璃丝布缠紧。

(6)缠玻璃丝布。缠绕时应使其互相搭接,使保温材料外表面形成两层玻璃丝布缠绕(图 2.69)。玻璃丝布甩头要用卡子卡牢或用胶粘牢。

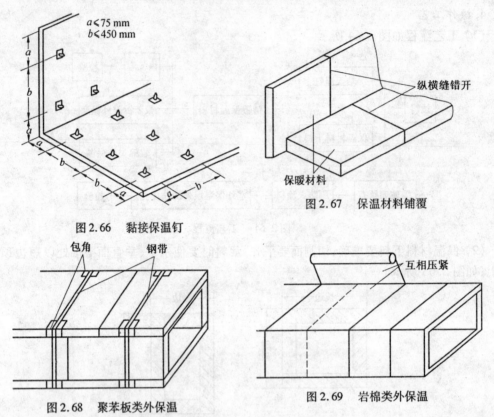

图 2.66 黏接保温钉
图 2.67 保温材料铺覆
图 2.68 聚苯板类外保温
图 2.69 岩棉类外保温

(7) 玻璃丝布外表面要刷两道防火涂料,涂层应严密均匀。

(8) 室外露明风道在保温层外还应加上一层锌铁皮外壳,外壳间的搭接处采取拉铆固定,搭接缝用腻子密封。

5. 质量标准

(1) 保证项目

① 保温材料的材质、规格及防火性能必须符合设计和防火要求。电加热器及其前后 800 mm 范围内的风管保温层用非燃烧材料。要查验材料合格证明或做燃烧试验。

检验方法:观察检查和检查材料合格证或做燃烧试验。

② 风管与空调设备的接头处以及产生凝结水的部位,必须保温良好、严密、无缝隙。

检验方法:观察检查。

(2) 基本项目

① 用黏结材料黏结的保温层应符合以下规定:粘贴牢固,拼缝用黏结材料填嵌饱满、密实,拼缝均匀整齐、平整一致,纵向缝错开。

检验方法:观察和手拉检查。

② 卷、散材料的保温层应紧贴表面、包扎牢固、松紧适度,散材无外露,表面平整一致。

检验方法:观察检查。

③ 玻璃丝布、塑料布保护层应松紧适度,搭接宽度均匀,平整美观。

检验方法:观察检查。

④ 薄金属板保护层应搭接顺水流方向,宽度适宜,接口平整,固定牢固,搭接宽度均匀,外形美观。

检验方法:观察和尺量检查。

⑤阀门保温后,启闭标记要明确、清晰、美观,操作方便。

(3)允许偏差

保温层平整度、保温厚度的允许偏差见表2.29。

表2.29 保温层平整度、保温厚度的允许偏差

项次	项 目		允许偏差/mm	检验方法
1	保温层表面平整度	卷材和板材	5	用1 m直尺和楔形塞尺检查
		散材或软质材料	10	
2	隔热层厚度		$+0.10\delta$ -0.05δ	用钢针刺入隔热层和尺量检查

6.成品保护

(1)保温材料现场堆放一定要有防水措施,尽可能存放于库房中或用防水材料遮盖并与地面架空。

(2)镀锌铁丝、玻璃丝布、保温钉及保温胶等材料应放在库房内保管。

(3)保温用料应合理使用,尽量节约用材,收工时未用尽的材料应及时带回保管或堆放在不影响施工的地方,防止丢失和损坏。

7.应注意的质量问题

保温过程中应注意的质量问题见表2.30。

表2.30 保温过程中应注意的质量问题

序号	常出现的质量问题	防治措施
1	保温钉黏接不牢,造成保温材料脱落	严格按工艺要求操作,避免磕碰
2	保温外表不美观	保温材料裁剪要准确,四角要适当加铁皮包胶,玻璃布缠绕松紧要适度
3	玻璃丝布松散	玻璃布甩头要上牢或粘牢

2.2.13 风管及部件施工质量验收

2.2.13.1 基本规定

(1)通风与空调工程施工质量的验收,除应符合《通风与空调工程施工质量验收规范》的规定外,还应按照被批准的设计图纸、合同约定的内容和相关技术标准的规定进行。施工图纸修改必须有设计单位的设计变更通知书或技术核定签证。

(2)承担通风与空调工程项目的施工企业,应具有相应工程施工承包的资质等级及相应质量管理体系。

(3)施工企业承担通风与空调工程施工图纸深化设计及施工时,还必须具有相应的设计资质及其质量管理体系,并应取得原设计单位的书面同意或签字认可。

(4)通风与空调工程施工现场的质量管理应符合《建筑工程施工质量验收统一标准》(GB 50300)中第3.0.1条的规定。

(5)通风与空调工程所使用的主要原材料、成品、半成品和设备的进场,必须对其进行验

收。验收应经监理工程师认可，并应形成相应的质量记录。

(6) 通风与空调工程的施工，应把每一个分项施工工序作为工序交接检验点，并形成相应的质量记录。

(7) 通风与空调工程施工过程中发现设计文件有差错的，应及时提出修改意见或更正建议，并形成书面文件及归档。

(8) 当通风与空调工程作为建筑工程的分部工程施工时，其子分部与分项工程的划分应按表 2.31 的规定执行。当通风与空调工程作为单位工程独立验收时，子分部工程上升为分部工程，分项工程的划分同上。

表 2.31 通风与空调分部工程的子分部工程划分

子分部工程	分项工程	
送、排风系统	风管与配件制作 部件制作 风管系统安装 风管与设备防腐 风机安装 系统调试	通风设备安装，消声设备制作与安装
防、排烟系统		排烟风口、常闭正压风口与设备安装
除尘系统		除尘器与排污设备安装
空调系统		空调设备安装，消声设备制作与安装，风管与设备绝热
净化空调系统		空调设备安装，消声设备制作与安装，风管与设备绝热，高效过滤器安装，净化设备安装
制冷系统	制冷机组安装，制冷剂管道及配件安装，制冷附属设备安装，管道及设备的防腐与绝热，系统调试	
空调水系统	冷热水管道系统安装，冷却水管道系统安装，冷凝水管道系统安装，阀门及部件安装，冷却塔安装，水泵及附属设备安装，管道与设备的防腐与绝热，系统调试	

(9) 通风与空调工程的施工应按规定的程序进行，并与土建及其他专业工种互相配合；与通风与空调系统有关的土建工程施工完毕后，应由建设或总承包、监理、设计及施工单位共同会检。会检的组织宜由建设、监理或总承包单位负责。

(10) 通风与空调工程分项工程施工质量的验收，应按本规范对应分项的具体条文规定执行。子分部工程中的各个分项工程，可根据施工工程的实际情况一次验收或数次验收。

(11) 通风与空调工程中的隐蔽工程，在隐蔽前必须经监理人员验收及认可签证。

(12) 通风与空调工程中从事管道焊接施工的焊工，必须具备操作资格证书和相应类别管道焊接的考核合格证书。

(13) 通风与空调工程竣工的系统调试，应在建设和监理单位的共同参与下进行，施工企业应具有专业检测人员和符合有关标准规定的测试仪器。

(14) 通风与空调工程施工质量的保修期限，自竣工验收合格日起计算为两个采暖期、供冷期。在保修期内发生施工质量问题的，施工企业应履行保修职责，责任方承担相应的经济责任。

(15) 分项工程检验、抽验合格质量应符合下列规定：

①具有施工单位相应分项工程合格质量的验收记录；

②主控项目的质量抽样检验应全数合格；

③一般项目的质量抽样检验，除有特殊要求外，计数合格率不应小于 80%，且不得有严重缺陷。

通风工程质量验收记录用表参见附录 6。

2.2.13.2 风管制作

1. 一般规定

（1）本部分适用于建筑工程通风与空调工程中,使用的金属、非金属风管与复合材料风管或风道的加工、制作质量的检验与验收。

（2）对风管制作质量的验收,应按其材料、系统类别和使用场所的不同分别进行,主要包括风管的材质、规格、强度、严密性与成品外观质量等项内容。

（3）风管制作质量的验收,按设计图纸与规范的规定执行。工程中所选用的外购风管,还必须提供相应的产品合格证明文件或进行强度和严密性的验证,符合要求的方可使用。

（4）通风管道规格的验收,风管以外径或外边长为准,风道以内径或内边长为准。通风管道的规格宜按照表2.32、表2.33的规定。圆形风管应优先采用基本系列。非规则椭圆形风管参照矩形风管,并以长径平面边长及短径尺寸为准。

表2.32 矩形风管规格（mm）

风	管	边	长	
120	320	800	2 000	4 000
160	400	1 000	2 500	—
200	500	1 250	3 000	—
250	630	1 600	3 500	—

表2.33 圆形风管规格（mm）

风管直径 D			
基本系列	辅助系列	基本系列	辅助系列
100	80	250	240
	90	280	260
120	110	320	300
140	130	360	340
160	150	400	380
180	170	450	420
200	190	500	480
220	210	560	530
630	600	1 250	1 180
700	670	1 400	1 320
800	750	1 600	1 500
900	850	1 800	1 700
1 000	950	2 000	1 900
1 120	1 060		

(5) 风管系统按其系统的工作压力划分为三个类别,其类别划分应符合表 2.1 的规定。

(6) 镀锌钢板及各类含有复合保护层的钢板,应采用咬口连接或铆接,不得采用影响其保护层防腐性能的焊接连接方法。

(7) 风管的密封,应以板材连接的密封为主,可采用密封胶嵌缝和其他方法密封。密封胶性能应符合使用环境的要求,密封面宜设在风管的正压侧。

2. 主控项目

(1) 金属风管的材料品种、规格、性能与厚度等应符合设计和现行国家产品标准的规定。当设计无规定时,应按规范执行。钢板或镀锌钢板的厚度不得小于表 2.34 的规定;不锈钢板的厚度不得小于表 2.35 的规定;铝板的厚度不得小于表 2.36 的规定。

表 2.34 钢板风管板材厚度(mm)

风管直径 D 或长边尺寸 b	圆形风管	矩形风管		除尘系统风管
		中、低压系统	高压系统	
$D(b) \leqslant 320$	0.5	0.5	0.75	1.5
$320 < D(b) \leqslant 450$	0.6	0.6	0.75	1.5
$450 < D(b) \leqslant 630$	0.75	0.6	0.75	2.0
$630 < D(b) \leqslant 1\,000$	0.75	0.75	1.0	2.0
$1\,000 < D(b) \leqslant 1\,250$	1.0	1.0	1.0	2.0
$1\,250 < D(b) \leqslant 2\,000$	1.2	1.0	1.2	按设计
$2\,000 < D(b) \leqslant 4\,000$	按设计	1.2	按设计	

注:①螺旋风管的钢板厚度可适当减小 10% ~ 15%;
②排烟系统风管钢板厚度可按高压系统;
③特殊除尘系统风管钢板厚度应符合设计要求;
④不适用于地下人防与防火隔墙的预埋管。

表 2.35 高、中、低压系统不锈钢板风管板材厚度(mm)

风管直径或长边尺寸 b	不锈钢板厚度
$b \leqslant 500$	0.5
$500 < b \leqslant 1\,120$	0.75
$1\,120 < b \leqslant 2\,000$	1.0
$2\,000 < b \leqslant 4\,000$	1.2

表 2.36 中、低压系统铝板风管板材厚度(mm)

风管直径或长边尺寸 b	不锈钢板厚度
$b \leqslant 320$	1.0
$320 < b \leqslant 630$	1.5
$630 < b \leqslant 2\,000$	2.0
$2\,000 < b \leqslant 4\,000$	按设计

检查数量:按材料与风管加工批数量抽查10%,不得少于5件。

检查方法:查验材料质量合格证明文件、性能检测报告、尺量、观察检查。

(2) 非金属风管的材料品种、规格、性能与厚度等应符合设计和现行国家产品标准的规定。当设计无规定时,应按规范执行。硬聚氯乙烯风管板材的厚度,不得小于表2.37或表2.38的规定;有机玻璃钢风管板材的厚度,不得小于表2.39的规定;无机玻璃钢风管板材的厚度应符合表2.40的规定,相应的玻璃布层数不应少于表2.41的规定,其表面不得出现返卤或严重泛霜。

表2.37 中、低压系统硬聚氯乙烯圆形风管板材厚度(mm)

风管直径 D	板材厚度
$D \leqslant 320$	3.0
$320 < D \leqslant 630$	4.0
$630 < D \leqslant 1\,000$	5.0
$1\,000 < D \leqslant 2\,000$	6.0

表2.38 中、低压系统硬聚氯乙烯矩形风管板材厚度(mm)

风管长边尺寸 b	板材厚度
$b \leqslant 320$	3.0
$320 < b \leqslant 500$	4.0
$500 < b \leqslant 800$	5.0
$800 < b \leqslant 1\,250$	6.0
$1\,250 < b \leqslant 2\,000$	8.0

表2.39 中、低压系统有机玻璃钢风管板材厚度(mm)

圆形风管直径 D 或矩形风管长边尺寸 b	壁 厚
$D(b) \leqslant 200$	2.5
$200 < D(b) \leqslant 400$	3.2
$400 < D(b) \leqslant 630$	4.0
$630 < D(b) \leqslant 1\,000$	4.8
$1\,000 < D(b) \leqslant 2\,000$	6.2

表2.40 中、低压系统无机玻璃钢风管板材厚度(mm)

圆形风管直径 D 或矩形风管长边尺寸 b	壁 厚
$D(b) \leqslant 300$	2.5 ~ 3.5
$300 < D(b) \leqslant 500$	3.5 ~ 4.5
$500 < D(b) \leqslant 1\,000$	4.5 ~ 5.5
$1\,000 < D(b) \leqslant 1\,500$	5.5 ~ 6.5
$1\,500 < D(b) \leqslant 2\,000$	6.5 ~ 7.5
$D(b) > 2\,000$	7.5 ~ 8.5

表2.41 中、低压系统无机玻璃钢风管玻璃纤维布厚度与层数(mm)

圆形风管直径 D 或矩形风管长边 b	风管管体玻璃纤维布厚度		风管法兰玻璃纤维布厚度	
	0.3	0.4	0.3	0.4
	玻璃布层数			
$D(b) \leq 300$	5	4	8	7
$300 < D(b) \leq 500$	7	5	10	8
$500 < D(b) \leq 1\,000$	8	6	13	9
$1\,000 < D(b) \leq 1\,500$	9	7	14	10
$1\,500 < D(b) \leq 2\,000$	12	8	16	14
$D(b) > 2\,000$	14	9	20	16

用于高压风管系统的非金属风管厚度应按设计规定。

检查数量:按材料与风管加工批数量抽查10%,不得少于5件。

检查方法:查验材料质量合格证明文件、性能检测报告,尺量、观察检查。

(3)复合材料风管的覆面材料必须为不燃材料,内部的绝热材料应为不燃或难燃B1级,且对人体无害的材料。

检查数量:按材料与风管加工批数量抽查10%,不应少于5件。

检查方法:查验材料质量合格证明文件、性能检测报告,观察检查与点燃试验。

(4)风管必须通过工艺性的检测或验证,其强度和严密性要求应符合设计或下列规定:

①风管的强度应能满足在1.5倍工作压力下接缝处无开裂。

②矩形风管的允许漏风量应符合以下规定:

低压系统风管 $Q_L \leq 0.1056 P^{0.65}$

中压系统风管 $Q_M \leq 0.0352 P^{0.65}$

高压系统风管 $Q_H \leq 0.0117 P^{0.65}$

式中 Q_L、Q_M、Q_H——系统风管在相应工作压力下,单位面积风管单位时间内的允许漏风量,$m^3/(h \cdot m^2)$;

P——风管系统的工作压力,Pa。

③低压、中压圆形金属风管、复合材料风管以及采用非法兰形式的非金属风管的允许漏风量,应为矩形风管规定值的50%。

④砖、混凝土风道的允许漏风量不应大于矩形低压系统风管规定值的1.5倍。

⑤排烟、除尘、低温送风系统按中压系统风管的规定,1~5级净化空调系统按高压系统风管的规定。

检查数量:按风管系统的类别和材质分别抽查,不得少于3件及15 m^2。

检查方法:检查产品合格证明文件和测试报告,或进行风管强度和漏风量测试(见附录7)。

(5)金属风管的连接应符合下列规定:

①风管板材拼接的咬口缝应错开,不得有十字形拼接缝。

②金属风管法兰材料规格不应小于表2.42或表2.43的规定。中、低压系统风管法兰的螺栓及铆钉孔的孔距不得大于150 mm;高压系统风管不得大于100 mm。

表2.42　金属圆形风管法兰及螺栓规格(mm)

风管直径 D	法兰材料规格		螺栓规格
	扁钢	角钢	
$D \leq 140$	20 × 4	—	M6
$140 < D \leq 280$	20 × 4	—	M6
$280 < D \leq 630$	—	25 × 3	M6
$630 < D \leq 1\,250$	—	30 × 4	M8
$1\,250 < D \leq 2\,000$	—	40 × 4	M8

表2.43　金属矩形风管法兰及螺栓规格(mm)

风管长边尺寸 b	法兰材料规格(角钢)	螺栓规格
$b \leq 630$	25 × 3	M6
$630 < b \leq 1\,500$	30 × 3	M8
$1\,500 < b \leq 2\,500$	40 × 4	M8
$2\,500 < b \leq 4\,000$	50 × 5	M10

矩形风管法兰的四角部位应设有螺孔。

当采用加固方法提高了风管法兰部位的强度时,其法兰材料规格相应的使用条件可适当放宽。

无法兰连接风管的薄钢板法兰高度应参照金属法兰风管的规定执行。

检查数量:按加工批数量抽查5%,不得少于5件。

检查方法:尺量、观察检查。

(6)非金属(硬聚氯乙烯、有机、无机玻璃钢)风管的连接还应符合下列规定:

①法兰的规格应分别符合表2.44、2.45、2.46的规定,其螺栓孔的间距不得大于120 mm;矩形风管法兰的四角处,应设有螺孔;

②采用套管连接时,套管厚度不得小于风管板材厚度。

检查数量:按加工批数量抽查5%,不得少于5件。

检查方法:尺量、观察检查。

表2.44　硬聚氯乙烯圆形风管法兰规格(mm)

风管直径 D	材料规格(宽×厚)	连接螺栓	风管直径 D	材料规格(宽×厚)	连接螺栓
$D \leq 180$	35 × 6	M6	$800 < D \leq 1\,400$	45 × 12	M10
$180 < D \leq 400$	35 × 8	M8	$1\,400 < D \leq 1\,600$	50 × 15	M10
$400 < D \leq 500$	35 × 10	M8	$1\,600 < D \leq 2\,000$	60 × 15	M10
$500 < D \leq 800$	40 × 10	M8	$D > 2\,000$	按设计	

表2.45 硬聚氯乙烯矩形风管法兰规格(mm)

风管直径 b	材料规格（宽×厚）	连接螺栓	风管直径 b	材料规格（宽×厚）	连接螺栓
$b \leq 160$	35×6	M6	$800 < b \leq 1200$	45×12	M10
$160 < b \leq 400$	35×8	M8	$1250 < b \leq 1600$	50×15	M10
$400 < b \leq 500$	35×10	M8	$1600 < b \leq 2000$	60×18	M10
$500 < b \leq 800$	40×10	M10	$b > 2000$	按设计	

表2.46 有机、无机玻璃钢风管法兰规格(mm)

风管直径 D 或风管边长 b	材料规格（宽×厚）	连接螺栓
$D(b) \leq 400$	30×4	M8
$400 < D(b) \leq 1000$	40×6	M8
$1000 < D \leq 2000$	50×8	M10

(7)复合材料风管采用法兰连接时,法兰与风管板材的连接应可靠,其绝热层不得外露,不得采用降低板材强度和绝热性能的连接方法。

检查数量:按加工批数量抽查5%,不得少于5件。

检查方法:尺量、观察检查。

(8)砖、混凝土风道的变形缝,应符合设计要求,不应渗水和漏风。

检查数量:全数检查。

检查方法:观察检查。

(9)金属风管的加固应符合下列规定:

①圆形风管(不包括螺旋风管)直径大于等于800 mm,且其管段长度大于1 250 mm或总表面积大于4 m^2 均应采取加固措施;

②矩形风管边长大于630 mm,保温风管边长大于800 mm,管段长度大于1 250 mm或低压风管单边平面积大于1.2 m^2,中、高压风管大于1.0 m^2,均应采取加固措施;

③非规则椭圆风管的加固,应参照矩形风管执行。

检查数量:按加工批抽查5%,不得少于5件。

检查方法:尺量、观察检查。

(10)非金属风管的加固,除应符合以上介绍的金属风管加固的规定外还应符合下列规定:

①硬聚氯乙烯风管的直径或边长大于500 mm时,其风管与法兰的连接处应设加强板,且间距不得大于450 mm;

②有机及无机玻璃钢风管的加固,应为本体材料或防腐性能相同的材料,并与风管成一整体。

检查数量:按加工批抽查5%,不得少于5件。

检查方法:尺量、观察检查。

(11)矩形风管弯管的制作,一般应采用曲率半径为一个平面边长的内外同心弧形弯管。当采用其他形式的弯管,平面边长大于500 mm时,必须设置弯管导流片。

检查数量:其他形式的弯管抽查 20%,不得少于 2 件。
检查方法:观察检查。
3. 一般项目
(1)金属风管的制作应符合下列规定:
①圆形弯管的曲率半径(以中心线计)和最少分节数量应符合表 2.47 的规定。圆形弯管的弯曲角度及圆形三通、四通支管与总管夹角的制作偏差不应大于 3°。

表 2.47 圆形弯管曲率半径和最少节数

弯管直径 D/mm	曲率半径 R	弯管角度和最少节数							
		90°		60°		45°		30°	
		中节	端节	中节	端节	中节	端节	中节	端节
80 ~ 220	≥1.5D	2	2	1	2	1	2	—	2
220 ~ 450	D ~ 1.5D	3	2	2	2	1	2	—	2
450 ~ 800	D ~ 1.5D	4	2	2	2	1	2	1	2
800 ~ 1 400	D	5	2	3	2	2	2	1	2
1 400 ~ 2 000	D	8	2	5	2	3	2	2	2

②风管与配件的咬口缝应紧密、宽度应一致;折角应平直,圆弧应均匀;两端面平行。风管无明显扭曲与翘角;表面应平整,凹凸不大于 10 mm。

③风管外径或外边长的允许偏差:当小于或等于 300 mm 时,为 2 mm;当大于 300 mm 时,为 3 mm。管口平面度的允许偏差为 2 mm,矩形风管两条对角线长度之差不应大于 3 mm;圆形法兰任意正交两直径之差不应大于 2 mm。

④焊接风管的焊缝应平整,不应有裂缝、凸瘤、穿透的夹渣、气孔及其他缺陷等,焊接后板材的变形应矫正,并将焊渣及飞溅物清除干净。

检查数量:通风与空调工程按制作数量 10% 抽查,不得少于 5 件;净化空调工程按制作数量抽查 20%,不得少于 5 件。

检查方法:查验测试记录,进行装配试验,尺量、观察检查。

(2)金属法兰连接风管的制作还应符合下列规定:

①风管法兰的焊缝应熔合良好、饱满,无假焊和孔洞;法兰平面度的允许偏差为 2 mm,同一批量加工的相同规格法兰的螺孔排列应一致,并具有互换性。

②风管与法兰采用铆接连接时,铆接应牢固,不应有脱铆和漏铆现象;翻边应平整,紧贴法兰,其宽度应一致,且不应小于 6 mm;咬缝与四角处不应有开裂与孔洞。

③风管与法兰采用焊接连接时,风管端面不得高于法兰接口平面。除尘系统的风管,宜采用内侧满焊、外侧间断焊的形式,风管端面距法兰接口平面不应小于 5 mm。当风管与法兰采用点焊固定连接时,焊点应融合良好,间距不应大于 100 mm;法兰与风管应紧贴,不应有穿透的缝隙或孔洞。

④当不锈钢板或铝板风管的法兰采用碳素钢时,其规格应符合表 2.42、表 2.43 的规定,并应根据设计要求做防腐处理;铆钉应采用与风管材质相同或不产生电化学腐蚀的材料。

检查数量:通风与空调工程按制作数量抽查 10%,不得少于 5 件;净化空调工程按制作数量抽查 20%,不得少于 5 件。

检查方法:查验测试记录,进行装配试验,尺量、观察检查。

(3) 无法兰连接风管的制作还应符合下列规定:

① 无法兰连接风管的接口及连接件,应符合表 2.48、表 2.49 的要求。圆形风管的芯管连接应符合表 2.50 的要求。

表 2.48　圆形风管无法兰连接形式

无法兰连接形式		附件板厚/mm	接口要求	使用范围
承接连接		—	插入深度 ≥ 30 mm,有密封要求	低压风管(直径 < 700 mm)
带加强筋承插		—	插入深度 ≥ 20 mm,有密封要求	中、低压风管
角钢加固承插		—	插入深度 ≥ 20 mm,有密封要求	中、低压风管
芯管连接		≥ 管板厚	插入深度 ≥ 20 mm,有密封要求	中、低压风管
立筋抱箍连接		≥ 管板厚	翻边与楞筋匹配一致,紧固严密	中、低压风管
抱箍连接		≥ 管板厚	对口尽量靠近不重叠,抱箍应居中	中、低压风管宽度 ≥ 100 mm

表 2.49　矩形风管无法兰连接形式

无法兰连接形式		附件板厚/mm	使用范围
S 形插条		≥ 0.7	低压风管单独使用连接处必须有固定措施
C 形插条		≥ 0.7	中、低压风管
立插条		≥ 0.7	中、低压风管
立咬口		≥ 0.7	中、低压风管
包边立咬口		≥ 0.7	中、低压风管
薄钢板法兰插条		≥ 1.0	中、低压风管
薄钢板法兰弹簧夹		≥ 1.0	中、低压风管
直角形平插条		≥ 0.7	低压风管
立联合角形插条		≥ 0.8	低压风管

注:薄钢板法兰风管也可采用铆接法兰条连接的方法。

表 2.50 圆形风管的芯管连接

风管直径 D/mm	芯管长度 l/mm	自攻螺丝或抽芯铆钉数量(个)	外径允许偏差/mm	
			圆管	芯管
120	120	3×2	-1~0	-3~-4
300	160	4×2		
400	200	4×2	-2~0	-4~-5
700	200	6×2		
900	200	8×2		
1 000	200	8×2		

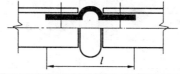

②薄钢板法兰矩形风管的接口及附件,其尺寸应准确,形状应规则,接口处应严密;薄钢板法兰的折边(或法兰条)应平直,弯曲度不应大于 5/1 000;弹性插条或弹簧夹应与薄钢板法兰相匹配;角件与风管薄钢板法兰四角接口的固定应稳固、紧贴,端面应平整,相连处不应有缝隙大于 2 mm 的连续穿透缝。

③采用 C、S 形插条连接的矩形风管,其边长不应大于 630 mm;插条与风管加工插口的宽度应匹配一致,其允许偏差为 2 mm;连接应平整、严密,插条两端压倒长度不应小于 20 mm。

④采用立咬口、包边立咬口连接的矩形风管,其立筋的高度应大于或等于同规格风管的角钢法兰宽度。同一规格风管的立咬口、包边立咬口的高度应一致,折角应倾角、直线度允许偏差为 5/1 000;咬口连接铆钉的间距不应大于 150 mm,间隔应均匀;立咬口四角连接处的铆固,应紧密、无孔洞。

检查数量:按制作数量抽查 10%,不得少于 5 件;净化空调工程抽查 20%,均不得少于 5 件。

检查方法:查验测试记录,进行装配试验,尺量、观察检查。

(4)风管的加固应符合下列规定:

①风管的加固可采用楞筋、立筋、角钢(内、外加固)、扁钢、加固筋和管内支撑等形式,如图 2.57 所示。

②楞筋或楞线的加固,排列应规则,间隔应均匀,板面不应有明显的变形。

③角钢、加固筋的加固,应排列整齐、均匀对称,其高度应小于或等于风管的法兰宽度。角钢、加固筋与风管的铆接应牢固、间隔应均匀,不应大于 220 mm;两相交处应连接成一体。

④管内支撑与风管的固定应牢固,各支撑点之间或与风管的边沿或法兰的间距应均匀,不应大于 950 mm。

⑤中压和高压系统风管的管段,其长度大于 1 250 mm 时,还应有加固框补强。高压系统金属风管的单咬口缝,还应有防止咬口缝胀裂的加固或补强措施。

检查数量:按制作数量抽查 10%,净化空调系统抽查 20%,均不得少于 5 件。

检查方法:查验测试记录,进行装配试验,观察和尺量检查。

(5) 硬聚氯乙烯风管还应符合下列规定：

①风管的两端面平行，无明显扭曲，外径或外边长的允许偏差为 2 mm；表面平整、圆弧均匀，凹凸不应大于 5 mm。

②焊缝的坡口形式和角度应符合表 2.51 的规定。

③焊缝应饱满，焊条排列应整齐，无焦黄、断裂现象。

检查数量：按风管总数抽查 10%，法兰数抽查 5%，不得少于 5 件。

检查方法：尺量、观察检查。

表 2.51 焊缝形式及坡口

焊缝形式	焊缝名称	图　形	焊缝高度/mm	板材厚度/mm	焊缝坡口张角 α/°
对接焊缝	V 形单面缝	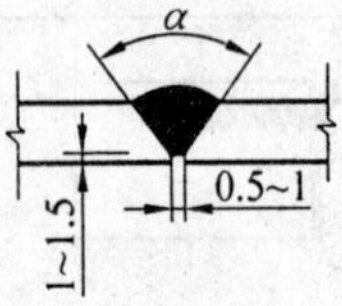	2~3	3~5	70~90
对接焊缝	V 形双面焊	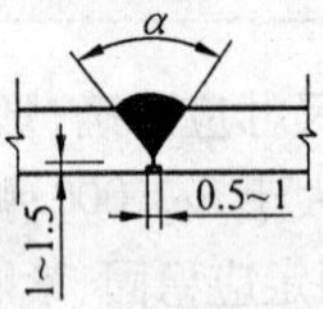	2~3	5~8	70~90
对接焊缝	X 形双面焊	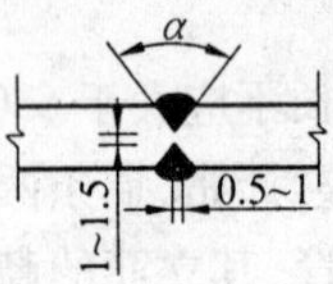	2~3	≥8	70~90
搭接焊缝	搭接焊	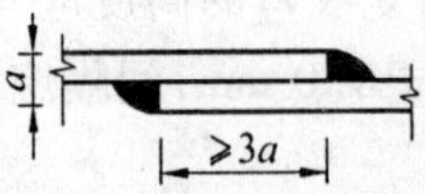	≥最小板厚	3~10	—
填角焊缝	填角焊无坡角	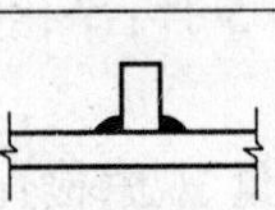	≥最小板厚	6~18	—
填角焊缝	填角焊无坡角	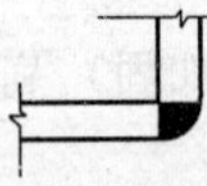	≥最小板厚	≥3	—
对角焊缝	V 形对角焊	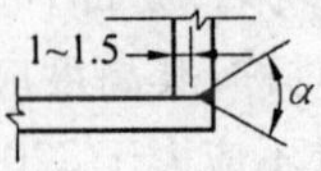	≥最小板厚	3~5	70~90
对角焊缝	V 形对角焊	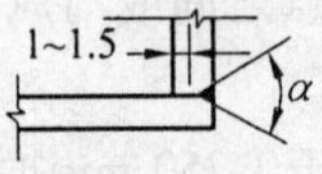	≥最小板厚	5~8	70~90
对角焊缝	V 形对角焊	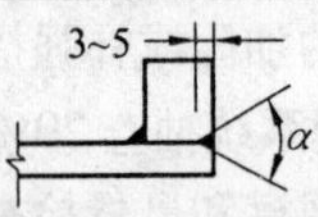	≥最小板厚	6~15	70~90

(6)有机玻璃钢风管还应符合下列规定:

①风管不应有明显扭曲、内表面应平整光滑,外表面应整齐美观,厚度应均匀,且边缘无毛刺,并无气泡及分层现象。

②风管的外径或外边长尺寸的允许偏差为3 mm,圆形风管的任意正交两直径之差不应大于5 mm;矩形风管的两对角线之差不应大于5 mm。

③法兰应与风管成一整体,并应有过渡圆弧,并与风管轴线成直角,管口平面度的允许偏差为3 mm;螺孔的排列应均匀,至管壁的距离应一致,允许偏差为2 mm。

④矩形风管的边长大于900 mm,且管段长度大于1 250 mm时,应加固。加固筋的分布应均匀、整齐。

检查数量:按风管总数抽查10%,法兰数抽查5%,不得少于5件。

检查方法:尺量、观察检查。

(7)无机玻璃钢风管还应符合下列规定:

①风管的表面应光洁、无裂纹、无明显泛霜和分层现象;

②风管的外形尺寸的允许偏差应符合表2.52的规定;

③风管法兰的规定与有机玻璃钢法兰相同。

检查数量:按风管总数抽查10%,法兰数抽查5%,不得少于5件。

检查方法:尺量、观察检查。

(8)砖、混凝土风道内表面水泥砂浆应抹平整、无裂缝,不渗水。

检查数量:按风道总数抽查10%,不得少于一段。

检查方法:观察检查。

表2.52 无机玻璃钢风管外形尺寸(mm)

直径或大边长	矩形风管外表平面度	矩形风管管口对角线之差	法兰平面度	圆形风管两直径之差
≤300	≤3	≤3	≤2	≤3
301~500	≤3	≤4	≤2	≤3
501~1 000	≤4	≤5	≤2	≤4
1 001~1 500	≤4	≤6	≤3	≤5
1 501~2 000	≤5	≤7	≤3	≤5
>2 000	≤6	≤8	≤3	≤5

(9)双面铝箔绝热板风管还应符合下列规定:

①板材拼接宜采用专用的连接构件,连接后板面平面度的允许偏差为5 mm;

②风管的折角应平直,拼缝黏接应牢固、平整,风管的黏结材料宜为难燃材料;

③风管采用法兰连接时,其连接应牢固,法兰平面度的允许偏差为2 mm;

④风管的加固,应根据系统工作压力及产品技术标准的规定执行。

检查数量:按风管总数抽查10%,法兰数抽查5%,不得少于5件。

检查方法:尺量、观察检查。

(10)铝箔玻璃纤维板风管还应符合下列规定:

① 风管的离心玻璃纤维板材应干燥、平整;板外表面的铝箔隔气保护层应与内芯玻璃纤维材料黏合牢固;内表面应有防纤维脱落的保护层,并应对人体无危害。

② 当风管连接采用插入接口形式时,接缝处的黏接应严密、牢固,外表面铝箔胶带密封的每一边粘贴宽度不应小于25 mm,并应有辅助的连接固定措施。

当风管的连接采用法兰形式时,法兰与风管的连接应牢固,并应能防止板材纤维逸出和冷桥。

③ 风管表面应平整、两端面平行,无明显凹穴、变形、起泡,铝箔无破损等。

④ 风管的加固,应根据系统工作压力及产品技术标准的规定执行。

检查数量:按风管总数抽查10%,不得少于5件。

检查方法:尺量、观察检查。

2.2.13.3 风管部件与消声器制作

1. 一般规定

(1)本部分适用于通风与空调工程中风口、风阀等其他部件及消声器的加工制作或产(成)品质量的验收。

(2)一般风量调节阀按设计文件和风阀制作的要求进行验收,其他风阀按外购产品质量进行验收。

2. 主控项目

(1)手动单叶片或多叶片调节风阀的手轮或扳手,应以顺时针方向转动为关闭,其调节范围及开启角度指示应与叶片开启角度相一致。

用于除尘系统间歇工作点的风阀,关闭时应能密封。

检查数量:按批抽查10%,不得少于1个。

检查方法:手动操作、观察检查。

(2)电动、气动调节风阀的驱动装置,动作应可靠,在最大工作压力下工作正常。

检查数量:按批抽查10%,不得少于1个。

检查方法:核对产品的合格证明文件、性能检测报告,观察或测试。

(3)工作压力大于1 000 Pa的调节风阀,生产厂应提供(在1.5倍工作压力下能自由开关)强度测试合格的证书(或试验报告)。

检查数量:按批抽查10%,不得少于1个。

检查方法:核对产品的合格证明文件、性能检测报告。

(4)消声弯管的平面边长大于800 mm时,应加设吸声导流片;消声器内直接迎风面的布质覆面层应有保护措施;净化空调系统消声器内的覆面应为不易产尘的材料。

检查数量:全数检查。

检查方法:观察检查、核对产品的合格证明文件。

3. 一般项目

(1) 手动单叶片或多叶片调节风阀应符合下列规定：

① 结构应牢固，启闭应灵活，法兰应与相应材质风管的相一致；

② 叶片的搭接应贴合一致，与阀体缝隙应小于 2 mm；

③ 截面积大于 1.2 m² 的风阀应实施分组调节。

检查数量：按类别、批抽查 10%，不得少于 1 个。

检查方法：手动操作，尺量、观察检查。

(2) 止回风阀应符合下列规定：

① 启闭灵活，关闭时应严密；

② 阀叶的转轴、铰链应采用不易锈蚀的材料制作，保证转动灵活、耐用；

③ 阀片的强度应保证在最大负荷压力下不弯曲变形；

④ 水平安装的止回风阀应有可靠的平衡调节机构。

检查数量：按类别、批抽查 10%，不得少于 1 个。

检查方法：观察、尺量，手动操作试验与核对产品的合格证明文件。

(3) 插板风阀应符合下列规定：

① 壳体应严密，内壁应做防腐处理；

② 插板应平整，启闭灵活，并有可靠的定位固定装置；

③ 斜插板风阀的上下接管应成一直线。

检查数量：按类别、批抽查 10%，不得少于 1 个。

检查方法：手动操作，尺量、观察检查。

(4) 三通调节风阀应符合下列规定：

① 拉杆或手柄的转轴与风管的结合处应严密；

② 拉杆可在任意位置上固定，手柄开关应标明调节的角度；

③ 阀板调节方便，并不与风管相碰擦。

检查数量：按类别、批分别抽查 10%，不得少于 1 个。

检查方法：观察、尺量，手动操作试验。

(5) 风量平衡阀应符合产品技术文件的规定。

检查数量：按类别、批分别抽查 10%，不得少于 1 个。

检查方法：观察、尺量，核对产品的合格证明文件。

(6) 矩形弯管导流叶片的迎风侧边缘应圆滑，固定应牢固。导流片的弧度应与弯管的角度相一致。导流片的分布应符合设计规定。当导流叶片的长度超过 1 250 mm 时，应有加强措施。

检查数量：按批抽查 10%，不得少于 1 个。

检查方法：核对材料，尺量、观察检查。

(7) 柔性短管应符合下列规定：

① 应选用防腐、防潮、不透气、不易霉变的柔性材料。用于空调系统的应采取防止结露的措施；用于净化空调系统的还应是内壁光滑、不易产生尘埃的材料。

② 柔性短管的长度，一般宜为 150 ~ 300 mm，其连接处应严密、牢固可靠。

③ 柔性短管不宜作为找正、找平的异径连接管。
④ 设于结构变形缝的柔性短管,其长度宜为变形缝的宽度加 100 mm 及以上。

检查数量:按数量抽查 10%,不得少于 1 个。

检查方法:尺量、观察检查。

(8) 消声器的制作应符合下列规定:
① 所选用的材料,应符合设计的规定,如防火、防腐、防潮和卫生性能等要求。
② 外壳应牢固、严密,其漏风量应符合规范的规定。
③ 充填的消声材料,应按规定的密度均匀铺设,并应有防止下沉的措施。消声材料的覆面层不得破损,搭接应顺气流,且应拉紧,界面无毛边。
④ 隔板与壁板结合处应紧贴、严密;穿孔板应平整、无毛刺,其孔径和穿孔率应符合设计要求。

检查数量:按批抽查 10%,不得少于 1 个。

检查方法:尺量、观察检查,核对材料合格的证明文件。

(9) 检查门应平整、启闭灵活、关闭严密,其与风管或空气处理室的连接处应采取密封措施,无明显渗漏。

检查数量:按数量抽查 20%,不得少于 1 个。

检查方法:观察检查。

(10) 风口的验收,规格以颈部外径与外边长为准,其尺寸的允许偏差值应符合表 2.53 的规定。风口的外表装饰面应平整、叶片或扩散环的分布应匀称、颜色应一致、无明显的划伤和压痕;调节装置转动应灵活、可靠,定位后应无明显的自由松动。

检查数量:按类别、批分别抽查 5%,不得少于 1 个。

检查方法:尺量、观察检查,核对材料合格的证明文件与手动操作检查。

表 2.53　风口尺寸允许偏差(mm)

圆形风口		
直　径	≤250	>250
允许偏差	0 ~ -2	0 ~ -3
矩形风口		
边　长	<300	300 ~ 800	>800
允许偏差	0 ~ -1	0 ~ -2	0 ~ -3
对角线长度	<300	300 ~ 500	>500
对角线长度之差	≤1	≤2	≤3

2.2.13.4　风管系统的安装

1. 一般规定

(1) 本部分适用于通风与空调工程中的金属和非金属风管系统安装质量的检验和验收。

(2) 风管系统安装后,必须进行严密性检验,合格后方能交付下道工序。风管系统严密性检验以主、干管为主。在加工工艺得到保证的前提下,低压风管系统可采用漏光法检测。

(3) 风管系统吊、支架采用膨胀螺栓等胀锚方法固定时,必须符合其相应技术文件的规定。

2. 主控项目

(1) 在风管穿过需要封闭的防火、防爆的墙体或楼板时,应设预埋管或防护套管,其钢板厚度不应小于 1.6 mm。风管与防护套管之间,应用不燃且对人体无危害的柔性材料封堵。

检查数量:按数量抽查 20%,不得少于 1 个系统。

检查方法:尺量、观察检查。

(2) 风管安装必须符合下列规定:

① 风管内严禁其他管线穿越;

② 输送含有易燃、易爆气体或安装在易燃、易爆环境的风管系统应有良好的接地,通过生活区或其他辅助生产房间时必须严密,并不得设置接口;

③ 室外立管的固定拉索严禁拉在避雷针或避雷网上。

检查数量:按数量抽查 20%,不得少于 1 个系统。

检查方法:手扳、尺量、观察检查。

(3) 输送空气温度高于 80 ℃ 的风管,应按设计规定采取防护措施。

检查数量:按数量抽查 20%,不得少于 1 个系统。

检查方法:观察检查。

(4) 风管部件安装必须符合下列规定:

① 各类风管部件及操作机构的安装,应能保证其正常的使用功能,并便于操作;

② 斜插板风阀的安装,阀板必须为向上拉启;水平安装时,阀板还应为顺气流方向插入;

③ 止回风阀、自动排气活门的安装方向应正确。

检查数量:按数量抽查 20%,不得少于 5 件。

检查方法:尺量、观察检查,动作试验。

(5) 集中式真空吸尘系统的安装应符合下列规定:

① 真空吸尘系统弯管的曲率半径不应小于 4 倍管径,弯管的内壁面应光滑,不得采用褶皱弯管;

② 真空吸尘系统三通的夹角不得大于 45°,四通制作应采用两个斜三通的做法。

检查数量:按数量抽查 20%,不得少于 2 件。

检查方法:尺量、观察检查。

(6) 风管系统安装完毕后,应按系统类别进行严密性检验,漏风量应符合设计规定。风管系统的严密性检验,应符合下列规定:

① 低压系统风管的严密性检验应采用抽检,抽检率为 5%,且不得少于 1 个系统。在加工工艺得到保证的前提下,采用漏光法检测。检测不合格时,应按规定的抽检率做漏风量测试。

中压系统风管的严密性检验,应在漏光法检测合格后,对系统漏风量测试进行抽检,抽检率为 20%,且不得少于 1 个系统。

高压系统风管的严密性检验,为全数进行漏风量测试。

系统风管严密性检验的被抽检系统,应全数合格,则视为通过;如有不合格时,则应再加倍抽检,直至全数合格。

②净化空调系统风管的严密性检验,1~5级的系统按高压系统风管的规定执行;6~9级的系统按中压系统风管的规定执行。

检查数量:按条文中的规定。

检查方法:按规范中的规定进行严密性测试。

(7)手动密闭阀安装,阀门上标志的箭头方向必须与受冲击波方向一致。

检查数量:全数检查。

检查方法:观察、核对检查。

3. 一般项目

(1)风管的安装应符合下列规定:

①风管安装前,应清除内、外杂物,并做好清洁和保护工作。

②风管安装的位置、标高、走向,应符合设计要求。现场风管接口的配置,不得缩小其有效截面。

③连接法兰的螺栓应均匀拧紧,其螺母宜在同一侧。

④风管接口的连接应严密、牢固。风管法兰的垫片材质应符合系统功能的要求,厚度不应小于3 mm。垫片不应凸入管内,亦不宜突出法兰外。

⑤柔性短管的安装,应松紧适度,无明显扭曲。

⑥可伸缩性金属或非金属软风管的长度不宜超过2 m,并不应有死弯或塌凹。

⑦风管与砖、混凝土风道的连接接口,应顺着气流方向插入,并应采取密封措施。风管穿出屋面处应设有防雨装置。

⑧不锈钢板、铝板风管与碳素钢支架的接触处,应有隔绝或防腐绝缘措施。

检查数量:按数量抽查10%,不得少于1个系统。

检查方法:尺量、观察检查。

(2)无法兰连接风管的安装还应符合下列规定:

①风管的连接处,应完整无缺损,表面应平整,无明显扭曲。

②承插式风管的四周缝隙应一致,无明显的弯曲或褶皱;内涂的密封胶应完整,外粘的密封胶带,应粘贴牢固、完整无缺损。

③薄钢板法兰形式风管的连接,弹性插条、弹簧夹或紧固螺栓的间隔不应大于150 mm,且分布均匀,无松动现象。

④插条连接的矩形风管,连接后的板面应平整、无明显弯曲。

检查数量:按数量抽查10%,不得少于1个系统。

检查方法:尺量、观察检查。

(3)风管的连接应平直、不扭曲。明装风管水平安装,水平度的允许偏差为3/1 000,总偏差不应大于20 mm。明装风管垂直安装,垂直度的允许偏差为2/1 000,总偏差不应大于20 mm。暗装风管的位置应正确、无明显偏差。

除尘系统的风管,宜垂直或倾斜敷设,与水平夹角宜大于或等于45°,小坡度和水平管应尽量短。

对含有凝结水或其他液体的风管,坡度应符合设计要求,并在最低处设排液装置。

检查数量：按数量抽查 10%，但不得少于 1 个系统。

检查方法：尺量、观察检查。

(4) 风管支、吊架的安装应符合下列规定：

① 风管水平安装，直径或长边尺寸小于等于 400 mm，支、吊架间距不应大于 4 m；直径或长边尺寸大于 400 mm，支、吊架间距不应大于 3 m。螺旋风管的支、吊架间距可分别延长至 5 m 和 3.75 m；对于薄钢板法兰的风管，其支、吊架间距不应大于 3 m。

② 风管垂直安装，支、吊架间距不应大于 4 m，单根直管至少应有 2 个固定点。

③ 风管支、吊架宜按国标图集与规范选用强度和刚度相适应的形式和规格。对于直径或边长大于 2 500 mm 的超宽、超重等特殊风管的支、吊架应按设计规定。

④ 支、吊架不宜设置在风口、阀门、检查门及自控机构处，离风口或插接管的距离不宜小于 200 mm。

⑤ 当水平悬吊的主、干风管长度超过 20 m 时，应设置防止摆动的固定点，每个系统不应少于 1 个。

⑥ 吊架的螺孔应采用机械加工。吊杆应平直，螺纹完整、光洁。安装后各副支、吊架的受力应均匀，无明显变形。

风管或空调设备使用的可调隔振支、吊架的拉伸或压缩量应按设计的要求进行调整。

⑦ 抱箍支架，折角应平直，抱箍应紧贴并箍紧风管。安装在支架上的圆形风管应设托座和抱箍，其圆弧应均匀，且与风管外径相一致。

检查数量：按数量抽查 10%，不得少于 1 个系统。

检查方法：尺量、观察检查。

(5) 非金属风管的安装还应符合下列规定：

① 风管连接两法兰端面应平行、严密，法兰螺栓两侧应加镀锌垫圈。

② 应适当增加支、吊架与水平风管的接触面积。

③ 硬聚氯乙烯风管的直段连续长度大于 20 m，应按设计要求设置伸缩节；支管的重量不得由干管来承受，必须自行设置支、吊架。

④ 风管垂直安装，支架间距不应大于 3 m。

检查数量：按数量抽查 10%，不得少于 1 个系统。

检查方法：尺量、观察检查。

(6) 复合材料风管的安装还应符合下列规定：

① 复合材料风管的连接处，接缝应牢固，无孔洞和开裂。当采用插接连接时，接口应匹配、无松动，端口缝隙不应大于 5 mm。

② 采用法兰连接时，应有防冷桥的措施。

③ 支、吊架的安装宜按产品标准的规定执行。

检查数量：按数量抽查 10%，但不得少于 1 个系统。

检查方法：尺量、观察检查。

(7) 集中式真空吸尘系统的安装应符合下列规定：

① 吸尘管道的坡度宜为 5/1 000，并坡向立管或吸尘点。

② 吸尘嘴与管道的连接，应牢固、严密。

检查数量:按数量抽查20%,不得少于5件。

检查方法:尺量、观察检查。

(8) 各类风阀应安装在便于操作及检修的部位,安装后的手动或电动操作装置应灵活、可靠,阀板关闭应保持严密。

防火阀直径或长边尺寸大于等于630 mm时,宜设独立支、吊架。

排烟阀(排烟口)及手控装置(包括预埋套管)的位置应符合设计要求。预埋套管不得有死弯及瘪陷。

除尘系统吸入管段的调节阀,宜安装在垂直管段上。

检查数量:按数量抽查10%,不得少于5件。

检查方法:尺量、观察检查。

(9) 风口与风管的连接应严密、牢固,与装饰面紧贴;表面平整、不变形,调节灵活、可靠。条形风口的安装,接缝处应衔接自然,无明显缝隙。同一厅室、房间内的相同风口的安装高度应一致,排列应整齐。

明装无吊顶的风口,安装位置和标高偏差不应大于10 mm。

风口水平安装,水平度的偏差不应大于3/1 000。

风口垂直安装,垂直度的偏差不应大于2/1 000。

检查数量:按数量抽查10%,不得少于1个系统或不少于5件和2个房间的风口。

检查方法:尺量、观察检查。

2.2.14 防腐与绝热施工质量验收

2.2.14.1 一般规定

(1) 风管与部件及通风设备绝热工程施工应在风管系统严密性检验合格后进行。

(2) 普通薄钢板在制作风管前,宜预涂防锈漆一遍。

(3) 支、吊架的防腐处理应与风管或管道相一致,其明装部分必须涂面漆。

(4) 油漆施工时,应采取防火、防冻、防雨等措施,并不应在低温或潮湿环境下作业。明装部分的最后一遍色漆,宜在安装完毕后进行。

2.2.14.2 主控项目

(1) 风管和管道的绝热,应采用不燃或难燃材料,其材质、密度、规格与厚度应符合设计要求。如采用难燃材料时,应对其难燃性进行检查,合格后方可使用。

检查数量:按批随机抽查1件。

检查方法:观察检查、检查材料合格证,并做点燃试验。

(2) 防腐涂料和油漆,必须是在有效保质期限内的合格产品。

检查数量:按批检查。

检查方法:观察、检查材料合格证。

(3) 在下列场合必须使用不燃绝热材料:

① 电加热器前后800 mm的风管和绝热层;

② 穿越防火隔墙两侧2 m范围内风管、管道和绝热层。

检查数量:全数检查。

检查方法:观察、检查材料合格证与做点燃试验。

(4)输送介质温度低于周围空气露点温度的管道,当采用非闭孔性绝热材料时,隔气层(防潮层)必须完整,且封闭良好。

检查数量:按数量抽查10%,且不得少于5段。

检查方法:观察检查。

2.2.14.3 一般项目

(1)喷、涂油漆的漆膜,应均匀、无堆积、皱纹、气泡、掺杂、混色与漏涂等缺陷。

检查数量:按面积抽查10%。

检查方法:观察检查。

(2)各类通风设备、部件的油漆喷、涂,不得遮盖铭牌标志和影响部件的功能使用。

检查数量:按数量抽查10%,且不得少于2个。

检查方法:观察检查。

(3)风管系统部件的绝热,不得影响其操作功能。

检查数量:按数量抽查10%,且不得少于2个。

检查方法:观察检查。

(4)绝热材料层应密实,无裂缝、空隙等缺陷。表面应平整,当采用卷材或板材时,允许偏差为5 mm;采用涂抹或其他方式时,允许偏差为10 mm。防潮层(包括绝热层的端部)应完整,且封闭良好;其搭接缝应顺水。

检查数量:管道按轴线长度抽查10%;部件、阀门抽查10%,且不得少于2个。

检查方法:观察检查,用钢丝刺入保温层、尺量。

(5)风管绝热层采用黏结方法固定时,施工应符合下列规定:

① 黏结剂的性能应符合使用温度和环境卫生的要求,并与绝热材料相匹配;

② 黏结材料宜均匀地涂在风管、部件或设备的外表面上,绝热材料与风管、部件及设备表面应紧密贴合,无空隙;

③ 绝热层纵、横向的接缝,应错开;

④ 绝热层粘贴后,如进行包扎或捆扎,包扎的搭接处应均匀、贴紧;捆扎应松紧适度,不得损坏绝热层。

检查数量:按数量抽查10%。

检查方法:观察检查和检查材料合格证。

(6)风管绝热层采用保温钉连接固定时,应符合下列规定:

① 保温钉与风管、部件及设备表面的连接,可采用黏接或焊接,结合应牢固,不得脱落;焊接后应保持风管的平整,并不应影响镀锌钢板的防腐性能。

② 矩形风管或设备保温钉的分布应均匀,其数量底面每平方米不应少于16个,侧面不应少于10个,顶面不应少于8个。首行保温钉至风管或保温材料边沿的距离应小于120 mm。

③ 风管法兰部位的绝热层厚度,不应低于风管绝热层的0.8倍。

④ 带有防潮隔气层绝热材料的拼缝处,应用胶带封严。胶带的宽度不应小于50 mm。胶

带应牢固地粘贴在防潮面层上,不得有胀裂和脱落。

检查数量:按数量抽查10%,且不得少于5处。

检查方法:观察检查。

(7)绝热涂料作绝热层时,应分层涂抹,厚度均匀,不得有气泡和漏涂等缺陷,表面固化层应光滑,牢固无缝隙。

检查数量:按数量抽查10%。

检查方法:观察检查。

(8)当采用玻璃纤维布作绝热保护层时,搭接的宽度应均匀,宜为30～50 mm,且松紧适度。

检查数量:按数量抽查10%,且不得少于10 m²。

检查方法:尺量、观察检查。

(9)管道阀门、过滤器及法兰部位的绝热结构应能单独拆卸。

检查数量:按数量抽查10%,且不得少于5个。

检查方法:观察检查。

(10)管道绝热层的施工,应符合下列规定:

①绝热产品的材质和规格,应符合设计要求,管壳的粘贴应牢固、铺设应平整;绑扎应紧密,无滑动、松弛与断裂现象。

②硬质或半硬质绝热管壳的拼接缝隙,保温时不应大于5 mm,保冷时不应大于2 mm,并用黏结材料勾缝填满;纵缝应错开,外层的水平接缝应设在侧下方。当绝热层的厚度大于100 mm时,应分层铺设,层间应压缝。

③硬质或半硬质绝热管壳应用金属丝或难腐织带捆扎,其间距为300～350 mm,且每节至少捆扎2道。

④松散或软质绝热材料应按规定的密度压缩其体积,疏密应均匀。毡类材料在管道上包扎时,搭接处不应有空隙。

检查数量:按数量抽查10%,且不得少于10段。

检查方法:尺量、观察检查及查阅施工记录。

(11)管道防潮层的施工应符合下列规定:

①防潮层应紧密粘贴在绝热层上,封闭良好,不得有虚粘、气泡、褶皱、裂缝等缺陷。

②立管的防潮层,应由管道的低端向高端敷设,环向搭接的缝口应朝向低端;纵向的搭接缝应位于管道的侧面,并顺水。

③卷材防潮层采用螺旋形缠绕的方式施工时,卷材的搭接宽度宜为30～50 mm。

检查数量:按数量抽查10%,且不得少于10 m。

检查方法:尺量、观察检查。

(12)金属保护壳的施工,应符合下列规定:

①应紧贴绝热层,不得有脱壳、褶皱、强行接口等现象。接口的搭接应顺水,并有凸筋加强,搭接尺寸为20～25 mm。采用自攻螺丝固定时,螺钉间距应匀称,并不得刺破防潮层。

②户外金属保护壳的纵、横向接缝,应顺水;其纵向接缝应位于管道的侧面。金属保护壳与外墙面或屋顶的交接处应加设防水。

检查数量:按数量抽查10%。
检查方法:观察检查。

单元三　通风机的安装与调试

2.3.1　风机基础知识

一般通风空调工程中常用的通风机,按其工作原理可分为离心式、轴流式和贯流式三种。近年来在工程中广泛使用的混流式风机以及斜流式风机等均可看成是上述风机派生而来的。从用途上可分为通用、消防排烟用、屋顶、诱导、防腐、排尘和防爆型等。

2.3.1.1　通风机的全称

通风机的全称包括名称、型号、机号、传动方式、旋转方向和风口位置6部分。

1. 名称

通风机的名称由三部分组成。

(1)通风机的用途或输送介质,其称呼和代号见表2.54规定。

表2.54　常用通风机产品用途代码

用途类别	代　　号	
	汉字	简写
一般通用通风换气	通用	T
防爆气体通风换气	防爆	B
防腐气体通风换气	防腐	F
纺织工业通风换气	纺织	FZ
船舶用通风换气	船通	CT
矿井主体通风	矿井	K
隧道通风换气	隧道	CD
排尘通风	排尘	C
锅炉通风	锅通	G
锅炉引风	锅引	Y

(2)通风机叶轮的作用原理,有离心式、轴流式等。

(3)通风机在管网中的作用和压力高低。

2. 型号

型号组成的顺序见表2.55和表2.56。

表 2.55　离心式通风机型号组成顺序

型　　号	
形　　式	品　　种
□ □ □□ □ 　│ │ │ └─示设计序号 　│ │ └──示比转数 　│ └────示压力系数 　└─────示用途	No□ 　└─示机号

说明：① 用途代号按表 2.54 规定。

② 压力系数采用一位整数。个别前向叶轮的压力系数大于 1.0 时,亦可用两位整数表示。若用两叶轮串联结构,则用 2×压力系数表示。

③ 比转数采用两位整数。若用两叶轮并联结构,或单叶轮双吸入结构,则用 2×比转数表示。

④ 若产品的形式中产生有重复代号或派生型时,则在比转数后加注序号,采用罗马数字体 Ⅰ、Ⅱ 等表示。

⑤ 设计序号用阿拉伯数字"1"、"2"等表示。供对该型产品有重大修改时用。若性能参数、外形尺寸、地基尺寸、易损件没有更动时,不应使用设计序号。

⑥ 机号用叶轮直径的 dm 数表示。

表 2.56　轴流式通风机型号组成顺序

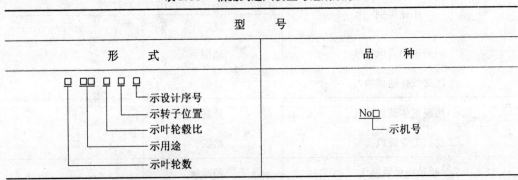

说明：① 叶轮数代号,单叶轮可不表示,双叶轮用"2"表示。

② 用途代号按表 2.54 规定。

③ 叶轮毂比为叶轮底径与外径之比,取两位整数。

④ 转子位置代号卧式用"A"表示,立式用"B"表示。产品无转子位置变化可不表示。

⑤ 若产品的形式中产生有重复代号或派生型时,则在设计序号前加注序号。采用罗马数字体 Ⅰ、Ⅱ 等表示。

3. 机号

以风机叶轮直径的 dm 值(尾数四舍五入)冠以符号"No"表示。

4. 传动方式

传动方式见表 2.57 和图 2.70。

5. 旋转方向

从主轴槽轮或电动机位置看叶轮旋转方向,顺时针者为"右",逆时针者为"左"。

6. 风口位置

离心风机的风口位置,以叶轮的旋转方向和进、出风口方向(角度)表示。

写法是:右(左)出风口角度/进风口角度。其基本出风口位置为8个,特殊用途可增加补充,见图2.71和表2.58。

表2.57 通风机的六种传动方式

代 号		A	B	C	D	E	F
传动方式	离心通风机	无轴承,电机直联传动	悬臂支承,皮带轮在轴承中间	悬臂支承,皮带轮在轴承外侧	悬臂支承,联轴器传动	双支承,皮带在外侧	双支承,联轴器传动
	轴流通风机	无轴承,电机直联传动	悬臂支承,皮带轮在轴承中间	悬臂支承,皮带轮在轴承外侧	悬臂支承,联轴器传动(有风筒)	悬臂支承,联轴器传动(无风筒)	齿轮传动

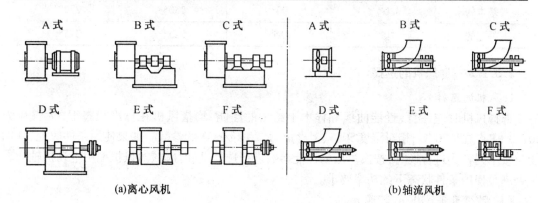

(a)离心风机　　(b)轴流风机

图2.70 风机的传动方式

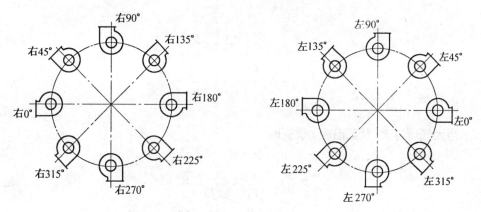

图2.71 离心风机出风口位置

表2.58 离心风机的风口位置

基本的	0°	45°	90°	135°	180°	225°	270°	(315°)
补充的	15°	60°	105°	150°	195°	(240°)	(285°)	(330°)
	30°	75°	120°	165°	210°	(255°)	(300°)	(345°)

轴流风机的风口位置,用进(出)若干角度表示,见图2.72。基本风口位置有四个,特殊用途可增加,见表2.59。

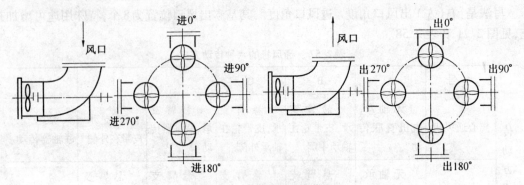

图 2.72　轴流风机风口位置

表 2.59　轴流风机的风口位置

基本的	0°	90°	180°	270°
补充的	45°	135°	225°	315°

2.3.1.2　通风机的选择

1. 风机的选择

选择风机时应注意,性能曲线和样本上给出的性能,均指风机在标准状态下(大气压力 101.3 kPa、温度 20 ℃、相对湿度 50%、密度 $\rho = 1.20$ kg/m³)的参数。如果使用条件改变,其性能应按下列各式进行换算,按换算后的性能参数进行选择,同时应核对风机配用电动机轴功率是否满足使用条件状态下的功率要求。

(1) 改变介质密度 ρ、转速 n 时

$$Q = Q_0 \cdot \frac{n}{n_0} \tag{2.26}$$

$$P = P_0 \cdot \left(\frac{n}{n_0}\right)^2 \cdot \frac{\rho}{\rho_0} \tag{2.27}$$

$$N = N_0 \cdot \left(\frac{n}{n_0}\right)^3 \cdot \frac{\rho}{\rho_0} \tag{2.28}$$

$$\eta = \eta_0 \tag{2.29}$$

(2) 当大气压力 P_0 及其温度 t 改变时

$$Q = Q_0 \tag{2.30}$$

$$P = P_0 \cdot \frac{P_b}{P_{b0}} \cdot \frac{273 + 20}{273 + t} \tag{2.31}$$

$$N = N_0 \cdot \frac{P_b}{P_{b0}} \cdot \frac{273 + 20}{273 + t} \tag{2.32}$$

$$\eta = \eta_0 \tag{2.33}$$

式中　Q_0、P_0、N_0、η_0、n_0、P_{b0}——标准状态或性能表中的风量、风压、功率、效率、转数和大气压;

Q、P、N、η、n、P_b、t——实际工作条件下的风量、风压、功率、效率、转数、大气压和温度。

2. 风机的选择原则及注意事项

(1) 根据通风机输送气体的性质,以及对应管路系统的基本特性,确定选用风机的类型。

(2) 风机的风量应在系统计算总风量上附加风管和设备的漏风量。一般用在送、排风系统的定转速通风机,风量附加5% ~ 10%,除尘系统风量附加10% ~ 15%,排烟系统风量附加10% ~ 20%。

(3) 采用定转速通风机时,通风机的压力应在系统计算压力损失上附加10% ~ 15%,除尘系统附加15% ~ 20%,排烟系统附加10%。

(4) 采用变频调速时,通风机的压力应以系统计算总压力损失作为额定压力,但风机电动机的功率应在计算值上附加15% ~ 20%。

(5) 风机的选用设计工况效率,不应低于风机最高效率的90%。

(6) 多台风机并联或串联运行时,宜选择同型号通风机。

(7) 当风机使用工况与风机样本工况不一致时,应对风机性能进行修正。

2.3.1.3 通风机的调节

从特性曲线图可以看出,无论是改变风机的性能曲线($G - H$),还是改变管路性能曲线(R),都可以调整运行工作点,实现风机的调节。通常风机的流量调节有以下几种方法:

1. 改变管路阻力调节法

通过管路系统中阀门等节流装置的开启程度增减管路阻力,以改变管路特性曲线,达到调节流量的目的。

这种方法适宜小范围风量调节,操作方便,但耗能、不经济。

2. 风机入口导流器调节法

通过风机入口导流叶片角度的调节,改变节流阻力和气流入口流向,达到调节流量的目的。

这是一种比较经济的风量调节方法。

3. 改变风机转数调节法

随着转数的降低,风机效率基本保持不变,其功率则由于流量和压力的降低而迅速下降。一般改变转数的方法有:变频调速、变级调速、液力耦合调速、皮带变速及齿轮变速等。

通常认为,改变风机转数是最经济、节能的风量调节方法。

2.3.2 轴流风机

轴流式风机的基本构造如图2.73所示。它由圆形风筒、钟罩形吸入口,装有扭曲叶片的轮毂、轮线型轮毂罩、电动机、电动机罩、扩压管等组成。

轴流式风机的叶轮由轮毂和铆在其上的叶片组成,叶片从根部到梢部常呈扭曲状态或与轮毂呈轴向倾斜状态,安装角一般不能调节。大型轴流式风机的叶片安装角是可以调节的,与轴流泵一样,调整叶片的安装角,就可以改变风机的流量和风压。大型风机进气口上常常装置导流叶片,出气口上装置整流叶片,以消除气流增压后产生的旋转运功,提高风机效率。轴流式风机的种类很多,只有一个叶轮的轴流式风机叫单级轴流式风机,为了提高风机压力,把两个叶轮串在同一根轴上的风机称为双级轴流式风机。图2.73所示的轴流式风机,电动机与叶轮同壳装置,这种风机结构简单、噪声小,但由于这种风机的电动机直接处于被输送的气流之中,若输送温度较高的气体,就会降低电动机效率。为了克服上述缺点,工程中采用一种长轴式轴流风机,如图2.74所示。

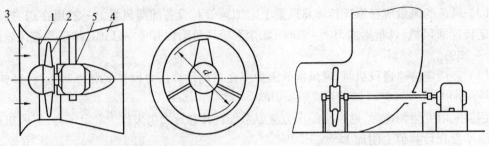

图 2.73　轴流式风机的基本构造　　　　图 2.74　长轴式轴流通风机
1— 圆形风筒;2— 叶片;3— 钟罩形吸入口;
4— 扩压管;5— 电动机及轮毂

如果在某轴流式风机的叶轮上,假想用一定的半径 R 作一圆周截面,并将其剖面沿圆周展开,就得出一系列叶片断面的展开图,称为叶栅图,如图 2.75 所示。当叶轮旋转运动时,叶片向右运动,产生升力,各叶片上侧的气体压力升高而将气体推走;下侧因压力下降而将气体吸入,上下两侧的压强差就是轴流风机产生的风压。显然,叶片的安装角度越大,上下两侧的压强差就越大,风机产生的扬程或压头也越大。可见,调节叶片安装角度,就可以改变轴流式风机的性能。

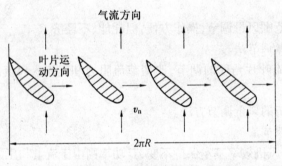

图 2.75　直列叶栅图

2.3.3　离心风机

2.3.3.1　离心风机的分类

根据增压值的大小,离心风机可分为:
(1) 低压风机:增压值小于 1 000 Pa(约 100 mmH$_2$O)。
(2) 中压风机:增压值 1 000 ~ 3 000 Pa(约 100 ~ 300 mmH$_2$O)。
(3) 高压风机:增压值大于 3 000 Pa(约 300 mmH$_2$O)。
低压风机和中压风机大都用于锻冶设备的强制通风及某些气力输送系统。

2.2.3.2　离心风机的结构

图 2.76 是离心风机主要结构分解示意图,分别介绍如下:

1. 吸入口

吸入口有集气作用,可以直接从大气中吸气,使气流以最小的压头损失均匀流入机内。

风机的吸入口主要有三种形式,如图 2.77(a)是圆筒形吸入口,制作简单,压头损失较大;图 2.77(b)是圆锥形吸入口,制作较简单,压头损失较小;图 2.77(c)是圆弧形吸入口,压头损失小,但制作较困难。

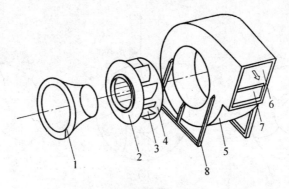

图 2.76 离心风机主要结构分解示意图
1—吸入口;2—叶轮前盘;3—叶片;4—后盘;5—机壳;
6—出口;7—截流板(风舌);8—支架

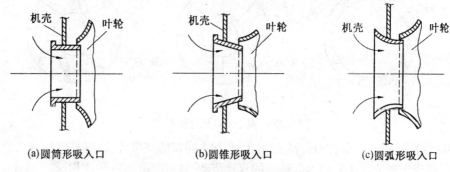

(a)圆筒形吸入口　　(b)圆锥形吸入口　　(c)圆弧形吸入口

图 2.77 离心式风机吸入口形式

2. 叶轮

叶轮由叶片和连接叶片的前盘、后盘组成,叶轮的后盘与轴相连。

叶轮可分为三种不同的叶形,如图 2.78 所示。

(1)前向叶型叶轮

叶片出口安装角度 $\beta_2 > 90°$,叶片出口方向和叶轮旋转方向相同,前向叶型叶轮有薄板前向叶轮(图 2.78(a))和多叶前向叶轮(图 2.78(b))。多叶式流道很短,而出口宽度较宽。

(2)径向叶型叶轮

叶片出口安装角度 $\beta_2 = 90°$,叶片出口是径向方向。径向叶型叶轮分为直线形径向叶轮(图 2.78(d))和曲线形径向叶轮(图 2.78(c))两种,前者制作简单,而损失较大,后者则反。

(3)后向叶型叶轮

叶片出口安装角度 $\beta_2 < 90°$,叶片出口方向与叶轮旋转方向相反。后向叶型的叶轮有薄板后向叶轮(图 2.78(e)),还有空气动力性能好的中空机翼型后向叶轮(图 2.78(f)),其整机效率可达 90%。

3. 机壳

中压和低压离心式风机机壳一般是用钢板制成的蜗壳状箱体。它是用来收集来自叶轮的气体。由于蜗壳截面积逐渐扩大,气体的部分动能转化为压能,最后使气体平顺地沿旋转方向被引至风机出口。

4. 支承和传动

我国离心风机的传动方式共分为 6 种,即 A、B、C、D、E、F 型,见图 2.70 及表 2.57。

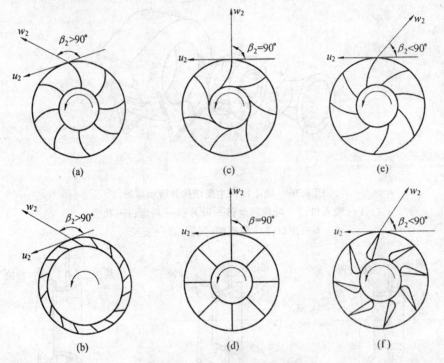

图 2.78 离心式风机叶轮形式

A 型叶轮直接装在电动机加长轴上,B、C、E 型为间接的皮带传动,这种传动方式便于改变风机转速,有利于调节。D、F 型为联轴器的直接传动,风机与电动机转速相同。

A、B、C、D 型的机轴不伸到叶轮中去,称为悬臂支承,叶轮中的气体流动阻力较小,便于维修。E、F 型轴承分布于叶轮两侧,机轴穿过机壳,运行较平稳,大都用于较大型风机。

2.3.3.3 离心风机的工作原理

当叶轮随轴旋转时,叶片间的气体也随叶轮旋转而获得离心力,气体被甩出叶轮,被甩出的气体挤入机壳,于是机壳内的气体压强增高被导向出口排出。气体被甩出后,叶轮中心处压强降低,外界气体从风机的吸入口通过叶轮前盘中央的孔口吸入,源源不断地输送气体。

2.3.3.4 离心风机的性能

离心风机的基本性能,通常由五个性能参数来表示,即流量、全压、功率、效率及转速。在五个参数中,流量和全压是风机最主要的性能参数,它们之间的关系是风机理论的核心部分之一。

1. 流量

流量是指风机在单位时间内输送的流体体积,即体积流量,以符号 Q 表示,单位是 L/s、m^3/s、m^3/h。

2. 全压(或压头)

单位重量流体通过风机后获得的能量增量,单位是 Pa。

3. 功率

功率主要有两种:

(1) 有效功率:是指在单位时间内通过风机的全部流体获得的能量。这部分功率完全传递给通过的流体。以符号 N_e 表示,常用的单位是 kW。

(2) 轴功率:是指原动机加在风机转轴上的功率,以符号 N 表示,常用的单位是 kW。风机不可能将原动机输入功率完全传递给流体,还有一部分功率被损耗掉了。这些损耗包括:

① 转动产生的机械损失;
② 克服流动阻力产生的水力损失;
③ 由于泄漏产生的能量损失等。

4. 效率

反映了风机将轴功率转化为有效功率的程度。有效功率与轴功率的比值为效率,用符号 η 来表示。效率是衡量风机性能好坏的一项重要指标。

$$\eta = \frac{N_e}{N} \times 100\%$$

5. 转速

转速是指风机叶轮每分钟转动的次数。以符号 n 表示,单位是 r/min。

2.3.4 贯流风机

近年来由于通风空气调节技术的发展,要求有一种小风量、低噪声、压头适当和在安装上便于与建筑物相配合的小型风机。贯流式风机就是适应这种要求的新型风机。

贯流式风机的主要特点如下:

(1) 叶轮一般是多叶式前向叶型,但两个端面是封闭的。
(2) 叶轮的宽度 b 没有限制,当宽度加大时,流量也增加。
(3) 贯流式风机不像离心式风机是在机壳侧板上开口使气流轴向进入风机,而是将机壳部分地敞开使气流直接径向进入风机。气流横穿叶片两次。某些贯流式风机在叶轮内缘加设不动的导流叶片,以改善气流状态
(4) 在性能上,贯流式风机的效率较低,一般约为 30% ~ 50%。
(5) 进风口与出风口都是矩形的,易与建筑物相配合。贯流式风机至今还存在许多问题有待解决。特别是各部分的几何形状对其性能有重大影响。不完善的结构甚至完全不能工作,但小型的贯流式风机的使用范围正在稳步扩大。

2.3.5 斜流风机

斜流风机是介于离心风机和轴流风机之间的一种风机。斜流风机的叶轮带动气体运行后,气体既存在离心运动也存在轴向运动,实际上斜流风机的气体流动方向近似于锥面流动,这也是斜流风机被如此命名的原因。

斜流风机的气流沿叶片中心为散射形,因此斜流风机的通风量高于离心风机,气体加压能力高于轴流风机,并可适量改变气体流动方向。另外,斜流风机的结构比离心风机更为紧凑,占地面积小,更易于安装和使用。

2.3.6 风机的安装与调试运行

1. 风机的安装

(1) 一般规定

风机安装的基础、清单和防震装置应符合有关设计的要求。

风机的开箱检查应符合下列要求:

① 根据设备装箱清单,核对叶轮、机壳和其他部位(如地脚孔中心距、进、排气口法兰孔径和方位及中心距、轴的中心标高等)的主要安装尺寸是否与设计相符;

② 叶轮旋转方向应符合设备技术文件的规定;

③ 进、排气口应有盖板严密遮盖,防止尘土和杂物进入;

④ 检查风机外露部分各加工面的防锈情况,转子是否发生明显的变形或严重锈蚀、碰伤等,如有上述情况应会同有关单位研究处理。

风机的搬运和吊装应符合下列要求:

① 整体安装的风机,搬运和吊装时的绳索,不得捆缚在转子和机壳或轴承盖的吊环上;

② 现场组装的风机,绳索的捆缚不得损伤机件表面和转子与齿轮轴两端中心孔、轴瓦的推力面和推力盘的端面机壳水平中分面的连接螺栓孔、转子轴颈和轴封处均不应作为捆缚部位;

③ 输送特殊介质的风机转子和机壳内涂有保护层,应严加保护,不得损伤;

④ 不应将转子和齿轮轴直接放在地上滚动或移动。

风机的润滑、油冷却和密封系统的管路除应清洗干净和畅通外,其受压部分均应作强度试验,试验压力如设备技术文件无规定时,用水压试验时试验压力应为最高工作压力的 1.25～1.5 倍,用气压试验时试验压力应为工作压力的 1.05 倍;现场配制的润滑、密封管路应进行除锈、清洗处理。

风机的进气管、排气管、阀件调节装置和气体加热成冷却装置油路系统管路等均应有单独的支撑并与基础或其他建筑物连接牢固;各管路与风机连接时法兰面应对中贴平,不应硬拉和别劲,风机机壳不应承受其他机件的重量,防止机壳变形。管路安装完毕后,应复测机组的不同轴度是否符合要求。

注:中、小型机组(如类似 DA350-61 机组)的油路系统管路可不设单独支援。

风机附属的自控设备的观测仪器、仪表的安装,应按设备技术文件的规定执行。

风机连接的管路需要切割或焊接时,不应使机壳发生变形,一般宜在管路与机壳脱开后进行。

风机的传动装置外露部分有护罩;风机的进气口或进气管路直通大气时应加装保护网或其他安全设施。

(2) 轴流通风机

轴流通风机的拆卸、清洗和装配应符合下列要求:

① 将机壳和轴承箱拆开并将转子卸下清洗,但电动机直联传动的风机可不拆卸清洗;

② 轴承的冷却水管路应畅通并应对整个系统进行试压,试验压力如设备技术文件无规定时,一般不应低于 4 kgf/cm^2(39.2 N/cm^2)。

③ 应检查叶片根部是否损伤,紧固螺母是否松动;

④ 立式机组应清洗变速箱、齿轮组或蜗轮蜗杆。

整体机组的安装应直接放置在基础上,用成对斜垫铁找平。

现场组装的机组,组装时应符合下列要求:

① 水平剖分机组应将主体风筒上部和转子拆下,并将主体风筒下部、轴承座和底座等在基础上组装后,用成对斜垫铁找平。

② 垂直剖分机组应将进气室安放在基础上,用成对斜垫铁找平,再安装轴承座,且轴承座与底平面应均匀接触,两轴承孔对公共轴线的不同轴度不应超 0.05 mm;轴瓦研刮后,将主轴

平放在轴瓦上,用划针固定在主轴轴头上,以进气室密封圈为基准测主轴和进气室的不同轴度,其值不应超过 2 mm,然后依次装上叶轮、机壳、静子和扩压器。

③ 立式机组的不水平度不应超过 0.2/1 000,用水平仪在轮毂上测量,传动轴与电动机轴的不同轴度,径向位移不应超过 0.2/1 000。

④ 水平剖分和垂直剖分机组的风机轴与电动机轴的不同轴度,径向位移不应超过 0.05 mm,倾斜不应超过 0.2/1 000;机组的纵向不水平度不应超过 0.2/1 000,横向不水平度不应超过 0.3/1 000(电站用轴流引风机按设备技术文件规定),用水平仪分别在主轴和轴承座的水平中分面上测量。

叶片校正时,应按设备技术文件的规定校正各叶片的角度,并锁紧固定叶片的螺母,如需将叶片自轮毂上卸下时,必须按打好的字头对号入座,防止位置错乱破坏转子平衡。如叶片损坏需更换时,在叶片更换后,必须锁紧螺母并符合设备技术文件规定的要求。

主轴和轴瓦组装时,应按设备技术文件的规定进行检查。

叶轮与主体风筒(或机壳)间的间隙应均匀分布并符合设备技术文件的规定,其对应两侧的半径间隙之差如无规定时可按表 2.60 的规定执行。

表 2.60　叶轮与主体风筒间的对应两侧半径间隙之差

叶轮直径/mm	≤ 600	> 600 ~ 1 200	> 1 200 ~ 2 000	> 2 000 ~ 3 000	> 3 000 ~ 5 000	> 5 000 ~ 8 000	> 8 000
对应两侧半径间隙之差不应超过/mm	±0.5	±1	±1.5	±2	±3.5	±5	±6.5

主体风筒上部接缝或进气室与机壳、静子之间的连接法兰以及前后风筒和扩压器的连接法兰均应对中贴平,接合严密。前、后风箱和扩压器等应与基础连接牢固,其重量不得加在主体风筒(或进气室)上,防止机体变形。

(3) 离心通风机

离心通风机的拆卸、清洗和装配应符合下列要求:

① 将机壳和轴承箱拆开并将转子卸下清洗,但电动机直联传动的风机可不拆卸清洗;

② 轴承的冷却水管路应畅通并应对整个系统进行试压,试验压力如设备技术文件无规定时,一般不应低于 4 kgf/cm²(39.2 N/cm²)。

③ 清洗和检查调节机构,其转动应灵活。

整体机组的安装,应直接放置在基础上用成对斜垫铁找平。

现场组装的机组,底座上的切削加工面应妥善保护,不应有锈蚀或操作,底座放置在基础上时,应用成对斜垫铁找平。

轴承座与底座应紧密接合,纵向不水平度不应超过 0.2/1 000,用水平仪在主轴上测量,横向不水平度不应超过 0.3/1 000,用水平仪在轴承座的水平中分面上测量。

轴瓦研刮前应先将转子轴心线与机壳轴心线校正,同时调整叶轮与进气口间的间隙和主轴与机壳后侧板轴孔间的间隙,使其符合设备技术文件的规定。

主轴和轴瓦组装时,应按设备技术文件的规定进行检查。轴承盖与轴瓦间应保持 0.03 ~ 0.04 mm 的过盈(测量轴瓦的外径和轴承座的内径)。

机壳组装时,应以转子轴心线为基准找正机壳的位置并将叶轮进气口与机壳进气口间的轴向和径向间隙调整至设备技术文件规定的范围内,同时检查地脚螺栓是否紧固。其间隙值如设备技术文件无规定时,一般轴向间隙应为叶轮外径的 1/100,径向间隙应均匀分布,其数值应为叶轮外径的 1.5/1 000 ~ 3/1 000(外径小者取大值)。调整时力求间隙值小一些,以提高风机效率。

离心通风机找正时,风机轴与电动机轴的不同轴度:径向位移不应超过 0.05 mm,倾斜不应超过 0.2/1 000。

滚动轴承装配的风机,两轴承架上轴承孔的不同轴度,可待转子装好后,以转动灵活为准。

2. 风机的调试运行

风机在初次安装或拆卸维修后进行安装时,应进行必要的运行和调试,以确保风机能正常工作。风机的运行和调试主要有以下内容。

(1) 风机在运行调试时,可以以全压或降压两种方式启动,但是在全压启动时风机的电流将达到额定电流的 5 倍以上,需要较高的电网容量,在电网容量有限或风机功率大于 11 kW 时,应选择以降压方式启动风机。

(2) 风机试车运行时,要严格按照风机产品的说明指南进行,确定风机的各条线路都是按照接线要求连接,确认风机的电源工作电压符合指南要求,风机的电源相位正常,及风机的各个配电元件容量符合要求。

(3) 风机在调试运行过程中应至少配备两名工作人员,一人负责电源的控制,另一人负责风机的运行状态观察。风机运行过程中如果出现异常,观察人员应及时判断事故原因,必要时通知电源控制人员断电停机。

(4) 风机在运转时,工作人员首先应观察风机的旋转方向是否正确,在风机运转起来以后,再检查风机的电流是否平衡、电流值是否超过额定。风机运转 5 min 之后,应进行一次停车检查,确认风机的状态是否正常,如无异常则再次开机运转。

(5) 风机再次运转时,应逐步开启风机进口和出口管路阀门,直到所需工况为止,否则一次性打开风口管路阀门,容易造成电机烧毁。风机达到正常转速后,还应再次检查风机的运行电流及供给电压,确认电流电压是否超过额定值。

3. 离心风机的调试运行

风机试运转应分两步,第一步机械性能试运转;第二步设计负荷试运转。一般均应以空气为压缩介质,风机的设计工作介质的比重小于空气时,应计算以空气进行试运转时所需的功率和压缩后的温升是否影响正常运转,如有影响,必须用规定的介质进行设计负荷试运转。

风机试运转前,应符合下列要求:

(1) 润滑油的名称、型号、主要性能和加注的数量应符合设备技术文件的规定;

(2) 按设备技术文件的规定将润滑系统、密填充系统进行彻底冲洗;

(3) 鼓风机和压缩机的循环供油系统的连锁装置、防飞动装置、轴位移警报装置、水路系统调节装置、阀件和仪表等均应灵敏可靠,并符合设备技术文件的规定;

(4) 电动机或汽轮机、燃气轮机的转向应与风机的转向相符;

(5) 盘动风机转子时,应无卡住和摩擦现象;

(6) 阀件和附属装置应处于风机运转时负荷最小的位置;

(7) 机组中各单元设备均应按设备技术文件的规定进行单机试运转;

(8) 检查各项安全措施。

风机在额定转速下试运转时,应根据风机在使用上的特点和使用地点的海拔高度,按设备技术文件确定所需的时间。无规定时,在一般情况下要按下列规定:

(1) 离心、轴流通风机,不应少于 2 h;
(2) 罗茨、叶氏式鼓风机在实际工作压力下,不应少于 4 h;
(3) 离心鼓风机、压缩机,最小负荷下(即机构运转)不应少于 8 h,设计负荷下连续运转不应少于 24 h;
(4) 风机不得在喘振区域内运转(喘振流量范围设备技术文件注明)。

风机运转时,应符合下列要求:

(1) 风机运转时,以电动机带动的风机均应经一次启动立即停止运转的试验,并检查转子与机壳等确无摩擦和不正常声响后,方得继续运转(汽轮机、燃气轮机带动的风机的启动应按设备技术文件的规定执行)。
(2) 风机启动后,不得在临界转速附近停留(临界转速由设计规定)。
(3) 风机启动时,润滑油的温度一般不应低于 25 ℃,运转中轴承的进油温度一般不应高于 40 ℃。
(4) 风机启动前,应先检查循环供油是否正常,风机停止转动后,应待轴承回油温度降到小于 45 ℃ 后,再停止油泵工作。
(5) 有启动油泵的机组,应在风机启动前开动启动油泵,待主油泵供油正常后才能停止启动油泵;风机停止运转前,应先开动启动油泵,风机停止转动后应待轴承回油温度降到 45℃ 后再停止启动油泵。
(6) 风机运转达额定转速后,应将风机调整到最小负荷进行机械运转至规定的时间,然后逐步调整到设计负荷下检查原动机是否超过额定负荷,如无异常现象则继续运转至所规定的时间为止。
(7) 高位油箱的安装高度,以轴承中分面为基准面,距此向上不应低于 5 m。
(8) 风机的润滑油冷却系统中的冷却水压力必须低于油压。
(9) 风机运转时,轴承润滑油进口处油压应符合设备技术文件的规定,无规定时,一般进油压力应为 0.8 ~ 1.5 kgf/cm²(7.84 ~ 14.7 N/cm²),高速轻载轴承油压低于0.7 kgf/cm² (6.86 N/cm²) 时应报警,低于 0.5 kgf/cm²(4.9 N/cm²) 时应停车。当油压下降到上述数值的上限时,应立即开动启动油泵或备用油泵,同时查明油压不足的原因,并设法消除。
(10) 风机动转中轴承的径向振幅应符合设备技术文件的规定,无规定时应符合表 2.61、表 2.62 的规定。

表 2.61 离心、轴流通风机及罗茨、叶氏式鼓风机轴承的径向振幅(双向)

转速/(r·min⁻¹)	≤ 375	> 375 ~ 650	> 550 ~ 750	> 750 ~ 1 000	> 1 000 ~ 1 450	> 1 450 ~ 3 000	> 3 000
振幅不应超过 /mm	0.18	0.15	0.12	0.10	0.08	0.06	0.04

表 2.62 离心鼓风机、压缩机和增速器轴承的径向振幅(双向)

转速/(r·min⁻¹)		≤ 3 000	> 3 000 ~ 6 500	> 6 500 ~ 10 000	> 10 000 ~ 18 000
主机轴承振幅不应超过 /mm	滚动	0.08	0.04	0.03	0.02
	滑动	0.05			
增速器轴承振幅不应超过 /mm		0.04	0.04	0.03	

注:上两表所列振幅系指测振器的触头沿铅垂方向安放于轴承压差上所测得的数值。

（11）风机运转时，轴承温度应符合设备技术文件的规定，无规定时应符合表2.63的规定。

表2.63 轴承温度

轴承形式	滚动轴承	滑动轴承
温度不宜高于/℃	80	60

（12）风机运转时，应间隔一定的时间检查润滑油温度和压力、冷却水温度和水量、轴承的径向振幅、排气管路上和各段间气体的温度和压力、保安装置、电动机的电流、电压和功率因数以及汽轮机、燃气轮机的设备技术文件中规定要测量的参数值等是否符合设备技术文件的规定，并做好记录。

（13）风机试运转完毕，应将有关装置调整到准备启动状态。

2.3.7 减震器的安装

安装减振器的目的就是消除或减少通风空调系统中转动设备在运转时所产生的结构振动和噪声，以保护环境。

隔振分消极隔振和积极隔振。消极隔振是指防止或减少外界振动对本体系的振动影响；积极隔振是指防止和减少本体系的振动对外界的振动影响。隔振的方法一般是在机械设备的底座、支架与楼板或基础之间设置减振器，以使从振源传到基础上或楼板上的振动得到一定程度的减弱。通风空调系统中常用的减振器（图2.79）有以下几种：

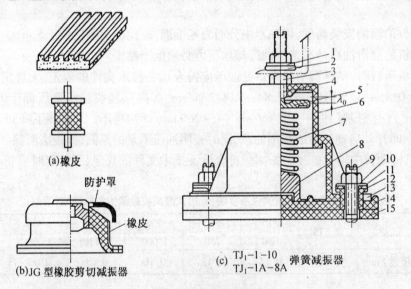

图2.79 常用减震器

1—弹簧垫圈；2—斜垫圈；3—螺母；4—螺栓；5—定位板；6—上外罩；7—弹簧；8—垫块；9—地脚螺栓；10—垫圈；11—橡胶垫圈；12—胶木螺栓；13—下外罩；14—底盘；15—橡胶垫板

1. 橡胶减振垫

CJ型减振垫系采用丁腈橡胶制成，耐油性好，抗老化能力强，适用范围广，安装方便。

2. 橡胶减振器

JG 型系列橡胶减振器是用丁腈橡胶和金属部件组成的剪切受力的减振器。由于它是通过橡胶剪切受压,则提高了压缩变形量,从而降低了自振频率。该系列分 JG_1、JG_2、JG_3、JG_4 等四类 28 种规格,使用方便。

3. 弹簧减振器

弹簧减振器具有自振频率低、隔振效果显著等优点,特别适用于空调、制冷设备的基础隔振工程。目前生产厂家很多,但作为系列产品,质量较好的有 HG 型、TJ 型、ZT 型三个系列产品,分别由北京市建筑设计院、原电子工业部第十设计院和上海华东建筑设计院设计,杭州钱江环保工程设备厂,江苏靖江减振厂和上海青浦淀山湖减振器厂生产。HG 型系列有 10 种规格,分别由三种弹簧并联组合而成,最小垂向静荷载为 1.25 kN,最大的为 17.66 kN,可根据各支承点上的实际承载力,配置不同数量的减振器。TJ 型系列有 15 种规格,它在弹簧外设有弹簧盒,外形较好,但造价比 HG 型高。ZT 型系列有 39 种规格,最小垂向荷载为 0.64 kN,最大的为 1.74 kN,当支承点负荷较大时,可并联组合,由于规格多,对小型空调制冷设备选用很方便。

弹簧减振器安装前,应先检查减振器的规格型号与数量以及位置尺寸是否符合设计要求,安装时要使各组减振器承受载荷均匀,不得偏倚或相差悬殊。如果减振器受力不均,主要是由于减振器位置不当,应按设计要求选择和布置;如果各减振器仍出现压缩量受力不均,应根据实际情况移动到适当的位置。安装减振器的地面应平整,不能使减振器发生位移。减振器安装后应采取保护措施,防止损坏。

4. 风机隔振降噪

(1) 隔振器置于支承面与型钢隔振台座之间,隔振器顶部用螺栓与台座固定连接。

(2) 隔振器间距 L 不等,安装时移动中间的隔振器位置直至型钢台座水平,使重心和形心基本在同一垂直线上。

(3) 风管用悬吊隔振器隔振,穿墙时与墙体隔离或采取隔振措施。

2.3.8 离心风机及减震器安装常见质量通病

1. 离心式风机运转不正常

(1) 表现形式:风机试运转时产生跳动、噪声大、叶轮扫膛、三角皮带磨损及启动电流大等异常现象。

(2) 危害性:风机不能正常运转,影响整个系统的使用,如不进行处理,将缩短风机的使用寿命。

(3) 产生的原因分析

① 风机的转子质量不均匀,静平衡性能差。

② 三角皮带传动的风机,其皮带轮宽、中心平面位移和传动轴水平度超差;风机安装就位后,必须对其传动轴的水平度进行检查,在轴承水平中分面上相距 180°的两个位置进行检测,其允许偏差 ≯ 0.02‰;皮带轮轮宽中心平面位移,应在主、从动皮带轮端面拉线后用钢板尺测量,其允许偏差 ≯ 1 mm。

③ 电动机直联传动的风机,其联轴器同心度超差,其允许偏差,径向位移为十万分之零点零五,轴向位移为十万分之二。

④ 三角皮带过紧或过松;皮带的松紧度用手敲打已装好的皮带中间,稍有跳动为准或用

手往下按,其按下的距离为皮带的厚度为宜。

⑤ 同规格的皮带周长不相等。

⑥ 三角皮带轮轮毂部断面尺寸与三角皮带不配套。

⑦ 55 kW 以上的风机设有启动阀。

2. 离心式通风机出口风量不足

(1) 表现形式:风机的电机运转电流比额定电流相差较多,系统总风量过小。

(2) 危害性:系统的总风量不足,空调或洁净房间的温湿度或洁净度无法保证。

(3) 产生的原因分析

① 风机转数丢转过多;

② 风机的实际转数与设计要求的转数不符;

③ 风机的叶轮反转;

④ 系统的总、干、支管及风口风量调节阀没有全部开启;

⑤ 风管系统设计不合理,局部阻力过大;

⑥ 设计选用的风机压力过小。

3. 风机的减振器受力不均

(1) 表现形式:减振器压缩高度不一致,风机静态时倾斜,运转时摆动。

(2) 危害性:风机长期处于减振器受力不均的状态下运转,增加风机的噪声,降低风机的使用寿命。

(3) 产生的原因分析

① 同规格的减振器自由高度不相等;

② 弹簧减振器的弹簧中心线水平面不垂直、不同心;

③ 每支减振器在同一高度时,受力不均;

④ 减振器的规格尺寸选用不当,应根据有关手册或厂家的样本选用;

⑤ 减振器布置的位置重心偏移。

2.3.9 通风机施工质量验收

2.3.9.1 一般规定

(1) 本部分适用于工作压力不大于 5 kPa 的通风机与空调设备安装质量的检验与验收。

(2) 通风与空调设备应有装箱清单、设备说明书、产品质量合格证书和产品性能检测报告等随机文件,进口设备还应具有商检合格的证明文件。

(3) 设备安装前,应进行开箱检查,并形成验收文字记录。参加人员为建设、监理、施工和厂商等方单位的代表。

(4) 设备就位前应对其基础进行验收,合格后方能安装。

(5) 设备的搬运和吊装必须符合产品说明书的有关规定,并应做好设备的保护工作,防止因搬运或吊装而造成设备损伤。

2.3.9.2 主控项目

(1) 通风机的安装应符合下列规定:

① 型号、规格应符合设计规定,其出口方向应正确;

② 叶轮旋转应平稳,停转后不应每次停留在同一位置上;

③ 固定通风机的地脚螺栓应拧紧,并有防松动措施。

检查数量:全数检查。

检查方法:依据设计图核对、观察检查。

(2) 通风机传动装置的外露部位以及直通大气的进、出口,必须装设防护罩(网)或采取其他安全设施。

检查数量:全数检查。

检查方法:依据设计图核对、观察检查。

2.3.9.3 一般项目

通风机的安装应符合下列规定:

(1) 通风机的安装,应符合表2.64的规定,叶轮转子与机壳的组装位置应正确;叶轮进风口插入风机机壳进风口或密封圈的深度,应符合设备技术文件的规定,或为叶轮外径值的1/100。

(2) 现场组装的轴流风机叶片安装角度应一致,达到在同一平面内运转,叶轮与筒体之间的间隙应均匀,水平度允许偏差为1/1 000。

(3) 安装隔振器的地面应平整,各组隔振器承受荷载的压缩量应均匀,高度误差应小于2 mm。

(4) 安装风机的隔振钢支、吊架,其结构形式和外形尺寸应符合设计或设备技术文件的规定;焊接应牢固,焊缝应饱满、均匀。

检查数量:按总数抽查20%,不得少于1台。

检查方法:尺量、观察或检查施工记录。

表2.64 通风机安装的允许偏差

项次	项目		允许偏差	检验方法
1	中心线的平面位移		10 mm	经纬仪或拉线和尺量检查
2	标高		±10 mm	水准仪或水平仪、直尺、拉线和尺量检查
3	皮带轮轮宽中心平面偏移		1 mm	在主、从动皮带轮端面拉线和尺量检查
4	传动轴水平度		纵向 0.2/1 000 横向 0.3/1 000	在轴或皮带轮0°和180°的两个位置上,用水平仪检查
5	联轴器	两轴芯径向位移	0.05 mm	在联轴器互相垂直的四个位置上,用百分表检查
		两轴线倾斜	0.2/1 000	

复习思考题

1. 相对湿度和含湿量有什么区别和联系?
2. 风管的布置有哪些要求?
3. 为什么不能根据矩形风管的流速当量直径 D_v 及风量 L 查线解图求风管的比摩阻 R_m?

4. 通风空调系统施工图通常要表达哪些内容?

5. 兰州市某厂有一通风系统,风管用薄钢板制作。已知风量 $L = 1\ 500\ m^3/h$(0.417 m^3/s),管内空气流速 $v = 15\ m/s$,空气温度 $t = 100\ ℃$,求风管的管径和单位长度的沿程损失。

6. 某通风系统如图2.80所示。起初只设 a 和 b 两个排风点。已知 $L_a = L_b = 0.5\ m^3/s$, $\Delta P_{ac} = \Delta P_{bc} = 250\ Pa, \Delta P_{cd} = 100\ Pa$。因工作需要,又增设排风点 e,要求 $L_e = 0.4\ m^3/s$。如在设计中管段 de 的阻力 ΔP_{de} 分别为300 Pa和350 Pa(忽略 d 点三通直通部分阻力),试问此时实际的 L_a 及 L_b 各为多少?

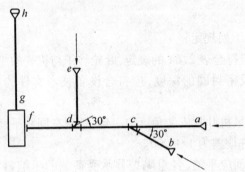

图2.80　某通风系统

7. 一矩形风管的断面尺寸为400 mm × 200 mm,管长8 m,风量为0.88 m^3/s,在 $t = 20\ ℃$ 的工况下运行,如果采用薄钢板制风管,试分别用流速当量直径和流量当量直径计算其摩擦阻力。空气在冬季加热至50 ℃,夏季冷却至10 ℃,该矩形风管的摩擦阻力有何变化?

8. 风管的加工制作包括哪几个过程? 其方法有哪些?

9. 风管加工的连接方法有哪些? 各自的使用条件是什么?

10. 风管加工时在什么情况下需要进行加固? 其加固方法有哪些?

11. 试述圆形弯头加工制作过程。

12. 试述矩形三通的展开方法。

13. 画出直径为450 mm的60°圆形弯头的展开图。

14. 试述圆形来回弯的展开过程,并画出直径为200 mm,偏心距为100 mm,长为500 mm 圆形来回弯的展开图。

15. 已知某天圆地方的底边长为450 mm × 600 mm 圆形断面的直径为350 mm,高为400 mm。 试画出该天圆地方的展开图。

16. 风管支、吊架的形式有哪几种? 试述其安装方法及注意事项。

17. 保温层施工有哪些技术要求?

18. 防腐施工有哪些技术要求?

19. 工程中常见的风机有哪几类? 风机安装的技术要求有哪些?

20. 阐述风管制作中常见的质量通病,并分析其产生的原因。

学习项目二　　工业厂房全面通风系统安装

【能力目标要求】

了解工业有害物散发量的确定方法；掌握全面通风量的确定方法以及通风房间空气平衡与热平衡的意义、方法和应用；掌握气流组织方式、特点和应用及影响全面通风气流组织的因素；了解置换通风的原理、基本方式及应用；掌握均匀送风风道的设计计算方法；掌握全面通风系统的安装方法；掌握热压、风压作用下的自然通风原理以及余压的概念；了解热压作用下自然通风的设计与校核计算方法、步骤；了解避风天窗与风帽的构造与作用；了解建筑形状、工艺布置对自然通风的影响；掌握天窗与屋顶通风器的安装方法。

任务三　　全面送排风系统的设计与安装

【任务描述】

介绍工业有害物散发量的确定方法；全面通风量的确定方法以及通风房间空气平衡与热平衡的意义、方法和应用；气流组织方式、特点和应用；影响全面通风气流组织的因素；置换通风的原理、基本方式及应用；均匀送风的概念以及风道的设计计算方法；全面通风系统的设计实训；全面通风系统的安装方法。

【目标要求】

了解工业有害物散发量的确定方法；掌握全面通风量的确定方法以及通风房间空气平衡与热平衡的意义、方法和应用；掌握气流组织方式、特点和应用及影响全面通风气流组织的因素；了解置换通风的原理、基本方式及应用；掌握均匀送风风道的设计计算方法；掌握全面通风系统的安装方法。

单元一　　全面通风系统

全面通风也称稀释通风，它主要是对整个车间进行通风换气，将经过适当处理的新鲜空气送入室内，并不断地把污浊空气排出室外，使室内空气中的温度、湿度、有害物浓度符合卫生标准的要求。全面通风分为全面送风和全面排风两种，可以是自然通风，也可以是机械通风。

当车间内有害物源分散，工人操作点多且分散，采用局部排风不能达到要求时，应采用全面通风。

要使全面通风达到需要的通风效果，不仅需要有足够的通风量，而且还要对气流进行合理的组织。

3.1.1　有害物散发量的计算

全面通风量的大小和单位时间内车间散发有害物的多少成正比，要确定车间全面通风量，就必须先确定车间有害物的散发量。

3.1.1.1 粉尘、有害气体和蒸汽散发量的计算

物质燃烧时散发的气体量可以根据化学反应方程式来计算求得。各种工业燃烧炉不严密处漏出的气体量一般按照燃烧过程中产生的烟气量的3%～8%计算。

但是,由于产生过程的多样性,粉尘、有害气体和蒸汽的扩散机理很复杂,难以用理论公式计算,所以在实际工程中只能通过现场测定、参考经验数据来确定(具体方法详见有关设计手册和资料)。

3.1.1.2 生产设备散热量的计算

1. 工业锅炉散热量

在锅炉运行时,由于锅炉及其附属设备、管道表面温度高于环境温度,部分热量向外界散热,形成炉体散热损失,其大小取决于锅炉表面温度、表面积以及环境空气温度。

计算工业锅炉散热量常用的两种方法。

(1) 估算法(表3.1)

表3.1 工业锅炉散热量估算表

锅炉容量/(t·h^{-1})	≤2	4	6	10	15	20	35	65
无尾部受热面/%	3.0	2.1	1.5					
有尾部受热面/%	3.5	2.9	2.4	1.7	1.5	1.3	1.0	0.8

(2) 计算法

① 炉壁散热量

炉壁散热包括对流散热和辐射散热两部分,可按传热学的基本公式计算。

每平方米炉壁的对流散热量(单位:W/m^2)为

$$q_d = \alpha_d (t_b - t_n) \tag{3.1}$$

每平方米炉壁的辐射散热量为

$$q_f = C\left[\left(\frac{T_b}{100}\right)^4 - \left(\frac{T'_b}{100}\right)^4\right] \tag{3.2}$$

式中 α_d——对流放热系数,W/(m^2·℃),对垂直的平壁面 $\alpha_d = 2.55(t_b - t_n)^{0.25}$,对水平的壁面 $\alpha_d = 3.25(t_b - t_n)^{0.25}$;

t_b——炉壁的外表面温度,℃;

T_b——炉壁的外表面的绝对温度,K;

t_n——室内空气温度,℃;

T'_b——加热炉周围物体表面的绝对温度,可近似认为 $T'_b = T_n$,K;

C——辐射系数,对于一般的工业炉,$C = 5.34$ W/(m^2·K^4)。

为了简化计算,根据公式(3.1)和(3.2)作出了线算图(见图3.1)。已知炉壁外表面温度,可利用图3.1求得每平方米炉壁的总散热量。该图是在车间空气温度 $t_n = 30$ ℃的情况下作出的。

炉壁的总散热量 $Q(W)$ 为

$$Q = (q_d + q_f)F \tag{3.3}$$

式中 F——炉壁的外表面积,m^2。

② 炉口的散热量

当炉门打开时,散入室内的辐射热量为

$$Q_f = C\left[\left(\frac{T_r}{100}\right)^4 - \left(\frac{T'_b}{100}\right)^4\right]F_k \quad (3.4)$$

式中　C——辐射系数,可以近似认为等于绝对黑体的辐射系数,即 $C = 5.75 \text{ W}/(\text{m}^2 \cdot \text{K}^4)$;
　　　T_r——炉膛内烟气的绝对温度,K;
　　　F_k——炉口的面积,m^2。

由于$\left(\frac{T'_b}{100}\right)^4$的数值较$\left(\frac{T_r}{100}\right)^4$小得多,可忽略不计,因此公式(3.4)可改写为

$$Q_f = C\left(\frac{T_r}{100}\right)^4 F_k \quad (3.5)$$

根据公式(3.5)作出了图3.2。已知炉内温度,可用该图查出单位面积炉口的辐射散热量。

在一般情况下,由于炉口尺寸小、炉壁厚,部分辐射会被炉壁吸收。因此,炉口的实际辐射散热量为

$$Q_f = kC\left(\frac{T_r}{100}\right)^4 F_k \quad (3.6)$$

式中　k——炉口的折减系数。

k值的大小和炉口尺寸(边长或直径)与炉口的炉壁厚度之比有关。k值越小,说明炉口壁面所吸收的辐射热越大。

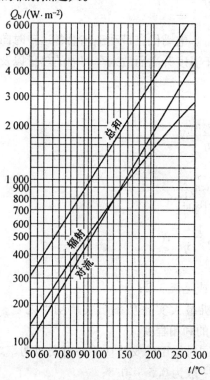
图3.1　壁炉散热量线算图

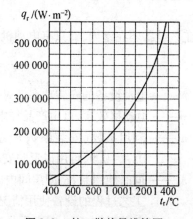
图3.2　炉口散热量线算图

折减系数 k 可按图 3.3 确定,该图的横坐标为炉口尺寸(边长或直径)与炉壁厚度之比,对于矩形炉口,应首先按炉口的长和宽(A 和 B)分别求出折减系数 k_A 及 k_B,再取其平均值,即

$$k_p = \frac{1}{2}(k_A + k_B)$$

如果炉门不经常开启,在一小时内,炉口的平均辐射散热量为

$$Q'_f = Q_f \frac{\tau}{60} \tag{3.7}$$

式中　　τ—— 在一小时内炉口的开启时间,min。

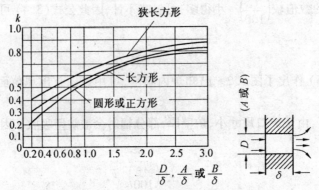

图 3.3　折减系数 k 值计算图

加热炉总散热量为

$$Q = (q_d + q_f)F + Q_f \tag{3.8}$$

2. 电动设备的散热量

电动设备是指电动机及其所带动的工艺设备。电动机在带动工艺设备运转时向车间内散发的热量主要由两部分组成,即:电动机本身由于温度升高而散入车间内的热量以及电动机所带动的设备散出的热量。

当工艺设备及其电动机都放在室内时:

$$Q = \frac{n_1 n_2 n_3}{\eta} N \tag{3.9}$$

当工艺设备在室内,而电动机不在室内时:

$$Q = n_1 n_2 n_3 N \tag{3.10}$$

当工艺设备不在室内,而只有电动机放在室内时:

$$Q = n_1 n_2 n_3 \frac{1-\eta}{\eta} N \tag{3.11}$$

式中　　N—— 电动设备的安装功率,kW;

η—— 电动机效率,可由产品样本查得,或见表 3.2;

n_1—— 利用系数(安装系数),系电动机最大实耗功率与安装功率之比,一般可取 0.7~0.9,可用以反映安装功率的利用程度;

n_2—— 同时使用系数,即房间内电动机同时使用的安装功率与总安装功率之比,根据工艺过程的设备使用情况而定,一般为 0.5~0.8;

n_3—— 负荷系数,每小时的平均实耗功率与设计最大实耗功率之比,它反映了平均负荷达到最大负荷的程度,一般可取 0.5 左右,精密机床取 0.15~0.4。

表 3.2　电动机效率

电动机功率/kW	0.25~1.1	1.5~2.2	3~4	5.5~7.5	10~13	17~22
电动机效率 η/%	76	80	83	85	87	88

上述各系数的确切数据,应根据设备的工作情况确定。

3.电热设备的散热量

对于设保温密闭罩的电热设备,按下式计算:

$$Q = n_1 n_2 n_3 n_4 N \tag{3.12}$$

式中　n_4——排风带走热量的系数,一般取 0.5。

其他符号意义同前。

4.电子设备的散热量

计算公式同式(3.11),其中系数 n_3 的值根据使用情况而定,对于已给出实测的实耗功率值的电子计算机可取 1.0。一般仪表取 0.5~0.9。

5.金属材料的散热量

已被加热的材料或成品,放在车间内冷却或由其他车间送来继续加工时(如铸造、锻造车间的铸件或锻件),此热金属材料的散热量需单独计算。

(1)连续成批生产时固态金属材料的冷却散热量

$$Q = \frac{1}{3\,600} G C_g (t_1 - t_2) \tag{3.13}$$

式中　Q——固态金属材料由温度 t_1 冷却到 t_2 时所散出的热量,kJ/s 或 kW;

　　　G——每小时冷却的金属材料质量,kg/h;

　　　t_1——金属开始冷却时的温度,℃;

　　　t_2——金属冷却终了时的温度,℃,小件可等于室温;

　　　C_g——固态金属的比热,kJ/(kg·℃)。

(2)液态金属冷却时散热量

在炼钢车间或铸造车间,金属材料最初处于液态,首先由液态冷却到熔点,放出熔解热,金属材料由液态变成固态。然后再从熔点开始在固态下放热,冷却到室温,在这个过程中其总散热量为

$$Q = G[C_Y(t_1 - t_2) + i + C_g(t_r - t_2)] \tag{3.14}$$

式中　G——金属材料的质量,kg;

　　　C_Y——液态金属的比热,kJ/(kg·℃);

　　　t_1——液态金属冷却时的初温,℃;

　　　t_r——金属的熔点温度,℃;

　　　i——金属的熔解热,kJ/kg;

　　　t_2——金属冷却终温(即室温),℃。

上述公式中的 C_g、C_Y、t_1、t_r 及 i 见表 3.3。

计算金属冷却散热量时应当注意,有些大的物体冷却过程并不是在一小时内结束的,例如大铸件的冷却要延续几十小时,而且散热量在时间上的分配也是不均匀的。由于物体的温度逐渐下降,因此前期的散热量要较后期大得多。每小时的散热比例与材料的性质、形状、质量以及周围的气象条件有关。例如,质量 $G = 100~200$ kg 的铸铁件,第一小时的散热量约为

82%,第二小时约为12%,第三小时约为6%。物体进入车间的数量是否均匀,也应认真调查分析。要正确计算铸造车间的浇注金属散热量,必须首先了解整个车间的生产过程,了解每小时铸件的冷却过程,累计计算最大或最小散热量。把最大的散热量作为夏季的计算散热量,把最小的散热量作为冬季的计算散热量。

表3.3 常用金属物理性能

名 称	t_r/℃	t_1/℃	i/(kJ·kg^{-1})	C_Y/(kJ·kg^{-1}·℃$^{-1}$)	C_g/(kJ·kg^{-1}·℃$^{-1}$)
钢	1 500	1 570	274.9	0.813	0.629
生铁	1 250	1 400	196.9	0.901	0.691
铜	1 083	1 150 ~ 1 250	209.5	0.511	0.478
锌	418	440 ~ 460	98.9	0.520	0.419
铅	329	—	23.0	0.130	0.155
锡	238		59.5	0.218	0.284
铝	657	750	333.5	0.968	0.976

6. 蒸汽锻锤的散热量

蒸汽锻锤打压金属时,蒸汽的热能有一部分先转变为机械能,锻打后又转化为热能散入车间。可以近似地认为蒸汽锤的散热量等于进入锻锤蒸汽的焓与锻锤排出蒸汽的焓之差,因此蒸汽锻锤的散热量为:

$$Q = G(i_j - i_p) \tag{3.15}$$

式中　G——锻锤的蒸汽消耗量,kg/s;

i_j——进入锻锤时蒸汽的焓,kJ/kg;

i_p——排出蒸汽的焓,kJ/kg,可以近似认为锻锤排出蒸汽的工作压力为49 kPa。

7. 燃料燃烧的散热量

在某些生产过程中,如气焊、玻璃吹制等燃料燃烧所产生的热量,直接散入车间,这些热量也是车间的热量的一部分。燃料燃烧所产生的热量可按下式计算:

$$Q = GA\eta \tag{3.16}$$

式中　G——燃料的消耗量,m^3/s;

A——燃料的理论发热量,kJ/m^3,常用气体燃料的 A 值见表3.4;

η——燃料的燃烧效率,气体燃料 $\eta = 1.0$。

表3.4 燃料的理论发热量

种 类	燃料名称	理论发热量/(kJ·m^{-3})
气体燃料	甲烷	39 918
	乙炔	58 822
	煤气	11 313 ~ 12 151
	天然气	29 330 ~ 67 040

在进行车间热平衡计算,确定车间的得热量时,应与工艺密切配合,首先要了解生产过程、收集与工艺相关的资料,在此基础上,才能使设计计算更加准确。

(1)冬季散热量

①按最小负荷班的工艺设备散热量计入得热;

②不经常散发的散热量可不计算;
③经常而不稳定的散热量,应采用小时平均值。
(2)夏季散热量
①按最大负荷班的工艺设备散热量计入得热;
②经常而不稳定的散热量,应按照最大值考虑得热;
③白班不经常的散热量较大时,应予以考虑。
在实际工程设计过程中,完全按照理论计算方法来确定设备散热量是非常困难的。一般都是估算或在车间内进行实地测试,才能保证准确地确定设备的散热量。

3.1.1.3 散湿量的计算

生产车间内的散湿主要由以下几方面组成:

1. 敞开水槽表面的散湿量

$$W = F\beta(P_{zb} - P_{qi})\frac{B}{B'} \tag{3.17}$$

式中 W—— 散湿量,kg/h;

        F—— 蒸发表面积,m²;

        β—— 水面蒸发系数,kg/(m²·h·Pa),$\beta = \alpha + 0.000\ 13v$,$\alpha$ 为水蒸气扩散系数,kg/(m²·h·Pa)。在周围空气温度15~30 ℃时不同水温下的扩散系数,查表3.5;

        v—— 蒸发水面空气流速,m/s;

        P_{zb}—— 在蒸发水面温度下的饱和空气水蒸气分压力,Pa;

        P_{qi}—— 室内空气中的水蒸气分压力,Pa;

        B—— 标准大气压,Pa;

        B'—— 当地大气压,Pa。

表3.5 水蒸气扩散系数

水温/℃	30以下	40	50	60	70	80	90	100
α	0.000 17	0.000 21	0.000 25	0.000 28	0.000 3	0.000 35	0.000 38	0.000 45

2. 地面上长期积水的散湿量

对于长期积存在地面上的水分,蒸发所需热量是取自空气的绝热过程(即室内空气全热量没有得失),最终的稳定水温等于室内空气的湿球温度,故其蒸发量为

$$W = \frac{\alpha_k(t_{gq} - t_s)F}{1\ 000r} \tag{3.18}$$

式中 α_k—— 空气对水表面的换热系数,W/(m²·℃),一般可取4.07~4.42 W/(m²·℃);

        t_{gq}—— 室内空气的干球温度,℃;

        t_s—— 室内空气的湿球温度,℃;

        F—— 蒸发水表面面积,m²;

        r—— 水的汽化潜热,kJ/kg,在0 ℃时,$r = 2\ 501$ kJ/kg;在20 ℃时,$r = 2\ 453$ kJ/kg。

3. 材料或成品在化学反应过程中设备与管道等散发的水蒸气量

确定时参照相关工艺资料或工艺手册,具体酌情确定。

4. 人体的散湿量

$$W = n_1 \varphi g \tag{3.19}$$

式中　W——人体散湿量，g/h；
　　　n_1——室内人数，人；
　　　φ——群集系数，见表3.6；
　　　g——每个成年男子的散湿量，g/h·人，见附录8。

表3.6　某些工作场所的群集系数

工作场所	群集系数	工作场所	群集系数
影剧院	0.89	图书阅览室	0.96
百货商店	0.89	工厂轻劳动	0.90
旅馆	0.93	银行	1.00
体育馆	0.92	工厂重劳动	1.00

3.1.2　全面通风量的确定

全面通风量是指为了使房间内的空气环境满足生产和生活的需要，符合规范规定的卫生标准，用于稀释通风房间的有害物浓度或排除房间内的余热、余湿所需的通风换气量。

1. 为稀释有害物所需的通风量

$$L = \frac{kx}{y_p - y_s} \tag{3.20}$$

式中　L——全面通风量，m³/s；
　　　k——安全系数，它的确定考虑到有害物的特性、毒性、有害物源分布及其散发的不均匀性、室内气流组织形式和通风的有效性等，一般在3～10范围内选用；
　　　x——有害物散发量，g/s；
　　　y_p——室内空气中有害物的最高允许质量浓度，g/m³；
　　　y_s——送风中含有的有害物质量浓度，g/m³。

2. 为消除余热所需的通风量

$$G = \frac{Q}{C_p(t_p - t_s)} \text{ 或 } L = \frac{Q}{C_p \rho (t_p - t_s)} \tag{3.21}$$

式中　G、L——全面通风量，kg/s，m³/s；
　　　Q——室内余热（指显热）量，kJ/s；
　　　C_p——空气的定压比热容，kJ/(kg·℃)，可取1.01 kJ/(kg·℃)；
　　　ρ——空气的密度，kg/m³；
　　　t_p——排风温度，℃；
　　　t_s——送风温度，℃。

3. 为消除余湿所需的通风量

$$G = \frac{W}{d_p - d_s} \text{ 或 } L = \frac{W}{\rho(d_p - d_s)} \tag{3.22}$$

式中　W——余湿量，g/s；
　　　d_p——排风含湿量，g/kg(干空气)；
　　　d_s——送风含湿量，g/kg(干空气)。

需要注意的是，当通风房间同时存在多种有害物时，如其危害不同，一般情况下，应分别计算，然后取其中的最大值作为房间的全面换气量。但是，当房间内同时散发数种危害相同的有害物时，如各种溶剂(苯及其同系物、醇、醋酸酯类)的蒸气，或数种刺激性气体(三氧化硫、二氧化硫、氯化氢、氟化氢、氮氧化物)时，由于这些有害物对人体的危害在性质上是相同的，在计算全面通风量时，应把它们看成是一种有害物质，房间所需的全面换气量应当是分别消除每一种有害气体危害所需的全面换气量之和。

当房间内有害物质的散发量无法具体计算时，全面通风量可根据经验数据或通风房间的换气次数计算，通风房间的换气次数 n 定义为：通风量 L 与通风房间体积 V 的比值，即

$$n = \frac{L}{V} \tag{3.23}$$

式中　n——通风房间的换气次数(次/h)，可从有关的设计规范或手册中查取；
　　　L——房间的全面通风量，m³/h；
　　　V——通风房间的体积，m³。

【例3.1】　某车间内同时散发苯和甲醇，散发量分别为 60 mg/s、50 mg/s，求所需的全面通风量。

解　查相关资料得车间内最高允许浓度为苯 $y_{p1} = 40$ mg/m³，甲醇 $y_{p2} = 50$ mg/m³。送风中采用的是新鲜空气，其中不含有这两种有机溶剂蒸汽，故 $y_{s1} = y_{s2} = 0$。取安全系数 $k = 6$。则

苯　　　　　$L_1 = \dfrac{kx_1}{y_{p1} - y_{s1}} = \dfrac{6 \times 60}{40 - 0}$ m³/s = 9 m³/s

甲醇　　　　$L_2 = \dfrac{kx_2}{y_{p2} - y_{s2}} = \dfrac{6 \times 50}{50 - 0}$ m³/s = 6 m³/s

由于苯和甲醇都属于麻醉气体，其危害相同，全面通风量为各自所需之和，即

$$L = L_1 + L_2 = (9 + 6) \text{ m}^3/\text{s} = 15 \text{ m}^3/\text{s}$$

3.1.3　全面通风的空气平衡和热平衡

1. 空气平衡

在通风房间内，无论采取哪种通风方式，都必须保证空气质量的平衡，即在单位时间内进入室内的空气质量与同一时间内排出的空气质量保持相等。其结果是通风房间的压力保持常压。空气平衡可以用以下公式表示：

$$G_{jj} + G_{zj} = G_{jp} + G_{zp} \tag{3.24}$$

式中　G_{jj}——机械进风量，kg/s；
　　　G_{zj}——自然进风量，kg/s；
　　　G_{jp}——机械排风量，kg/s；
　　　G_{zp}——自然排风量，kg/s。

在未设有组织自然通风的房间中，当机械进、排风风量相等时，室内外压力相等，压差为零。当机械进风量大于机械排风量时，室内压力升高，处于正压状态，反之，室内压力降低，处于负压状态。由于通风房间不是非常严密的，当其压力处于正压或负压状态时，部分空气会通

过房间不严密的缝隙或窗户、门洞等排出或进入室内,我们把这种通风形式称为无组织进风。

因此在工程设计中,我们根据通风房间的工艺要求和特性,可以通过控制送、排风量来保证房间的压力要求,如为了满足通风房间或邻室的卫生条件要求,通过使机械送风量略大于机械排风量,让一部分机械送风量从门窗缝隙自然渗出的方法,使洁净度要求较高的房间保持正压,以防止污染空气进入室内;或通过使机械送风量略小于机械排风量,使一部分室外空气通过门窗缝隙自然渗入室内补充多余的排风量的方法,使污染程度较严重的房间保持负压,以防止污染空气向邻室扩散。但是处于负压的房间,负压不应过大,否则会导致不良后果,室内负压引起的危害见表3.7。

表3.7 室内负压引起的危害

负压/Pa	风速/(m·s^{-1})	危 害
2.45 ~ 4.9	2 ~ 2.9	使操作者有吹风感
2.45 ~ 12.25	2 ~ 4.5	自然通风的抽力下降
4.9 ~ 12.25	2.9 ~ 4.5	燃烧炉出现逆火
7.35 ~ 12.25	3.5 ~ 6.4	轴流式排风扇排风能力下降
12.25 ~ 49	4.5 ~ 9	大门难以启闭
12.25 ~ 61.25	6.4 ~ 10	局部排风扇系统能力下降

2. 热平衡

通风房间的热平衡是指为保持通风房间内温度不变,必须使室内的总得热量等于总失热量。即

$$\sum Q_d = \sum Q_s \tag{3.25}$$

式中 $\sum Q_d$——总得热量,kW;
  $\sum Q_s$——总失热量,kW。

室内的总得热量包括:生产设备、产品、采暖散热设备、人体、送风、太阳辐射等的散热量。

室内的总失热量包括:围护结构、冷材料、排风、水分蒸发等吸收的热量。

但是在实际工程设计中,由于车间性质和工艺要求的不同,上述的得热量和失热量哪些项目计算与否,要根据具体情况来确定,具体的计算方法可以参见采暖和空调等相关的资料。在对全面通风系统进行设计计算时,还应将空气质量平衡和热平衡统一考虑,来满足通风量和热量平衡的要求。

【例3.2】 已知某车间有送、排风系统,车间内生产设备散热量为70 kW,围护结构的失热量为78 kW,车间上部自然排风量为 $L_{zp} = 2.4 \text{ m}^3/\text{s}$,车间工作区机械排风量为 $L_{jp} = 3.2 \text{ m}^3/\text{s}$,无组织自然进风量为 $L_{zj} = 1 \text{ m}^3/\text{s}$,车间自然排风温度为 $t_{zp} = 25 \text{ °C}$,车间工作地点温度为 $t_n = 22 \text{ °C}$,室外空气温度为 $t_w = -12 \text{ °C}$,请计算:(1)机械送风量 G_{jj};(2)机械送风温度 t_{jj};(3)加热机械送风需要的热量 Q_{jj}。

解 列空气平衡和热平衡方程

$$G_{jj} + G_{zj} = G_{jp} + G_{zp}, \quad \sum Q_d = \sum Q_s$$

其中 $G_{zj} = L_{zj}\rho_w, \quad G_{jp} = L_{jp}\rho_n, \quad G_{zp} = L_{zp}\rho_{zp}$

$$\sum Q_d = 70 + c_p t_w L_{zj} \rho_w + c_p t_{jj} G_{jj}$$

$$\sum Q_s = 78 + c_p t_{zp} L_{zp} \rho_{zp} + c_p t_n L_{jp} \rho_n$$

根据空气温度,可分别查得空气密度为: $\rho_n = 1.197 \text{ kg/m}^3$, $\rho_w = 1.353 \text{ kg/m}^3$, $\rho_{zp} = 1.185 \text{ kg/m}^3$。把有关参数代入上述方程,最后解得

$$G_{jj} = 5.32 \text{ kg/s}$$
$$t_{jj} = 33.75 \text{ °C}$$
$$Q_{jj} = c_p G_{jj}(t_{jj} - t_w) = 245.8 \text{ kW}$$

3. 注意事项

室内的温度和压力的稳定,依赖于热平衡和空气平衡。在实际生产中,通风形式比较复杂,通风系统的平衡问题非常复杂,是一个动态平衡的过程,室内温度、送风温度、送风量等各种因素都会影响这个平衡。如果上述条件发生变化,可以按照下列方法进行相应的调整:

(1) 如冬季根据平衡求得送风温度低于规范的规定,可直接将送风温度提高至规定的数值;

(2) 如冬季根据平衡求得送风温度高于规范的规定,应将送风温度降低至规定的数值,相应提高机械进风量;

(3) 如夏季根据平衡求得送风温度高于规范的规定,可直接降低送风温度进行送风,使室内温度有所降低。

(4) 如夏季根据平衡求得送风温度低于规范的规定,应将送风温度提高至规定的数值,并相应提高机械进风量。

在满足室内卫生条件的前提下,进行车间通风系统设计时,为节省能量,可采取以下措施:

(1) 减少排风量

计算局部排风系统风量时(尤其是局部排风量大的车间)要有全局观念,不能片面追求大风量,应改进局部排风系统的设计,在保证效果的前提下,尽量减少局部排风量,以减少车间的进风量和排风热损失,这一点,在严寒地区非常重要。

(2) 机械进风系统在冬季应采用较高的送风温度

直接吹向工作地点的空气温度,不应低于人体的表面温度(34 ℃左右),最好应在37 ~ 50 ℃之间。这样,可避免工人有吹冷风的感觉,同时还能在保持热平衡的前提下,利用部分无组织进风,以减少机械进风量。

(3) 空气再循环使用

对于含尘浓度不太高的局部排风系统,排出的空气经过除尘净化后,如达到卫生标准,可再循环使用。

(4) 采用既有送风又有排风的局部通风装置

该装置可以在局部地点形成一道"空气幕",可以防止有害物进入车间,比单纯采用排风效果更好;同时由于减少了车间内热(冷)空气的排出,降低了车间的热(冷)损失,还具有节能效果。

(5) 设置热回收装置

为了充分利用排风余热,节约能源,在可能的条件下应设置热回收装置。

3.1.4 全面通风的气流组织

所谓气流组织,就是合理的选择和布置送、排风口的形式、数量和位置,合理的分配各风口的风量,使送风和排风能以最短的流程进入工作区或排出,从而以最小的风量获得最佳的效果。

全面通风的通风效果不仅与采用的通风系统风量有关,还与通风房间的气流组织形式密切相关。一般通风房间的气流组织形式有上送下排、下送上排及中间送上下排等形式。设计时应根据有害物源的布置、操作位置、有害物性质及浓度分布等情况对送排风方式进行合理的选择。

在进行气流组织设计时,应按照以下原则进行设计:

1. 清洁空气必须先经过人的呼吸区

送风口应尽量靠近操作地点,清洁空气送入通风房间后,应先经过操作地点,再经过污染区然后排出房间。被污染的空气禁止经过操作地点。

2. 车间内污染空气必须及时排出

排风口应尽量靠近有害物源或有害物浓度高的地区,以便有害物能够迅速被排出室外。

3. 车间内气流分布均匀

车间进、排风系统气流分布均匀,避免在房间局部地区出现涡流,使有害物聚积。

4. 机械送风系统室外进风口的布置

(1) 选择空气洁净的地方。

(2) 进风口应低于排风口,并设置在排风口上风处。

(3) 进风口底部应高出地面 2 m,在设有绿化带时,不宜低于 1 m。

(4) 进风口与排风口设于同一高度时的水平距离不应小于 20 m。当水平距离小于 20 m 时,进风口应比排风口至少低 6 m。

(5) 降温用的进风口,宜设在建筑物的背阴处。

5. 机械送风系统的送风方式

(1) 放散热或同时放散热、湿和有害气体的房间,当采用上部或下部同时全面排风时,送风宜送至工作地带。

(2) 放散粉尘或密度比空气大的蒸汽和气体,而不同时放散热的车间及辅助建筑物,当从下部地带排风时,宜送至上部地带。

(3) 当固定工作地点靠近有害物质放散源,且不可能安装有效的局部排风装置时,应直接向工作地点送风。

6. 风量的分配

(1) 有害物和蒸气的密度比空气轻,或虽比室内空气重,但建筑内散发的显热全年均能形成稳定的上升气流时,宜从房间上部区域排出。

(2) 当散发有害气体和蒸气的密度比空气重,建筑物内散发的显热不足以形成稳定的上升气流而沉积在下部区域时,宜从房间上部区域排出总风量的 1/3 且不小于每小时一次换气量,从下部区域排出总排风量的 2/3。

(3) 当人员活动区有害气体与空气混合后的浓度未超过卫生标准,且混合后气体的相对密度与空气密度接近时,可只设上部或下部区域排风。

(4) 送排风量因建筑物的用途和内部环境的不同而不同。在生产厂房、民用建筑要求清洁度高的房间,室内压力应为正压,送风量应大于排风量;对于产生有害气体和粉尘的房间,室内压力应为负压,应使送风量略小于排风量。

从房间下部排出的风量,包括距地面 2 m 以内的局部排风量。从房间上部排出的风量,不应小于每小时 1 次换气。

当排出有爆炸危险的气体或蒸汽时,其风口上缘距顶棚应小于 0.4 m。

3.1.5 置换通风

置换通风起源于北欧，1978年德国柏林的一家铸造车间首先使用了置换通风装置。现在置换通风广泛应用于工业建筑、民用建筑和公共建筑，北欧的一些国家50%的工业通风系统、25%的办公通风系统采用了置换通风系统，我国的一些建筑工程开始采用置换通风系统，并取得了令人满意的效果。

3.1.5.1 置换通风的原理、基本方式和适用范围

1. 原理与基本方式

置换通风属于下送风的一种，气流从位于侧墙下部的送风口水平低速送入室内，在浮升力的作用下上升至工作区，吸收人员和设备负荷形成热气流。在上升过程中，热气流不断卷吸周围空气，流量逐渐增加。热力分层高度将整个空间分为上下两区，下区空气由下向上呈单向"活塞流"，沿高度方向形成明显的温度梯度和污染物浓度梯度；上区空气循环流动，污染物浓度较大，温度趋于均匀一致（图3.4和图3.5）。目前置换式通风较多用于层高大于2.4 m，室内冷负荷小于40 W/m² 的空调系统，如办公室、会议室、计算机机房和剧院等。

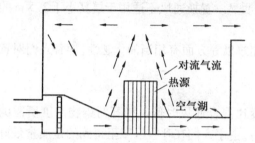
图3.4 置换通风的流态

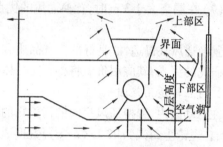
图3.5 站立人员产生的上升气流

置换通风的基本特征是垂直方向会产生热力分层现象。置换通风下送上回的特点决定了空气在垂直方向会分层，并产生温度梯度。如果在底部送新鲜的冷空气，那么最热的空气层在顶部，最冷的空气层在底部。置换空气在水平方向汇入上升气流，由于送风量有限，在某一高度送风会产生循环。我们把产生循环的分界面高度被称为"分界高度"。这样，就形成了两个区域的气流形式，底部区域是相对清洁的空气，上部区域存在更多的污染。

所以为了获得良好的空气品质，通风量必须满足一定要求，以使"分界高度"高于人员活动区，这样人们便处于清洁区。

置换通风适合下列情形：
(1) 污染物质比环境空气温度高或密度小；
(2) 供给空气比建筑物环境空气温度低；
(3) 层高大的房间，例如房间层高大于3 m。

浮升力作为驱动力的置换通风在下列情形效率较低：
(1) 天花板的高度低于2.3 m；
(2) 房间空气扰动（湍流）强烈；
(3) 污染物比环境空气冷或密度大。

通过分析，我们得到如下结论：
(1) 置换通风是一种高舒适性的空调系统。由于送风速度低，紊流度低，不产生吹风感，因此舒适性很高；新鲜空气先经过人员活动区，污染物随热气流上升后排出，所以能提供良好

的空气品质。

（2）置换通风是一种节能的空调方式。只需在工作区保证设计参数，送风温度高，相对混合通风，可以减少冷负荷，特别对于高大空间建筑物，此特点更明显；可以方便地利用低品位能源、利用自然通风供冷。

（3）热力分层的产生，存在垂直方向的温度梯度，需要在人员活动区控制温度梯度，一般应保持在3℃以内，温差太大则降低了舒适性；同时要保证一定的送风量，使热力分层"分界高度"大于人员活动区，保证人员处于清洁区。

（4）置换通风送风温度不能太低的限制，使得送风量增大，输运空气管路增大，输运动力增加，不利于经济性。可以开发新型末端装置来解决此问题。新型末端装置可以借鉴诱导通风的原理，提高一次风送风温差，在送至室内之前，或在人员活动区将一次风与室内空气混合，提高送风温度；可以采用强化传热技术，使得室内空气在人员活动区迅速分布均匀，减少温度梯度。

（5）置换通风的冷源一般考虑中央冷水机组。

（6）从经济性方面考虑，置换通风更适用于大中型空调系统。

（7）在层高大于3 m时，置换通风的优点更明显。置换通风不适用于层高小于2.5 m的房间。

置换通风在舒适性、良好的空气品质和节能效果等方面有相当的优越性，随着人们对置换通风研究的深入，其应用价值将得到充分体现。

2．特点与适用范围

在活动区内，置换通风房间的污染物的浓度比混合通风时低。稀释污染物浓度所需的通风量，在理论上每人为20 L/(s·p)；置换通风时，由于人们在呼吸区域里得到的是质量最好的空气，所以实际送风量可大幅度减少。与传统的混合通风系统相比，置换通风的主要优点是：

（1）在相同设计温度下，活动区里所需的供冷量较少；

（2）利用"免费供冷"的周期比较长久；

（3）活动区内的空气质量更好。

置换通风的弱点是由于出口速度较小，安装空气分布器需占用较多墙面。

置换通风系统特别适用于符合下列条件的建筑物：

（1）室内通风以排除余热为主，且单位面积的冷负荷 q 约为120 W/m^2；

（2）污染物的温度比周围环境温度高，密度比周围空气小；

（3）送风温度比周围环境的空气温度低；

（4）地面至平顶的高度大于3 m的高大房间；

（5）室内气流没有强烈的扰动；

（6）对室内温湿度参数的控制精度无严格要求；

（7）对室内空气品质有要求；

（8）房间较小，但需要的送风量很大。

置换通风系统，不仅意味着室内能获得更加优良的空气品质，而且，可以减少空调冷负荷，延长免费供冷时段，节省空调能耗，降低运行费用。

下列情况的建筑，可能采用混合通风方式更合适些：

（1）有害物以排除余热为主，对室内空气品质没有严格要求；

（2）室内平顶高度低于2.3 m左右；

(3) 层高较低需要冷却的房间,如办公室,可考虑采用混合通风和冷吊顶;

(4) 内部气流扰动强烈的房间;

(5) 室内的污染物比周围环境空气更寒冷/浓密。

Fitzner(1996)给出了下列系统选择的粗略原则,由图 3.6 可知:

(1) 送风量很大时可采用置换通风,不过,由于风量大时空气分布器需要占用较多的安装面积;这时,宜选择安装在地面上。

(2) 混合通风广泛地用于常规的通风系统中,风量直至 15 L/(s·m²),冷负荷大约 60 W/m² 或更多,见图 3.6。

(3) 冷负荷大和送风量小时,推荐采用平顶供冷(冷吊顶)与混合通风相结合的方式。

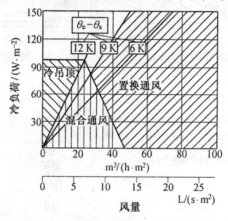

图 3.6 通风系统与通风量与冷负荷的关系

3. 置换通风系统的评价指标

为了满足活动区人员的热舒适要求,保证室内的空气品质,置换通风系统应满足下列各项评价指标的要求:

(1) 坐着时,头脚温差:$\Delta\theta_{hf} \leq 2$ ℃;

(2) 站着时,头脚温差:$\Delta\theta_{hf} \leq 3$ ℃;

(3) 吹风风速不满意率:$PD \leq 15\%$;

(4) 热舒适不满意率:$PPD \leq 15\%$;

(5) 置换通风房间内的温度梯度:$s < 2$ ℃/m。

3.1.5.2 置换通风气流运动

1. 气流分布

置换通风是室内通风或送、排风气流分布的一种特定形式。经过热湿处理后的新鲜空气,通过空气分布器直接送入活动区下部,较冷的新鲜空气沿着地面扩散,从而形成一较薄的空气层(湖)。室内人员及设备等内热源在浮力的作用下,形成向上的对流气流。新鲜空气随对流气流向室内上部区域流动形成室内空气运动的主导气流;热浊的污染空气则由设置于房间顶部的排风口排出。

置换通风的送风速度通常为 0.25 m/s 左右,送风的动量很低,所以,对室内主导气流无任何实际的影响。由于较冷的新鲜空气沿地面形成空气湖,而热源引起的热对流气流将污染物和热量带到房间上部,因此,使室内产生垂直的温度梯度和浓度梯度;排风温度高于室内活动区温度,排风中的污染物浓度高于室内活动区的浓度。

置换通风的主导气流由室内热源控制。置换通风的目的是保持活动区的温度和浓度符合设计要求,而允许活动区上方存在较高的温度和浓度。与混合通风相比,设计良好的置换通风能更加有效地改善与提高室内空气品质。

图 3.7 与图 3.8 分别给出了置换通风的两种典型的气流分布形式。

图 3.7　与排出物有关的水平气流运动　　图 3.8　对流形成的垂直气流运动

2. 温度分布

由于置换通风提供的新鲜空气直接地送至活动区,在地面处可能存在吹冷风的风险,此外,温度分层可能造成不舒适,见图 3.9。为此,设计置换通风系统时,必须对气流的流型、温度分布、对流流动、浓度分布等进行详细研究,以便采取相应的有效措施,做到扬长避短。

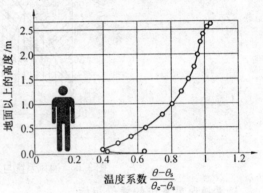

图 3.9　置换通风房间的温度分层

3.1.5.3　置换通风系统的送风口

1. 低速置换送风口的气流分布

（1）送冷风

送冷风时,送风温度通常比室内空气温度低 1～8 ℃。这时,送风空气离开置换送风口后,向地面下降,如同地毯一样沿着地面伸展,如图 3.10 所示。

（2）等温送风

当进风温度与室内空气温度相同时,气流将按照在空气分布器表面处的起始流型水平地流入房间,如图 3.11 所示。

（3）送热风

当送风温度高于周围空气温度时,气流将在活动区里均匀地上升,不扩散,如图 3.12 所示。由此可以作出结论:只有当送风温度比室内空气温度低时,置换通风才能有效地被应用。

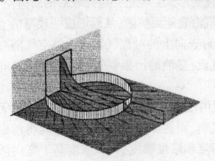
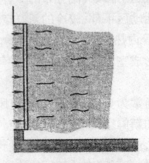
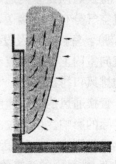

图 3.10　送冷风时的流型　　图 3.11　等温送风时的流型　　图 3.12　送热风时的流型

2. 常规置换送风口

(1) 扁平型墙面置换送风口

这类置换送风口可整体装在墙内,如图 3.13 所示。其典型数据如下:

① 宽度(B):通常为 0.60 m;
② 高度(H):0.20 ~ 1.20 m;
③ 送风量:直至 70 L/s;
④ 下部区最大送风温差:4 ~ 6 ℃。

(2) 半圆柱形置换送风口

这类置换送风口都是靠墙安装,气流从中央呈放射状向三面扩散,如图 3.14 所示。置换送风口的典型数据如下:

① 直径(B):0.20 ~ 1.00 m;
② 高度(H):0.60 ~ 1.80 m;
③ 送风量:300 L/s(1 000 m³/h);
④ 下部区最大送风温差:3 ℃。

(3) 圆柱形独立式置换送风口(图 3.15)。

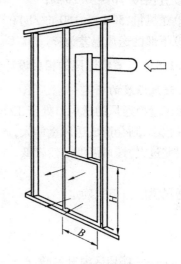

图 3.13 整体的扁平型置换送风口

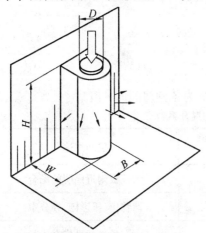

图 3.14 半圆柱形置换送风口

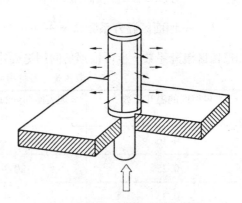

图 3.15 圆柱形独立式置换送风口

(4) 1/4 圆柱形(角形)置换送风口(图 3.16)。

(5) 地面送风置换送风口(图 3.17)。

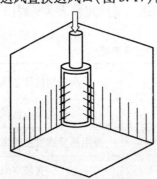

图 3.16 1/4 圆柱形(角形)置换送风口

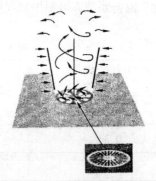

图 3.17 地面送风置换送风口

送风口标准数据(垂直旋流)如下：
① 直径:0.10~0.20 m;
② 送风量:50 L/s(180 m³/h);
③ 下部区送风温差为:3~6 ℃。

3.1.5.4 置换通风的相关设计参数的确定

1.送风温度的确定

由于置换通风的送风口处于工作区,送风温度必须控制在人体舒适的范围内,如果送风温差设计偏小,则会造成送风量偏大,送风散流装置的尺寸大小和数量增多,设备投资加大;如果送风温差过大,送风温度必然较低,人体头部与脚面之间温差偏大,使人产生冷感,降低人体热舒适性。

送风温度由下式确定:

$$t_s = t_1 - (t_1 - t_0)\frac{1-k}{c-1} \tag{3.26}$$

式中　c——停留区温升系数,$c = \dfrac{t_1 - t_0}{t_p - t_s}$;

　　　t_0——地表面空气温度,℃;

　　　t_1——工作区上部空气温度,℃;

　　　t_s——置换通风送风温度,℃;

　　　t_p——置换通风排风温度,℃;

　　　k——地面区温升系数,$k = \dfrac{t_0 - t_s}{t_p - t_s}$。

停留区温升系数 c 也可根据房间用途确定。表3.8为各种房间的 c 值。

表3.8　各种房间停留区的温升系数

停留区的温升系数 c	地表面部分的冷负荷比例 /%	房间用途
0.16	0~20	天花板附近照明的场合
0.25	20~60	博物馆、摄影棚、办公室
0.33	60~100	置换诱导场合
0.4	60~100	高负荷办公室、冷却顶棚、会议室

地面区温升系数 k 可根据房间的用途及单位面积送风量确定。表3.9列出了各种房间的 k 值。

表3.9　各种房间地面区的温升系数

地面区温升系数 k	房间单位面积 送风量/(m³·m⁻²·h⁻¹)	房间用途及送风情况
0.5	5~10	仅送最小新风量
0.33	15~20	使用诱导式置换通风器的房间
0.20	>25	会议室

2.新风量的确定

(1)按室内人员确定新风量

$$L = nq \tag{3.27}$$

式中　　n——室内人员数；

　　　　q——每个人所需新风量，q 可按房间需要确定，室内空气品质要求高，$q = 50 \text{ m}^3/(\text{h}\cdot\text{人})$；室内空气品质要求中等，$q = 36 \text{ m}^3/(\text{h}\cdot\text{人})$；室内空气品质要求低，$q = 25 \text{ m}^3/(\text{h}\cdot\text{人})$。

(2)按室内有害物发生量确定新风量

$$L = \frac{x}{y_p - y_s} \tag{3.28}$$

式中　　x——室内有害物发生量，mg/s；

　　　　y_p——排风的有害物质量浓度，mg/m³；

　　　　y_s——送风的有害物质量浓度，mg/m³。

3.送风量的确定

根据置换通风热力分层理论，界面上的烟羽流量与送风流量相等，即

$$q_s = q_p$$

当热源的数量与发热量已知，可用下式求得烟羽流量：

$$q_p = (3B\pi^2)^{1/3}(2\alpha)^{1/3}Z_s^{5/3} \tag{3.29}$$

$$B = g\beta \frac{Q_s}{\rho c_p}$$

式中　　Q_s——热源热量，W；

　　　　β——温度膨胀系数，m³/℃；

　　　　α——烟羽对流卷吸系数(由实验确定)，1/m³；

　　　　Z_s——分层高度，m；

　　　　ρ——空气密度，kg/m³；

　　　　g——重力加速度，m/s²；

　　　　c_p——空气的定压比热，J/(kg·℃)。

通常在民用建筑中的办公室、教室等工作人员处于坐姿状态，工业建筑中的工作人员处于站姿状态。坐姿时的分层高度 $Z_1 = 1.1$ m，站姿时的分层高度 $Z_2 = 1.8$ m。

对于常见的热设备、办公设备人员，分层高度分别为 $Z_1 = 1.1$ m 以及 $Z_2 = 1.8$ m 时的烟羽流量可查表3.10。

4.送排风温差的确定

当室内发热量已知，送风量已确定时，送排风温差是可以计算得到的。在置换通风的房间内，满足热舒适性要求条件下，送排风温差随着顶棚高度的增高而变大。欧洲国家根据多年的经验确定了送排风温差与房间高度的关系，见表3.11。

5.置换通风末端装置的选择与布置

最初的置换通风末端装置仅考虑让新鲜空气平稳、均匀地送入室内，送风速度低、温差小，故送风末端体积较大，相应的末端装置有圆柱形、半圆柱形、1/4圆柱形、扁平形及平壁形等几种。末端装置一般落地安装。随着空调技术的发展，根据新的建筑特点和功能开发了地板送风、坐椅下送风的末端装置。

表3.10 热源引起的上升气流流量

热源形式	有效能量折算/W	在离地面1.1 m处的空气流量/(m³·h⁻¹)	在离地面1.8 m处的空气流量/(m³·h⁻¹)
人员： 坐或站 轻度或中度劳动	100~120	80~100	180~210
办公设备：			
台灯	60	40	100
计算机/传真机	300	100	200
投影仪	300	100	200
台式复印机/打印机	400	120	250
落地式复印机	1 000	200	400
散热器	400	40	100
机器设备：			
约1 m直径,1 m高	2 000		600
约1 m直径,2 m高	4 000		800
约2 m直径,1 m高	6 000		900
约2 m直径,2 m高	8 000		1 000

表3.11 送排风温差与房间高度的关系

房间高度/m	送排风温差/℃
<3	5~8
3~6	8~10
6~9	10~12
>9	12~14

在民用建筑中置换通风末端装置一般均为落地安装,如图3.18(a)所示。当某地高级办公大楼采用夹层地板时,置换通风末端装置可在地面上,如图3.18(b)所示。在工业厂房中由于地面上有机械设备及产品零件的运输,置换通风末端装置可架空布置,如图3.18(c)所示。

地平安装时该末端装置的作用是将出口空气向地面扩散,使其形成空气湖;架空安装时该末端装置的作用是引导出口空气下降到地面,然后再扩散到全室并形成空气湖;落地安装是使用最广泛的一种形式。1/4圆柱形可布置在墙角内,易与建筑配合。半圆柱形及扁平形用于靠墙安装。圆柱形用于大风量的场合并可布置在房间的中央。以上3种末端装置的外形如图3.19、3.20、3.21所示。

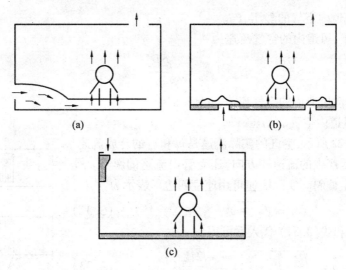

图 3.18 置换通风末端装置及排风口的布置

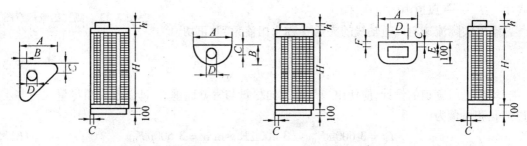

图 3.19 1/4 圆柱形置换通风器　　图 3.20 半圆柱形置换通风器　　图 3.21 扁平形置换通风器

单元二　　均匀送风

在通风系统中,沿风管侧壁的若干孔口或短管,均匀地把等量的空气送入室内,这种送风方式称为均匀送风。均匀送风可以使房间得到均匀的空气分布,且风道制作简单,节省材料,因此应用得比较广泛,在车间、候车室、影院、冷库等场所都可以看到均匀送风管道。

均匀送风管道有两种形式,一种是送风管的断面逐渐减小而孔口面积相等;另一种是送风管道断面不变而孔口面积不相等。

3.2.1　均匀送风管道设计原理

风管内流动的空气,具有动压和静压。空气本身的运动速度取决于平行风道轴线方向动压的大小,而作用于管壁的压力则是静压。

3.2.1.1　空气通过侧孔的流速

若在风道侧壁开孔,由于孔口内外的静压差,空气就会沿垂直于管壁的方向孔口流出,这种单纯由风道内外静压差所造成的空气流速为

$$v_j = \sqrt{\frac{2P_j}{\rho}} \quad (3.30)$$

式中　　v_j——由静压差造成的空气流速,m/s;

P_j —— 风道内空气的静压,Pa。

在动压作用下,风道内的空气流速为

$$v_d = \sqrt{\frac{2P_d}{\rho}} \tag{3.31}$$

式中 v_d —— 由动压造成的空气流速,m/s;

P_d —— 风道内空气的动压,Pa。

因此,如图3.22所示,空气的实际流速是v_j和v_d的合成流速,它不仅取决于静压产生的流速和方向,还受管内流速的影响。孔口出流方向要发生偏斜。实际流速可用速度四边形表示为

$$v = \sqrt{v_j^2 + v_d^2} \tag{3.32}$$

将式(3.30)和式(3.31)代入后可得

$$v = \sqrt{\frac{2}{\rho}(P_j + P_d)} = \sqrt{\frac{2P_q}{\rho}} \tag{3.33}$$

式中 P_q —— 风道内的全压,Pa。

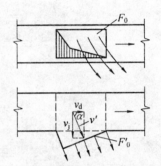

图3.22 侧孔出流示意图

空气实际流速与风道轴线的夹角α称为出流角,其正切值为

$$\tan \alpha = \frac{v_j}{v_d} = \sqrt{\frac{P_j}{P_d}} \tag{3.34}$$

均匀送风管道的设计,应使出口气流方向尽量与管壁面垂直,即要求α角尽量大一些。通过侧孔和风量为

$$L_0 = 3\,600\mu F'_0 v = 3\,600\mu F_0 v\sin \alpha = 3\,600\mu F_0 v_j \tag{3.35}$$

式中 μ —— 孔口的流量系数;

F_0 —— 孔口面积,m²;

F'_0 —— 孔中在气流垂直方向上的投影面积,m²。

空气通过侧孔时的平均流速v_0为

$$v_0 = \frac{L_0}{3\,600 F_0} = \mu v_j \tag{3.36}$$

3.2.1.2 实现均匀送风的条件

由式(3.35)可以看出,要使各等面积的侧孔送出的风量相等,就必须保证各侧孔的静压和流量系数均相等;要使出口气流尽量保持垂直,就要使出流角接近90°。

1. 保持各侧孔静压相等

列出如图3.23所示风道断面1、2的能量方程式:

$$P_{j1} + P_{d1} = P_{j2} + P_{d2} + \Delta P_{1-2} \tag{3.37}$$

要使两侧孔静压相等,就必须使

$$P_{d1} - P_{d2} = \Delta P_{1-2} \tag{3.38}$$

由此可见,两侧孔间静压相等的条件是两侧孔间的动压降等于两侧孔间的阻力。

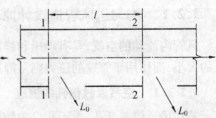

图3.23 均匀送风管道侧孔示意图

2. 保持各侧孔流量系数相等

流量系数 μ 与孔口形状、出流角 α 和孔口的相对流量 $\bar{L}_0$ ($\bar{L}_0 = \dfrac{L_0}{L}$,即孔口送风量和孔口前风道内风量之比) 等因素有关,它是由实验确定的。对于锐边的孔口,在 $\alpha \geqslant 60°$, $\bar{L}_0 = 0.1 \sim 0.5$,为简化计算,可近似取 $\mu = 0.6$。

3. 增大出流角

出流角 α 越大,出流方向越接近于垂直,均匀送风性能也越好。为此,一般要求保持 $\alpha \geqslant 60°$,即 $\tan \alpha = \dfrac{v_j}{v_d} = \sqrt{\dfrac{P_j}{P_d}} \geqslant 1.73, \dfrac{P_j}{P_d} \geqslant 3.0$。如果需要使气流方向尽可能地垂直于风道轴线,可在孔口处加设导向叶片或把孔口改为短管。

3.2.1.3 侧孔送风时的局部阻力系数

通常,可以把侧孔看作是支管长度为零的三通。当空气从侧孔送出时,产生两种局部阻力,即直通部分的局部阻力和侧孔局部阻力。

直通部分的局部阻力系数可用下式计算:

$$\xi = 0.35\left(\dfrac{L_0}{L}\right)^2 \tag{3.39}$$

侧孔送风口的流量系数一般近似取为 $\mu = 0.6 \sim 0.65$,局部阻力系数取为 2.37。

3.2.1.4 均匀送风风管的类型

(1) 按风管全长上静压不变的原理设计的均匀送风管道,沿长度方向的断面是逐渐缩小的(例如,圆锥形或楔形均匀进风风管),而侧孔(或短管)或纵向条缝口的面积是不变的,所以其出风速度是相同的,风管的结构形式如图 3.24 所示。如果在设计时使第一个侧孔的出流角 α 大于 60°,则可获得较好的均匀送风效果。

(2) 按风管全长上静压变化的原理来设计的均匀送风管道,风管的断面是不变的,由于静压沿长度方向逐渐增大,侧孔或条缝口的面积必须是变化的,并沿着长度方向逐渐减小,风管的结构形式如图 3.25 所示。此时,侧孔或条缝口的出风速度是不相同的。严格地说,这类风管只能进行等量送风,无法保证出风速度相等。

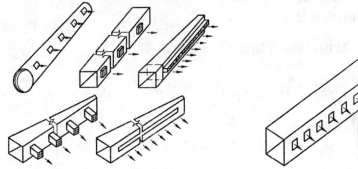

图 3.24 静压不变的均匀送风风管的形式　　图 3.25 静压变化的均匀送风风管的形式

工程上,对于用钢筋混凝土制作的土建风道通常采用等断面的形式,其出风口的面积也是不变的。要实现均匀送风,可根据风道内静压沿空气流动方向不断增大的特点,在孔口上设置不同的阻体,使不同孔口具有不同的阻力,借以改变其流量系数;或者可以借鉴楔形均匀送风风管的设计思路,将风道首端的风速尽可能取低,而第一个侧孔或条缝口的出口风速要取得高一些(当然,出口速度的大小要符合气流组织的要求)。出口风速高,送风口阻力相应增加,所求孔口处管内的静压也高,管内静压与动压之比值就大,有利于均匀送风;风道内的风速越低,通路局部压力损失和沿程(摩擦)压力损失就越小,送风口之间的静压差值也就相对小了,这样也对均匀送风有利。设计时,根据风道首端的风速计算风道断面,如果风道的大边尺寸 W 已定,就可调整风道的高度 H。采用了上述步骤之后,送风风道的最后几个风口如果还出现剩余压力,就在风口内设置阻力予以解决。

3.2.2 均匀送风管道设计方法

均匀送风管道计算的任务是在侧孔个数、间距及每个侧孔送风量确定的基础上,计算侧孔的面积、风管断面及管道的阻力。为简化计算,假定侧孔流量系数和摩擦系数均为常数,且把两侧孔间管段的平均动压以管段首端的动压来代替。下面通过例题说明均匀送风管道计算的方法和步骤。

【例3.3】 如图3.26所示的薄钢板圆锥形侧孔均匀送风道。总送风量为7 200 m³/h,开设6个等面积的侧孔,孔间距为1.5 m,试确定侧孔面积、各断面直径及风道总阻力损失。

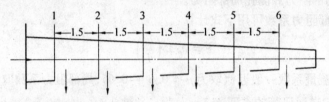

图3.26 均匀送风管道

解 (1)计算静压速度 v_j 和侧孔面积

设侧孔平均流速 $v_0 = 4.5$ m/s,孔口流量系数 $\mu = 0.6$,则侧孔静压流速为

$$v_j = \frac{v_0}{\mu} = \frac{4.5}{0.6} \text{ m/s} = 7.5 \text{ m/s}$$

侧孔面积为

$$F_0 = \frac{L}{3\ 600 \times v_0} = \frac{7\ 200}{6 \times 3\ 600 \times 4.5} \text{m}^2 = 0.074 \text{ m}^2$$

取侧孔的尺寸高×宽为:250 mm × 300 mm

(2)计算断面1处流速和断面尺寸

由 $\alpha \geq 60°$,即 $\frac{v_j}{v_{d1}} \geq 1.73$ 的原则确定断面1 m/s处流速,即

$$v_{d1} \leq \frac{v_j}{1.73} = \frac{7.5}{1.73} \text{ m/s} = 4.34 \text{ m/s}$$

取 $v_d = 4$ m/s,断面1动压为

$$P_{d1} = \frac{\rho v_{d1}^2}{2} = \frac{1.2 \times 4^2}{2} \text{Pa} = 9.6 \text{ Pa}$$

断面1直径为

$$D_1 = \sqrt{\frac{7\ 200 \times 4}{3\ 600 \times 4 \times 3.14}} \text{ m} = 0.8 \text{ m}$$

(3)计算管段1~2的阻力损失

由风量 $L = 6\ 000$ m³/h,近似以 $D_1 = 800$ mm 作为平均直径,查附录得

$$R_{m1} = 0.14 \text{ Pa/m}$$

沿程损失为
$$\Delta R_{m1} = R_{m1}l_1 = (0.14 \times 1.5)\text{Pa} = 0.21 \text{ Pa}$$
空气流过侧孔直通部分的局部阻力系数为
$$\xi = 0.35\left(\frac{L_0}{L}\right)^2 = \left(\frac{1\,200}{7\,200}\right)^2 = 0.01$$
局部损失为
$$\Delta P_{j1} = \xi P_{d1} = (0.01 \times 9.6)\text{Pa} = 0.096 \text{ Pa}$$
管段 1~2 总损失为
$$\Delta P_{1-2} = \Delta P_{m1} + \Delta P_{j1} = (0.21 + 0.096)\text{Pa} = 0.306 \text{ Pa}$$
(4) 计算断面 2 处流速和断面尺寸

根据两侧孔间的动压降等于两侧孔间的阻力可得
$$P_{d2} = P_{d1} - \Delta P_{1-2} = (9.6 - 0.306)\text{Pa} = 9.294 \text{ Pa}$$
断面 2 流速为
$$v_{d2} = \sqrt{\frac{2 \times 9.294}{1.2}} \text{ m/s} = 3.94 \text{ m/s}$$
断面 2 直径为
$$D_2 = \sqrt{\frac{6\,000 \times 4}{3\,600 \times 3.94 \times 3.14}} \text{ m} = 0.73 \text{ m}$$
(5) 计算管段 2~3 的阻力

由风量 $L = 4\,800 \text{ m}^3/\text{h}, D_2 = 730 \text{ mm}$ 查附录得
$$R_{m2} = 0.14 \text{ Pa/m}$$
沿程损失为
$$\Delta R_{m2} = R_{m2}l_2 = (0.14 \times 1.5)\text{Pa} = 0.21 \text{ Pa}$$
局部损失为
$$\xi = 0.35\left(\frac{L_0}{L}\right)^2 = 0.35 \times \left(\frac{1\,200}{6\,000}\right)^2 = 0.014$$
$$\Delta P_{j2} = \xi P_{d2} = (0.014 \times 9.294)\text{Pa} = 0.13 \text{ Pa}$$
总损失为
$$\Delta P_{2-3} = \Delta P_{m2} + \Delta P_{j2} = (0.21 + 0.13)\text{Pa} = 0.34 \text{ Pa}$$
(6) 按上述步骤计算其余各断面尺寸,计算结果见表 3.12。

表 3.12 均匀送风风道计算表

断面编号	截面风量 L/(m³·h⁻¹)	静压 P_j/Pa	动压 P_d/Pa	流速 v_d/(m·s⁻¹)	管径 D/mm	管段编号	管段风量 L/(m³·h⁻¹)	管段长度 l/m	比摩阻 R_m/(Pa·m⁻¹)	$\frac{L_0}{L}$	局部阻力系数 ξ	沿程损失 ΔP_m/Pa	局部损失 ΔP_j/Pa	管段总损失 ΔP
1	7 200	33.75	9.6	4	800	1~2	6 000	1.5	0.14	0.167	0.01	0.21	0.096	0.306
2	6 000	33.75	9.294	3.94	734	2~3	4 800	1.5	0.14	0.2	0.014	0.21	0.13	0.34
3	4 800	33.75	8.954	3.86	663	3~4	3 600	1.5	0.15	0.25	0.022	0.225	0.197	0.422
4	3 600	33.75	8.532	3.77	580	4~5	2 400	1.5	0.14	0.333	0.039	0.21	0.333	0.543
5	2 400	33.75	7.989	3.65	482	5~6	1 200	1.5	0.1	0.5	0.088	0.15	0.703	0.853
6	1 200	33.75	7.136	3.45	350									

(7) 计算风道总阻力

因风道最末端的全压为零,因此风道总阻力应为断面 1 处具有的全压,即

$$\Delta P = P_{q_1} = P_{d_1} + P_{j_1} = (33.75 + 9.6)\text{Pa} = 43.35 \text{ Pa}$$

单元三　全面送排风系统设计实训

3.3.1　设计原始资料

(1) 设计题目:某生产车间全面送排风系统设计。

(2) 土建资料:生产车间平面图如图 3.27 所示,生产车间剖面图如图 3.28 所示。

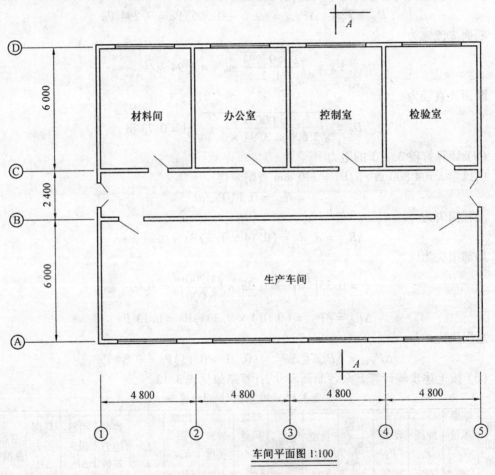

图 3.27　车间平面布置图

(3) 车间地点:哈尔滨、沈阳、大连、北京、天津、乌鲁木齐、兰州、西安等,依据学生分组情况选定设计地点。

(4) 室内计算温度:夏季为 28 ℃;冬季为 18 ℃。

(5) 车间生产设备散热量为 120 kW;维护结构失热量为 $4.8(t_n - t_w)$;自然进风量为 1 m³/s。

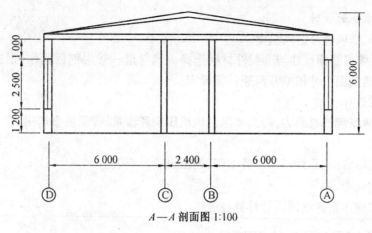

A—A 剖面图 1:100

图 3.28 车间剖面布置图

3.3.2 设计要求

(1)依据原始资料进行全面送、排风系统的设计。
(2)需要完成如下的实训成果:
① 设计说明书1份;
② 设计图纸2张:
a. 通风系统平面图1张;
b. 通风系统轴测图1张。

3.3.3 设计步骤

3.3.3.1 实训内容

(1)搜集原始资料;
(2)送、排风系统管路设计;
(3)风机型号的选定;
(4)绘制通风系统平面图与系统轴测图。

3.3.3.2 实训步骤

1. 搜集设计所需的原始资料(包含分组与角色划分)

(1)机加车间所在地区的气象资料:

包括海拔高度,室外计算温度(冬季采暖、冬季通风、夏季通风),采暖期室外平均温度,采暖期天数,冬季主导风向及频率,冬季和夏季的大气压力,最大冻土层深度。

(2)工艺资料:
① 车间的功能与工艺需要;
② 建筑图;
③ 负荷情况与应用时间。
(3)相关设计与施工规范、操作规程、质量标准等。

2. 系统设计方案的选择

设计中可能出现几个可供选择的方案,应考虑技术经济方面的合理性,然后采用比较合理的方案。

3. 送、排风系统的设计
(1) 计算送、排风量及送风温度;
(2) 确定风管道断面尺寸与部配件材料选择。风管道一般用钢板制作,钢板制管道可用矩形或圆形,管道断面尺寸按推荐流速计算确定。

4. 风机选型设计
计算送、排风系统的总阻力,得出要求的风机压头和流量,按说明书选用。

5. 绘制图纸
应完成平面布置图、系统轴测图各 1 张,列出设备材料表。

6. 整理设计说明书
设计说明书应包括详细的设计计算过程。

3.3.4 全面通风的设计原则

(1) 散发热、湿及有害气体的房间,当发生源分散或不固定而无法采用局部排风,或者设置局部排风仍难以达到卫生要求时,应采用或辅以全面通风。

(2) 同时放散热、蒸汽和有害气体,或仅放散密度比空气小的有害气体的生产厂房,除设局部排风外,宜在上部地带进行自然或机械的全面排风,其换气量不宜小于每小时一次换气。当房间高度大于 6 m 时,排风量可按每平方米地面面积 6 m^3/h 计算。

(3) 全面通风包括自然通风、机械通风或自然通风与机械通风相结合等多种方式。设计时应尽量采用自然通风,以达到节能、节省投资和避免噪声干扰的目的。当自然通风难以保证卫生要求时,可采用机械通风或机械通风和自然通风相结合的方式。

(4) 设置集中供暖且有排风的生产房间,应首先考虑自然补风的可能性。对于换气次数小于每小时两次的全面排风系统或每班运行不到 2 h 的局部排风系统,可不设机械送风系统补偿所排风量。当自然补风达不到室内卫生条件、生产要求或在技术经济上不合理时,宜设置机械送风系统。

(5) 要求清洁的房间,当周围环境较差时,送风量应大于排风量,以保证房间正压;对于产生有害气体的房间,为避免污染相邻房间,送风量应小于排风量,以保证房间负压。一般送风量可为排风量的 80% ~ 90%。

(6) 对冬季全面通风进行空气平衡与热平衡计算时,应视具体情况考虑如下因素:
① 允许短时间温度降低或间断排风的房间,其排风在空气热平衡计算中可不予考虑。
② 稀释有害物质的全面通风的进风,应采用冬季供暖室外计算温度;消除余热、余湿的全面通风,可采用冬季通风室外计算温度。

(7) 计算工艺及设备散热量时,应遵循以下原则:
① 冬季
a. 按最小负荷班的工艺设备散热量计算;
b. 非经常散发的散热量,不予计入;
c. 经常但不稳定的散热量,应采用小时平均值。
② 夏季
a. 按最大负荷班的工艺设备散热量计算;
b. 经常但不稳定的散热量,按最大值计算;
c. 白班不经常的散热量较大时,应予考虑。

3.3.5 全面通风设计方案

1. 自然进风、自然排风

利用自然通风达到消除室内余热余湿的目的,应与车间的工艺布置、建筑形式以及总平面位置密切结合,在设计时要考虑:

(1) 尽量降低进风侧窗离地面的高度,一般不高于1.2 m。

(2) 车间的主进风面应尽量垂直于夏季主导风向,角度不宜小于45°,同时尽量避免大面积窗和墙受日晒影响。

其优缺点为:

① 充分利用自然能源,运行成本低、投资少;

② 进排风面积大,导致冷风渗透量大,增加了冬季供暖热负荷;

③ 仅能在热车间使用。

2. 自然进风、机械排风

该系统为负压通风系统。对高温车间,它靠屋顶通风机的动力排除车间内的热空气,从车间的底层进风装置自然进风。

其优缺点为:

① 通风系统简单,只要打开通风机和进风窗就能运行;

② 通风效果不受室外风速及风向的影响;

③ 负压通风,室外空气渗透量大,容易向车间内渗进其他有害气体。

④ 对放散粉尘或密度比空气大的蒸汽和气体,而不同时放热的房间不适用。

3. 机械进风、自然排风

该系统是正压通风,根据车间不同的温、湿度及洁净度要求,对室外空气经过过滤、冷却(或加热)处理后直接送入车间的工作地带,消除余热、余湿后的热空气经过厂房顶部的排风装置排于室外。

在北方地区,冬季可作为换气装置向室内适当送风,部分空气可在室内再循环。

其优缺点为:

① 进风空气可经过处理,不仅能满足夏季通风降温的要求,而且能提供冬季供暖的需要,还能达到某些车间的洁净要求,进风空气品质好;

② 正压通风,减少了冷风渗透量和供暖热负荷;

③ 运行管理方便;

④ 但设备风道占地面积大,增加建设投资,运行费用高。

4. 机械进风、机械排风

该系统为全面机械通风,与其他三种方案相比,能提高进排风能力,更有效地排除室内的热湿空气,改善通风气流组织。可以根据室内卫生、环保和工艺条件的要求进行设计,是一种理想的通风方式。但建设投资和运行费用也最高,对运行管理人员的要求也高。

5. 几种通风方案的比较

前述的几种全面通风方案的比较见表3.13。

表3.13　全面通风方案的比较

通风方式 项目	自然进风 自然排风	自然进风 机械排风	机械进风 自然排风	机械进风 机械排风
初投资	B	B	B	C
运行成本	A	B	B	C
运行管理	A	B	B	C
运行效果	D	C	B	A

注：表中各符号意义：A—最好；B—良好；C—较差；D—最差。

3.3.6　通风设计的注意事项

（1）为了防止大量热、蒸汽或有害物质向人员活动区散发，防止有害物质对环境的污染，必须从总体规划、工艺、建筑和通风等方面采取有效的综合预防和治理措施。

（2）放散有害物质的生产过程和设备，宜采用机械化、自动化，并应采取密闭、隔离和负压操作措施。对生产过程中不可避免放散的有害物质，在排放前，必须采取通风净化措施，并达到国家有关大气环境质量标准和各种污染物排放标准的要求。

（3）放散粉尘的生产过程，宜采用湿式作业。输送粉尘物料时，应采用不扬尘的运输工具。放散粉尘的工业建筑，宜采用湿法冲洗措施，当工艺不允许湿法冲洗且防尘要求严格时，宜采用真空吸尘装置。

（4）大量散热的热源（如散热设备、热物料等），宜放在生产厂房外面或坡屋内。对生产厂房内的热源，应采取隔热措施。工艺设计，宜采用远距离控制或自动控制。

（5）确定建筑物方位和形式时，宜减少东西向的日晒。以自然通风为主的建筑物，其方位还应根据主要进风面和建筑物形式，按夏季最多风向布置。

（6）位于夏热冬冷或夏热冬暖地区的建筑物建筑热工设计，应符合国家现行标准《民用建筑热工设计规范》（GB 50176）的规定。采用通风屋顶隔热时，其通风层长度不宜大于10 m，空气层高度宜为20 cm左右。散热量小于23 W/m^3 的工业建筑，当屋顶离地面平均高度小于或等于8 m时，宜采用屋顶隔热措施。

（7）对于放散热或有害物质的生产设备布置，应符合下列要求：

① 放散不同毒性有害物质的生产设备布置在同一建筑物内时，毒性大的应与毒性小的隔开；

② 放散热和有害气体的生产设备，应布置在厂房自然通风的天窗下部或穿堂风的下风侧；

③ 放散热和有害气体的生产设备，当必须布置在多层厂房的下层时，应采取防止污染室内上层空气的有效措施。

（8）建筑物内，放散热、蒸汽或有害物质的生产过程和设备，宜采用局部排风。当局部排风达不到卫生要求时，应辅以全面排风或采用全面排风。

（9）设计局部排风或全面排风时，宜采用自然通风。当自然通风不能满足卫生、环保或生产工艺要求时，应采用机械通风或自然与机械的联合通风。

（10）凡属设有机械通风系统的房间，人员所需的新风量应满足《采暖通风与空气调节设计规范》（GB 50019）第3.1.9条的规定；人员所在房间不设机械通风系统时，应可开启外窗。

(11) 组织室内送风、排风气流时,不应使含有大量热、蒸汽或有害物质的空气流入没有或仅有少量热、蒸汽或有害物质的人员活动区,且不应破坏局部排风系统的正常工作。

(12) 凡属下列情况之一时,应单独设置排风系统:

① 两种或两种以上的有害物质混合后能引起燃烧或爆炸时;

② 混合后能形成毒害更大或腐蚀性的混合物、化合物时;

③ 混合后易使蒸汽凝结并聚积粉尘时;

④ 散发剧毒物质的房间和设备;

⑤ 建筑物内设有储存易燃易爆物质的单独房间或有防火防爆要求的单独房间。

(13) 同时放散有害物质、余热和余湿时,全面通风量应按其中所需最大的空气量确定。多种有害物质同时放散于建筑物内时,其全面通风量的确定应按国家现行标准《工业企业设计卫生标准》(GBZ1)执行。

送入室内的室外新风量,不应小于《采暖通风与空气调节设计规范》(GB 50019)第3.1.9条所规定的人员所需最小新风量。

(14) 放散入室内的有害物质数量不能确定时,全面通风量可参照类似房间的实测资料或经验数据,按换气次数确定,亦可按国家现行的各相关行业标准执行。

(15) 建筑物的防烟、排烟设计,应按国家现行标准《高层民用建筑设计防火规范》(GB 50045)及《建筑设计防火规范》(GB 50016)执行。

单元四 全面通风系统安装

3.4.1 通风系统的安装

3.4.1.1 风管道与通风机的安装

风管道与通风机的安装参见学习项目一中的相关内容。

3.4.1.2 常用风管道阀门的安装

通风与空调工程常用的阀门有:插板阀(包括平插阀、斜插阀和密闭阀等)、蝶阀、多叶调节阀(平行式、对开式)、离心式通风机圆形瓣式启动阀、空气处理室中的旁通阀、防火阀和止回阀等。

阀门产品或加工制作均应符合国家标准。阀门安装时应注意:制动装置动作应灵活;安装前如因运输、保管产生损伤要修复。下面介绍一下防火阀及插板阀的安装。

1. 防火阀的安装

风管常用的防火阀分为重力式、弹簧式、百叶式三种。通常防火阀的关闭方式是采用温感易熔片,当火灾发生时,气温升高达到熔断点,易熔片熔化断开,阀板自行关闭,将系统气流切断,如图3.29所示。

防火阀安装注意事项:

(1) 防火阀安装时,阀门四周要留有一定的建筑空间以便于检修和更换零、部件。

(2) 防火阀温度熔断器一定要安装在迎风面一侧。

(3) 安装阀门(风口)之前应先检查阀门外形及操作机构是否完好,检查动作的灵活性,然后再进行安装。

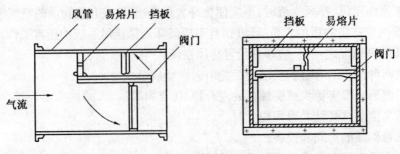

图 3.29 防火阀

（4）防火阀与防火墙（或楼板）之间的风管壁厚应采用 $\delta > 2$ mm 的钢板制作，在风管外面用耐火的保温材料隔热。

（5）防火阀宜有单独的支、吊架以避免风管在高温下变形，影响阀门功能。

（6）阀门在建筑吊顶上或在风道中安装时，应在吊顶板上或风管壁上设检修孔，一般孔尺寸不小于 450 mm × 450 mm，但最小不得小于 300 mm × 300 mm。

（7）阀门在安装以后的使用过程中，应定期进行关闭动作试验，一般每半年或一年进行一次，并应有检验记录。

（8）防火阀中的易熔件必须是经过有关部门批准的正规产品，不允许随便代用。

（9）防火阀门有水平安装和垂直安装，有左式和右式之分，在安装时务必要注意，不能装反。

（10）防火阀中的易熔件应在各项安装工作完毕后再装。因为在运输和安装过程中有可能脱落，在安装前还应再试一下阀板关闭是否灵活和严密。

（11）安装阀门时，应注意阀门调节装置要设置在便于操作的部位；安装在高处的阀门也要使其操作装置处于离地面或平台 1 ~ 1.5 m 处。

（12）阀门在安装完毕后，应在阀体外部明显地标出开和关的方向及开启程度。对保温的风管系统，应在保温层外设法作标志，以便于调试和管理。

2. 斜插板阀的安装

斜插板阀一般用于除尘系统，安装时应考虑不致集尘，因此对水平管上安装的斜插板阀应顺气流安装；而在垂直管（气流向上）安装时斜插板阀就应逆气流安装，如图 3.30 所示。

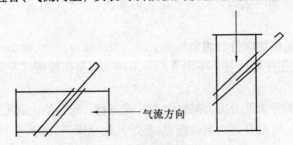

图 3.30 斜插板阀安装示意图

3. 空气热交换器安装

安装前应检查其完好性和类型是否与设计图纸相符。如在技术文件规定的期限内，外表无损伤，则安装前可不做水压试验，否则应再做水压试验。试验压力为系统最高工作压力的 1.5 倍，并不得小于 0.4 MPa。

热交换器的底座为混凝土或砖砌时，由土建单位施工，安装前应检查其尺寸及预埋件位置是否正确。底座如为角钢架,则在现场焊制。热交换器按排列要求在底座上用螺栓连接固定,与周围结构的缝隙以及热交换器之间的缝隙,都应用耐热材料堵严,如图3.31所示。

空气热交换器的支撑框架如图3.32所示。与管路安装时,应弄清进出口位置,切勿接错。

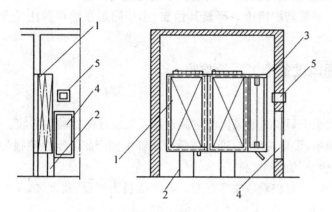

图3.31 SYA型空气热交换器安装
1—SYA型空气热交换器;2—热交换器砖砌支座;
3—热交换器旁通管;4—钢板密封门;5—观察孔

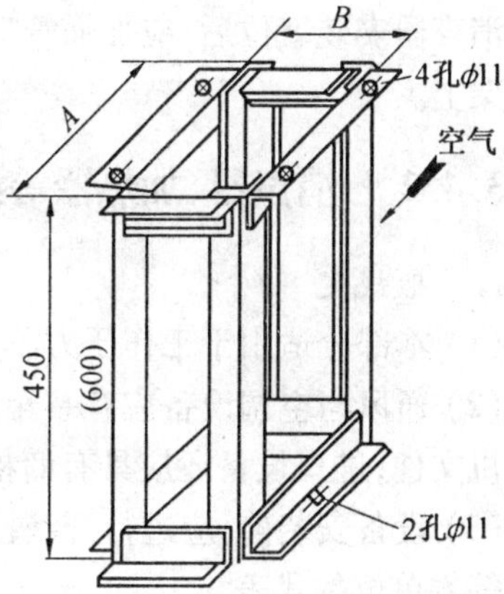

图3.32 空气热交换器支撑框架

连接管路时,要熟悉设备安装图,要弄清进出水管的位置。在热水或蒸汽管路上以及回水管路上均应安装截止阀,蒸汽系统的凝结水出口处还应装疏水器,当数台合用时,最好每台都能单独控制其进气及回水装置。在连接管路上都应有便于检查拆卸的接口。当作为表面冷却器使用时,其下部应设排水装置。

安装电加热器,应有良好的接地装置。连接电加热器前后风管的法兰垫料,应采用耐热非燃烧材料。

4. 消声器安装

消声器有定型产品或现场加工制作,制作时各种板材、型钢及吸声材料都应严格按设计要求选用。

对购买的消声器产品,除检查有无合格证外还应进行外观检查。如:板材表面应平整,厚度均匀,无凸凹及明显压伤现象,并不得有裂纹、分层、麻点及锈蚀情况。

制作消声器所用型钢应等型,不应有裂纹、划痕、麻点及其他影响质量的缺陷。吸声材料应严格按照设计要求选用,并满足对防火、防潮和耐腐蚀性能的要求。用的较多的是聚氨酯泡沫塑料、超细玻璃纤维和工业毛毡等材料。为防止纤维飞散,消声层表面均用织布(玻璃纤维布、细布、塑料或金属纱网)覆盖包裹。为提高强度,有的还用金属穿孔板加以保护。消声材料要铺匀贴紧,不得脱落,覆面层不得破损。穿孔板应平整,孔眼排列均匀,无毛刺。

消声器在运输安装过程中,不能受潮。充填的消声材料不应有明显的下沉,其安装方法要正确。消声器和消声弯头应单独设支架,其重量不得由风管来承担,这样也有利于单独拆卸检查和更换。

消声器内外金属构件表面应涂刷红丹防锈漆两道(优质镀锌板材可不涂防锈漆)。涂刷前,金属表面应按需要做好处理,清除铁锈、油脂等杂物。涂刷时要求无漏涂、起泡、露底等现象。

消声器支、吊架托铁上穿吊杆的螺孔距离,应比消声器宽出40~50 mm。为了便于调节标高,可在吊杆端部套有 50～60 mm 的丝扣,以便找正找平。也可用在托铁上加垫的方法找平、找正。

当空调系统为恒温,要求较高时,消声器外壳应与风管同样作保温处理。

消声器安装后,可用拉线或吊线的方法进行检查,不符合要求的应进行修整。

消声器安装就位后,应加强管理,采取防护措施。严禁其他支、吊架固定在消声器法兰及支吊架上。

3.4.2 消声器、加热器等通风设备施工质量验收

1. 一般规定

(1) 本部分适用于工作压力不大于 5 kPa 的通风机与空调设备安装质量的检验与验收。

(2) 通风与空调设备应有装箱清单、设备说明书、产品质量合格证书和产品性能检测报告等随机文件,进口设备还应具有商检合格的证明文件。

(3) 设备安装前,应进行开箱检查,并形成验收文字记录。参加人员为建设、监理、施工和厂商等方单位的代表。

(4) 设备就位前应对其基础进行验收,合格后方能安装。

(5) 设备的搬运和吊装必须符合产品说明书的有关规定,并应做好设备的保护工作,防止因搬运或吊装而造成设备损伤。

2. 主控项目

电加热器的安装必须符合下列规定:

(1) 电加热器与钢构架间的绝热层必须为不燃材料,接线柱外露的应加设安全防护罩;

(2) 电加热器的金属外壳接地必须良好;

(3) 连接电加热器的风管的法兰垫片,应采用耐热不燃材料。

检查数量:按总数抽查 20%,不得少于 1 台。

检查方法:核对材料、观察检查或电阻测定。

3. 一般项目

(1) 消声器的安装应符合下列规定:

① 消声器安装前应保持干净,做到无油污和浮尘;

② 消声器安装的位置、方向应正确,与风管的连接应严密,不得有损坏与受潮。两组同类型消声器不宜直接串联;

③ 现场安装的组合式消声器,消声组件的排列、方向和位置应符合设计要求。单个消声器组件的固定应牢固;

④ 消声器、消声弯管均应设独立支、吊架。

检查数量:整体安装的消声器,按总数抽查 10%,且不得少于 5 台。现场组装的消声器全数检查。

检查方法:手扳和观察检查、核对安装记录。

(2) 转轮式换热器的安装应符合下列规定:

安装的位置、转轮旋转方向及接管应正确,运转应平稳。

检查数量:按总数抽查 20%,且不得少于 1 台。

检查方法:观察检查。

3.4.3 通风系统调试施工工艺

3.4.3.1 范围
本施工工艺标准适用于通风与空调系统调试及运行。

3.4.3.2 施工准备
1. 仪器仪表要求及主要仪表工具

(1) 通风与空调系统调试所使用的仪器仪表应有出厂合格证明书和鉴定文件。

(2) 严格执行计量法,不准在调试工作岗位上使用无检定合格印、证或超过检定周期以及经检定不合格的计量仪器仪表。

(3) 必须了解各种常用测试仪表的构造原理和性能,严格掌握它们的使用和校验方法,按规定的操作步骤进行测试。

(4) 综合效果测定时,所使用的仪表精度级别应高于被测对象的级别。

(5) 搬运和使用仪器仪表要轻拿轻放,防止震动和撞击,不使用仪表时应放在专用工具仪表箱内,防潮湿防污秽等。

(6) 测量温度的仪表;测量湿度的仪表;测量风速的仪表;测量风压的仪表;其他常用的电工仪表、转数表、粒子计数器、声级仪、钢卷尺、手电钻、活扳子、改锥、克丝钳子、铁锤、高凳、手电筒、对讲机、计算器、测杆等。

2. 作业条件

(1) 通风空调系统必须安装完毕,运转调试之前会同建设单位进行全面检查,全部符合设计、施工及验收规范和工程质量检验评定标准的要求,才能进行运转和调试。

(2) 通风空调系统运转所需用的水、电、汽及压缩空气等,应具备使用条件,现场清理干净。

(3) 运转调试之前做好下列工作准备:

① 应有运转调试方案,内容包括调试目的、要求,时间进度计划,调试项目,程序和采取的方法等;

② 按运转调试方案,备好仪表和工具及调试记录表格;

③ 熟悉通风空调系统的全部设计资料,计算的状态参数,领会设计意图,掌握风管系统、冷源和热源系统、电系统的工作原理。

④ 风道系统的调节阀、防火阀、排烟阀、送风口和回风口内的阀板、叶片应在开启的工作状态位置。

(4) 通风空调系统风量调试之前,先应对风机单机试运转,设备完好符合设计要求后,方可进行调试工作。

3.4.3.3 操作工艺
1. 调试工艺程序

调试工艺程序如图 3.33 所示。

2. 准备工作

(1) 熟悉空调系统设计图纸和有关技术文件,室内、外空气计算参数,风量、冷热负荷、恒温精度要求等,弄清送(回)风系统、供冷和供热系统、自动调节系统的全过程。

(2) 绘制通风空调系统的透视示意图。

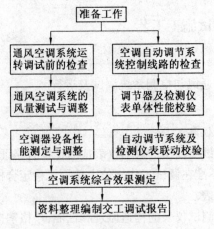

图 3.33 调试工艺程序

(3) 调试人员会同设计、施工和建设单位深入现场,查清空调系统安装质量不合格的地方,查清施工与设计不符的地方,记录在缺陷明细表中,限期修改完。

(4) 备好调试所需的仪器仪表和必要工具,消除缺陷明细表中的各种毛病。电源、水源、冷热源准备就绪后,即可按计划进行运转和调试。

3. 通风空调系统运转前的检查

(1) 核对通风机、电动机的型号、规格是否与设计相符。

(2) 检查地脚螺栓是否拧紧、减振台座是否平齐,皮带轮或联轴器是否找正。

(3) 检查轴承处是否有足够的润滑油,加注润滑油的种类和数量应符合设备技术文件的规定。

(4) 检查电机及有接地要求的风机、风管接地线连接是否可靠。

(5) 检查风机调节阀门,开启应灵活、定位装置可靠。

(6) 风机启动可连续运转,运转应不少于两个小时。

(7) 通风空调设备单机试运转和风管系统漏风量测定合格后,方可进行系统联动试运转,并不少于 8 h。

4. 通风空调系统的风量测定与调整

(1) 按工程实际情况,绘制系统单线透视图,应标明风管尺寸,测点截面位置,送(回)风口的位置,同时标明设计风量、风速、截面面积及风口外框面积(图 3.34)。

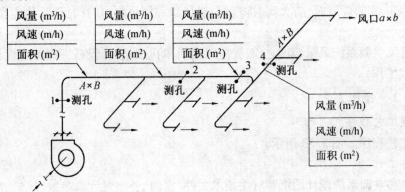

图 3.34 系统单线透视图

(2) 开风机之前,将风道和风口本身的调节阀门放在全开位置,三通调节阀门放在中间位置(图3.35),空气处理室中的各种调节门也应放在实际运行位置。

(3) 开启风机进行风量测定与调整,先粗测总风量是否满足设计风量要求,做到心中有数,有利于下步调试工作。

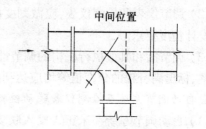

图 3.35　开风机前三通调节阀门放置位置

(4) 系统风量测定与调整,干管和支管的风量可用皮托管、微压计仪器进行测试。对送(回)风系统调整采用"流量等比分配法"或"基准风口调整法"等,从系统的最远最不利的环路开始,逐步调向通风机。

(5) 风口风量测试可用热电风速仪、叶轮风速仪或转杯风速仪,用定点法或匀速移动法测出平均风速,计算出风量。测试次数不少于3～5次。

(6) 系统风量调整平衡后,应达到:
① 风口的风量、新风量、排风量、回风量的实测值与设计风量的允许值偏差不大于10%。
② 新风量与回风量之和应近似等于总的送风量,或各送风量之和。
③ 总的送风量应略大于回风量与排风量之和。
④ 系统风量测定包括风量及风压测定,系统总风压以测量风机前后的全压差为准;系统总风量以风机的总风量或总风管的风量为准。

(7) 系统风量测试调整时应注意的问题:
① 测定点截面位置选择应在气流比较均匀稳定的地方,一般选在产生局部阻力之后4～5倍管径(或风管长边尺寸)以及局部阻力之前约1.5～2倍管径(或风管长边尺寸)的直风管段上(图3.36)。

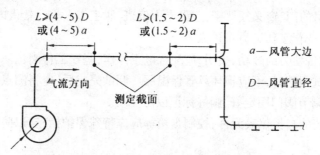

图 3.36　测定点截面位置选择

② 在矩形风管内测定平均风速时,应将风管测定截面划分若干个相等的小截面使其尽可能接近于正方形;在圆形风管内测定平均风速时,应根据管径大小,将截面分成若干个面积相等的同心圆环,每个圆环应测量四个点。

③ 没有调节阀的风道,如果要调节风量,可在风道法兰处临时加插板进行调节,风量调好后,插板留在其中并密封不漏。

5. 调节器及检测仪表单体性能校验

(1) 敏感元件的性能试验,根据控制系统所选用的调节器或检测仪表所要求的分度号必须配套,应进行刻度误差校验和特性校验,均应达到设计精度要求。

（2）调节仪表和检测仪表，应做刻度特性校验，调节特性的校验及动作试验与调整，均应达到设计精度要求。

（3）调节阀和其他执行机构的调节性能、全行程距离、全行程时间的测定、限位开关位置的调整、标出满行程的分度值等均应达到设计精度要求。

6. 自动调节系统及检测仪表联动校验

（1）自动调节系统在未正式投入联动之前，应进行模拟试验，以校验系统的动作是否正确，是否符合设计要求，无误时，可投入自动调节运行。

（2）自动调节系统投入运行后，应查明影响系统调节品质的因素，进行系统正常运行效果的分析，并判断能否达到预期的效果。

（3）自动调节系统各环节的运行调整，应使空调系统的"露点"、二次加热器和室温的各控制点经常保持所规定的空气参数，符合设计精度要求。

7. 资料整理编制交工调试报告

将测定和调整后的大量原始数据进行计算和整理，应包括下列内容：

（1）通风或空调工程概况。

（2）电气设备及自动调节系统设备的单体试验及检测、信号、联锁保护装置的试验和调整数据。

（3）系统风量调整结果。

（4）房间气流组织调试结果。

（5）自动调节系统的整定参数。

（6）综合效果测定结果。

（7）对通风空调系统作出结论性的评价和分析。

3.4.3.4 成品保护

（1）通风空调机房的门、窗必须严密，应设专人值班，非工作人员严禁入内，工作需要进入时，应由保卫部门发放通行工作证方可进入。

（2）风机、空调设备动力的开动、关闭，应配合电工操作，坚守工作岗位。

（3）系统风量测试调整时，不应损坏风管保温层。调试完成后，应将测点截面处的保温层修复好，测孔应堵好，调节阀门固定好，画好标记以防变动。

（4）自动调节系统的自控仪表元件，控制盘箱等应作特殊保护措施，以防电气自控元件丢失及损坏。

（5）通风空调系统全部测定调整完毕后，及时办理交接手续，由使用单位运行启用，负责空调系统的成品保护。

3.4.3.5 应注意的质量问题

通风空调系统调试后产生的问题和解决办法见表3.14。

表3.14 系统调试后产生的问题和解决方法

序号	产生的问题	原因分析	解决办法
1	实际风量过大	系统阻力偏小	调节风机风板或阀门，增加阻力
		风机有问题	降低风机转速，或更换风机

续表3.14

序号	产生的问题	原因分析	解决办法
2	实际风量过小	系统阻力偏大	放大部分管段尺寸,改进部分部件,检查风道或设备有无堵塞
		风机有问题	调紧传动皮带,提高风机转速或改换风机
		漏风	堵严法兰接缝、人孔、检查门或其他存在的漏缝
3	气流速度过大	风口风速过大,送风量过大,气流组织不合理	改大送风口面积,减少送风量,改变风口形式或加挡板使气流组织合适
4	噪声超过规定	风机、水泵噪声传入,风道风速偏大,局部部件引起消声器质量不好	做好风机平衡,风机和水泵的隔震;改小风机转速;放大风速偏大的风道尺寸;改进局部件;在风道中增贴消声材料

3.4.3.6　质量记录

(1)预检记录。
(2)烟(风)道检查记录。
(3)现场组装除尘器,空调漏风检测记录。
(4)风管漏风检测记录。
(5)各房间室内风量测量数据表。
(6)管网风量平衡记录表。
(7)一般通风系统试运行记录。
(8)设备安装工程单机试运转记录。
(9)暖卫通风空调工程设备系统运转试验记录表。

3.4.3.7　安全环保措施

(1)进入现场必须遵守安全生产六大纪律。
(2)在拉设临时电源时,电线均应架空,过道需用钢管保护,不得乱拖乱拉,以免电线被车碾物压。
(3)操作人员应严格执行专项施工方案和安全技术措施交底。
(4)试运转时,必须会同有关人员共同进行,不得擅自开动。大型设备试运转应听从专人指挥,不得任意改变或减少操作步骤。

3.4.4　通风系统调试施工质量验收

3.4.4.1　一般规定

(1)系统调试所使用的测试仪器和仪表,性能应稳定可靠,其精度等级及最小分度值应能满足测定的要求,并应符合国家有关计量法规及检定规程的规定。
(2)通风与空调工程的系统调试,应由施工单位负责、监理单位监督,设计单位与建设单位参与和配合。系统调试的实施可以是施工企业本身或委托给具有调试能力的其他单位。
(3)系统调试前,承包单位应编制调试方案,报送专业监理工程师审核批准;调试结束后,必须提供完整的调试资料和报告。

(4) 通风与空调工程系统无生产负荷的联合试运转及调试,应在制冷设备和通风与空调设备单机试运转合格后进行。空调系统带冷(热)源的正常联合试运转不应少于8 h,当竣工季节与设计条件相差较大时,仅做不带冷(热)源试运转。通风、除尘系统的连续试运转不应少于2 h。

3.4.4.2 主控项目

(1) 通风与空调工程安装完毕,必须进行系统的测定和调整(简称调试)。系统调试应包括下列项目:

① 设备单机试运转及调试;
② 系统无生产负荷下的联合试运转及调试。

检查数量:全数。
检查方法:观察、旁站、查阅调试记录。

(2) 设备单机试运转及调试应符合下列规定:

① 通风机叶轮旋转方向正确、运转平稳、无异常振动与声响,其电机运行功率应符合设备技术文件的规定。在额定转速下连续运转2 h后,滑动轴承外壳最高温度不得超过70 ℃;滚动轴承不得超过80 ℃。

② 水泵叶轮旋转方向正确,无异常振动和声响,紧固连接部位无松动,其电机运行功率值符合设备技术文件的规定。水泵连续运转2 h后,滑动轴承外壳最高温度不得超过70 ℃;滚动轴承不得超过75 ℃。

③ 电控防火、防排烟风阀(口)的手动、电动操作应灵活、可靠,信号输出正确。

检查数量:第1款按风机数量抽查10%,且不得少于1台;第2款全数检查;第3款按系统中风阀的数量抽查20%,且不得少于5件。

检查方法:观察、旁站、用声级计测定、查阅试运转记录及有关文件。

(3) 系统无生产负荷的联合试运转及调试应符合下列规定:

系统总风量调试结果与设计风量的偏差不应大于10%;

检查数量:按风管系统数量抽查10%,且不得少于1个系统。
检查方法:观察、旁站、查阅调试记录。

(4) 防排烟系统联合试运行与调试的结果(风量及正压),必须符合设计与消防的规定。
检查数量:按总数抽查10%,且不得少于2个楼层。
检查方法:观察、旁站、查阅调试记录。

3.4.4.3 一般项目

(1) 设备单机试运转及调试应符合下列规定:

① 水泵运行时不应有异常振动和声响,壳体密封处不得渗漏,紧固连接部位不应松动,轴封的温升应正常;在无特殊要求的情况下,普通填料泄漏量不应大于60 mL/h,机械密封的不应大于5 mL/h。

② 风机等设备运行时,产生的噪声不宜超过产品性能说明书的规定值。

检查数量:第1、2款抽查20%,且不得少于1台。
检查方法:观察、旁站、查阅试运转记录。

(2) 通风工程系统无生产负荷联动试运转及调试应符合下列规定:

① 系统联动试运转中,设备及主要部件的联动必须符合设计要求,动作协调、正确,无异常现象;
② 系统经过平衡调整,各风口或吸风罩的风量与设计风量的允许偏差不应大于15%;
③ 湿式除尘器的供水与排水系统运行应正常。
(3) 通风与空调工程的控制和监测设备,应能与系统的检测元件和执行机构正常沟通,系统的状态参数应能正确显示,设备联锁、自动调节、自动保护应能正确动作。
检查数量:按系统或监测系统总数抽查30%,且不得少于1个系统。
检查方法:旁站观察,查阅调试记录。

3.4.5 通风系统的竣工验收

(1) 通风与空调工程的竣工验收,是在工程施工质量得到有效监控的前提下,施工单位通过整个分部工程的无生产负荷系统联合试运转与调试和观感质量的检查,按本规范要求将质量合格的分部工程移交建设单位的验收过程。
(2) 通风与空调工程的竣工验收,应由建设单位负责,组织施工、设计、监理等单位共同进行,合格后即应办理竣工验收手续。
(3) 通风与空调工程竣工验收时,应检查竣工验收的资料,一般包括下列文件及记录:
① 图纸会审记录、设计变更通知书和竣工图;
② 主要材料、设备、成品、半成品和仪表的出厂合格证明及进场检(试)验报告;
③ 隐蔽工程检查验收记录;
④ 工程设备、风管系统、管道系统安装及检验记录;
⑤ 管道试验记录;
⑥ 设备单机试运转记录;
⑦ 系统无生产负荷联合试运转与调试记录;
⑧ 分部(子分部)工程质量验收记录;
⑨ 观感质量综合检查记录;
⑩ 安全和功能检验资料的核查记录。
(4) 观感质量检查应包括以下项目:
① 风管表面应平整、无损坏,接管合理,风管的连接以及风管与设备或调节装置的连接无明显缺陷。
② 风口表面应平整,颜色一致,安装位置正确,风口可调节部件应能正常动作。
③ 各类调节装置的制作和安装应正确牢固,调节灵活,操作方便。防火及排烟阀等关闭严密,动作可靠。
④ 制冷及水管系统的管道、阀门及仪表安装位置正确,系统无渗漏。
⑤ 风管、部件及管道的支、吊架形式、位置及间距应符合本规范要求。
⑥ 风管、管道的软性接管位置应符合设计要求,接管正确、牢固,自然无强扭。
⑦ 通风机、制冷机、水泵、风机盘管机组的安装应正确牢固。
⑧ 除尘器、积尘室安装应牢固、接口严密。
⑨ 消声器安装方向正确,外表面应平整无损坏。
⑩ 风管、部件、管道及支架的油漆应附着牢固,漆膜厚度均匀,油漆颜色与标志符合设计

⑪绝热层的材质、厚度应符合设计要求;表面平整、无断裂和脱落;室外防潮层或保护壳应顺水搭接、无渗漏。

检查数量:风管、管道各按系统抽查10%,且不得少于1个系统。各类部件、阀门及仪表抽检5%,且不得少于10件。

检查方法:尺量、观察检查。

3.4.6 通风系统的防火

3.4.6.1 一般规定

(1)通风、空气调节系统应采取防火安全措施。

(2)甲、乙类厂房中的空气不应循环使用。

含有燃烧或爆炸危险粉尘、纤维的丙类厂房中的空气,在循环使用前应经净化处理,并应使空气中的含尘浓度低于其爆炸下限的25%。

(3)甲、乙类厂房用的送风设备与排风设备不应布置在同一通风机房内,且排风设备不应和其他房间的送、排风设备布置在同一通风机房内。

(4)民用建筑内空气中含有容易起火或爆炸危险物质的房间,应有良好的自然通风或独立的机械通风设施,且其空气不应循环使用。

(5)排除含有比空气轻的可燃气体与空气的混合物时,其排风水平管全长应顺气流方向向上坡度敷设。

(6)可燃气体管道和甲、乙、丙类液体管道不应穿过通风机房和通风管道,且不应紧贴通风管道的外壁敷设。

3.4.6.2 其他具体规定

(1)通风和空气调节系统的管道布置,横向宜按防火分区设置,竖向不宜超过5层。当管道设置防止回流设施或防火阀时,其管道布置可不受此限制。垂直风管应设置在管井内。

(2)有爆炸危险的厂房内的排风管道,严禁穿过防火墙和有爆炸危险的车间隔墙。

(3)甲、乙、丙类厂房中的送、排风管道宜分层设置。当水平或垂直送风管在进入生产车间处设置防火阀时,各层的水平或垂直送风管可合用一个送风系统。

(4)空气中含有易燃易爆危险物质的房间,其送、排风系统应采用防爆型的通风设备。当送风机设置在单独隔开的通风机房内且送风干管上设置了止回阀门时,可采用普通型的通风设备。

(5)含有燃烧和爆炸危险粉尘的空气,在进入排风机前应采用不产生火花的除尘器进行处理。对于遇水可能形成爆炸的粉尘,严禁采用湿式除尘器。

(6)处理有爆炸危险粉尘的除尘器、排风机的设置应符合下列规定:

①应与其他普通型的风机、除尘器分开设置;

②宜按单一粉尘分组布置。

(7)处理有爆炸危险粉尘的干式除尘器和过滤器宜布置在厂房外的独立建筑中。该建筑与所属厂房的防火间距不应小于10.0 m。

符合下列规定之一的干式除尘器和过滤器,可布置在厂房内的单独房间内,但应采用耐火极限分别不低于3.00 h的隔墙和1.50 h的楼板与其他部位分隔：

①有连续清灰设备；

②定期清灰的除尘器和过滤器，且其风量不超过15 000 m^3/h，集尘斗的储尘量小于60 kg。

(8) 处理有爆炸危险粉尘和碎屑的除尘器、过滤器、管道，均应设置泄压装置。净化有爆炸危险粉尘的干式除尘器和过滤器应布置在系统的负压段上。

(9) 排除、输送有燃烧或爆炸危险气体、蒸气和粉尘的排风系统，均应设置导除静电的接地装置，且排风设备不应布置在地下、半地下建筑（室）中。

(10) 排除有爆炸或燃烧危险气体、蒸气和粉尘的排风管应采用金属管道，并应直接通到室外的安全处，不应暗设。

(11) 排除和输送温度超过80 ℃的空气或其他气体以及易燃碎屑的管道，与可燃或难燃物体之间应保持不小于150 mm的间隙，或采用厚度不小于50 mm的不燃材料隔热。当管道互为上下布置时，表面温度较高者应布置在上面。

(12) 下列情况之一的通风、空气调节系统的风管上应设置防火阀：

①穿越防火分区处；

②穿越通风、空气调节机房的房间隔墙和楼板处；

③穿越重要的或火灾危险性大的房间隔墙和楼板处；

④穿越变形缝处的两侧；

⑤垂直风管与每层水平风管交接处的水平管段上，但当建筑内每个防火分区的通风、空气调节系统均独立设置时，该防火分区内的水平风管与垂直总管的交接处可不设置防火阀。

(13) 公共建筑的浴室、卫生间和厨房的垂直排风管，应采取防回流措施或在支管上设置防火阀。

公共建筑的厨房的排油烟管道宜按防火分区设置，且在与垂直排风管连接的支管处应设置动作温度为150 ℃的防火阀。

(14) 防火阀的设置应符合下列规定：

①除规范另有规定者外，动作温度应为70 ℃；

②防火阀宜靠近防火分隔处设置；

③防火阀暗装时，应在安装部位设置方便检修的检修口；

④在防火阀两侧各2.0 m范围内的风管及其绝热材料应采用不燃材料；

⑤防火阀应符合现行国家标准《防火阀试验方法》（GB 15930）的有关规定。

(15) 通风、空气调节系统的风管应采用不燃材料，但下列情况除外：

①接触腐蚀性介质的风管和柔性接头可采用难燃材料；

②体育馆、展览馆、候机（车、船）楼（厅）等大空间建筑、办公楼和丙、丁、戊类厂房内的通风、空气调节系统，当风管按防火分区设置且设置了防烟防火阀时，可采用燃烧产物毒性较小且烟密度等级小于等于25的难燃材料。

(16) 设备和风管的绝热材料、用于加湿器的加湿材料、消声材料及其黏结剂，宜采用不燃材料，当确有困难时，可采用燃烧产物毒性较小且烟密度等级小于等于50的难燃材料。

风管内设置电加热器时，电加热器的开关应与风机的启停联锁控制。电加热器前后各

0.8 m 范围内的风管和穿过设置有火源等容易起火房间的风管,均应采用不燃材料。

(17) 燃油、燃气锅炉房应有良好的自然通风或机械通风设施。燃气锅炉房应选用防爆型的事故排风机。当设置机械通风设施时,该机械通风设施应设置导除静电的接地装置,通风量应符合下列规定:

① 燃油锅炉房的正常通风量按换气次数不少于 3 次/h 确定;
② 燃气锅炉房的正常通风量按换气次数不少于 6 次/h 确定;
③ 燃气锅炉房的事故排风量按换气次数不少于 12 次/h 确定。

单元五　通风系统综合能效的测定与调整

3.5.1　测定与调整概述

通风空调系统安装完毕以后,在正式投入运行之前,都需要进行测定与调整。通过测定与调整可以发现系统设计、施工和设备自身性能等方面存在的问题,同时可使运行管理人员熟悉和了解系统的性能和特点,为解决初调中出现的问题和系统的经济合理运行提供条件。当已经投入使用的通风空调系统出现问题或进行改造时,测定与调整也是解决问题、检查系统是否达到预期效果的重要手段。

通风空调系统的测定与调整应遵照《通风与空调工程施工验收规范》及相关规范进行。

通风空调系统的服务对象对通风空调的要求不同,因而测试调整要求也不同。民用建筑通风与舒适性空调的测定调整要求低。工业通风与工艺性空调,尤其是恒温恒湿及高洁净度的通风空调系统要求较高,相应的要使用满足测试精度的仪表和符合要求的测试方法。测定与调整是对设计、安装及运行管理质量的综合检验,设计、安装、建设单位要密切配合,才能全面地完成测试任务。

(1) 通风与空调工程交工前,应进行系统生产负荷的综合效能试验的测定与调整。

(2) 通风与空调工程带生产负荷的综合效能试验与调整,应在已具备生产试运行的条件下进行,由建设单位负责,设计、施工单位配合。

(3) 通风、空调系统带生产负荷的综合效能试验测定与调整的项目,应由建设单位根据工程性质、工艺和设计的要求进行确定。

(4) 通风、除尘系统综合效能试验可包括下列项目:
① 室内空气中含尘浓度或有害气体浓度与排放浓度的测定;
② 吸气罩罩口气流特性的测定;
③ 除尘器阻力和除尘效率的测定;
④ 空气油烟、酸雾过滤装置净化效率的测定。

(5) 防排烟系统综合效能试验的测定项目,为模拟状态下安全区正压变化测定及烟雾扩散试验等。

3.5.2　通风空调系统风量的测定与调整

风量测定与调整的目的是检查系统和各房间风量是否符合设计要求。测定之前应检查通风机是否正常运转、管道是否有明显漏风处、阀门损坏或启动不便等。

3.5.2.1 风量测定

通风空调系统风量测定内容包括测定系统的总送风量、回风量和新风量,以及各干管、支管内风量和各送风口、回风口风量。风量测定的方法有多种,所需测量仪表种类也很多,这里主要介绍在风管内和风口处测定的方法。

系统的总风量可以在风管内、空气处理室内测定,或测定送、回风机全压及转速,根据风机的性能曲线推算得出。风机启动前,首先要把各风道和风口处的调节阀门放在全开的位置,空气处理室的各个风阀也应处在实际运行的位置,三通阀门放在中间位置。

1. 风管内风量的测定

通过风管的风量为

$$L = 3\ 600 F v_p \quad (\text{m}^3/\text{h}) \tag{3.40}$$

式中　F——测定处风管断面积,m^2;

v_p——测定断面平均风速,m/s。

风管断面积 F 易于准确测出,因而准确测定断面平均风速 v_p 是测定风量的关键。测定管内平均风速实际上可归结为正确选择测定断面,确定测点位置和数量,测定各测点的风速并求出各点平均风速。

(1)测定断面

测定断面应选在气流稳定的直管段,这样测量出的结果较为准确。一般要求按气流方向,在局部构件之后 $4\sim5$ 倍管径(D)或长边(a),在局部管件之前 $1.5\sim2$ 倍管径或长边的直管段上选择断面,如图 3.37 所示,实际工程中如不能够满足规定,可缩短距构件的距离,并尽量使测量断面距上游局部管件距离大些。在测定断面处不出现涡流时,图 3.38 断面 Ⅰ,可通过增加测点来提高准确性。如测定断面处于涡流中,见图 3.38 中断面 Ⅱ,则在多加测点的同时进行合理的数据处理,或采用其他方法测定,进行比较确定结果。

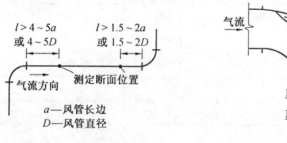

图 3.37　测定断面位置　　图 3.38　测定断面的取法

(2)测点

测定断面上各点的风速不同,测点的位置和数量直接影响测定数据的精确性。工程测量中一般采用等面积布点法。

矩形风管测点布置如图 3.39 所示,每个测点对应的断面积一般不大于 $0.05\ \text{m}^2$,测点位于该面积的中心。

对圆形风管是将圆断面划分为 m 个面积相等的同心圆环,每个圆环的测点位于各圆环面积的等分线上,在相互垂直的两直径上布置 2 个或 4 个测孔。每个圆环的测点通常为 4 个(图3.40),如测量断面的流速具有较高的稳定性和对称性,可减少测点数量,如三环只测三点。圆形风管测定断面的分环数见表 3.15,各圆环的测点与管壁测孔的距离见表 3.16。

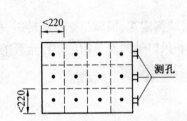

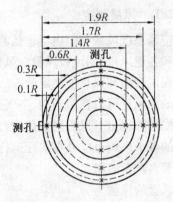

图 3.39 矩形风管测点位置　　　　图 3.40 直径 200 以下圆形风管

表 3.15 各种管道直径的分环数

管径 d/mm	小于 200	200~400	400~700	700~1 000	大于 1 000
环数	3	4	5	6	7

表 3.16 圆形风管测定断面内各圆环的测点与管壁的距离

测点号	直径/mm 圆环数/个	200 以下 3	200~400 4	400~700 5	700 以上 6
1		0.1R	0.1R	0.05R	0.05R
2		0.3R	0.2R	0.2R	0.25R
3		0.6R	0.4R	0.3R	0.25R
4		1.4R	0.7R	0.5R	0.35R
5		1.7R	1.3R	0.7R	0.5R
6		1.9R	1.6R	1.3R	0.7R
7			1.8R	1.5R	1.3R
8			1.9R	1.7R	1.5R
9				1.8R	1.65R
10				1.95R	1.75R
11					1.85R
12					1.95R

(3) 测定断面平均风速

通常用毕托管和微压差计测出各点的动压,求出与平均风速 v_p 相对应的动压值 P_{dp},再求出平均风速。即

$$P_{dp} = \left(\frac{\sqrt{p_{d1}} + \sqrt{p_{d2}} + \cdots + \sqrt{p_{dn}}}{n} \right)^2 \tag{3.41}$$

$$v_p = \sqrt{\frac{2p_{dp}}{\rho}} \tag{3.42}$$

式中 $p_{d1}, p_{d2}, \cdots, p_{dn}$ ——各测点的动压值,Pa;

ρ——空气密度，kg/m^3；
n——测点总数。

2. 送风口和回风口的风量测定

风口的气流较复杂，测定风量较困难，因而只有不能在分支管处测定时，才进行风口风量的测定。

(1) 风口处直接测定

对于回风口可采用热电风速仪在风口平面上直接测取测点的风速，然后取平均值。测点布置方法同矩形风管断面测点布置，将风口划分成小方块，然后在每个方块的中心测风速。最后按式(3.40)计算风量。

当送风口装有格栅或网格时，可用叶轮风速仪紧贴风口，匀速按一定的路线移动测得整个风口截面上的平均风速。测三次取其平均值。面积较大的风口可划分为面积相等的小方块，在中心测定风速后取平均值。

风口直接测定的方法简便，但较为粗略。

(2) 送风口风量的加罩测量

为了较准确地测量出风口风量，可采用如图3.41所示的装置，在送风口上加罩测定。加罩后会因增加阻力而减少风量，如果原系统阻力较大，如末端装有高效过滤器的净化系统，加罩后对风量的影响很小，可忽略不计，如图3.42所示。如原系统阻力较小，加罩对风量的影响不能忽略，可在罩子出口处加一可调速的轴流风机，如图3.43所示。调节轴流风机的转数，使罩内静压与大气压力相等，以补偿罩子的阻力对风量的影响，所以这种方法测得的风量比较准确，用于较高精度的风量测定。

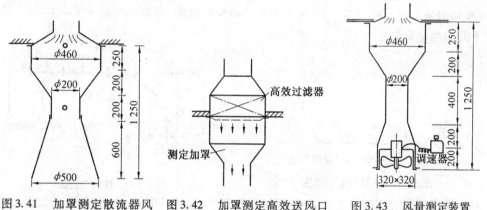

图3.41 加罩测定散流器风量图　　图3.42 加罩测定高效送风口风量　　图3.43 风量测定装置

3.5.2.2 风量的调整

风量的调整是为了使系统干管、支管和各风口的风量符合设计要求，以保证空调房间所需要的空气环境。在风量的调整中，通常允许各房间全部送风口测得的风量之和与送风机出口测得的总送风量之和有 ±10% 的误差。

风量的调整实质上是通过调节设在两风管分支处的三通调节阀（或支管上的调节阀）的开度，来改变管路的阻力特性，使系统的总风量、新风量和回风量以及各支路的风量分配满足设计要求。

1. 风量调整的原理

根据流体力学可知，风管的阻力近似与风量的平方成正比，即

$$\Delta H = SL^2 \tag{3.43}$$

式中　ΔH——风管的阻力损失；

　　　S——风管的阻力特性系数，它与管道的结构、尺寸有关，如仅改变风量，则S值基本不变；

　　　L——风管中的风量。

如图 3.44 所示，用式(3.43)来分析，管道①和②为并联管路，两管阻力平衡，即$\Delta H_1 = \Delta H_2$，而 $\Delta H_1 = S_1 L_1^2$，$\Delta H_2 = S_2 L_2^2$，所以

$$\frac{S_1}{S_2} = \frac{L_2^2}{L_1^2} \tag{3.44}$$

式(3.44)不论总风阀的开度如何变化都是存在的，只要管段①和②的阻力特性不变，L_1/L_2的值就不会变化。因此，如果两风口的风量比L_1/L_2符合设计风量要求的比例关系，只要调整总风阀使总风量与设计总风量相等，那么两风口的风量必然满足设计要求。也就是说，关键在于如何调整三通阀或调节阀使各支管的阻力特性系数的比值等于设计风量下需要的比值。

2. 风量调整的方法

常用的风量调整方法有流量等比分配法、基准风口调整法和逐段分支调整法等，每种方法都有其适应性，应根据调试对象的具体情况，采取相应的方法进行调整，从而达到节省时间、加快调试进度的目的。

(1) 流量等比分配法

采用此方法对送（回）风系统进行调整，一般从系统的最远管段，也就是最不利的风口开始，逐步调向通风机。现以图 3.45 所示系统为例加以说明，最不利管路为 1 - 3 - 5 - 9，应从支管 1 开始测定调整。

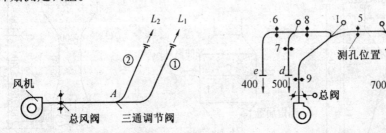

图 3.44　风量分配示意图　　　图 3.45　送风系统图

利用两套仪器分别测量支管 1 和 2 的风量，调节三通拉杆阀，使两条支管的实测风量比值与设计风量比值相等，即$L_{2s}/L_{1s} = L_{2c}/L_{1c}$，式中，下角标 c、s 分别代表测定值、设计值。然后依次测出各支管、各支干管的风量，调整使$L_{4s}/L_{3s} = L_{4c}/L_{3c}$，$L_{7s}/L_{6s} = L_{7c}/L_{6c}$，$L_{8s}/L_{5s} = L_{8c}/L_{5c}$。此时实测风量不等于设计风量，根据风量平衡原理只要调整总阀门使$L_{9s} = L_{9c}$，则各干管、支管的风量就会符合设计风量值。

流量等比分配法测定结果较准确，反复测量次数不多，适合于较大的集中式空调系统，但测量时必须在每一管段打测孔，因而使该方法的普遍使用受到了限制。

(2) 基准风口调整法

这种方法不需打测孔，工作量较小，仍以图 3.45 系统为例说明调整步骤。图 3.45 中所注风量为实测风量，设每个风口的设计风量均为 500 m^3/h，则实测风量与设计风量的比值分别为 $L_{ac}/L_{as} = 0.8$，$L_{bc}/L_{bs} = 1.2$，$L_{dc}/L_{ds} = 1.4$，$L_{ec}/L_{es} = 0.8$。两支路最小比值的风口分别为 a 和

e,因此以 a、e 风口作为调整各支管上风口风量的基准风口。

对于 1 - 3 - 5 支路,使用仪器同时测量 a、b 风口的风量,调整三通阀使 $L_{bc}/L_{bs} = L_{ac}/L_{as}$,此时 a 风口的风量会比原来的风量有所提高。a 风口处仪器不动,将另一套仪器由风口 b 移至风口 c,同时测 a、c 风口的风量,通过调节阀使 $L_{cc}/L_{cs} = L_{ac}/L_{as}$,此时风口 a 的风量会进一步提高。然后同样测定、调整,使 $L_{ec}/L_{es} = L_{dc}/L_{ds}$,支管调整完毕。调整三通阀 I 使两支管间的总风量比等于 2∶3,最后调总阀门使总风量满足要求,则系统风量测定与调整全部完成。

需要说明的是,如果初测风量比值最小的风口不是支管最远端风口,仍以该风口为基准风口,从末端风口开始逐个调整。

3.5.2.3 空调风机风量的测定与调整

1. 新风量

可在新风道上打测孔,用毕托管和微压计来测量风量。如无新风风道时,一般在新风阀门处(或新风进口处)用风速仪来测量,风速仪置于离风阀 10 ~ 20 cm 处,并使之与气流流向垂直。

2. 一、二次回风量和排风量

均可在各自风道上打测孔用毕托管和微压计测算。如打测孔有困难,可在一、二次回风的入口处和排风出口处用风速仪测定。

任务四 自然通风系统的设计与安装

【任务描述】

介绍热压、风压作用下的自然通风原理以及余压的概念;热压作用下自然通风的设计与校核计算方法、步骤;避风天窗与风帽的构造与作用;建筑形状、工艺布置对自然通风的影响;天窗与屋顶通风器的安装方法。

【目标要求】

掌握热压、风压作用下的自然通风原理以及余压的概念;了解热压作用下自然通风的设计与校核计算方法、步骤;了解避风天窗与风帽的构造与作用;了解建筑形状、工艺布置对自然通风的影响;掌握天窗与屋顶通风器的安装方法。

单元一 风压、热压作用下的自然通风

自然通风是利用室内外温度差造成的热压或风力造成的风压来实现通风换气的一种通风方式。

自然通风不消耗机械动力,是一种经济的通风方式,所以应用十分广泛,对于产生大量余热的车间,采用自然通风可以得到很大的换气量。但是由于自然通风受自然气候条件的影响很大,特别是风力的作用不稳定,所以自然通风主要用于热车间排除余热的全面通风,某些热设备的局部排风也可以采用自然通风。除此之外,某些民用建筑(如住宅、办公室等)也采用自然通风来降温换气。但是当工艺要求进风需要过滤、热处理和净化要求时,或进风能引起雾或凝结水时,不得采用自然通风。

采用自然通风时,应该从总图布置、通风设计、建筑形式、工艺设置等等几个方面进行综合考虑,才可能使设计达到预期目的,有一个良好的有组织自然通风,改善空气环境,达到卫生设计标准。

本单元主要阐述热压和风压作用下的自然通风的基本原理以及设计原则、设计计算方法和设计注意事项。

4.1.1 自然通风的作用原理

如果建筑物外墙上的门窗孔洞两侧由于热压和风压造成压力差 ΔP,空气就会经门窗孔洞进入室内,空气流过门窗孔洞时阻力等于孔洞内外的压差 ΔP(如图 4.1 所示),即

$$\Delta P = \zeta \frac{v^2}{2} \rho \qquad (4.1)$$

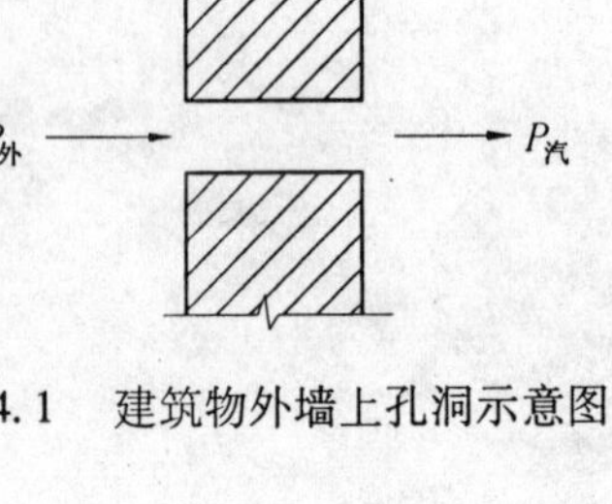

图 4.1 建筑物外墙上孔洞示意图

式中 ΔP——孔洞内外的压差,Pa;

   ζ——孔洞局部阻力系数;

v——空气流速,m/s;
ρ——空气密度,kg/m³。

变换式(4.1)得

$$v = \sqrt{\frac{2\Delta P}{\rho \zeta}} = \mu \sqrt{\frac{2\Delta P}{\rho}} \tag{4.2}$$

式中 μ——窗孔的流量系数,$\mu = \frac{1}{\sqrt{\zeta}}$,$\mu$ 值的大小和窗孔的构造有关,一般小于1;

其他符号意义同前。

通过窗孔的体积流量为

$$L = vF = \mu F \sqrt{\frac{2\Delta P}{\rho}} \tag{4.3}$$

通过窗孔的质量流量为

$$G = L\rho = \mu F \sqrt{2\Delta P \rho} \tag{4.4}$$

式中 F——孔洞的截面积,m²。

上式表明,对于某一固定的建筑结构,其自然通风量的大小,取决于孔洞两侧压差的大小。

4.1.1.1 热压作用下的自然通风

1. 总压差的计算

当室内外空气温度不同时,在车间的进排风窗孔上将造成一定的压力差。进排风窗孔压力差的总和称为总压力差。

如图4.2所示为车间进、排风口的布置情况。室内外空气温度分别为 t_{pj} 和 t_w,密度为 ρ_{pj} 和 ρ_w。设上部天窗为 b,下部侧窗为 a,窗孔外的静压力分别为 P_a、P_b,窗孔内的静压力分别为 P'_a、P'_b。如室内温度高于室外温度,即 $t_{pj} > t_w$,则 $\rho_{pj} < \rho_w$,窗孔 a 的内外压差为 $\Delta P_a = P'_a - P_a$,天窗 b 的内外压差为 $\Delta P_b = P'_b - P_b$,根据流体静力学原理可得

$$\begin{cases} P_a = P_b + gh\rho_w \\ P'_a = P'_b + gh\rho_{pj} \end{cases}$$

所以 $\Delta P_a = P'_a - P_a = (P'_b + gh\rho_{pj}) - (P_b + gh\rho_w) = \Delta P_b - gh(\rho_w - \rho_{pj})$

$$\Delta P_b = \Delta P_a + gh(\rho_w - \rho_{pj}) \tag{4.5}$$

式中 $\Delta P_a, \Delta P_b$——窗孔 a 和 b 的内外压差,Pa;
h——两窗孔的中心间距,m;
g——重力加速度,$g = 9.8$ m/s²;
ρ_{pj}——室内平均温度下的空气密度,kg/m³;
ρ_w——室外空气的密度,kg/m³。

因为当 $t_{pj} > t_w$ 时,$\rho_w > \rho_{pj}$,下部窗孔两侧室外静压大于室内静压,上部窗孔则相反,所以在密度差的作用下,下部窗孔将进风,上部天窗将排风。反之,当 $t_{pj} < t_w$ 时,$\rho_w < \rho_{pj}$,上部天窗进风,下部侧窗排风,冷加工车间即出现这种情况。因为对于冷加工车间上部进风、下部排风时,污染空气被进风携带,将经过工人的呼吸区,在这种情况下,应关闭进排风窗口,停止自然通风。所以我们只讨论下进上排的热车间的自然通风。

变换式(4.5)得

$$\Delta P_b + |-\Delta P_a| = \Delta P_b + |\Delta P_a| = gh(\rho_w - \rho_{pj}) \tag{4.6}$$

由式(4.6)可知,进风窗孔和排风窗孔两侧压差的绝对值之和与两窗孔的高差 h 和室内外的空气密度成正比。两者之和等于总压差即 $gh(\rho_w - \rho_{pj})$,它是空气流动的动力,称为热压。

2. 余压和中和面的概念

为了以后方便计算,我们把室内某一点空气的压力和室外相同标高未受扰动的空气压力的差值称为该点的余压。仅有热压作用时,由于窗孔外的空气未受到室外空气扰动的影响,所以此时窗孔内外的压差即为该窗孔的余压,余压为正,该窗孔排风;余压为负,该窗孔进风;余压为零的平面叫中和面(或等压面),在中和面上既不进风,也不排风。中和面以上孔口均排风,中和面以下孔口均进风。离中和面越远,进、排风量越大,如图4.3所示。

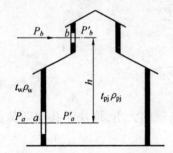
图4.2 热压作用下的自然通风

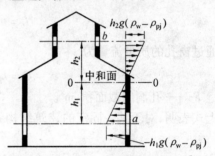
图4.3 压差沿车间高度的变化

因中和面上压差为零,所以,如果知道了中和面至 a 的距离为 h_1,至 b 的距离 h_2,则可以求出进、排风孔的压差,即该窗孔的余压:

$$\Delta P_a = -h_1(\rho_w - \rho_{pj})g \tag{4.7}$$

$$\Delta P_b = h_2(\rho_w - \rho_{pj})g \tag{4.8}$$

式中 h_1、h_2——窗孔 a、b 至中和面的距离,m;

其他符号意义同前。

有了各窗孔的压差就可以利用式(4.3)和(4.4)求风量。

3. 中和面的位置

中和面的位置直接影响进排风口内外压差的大小,影响进排风量的大小。根据空气平衡,在没有机械通风时,车间的自然进风等于自然排风,即

$$G_{zj} = G_{zp}$$

根据式(4.4)得

$$G_{zj} = \mu_j F_j \sqrt{2|\Delta P_j|\rho_w}, \quad G_{zp} = \mu_p F_p \sqrt{2|\Delta P_p|\rho_p}$$

近似认为 $\mu_j = \mu_p$,$\rho_w = \rho_p$ 两式相等,则

$$\left(\frac{F_j}{F_p}\right)^2 = \frac{\Delta P_p}{|\Delta P_j|} \tag{4.9}$$

又因为 $\Delta P_p = gh_2(\rho_w - \rho_{pj})$,$|\Delta P_j| = gh_1(\rho_w - \rho_{pj})$,代入式(4.9)得

$$\left(\frac{F_j}{F_p}\right)^2 = \frac{h_2}{h_1} \tag{4.10}$$

而

$$h = h_1 + h_2 \tag{4.11}$$

于是式(4.10)和式(4.11)联立即可求得 h_1 和 h_2,从而确定中和面位置。

4. 车间平均温度 t_{pj}

车间内平均温度很难准确求得,一般采用下式近似计算:

$$t_{pj} = \frac{t_p + t_n}{2} \tag{4.12}$$

式中　t_{pj}——车间空气的平均温度,℃;
　　　t_p——上部天窗的排风温度,℃;
　　　t_n——室内工作区设计温度,℃。

5. 天窗排风温度

天窗排风温度和很多因素有关,如热源位置、热源散热量、工艺设备布置情况等,它们直接影响厂房内的温度分布和空气流动,情况复杂,目前尚无统一的解法。一般采用下列两种方法进行计算。

(1) 温度梯度法计算排风温度 t_p

当厂房高度小于 15 m,室内散热量比较均匀,且不大于 116 W/m³ 时,可以采用下式计算排风温度:

$$t_p = t_n + \Delta t(H - 2) \tag{4.13}$$

式中　Δt——温度梯度,即沿车间高度方向每升高 1 m 温度的增加值,可按表 4.1 选用;
　　　H——排气口中心距离地面的高度,m;
　　　其他符号意义同前。

表 4.1　温度梯度 Δt 值(℃/m)

室内散热量 /(W·m⁻³)	厂房高度 /m										
	5	6	7	8	9	10	11	12	13	14	15
12 ~ 23	1.0	0.9	0.8	0.7	0.6	0.5	0.4	0.4	0.4	0.3	0.2
24 ~ 47	1.2	1.2	0.9	0.8	0.7	0.6	0.5	0.5	0.5	0.4	0.4
48 ~ 70	1.5	1.5	1.2	1.1	0.9	0.8	0.8	0.8	0.8	0.8	0.5
71 ~ 93	—	1.5	1.5	1.3	1.2	1.2	1.2	1.2	1.1	1.0	0.9
94 ~ 116	—	—	1.5	1.5	1.5	1.5	1.5	1.5	1.5	1.4	1.3

(2) 有效系数法计算排风温度 t_p

当车间内散热量大于 116 W/m³,车间高度大于 15 m 时,应采用有效系数法计算天窗的排风温度。即

$$t_p = t_w + \frac{t_n - t_w}{m} \tag{4.14}$$

式中　m——有效系数;
　　　其他符号意义同前。

有效系数 m 同热源占地面积、热源高度等有关。常用下式计算:

$$m = m_1 m_2 m_3 \tag{4.15}$$

式中　m_1——与热源面积对地面面积之比 f/F 有关的系数,如图 4.4 所示;
　　　m_2——与热源高度有关的系数,见表 4.2;

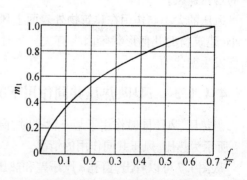

图 4.4　m_1 与 f/F 值的关系曲线

m_3——与热源辐射散热量 Q_f 和总散热量 Q 之比有关的系数,按表4.3选用。

表4.2 m_2 值

热源高度/m	≤2	4	6	8	10	12	≥14
m_2	1	0.85	0.75	0.65	0.60	0.55	0.5

表4.3 m_3 值

比值 Q_f/Q	≤0.40	0.5	0.55	0.60	0.65	0.70
m_3	1.0	1.07	1.12	1.18	1.30	1.45

4.1.1.2 风压作用下的自然通风

在风力作用下,室外气流流经建筑物时,由于受到建筑物的阻挡,将发生绕流(见图4.5)。建筑物四周气流的压力分布将因此而发生变化:迎风面气流受到阻碍,动压降低,静压增高,侧面和背面由于产生局部涡流,因而使静压降低。这种静压增高和降低与周围气压形成的压力差称为风压。迎风面静压升高,风压大于周围气压,称为正压;背风面静压下降,风压小于周围气压,称为负压。风压为负值的区域称为空气动力阴影区,见图4.6。

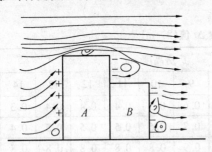

图4.5 建筑物四周的气流分布

由于正压区室外静压大于室内静压,室外空气就要通过孔洞进入室内。在负压区正相反,室内空气通过孔洞排向室外,这就形成了风压作用下的自然通风。

风压的大小与作用在建筑物外表面上风速的大小、建筑物的几何形状等因素有关。风速是随高度发生变化的。

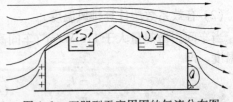

图4.6 双凹型天窗周围的气流分布图

4.1.1.3 风压、热压共同作用下的自然通风

当热压、风压同时作用于某一窗孔时,窗孔的总压差则为热压差和风压差的代数和。如图4.7所示为热压、风压共同作用的情况。

从图4.7可以看出,窗孔 a 风压差和热压差叠加,总压差增大,进风量增大。窗孔 b 热压差和风压差均为正,总压差也增大,排风量增大。如果在 b 窗同高度的左侧开天窗,则风压为负,热压为正,两者互相抵消,不利于排风。当风压的负值比热压还大时,就发生倒灌,不但不能排风,反而进风。所以在热压、风压同时作用时,迎风面不能开天窗,背风面不宜开下部侧窗,否则通风效果不好。但由于室外风向、风压很不稳定,实际工程中通常不考虑风压,仅按热压作用设计自然通风。

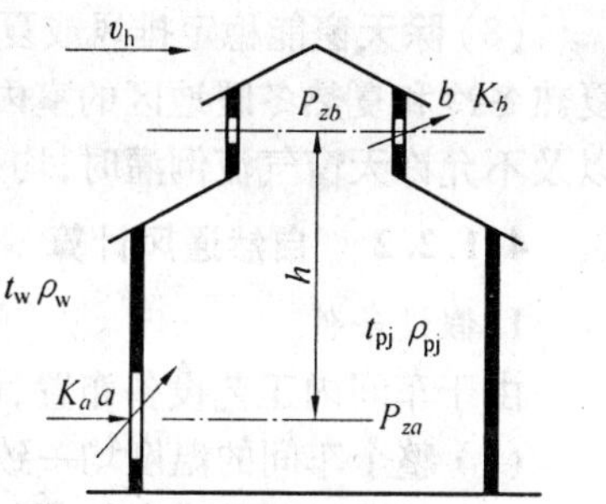

4.1.2 自然通风的设计计算

自然通风的计算目的主要是为了消除车间的余热,对于有害气体和蒸气、粉尘等还要采用机械通风才能消除。

图4.7 热压、风压共同作用下的自然通风

4.1.2.1 自然通风的设计原则

(1)根据《工业企业设计卫生标准》(GBZ1)和当地气象条件,按照有关规定确定室内作业地带温度,并要符合表4.4的有关规定。

表4.4 夏季通风车间内的作业地带空气温度

散热量/(W·m^{-3}·h^{-1})	不得超过室外温度值/℃
<23	3
23~116	5
>116	7

夏季工作地点温度和室外空气温度的差值,不得超过表4.5的规定。

表4.5 夏季通风车间内工作地点空气温度

夏季通风室外计算温度/℃	<23	23	24	25	26	27	28	29~32	>32
工作地点与室外温度的差值/℃	10	9	8	7	6	5	4	3	2

(2)对于以自然进风为主的建筑物的主要进风面应该布置在夏季主导风向侧。当散发粉尘或有害气体时,在其背风侧的空气动力阴影区内的外墙上,由于该位置处于通风负压区,所以应避免设置进风口。屋顶处于正压区时应避免设置排风窗。

(3)利用穿堂风进行自然通风的建筑物,该建筑物的迎风面与该地夏季主导风向宜成60°~90°角,且不应小于45°。

(4)夏季自然通风的室外进风口,其下缘距室内地面高度不应大于1.2 m,为了防止进风被污染,还应考虑避开室内热源和有害气体的污染源。当进风口高于2 m时,应考虑对进风效率的影响,具体可查阅相关资料;在严寒地区或寒冷地区用于冬季自然通风的进风口,其下缘距室内地面高度不应小于4 m,如小于4 m,应该采取工作地点吹冷风的措施。

(5)自然通风也可以应用于民用建筑的厨房、卫生间、盥洗室和浴室等,当其不能满足要求时可考虑采用机械通风。对于普通建筑的卧室、起居室以及办公室等均可采用自然通风。

(6)散发热量的工业建筑,其自然通风量应根据热压作用进行计算。当其不能满足要求时,应辅以机械通风。反之,当室内有机械通风时,应考虑其对自然通风效果的影响。

(7)夏季自然通风应采用流量系数大、便于操作和维修的风口;利用天窗排风的工业建筑,选用的避风天窗应便于开关和维修。

(8) 除天窗能稳定排风或夏季室外平均风速小于或等于 1 m/s 地区可采用一般天窗外,对夏热冬冷和夏热冬暖地区的室内散热量大于 23 W/m³ 和其他地区的室内散热量大于 35 W/m³ 以及不允许天窗气流倒灌时,均采用避风天窗。

4.1.2.2 自然通风计算

1. 假设条件

由于车间内工艺设备布置,设备散热等情况很复杂,须采用一些假设条件才能进行计算。
(1) 整个车间的温度均一致,车间的余热量不随时间变化;
(2) 通风过程是稳定的,影响自然通风的因素不随时间变化;
(3) 车间内同一水平面上各点的静压相等,静压沿高度方向的变化符合流体静力学规律;
(4) 车间内空气流动时不受任何物体的阻挡;
(5) 不考虑局部气流的影响,热射流、通风气流到达排风口前已经消散;
(6) 进、排风口为方形或长方形孔口。

2. 已知条件和设计目的

(1) 已知条件

车间内余热量 Q、工作区设计温度 t_n、室外空气温度 t_w、车间内热源的几何尺寸、分布情况。

(2) 设计目的

确定各窗孔的位置和面积、计算自然通风量、确定运行管理方法。

3. 设计计算步骤

(1) 计算消除余热所需的全面通风量,用下式计算:

$$G = \frac{Q}{c(t_p - t_w)} \tag{4.16}$$

式中　Q——车间余热量,kW;
　　　c——空气定压比热,kJ/(kg·℃);
　　　t_p——车间排气温度,℃;
　　　t_w——室外空气温度,℃。

(2) 确定窗孔位置及中和面位置。
(3) 查取物性参数,如空气密度、空气比热、窗孔流量系数等。
(4) 计算各窗孔的内外压差,用式(4.7)和式(4.8)计算。
(5) 分配各窗孔的进、排风量,计算各窗孔的面积。

【例 4.1】 已知某车间的余热量 $Q = 650$ kW,$m = 0.5$,室外空气温度 $t_w = 32$ ℃,室内工作区温度 $t_n = 35$ ℃。车间如图 4.8 所示,$\mu_1 = \mu_2 = 0.5$,$\mu_3 = \mu_4 = 0.6$,如果不考虑风压的作用,求所需的各窗孔面积。

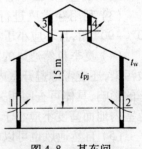

图 4.8　某车间

解　(1) 求消除余热所需的全面通风量

排风温度:

$$t_p = t_w + \frac{t_n - t_w}{m} = \left(32 + \frac{35 - 32}{0.5}\right)℃ = 38 ℃$$

所以　$G = \dfrac{Q}{c(t_p - t_w)} = \dfrac{650}{1.01 \times (38 - 32)}$ kg/s $= 107.26$ kg/s

(2) 确定窗孔位置及中和面位置

进、排风窗孔位置见图4.8,设中和面位置在h的$\frac{1}{3}$处,即

$$h_1 = \frac{1}{3}h = \frac{1}{3} \times 15 \text{ m} = 5 \text{ m}$$

$$h_2 = (15 - 5)\text{m} = 10 \text{ m}$$

(3)查取物性参数

$$t_p = 38 \text{ ℃}, \quad t_w = 32 \text{ ℃}$$

$$t_{pj} = \frac{t_p + t_n}{2} = \frac{38 + 35}{2}\text{℃} = 36.5 \text{ ℃}$$

查得 $\rho_p = 1.135 \text{ kg/m}^3, \quad \rho_w = 1.157 \text{ kg/m}^3, \quad \rho_{pj} = 1.140 \text{ kg/m}^3$

(4)计算各窗孔的内外压差

$$\Delta P_1 = \Delta P_2 = -gh_1(\rho_w - \rho_{pj}) = [-9.8 \times 5 \times (1.157 - 1.14)]\text{Pa} = -0.833 \text{ Pa}$$

$$\Delta P_3 = \Delta P_4 = gh_2(\rho_w - \rho_{pj}) = [9.8 \times 10 \times (1.157 - 1.14)]\text{Pa} = 1.666 \text{ Pa}$$

(5)计算各窗孔的面积

由热平衡关系式有

$$G_1 + G_2 = G_3 + G_4$$

令 $G_1 = G_2, \quad G_3 = G_4$

则

$$F_1 = F_2 = \frac{G_1}{\mu_1 \sqrt{2 \mid \Delta P_1 \mid \rho_w}} = \frac{107.26/2}{0.5\sqrt{2 \times 0.833 \times 1.157}} \text{ m}^2 = 77.26 \text{ m}^2$$

$$F_3 = F_4 = \frac{G_3}{\mu_3 \sqrt{2 \mid \Delta P_3 \mid \rho_p}} = \frac{107.26/2}{0.6\sqrt{2 \times 1.666 \times 1.135}} \text{ m}^2 = 45.95 \text{ m}^2$$

4.1.3 自然通风设计中的注意事项

(1)消除建筑物余热、余湿的通风设计,应优先利用自然通风。

(2)厨房、厕所、盥洗室和浴室等,宜采用自然通风。当利用自然通风不能满足室内卫生要求时,应采用机械通风。

民用建筑的卧室、起居室(厅)以及办公室等,宜采用自然通风。

(3)放散热量的工业建筑,其自然通风量应根据热压作用按规定进行计算。

(4)利用穿堂风进行自然通风的厂房,其迎风面与夏季最多风向宜成60°~90°角,且不应小于45°角。

(5)夏季自然通风应采用阻力系数小、易于操作和维修的进排风口或窗扇。

(6)夏季自然通风用的进风口,其下缘距室内地面的高度不应大于1.2 m;冬季自然通风用的进风口,当其下缘距室内地面的高度小于4 m时,应采取防止冷风吹向工作地点的措施。

(7)当热源靠近工业建筑的一侧外墙布置,且外墙与热源之间无工作地点时,该侧外墙上的进风口,宜布置在热源的间断处。

(8)利用天窗排风的工业建筑,符合下列情况之一时,应采用避风天窗:

①夏热冬冷和夏热冬暖地区,室内散热量大于23 W/m³时;

②其他地区,室内散热量大于35 W/m³时;

③不允许气流倒灌时。

注:多跨厂房的相邻天窗或天窗两侧与建筑物邻接,且处于负压区时,无挡风板的天窗,可视为避风天窗。

(9) 利用天窗排风的工业建筑,符合下列情况之一时,可不设避风天窗:
① 利用天窗能稳定排风时;
② 夏季室外平均风速小于或等于 1 m/s 时。

(10) 挡风板与天窗之间,以及作为避风天窗的多跨工业建筑相邻天窗之间,其端部均应封闭。当天窗较长时,应设置横向隔板,其间距不应大于挡风板上缘至地坪高度的 3 倍,且不应大于 50 m。在挡风板或封闭物上,应设置检查门。

挡风板下缘至屋面的距离,宜采用 0.1 ~ 0.3 m。

不需调节天窗窗扇开启角度的高温工业建筑,宜采用不带窗扇的避风天窗,但应采取防雨措施。

单元二 自然通风设备的安装

4.2.1 避风天窗

车间的天窗按通风的功能分为普通天窗和避风天窗两类,在风的作用下,普通天窗迎风面的排风窗孔会发生倒灌。为了使天窗能稳定的排风,不发生倒灌,可以在天窗上增设挡风板,或者采取其他措施,保证天窗的排风口在任何情况下都处于负压区,可以正常排风。不管风向如何变化都能正常排风的天窗称避风天窗。避风天窗的形式很多,下面介绍几种常用的形式。

1. 矩形天窗

如图 4.9 所示为矩形天窗的示意图。天窗为上悬式,因为在迎风面的天窗可能发生倒灌现象,所以在天窗两侧增设挡风板。不论室外风向如何变化,天窗均处于负压,能保证正常排风。

挡风板可以采用钢板、木板、石棉板、玻璃钢等。挡风板下端应有支架固定在屋顶上,高度应大于天窗高度的 5% ~ 10%,下端距屋顶应有 10 ~ 20 cm 的距离,便于排水和排除积雪。

2. 曲、折线形天窗

图 4.10 所示为曲、折线形天窗,把矩形天窗的竖直板改成曲线形板和折线形板就成为曲、折线形天窗。这种天窗当风吹过时产生的负压比矩形天窗大,排风能力也大。但结构复杂,固定较麻烦。

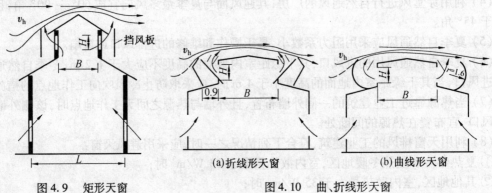

图 4.9 矩形天窗　　　　图 4.10 曲、折线形天窗

3. 下沉式天窗

图 4.11 所示为下沉式天窗。这种天窗是让屋面部分下沉形成的,不像前述两种天窗要用板材重新做挡板。对于横向下沉式,当风向为横向时排风效果不如纵向好;同理对于纵向下沉

式,当风向为纵向时不如横向排风效果好。而天井式不论风向如何都能达到良好的排风效果,但其结构较复杂。天窗的局部阻力系数是衡量避风效果好坏的重要指标。局部阻力系数大,避风效果差,局部力系数小,避风效果好。几种常用避风天窗的局部阻力系数 ζ 值见表 4.6。

(a) 横向　　　　(b) 天井　　　　(c) 纵向

图 4.11　下沉式天窗

表 4.6　几种常用天窗的 ζ 值

形式	尺寸	ζ 值	备注
矩形天窗	$H = 1.82\ m, B = 6\ m, L = 6\ m$	5.38	无窗扇有挡雨片
	$H = 1.82\ m, B = 9\ m, L = 24\ m$	4.64	
	$H = 3.0\ m, B = 9\ m, L = 30\ m$	5.68	
天井式天窗	$H = 1.66\ m, L = 6\ m$	4.24 ~ 4.13	无窗扇有挡雨片
	$H = 1.78\ m, L = 12\ m$	3.83 ~ 3.18	
横向下沉式天窗	$H = 2.5\ m, L = 24\ m$	3.4 ~ 3.18	无窗扇有挡雨片
	$H = 4\ m, L = 24\ m$	5.35	
折线形天窗	$H = 1.6\ m, B = 3.0\ m$	2.74	无窗扇有挡雨片
	$H = 2.1\ m, B = 4.2\ m$	3.91	
	$H = 3.0\ m, B = 6\ m$	4.85	

注:B— 喉口宽度;L— 厂房跨度;H— 垂直口高度;l— 井长。

4.2.2　屋顶通风器

避风天窗虽然采取了各种措施保证排风口处于负压区,但由于风向不定,很难保证不倒灌。而且采用避风天窗使建筑结构复杂,安装也不方便。屋顶通风器就可以克服以上缺点,如图 4.12 所示。它是由外壳、防雨罩、蝶阀及喉口部分组成。外壳用合金镀锌板,板厚 δ = 1.0 mm。喉口和车间内相连,当室内温度大于室外空气温度时,在热压的作用下,车间内热气流通过喉口进入屋顶通风器,从排气口排出。另一方面由于室外风速的作用,在排气口处造成负压,把车间内有害气体抽出。

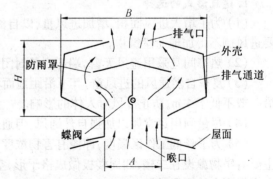

图 4.12　屋顶通风器示意图

该屋顶通风器是全避风型,无论风向怎样发生变化,都能达到良好的排风效果。

其特点是：重量轻（采用镀锌钢板），施工方便（在工厂制造，运到现场组装），可以更换。

4.2.3 风帽

风帽是装在排风管末端和需要加强全面通风的车间的屋顶上，充分利用风压的作用加强自然通风排风能力的一种装置，如图4.13所示。目前常用风帽的形式主要有圆形、锥形和球形。各种风帽都是由有机材料（塑料和玻璃钢）和无机材料（钢板）制造的，前者防腐，寿命短，后者防腐性能差，但是耐阳光辐射，寿命长。

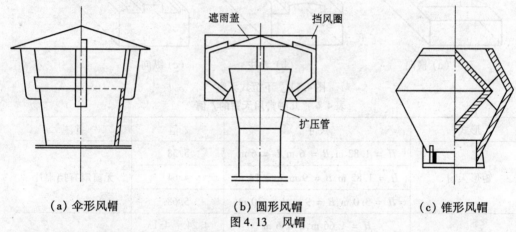

(a) 伞形风帽　　　(b) 圆形风帽　　　(c) 锥形风帽

图4.13　风帽

(1) 圆形风帽适用于一般的机械通风系统。

(2) 锥形风帽适用于除尘系统及非腐蚀有毒系统。玻璃钢制锥形风帽可用于腐蚀性有毒系统。

(3) 球形风帽适用于自然通风系统，球体造型，美观牢固。

4.2.4 生产工艺、建筑形式对自然通风的影响

实际工程中，自然通风量的大小与工业厂房形式、工艺布置密切相关，处理好它们之间的协调关系才能取得较好的自然通风效果，否则，不但造成经济上的浪费，而且还直接影响工人的劳动条件。所以，确定车间的设计方案时，通风、工艺和建筑应该密切配合，对涉及的问题要综合考虑。

1. 建筑形式的选择

(1) 为了增大进风面积，增加进风量，以自然通风为主的热车间应尽量采用单跨车间，主要进风侧不得加辅助建筑物。

(2) 热车间宜采用避风天窗，端部应予封闭。

(3) 夏季自然通风的进风窗，其下沿距地面不应高于1.2 m；冬季自然通风的进风窗，其下沿一般不低于4 m，防止冷风对人体的影响。

(4) 尽量利用穿堂风以加强自然通风，但通过人呼吸区的空气必须是清洁的。

(5) 为了降低工作区温度，冲淡有害物浓度，厂房宜采用双层结构，如图4.14所示。车间主要有害物源设在二楼，四周楼板做成格子形，空气由底层经格子形楼板直接进入二层，可以大大提高自然通风效果。

2. 工艺布置

(1) 工作区应尽可能布置在靠外墙的一侧，这样可使室外新鲜空气首先进入工作区，有利于工作区降温，如图4.15所示。

(2)以热压为主的自然通风厂房,热源应尽量布置在天窗下方或下风侧,如图4.16所示,热源散热能以最短距离排出,减小热气流的污染范围。

(3)对于多跨车间应将冷、热跨间隔布置,以加强自然通风。

(4)散热量大的热源(如加热炉、热料等)应布置在房外面夏季主导风向的下风处。

(5)车间内较大的工艺设备不宜布置在自然通风进风窗孔附近,否则由于设备的阻挡,自然进风量减小。

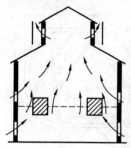
图4.14　双层厂房的自然通风

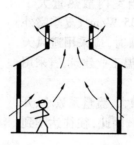
图4.15　工作区的布置情况

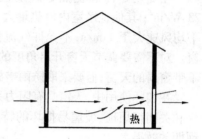
图4.16　热源布置在下风侧

3.各厂房之间的协调关系

当室外风吹过厂房时,迎风的正压区和背风的负压区都要延伸一定的距离,延伸距离的大小和风速及建筑物的形状、高度有关。风速越大,建筑物越高,压力区延伸距离就越大。如果在正压区有一低矮的厂房,则该厂房天窗就不能正常排风。为了使低矮厂房能正常进风和排风,厂房与厂房之间应保持一定的距离。图4.17和图4.18所示为避风天窗和风帽排风时的情况,尺寸应符合表4.7的规定,才能使低矮厂房正常进风和排风。

表4.7　排气天窗和风帽与相邻的较高建筑物外墙的距离

$\dfrac{Z}{a}$	0.4	0.6	0.8	1.0	1.2	1.4	1.6	1.8	2.0	2.1	2.2	2.3
$\dfrac{L-Z}{h}$	1.3	1.4	1.45	1.5	1.65	1.8	2.1	2.5	2.9	3.7	4.6	5.5

注:$\dfrac{Z}{a} > 2.3$时厂房的相关尺寸可不受限制。

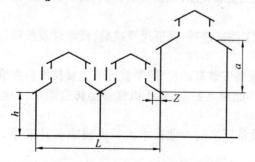
图4.17　避风天窗与相邻较高建筑物的距离

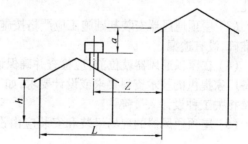
图4.18　风帽与相邻较高建筑物的距离

4.2.5　自然通风设备的选择

1.进风装置

进风装置主要有对开窗、推拉窗、上旋窗、中旋窗、进风百叶窗等。推拉窗外形美观、密封性好、不易损坏,但开窗面积一般只有50%。

在夏热冬冷和夏热冬暖地区,采用进风活动百叶窗的居多,这种窗开启方便,开启角度可实现远方控制,不容易损坏,外形美观。如使用其他开窗形式需要与建筑专业商定。

在严寒及寒冷地区,因为冬季冷风渗透量大,一般可在外面设置固定百叶,在里面设置保温密闭门。

2. 排风装置

排风装置主要有天窗和屋顶通风器。天窗是一种常见的排风装置。

在夏热冬冷和夏热冬暖地区,当室内散热量大于 23 W/m²;其他地区室内散热量大于 35 W/m²;夏季室外平均风速大于 1 m/s;不允许气流倒灌时,应采用避风天窗。对不需要调节天窗开启角度的高温工业建筑,宜采用不带窗扇的天窗,但要采取防雨措施。

在实际使用中,天窗具有阻力系数大、流量系数小、开启和关闭很烦琐、玻璃易损坏的特点。因此,往往达不到预期的效果。

屋顶通风器是以型钢为骨架,用彩色压型钢板(或玻璃钢)组合而成的全避风型的新型自然通风装置。它具有结构简单,重量轻,不用电力也能达到良好的通风效果等优点,这种通风器的外形如图 4.19 所示。该设备局部阻力小,现已由工厂批量生产,特别适用于高大工业建筑。

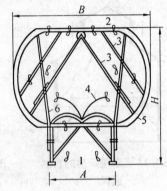

图 4.19 新型屋顶通风器外形图
1—进风喉口;2—排风口;3—防水及导流板;4—阀板;5—护板;6—骨架

4.2.6 自然通风设备的安装

1. 屋顶通风器的安装

(1) 屋顶通风器的施工、安装及验收应符合相关的国家规范、规程及屋顶通风器设备施工安装技术文件要求。

(2) 可根据工程实际情况参照建筑标准图集《屋顶自然通风器选用与安装》06K105 进行施工安装,图集中对通风器在钢结构屋顶上安装只给出了安装示意图,设计选用、施工安装时,需要与钢结构设计、制作单位密切配合,绘制施工安装详图,预留安装孔洞和预埋件,严禁现场打孔。

(3) 屋顶通风器安装基础施工应严格按施工图纸进行,保证尺寸准确,预埋件及预留洞位置准确,没有遗漏。

(4) 在屋顶通风器就位前,应检查并确保设备安装基础尺寸,平直度等主要技术参数满足设备厂家提供的技术资料要求或设计要求;如不能满足要求,要予以修整至符合要求,并经通风及相关工种设计人员确认。

(5) 屋顶通风器的现场组装和安装应由设备厂家的专业技术人员完成或在其指导下完成。

(6) 在安装工作完成后应对通风器外观及内部进行检查,确保通风器整体完好、整洁,气流通道无磕碰、变形,各转动部件转动灵活。

(7) 检查并确认相关接线(如电源线、接地线等)、接管、设备与基础的连接、固定、密封等,主要控制项目已按相关施工安装文件要求施工,以确保设备能够正常运行。

2. 风帽的制作与安装

(1) 风帽的制作

① 风帽工艺流程:领料 → 下料 → 成型 → 组装 → 成品 → 检验 → 出厂。
② 风帽的制作应严格按照国标要求进行。
③ 风帽制作可采用镀锌钢板、普通钢板及其他适宜的材料。
④ 风帽的形状应规整、旋转风帽重心应平衡。
⑤ 风帽的下料、成型、组装等工序可参见风管制作部分。

(2) 风帽的安装

① 风帽的施工、安装及验收应符合相关的国家规范、规程及风帽设备施工安装技术文件要求。
② 风帽安装高度超过屋面 1.5 m,应设拉索固定,拉索的数量不应少于 3 根,且设置均匀、牢固。
③ 不连接风管的筒形风帽,可用法兰直接固定在混凝土或木板底座上。当排送湿度较大的气体时,应在底座设置滴水盘并有排水措施。
④ 在安装工作完成后应对风帽外观及牢固性进行检查,确保风帽整体完好、整洁、牢固,气流通道无磕碰、变形。

(3) 风帽施工质量验收

1) 风帽的制作应符合下列规定:

① 尺寸应正确,结构牢靠,风帽接管尺寸的允许偏差同风管的规定一致。
② 伞形风帽伞盖的边缘应有加固措施,支撑高度尺寸应一致。
③ 锥形风帽内外锥体的中心应同心,锥体组合的连接缝应顺直,下部排水应畅通。
④ 筒形风帽的形状应规则、外筒体的上下沿口应加固,其不圆度不应大于直径的 2%。伞盖边缘与外筒体的距离应一致,挡风圈的位置应正确。
⑤ 三叉形风帽三个支管的夹角应一致,与主管的连接应严密。主管与支管的锥度应为 3°~4°。

检查数量:按批抽查 10%,不得少于 1 个。
检查方法:尺量、观察检查。

2) 风帽安装必须牢固,连接风管与屋面或墙面的交接处不应渗水。

检查数量:按数量抽查 10%,不得少于 5 件。
检查方法:尺量、观察检查。

复习思考题

1. 确定全面通风量时,什么时候采用分别稀释各有害物空气量之和?什么时候取其中的最大值?
2. 进行热平衡计算时,计算稀释有害气体的全面通风耗热量时,采用什么温度?而计算消除余热、余湿的全面通风耗热量时,采用什么温度?
3. 通风设计空气平衡和热平衡的意义是什么?
4. 某车间同时散发 CO 和 SO_2,X_{CO} = 100 mg/s,X_{SO_2} = 60 mg/s,试计算该车间所需的全面通风量。由于有害物及通风空气分布不均匀,取安全系数 K = 6。

5. 已知某车间内生产设备散热量为 $Q_1 = 80$ kW，维护结构散热量为 70 kW，车间上部天窗排风量 $L_{xp} = 2.5$ m³/s，局部机械排风量 $L_{jp} = 3.0$ m³/s，自然进风量 $L_{zj} = 1$ m³/s，车间工作区温度为 20 ℃，天窗排气温度为 28 ℃，外界空气温度 $t_w = -12$ ℃。求：(1) 机械进风量 G_{jj}；(2) 机械送风温度 t_{jj}；(3) 加热机械进风所需的热量 Q_{jj}。

6. 车间的通风量为 10 000 m³/h，车间的通风容积为 200 m³，求该车间的换气次数。

7. 置换通风的主要特点是什么？主要适用什么场合？

8. 机械送风系统室外进风口如何布置？

9. 如何实现均匀送风？

10. 有一个矩形断面的均匀送风管，总长 $l = 12.5$ m，总送风量 $L = 9\ 600$ m³/h。均匀送风管上设有 8 个侧孔，侧孔间的间距为 1.5 m。确定该均匀送风管的断面尺寸、阻力及侧孔的尺寸。

11. 自然通风的特点是什么？主要适用什么场合？其动力是什么？

12. 余压的概念，余压与进风和排风的关系。

13. 什么是中和面？其位置如何确定？

14. 如何用温度梯度法来计算车间的排风温度？

15. 风帽的作用、种类和适用范围是什么？

16. 阐述消声器的安装方法。

17. 通风系统中的风量、风压、风速如何测试？

学习项目三　　工业厂房局部排风系统安装

【能力目标要求】

了解工业有害物的来源和危害；领会卫生标准和排放标准；掌握有害物浓度的概念和相互关系；掌握防治工业有害物的综合措施。

掌握局部排风罩的种类、使用范围及工作原理；掌握局部排风罩的安装方法，掌握局部排风系统的组成、设计及安装方法。

了解有害气体净化的基本原理、方法和设备形式；掌握粉尘的基本性质及对除尘效果的影响；掌握除尘器机理及全效率、分级效率、串联和并联总效率计算方法；了解各类除尘器的工作原理及影响效率的主要因素；掌握各类除尘器的结构、特点、适用范围及选择方法；掌握除尘器的安装方法。

任务五　　工业有害物来源及危害分析

【任务描述】

介绍工业有害物的来源和危害；卫生标准和排放标准；有害物浓度的概念和相互关系；防治工业有害物的综合措施。

【目标要求】

了解工业有害物的来源和危害；领会卫生标准和排放标准；掌握有害物浓度的概念和相互关系；掌握防治工业有害物的综合措施。

单元一　　工业有害物的来源

工业通风是研究控制工业有害物对室内外空气环境的影响和破坏的技术。为了控制工业有害物的产生和扩散，改善车间空气环境和防治大气污染，必须了解有害物产生和散发的机理，认识各种工业有害物对人体及工农业生产的危害。

工业有害物主要是指工业生产过程中散发的粉尘、有害气体和蒸气、余热和余湿。

5.1.1　粉尘的来源

粉尘是指悬浮于空气中的固体小微粒。在冶金、机械、建材、轻工、电力等许多行业部门的生产过程中，都会产生出大量的粉尘，如果不采取有效的控制措施，粉尘将污染车间及大气环境，对人体健康和工农业生产造成极大的危害。

粉尘的来源主要有以下几个方面：

(1) 各种物质的燃烧，如锅炉中煤炭的燃烧、木材和各种农作物的燃烧等；

(2) 粉末物料的混合、筛分、包装及运输等，如水泥的包装运输过程；

(3) 固体物料的机械粉碎研磨，如破碎机、球磨机在破碎矿石和研磨煤粉的过程；

(4) 物质加热时产生的蒸气在空气中凝结或被氧化的过程，如铸铜时产生的氧化锌固体微粒。

(5) 固体表面加工过程,如砂轮机的磨光过程,抛光机的抛光过程。

5.1.2　有害气体和蒸汽的来源

在很多工业生产过程中,如有色金属冶炼、浇铸、电镀、酸洗、橡胶、化工、造纸等过程,都会产生大量的有害蒸气和气体。主要是一氧化碳、二氧化碳、氮氧化物、氯化氢、二氧化硫等气体和汞、铅、苯等蒸汽,有害气体在车间里的扩散,也是由室内空气流动造成的。

在工业生产过程中,有害气体和蒸气的来源主要有以下几方面:
(1) 有害物表面的蒸发,如电镀、酸洗、喷漆等;
(2) 化学反应过程,如化工生产、有机合成、燃料的燃烧等;
(3) 设备及输送有害气体管道的渗漏;
(4) 物料的加工处理,如金属冶炼、浇铸、石油加工等;
(5) 放射性污染,如带有辐射源的各种装置与设备、核武器试验等。

5.1.3　余热和余湿的来源

在工业生产过程中,各种工业炉和其他加热设备、热材料和热成品等散发的大量热量,浸泡、蒸煮设备等散发的大量水蒸气,是车间内余热和余湿的主要来源,如冶金工业的轧钢、冶炼,机械制造工业的铸造、锻造车间等。余热和余湿直接影响到车间内空气的温度和相对湿度。

单元二　工业有害物的危害

5.2.1　粉尘的危害

5.2.1.1　粉尘的扩散原理

粉尘主要是依赖气流的运动来进行扩散的,粉尘从静止状态变成悬浮于周围空气的作用称为尘化作用。

工业企业常见的几种尘化作用如下:

1. 剪切压缩造成的尘化作用

筛分物料的振动筛上下振动时,使疏松的物料不断受挤压,物料间的粉尘随高速向外运动的气流一起逸出,如图 5.1 所示。

2. 诱导空气造成的尘化作用

物体或块、粒状物料在空气中高速运动时,带动周围空气随其一起运动,这部分空气称为诱导空气,如图 5.2 所示。例如,砂轮磨光金属时,在砂轮高速旋转下甩出的金属屑会产生诱导空气,使磨削下来的细粉尘随其扩散,如图 5.3 所示。

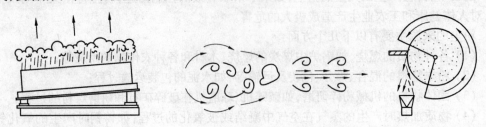

图 5.1　剪切造成的尘化作用　　图 5.2　诱导空气造成的尘化作用　　图 5.3　诱导空气的尘化作用

3. 热气流上升造成的尘化作用

由于一些产尘设备产生大量的热量,其表面的空气被加热而产生上升热气流,一些粉尘在上升热气流的作用下,会随着上升热气流一起运动,产生尘化作用。例如锅炉中煤炭的燃烧、炼钢电炉、加热炉以及金属浇铸等过程所引起的尘化作用。

4. 综合性尘化作用

综合性尘化作用是指由剪切和诱导空气等几个因素共同作用的一种尘化作用。例如,皮带运输机运输的粉料从高处下落到地面的过程。

通常把尘粒由静止状态变为空气中浮游的尘化作用称为一次尘化作用,引起一次尘化作用的气流称为尘化气流。由于细小的粉尘本身没有独立运动能力,一次尘化作用带给粉尘的能量并不能使粉尘扩散飞扬,只能在局部地点造成空气污染。由于通风或冷热气流对流所形成的室内气流(称为二次气流),在局部地点带动含尘空气在整个车间内流动,造成粉尘进一步扩散。污染空气环境的主要原因是二次气流。二次气流速度越大,粉尘扩散越严重,如图5.4所示。

通过以上分析可以看出,粉尘主要是依赖气流的运动来进行扩散的,只要对车间内的气流进行有效控制,就可以控制粉尘在室内的扩散,改善车间空气环境。

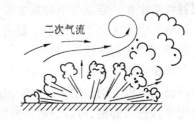

图5.4 二次气流对粉尘扩散的影响

5.2.1.2 粉尘的危害

1. 对人的危害

粉尘对人的危害包括三个方面:

(1) 有毒粉尘引起中毒:粉尘的化学性质是危害人体的主要因素,有毒的金属粉尘(铬、锰、铅、汞、砷等)进入人体后,会引起中毒以至死亡。例如,铅会使人贫血,损害大脑;锰、镉损坏人的神经、肾脏;镍可以致癌;铬会引起鼻中膈溃疡和穿孔以及肺癌发病率增加。另外,这些物质进入肺部都能直接对肺部产生危害,例如,锰进入肺部后会引起中毒性肺炎,镍进入肺部后会引起心肺机能不全等。

(2) 一般粉尘引起各种尘肺病:由各种生产性有害因素引起的职业病中,尘肺约占60%。在有粉尘产生的生产过程中,无毒性粉尘对人体的主要危害是粉尘进入人体肺部后可能引起各种尘肺病。作业人员长期在超过国家规定的最高容许浓度条件下作业,加上其他因素的影响,就有可能发生尘肺病。例如,含有游离二氧化硅的粉尘吸入人体后,在肺内沉积,使海绵性的肺组织产生纤维病变,并逐渐硬化,发生"矽肺"病。还有一些物质本身并没有毒性,例如锌,但是其加热后形成的烟状氧化物可与人体内的蛋白质作用而引起发烧,发生所谓的铸造热病。粉尘中的有害化学因素为游离二氧化硅、硅酸盐等。根据接触不同成分和浓度的粉尘,尘肺又可分为矽肺(游离二氧化硅所致)、硅酸盐肺(如滑石肺、石棉肺)、煤肺(煤尘所致)、金属粉末沉着症、铸工尘肺、电焊工尘肺等。

(3) 有的粉尘(如硫化矿尘)引起皮肤炎。

2. 对环境的危害

粉尘不仅会危害室内空气环境,如不加控制地排入大气,会造成大气污染,在更广阔的范围内破坏大气环境。工业化国家大气污染的发展和演变,大致可分为三个阶段。第一阶段的大气污染主要是燃煤引起的,即所谓"煤烟型"污染,主要的污染物是烟尘和 SO_2。第二阶段,随工业的发展,石油代替煤作为主要燃料,同时汽车数量倍增,这时大气污染已不再限于城市和工矿区,而是呈现广域污染。主要污染物是 SO_2 与含有重金属的飘尘、硫酸烟雾、光化学烟雾等共同作用的产物,属于复合污染。在第三阶段,即20世纪70年代以来,各国都重视环境保护,经过严格控制、综合治理,环境污染已基本得到控制,环境质量明显改善。

3. 对生产的危害

粉尘对生产的影响主要是降低产品质量和机器工作精度。例如,感光胶片、集成电路、化学试剂、精密仪表和微型电机等产品,如果被粉尘沾污或其转动部件被磨损、卡住,就会降低质量甚至报废。有些工厂曾经由于对生产环境的粉尘控制不严而受到许多损失。

粉尘还使光照度和能见度降低,影响室内作业的视野,甚至诱发事故;有些粉尘如煤尘、铝尘和谷物粉尘在一定条件下会发生爆炸,造成经济损失和人员伤亡。

影响粉尘危害大小的因素主要是其物理化学性质、粒径大小和浓度。如对人体危害的因素主要是其物理化学性质,另外,粒径大小和浓度也是危害人体健康的一个重要因素。粉尘颗粒的大小决定着它进入呼吸道及肺部的深度:10 μm 以上的尘粒可以阻留在呼吸道中,不易进入肺部;5 μm 以上的粉尘大部分阻留在呼吸道,小部分进入肺泡;5 μm 以下的粉尘能经毛细支气管直接进入肺泡,可以引起各种尘肺病,故危害极大。在相同粒径条件下,浓度越高危害越大。

5.2.2 有害气体和蒸汽的危害

5.2.2.1 对人的危害

根据有害气体和蒸汽的危害不同,把其分为刺激性、中毒性、麻醉性和窒息性。

一氧化碳(CO):一氧化碳多数是由于工业炉、内燃机等设备不完全燃烧造成的,也有少量来自煤气设备的渗漏。它无色无味,对人体有强烈的窒息性。当一氧化碳经肺部进入血液时,就会与血红素混合,使人发生缺氧现象,发生中毒。

二硫化碳(CS_2):二硫化碳是损害神经和血管的毒物,轻度中毒有头晕、头痛、眼及鼻黏膜刺激症状,重度中毒可因呼吸中枢麻痹而死亡。

二氧化硫(SO_2):二氧化硫是一种无色强刺激性气体,在空气中可氧化为三氧化硫,形成酸雾,其毒性是二氧化硫的 10 倍。它主要来源于含硫矿物燃料(煤和石油)的燃烧,在金属矿物的焙烧、毛和丝的漂白、化学纸浆等生产过程中也有二氧化硫的废气排出。二氧化硫对呼吸道和眼睛均有很强的刺激作用。

苯(C_6H_6):苯是一种具有芳香味、易燃的麻醉气体,常温下极易挥发。它主要来源于焦炉煤气和以苯为原料和溶剂的生产过程。苯可以影响人的中枢神经系统和血液及造血器官,能引起头晕、头痛等症状,严重时能引起痉挛、丧失知觉甚至死亡。

汞(Hg):汞是一种液态金属,具有毒性,在常温下易挥发。汞的急性中毒症状主要表现在消化器官和肾脏上,慢性中毒则是破坏神经系统,使记忆力减退,头痛等,并伴随营养不良、贫血、体重减轻等症状。

铅(Pb):在有色金属冶炼、红丹、蓄电池、橡胶等生产过程中有铅蒸气及铅尘产生,铅在进入人体后会造成人体血液中色素下降,头晕、眼花、食欲不振现象,严重时会出现中毒性脑病。

氮氧化物(NO_x):氮氧化物主要来源于燃料的燃烧及化工、电镀等生产过程。它对呼吸器官有强烈的刺激,能引起哮喘、肺气肿和肺瘤等病症。

5.2.2.2 对环境的危害

有害气体和蒸汽排入大气,会使大气产生一系列不正常的气候变化,如温室效应和酸雨现象,对人类生活和工农业生产产生很多不利的影响。

5.2.2.3 对生产的危害

有害蒸汽和气体对工农业生产也有很大危害。例如,二氧化硫、三氧化硫、氟化氢和氯化氢等气体遇到水蒸气时,会对金属材料、油漆涂层产生腐蚀作用,缩短其使用寿命。

有害气体可危害农作物,对农作物危害较普遍的有害气体有:二氧化硫、氟化氢、二氧化氮和臭氧等。有害气体对农作物的危害主要表现为以下三种情况:

(1)在高浓度有害气体影响下,产生急性危害,使植物叶表面产生伤斑或者直接使植物叶片枯萎脱落;

(2)在低浓度有害气体长期影响下,产生慢性危害,使植物叶片退绿;

(3)在低浓度有害气体影响下产生所谓看不见的危害,即植物外表不出现症状,但生理机能受影响,造成产量下降,品质变坏。

5.2.3 余热和余湿的危害

5.2.3.1 对人的危害

人体对冷热的感知与周围环境空气的温度、湿度、空气流速以及周围物体的表面温度有关,在正常条件下,人是依靠自身的调节使人体的温度稳定,也就是说人体的得热量和失热量相等。当人体的散热因受外界温度、湿度、空气流速和周围物体温度影响而不能正常散发时,人体就会感到不适,甚至导致死亡。

人体散热是通过以下几种方式来完成的:

(1)对流散热:人体的对流散热取决于空气的温度和湿度。空气温度与体温温差越大,对流散热就越强。若空气温度低于体温,人体处于散热状态;若空气温度高于体温,人体将处于吸热状态。空气流动的快慢与换热速率成正比。若空气温度等于人的体温,则二者之间不存在换热。

(2)辐射散热:人体的辐射散热与空气的温度和流速无关,只与周围物体的表面温度有关。当周围物体表面温度低于体温时,人体向外辐射散热,反之则为吸收辐射热。

(3)汗的蒸发:汗的蒸发是一个综合作用过程,是空气温度、相对湿度、流动速度及周围表面温度等因素相互作用的结果。

由此可见,对人体最适宜的空气环境,除了要求一定的清洁度外,还要求空气具有一定的温度、相对湿度和流动速度,人体的舒适感是三者综合影响的结果。因此,在生产车间内必须防止和排除生产中大量散发的热和水蒸气,并使室内空气具有适当的流动速度。

5.2.3.2 对生产的危害

某些生产过程对温湿度的要求非常严格,如果车间内的余热和余湿不加以控制,将会直接造成这些生产无法正常进行或者无法制造出合格的产品。比如以高精度恒温恒湿要求为特征的精密仪器、精密机械制造业,为避免元器件由于温度变化产生涨缩影响加工和测量精度、湿度过大引起表面锈蚀,一般都规定了严格的温度和湿度;再比如纺织、印刷、造纸、烟草等工业对相对湿度的要求较高,若相对湿度过小可能使纺纱过程中产生静电,纱变脆变粗,造成飞花和断头,而空气过于潮湿又会使纱黏结,从而影响生产质量和生产效率。

5.2.4 有害物浓度、卫生标准和排放标准

5.2.4.1 有害物浓度

有害物浓度就是单位体积空气中含有害物量的多少。

1. 粉尘浓度

粉尘浓度有两种表示方法：一种是质量浓度，即每立方米空气中含有粉尘的质量，单位为 mg/m³ 或 g/m³；另一种是颗粒浓度，即每立方米空气中所含一定粒径范围粉尘的颗粒数，单位为个/m³。在工业通风技术中一般采用质量浓度，颗粒浓度主要用于洁净车间。

2. 有害气体或蒸汽的浓度

有害气体或蒸汽的浓度有两种表示方法：一种是质量浓度，另一种是体积浓度。质量浓度即每立方米空气中所含有害蒸汽或气体的毫克数，以 Y 表示，单位是 mg/m³。体积浓度即每立方米空气中所含有害蒸汽或气体的毫升数，以 C 表示，单位是 mL/m³，也用百万分率符号 ppm 表示，即 1 mL/m³ = 1 ppm，1 ppm 表示空气中某种有害蒸汽或气体的体积浓度为百万分之一，若二氧化硫的浓度为 10 ppm，就相当于每立方米空气中含有二氧化硫 10 mL。有害气体或蒸汽的质量浓度主要用于制定卫生标准和排放标准，用于检验通风空调系统的设计是否达到标准；有害气体或蒸汽的体积浓度主要是对通风空调系统的有害物浓度进行测试、实验时使用。因此，有害气体或蒸汽的体积浓度和质量浓度需要进行换算，以确定空气环境是否达到标准。

在标准状态下，质量浓度和体积浓度可按下式进行换算：

$$Y = \frac{M \times 10^3}{22.4 \times 10^3}C = \frac{M}{22.4}C \tag{5.1}$$

式中 M——有害气体或蒸汽的相对分子质量。

【例 5.1】在标准状态下，10 ppm 的二氧化硫相当于多少 mg/m³？

解 二氧化硫的摩尔质量 $M = 64$ g/mol，所以

$$Y = \left(\frac{64}{22.4} \times 10\right) \text{mg/m}^3 = 28.5 \text{ mg/m}^3$$

5.2.4.2 卫生标准

为了使工业企业的设计符合卫生要求，保护工人、居民的生产、生活的安全和健康，我国于 1962 年颁布了《工业企业设计卫生标准》，随着技术的不断进步和经济的发展，不断对该标准进行修订，颁发《工业企业设计卫生标准》(TJ 36—79) 作为全国通用设计卫生标准，现在执行的是 GBZ1—2010 版的《工业企业设计卫生标准》。

我国安全卫生标准采用最高允许浓度法，即规定作业环境空气中的有毒物浓度不得超过最高允许浓度。卫生标准对车间空气中有害物质的最高允许浓度、空气的温度、相对湿度和流速等等都作了规定，它是工业通风设计和检查其效果是否满足要求的重要依据。卫生标准中规定的车间空气中有害物质的最高允许浓度，是从工人在此浓度下长期进行生产劳动而不会引起急性或慢性职业病为基础制订的。居住区大气中有害物质的一次最高容许浓度，一般是根据不引起黏膜刺激和恶臭而制订的；日平均最高容许浓度，主要是根据防止有害物质的慢性中毒而制订的。制订最高允许浓度还考虑了国家的经济和技术水平。

《工业企业设计卫生标准》规定车间空气中粉尘、有害气体和蒸汽等共 120 种有毒物质的最高允许浓度。有害物的危害或毒性越大，其要求的最高允许浓度越低。有关的具体规定详见附录 9 和附录 10。

5.2.4.3 排放标准

1973年,我国颁发了《工业"三废"排放试行标准》(GBJ 4—73),规定从1974年起试行。这是为了保护环境,防止工业废水、废气、废渣(简称"三废")对大气、水源和土壤的污染,保障人民身体健康,促进工农业生产的健康发展而制定的。排放标准是在卫生标准的基础上制定的,对十三类有害物质的排放量或排放浓度作了规定。工业通风排入大气的有害物的量(或浓度)应该符合排放标准的规定。

随着我国环境保护事业的不断发展,相应制定或修订新的标准,以满足发展的需要。1982年,制定了《大气环境质量标准》(GB 3095—82)。1996年,制定了《大气污染物综合排放标准》(GB 16297—1996),从1997年1月1日起执行,它规定了33种大气污染物的排放限值和执行中的各种要求,详见附录11。不同行业还根据自身的行业特点,制定了相应的标准,如《水泥工业污染物排放标准》(GB 4915—85)、《钢铁工业污染物排放标准》(GB 4911—4913—85)等。在《水泥工业污染物排放标准》中规定,含游离SiO_2小于10%的粉尘,其允许的排放质量浓度为100 g/m^3;含游离SiO_2大于10%的粉尘,其允许的排放质量浓度为50 mg/m^3。上述要求比《工业"三废"试行排放标准》中的规定更为严格。因此,对已制定行业标准的生产部门,应以行业标准为准。

必须指出,在工业企业密集的地区,有时虽然对具体单位来说都达到了排放标准,但该地区的大气污染程度会比工业企业分散的地区严重,甚至可能超过大气质量标准中的规定。因此,目前有些城市已提出采取大气排放总量控制,即根据城市的大气容量对不同的地区和不同的生产单位分配其最大的排放量。这样,不同的地区会有不同的排放要求,在工业密集的地区应降低其排放浓度。

5.2.5 防治工业有害物的综合措施

多年的防治工业有害物实践证明,在大多数情况下,单独依靠一种方法来控制有害物的危害,既不经济也很难能达到预期的效果,必须采取综合措施。

1. 改进工艺设备和生产操作方法,从根本上防止和减少有害物的产生

生产工艺的改革可以有效地防止和减少有害物的产生,如采用无毒原料代替有毒原料,可以从根本上杜绝有害物的产生;采用湿式作业代替干式作业,可以减少粉尘的产生;采用气力输送系统输送粉尘物料,能避免运输过程中粉尘的飞扬;在电镀生产中采用氟碳表面活性剂,可以有效抑制电镀液的蒸发。

改革工艺时,应尽量在生产过程中实现自动化、机械化、密闭化,避免有害物与人体直接接触。

2. 采用通风措施控制有害物

改进工艺设备和生产操作方法,如果仍然不能防止有害物的产生或扩散,就必须采用通风的方式来解决。在产生有害物的车间内,应采用全面通风或局部通风对室内空气进行置换,使车间有害物浓度满足卫生要求。进行局部排风时,尽量将产生有害物的设备密闭,以最小的风量,达到最佳的通风效果。

3. 建立严格的检查管理制度

为了确保通风系统的安全运行,保证车间内有害物浓度达到国家规定的卫生标准,一定要建立严格的检查管理制度。对于工作人员,要根据情况发放劳动保护用品,定期进行身体检查,对于由于身体原因已经不能从事该岗位工作的人员,必须调离,妥善安排;经常对通风设备

和有害物浓度进行维修和测试,确保通风系统的安全运行,保证车间内有害物浓度达到国家规定的卫生标准,根据国家规定,严重危害工人身体健康,长期达不到卫生标准要求的岗位或车间,有关部门可勒令其停止生产。

4. 个人防护

由于技术和工艺上的原因,某些作业地点达不到卫生标准的控制要求时,应对操作人员采取个人防护措施,如配备防尘、防毒口罩或面具,穿戴按不同工种配备的工作服等。

任务六 局部排风罩的设计

【任务描述】

介绍局部排风罩的种类、使用范围及工作原理;局部排风系统的组成;各种局部排风罩的特点、设计计算方法。

【目标要求】

掌握局部排风罩的种类、使用范围及工作原理;掌握局部排风系统的组成;掌握各种局部排风罩的特点、设计计算方法。

在生产车间设置局部排风罩的目的是要通过排风罩将有害物质在生产地点就地排除,来防止有害物质向室内扩散和传播。设计完善的局部排风罩能在不影响生产工艺和生产操作的前提下,即能够有效地防止有害物对人体的危害,使工作区有害物浓度不超过国家卫生标准的规定,又能大大减少通风量。

1.局部排气罩的分类

局部排风罩得的形式很多,按其作用原理可分为以下几种基本类型:

(1)密闭罩

如图6.1所示,它把有害物源全部密闭在罩内,在罩上设有工作孔①,以观察罩内工作情况,并从罩外吸入空气,罩内污染空气由风机②排出。

(2)柜式排风罩(通风柜)

如图6.2所示,它的结构形式与密闭罩相似,只是罩一侧可全部敞开或设操作孔。操作人员可以将手伸入罩内,或人直接进入罩内工作。

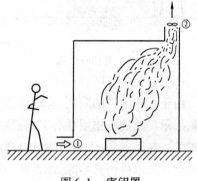

图6.1 密闭罩

图6.2 柜式排风罩

(3) 外部吸气罩

如图6.3所示，由于工艺条件限制，生产设备不能密闭时，可把排风罩设在有害物源附近，依靠风机在罩口造成的抽吸作用，在有害物散发地点造成一定的气流运动，把有害物吸入罩内，这类排风罩统称为外部吸气罩。

(4) 接受式排风罩

有些生产过程中或设备本身会产生或诱导一定的气流运动，带动有害物一起运动，如高温热源上部的对流气流、砂轮磨削时抛出的磨屑及大颗粒粉尘所诱导的气流等。对这种情况，应尽可能把排风罩设在污染气流前方，让它直接进入罩内。这类排风罩称为接受罩，如图6.4所示。

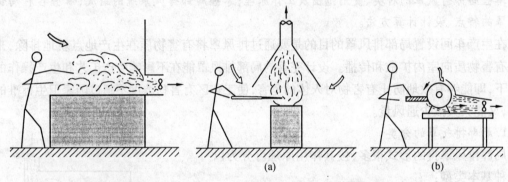

图6.3　外部吸气罩　　　　　图6.4　接受罩

(5) 吹吸式排风罩

由于生产条件的限制，有时外部吸气罩距有害物源较远，单纯依靠罩口的抽吸作用在有害物源附近造成一定的空气流动是困难的。在工程中，人们设想可以利用射流作为动力，把有害物输送到排风罩再由其排除，或者利用射流阻挡，控制有害物的扩散。这种把吹和吸结合起来的通风方法称为吹吸式通风，图6.5是吹吸式排风罩。

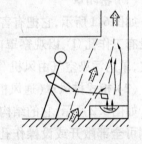

图6.5　吹吸式排风罩

2. 局部排气罩的工作原理

(1) 密闭罩

它把有害物源全部密闭在罩内，在罩上设有工作孔，从罩外吸入空气，罩内污染空气经风机排入上部排风口排出。它只需较小的排风量就能在罩内造成一定的负压，能有效控制有害物的扩散，并且排风罩气流不受周围气流的影响。它的缺点是工人不能直接进入罩内检修设备，有时看不到罩内的工作情况。

(2) 外部吸气罩

通过罩口的抽吸作用在距离吸气口最远的有害物散发点（即控制点）上造成适当的空气流动，从而把有害物吸入罩内。控制点的空气运动速度为控制风速（也称吸入速度）。罩口要控制扩散的有害物，需要造成必须的控制风速 v_x，为此要研究罩口风量 L、罩口至控制点的距离 x 与控制风速 v_x 之间的变化规律。

当污染气流的运动方向与罩口的吸气方向不一致时，需要较大的排风量。

(3) 接受式排风罩

利用生产过程或设备本身会产生或诱导一定的气流运动,而且这种气流运动的方向是固定的,只需把排风罩设在污染气流前方,让其直接进入罩内排出即可,接受罩只起接受作用,污染气流的运动是生产过程本身造成的,而不是由于罩口的抽吸作用造成的。接受罩的排风量取决于所接受的污染空气量的大小,它的断面尺寸不应小于罩口处污染气流的尺寸。

(4) 吹吸式排风罩

吹吸式排风罩利用射流能量密度高、速度衰减慢的特点,用吹出气流把有害物吹向设在另一侧的吸风口。由于吹吸式通风依靠吹、吸气流的联合工作进行有害物的控制和输送,它具有风量小、污染控制效果好、抗干扰能力强、不影响工艺操作等特点。在某些情况下,还可以利用吹出气流在有害物源周围形成一道气幕,像密闭罩一样使有害物的扩散控制在较小的范围内,保证局部排风系统获得良好的效果。图 6.6 是精炼电炉上带有气幕的局部排风罩,它利用气幕抑制热烟气的上升,保证热烟气全部吸入罩内。

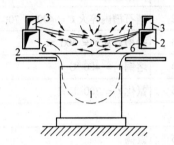

图 6.6 精炼电炉上带气幕的排风罩
1—电炉;2—环形排风风管;3—环形送风口;4—形成气幕的定向气流;5—由室内吸入的空气;6—精炼时的排气气流

单元一 柜式排风罩

柜式排风罩俗称通风柜,与密闭罩相似。小零件喷漆柜,化学实验室通风柜是柜式排风罩的典型结构。通风柜一侧面完全敞开(工作窗口),柜的工作口对通风柜内的气流分布影响很大,气流分布又直接影响柜式排风罩的工作效果。如工作口的气流速度分布是不均匀的,有害气体会从速度小的地点逸入室内,为此,设计时应保证通风柜工作口气流速度分布均匀。

通风柜的排风量按下计算:

$$L = L_1 + vF\beta \tag{6.1}$$

式中 L_1——柜内的有害气体发生量,m^3/s;

v——工作孔上的控制风速,m/s;

F——操作口或缝隙的面积,m^2;

β——安全系数,$\beta = 1.1 \sim 1.2$。

对化学实验室用的通风柜,工作孔上的控制风速可按表 6.1 确定。对某些特定的工艺过程,其控制风速可参照表 6.2 确定。

表 6.1 通风柜的控制风速

污染物性质	控制风速/($m \cdot s^{-1}$)
无毒污染物	0.25 ~ 0.375
有毒或有危险的污染物	0.4 ~ 0.5
剧毒或少量放射性污染物	0.5 ~ 0.6

表6.2 排风柜的控制风速

序号	生产工艺	有害物的名称	速度/($m \cdot s^{-1}$)
一、金属热处理			
1	油槽淬火、回火	油蒸气、油分解产物(植物油为丙烯醛)热	0.3
2	硝石槽内淬火 $t = 400 \sim 700$ ℃	硝石、悬浮尘、热	0.3
3	盐槽淬火 $t = 400$ ℃	盐、悬浮尘、热	0.5
4	熔铜 $t = 400$ ℃	铅	1.5
5	氰化 $t = 700$ ℃	氢化合物	1.5
二、金属电镀			
6	镀镉	氢氰酸蒸气	1~1.5
7	氰铜化合物	氢氰酸蒸气	1~1.5
8	脱脂: (1) 汽油; (2) 氯化氢; (3) 电解	汽油、氯表碳氢化合物蒸汽	0.3~0.5 0.5~0.7 0.3~0.5
9	镀铅	铅	1.5
10	酸洗: (1) 硝酸; (2) 盐酸	酸蒸气和硝酸蒸气(氯化氢)	0.7~1.0 0.5~0.7
11	镀铬	铬酸雾气和蒸气	1.0~1.5
12	氰化镀锌	氢氰酸蒸气	1.0~1.5
三、涂刷和溶解油漆			
13	苯、二甲苯、甲苯	溶解蒸气	0.5~0.7
14	煤油、白节油、松节油	溶解蒸气	0.5
15	无甲酸戊酯、乙酸戊酯的漆		0.5
16	无甲酸戊酯、乙酸戊酯和甲烷的漆		0.7~1.0
17	喷漆	漆悬浮物和溶解蒸气	1.0~1.5
四、使用粉散材料的生产过程			
18	装料	粉尘允许质量浓度: 10 mg/m³ 以下 4 mg/m³ 以下 小于1 mg/m³ 以下	0.7 0.7~1.0 1.0~1.5
19	手工筛分和混合筛分	粉尘允许质量浓度: 10 mg/m³ 以下 4 mg/m³ 以下 小于1 mg/m³ 以下	1.0 1.25 1.5

续表 6.2

序号	生产工艺	有害物的名称	速度/(m·s^{-1})
20	称量和分装	粉尘允许质量浓度： 10 mg/m³ 以下 小于 1 mg/m³ 以下	0.7 0.7 ~ 1.0
21	小件喷砂清理	硅酸盐	1 ~ 1.5
22	小零件金属喷镀	各种金属粉尘及其氧化物	1 ~ 1.5
23	水溶液蒸发	水蒸气	0.3
24	柜内化学实验工作	各种蒸气气体允许质量浓度 > 0.01 mg/L < 0.01 mg/L	0.5 0.7 ~ 1.0
25	焊接： (1) 用铅或焊锡； (2) 用锡和其他不含铅的金属合金	允许质量浓度： 低于 0.01 mg/L 低于 0.01 mg/L	0.5 ~ 0.7 0.3 ~ 0.5
26	用汞的工作： (1) 不必加热的； (2) 加热的	汞蒸气 汞蒸气	0.7 ~ 1.0 1.0 ~ 1.25
27	有特殊有害物的工序（如放射性物质）	各种蒸气、气体和粉尘	2 ~ 3
28	小型制品的电焊： (1) 优质焊条； (2) 裸焊条	金属氧化物 金属氧化物	0.5 ~ 0.7 0.5

单元二　密 闭 罩

将产尘区域或产尘的整个设备完全密闭起来，以隔断在生产过程中一次尘化气流和室内二次气流的联系，是控制有害物扩散的最有效办法。它的形式较多，可分为三类：

1. 局部密闭罩

将有害物源部分密闭，工艺设备及传动装置设在罩外。这种密闭罩罩内容积较小，所需气量较小，如图 6.7 所示。

2. 整体密闭罩

将产生有害物的设备大部分或全部密闭起来，只把设备的传动部分设置在罩外，如图 6.8 所示。

3. 大容积密闭罩

将有害物源及传动机构全部密闭起来，形成一独立小室，如图 6.9 所示。

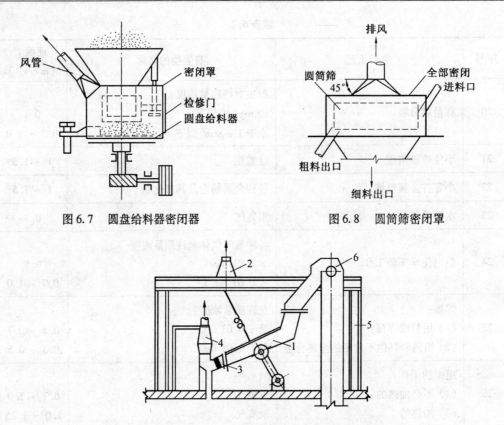

图6.7 圆盘给料器密闭器　　　　图6.8 圆筒筛密闭罩

图6.9 振动筛的密闭小室
1—振动筛；2—小室排风口；3—泄料口；4—排风口；5—密闭小室；6—提升机

4. 密闭罩的排风量

在密闭罩内设备及物料的运动（如碾压、摩擦等）使空气温度升高，压力增加，于是罩内形成正压。因为密闭罩结构并不严密（有孔或缝隙），粉尘随着一次尘化过程，沿孔隙冒出。为此在罩内还必须排风，使罩内形成负压，这样可以有效地控制有害物质外溢。罩内所需负压值可参见表6.3。

表6.3 各种设备密闭罩内所必须保持的最小负压值

设　备	最小负压值/Pa	设　备	最小负压值/Pa
干碾机和混碾机	1.5~2.0	筛子：条筛	1.0~2.0
破碎机：颚式	1.0	多角转筛	1.0
圆锥式	0.8~1.0	振动筛	1.0~1.5
棍式	0.8~1.0	盘式加料机	0.8~1.0
锤式	20~30	摆式加料机	1.0
磨机：笼磨机	60~70	贮料槽	10~15
球磨机	2.0	皮带机转运点	2.0
筒磨机	1.0~2.6	提升机	2.0
双轴搅拌机	1.0	螺旋运输机	1.0

为了避免把物料过多地顺排风系统排出,密闭罩形式、罩内排风口的位置、排风速度等要选择得当、合理。防尘密闭罩的形式应根据生产设备的工作特点及含尘气流运动规律确定。排风点应设在罩内压力最高的部位,以利于消除正压。排风口不能设在含尘气流浓度高的部位或飞溅区内。罩口风速不宜过高,通常采用下列数值:

筛落的极细粉尘　　$v = 0.4 \sim 0.6$ m/s
粉碎或磨碎的细粉　　$v < 2$ m/s
粗颗粒物料　　$v < 3$ m/s

多数情况下防尘密闭罩的排风量由两部分组成,即运动物料进入罩内的诱导空气量(如物料输送)或工艺设备供给的空气量(如设有鼓风装置的混砂机)和为消除罩内正压由孔口或不严密缝隙处吸入的空气量。

$$L = L_1 + L_2 \tag{6.2}$$

式中　L——防尘密闭罩排风量,m^3/s;
　　　L_1——物料或工艺设备带入罩内的空气量,m^3/s;
　　　L_2——由孔口或不严密缝隙处吸入的空气量,m^3/s。

$$L_2 = \mu F \sqrt{2\Delta P/\rho} \tag{6.3}$$

式中　F——敞开的孔口及缝隙总面积,m^2;
　　　μ——孔口及缝隙的流量系数;
　　　ΔP——罩内最小负压值,Pa,见表6.3;
　　　ρ——敞开孔口及缝隙处进入空气的密度,kg/m^3。

单元三　　外部吸气罩

6.3.1　排气罩口气体流动规律

外部吸气罩是通过罩口的抽吸作用在距离吸气口最远的有害物散发点(即控制点)上造成适当的空气流动,从而把有害物吸入罩内。控制点的空气运动速度为控制风速(也称吸入速度)。罩口要控制扩散的有害物,需要造成必须的控制风速 v_x,为此要研究罩口风量 L、罩口至控制点的距离 x 与控制风速 v_x 之间的变化规律。

1. 点汇吸气口

根据流体力学,位于自由空间的点汇吸气口(图6.10)的排风量为

$$L = 4\pi r_1^2 v_1 = 4\pi r_2^2 v_2 \tag{6.4}$$

$$v_1/v_2 = (r_2/r_1)^2 \tag{6.5}$$

式中　v_1, v_2——点1和点2的空气流速,m/s;
　　　r_1, r_2——点1和点2至吸气口的距离,m。

吸气口在平壁上,吸气气流受到限制,吸气范围仅半个球面,它的排风量为

$$L = 2\pi r_1^2 v_1 = 2\pi r_2^2 v_2 \tag{6.6}$$

由公式(6.5)可以看出,吸气口处某一点的空气流速与该点至吸气口距离的平方成反比,而且它是随吸气口吸气范围的减小而增大的,因此设计时罩口应尽量靠近有害物源,并设法减小其吸气范围。

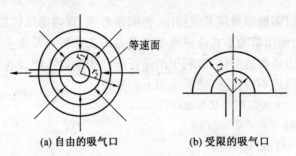

图 6.10 点汇吸气口

2. 圆形或矩形吸气口

工程上应用的吸气口都有一定的几何形状、一定的尺寸,它们的吸气口外气流运动规律和点汇吸气口有所不同。目前还很难从理论上准确解释出各种吸气口的流速分布,一般借助实验测得各种吸气口的流速分布图,而后借助此图推出所需排风量的计算公式。图 6.11 和图 6.12 就是通过实验求得四周无法兰边和四周有法兰边的圆形吸气口的速度分布图。两图的实验结果可用式(6.7)和式(6.8)表示。

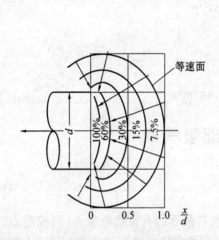
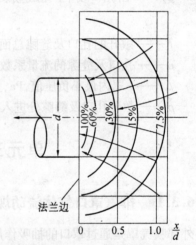

图 6.11 四周无边圆形吸气口的速度分布图　　图 6.12 四周有边圆形吸气口的速度分布图

对于无边的圆形或矩形(宽长比不小于 1∶3)吸气口有

$$\frac{v_0}{v_x} = \frac{10x^2 + F}{F} \tag{6.7}$$

对于有边的圆形或矩形(宽长比不小于 1∶3)吸气口有

$$\frac{v_0}{v_x} = 0.75\left(\frac{10x^2 + F}{F}\right) \tag{6.8}$$

式中　v_0——吸气口的平均流速,m/s;
　　　v_x——控制点的吸入速度,m/s;
　　　x——控制点至吸气口的距离,m;
　　　F——吸气口面积,m²。

式(6.7)和式(6.8)仅适用于 $x \leq 1.5d$ 的场合,当 $x > 1.5d$ 时,实际的速度衰减要比计算值大。

6.3.2 前面无障碍排风罩风量计算

1. 控制风速 v_x 的确定

控制风速 v_x 值与工艺过程和室内气流运动情况有关,一般通过实测求得。若缺乏现场实测的数据,设计时可参考表 6.4 和表 6.5 确定。

表 6.4 控制点的控制风速 v_x

污染物放散情况	最小控制风速/($m \cdot s^{-1}$)	举 例
以轻微的速度放散到相应平静的空气中	0.25 ~ 0.5	槽内液体的蒸发;气体或烟从敞口容器中外逸
以较低的初速度放散到尚属平静的空气中	0.5 ~ 1.0	喷漆室内喷漆;断续地倾倒有尘屑的干物料到容器中;焊接
以相当大的速度放散出来,或是放散到空气运动迅速的区域	1 ~ 2.5	在小喷漆室内用高力喷漆;快速装袋或装桶;往运输器上给料
以高速放散出来,或是放散到空气运动很迅速的区域	2.5 ~ 10	磨削;重破碎;滚筒清理

表 6.5 控制风速的范围

范围下限	范围上限
室内空气流动小或有利于捕集	室内有扰动气流
有害物毒性低	有害物毒性高
间歇生产产量低	连续生产产量高
大罩子大风量	小罩子局部控制

2. 排风量的确定

(1) 圆形或矩形的吸气口

四周无边

$$L = v_0 F = (10x^2 + F)v_x \tag{6.9}$$

四周有边

$$L = v_0 F = 0.75(10x^2 + F)v_x \tag{6.10}$$

(2) 工作台侧吸罩

四周无边

$$L = (5x^2 + F)v_x \tag{6.11}$$

四周有边

$$L = 0.75(5x^2 + F)v_x \tag{6.12}$$

式中 F——实际排风罩的罩口面积,m^2。

公式(6.11)和式(6.12)适用于 $x < 2.4\sqrt{F}$ 的场合。

(3) 宽长比(b/l) < 1/3 的条缝形吸气口,其排风量按下式计算:

自由悬挂无法兰边时:

$$L = 3.7xv_x l \tag{6.13}$$

自由悬挂有法兰边或无法兰边设在工作台上时:

$$L = 2.8xv_xl \tag{6.14}$$

有法兰边设在工作台上时：

$$L = 2xv_xl \tag{6.15}$$

式中 l——条缝口长度，m。

6.3.3 前面有障碍排风罩风量计算

排风罩如果设在工艺设备上方，由于设备的限制，气流只能从侧面流入罩内。上吸式排风罩的尺寸及安装位置按图6.13确定。为了避免横向气流的影响，要求 H 尽可能小于或等于 $0.3A$（罩口长边尺寸）。

前面有障碍的罩口尺寸可按下列确定：

$$A = A_1 + 0.8H \tag{6.16}$$
$$B = B_1 + 0.8H \tag{6.17}$$

式中 A,B——罩口长、短边尺寸，m；
A_1,B_1——污染源长、短边尺寸，m；
H——罩口距污染源的距离，m。

其排风量可按下式计算：

$$L = KPHv_x \tag{6.18}$$

式中 P——排风罩口敞开面的周长，m；
v_x——边缘控制点的控制风速，m/s；
K——安全系数，通常 $K = 1.4$。

以上确定外部吸气罩排风量的计算方法称为控制风速法，这种方法仅适用于冷过程。

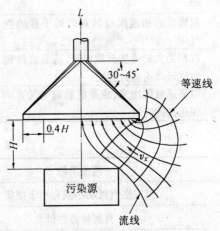

图6.13 冷过程的上吸气式排风罩

【例6.1】 有一浸漆槽槽面尺寸为 $0.5\ m \times 0.8\ m$。为排除有机溶剂蒸气，在其上方设排风罩，罩口至槽口面 $H = 0.4\ m$，罩的一个长边设有固定挡板，计算排风罩排风量。

解 根据表6.4、6.5取 $v_x = 0.25\ m/s$，则罩口尺寸为

长边　　　　　$A = (0.8 + 0.8 \times 0.4)m = 1.12\ m$
短边　　　　　$B = (0.5 + 0.8 \times 0.4)m = 0.82\ m$
罩口敞开面周长　$P = (1.12 + 0.82 \times 2)m = 2.76\ m$
根据公式(6.18)有

$$L = KPHv_x = (1.4 \times 2.76 \times 0.4 \times 0.25)m^3/s = 0.37\ m^3/s$$

单元四　槽边排风罩

槽边排风罩专门用于各种工艺槽，如电镀槽、酸洗槽等。它是为了不影响工人操作而在槽边上设置的条缝形吸气口。常用的槽边排风罩的形式有：平口式、条缝式。平口式槽边排风罩因吸气口上不设法兰边，吸气范围大。但是当槽靠墙布置时，如同设置了法兰边一样，吸气范围由 $\frac{3}{2}\pi$ 减少为 $\frac{\pi}{2}$，如图6.14所示，减少吸气范围排风量会相应减少。

槽边 $B \leq 500\ mm$ 需用单侧排风，$B > 500\ mm$ 时采用双侧，$B > 1\ 200\ mm$ 时宜采用吹吸式排风罩。条缝式槽边排风罩的布置除单侧和双侧外，还可按图6.15的形式布置，它们称为周边式槽边排风罩。

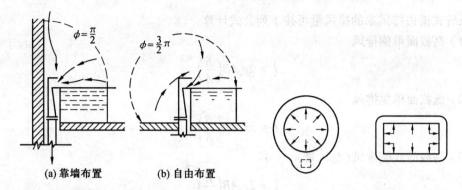

(a) 靠墙布置　　(b) 自由布置

图 6.14　槽的布置形式　　　　图 6.15　周边型槽边排风罩

条缝式槽边排风罩的特点是截面高度 E 较大，$E \geq 250$ mm 的称为高截面，$E < 250$ mm 的称为低截面。增大截面高度如同设置了法兰边一样，可以减少吸气范围。因此，它的排风量小，它的缺点是占用空间大，对于手工操作有一定影响。

条缝式槽边排风罩的条缝口有等高条缝（图 6.16(a)）和楔形条缝（图 6.16(b)）两种。

$$h = L/3\,600 v_0 l \tag{6.19}$$

式中　L——排风罩排风量，m^3/h；

　　　l——条缝口长度，m；

　　　v_0——条缝口的吸入速度，m/s，$v_0 = 7 \sim 10$ m/s，排风量大时可适当提高。

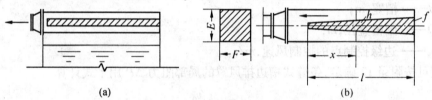

图 6.16　条缝口

采用等高条缝，条缝口上速度分布不易均匀，末端风速小，靠近风机的一端风速大。条缝口的速度分布与条缝口面积 f 与罩子断面面积 F_1 之比（f/F_1）有关，f/F_1 越小，速度分布越均匀。$f/F_1 > 0.3$ 时，为了均匀排风可以采用楔形条缝，楔形条缝的高度可按表 6.6 确定。如槽长大于 1 500 mm 时可沿槽长度方向分设两个或三个排风罩（图 6.17），对分开后的排风罩来说一般 $f/F_1 \leq 0.3$，这样仍可采用等高条缝，条缝高度不宜超过 50 mm。

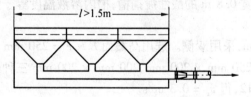

图 6.17　多风口布置

表 6.6　楔形条缝口高度的确定

f/F_1	≤ 0.5	≤ 1.0
条缝末端高度 h_1	$1.3\,h_0$	$1.4\,h_0$
条缝始端高度 h_2	$0.7\,h_0$	$0.6\,h_0$

条缝式槽边排风罩的排风量可按下列公式计算：
（1）高截面单侧排风
$$L = 2v_x AB\left(\frac{B}{A}\right)^{0.2} \tag{6.20}$$

（2）低截面单侧排风
$$L = 3v_x AB\left(\frac{B}{A}\right)^{0.2} \tag{6.21}$$

（3）高截面双侧排风（总风量）
$$L = 2v_x AB\left(\frac{B}{A}\right)^{0.2} \tag{6.22}$$

（4）低截面双侧排风（总风量）
$$L = 3v_x AB\left(\frac{B}{A}\right)^{0.2} \tag{6.23}$$

（5）高截面周边型排风
$$L = 1.57 v_x D^2 \tag{6.24}$$

（6）低截面周边型排风
$$L = 2.36 v_x D^2 \tag{6.25}$$

式中　A——槽长，m；
　　　B——槽宽，m；
　　　D——圆槽直径，m；
　　　v_x——边缘控制点的控制风速，m/s。

v_x 值可按附录 12 确定，条缝式槽边排风罩的局部阻力 ΔP 用下式计算

$$\Delta P = \xi \frac{v_0^2}{2}\rho \tag{6.26}$$

式中　ξ——局部阻力系数，$\xi = 2.34$；
　　　v_0——条缝口上空气流速，m/s；
　　　ρ——周边空气密度，kg/m³。

平口式槽边排风罩的排风量可根据相应的条缝式低截面槽边排风罩的排风量乘以修正系数 K，单侧吸气 K 为 1.15，双侧吸气 K 为 1.20。

【例 6.2】　长 1 m，宽 0.8 m 的酸性镀铜槽，槽内溶液温度等于室温。设计该槽上的槽边排风罩。

解　因 $B > 500$ mm，采用双侧。选用高截面 $E \times F = 250$ mm × 250 mm（国家标准设计共有 250 mm × 250 mm、250 mm × 200 mm、200 mm × 200 mm 三种断面尺寸）。

控制风速 v_x 查附录 12，得 $v_x = 0.3$ m/s。

总排风量：
$$L = 2v_x AB\left(\frac{B}{2A}\right)^{0.2} = \left[2 \times 0.3 \times 1 \times 0.8\left(\frac{0.8}{2 \times 1}\right)^{0.2}\right] \text{m}^3/\text{s} = 0.4 \text{ m}^3/\text{s}$$

每一侧排风量：
$$L' = \frac{1}{2}L = \frac{1}{2} \times 0.4 \text{ m}^3/\text{s} = 0.2 \text{ m}^3/\text{s}$$

取条缝口风速:
$$v_0 = 8 \text{ m/s}$$

1. 采用等高条缝

条缝口面积为
$$f_0 = L'/v = (0.2/8) \text{m}^2 = 0.025 \text{ m}^2$$

条缝口高度为
$$h_0 = f/A = 0.025 \text{ m} = 25 \text{ mm}$$
$$f/F_1 = 0.025/(0.25 \times 0.25) = 0.4 > 0.3$$

为保证条缝口速度分布均匀,在每一侧分设两个罩子,设两根排气立管。
$$f/F_1 = \frac{f/2}{F_1} = \frac{0.25/2}{0.25 \times 0.25} = 0.2 < 0.3$$

$$\Delta P = \xi \frac{v_0^2}{2} \rho = \left(2.34 \times \frac{8^2}{2} \times 1.2\right) \text{Pa} = 90 \text{ Pa}$$

2. 若采用楔形条缝,查表 6.6,得
$h_1 = 1.3 h_0 = 1.3 \times 25 \text{ mm} = 32.5 \text{ mm}$,可取 33 mm;
$h_2 = 0.7 h_0 = 0.7 \times 25 \text{ mm} = 17.5 \text{ mm}$,可取 18 mm。
$$\Delta P = 90 \text{ Pa}$$
每侧设一个罩子,共设一根排气立管。

单元五　热接受罩

6.5.1　热源上部的热射流

接受罩接受的气流可分为两类:粒状物料高速运动时所诱导的空气流动(如砂轮机等)、热源上部的热射流两类。前者影响因素较多,多由经验公式确定。后者可分为生产设备本身散发的热烟气(如炼钢炉散发的高温烟气)、高温设备表面对流散热时形成的热射流。通常生产设备本身散发的热烟气由实测确定,因而我们着重分析设备表面对流散热时形成的热射流。

热射流的形态如图 6.18 所示。热设备将热量通过对流散热传给相邻空气,周围空气受热上升,形成热射流。我们可以把它看成是从一个假想点源以一定角度扩散上升的气流,根据其变化规律,可以按以下方法确定热射流在不同高度的流量、断面直径等。

在 $H/B = 0.7 \sim 0.9$ 的范围内,在不同高度上热射流的流量为
$$L_Z = 0.04 Q^{1/3} Z^{3/2} \qquad (6.27)$$

式中　Q——热源的对流散热量,kJ/s。
$$Z = H + 1.26B \qquad (6.28)$$

式中　H——热源至计算断面的距离,m;
　　　B——热源水平投影的直径或长边尺寸,m。

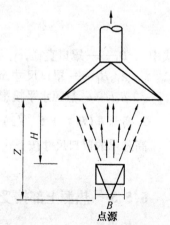

图 6.18　热源上部接受罩

对热射流观察发现,在离热源表面$(1\sim2)B$处射流发生收缩(通常在$1.5B$以下),在收缩断面上流速最大,随后上升气流逐渐缓慢扩大。近似认为热射流收缩断面至热源的距离$H_0 \leqslant 1.5\sqrt{A_P}$($A_P$为热源的水平投影面积),收缩断面上的流量按下式计算:

$$L_0 = 0.167 Q^{1/3} B^{3/2} \tag{6.29}$$

热源的对流散热量为

$$Q = \alpha F \Delta t \tag{6.30}$$

式中　F——热源的对流放热面积,m^2;
　　　Δt——热源表面与周围空气的温度差,℃;
　　　α——对流放热系数,$J/(m^2 \cdot s \cdot ℃)$。

$$\alpha = A \Delta t^{1/3} \tag{6.31}$$

式中　A——系数,对于水平散热面$A=1.7$,垂直散热面$A=1.13$。

在某一高度上热射流的断面直径为

$$D_z = 0.36H + B \tag{6.32}$$

6.5.2　罩口尺寸的确定

理论上只要接受罩的排风量、断面尺寸等于罩口断面上热射流的流量、尺寸,污染气流就会被全部排除。实际上由于横向气流的影响,热射流会发生偏移,可能溢向室内,且接受罩的安装高度越大,横向气流的影响越大,因此需适当加大罩口尺寸和排风量。

热源上部接受罩可根据安装高度的不同分成两大类:低悬罩($H \leqslant 1.5\sqrt{A_P}$)和高悬罩($H > 1.5\sqrt{A_P}$)。$A_P$为热源的水平投影面积,对于垂直面取热源顶部的射流断面积(热射流的起始角取5°)。

1. 低悬罩($H \leqslant 1.5\sqrt{A_P}$)

对横向气流影响小的场合,排风罩口尺寸应比热源尺寸扩大$150\sim200$ mm;若横向气流影响较大,按下式确定:

圆形:

$$D_1 = B + 0.5H \tag{6.33}$$

矩形:

$$A_1 = a + 0.5H \tag{6.34}$$

$$B_1 = b + 0.5H \tag{6.35}$$

式中　D_1——罩口直径,m;
　　　A_1, B_1——罩口尺寸,m;
　　　a, b——热源水平投影尺寸,m。

2. 高悬罩($H \geqslant 1.5\sqrt{A_P}$)

高悬罩的罩口尺寸按下式确定,均采用圆形,直径用D表示。

$$D = D_z + 0.8H \tag{6.36}$$

6.5.3　热源上部接受罩的排风量计算

1. 低悬罩

$$L = L_0 + v'F' \tag{6.37}$$

式中　L_0——收缩断面上的热射流流量,m^3/s;
　　　F'——罩口的扩大面积,即罩口面积减去热射流的断面积,m^2;
　　　v'——扩大面积上空气的吸入速度,$v' = 0.5 \sim 0.75$ m/s。

2. 高悬罩

$$L = L_z + v'F' \qquad (6.38)$$

式中　L_z——罩口断面上的热射流流量,m^3/s;
　　　v', F'——同式(6.37)。

高悬罩排风量大,且易受气流干扰,工作不稳定,应视工艺条件尽量降低其安装高度。如工艺条件允许,可在接受罩上装设活动卷帘。

【例6.3】　某金属熔化炉,炉内金属温度为600 ℃,周围空气温度为20 ℃,散热面为水平面,直径 $B = 0.8$ m,在热设备上方 0.5 m 处设接受罩,计算其排风量,确定罩口尺寸。

解
$$1.5\sqrt{A_P} = 1.5\sqrt{\frac{\pi}{4}(0.8)^2} \text{ m} = 1.06 \text{ m}$$

由于 $H < 1.5\sqrt{A_P}$,该罩为低悬罩,即

$$Q = \alpha F \Delta t = 1.7 \Delta t^{4/3} F = \left[1.7(600-20)^{4/3} \times \frac{\pi}{4}(0.8)^2\right] \text{J/s} = 4\,131 \text{ J/s} = 4.13 \text{ kJ/s}$$

$$L_0 = 0.167 Q^{1/3} B^{2/3} = [0.167 \times (4.13)^{1/3} \times (0.8)^{3/2}] \text{ m}^3/\text{s} = 0.192 \text{ m}^3/\text{s}$$

罩口断面直径为
$$D = B + 200 = (800 + 200) \text{ mm} = 1\,000 \text{ mm}$$

取
$$v' = 0.5 \text{ m/s}$$

排风量为
$$L = L_0 + v'F' = 0.192 \text{ m}^3/\text{s} + \left\{\frac{\pi}{4}[(1.06)^2 - (0.8)^2] \times 0.5\right\} \text{m}^3/\text{s} = 0.57 \text{ m}^3/\text{s}$$

单元六　吹吸式排风罩

吹吸气流的运动情况较为复杂,缺乏统一的计算方法,下面介绍一种代表性的计算方法——速度控制法。

只要吸风口前射流末端的平均速度保持一定数值(通常要求不小于 $0.75 \sim 1$ m/s),就能保证对有害物的有效控制。这种方法只考虑吹出气流的控制和输送作用,不考虑吸风口的作用,把它看作是一种安全因素。

对工业槽,其设计要点如下:

(1) 对于有一定温度的工业槽,吸风口前必须的射流平均速度 v_1' 按下列经验数值确定:

槽温:　　$t = 70 \sim 95$ ℃　　$v_1' = H$(H 为吹、吸风口间距离,m) m/s
　　　　　$t = 60$ ℃　　　　　$v_1' = 0.85H$ m/s
　　　　　$t = 40$ ℃　　　　　$v_1' = 0.75H$ m/s
　　　　　$t = 20$ ℃　　　　　$v_1' = 0.5H$ m/s

(2) 为了避免吹出气流溢出吸风口外,吸风口的排风量应大于吸风口前射流的流量,一般为射流末端流量的($1.1 \sim 1.25$)倍。

(3) 吹风口高度 b_0 一般为($0.01 \sim 0.15$)H,为了防止吹风口发生阻塞,b_0 应大于 5 ~

7 mm。吹风口出口流速不宜超过 10～12 m/s,以免液面波动。

(4) 要求吸风口上的气流速度 $v_1 \leqslant (2\sim3)v_1'$,$v_1$ 过大,吸风口高度 b_1 过小,污染气流容易溢入室内。但是 b_1 也不能过大,以免影响操作。

【例 6.4】 某工业槽宽 $H = 2.0$ m,长 $l = 2$ m,槽内溶液温度 $t = 60$ ℃,采用吹吸式排风罩。试计算吹、吸风量及吹、吸风口高度。

解 (1) 吹风口前射流末端平均风速

$$v_1' = 0.85H = 0.85 \times 2 \text{ m/s} = 1.7 \text{ m/s}$$

(2) 吹风口高度

$$b_0 = 0.015H = 0.015 \times 2 \text{ m} = 0.03 \text{ m} = 30 \text{ mm}$$

(3) 根据流体力学平面射流的公式计算吹风口出口流速 v_0

因 $v_1' = 1.7$ m/s 是指射流末段有效部分的平均风速,可以近似认为射流末段的轴心风速为

$$v_m = 2v_1' = 2 \times 1.7 \text{ m/s} = 3.4 \text{ m/s}$$

$$\frac{v_m}{v_0} = \frac{1.2}{\sqrt{\frac{aH}{b_0} + 0.41}}$$

$$v_0 = v_m \times \frac{\sqrt{\frac{aH}{b_0} + 0.41}}{1.2} = 3.4 \times \frac{\sqrt{\frac{0.2 \times 2}{0.03} + 0.41}}{1.2} \text{ m/s} = 10.5 \text{ m/s}$$

(4) 吹风口的吹风前射流流量

$$L_0 = b_0 l v_0 = (0.03 \times 2 \times 10.5) \text{ m}^3/\text{s} = 0.63 \text{ m}^3/\text{s}$$

(5) 计算吸风口前射流流量 L_1'

根据流体力学

$$\frac{L_1'}{L_0} = 1.2\sqrt{\frac{aH}{b_0} + 0.41}$$

$$L_1' = \left(0.63 \times 1.2\sqrt{\frac{0.2 \times 2}{0.03} + 0.41}\right) \text{ m}^3/\text{s} = 2.8 \text{ m}^3/\text{s}$$

(6) 吸风口的排风量

$$L_1 = 1.1 L_1' = (1.1 \times 2.8) \text{ m}^3/\text{s} = 3.08 \text{ m}^3/\text{s}$$

(7) 吸风口气流速度

$$v_1 = 3v_1' = (3 \times 1.7) \text{ m/s} = 5.1 \text{ m/s}$$

(8) 吸风口高度

$$b_1 = \frac{L_1}{l v_1} = \frac{3.08}{2 \times 5.1} \text{ m} = 0.302 \text{ m}$$

取 $b_1 = 300$ mm。

任务七 车间局部排风系统的设计与安装

【任务描述】
介绍局部排风系统的组成、设计及其安装方法。
【目标要求】
掌握局部排风系统的组成、设计及安装方法。

单元一 局部排风系统构成与设计

7.1.1 局部排风系统的构成

在局部工作地点安装的排除污浊气体的系统称局部排风系统。如图7.1所示,它是由以下几部分组成。

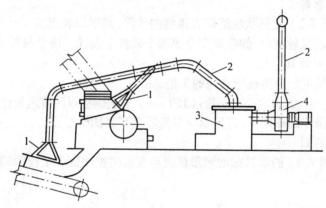

图7.1 局部排风系统图
1—局部排风罩;2—风管;3—净化设备;4—风机

1. 局部排风罩

局部排风罩是用来捕捉有害物质的。它的性能对局部排风系统的技术经济指标有直接影响。性能良好的局部排风罩,如密闭罩,只需要较小的风量就可以获得良好的工作效果。

2. 风管

通风系统中输送气体的管道称为风管,它把系统中的各种设备和部件连成了一个整体。为了提高系统的经济性,应合理选定风管中的气体流速,管路应力求短、直。风管通常用表面光滑的材料制作,如:薄钢板、玻璃钢管,有时也用混凝土、砖等材料。

3. 净化设备

为防止大气污染,当排出空气中有害物的量超过排放标准时,必须用净化设备处理,达到排放标准后,排入大气。净化设备分除尘器和有害物净化装置两类。

4. 风机

风机向机械排风系统提供空气流动的动力。为防止风机的磨损和腐蚀,通常把它放在净化设备的后面。

7.1.2 局部排风系统的设计原则

1. 系统设计原则

(1) 对于有害气体、蒸汽或粉尘的放散源均应设置局部排风装置。

(2) 根据工艺及有害气体散发状况,采用不同的排风罩;除受工艺条件限制外,均应优先考虑密闭罩。

(3) 局部排风系统的划分应考虑生产流程,同时考虑使用情况及有害气体性质等因素。对于混合后可能引起燃烧、爆炸、蒸汽凝结并积聚粉尘或形成毒性更强的有害物时,应分设排风系统。

(4) 局部排风系统排出的空气在排入大气之前应根据下列原则确定是否需要进行净化处理:
① 排出空气中所含有害物的毒性及浓度;
② 考虑周围的自然环境及排出口方位;
③ 直接排入大气的有害物在经过稀释扩散后,一般不宜超过附录9中的规定值。对于某些有害物质的排放标准应严格执行国标《大气污染物综合排放标准》(GB 16297)的规定。如当地规定值更高时,应按当地排放标准执行。

2. 侧吸罩设计原则

(1) 侧吸罩(图7.2)的形状应适应有害物的排除,其罩口长度应不小于有害物扩散区的长度。当有害物扩散区较宽时,侧吸罩应分成两个或多个设置。接管与罩子应同心,罩口面积与接管截面之比最大为 16:1。

(2) 侧吸罩的长度一般为接管直径的3倍。

(3) 侧吸罩口应有边,边宽一般不超过 150 mm。有边侧吸罩的排风量比无边的减少25%。

(4) 在不影响操作的原则下,排风罩应尽量靠近有害物散发点。

3. 伞形罩设计原则

(1) 伞形罩(图7.3)的罩口截面和形状应与有害物扩散区水平投影相似。

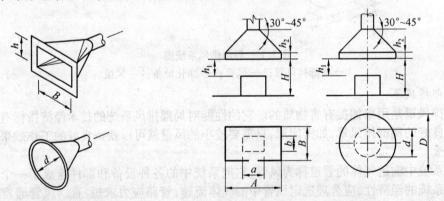

图 7.2 侧吸罩　　　　图 7.3 伞形罩

(2) 伞形罩的开口角度 α 宜等于或小于 $60°$,最大不大于 $90°$。必要时对边长较大的伞形罩可分段设置。

(3) 伞形罩应设裙边,裙边高度 $h_2 = 0.25\sqrt{F}$(F 为罩口面积)。排除潮湿气体时,应在裙边内设排水沟。排除热气体的伞形罩的罩口截面尺寸如下:

矩形伞形罩:
$$A = a + 0.4h_1$$
$$B = b + 0.4h_1$$

圆形伞形罩:
$$D = d + 0.4h_1$$

(4)在不影响操作的情况下,伞形罩应尽量靠近有害物散发点。一般 $H = 1.6 \sim 1.8$ m。

4. 槽边排风罩设计原则

(1)单侧及双侧排风的选择

B(槽宽) < 500 mm 宜采用单侧排风;

$B = 500 \sim 800$ mm 宜采用双侧排风;

$B = 900 \sim 1\,200$ mm 必须采用双侧排风;

$B > 1\,200$ mm 采用吹吸式排风,但在下列情况下不宜采用:

① 加工件频繁从槽中取出;

② 槽面上有障碍物(挂具、工件等)扰乱吹出气流;

③ 工人经常在槽两侧工作时。

圆形槽子,宜采用环形排风。

(2)为提高槽边排风效果,减少排风量,可采用以下措施:

① 槽子宜靠墙设置;

② 降低排风罩距液面的高度,但一般不得小于 150 mm;

③ 在工艺允许情况下,槽面可设置活动盖板,或在液面上加漂浮覆盖物(如塑料棒、球等)、抑制剂(如 OP 乳化剂、皂根)等。

5. 通风柜的形式及选择

(1)上部排风的通风柜(图 7.4)

适用于柜内产生的有害气体密度比空气小的情况。

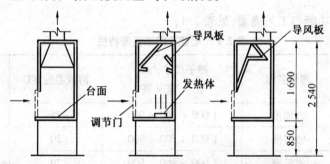

图 7.4 上部排风的通风柜

(2)下部排风的通风柜(图 7.5)

适用于柜内产生的有害气体密度比空气大的情况。

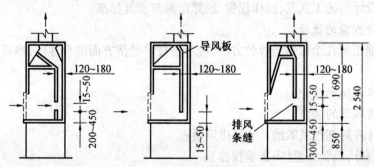

图 7.5 下部排风的通风柜

(3) 上下联合排风的通风柜(图 7.6)

适用于柜内有可能既产生密度大于空气的有害气体,又产生密度小于空气的有害气体的情况。

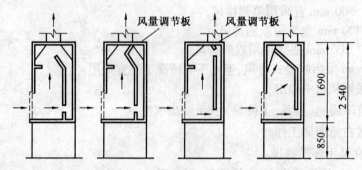

图 7.6　上下联合排风的通风柜

7.1.3　局部排风系统的设计

1. 搜集设计所需的原始资料(包含分组与角色划分)

(1) 电镀车间所在地区的气象资料

包括海拔高度,室外计算温度(冬季采暖、冬季通风、夏季通风),采暖期室外平均温度,采暖期天数,冬季主导风向及频率,冬季和夏季的大气压力,最大冻土层深度。

(2) 工艺资料

① 电镀车间的功能与工艺需要,见表 7.1;

表 7.1　电镀车间工艺槽特性

标号	槽子名称	槽子尺寸/mm 长×宽×高	溶液温度/℃	散发的有害物
1	镀锡槽	1 000×500×900	75	碱雾、氢气
2	镀银槽	1 000×500×900	20	氰化物
3	镀锌槽	1 000×800×900	70	碱雾、氢气

② 电镀车间的建筑图,见电镀车间平面布置图 7.7 及剖面图 7.8 所示;

③ 负荷情况与应用时间。

(3) 相关设计与施工规范、操作规程、预算定额与质量标准。

2. 系统设计方案的选择

设计中可能出现几个可供选择的方案,应考虑技术经济方面的合理性,然后采用比较合理的方案。

3. 局部排风系统的设计

(1) 局部排风罩的选型;

(2) 设计计算局部排风罩的尺寸及排风量;

(3) 系统划分,风管布置(不影响操作);

(4) 通风管道的水力计算,确定风管道断面尺寸、管道阻力与部配件材料选择;

(5) 计算局部排风系统的总阻力及系统总排风量。

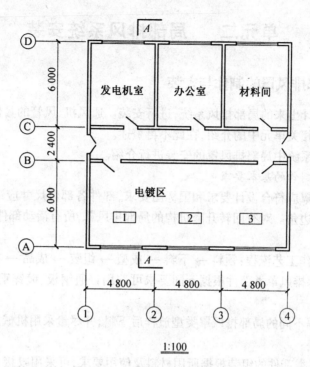

图 7.7 电镀车间平面布置图

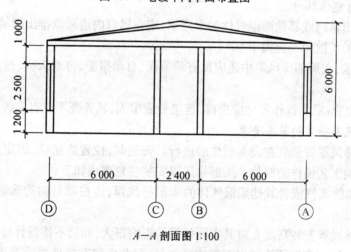

$A-A$ 剖面图 1:100

图 7.8 电镀车间剖面图

4. 风机选型设计

依据局部排风系统的总阻力、总排风量得出要求的风机压头和流量,按说明书选用。

5. 绘制图纸

应完成局部排风系统平面布置图、系统轴测图各 1 张,列出设备材料表。

6. 整理设计说明书

设计说明书中应包含详细的计算过程。

单元二 局部排风系统安装

7.2.1 局部排风罩的制作与安装

针对单元一设计出来的局部排风系统,进行安装。通风机、风管的具体安装方法及注意事项参见本书前面各相关单元中的介绍,在此不再赘述。

下面针对排风系统中局部排风罩的安装进行介绍。

1. 局部排风罩制作的基本要求

制作局部排风罩应符合设计要求和国标图要求,部件各部位尺寸应准确,连接处应牢固,外壳不应有尖锐的边角。对有回转升降机构的局部排风罩,所有活动部件应动作灵活,操作省力方便。

局部排风罩制作工艺流程:领料→下料→成型→组装→成品→检验→出厂。

(1) 领料:局部排风罩类部件根据不同要求可选用普通钢板、镀锌钢板、不锈钢板及聚氯乙烯等材料制作。

(2) 下料:根据不同的局部排风罩类型放样后下料,并尽量采用机械加工形式。

(3) 成型、组装:

① 局部排风罩类部件的组装根据所用材料及使用要求,可采用咬接、焊接等方式,其方法及要求详见风管制作部分。

② 用于排出蒸汽或其他潮湿气体的伞形罩,应在罩口内边采取排出凝结液体的措施。

③ 排气罩的扩散角不应大于60°。

④ 如有要求,在局部排风罩中还应加有调节阀、自动报警、自动灭火、过滤、集油装置及设备。

(4) 成品检验:罩类制作尺寸应准确,连接处应牢固,其外壳不应有尖锐的边缘。

2. 局部排风罩安装的基本要求

各类局部排风罩安装宜在设备就位后进行。安装时,位置应正确,固定应牢固可靠,支架不能设置在影响工艺操作的部位。局部排风罩安装注意事项如下:

(1) 用于排除蒸汽或者其他潮湿气体的伞形排风罩,应在罩口内边采取排除凝结水的措施。

(2) 局部排风罩安装高度 h 对其实际效果的影响很大,如果不按设计要求安装,将不能得到预期的效果。这一高度既要考虑不影响操作,又要考虑能有效地排除有害物。其高度 $h \leqslant 0.5A(\leqslant 0.5D)$ 是最合适的(A 为矩形罩长边尺寸,D 为圆形罩直径)。

(3) 局部排风罩的外壳不得有尖锐的边缘,其安装位置和高度不应妨碍操作。

(4) 局部排风罩因体积较大,故应设置专用支、吊架,并要求支、吊架安装平正,牢固可靠。

3. 局部排风罩安装质量验收

(1) 局部排风罩的制作应符合下列规定:

① 尺寸正确、连接牢固、形状规则、表面平整光滑,其外壳不应有尖锐边角;

② 槽边侧吸罩、条缝抽风罩尺寸应正确,转角处弧度均匀、形状规则,吸入口平整,罩口加强板分隔间距应一致;

③厨房锅灶排烟罩应采用不易锈蚀材料制作,其下部集水槽应严密不漏水,并坡向排放口,罩内油烟过滤器应便于拆卸和清洗。

检查数量:每批抽查10%,不得少于1个。

检查方法:尺量、观察检查。

(2)排、吸风罩的安装位置应正确,排列整齐,牢固可靠。

检查数量:按数量抽查10%,不得少于5件。

检查方法:尺量、观察检查。

7.2.2 局部排风罩风量的测定

1. 用动压法测量排风罩的风量

如图7.9所示,测出断面1-1上各测点的动压P_{d1},即可求出排风罩的排风量。

2. 用静压法测量排风罩的风量

由于现场测定时各管件间的距离很短,不易找到稳定的测定断面,用动压法较为困难,这时可按图7.10所示在排风罩喉部测量静压来求出排风罩的风量。

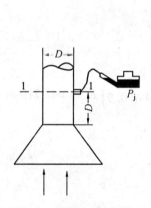
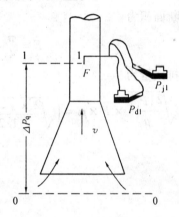

图7.9 动压法测量排风量　　图7.10 排风罩排风量的测定装置

(1)局部排风罩的阻力

局部排风罩的阻力为进口断面0-0与喉口断面1-1处的全压差ΔP_q,即

$$\Delta P_q = P_{q0} - P_{q1} = 0 - (P_{j1} + P_{d1}) = -(P_{j1} + P_{d1}) \tag{7.1}$$

(2)局部排风罩的排风量(L)

$$\begin{cases} \Delta P_q = \zeta \dfrac{\rho v_1^2}{2} = \zeta P_{d1} = -(P_{j1} + P_{d1}) \\ P_{d1} = \dfrac{1}{1+\zeta} |P_{j1}| \\ \sqrt{P_{d1}} = \dfrac{1}{\sqrt{1+\zeta}} \sqrt{|P_{j1}|} = \mu \sqrt{|P_{j1}|} \end{cases} \tag{7.2}$$

式中　P_{q0}——罩口断面的全压,Pa;

P_{q1}——1-1断面的全压,Pa;

P_{d1}、P_{j1}——1-1断面的动压、静压,Pa;

ζ——局部排风罩的局部阻力系数;

v_1——1-1断面的平均流速,m/s;

ρ——空气的密度,kg/m^3;

μ——局部排风罩的流量系数。

则局部排风罩的排风量为

$$L = v_1 F = \sqrt{\frac{2P_{d1}}{\rho}} \times F = \mu F \sqrt{\frac{2|P_{j1}|}{\rho}} \tag{7.3}$$

由式(7.2)可知 $\mu = \sqrt{\frac{P_{d1}}{|P_{j1}|}}$,$\mu$ 值可从有关资料查得或测定得到。如一个排风系统中有多个形式相同的排风量,用动压法测出罩口风量后再对各排风罩的排风量进行调整,非常麻烦。可先测出 μ 值,然后按式(7.2)算出要求的静压,通过调整静压来调整各排风罩的排风量,工作量可大大减小。

【例7.1】 某排风罩的连接管直径 $d = 200$ mm。连接管上的静压 $P_j = -36$ Pa,空气温度 $t = 20$ ℃,$\mu = 0.9$,求该排风罩的排风量。

解 由 $t = 20$ ℃,得

$$\rho = 1.2 \text{ kg/m}^3$$

连接管断面积为

$$F = \frac{\pi}{4} d^2 = 0.031\ 4 \text{ m}^2$$

排风罩排风量为

$$L = \sqrt{\frac{2|P_j|}{\rho}} \times F \times \mu = \left(\sqrt{\frac{2 \times |-36|}{1.2}} \times 0.031\ 4 \times 0.9\right) \text{m}^3/\text{s} = 0.219 \text{ m}^3/\text{s}$$

任务八　工业有害物净化设备安装

【任务描述】

介绍粉尘的基本性质及对除尘效果的影响;有害气体净化的基本原理、方法和设备形式;除尘器机理及全效率、分级效率、串联和并联总效率计算方法;各类除尘器的工作原理及影响效率的主要因素;各类除尘器的结构、特点、适用范围及选择方法;各类除尘器的安装方法。

【目标要求】

掌握粉尘的基本性质及对除尘效果的影响;了解有害气体净化的基本原理、方法和设备形式;掌握除尘器机理及全效率、分级效率、串联和并联总效率计算方法;了解各类除尘器的工作原理及影响效率的主要因素;掌握各类除尘器的结构、特点、适用范围及选择方法;除尘器的安装方法。

单元一　有害气体的净化

为了防治大气污染,有害气体排放必须达到排放标准。在可能的条件下,应考虑回收利用,变害为宝。对于暂时缺乏经济有效处理方法的有害气体,可以采用高烟囱排放,使污染物在更大范围内扩散稀释。目前,有害气体的净化方法主要有四种:燃烧法、冷凝法、吸收法和吸附法。

8.1.1　燃烧法

燃烧法又称为燃烧净化,即用燃烧方法销毁有害气体、蒸汽或烟尘,使其变为无害物质的过程。该过程所发生的化学作用主要是燃烧氧化作用及高温下的热分解。因此,这种方法只能适用于净化那些可燃的或在高温情况下可分解的有害气体,此法可以回收热量。目前实际中使用的燃烧净化方法有直接燃烧、热力燃烧和催化燃烧。

1. **直接燃烧**

直接燃烧也称为直接火焰燃烧,即是把废气中可燃的有害组成成分当作燃料直接烧掉。这种方法只适用于净化可燃有害组成成分浓度较高的废气,或用于净化有害组成成分燃烧时热值较高的废气。若可燃组成成分的浓度高于燃烧上限,可混入空气后燃烧;否则,可加入一定数量的天然气等辅助燃料,维持燃烧。

2. **热力燃烧**

热力燃烧是用于可燃有机物含量较低的废气的净化处理。热力燃烧中,被净化的废气不是作为燃烧所用燃料,而是在含氧量足够时作为助燃气体,不含氧时作为燃烧对象。在进行热力燃烧时一般是用燃烧其他燃料的方法,把废气温度提高到热力燃烧所需的温度,使气态污染物进行氧化,分解成 CO_2、H_2O、N_2 等。热力燃烧所需的温度较直接燃烧低,在 540 ~ 820 ℃ 即可,工程设计时通常取 760 ℃,滞留时间为 0.5 s。利用锅炉进行热力燃烧应注意:①处理的废气量应小于燃烧炉所需要的鼓风量;②废气中的含氧量应与空气相近;③废气中不宜含有腐蚀性气体或颗粒物。

3. 催化燃烧

利用催化剂加快燃烧速度的燃烧过程称为催化燃烧。由于绝大部分有机物均具有可燃烧性,因此催化燃烧法成为净化含碳氢化合物废气的有效手段之一;又由于很大一部分有机化合物具有不同的恶臭,因此催化燃烧法也是消除恶臭气体的有效手段之一。催化燃烧法在通风工程中应用主要是利用催化剂在低温下实现对有机物完全氧化。

采用燃烧法处理有机废气,特别是热力燃烧,必须采取各种安全措施,如控制废气中可燃物浓度;防止火焰蔓延;在可能爆炸处设泄压薄膜等。同时,严格操作规程、设计各种自动报警、检测和控制调节装置也是十分必要的。

8.1.2 冷凝法

液体受热蒸发产生的有害气体可以通过冷凝使其从废气中分离。该方法净化效率低,仅适用于浓度高、冷凝温度高的有害蒸汽。低浓度气体净化通常采用吸收法和吸附法,是通风排气中有害气体的主要净化方法。

冷凝法应用于碳氢化合物废气治理时,具有如下特点:① 冷凝净化法适用于处理高浓度废气,可以作为燃烧法、吸收法与吸附法净化的预处理,并可处理含有大量水蒸气的高温废气。② 冷凝净化法所需设备和操作条件比较简单,回收物质纯度高。③ 冷凝净化法对废气的净化程度受冷凝温度的限制,要求净化程度高或处理低浓度废气时,需要将废气冷却到很低的温度,经济上不合算。

冷凝法是回收有价值的有机污染物的较好方法,但要获得高的回收率,往往需要较低的温度或较高的压力,故冷凝与压缩常结合使用。另外,冷凝法还常与吸附法、吸收法等过程联合应用,以吸收或吸附手段浓缩污染物,以冷凝法回收该有机物,达到既经济、回收率又比较高的目的。

8.1.3 吸收法

在对碳氢化合物废气进行治理的方法中,吸收法应用不如催化燃烧法、吸附法等广泛,特别是对使用有机溶剂的各种行业,生产过程所排放出的废气,还不能完全达到工业应用水平,其主要原因是合适吸收剂的选择。目前在石油炼制及石油化工的生产及储运中采用吸收法进行烃类气体回收利用。

8.1.4 吸附法

在治理含碳氢化合物废气中,广泛使用了吸附法。吸附法的特点是:① 可以相当彻底地净化废气,特别是对于低浓度废气的净化比用其他方法优势大;② 在不使用深冷、高压等手段下,可以有效地回收有价值的有机物组成成分。由于吸附剂对被吸附组成成分吸附容量的限制,吸附法最适用于处理低浓度废气,对污染浓度高的废气一般不采用吸附法治理。

1. 吸附剂

作为净化碳氢化合物废气的吸附剂有活性炭、硅胶、分子筛等,其中应用最广泛、效果最好的吸附剂是活性炭。活性炭可吸附的有机物种类较多,吸附容量较大,并在水蒸气存在下也可对混合气体中的有机组成成分进行选择吸附。通常活性炭对有机物的吸附效率随分子量的增大而提高。

2. 活性炭吸附及再生流程

在用活性炭吸附法净化含有机化合物废气时,其流程通常应包括如下部分:① 预处理部分,预先除去进气中的固体颗粒物及液滴,并降低进气温度(如有必要的话);② 吸附部分,通常采用2~3个固定床吸附器并联或串联操作;③ 吸附剂再生部分,最常用的是水蒸气脱附法使活性炭再生;④ 溶剂回收部分,不溶于水的溶剂易于回收;水溶性溶剂需采用蒸馏法回收。

8.1.5 有害气体的高空排放

有害气体的高空排放要求降落到地面的有害气体浓度不超过卫生标准中规定的"居住区大气中有害物质最高容许浓度"。影响有害气体在大气中扩散的因素很多,主要有排气立管高度、烟气抬升高度、大气温度分布、大气风速、烟气温度、周围建筑物高度及布置等。由于影响因素的复杂性,目前还缺乏统一的烟气抬升高度计算式,大多数是半经验性计算式,有很大的局限性。我们把污染物在大气中的扩散过程假设为两个阶段,在第一阶段只作纵向扩散,在第二阶段再作横向扩散,如图8.1所示。烟气离开排气立管后,在浮力和惯性力的作用下,先上升一定的高度,然后再向下风侧扩散漂移。

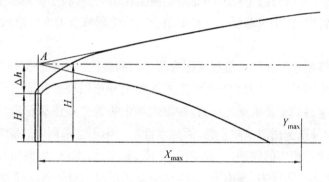

图8.1 烟气在大气中的扩散示意图

对于有害气体的高空排放应注意以下问题:① 在排气立管附近有高大建筑物时,为避免有害气体卷入周围建筑物造成的涡流区内,排气立管至少应高出周围最高建筑物0.5~2 m;② 有多个同类污染排放源时,因烟气扩散是叠加的,所以只要把各个污染排放源产生的浓度分布简单叠加就可以。

应当指出,对于特殊的气象条件及特殊的地形应根据实际情况确定烟气在大气中的扩散。

单元二 除尘器的类别、机理及性能

8.2.1 粉尘的性质

1. 粉尘密度

单位体积中粉尘的质量称为粉尘的密度,单位为 kg/m^3 或 g/cm^3。由于粉尘产生的原因不同,测试条件不同,获得的密度值亦不同。根据实验方法和应用场合的不同,一般将粉尘的密度分为真密度(actual density)和容积密度(volume density)两种不同的概念。

粉尘在自然堆积状态下,尘粒之间和尘粒内部均存在空隙。我们把松散状态下单位体积粉尘的质量称为粉尘的容积密度。如果设法排除尘粒之间和尘粒内部的空气,把真实体积所测得的粉尘密度称为真密度(或尘粒密度)。两种密度的应用场合有所不同,研究单个尘粒在空气中的运动时应采用真密度,计算灰斗体积时则应采用容积密度。

对于一定种类的粉尘,其真密度为一定值,而其容积密度则随空隙率(是指粉尘粒子间的空隙体积与堆积粉尘的总体积之比值)而变化。同一种粉尘的容积密度小于真密度。

2. 粉尘黏附性

粉尘相互间的凝聚和粉尘在器壁上的堆积,都与粉尘的黏附性有关。粉尘尘粒附着在固体表面上或尘粒相互附着的现象称为黏附,后者亦称为自粘。克服附着现象所需要的力(垂直作用在粒子重心上的力)称为黏附力。粉尘的黏附性是粉尘与粉尘之间或粉尘与器壁之间附着力的表现,这种黏附力主要包括分子间的范德华力、毛细管力及静电引力等。影响粉尘黏附力的因素很多,一般情况下,黏附性与粉尘的形状、大小、表面粗糙、荷电量、吸湿性以及润湿性等有关;黏附现象还与周围介质的性质和气体的运动状态有关。

粉尘的黏附是一种常见现象,既有有利的一面,也有有害的一面。就气体除尘而言,许多除尘装置依赖于粉尘的黏附性,尘粒间的黏附会使尘粒增大,有利于提高除尘效率。但在含尘气流管道和某些设备中,粉尘与器壁间的黏附则会使除尘器或管道发生故障和堵塞。

3. 粉尘润湿性

粉尘尘粒与液体相互附着的难易程度称为粉尘的润湿性。一般根据粉尘能被液体润湿的程度将粉尘大致分为两类:容易被水润湿的亲水性粉尘和难以被水润湿的疏水性粉尘。粉尘的润湿性是选择除尘器的重要依据之一,各种湿式除尘装置主要依靠粉尘与水的润湿作用捕集粉尘,亲水性粉尘可以选用湿式除尘器,而疏水性粉尘则不宜采用湿式除尘器。

粉尘的润湿性除与粉尘的粒径、生成条件、组成、温度、含水率、表面粗糙度及荷电性等性质有关外,还与液体的表面张力、黏附力、液体接触方式以及相对运动速度有关。此外,粉尘的润湿性还随压力的增加而增加,随温度升高而减小,随液体表面张力减小而增强。

4. 粉尘爆炸性

粉状物料的许多物理、化学性质实质上与其表面积有很大关系。细粒子往往表现出显著的物理、化学性质。粉尘的比表面积是指单位体积(或质量)粉尘所具有的表面积。粉尘的比表面积增大,其物理和化学活性增强,在一定的温度下,在可能引起爆炸的浓度范围内与空气混合,与空气中的氧有了充分的接触机会,并受到外界施予明火焰、炽热的物体以及由机械或电能产生的电火花等微量能量的作用,即可发生爆炸。

可燃物爆炸必须具备两个条件:一是由可燃物与空气或氧构成的可燃混合物达到一定的浓度;二是存在能量足够的火源。能够引起爆炸的浓度范围叫做爆炸极限,能够引起爆炸的最高浓度叫做爆炸上限,最低的浓度叫做爆炸下限。低于爆炸浓度下限或高于爆炸浓度上限均无爆炸危险。由于多数粉尘的爆炸上限浓度很高,在多数情况下达不到这个浓度,因而粉尘的爆炸上限浓度无实际意义。

此外,有些粉尘与水接触后会引起自燃或爆炸,如镁粉、碳化钙粉等;有些粉尘互相接触或混合后也会引起爆炸,如溴与磷、锌粉与镁粉等。由此可见,在设计除尘系统时,必须高度注意。

5. 粉尘荷电性及导电性

(1) 粉尘的荷电性

粉尘在其产生及运动过程中,由于相互碰撞、摩擦、外界离子或电子的附着、放射线照射、电晕放电及接触带电体等原因,几乎总是带有一定量的电荷。粉尘荷电后将改变其某些物理性质,如凝聚性、附着性及在气体中的稳定性等。粉尘的荷电量随温度增高、表面积加大和含水率减小而增大,还与其化学成分及外部的荷电条件等有关。粉尘荷电的极性不稳定,荷电量也很小。在电除尘器中,采用人工方法使尘粒充分荷电。

(2) 粉尘的比电阻

粉尘的导电性与金属导线类似,也用电阻率表示,单位为 $\Omega \cdot cm$。但粉尘层的导电不仅靠粉尘尘粒内的电子或离子发生的所谓容积导电,还靠尘粒表面吸附的水分和化学膜发生的所谓表面导电。对于电阻率高的粉尘,温度较低时(约为100 ℃ 以下)主要是靠表面导电;温度较高时(约为200 ℃ 以上)主要靠容积导电。因此,粉尘的电阻率与测定时的条件有关,如气体的温度、湿度和成分,粉尘的粒径、成分和堆积的松散度等。所以粉尘的电阻率仅仅是一种可以相互比较的表观电阻率,通常称为比电阻。

粉尘的比电阻反映粉尘的导电性能,它是粉尘的重要特性之一。粉尘的比电阻对电除尘器的除尘性能和运行具有重大影响,适宜电除尘器处理的粉尘比电阻的范围是 $10^4 \sim 10^{11} \Omega \cdot cm$。

6. 粉尘安息角和滑动角

将粉尘自然地堆放在水平面上,堆积成的圆锥体母线与水平面的夹角(锥底角)称为安息角,也叫休止角、堆积角、安置角。将粉尘置于光滑的平板上,使该板倾斜到粉尘开始滑动时的角度称为滑动角,也叫动安置角。粉尘的安息角和滑动角是设计除尘器灰斗或料仓锥角、除尘管道或输灰管道倾斜角的主要依据。

粉尘的安息角和滑动角是粉状物料特有的性质,是评价粉尘流动性的一个重要指标,它们与物料的种类、粉尘的粒径、含水率、尘粒形状、尘粒表面光滑程度、粉尘黏附性等因素有关。对于同一种粉尘,粒径大、接近球形、表面光滑、含水率低时,安息角小。许多粉尘的安息角的平均值为 35°～40° 左右。

7. 粉尘粒径分布

(1) 单一尘粒的粒径

粉尘的尘粒大小不同,对除尘器的除尘机理和性能影响很大,是粉尘的基本特性之一。一般是将粒径分为代表单个粒子大小的单一粒径和代表由各种不同大小的粒子组成的粒子群的平均粒径,单位以微米(μm)表示。如果粒子是大小均匀的球体,则可用其直径作为粒子大小的代表性尺寸,并称为粒径。但在实际上,不仅粒子的大小不同,而且形状也大多是不规则的,需要按一定的方法确定一个表示粒子大小的最佳的代表性尺寸,作为粒子的粒径。粒径的测定和定义方法不同,所得粒径值也不同,应用场合也不同,在选取粒径测定方法时,除需考虑方法本身的精度、操作难易及费用等因素外,还应特别注意测定的目的和应用场合。

此外,还有分割粒径(或称临界粒径) d_{c50},是指某除尘器能够捕集一半尘粒的直径,即除尘器的分级效率为 50% 的尘粒的直径。这是一种表示除尘器性能很有代表性的粒径。

(2) 粒径分布

粉尘的粒径分布是指某粉尘粒子群中,各种不同粒径的尘粒所占的比例,亦称粒子的分散度。若以粒子的个数所占的比例表示时称为粒数分布;以粒子的质量所占的比例表示时称为质量分布;以粒子的表面积所占的比例表示时称为表面积分布。除尘技术中多采用质量分布。粒径分布的表示方法有表格法、图形法和函数法。下面以粒径测定数据的整理过程来说明粒径的表示方法及相应定义。

测定某种粉尘粒径分布时,采取的尘样质量 $G_0 = 10$ g,经测定得到各粒径间隔 d_c 到 $d_c + \Delta d_c$(或粒径宽度 Δd_c)内粉尘质量为 $\Delta G(g)$。将测定数据按下述定义计算的结果列入表8.1中。

表8.1 粒径分布测定和计算结果

序号	粒径间隔/μm	间隔中值/μm	粉尘质量 ΔG/g	频率分布 $d\varphi$/%	间隔宽度 Δd_c/μm	频度分布 f/(%·μm^{-1})	间隔上限/μm	筛下累积分布 ϕ/%
1	0 ~ 5	2.5	1.95	19.5	5	3.90	5	19.5
2	5 ~ 10	7.5	2.05	20.5	5	4.10	10	40.0
3	10 ~ 15	12.5	1.50	15.0	5	3.00	15	55.0
4	15 ~ 20	17.5	1.00	10.0	5	2.00	20	65.0
5	20 ~ 30	25	1.20	12.0	10	1.20	30	77.0
6	30 ~ 40	35	0.75	7.5	10	0.75	40	84.5
7	40 ~ 50	45	0.45	4.5	10	0.45	50	89.0
8	50 ~ 60	55	0.25	2.5	10	0.25	60	91.5
9	> 60	—	0.85	8.5	—	—	∞	100

(1) 相对频数分布 $d\varphi(\%)$,也称频率分布,系粒径由 d_c 至 $d_c + \Delta d_c$ 之间的粒子质量占尘样总质量的百分数,即

$$d\varphi = \frac{\Delta G}{G_0} \times 100\% \tag{8.1}$$

并且有 $\sum d\varphi = 100\%$。频率分布 $d\varphi$ 值与选取的粒径间隔的大小有关。

(2) 频率密度分布 $f(\%/\mu m)$,简称频度分布,系指单位粒径间隔宽度时的频率分布,即粒径间隔宽度 $\Delta d_c = 1$ μm 时尘样质量占尘样总质量的百分数,即

$$f = \frac{d\varphi}{\Delta d_c} \tag{8.2}$$

(3) 筛下累积频率分布 $\phi(\%)$,简称筛下累积分布,系指小于某一粒径 d_c 的尘样质量占尘样总质量的百分数,即

$$\phi = \sum_0^{d_c} d\varphi = \sum_0^{d_c} f \cdot \Delta d_c \tag{8.3}$$

反之,将大于某一粒径 d_c 的尘样质量占尘样总质量的百分数称为筛上累积分布 $R(\%)$,即

$$R = \sum_{d_c}^{\infty} \mathrm{d}\varphi = \sum_{d_c}^{\infty} f \cdot \Delta d_c \tag{8.4}$$

如果粒径间隔宽度 $d_c \to 0$,即取极限形式,则式(8.3)和式(8.4)可改写为微积分形式,即

$$\phi = \int_0^{d_c} f \cdot \mathrm{d}d_c \tag{8.5}$$

$$R = \int_{d_c}^{\infty} f \cdot \mathrm{d}d_c \tag{8.6}$$

$$f = \frac{\mathrm{d}\varphi}{\mathrm{d}d_c} = -\frac{\mathrm{d}R}{\mathrm{d}d_c} \tag{8.7}$$

由累积分布定义可知

$$\phi + R = \int_0^{\infty} f \cdot \mathrm{d}d_c = 100 \tag{8.8}$$

即粒径频率分布曲线下面积等于100%。另外,求得筛下累积分布和筛上累积分布相等 ($R = \phi = 50\%$) 时的粒径称为中位径,记为 d_{c50}。而频度分布 f 达到最大值时相对应的粒径称为众径,记为 d_m。当粉尘粒径分布函数符合正态分布时,众径等于中位径,否则二者不等,通常算术平均直径 > 质量中位径 > 众径。

8.2.2 除尘器的除尘机理

工程上常用的各种除尘器往往不是简单地依靠某一种除尘机理来完成除尘过程,而是综合运用几种除尘机理来实现除尘过程的。目前常用除尘器的除尘机理主要有以下几个方面:

1. 重力作用

气流中的尘粒可以依靠重力自然沉降,从气流中进行分离,由于尘粒的沉降速度一般较小,这个机理只适用于粗大的尘粒。

2. 离心力作用

含尘气流做圆周运动时,由于惯性离心力的作用,尘粒和气流会产生相对运动,使尘粒从气流中分离。它是旋风除尘器工作的主要机理。

3. 惯性碰撞作用

含尘气流在运动过程中遇到物体的阻挡时,气流要改变方向进行绕流,细小的尘粒会随气流一起流动,而粗大的尘粒具有较大的惯性,它会脱离流线,保持自身的惯性运动,这样尘粒就和物体发生了碰撞(图8.2),这种现象称为惯性碰撞。惯性碰撞是过滤式除尘器、湿式除尘器和惯性除尘器的主要除尘机理。

4. 接触阻留作用

细小的尘粒随气流一起绕流时,如果流线紧靠物体(纤维或液滴)表面,有些尘粒因与物体发生接触而被阻留,这种现象称为接触阻留。另外,当尘粒尺寸大于纤维网眼而被阻留时,这种现象称为筛滤作用。粗孔或中孔的泡沫塑料过滤器主要依靠筛滤作用进行除尘。

5. 扩散作用

小于 $1~\mu m$ 的微小粒子在气体分子撞击下,像气体分子一样做布朗运动。如果尘粒在运动过程中和物体表面接触,就会从气流中分离,这个机理称为扩散。对于 $d_c \leq 0.3~\mu m$ 的尘粒,

这是一个很重要的机理。从湿式除尘器和袋式除尘器的分级效率曲线可以发现,当 d_c = 0.3 μm 左右时,除尘器效率最低。这是因为在 d_c > 0.3 μm 时,扩散作用还不明显,而惯性作用是随 d_c 的减小而减小;当 d_c ≤ 0.3 μm 时,惯性已不起作用,主要依靠扩散,布朗运动是随粒径的减小而加强。

6. 静电力作用

悬浮在气流中的尘粒,如果带有一定的电荷,可以通过静电力使它从气流中分离。由于自然状态下,尘粒的荷电量很小,因此要得到较好的除尘效果,必须设置专门的高压电场,使所有的尘粒都充分荷电。

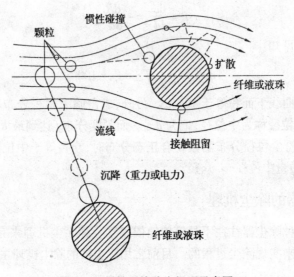

图 8.2 惯性碰撞除尘机理示意图

7. 凝聚作用

凝聚作用不是一种直接的除尘机理。通过超声波、蒸汽凝结、加湿等凝聚作用,可以使微小的粒子凝聚性增大,然后再用一般的除尘方法去除。

8.2.3 除尘器的分类

1. 不同机理分类

根据除尘器主要除尘机理的不同,可以分为:①重力除尘,如重力沉降室;②惯性除尘,如惯性除尘器;③离心力除尘,如旋风除尘器;④过滤除尘,如袋式除尘器、尘粒层除尘器、纤维过滤器;⑤洗涤除尘,如自激式除尘器、卧式旋风水膜除尘器;⑥静电除尘,如电除尘器。

2. 不同净化程度分类

根据气体净化程度的不同,可以分为:①粗净化,主要用于除掉粗大的尘粒,一般用作多级除尘的第一级。②中净化,主要用于通风除尘系统,要求净化后的空气含尘浓度不超过 100~200 mg/m³。③细净化,主要用于通风空调系统的进风系统和再循环系统,要求净化后的空气含尘质量浓度不超过 1~2 mg/m³。④超净化,主要用于除掉 1 μm 以下的细小尘粒,适用于清洁度要求较高的洁净房间,视工艺要求而定。

此外,依据除尘器是采用水或其他液体与含尘气体相互接触与否,可以分为干式和湿式除尘器。

8.2.4 除尘器的性能指标

除尘装置性能用技术指标和经济指标来评价。技术指标主要有处理能力、净化效率和压力损失等;经济指标主要有设备费、运行费和占地面积等。此外,还应考虑装置的安装、操作、检修的难易等因素。

1. 除尘器的处理能力

除尘装置的处理能力是指除尘装置在单位时间内所能处理的含尘气体的流量,一般以体积流量 $L(m^3/s)$ 表示。实际运行的净化装置,由于本体漏气等原因,往往装置进口和出口的气体流量不同,因此用两者的平均值表示处理能力。

$$L_N = \frac{1}{2}(L_{1N} + L_{2N}) \tag{8.9}$$

式中　L_{1N}——进口气体流量,m^3/s;

　　　L_{2N}——出口气体流量,m^3/s。

净化装置漏风率 δ 可按下式表示:

$$\delta = \frac{L_{1N} - L_{2N}}{L_{1N}} \times 100\% \tag{8.10}$$

2. 除尘器的除尘效率

除尘器效率是评价除尘器性能的重要指标之一,是指除尘器从气流中捕集粉尘的能力,可定义为被捕集的粉尘量与进入装置的总粉尘量之比。

(1) 全效率

含尘气体通过除尘器时所捕集的粉尘量占进入除尘器的粉尘总量的百分数称为除尘器全效率,以 η 表示。

$$\eta = \frac{G_3}{G_1} \times 100\% = \frac{G_1 - G_2}{G_1} \times 100\% = \left(1 - \frac{G_2}{G_1}\right) \times 100\% \tag{8.11}$$

式中　G_1——进入粉尘量,g/s;

　　　G_2——排出粉尘量,g/s;

　　　G_3——捕集粉尘量,g/s。

如果除尘器结构严密,没有漏风,上式可以改写为

$$\eta = \frac{Ly_1 - Ly_2}{Ly_1} \times 100\% = \frac{y_1 - y_2}{y_1} \times 100\% \tag{8.12}$$

式中　L——处理空气量,m^3/s;

　　　y_1——进口空气含尘质量浓度,g/m^3;

　　　y_2——出口空气含尘质量浓度,g/m^3。

式(8.11)要通过称重求得全效率,称为质量法。用这种方法测出的结果比较准确,主要用于实验室。在现场测定除尘器效率时,通常先同时测出除尘器前后的空气含尘浓度,再按式(8.12)求得全效率,这种方法称为浓度法。

(2) 穿透率

当除尘器的全效率很高时,有时采用穿透率来表示除尘装置的性能。所谓穿透率是指未被捕集的粉尘量占进入除尘器的粉尘总量的百分数,通常用 P 表示。

$$P = \frac{G_2}{G_1} \times 100\% = \frac{G_1 - G_3}{G_1} \times 100\% = 1 - \eta \tag{8.13}$$

(3) 分级效率

除尘器全效率的高低,往往与处理粉尘的粒径大小有很大的关系,在工程中没有实际意义,必须同时说明试验粉尘的真密度和粒径分布或该除尘器的应用场合。要正确评价除尘器的除尘效果,必须按粒径大小标定除尘器效率,这种效率称为分级效率。除尘器的分级效率是评定除尘器性能好坏的重要指标,是指除尘器对某一粒径 d_c 或某一粒径间隔 $d_c + \Delta d_c$ 内粉尘的除尘效率,以 $\eta(d_c)$ 表示。

$$\eta(d_c) = \frac{G_3(d_c)}{G_1(d_c)} \times 100\% = \frac{G_1(d_c) - G_2(d_c)}{G_1(d_c)} \times 100\% = \left[1 - \frac{G_2(d_c)}{G_1(d_c)}\right] \times 100\% \tag{8.14}$$

对于分级效率,$\eta(d_c) = 50\%$ 是非常重要的值,相对应的粒径称为分割粒径,一般用 d_{c50} 表示。

(4) 分级效率和全效率的关系

$$\eta(d_c) = \frac{G_3(d_c)}{G_1(d_c)} = \frac{G_3(d_c) \cdot f_3(d_c) \Delta d_c}{G_1(d_c) \cdot f_1(d_c) \Delta d_c} = \frac{G_3(d_c) \cdot d\varphi_3(d_c)}{G_1(d_c) \cdot d\varphi_1(d_c)} \times 100\% \tag{8.15}$$

$$\eta = \int_0^\infty \eta(d_c) d\varphi_1(d_c) \tag{8.16a}$$

或

$$\eta = \sum \eta(d_c) \varphi(d_c) \tag{8.16b}$$

(5) 多级串联运行时的总除尘效率

在实际工程中,为了提高除尘效率,有时需要把两种或多种不同形式的除尘器串联起来使用,形成两级或多级除尘系统。两个除尘器串联时的总除尘效率为

$$\eta_0 = \eta_1 + \eta_2(1 - \eta_1) = 1 - (1 - \eta_1)(1 - \eta_2) \tag{8.17}$$

式中 η_1 —— 第一级效率;
  η_2—— 第二级效率。

n 个除尘器串联时的总除尘效率为

$$\eta_0 = 1 - (1 - \eta_1)(1 - \eta_2)\cdots(1 - \eta_n) \tag{8.18}$$

应当注意,两个型号相同的除尘器串联运行时,由于它们处理粉尘的粒径频率分布不同,相应的 η_1 和 η_2 是不相同的,应按照式(8.16b)计算出相应除尘器的全效率后,再计算多级除尘器的总除尘效率。此外,为了增大除尘器处理气体量,常采用并联使用,并且为了便于组合和均匀分配风量,通常采用同型号除尘器并联组合,除尘效率基本不变或略有提高。

3. 除尘器的压力损失

除尘器的压力损失是代表除尘装置能耗大小的技术经济指标,是指装置的进口和出口气流的全风压之差。除尘装置压力损失的大小,不仅取决于除尘装置的种类和结构形式,还与处理气体流量大小有关。通常压力损失与除尘装置进口气流的动压成正比,即

$$\Delta P = \xi \frac{\rho v_1^2}{2} \tag{8.19}$$

式中　ΔP——压力损失,Pa;
　　　ξ——压损系数,即局部阻力系数;
　　　v_1——进口气流速度,m/s;
　　　ρ——含尘气体密度,kg/m³。

单元三　重力沉降室、惯性除尘器、旋风除尘器

8.3.1　重力沉降室

1. 重力沉降室的工作原理

重力沉降室是通过重力作用使尘粒从气流中沉降分离的除尘装置,它的结构如图 8.3 所示。含尘气流进入重力沉降室后,由于突然扩大了流动截面积,气流速度迅速下降,此时气流处于层流状态或接近层流状态下运动,使较重尘粒粉尘在重力作用下缓慢向灰斗沉降。

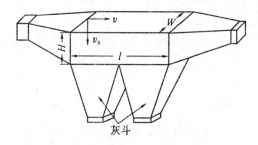

图 8.3　重力沉降室

重力沉降室的设计计算以如下假定为基础:通过沉降室断面的水平气流速度分布是均匀的,并呈层流状态;在沉降室入口断面上粉尘分布是均匀的;在气流流动方向上,尘粒和气流具有同一速度。根据流体力学的原理,尘粒在静止空气中自由沉降时,其末端速度按下式计算:

$$v_s = \sqrt{\frac{3(\rho_c - \rho)gd_c}{3C_R\rho}} \tag{8.20}$$

式中　ρ_c——尘粒密度,kg/m³;
　　　ρ——空气密度,kg/m³;
　　　g——重力加速度,m/s²;
　　　d_c——尘粒直径,m;
　　　C_R——空气阻力系数。

C_R 值与尘粒和气流相对运动的雷诺数 Re_c 有关。在通风除尘中,通常都近似认为处于 $Re_c \leq 1$ 的范围内,把 $C_R = 24/Re_c$ 代入上式中得到

$$v_s = \frac{g(\rho_c - \rho)d_c^2}{18\mu} \tag{8.21}$$

式中　μ——空气的动力黏度,Pa·s。

由于 $\rho_c \gg \rho$,上式可以简化为

$$v_s = \frac{g\rho_c d_c^2}{18\mu} \tag{8.22}$$

如果已知尘粒的尘降速度,可用下式求得对应的尘粒直径:

$$d_c = \sqrt{\frac{18\mu v_s}{g(\rho_c - \rho)}} \tag{8.23}$$

如果尘粒是处于流速为 v_s 的上升气流中,尘粒将会处于悬浮状态,这时的气流速度称为悬浮速度。悬浮速度和沉降速度两者的数值相等,但意义不同。沉降速度是指尘粒下落时所能达到的最大速度;悬浮速度是指要使尘粒处于悬浮状态,上升气流的最小上升速度。悬浮速度常应用于除尘管道的设计。

当尘粒粒径较小,特别是小于 1 μm 时,其大小已接近空气中气体分子的平均自由行程(约为 0.1 μm),这时尘粒与周围空气层发生"滑动"现象。气流对尘粒的实际阻力变小,尘粒实际的沉降速度要比计算值大。因此,对 $d_c \leq 5$ μm 的尘粒计算沉降速度时要进行修正。

$$v_s = k_c \frac{g\rho_c d_c^2}{18\mu} \tag{8.24}$$

式中 k_c—— 库宁汉(Cunninghum)滑动修正系数。

当空气温度 $t = 20$ ℃、压力 $P = 1$ atm 时

$$k_c = 1 + \frac{0.172}{d_c} \tag{8.25}$$

式中 d_c—— 尘粒直径,μm。

2. 重力尘降室的设计计算

气流在重力沉降室内的停留时间 t_1 为

$$t_1 = l/v \tag{8.26}$$

式中 l—— 沉降室长度,m;
　　　v—— 气流运动速度,m/s。

沉降速度为 v_s 的尘粒从除尘器顶部降落到底部所需要的时间 t_2 为

$$t_2 = H/v_s \tag{8.27}$$

式中 H—— 沉降室高度,m。

要把沉降速度为 v_s 的尘粒在重力沉降室内全部除掉,必须满足 $t_1 \geq t_2$,即

$$\frac{l}{v} \geq \frac{H}{v_s} \tag{8.28}$$

把式(8.23)代入上式,就可以求得重力沉降室能够100%捕集的最小粒径为

$$d_{min} = \sqrt{\frac{18\mu Hv}{g\rho_c l}} \tag{8.29}$$

重力沉降室内的气流速度 v 要根据尘粒的密度和粒径确定,一般为 0.3 ~ 2 m/s。设计新的重力沉降室时,应先计算出捕集尘粒的沉降速度 v_s,假设沉降室内的气流速度和沉降高度(或宽度),然后再求得沉降室的长度和宽度(或高度)。

重力沉降室长度:

$$l \geq \frac{H}{v_s}v \tag{8.30}$$

重力沉降室宽度:

$$W = \frac{L}{Hv} \tag{8.31}$$

式中 L—— 处理空气量,m³/s。

该重力沉降室对粒径为 d_c 的尘粒的分级效率为

$$\eta(d_c) = \frac{l}{v} \cdot \frac{v_s}{H} = \frac{lWv_s}{L} \tag{8.32}$$

对于一定结构的重力沉降室,可按上式求出不同粒径粉尘的分级效率或作出分级效率曲线。在给出重力沉降室入口粉尘的筛上累积分布函数 $R(d_c)$ 时,便可计算出重力沉降室的总沉降效率为

$$\eta = \int_{R=0}^{R=100} \frac{lv_s}{Hv} dR \tag{8.33}$$

若将降沉降速度 v_s 按式(8.22)代入上式,则有

$$\eta = \frac{l\rho_c g}{18\mu v} \int_{R=0}^{R=100} d_c^2 dR \tag{8.34}$$

从上式可见,提高重力沉降室除尘效率的主要途径为:降低气流速度,增加长度或降低高度。其中降低高度是一种实用的方法,在总高度不变的情况下,可以在沉降室内增设几块水平隔板,形成多层沉降室。

重力沉降室具有结构简单,造价低,压力损失小(一般约为 50 ~ 150 Pa),维修管理容易等优点,一般作为第一级或预处理设备。其主要缺点是体积庞大,除尘效率低(一般约为40% ~ 70%),清灰麻烦。因此主要用以净化密度大、尘粒粗的粉尘,特别是磨损性很强的粉尘,能有效捕集 50 μm 以上尘粒,但不宜捕集 20 μm 以下尘粒。

在具体设计沉降室时,应注意:①气流速度尽可能低,以保持接近层流状态;②为保证横断面上气流分布均匀,一般将进气管设计成渐扩形,若受场地限制,可装设导流板、扩散板等;③净化高温烟气时,由于热压作用,排气口以下的空间可能气流减弱,从而降低了容积利用率和除尘效率,此时,进出口位置应低些;④高度 H 应根据实际情况确定,但应尽量小等。

8.3.2 惯性除尘器

惯性除尘器是指含尘气流冲击在挡板上,使气流方向发生急剧转变,利用尘粒本身的惯性力作用使其与气流分离,并与挡板发生碰撞而被捕集的装置,是低效除尘器。

1. 惯性除尘器的工作原理

如图 8.4 所示,是含尘气流冲击在两块挡板上时的分离机理。当气流冲击到挡板 B_1 时,惯性大的粗尘粒(d_1)首先被分离,被气流带走的尘粒(d_2,且 $d_2 < d_1$),由于挡板 B_2 使气流转向,借助离心力作用也被分离。若设该点气流的旋转半径为 R_2,切向速度为 v_1,则尘粒 d_2 所受离心力与 v_1^2/R_2 成正比。显然回旋气流的曲率半径越小,越能分离细小的粒子。这种惯性除尘器,除了借助惯性力的作用外,还利用了离心力和重力作用。

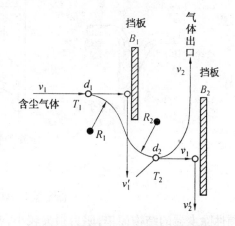

图 8.4 惯性除尘器分离机理示意图

2. 惯性除尘器的形式

惯性除尘器结构形式多种多样,主要

分为碰撞式和反转式两类。

碰撞式惯性除尘器是以气流中粒子冲击挡板而捕集较为粗大粒径粉尘的除尘装置,也称为冲击式惯性除尘器。当含尘气流流经挡板时,尘粒借助惯性力作用撞击在挡板上,失去动能后的尘粒在重力作用下沿挡板下落,进入灰斗。挡板可以是单级,也可以是多级,如图8.5所示。多级挡板交错布置,一般可设置3~6排。实际应用多采用多级挡板,目的是增加撞击机会,提高除尘效率。这类除尘器阻力较小,一般在100 Pa以内。尽管使用多级挡板,但除尘效率也只能达到65%~75%。

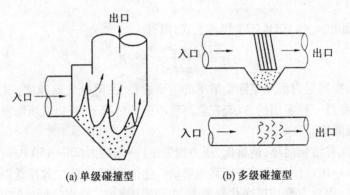

图8.5 碰撞式惯性除尘器

反转式惯性除尘器是通过改变气流流向而捕集较细粒径粉尘的除尘装置,也称为气流折转式惯性除尘器。反转式惯性除尘器分为弯管型、百叶窗型和多层隔板塔型三种,如图8.6所示。弯管型和百叶窗型与冲击式一样,都适用于安装在烟道上。多层隔板塔型主要用于分离烟雾,能捕集几微米粒径的雾滴。由于反转式惯性除尘器是采用内部构件使气流急剧折转,利用气体和尘粒在折转时所受惯性力的不同,使尘粒在折转处分离。因此,气流折转角越大,折转次数越多,气流速度越高,除尘效率越高,但阻力损失也越大。

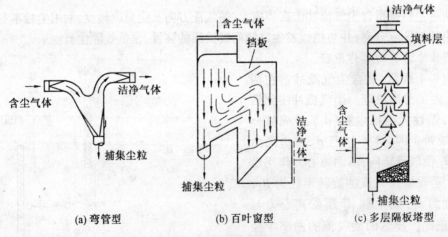

图8.6 反转式惯性除尘器

惯性除尘器的结构简单,阻力损失较小,常适用于一级除尘或作为高效除尘器的前级除尘,其压力损失因结构形式的不同而差异较大,主要适用于捕集粒径10~20 μm以上的金属或矿物性粉尘,对黏结性和纤维性粉尘,因容易堵塞,故不宜采用。一般惯性除尘器的气流速度越高,气流方向转变角度越大,转变次数越多,除尘效率越高,同时压力损失也越大。

8.3.3 旋风除尘器

旋风除尘器是利用气流旋转过程中产生的离心力作用,使尘粒从气流中分离的装置。其优点有:①结构简单,造价低;②无运动部件,操作维护方便;③耐高温、高压,可用各种材料制造;④压力损失中等,动力消耗不大,除尘效率较高等。工程应用中,一般用来捕集 5~15 μm 的粉尘,作为多级除尘中的第一级。

8.3.3.1 旋风除尘器的结构和工作原理

普通旋风除尘器是由进气管、筒体、锥体和排气管等组成,如图 8.7 所示。含尘气流由切线进口进入除尘器,沿外壁由上向下作螺旋形旋转运动,称为外涡旋;外涡旋到达锥体底部后,转而向上,沿轴心向上做旋转运动,称为内涡旋;最后经排气管排出。外涡旋和内涡旋的旋转方向相同,轴向运动方向相反。气流做旋转运动时,受惯性离心力推动作用,尘粒向外移动,到达外壁面后在气流和重力共同作用下,落入灰斗。

气流做外涡旋运动时,顶部压力下降,部分气流带着微细尘粒沿筒体外壁旋转向上,到达顶部后,再沿排气管外壁旋转向下,最后汇入排气管排出,该旋转气流称为上涡旋,如图 8.8 所示。如果进口和顶盖间保持一定距离,没有进口气流干扰,上涡旋表现明显。

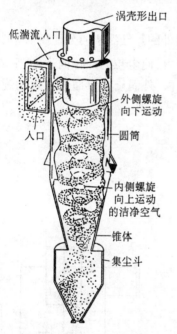
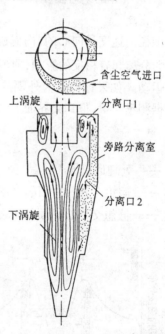

图 8.7 风除尘器示意图   图 8.8 旁路式旋风除尘器示意图

由于气体不是理想气体,且具有黏性,旋风除尘器内气流运动很复杂,除切向和轴向运动外,还有径向运动。外涡旋内部及其与尘粒之间存在摩擦损失,因而外涡旋不是纯净自由涡旋,而是所谓的准自由涡旋,具有向下低速向心的径向运动;内涡旋类似刚体圆柱转动,称为强制涡旋,具有向上高速向外的径向运动;外涡旋的径向向心速度分布和内涡旋的径向向外速度分布呈对称型。

1. 切向速度

切向速度是决定气流速度的主要速度分量,也是决定气流中质点离心力和尘粒捕集效率的主要因素。如图 8.9 所示,是某一断面的速度分布和压力分布。可以看出,外涡旋切向速度

v_t 随半径 r 减小而增加,反比于旋转半径 r 的 n 次方,最大值位于内外涡旋交界面,该交界面的半径 $r = (0.60 \sim 0.65)D_p/2(D_p$ 为排气管的直径)。内涡旋切向速度 v_t 随半径 r 的减小而减小,正比于旋转半径 r,比例常数等于气流的旋转角速度。切向速度分布规律可用下式表示:

外涡旋:
$$c = r \cdot v_t^{1/2} \tag{8.35}$$

内涡旋:
$$c' = \frac{v_t}{r} \tag{8.36}$$

式中　v_t——切向速度,m/s;
　　　r——气流旋转半径,m;
　　　$c、c'、n$——由气流运动状态决定的常数。

涡旋指数 $n = -1 \sim +1$,一般通过实测确定,可以由下式进行估算:
$$n = 1 - [1 - 0.67D^{0.14}] \cdot (T/283)^{0.3} \tag{8.37}$$

式中　D——旋风除尘器直径,m;
　　　T——气体的绝对温度,K。

2. 径向速度

外涡旋径向速度是向心的,内涡旋径向速度是向外的。气流切向分速度 v_t 和径向分速度 ω 对尘粒的分离起着相反的影响,前者产生惯性离心力,使尘粒向外径向运动,后者造成尘粒向心径向运动。如果近似认为外涡旋气流均匀经过内、外涡旋交界面进入内涡旋,如图8.10所示。根据测量结果,得到交界面上气流的平均径向速度为

$$\omega_0 = \frac{L}{2\pi r_0 H} \tag{8.38}$$

式中　L——处理风量,m³/s;
　　　H——假想交界圆柱面的高度,m;
　　　r_0——假想交界圆柱面的半径,m。

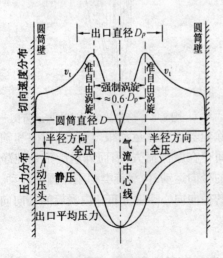

图 8.9　旋风除尘器内涡旋气流切向速度与压力分布

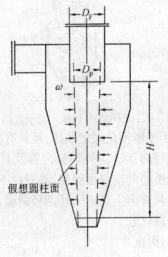

图 8.10　交界面上气流的径向速度

3. 轴向速度

轴向速度视内、外涡旋而定，外涡旋向下，内涡旋向上。因而在内、外涡旋之间存在一个轴向速度为零的交界面。在内涡旋中，随着气流逐渐上升，轴向速度不断增大，在排气管底部达到最大值。

4. 压力分布

从气流运动三个速度分量分析，可以看出旋风除尘器内压力分布。轴向各断面的速度分布差别较小，因此轴向压力变化也较小；切向速度在径向变化很大，因此径向全压和静压变化均很大，由外壁向轴心逐渐降低，轴心部分静压为负值。这种径向压力变化，是因为气流在除尘器内做圆周运动时，要有一个向心力和离心力相平衡所引起的。研究表明，即使在正压下运行，轴心处也是保持负压，该负压一直延伸至灰斗。因此，旋风除尘器下部如果不保持严密，会把已经分离的粉尘重新卷入到内涡旋中。

8.3.3.2 旋风除尘器的计算

1. 尘粒的分割粒径

旋风除尘器除尘效率与尘粒粒径有关，粒径越大，效率越高，当粒径大到某一值时，其除尘效率可达100%，该粒径称为全分离粒径 d_{c100}。同样，除尘效率为50%时，相应粒径称为半分离粒径 d_{c50}，即分割粒径。分割粒径越小，表明除尘器性能越好。评定旋风除尘器性能时，采用分割粒径更方便，因而计算分割粒径是确定旋风除尘器效率的基础。

处于外涡旋尘粒在径向受到两个力的作用：

（1）惯性离心力

$$F_1 = \frac{\pi}{6}d_c^3 \rho_c v_t^2 / r \tag{8.39}$$

（2）向心运动气流给予尘粒的作用力

$$F_2 = 3\pi\mu\omega d_c \tag{8.40}$$

式中　v_t——尘粒切向速度，可近似认为等于该点气流切向速度，m/s；
　　　r——旋转半径，m；
　　　ω——气流与尘粒在径向的相对运动速度，m/s。

这两个力作用在尘粒上的合力为

$$F = F_1 - F_2 = \frac{\pi}{6}d_c^3 \rho_c v_t^2 / r - 3\pi\mu\omega d_c \tag{8.41}$$

在旋风除尘器内，粒子沉降主要取决于合力 F。由于粒径分布是连续的，必定存在某个临界粒径 d_k，合力 F 恰好为零，即惯性离心力的向外推移作用和向心运动气流造成的向内飘移作用恰好相等。当粒径 $d_c > d_k$，尘粒会在惯性离心力推动下向外壁运动；当粒径 $d_c < d_k$，尘粒会在向心运动气流推动下进入内涡旋；当粒径 $d_c = d_k$，尘粒受力平衡，理论上将在此圆周上不停地旋转，实际由于气流紊流等因素影响，从概率统计的观点来看，尘粒被捕集的可能为50%，进入内涡旋的可能为50%，该尘粒的分级效率为50%。因此，根据上式可得分割粒径：

$$d_{c50} = \sqrt{\frac{18\mu\omega_0 r_0}{\rho_c v_{0t}^2}} \tag{8.42}$$

式中　r_0——交界面半径，m；

ω_0——交界面上径向速度,m/s;

v_{0t}——交界面上切向速度,m/s。

应当指出,粉尘在旋风除尘器内的分离过程是很复杂的,上述计算方法没有考虑尘粒相互碰撞及局部涡流影响。由于相互碰撞,结果有些理论上不能捕集的细小尘粒也会被除下;相反,由于局部涡流和轴向气流影响,有些理论上应该被除下的粗大尘粒却被排出除尘器。另外,有些已分离的尘粒,在下落过程中也会被内涡旋重新带走,该现象称为返混。因此理论计算结果和实际情况有一定差别。

2. 除尘器阻力

气流通过旋风除尘器压力损失是评价旋风除尘器性能的一个主要指标。压力损失是用气体通过旋风除尘器的总能量消耗表述,亦称压力降,一般约 1~2 kPa。压力降由气流入口、出口和涡旋流场三部分组成,以涡旋流场能耗为主。压力降与除尘器结构形式和运行条件等因素有关,其数值难以通过理论计算精确得到。根据实验,压力降与进口气流速度的平方成正比关系,即

$$\Delta P = \xi \frac{\rho u^2}{2} \tag{8.43}$$

式中 ξ——压损系数,可参考资料或通过实测求得;

u——气流的入口速度,m/s;

ρ——气体的密度,kg/m³。

在缺少实验数据时,ξ 也可按下式计算:

$$\xi = 16A/D_p^2 \tag{8.44}$$

式中 A——进口面积,m²。

旋风除尘器压力降的主要影响可归纳如下:

① 结构形式影响。若构造型式相同或几何图形相似,则压损系数相同;若进口流速 u 相同,压力降基本不变。

② 进口风量影响。压力降与进口速度的平方成正比。

③ 尺寸影响。尺寸对压力降影响很大,表现为进口面积增大,排气管直径减小,压力降随之增大,且随着圆体与锥体长度的增加而减小。

④ 气体密度变化影响。压力降随气体密度增大而增大,随气体温度降低或压力的增大而增大。

⑤ 含尘气体浓度大小影响。含尘气体浓度增高时,压力降随之下降,这是由于旋转气流与尘粒之间摩擦作用使旋转速度降低所致。

⑥ 除尘器内部障碍物影响。内部叶片、突起和支撑物等,能使气流旋转速度降低,离心力减小,从而使压力降降低;但是,内壁粗糙却使压力降增大。

8.3.3.3 影响旋风除尘器性能的因素

1. 进口速度 u

进口速度 u 对除尘效率和压力降具有重大影响。除尘效率和压力降都随 u 增大而提高,但若进口速度过大,不仅使压力降急剧加大,而且还会加剧返混,导致除尘效率下降。因此,从

技术、经济两个方面综合考虑,进口风速一般控制在 15 ~ 25 m/s,但不应低于 10 m/s,以防进气管积尘。

2. 结构比例尺寸

旋风除尘器各部件均有一定的尺寸比例,比例尺寸变化影响除尘效率和压力降等。在结构上,影响性能的因素有筒体直径、排气管直径、筒体和锥体高度、排尘口直径及除尘器底部的严密性等。表 8.2 给出了尺寸比例变化对性能的影响。

(1) 筒体直径。在相同转速下,筒体直径越小,尘粒受到的离心力越大,除尘效率越高。但筒体直径越小,处理风量也越少,并且筒体直径过小还会引起粉尘堵塞,因此一般为 0.15 m,不大于 1 m。在需要处理大风量时,可采用同型号旋风除尘器并联组合运行,或采用多管型旋风除尘器。

(2) 排气管直径。减小排气管直径可以减小内涡旋直径,有利于提高除尘效率,但减小排气管直径会加大出口阻力,一般取 0.4 ~ 0.65 倍的筒体直径。

(3) 筒体和锥体高度。加长筒体长度虽然有利于沉降,但会造成返混;增加锥体长度会使阻力增加。因此高效旋风除尘器采用的锥体长度为筒体直径的 2.8 ~ 2.85 倍;筒体和锥体的总高度不超过筒体直径的 5 倍。

(4) 排尘口直径。排尘口直径过小会影响粉尘沉降,同时易被粉尘堵塞。因此,排尘口直径一般为排气管直径 0.7 ~ 1.0 倍,但不小于 70 mm。

表 8.2　旋风除尘器尺寸比例变化对性能的影响

比例变化	性能趋向		投资趋向
	压力损失	除尘效率	
增加旋风除尘器的直径	降低	降低	提高
增加筒体的长度	稍有降低	提高	提高
增大入口面积(流量不变)	降低	降低	—
增大入口面积(流速不变)	降低	降低	降低
增加锥体的长度	稍有降低	提高	提高
增大锥体的排出孔	稍有降低	提高或降低	—
减小锥体的排出孔	稍有提高	提高或降低	—
增加排气管伸入除尘器内的长度	提高	提高或降低	提高
增大排气管的直径	降低	降低	提高

3. 除尘器底部的严密性

由于旋风式除尘器底部总是处于负压状态,如果不严密,会造成返混现象,使除尘效率显著下降。因此在不漏风的情况下,进行正常排尘是保证正常运行的重要条件。对间歇工作的除尘器,可在排尘口下设置固定灰斗,定期排放;对收尘量大且连续工作的除尘器,可设置双翻板式或回转式锁气室,如图 8.11 所示。

4. 二次效应

对于旋风除尘器,在较小粒径区间,理应逸出的粒子由于聚集或被较大尘粒撞向壁面而脱离气流被捕集,实际效率高于理论效率;在较大粒径区间,理应沉降入灰斗的尘粒因为返混被重新吹起,实际效率低于理论效率。因此,二次效应是造成理论效率曲线与实际效率曲线不一致的原因,如图 8.12 所示。通过环状雾化器将水喷淋在旋风除尘器内壁上,能有效地控制二次效应。

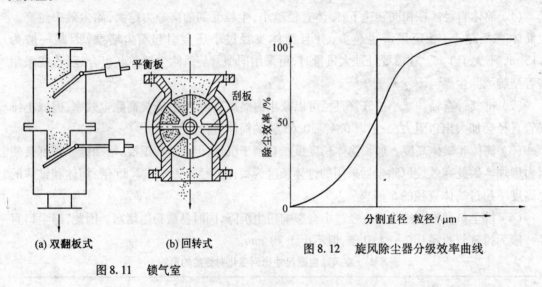

图 8.11 锁气室

图 8.12 旋风除尘器分级效率曲线

单元四 袋式除尘器

袋式除尘器是一种干式高效除尘器,利用纤维织物的过滤作用进行除尘。对于 1.0 μm 的粉尘,效率高达 98% ~ 99%。滤袋通常做成圆柱形(直径为 125 ~ 500 mm),有时也做成扁长方形,滤袋长度一般为 2 m 左右。袋式除尘器的除尘效率高,且性能稳定可靠、操作简单,因而应用广泛。

8.4.1 袋式除尘器的工作原理

8.4.1.1 袋式除尘器的除尘机理

常用滤料由棉、毛、人造纤维等加工而成,滤料本身网孔较大,一般为 20 ~ 50 μm,新用滤料的除尘效率不高,对于 1 μm 尘粒只有 40% 左右的除尘效率,如图 8.13 所示。含尘气体通过滤料时,粉尘因筛滤、截留、惯性碰撞、静电、扩散和重力沉降等作用,逐渐深入滤料内部,使纤维间空间逐渐减小,最终形成附着在滤料表面的粉尘层(称为初层)。粉尘初层形成后,成为袋式除尘器的主要过滤层,使过滤效率剧增,而滤布只是起着形成粉尘初层和支撑它的骨架作用,如图 8.14 所示。但随着粉尘在滤袋上积聚,滤袋两侧压力差增大,会把有些已附在滤料上的细小粉尘挤压过去,使除尘效率下降。另外,若除尘器阻力过高,会使除尘系统处理气体量显著下降,影响生产系统的排风效果,因此除尘器阻力达到一定数值后,要及时清灰。

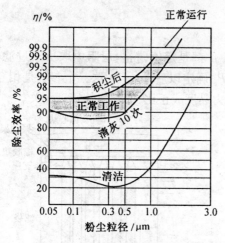
图 8.13　某袋式除尘器分级效率曲线

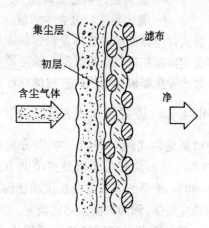
图 8.14　滤料的过滤作用

8.4.1.2　袋式除尘器的阻力

袋式除尘器阻力与除尘器结构、滤袋布置、粉尘层特性、清灰方法、过滤风速、粉尘浓度等因素有关。可作定性分析袋式除尘器阻力为

$$\Delta P = \Delta P_g + \Delta P_0 + \Delta P_c \tag{8.45}$$

式中　ΔP_g——结构阻力，Pa；

　　　ΔP_0——滤料阻力，Pa；

　　　ΔP_c——粉尘层阻力，Pa。

(1) 结构阻力是指设备进、出口及内部挡板等造成的流动阻力。通常有 $\Delta P_g = 200 \sim 500$ Pa。

(2) 滤料阻力

$$\Delta P_0 = \xi_0 \mu v_F / 60 \tag{8.46}$$

式中　μ——空气的黏度，Pa·s；

　　　v_F——过滤风速，即单位时间每 m² 滤料表面所通过的空气量，m³/(min·m²)；

　　　ξ_0——阻力系数，m⁻¹。

(3) 粉尘层阻力

$$\Delta P_c = \alpha_m \delta_c \rho_c \cdot \mu v_F / 60 = \alpha_m \left(\frac{G_c}{F}\right) \mu v_F / 60 \tag{8.47}$$

式中　δ_c——粉尘层厚度，m；

　　　G_c——堆积粉尘量，kg；

　　　F——滤料表面积，m²；

　　　α_m——粉尘层平均比阻，m/kg。

α_m 是随粉尘粒径、真密度及粉尘层内部空隙率减小而增大，即处理粉尘粒径越细小，ΔP_c 也就越大。

除尘器运行 τ 秒钟后，滤料上堆积的粉尘量为

$$G_c = \frac{v_F F}{60} \cdot \tau y \tag{8.48}$$

$$\Delta P_c = \alpha_m \mu y \tau (v_F/60)^2 \tag{8.49}$$

式中　τ——滤料的连续过滤时间，s；
　　　y——除尘器进口处含尘浓度，kg/m³。

袋式除尘器处理的气体及粉尘确定以后，α_m、μ 都是定值，粉尘层阻力取决于过滤风速、气体含尘浓度和连续运行时间。除尘器允许的 ΔP_c 确定以后，v_F、y、τ 这三个参数是相互制约的。袋式除尘器的压力损失与过滤速度及气体动力黏度成正比，而与气体密度无关。

8.4.2　袋式除尘器清灰方式

清灰是袋式除尘器运行中十分重要的一环，实际上许多袋式除尘器是按清灰方式命名和分类的。最早的清灰方式是振动滤料以便沉积的粉尘脱落，称为机械振动式清灰，如图 8.15 所示。另外两种是利用气流把沉积粉尘吹走，即用低压气流反吹或用压缩空气喷吹，分别称为逆气流清灰和脉冲喷吹清灰。此外，还有一些其他清灰方式，对于难以清除的粉尘，也有同时并用两种清灰方法的。

1. 简易清灰

简易清灰是借助滤料表面粉尘自重和风机的启动和停止，使滤袋变形，粉尘自行脱落而清灰，有时还需要辅以人工敲打和抖动滤袋的方法使清灰效果达到最佳。如图 8.16 所示，是两种简易清灰袋式除尘器结构示意图，该袋式除尘器不适宜净化含尘浓度过高的气体。这种袋式除尘器结构简单、投资省、易施工、体积庞大、操作条件差，目前已较少使用。

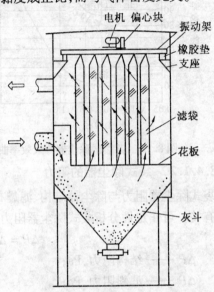

图 8.15　机械振动袋式除尘器

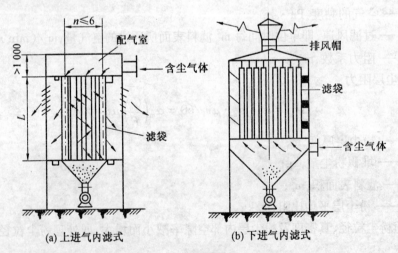

图 8.16　简易清灰袋式除尘器

2. 机械振动清灰

机械振动清灰方式常用三种：①水平振动，即滤袋沿水平方向摆动；②垂直振动，即滤袋沿垂直方向振动；③扭曲振动，即靠机械转动定期将滤袋扭转一定的角度，使沉积于滤袋的粉尘层破碎而落入灰斗。机械振动清灰,能及时清除附着在滤袋上的尘粒,工作性能稳定、清灰效果较好,耗能低。过滤风速一般取 1.0～2.0 m/min,压力损失约为 800～1 200 Pa。但由于机械作用,滤袋寿命较短,滤袋检漏、维修和更换工作量大。

3. 逆气流清灰

逆气流清灰是指清灰时的气流与过滤时气流方向相反。如图 8.17 所示,是逆气流清灰袋式除尘器简单结构示意图。清灰时,关闭含尘气流,开启逆气流反吹风,使滤袋变形,沉积在滤袋内表面(或外表面)的粉尘层被破坏而脱落入灰斗。属于这种清灰方式的除尘器有逆气流吹风清灰袋式除尘器、逆气流吸风清灰袋式除尘器和气环反吹清灰袋式除尘器。该种袋式除尘器系统常采用标准化设计,多滤袋室组合使用,用于连续工艺过程,特别适用于粉尘黏性小及采用玻璃纤维滤袋的情况。逆气流吹风清灰袋式除尘器的过滤速度一般取 0.5 m/s 左右为宜。逆气流吸风清灰袋式除尘器的过滤速度通常取 0.4～0.6 m/min,最大不超过 1.0 m/min。气环反吹清灰袋式除尘器的过滤速度一般取 4～6 m/min,滤尘效率达 99% 以上,压力损失为 1 000～1 200 Pa。

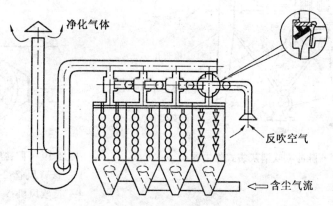

图 8.17 逆气流清灰袋式除尘器

4. 脉冲喷吹清灰袋式除尘器

脉冲清灰也包括逆流反吹过程。这种清灰方法是利用 $(4～7)×10^5$ Pa 的压缩空气反吹,产生强度较大的清灰效果。压缩空气的脉冲产生冲击波,使滤袋振动,导致积附在滤袋上的粉尘层脱落。这种清灰方式有可能使滤袋清灰过度,继而使粉尘通过率上升,因此必须选择适当压力的压缩空气和适当的脉冲持续时间。脉冲清灰的控制参数为脉冲压力、频率、脉冲持续时间和清灰次序。如图 8.18 所示,是脉冲喷吹清灰袋式除尘器结构示意图,这种高效除尘器,净化效率高,过滤负荷高,滤袋磨损较轻,使用寿命较长,运行安全可靠,应用越来越广泛。但耗电量较大,对高浓度、含湿量较大的含尘气体的除尘效果较差。

5. 回转反吹扁袋式除尘器

如图 8.19 所示,是回转反吹扁袋式除尘器结构示意图。这种除尘器采用圆筒外壳,梯形扁袋沿圆筒呈辐射状布置,反吹风管由轴心向上与悬臂管连接,悬臂管下面正对滤袋导口设有吹风口,悬臂管由专用马达及减速机带动旋转。回转反吹扁袋式除尘器在相同过滤面积的条件下占用的空间体积小,可提高单位体积的过滤面积。扁形滤袋性能好,寿命长,清灰自动化且效果好,运行安全可靠,维修方便。过滤风速一般取 1.0～1.5 m/min,黏性小的粗尘粒可取 2.0～2.5 m/min,净化效率一般可达 99% 以上。

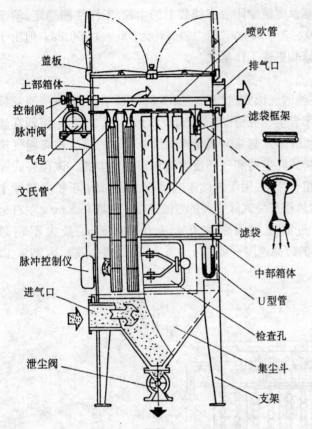

图8.18 脉冲喷吹清灰袋式除尘器

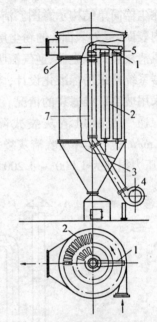

图8.19 回转反吹扁袋式除尘器
1—悬臂风管;2—滤袋;3—灰斗;4—反吹风机;5—反吹风口;6—花板;7—反吹风管

6. 联合清灰袋式除尘器

这种除尘器是将上面介绍的两个或三个不同类型的除尘器有机地连接起来,已达到最佳的净化效率。联合清灰袋式除尘器的清灰时间约为30～60 s,时间间隔约为3～8 min,过滤风速一般取2～3 m/min,压力损失为800～1 000 Pa,清灰效果好,净化效率约为98%左右。

8.4.3 袋式除尘器的应用和选择

1. 袋式除尘器的滤料选择

滤料是组成袋式除尘器的核心部分,其性能对袋式除尘器操作有很大影响,选择滤料时必须考虑含尘气体的特征。性能良好的滤料应具有容尘量大、吸湿性小、效率高、阻力低、使用寿命长,且耐温、耐磨、耐腐蚀、机械强度高等优点。滤料特性除与纤维本身的性质有关外,还与滤料表面结构有很大关系。表面光滑的滤料容尘量小,清灰方便,适用于含尘浓度低,黏性大的粉尘,此时采用的过滤速度不宜过高。表面起毛(绒)的滤料容尘量大,粉尘能深入滤料内部,可以采用较高的过滤速度,但清灰周期短。

袋式除尘器的滤料种类较多。按滤料材质分,有天然纤维、无机纤维和合成纤维等;按滤料结构分,有滤布和毛毡两类。棉毛织物属天然纤维,价格较低,适用于净化没有腐蚀性、温度在350～360 K以下的含尘气体。无机纤维滤料主要指玻璃纤维滤料,具有过滤性能好、阻力低、化学稳定性好、价格便宜等优点。用硅酮树脂处理玻璃纤维滤料能提高其耐磨性、疏水性和柔软性，还可使其表面光滑，易于清灰，可在 523 K 下长期使用，但玻璃纤维较脆，使用上有一定的局限性。

2. 袋式除尘器的结构形式

袋式除尘器的结构形式多种多样。

① 按滤袋的形状可分为圆筒形和扁形。圆筒形滤袋应用最广，它受力均匀，连接简单，成批换袋容易。扁袋除尘器和圆袋除尘器相比，在同样体积内可多布置 20%～40% 过滤面积的布袋，占地面积较小，结构紧凑，但清灰维修困难，应用较少。

② 按进气方式可分为上进气和下进气。上进气时，过滤性能较好，但除尘器高度增加，且滤袋安装复杂。下进气时，滤袋磨损小，但清灰效率降低，阻力增加，然而设计合理、构造简单、造价便宜，较多使用。

③ 按含尘气流进入滤袋的方向可分为内滤式和外滤式两种。内滤式时，含尘气流进入滤袋内部，净化气体通过滤袋逸向袋外。外滤式时，粉尘阻留于滤袋外表面，净化气体由滤袋内部排出。

④ 按清灰方式的不同可分为简易清灰袋式除尘器、机械振动清灰袋式除尘器、逆气流清灰袋式除尘器、气环反吹清灰袋式除尘器、脉冲喷吹清灰袋式除尘器、脉冲顺喷清灰袋式除尘器及联合清灰袋式除尘器。

3. 袋式除尘器的应用

袋式除尘器是一种高效除尘器，应用广泛。它比电除尘器结构简单、投资省、运行稳定，还可以回收高比电阻粉尘；与文氏管除尘器相比，动力消耗小，回收的干粉尘便于综合利用。因此对于微细的干燥粉尘，采用袋式除尘器捕集是适宜的，但不适于净化有爆炸危险或带有火花的含尘气体。

使用时应注意以下问题：① 由于滤料使用温度的限制，处理高温烟气时，必须冷却到滤料可能承受的温度。② 处理高温、高湿气体时，为防止水蒸气在滤袋上凝结，应对管道及除尘器保温，必要时还可以进行加热。③ 不能用于带有火花的烟气。④ 处理含尘浓度高的气体，为减轻袋式除尘器负担，最好采用两级除尘，用低效除尘器进行预处理。

单元五　　电除尘器

电除尘器是含尘气体在通过高压电场进行电离的过程中，使尘粒荷电，并在电场力的作用下使尘粒沉积在集尘极上，将尘粒从含尘气体中分离出来的一种除尘设备。电除尘过程与其他除尘过程的根本区别在于，分离力（主要是静电力）直接作用在粒子上，而不是作用在整个气流上，这就决定了它具有分离粒子耗能小、气流阻力小的特点。由于作用在粒子上的静电力相对较大，所以对亚微米级粒子也能有效捕集。

8.5.1　电除尘器的工作原理

电除尘器种类和结构形式繁多，但基本工作原理相同，包括电晕放电、气体电离、悬浮粒子荷电、带电粒子在电场内向集尘极迁移并被捕集、集尘极上捕集物放出电荷并被清除等基本过程。

8.5.1.1 气体电离与电晕放电

电除尘过程首先需要发生大量使粒子荷电的气体离子,最有效的办法是电晕放电,并广泛应用。将足够高的直流电压施加在一对电极上,其中一极为放电极,另一极为集尘极,二者形成电场,如图8.20所示,该电场可能是不均匀电场或均匀电场,但电除尘器内必须设置为非均匀电场。

在电场力作用下,空气中自由离子向两极移动形成极间电流,电压越高、电场强度越高,离子的运动速度越快。当电压升高到一定数值后,放电极附近的离子获得了较高的能量和速度,撞击空气中的中性原子,使其分解成正、负离子,该现象称为空气电离,该过程也称为"雪崩"过程。空气电离后,因连锁反应,极间电流(称为电晕电流)急剧增加,空气成了导体。当电晕极周围空气全部电离,其周围形成一圈淡蓝色的光环,该光环称为电晕,因而放电极也称为电晕极;自由电子能引起气体分子离子化的区域,称为电晕区。在电晕区内产生大量的自由电子和正离子,该过程就是所谓的电晕放电。如果进一步提高电压,空气电离范围逐渐扩大,最后极间空气全部被电离,该现象称为电场击穿。电场击穿时,发生火花放电,电路短路,电除尘器停止工作,如图8.21所示。为了保证电除尘器的正常运行,电晕范围一般局限于电晕极附近。

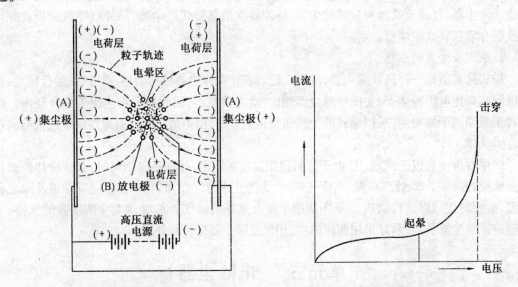

图8.20 电除尘器的工作原理　　图8.21 电除尘器的电晕电流变化曲线

含尘气体通过电除尘器时,由于电晕区范围很小,只有少量尘粒在电晕区通过,并获得正电荷,沉积在电晕极上。大多数尘粒在电晕区外通过,通过与负离子碰撞获得负电荷,最后沉积在阳极板上,称为集尘极。直流电除尘器一般采用负电晕极,因为起晕电压低(刚开始产生电晕的电压称为起晕电压)而击穿电压高。另外,负离子运动速度要比正离子大,因此采用负电晕极有利于提高除尘效率。但是,用于进气净化的电除尘器,为了避免负电晕极产生臭氧,一般采用正电晕极。

8.5.1.2 悬浮粒子荷电

在电除尘器电晕电场中存在两种不同的粒子荷电机理:一种是离子在静电力作用下做定向运动,与粒子碰撞而使粒子荷电,称为电场荷电或碰撞荷电,该机理依赖于电场强度;另一种是由离子扩散而使粒子荷电,称为扩散荷电,该机理依赖于离子热能。粒子荷电过程取决于粒径,当 $d_c > 0.5$ μm,以电场荷电为主;当 $d_c < 0.15$ μm,以扩散荷电为主;当 $0.15 < d_c < 0.5$ μm 时,则同时考虑两种机理。

1. 电场荷电

电场荷电会因粒子荷电量的增加产生局部电场,使附近的电力线向外偏转,减少了离子向粉尘粒子运动的机会,最后导致粒子电荷达到饱和。用经典静电学方法可以求得粒子电场荷电的荷电量(库仑):

$$q = 3\pi \left(\frac{\varepsilon}{\varepsilon + 2} \right) \varepsilon_0 d_c^2 E_f \tag{8.50}$$

式中 ε_0 —— 真空介电常数,$\varepsilon_0 = 8.85 \times 10^{-12}$ C/(N·m²);

ε —— 粒子的相对介电常数(与真空条件下的介电常数相比较的无因次);

d_c —— 粒径,m;

E_f —— 放电极周围的电场强度,V/m(或 N/C)。

由上式可见,影响电场荷电的重要因素,对于粒子特性是粒径 d_c 和介电常数 ε;对于电晕电场是电场强度 E_f 和离子密度 N_0。

2. 扩散荷电

扩散荷电是由于气体离子的不规则热运动,并与存在于气体中的粒子碰撞,使粒子荷电的结果,因而荷电量取决于离子热运动的动能、碰撞几率、粉尘粒子的大小和正电场中的荷电时间。粒子上累积电荷虽然会产生排斥电场,阻止其他离子接近荷电粒子,但并不存在扩散荷电的最大极限值,因为根据分子运动理论,并不存在离子动能的上限,因而不存在理论上的饱和荷电量。

3. 电场荷电和扩散荷电的综合作用

对于介于 $0.15 < d_c < 0.5$ μm 之间的粒子,同时考虑电场荷电和扩散荷电作用是必要的。两种荷电机理获得的电荷数量级大致相同,荷电量可以近似按两种机理的荷电量叠加计算。

4. 异常荷电现象

应当指出,因气流分布不当、气流速度过高或不适当的振打等原因,容易出现异常荷电。最重要的有三种情况:① 沉积在集尘极表面的高比电阻粒子导致在低电压下发生火花放电或在集尘极发生反电晕现象。通常当比电阻高于 2×10^{10} Ω·cm 时,较易发生。② 当气流中微小粒子浓度高时,虽然荷电尘粒所形成的电晕电流不大,可是形成的空间电荷却很大,严重地抑制电晕电流产生,使尘粒不能获得足够的电荷。粒径在 1 μm 左右的数量越多,这种现象越严重。③ 当含尘量大到某一数值时,电晕现象消失,尘粒在电场中得不到电荷,电晕电流几乎为零,失去除尘作用,即电晕闭塞。

8.5.1.3 被捕集粉尘的清除

电晕极和集尘极上都会有粉尘沉积,应及时清除。因为粉尘沉积在电晕极上会影响电晕电流的大小和均匀性;集尘极板上粉尘层较厚时,会导致火花放电,电压降低,电晕电流减小。集尘极清灰方法有湿式和干式两种方式。在湿式电除尘器中,集尘极板表面经常保持一层水膜,粉尘沉降在水膜上而随水膜流下,从而达到清灰目的,该方式的优点是粉尘无二次尘化,同时也可净化部分有害气体,其缺点是极板腐蚀结垢和污泥处理。干式电除尘器一般通过机械撞击、电磁振打或锤式振打清除。干式振打清灰需要合适的振打强度,太小难以清除积尘,太大可能引起二次尘化,合适的振打强度和振打频率通过现场调节确定。

8.5.2 电除尘器的形式和构造

1. 按集尘极的形式可分为管式和板式电除尘器两类

如图 8.22 所示,管式电除尘器的集尘极一般为直径 150～300 mm 的圆形金属管,管长为 3～5 m,通常采用多根圆管并列的结构,放电极极线(电晕线)用重锤悬吊在集尘极圆管中心。其缺点是清灰较困难,多用于净化气体量较小或含雾滴的含尘气体。板式电除尘器的集尘极由多块经轧制成不同断面形状的钢板组合而成,放电极(电晕线)均布在平行集尘极间,集尘极极板间距一般为 200～400 mm,极板高度为 2～5 m,极板总长可根据要求的除尘效率来定。其缺点是电场强度变化不均匀,但清灰方便,制作安装较容易。

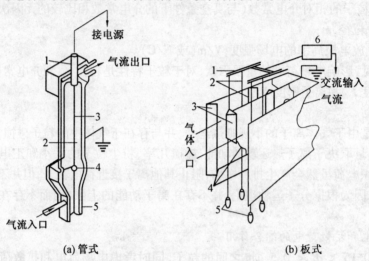

图 8.22 电除尘器结构示意图

1—绝缘瓶;2—集尘极表面上的粉尘;3—放电极;4—吊锤;5—捕集的粉尘;6—高压母线;7—电晕极;8—挡板;9—集尘挡板;10—重锤;11—高压电极

2. 按气流流动方向可分为立式和卧式电除尘器两类

立式电除尘器的气流通常是自下而上流动。管式电除尘器都是立式的,具有占地面积小,捕集效率高的优点。卧式电除尘器的气流是沿水平方向运动来完成净化过程的,卧式电除尘器的电场供电,容易实现对不同粒径粉尘的分离,有利于提高总除尘效率,且安装高度低,操作维修方便,在工业废气除尘中应用广泛。

3. 按集尘极和电晕极在除尘器空间配置不同分为单区和多区电除尘器两类

单区电除尘器的集尘极和电晕极装在同一区域内,粒子荷电和捕集在同一区域内完成,当今应用最为广泛。双区电除尘器中,粒子荷电和捕集不在同一区域内完成,如图 8.23 所示,在放电极区域里使粒子荷电,在集尘极区域里使粒子被捕集。

4. 按沉积粉尘的清灰方式可分为湿式和干式电除尘器两类

湿式电除尘器是用喷水或溢流水等方式使集尘极表面形成一层水膜,将沉积的粉尘冲走,可以达到很高的除尘效率,因无振打装置,运行较稳定。但与其他湿式除尘器一样,存在腐蚀、污泥和污水的处理问题,只有在气体含尘浓度较低、要求除尘效率较高时使用。干式电除尘器是最常见的一种形式,是用机械振打等方法实现极板清灰,回收的干粉尘便于处置和利用,但存在二次尘化问题,导致除尘效率降低。

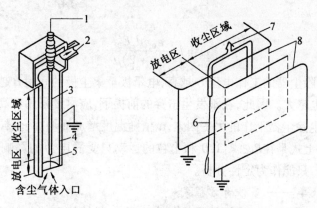

图 8.23 双区电除尘器结构示意图

1—连接高压电源;2—洁净气体出口;3—不放电的高压电极;4—集尘极;5—放电极;6—放电极线;
7—连接高压电源;8—集尘极板

8.5.3 影响电除尘器性能的因素

1. 驱进速度

在强电场中,若忽略重力和惯性力等作用,荷电尘粒所受作用力主要是静电力(即库仑力)和气流阻力。

(1) 对于 $Re_c < 1.0$ 的尘粒,当 $d_c > 0.5\ \mu m$ 时:

尘粒所受静电力:

$$F_1 = qE_j \tag{8.51}$$

气流阻力:

$$F_2 = 3\pi\mu d_c \omega \tag{8.52}$$

式中 E_j—— 集尘极周围的电场强度,V/m(或 N/C);

ω—— 尘粒与气流在横向的相对运动速度,m/s。

当尘粒所受静电力和气流阻力达到平衡时,作用在尘粒上外力之和等于零,尘粒在横向做等速运动。这时尘粒的运动速度称为驱进速度。

驱进速度:

$$\omega = \frac{\varepsilon_0 \varepsilon d_c E_f E_j}{(\varepsilon + 2)\mu} \tag{8.53}$$

(2) 对于 $d_c \leq 0.5\ \mu m$ 时,上式应进行修正:

$$\omega = k_c \frac{\varepsilon_0 \varepsilon d_c E_f E_j}{(\varepsilon + 2)\mu} \tag{8.54}$$

式中 k_c—— 库宁汉(Cunninghum)滑动修正系数。

为了简化计算,可以近似认为:

$$E_f = E_j = U/B = E_P \tag{8.55}$$

式中 U—— 工作电压,V;

B—— 电晕极至集尘极的间距,m;

E_P—— 平均电场强度,V/m。

因此

$$\omega = k_c \frac{\varepsilon_0 \varepsilon d_c E_P^2}{(\varepsilon + 2)\mu} \tag{8.56}$$

由上式可见，电除尘器的工作电压 U 越高，电晕极至集尘极的间距 B 越小，电场强度越大，尘粒的驱进速度 ω 也越大。因此，在不发生击穿的前提下，应尽量采用较高的工作电压。气体动力黏度 μ 是影响电除尘器工作的另一因素，μ 值随温度增加而增加，尘粒驱进速度和除尘效率都会下降。同时，上式是在 $Re_c < 1.0$ 和尘粒的运动只受静电力的影响这两个假设下得到的，实际因紊流存在，只能作为定性分析。

2. 尘粒的捕集效率——多依奇方程式

1922 年，多依奇(Deutsch)根据假设推导出电除尘器的粒子捕集效率式。这些假设是：① 除尘器中气流为紊流状态，通过电除尘器任一横断面上粒子浓度和气流分布是均匀的；② 粒子进入除尘器后立即完成了荷电过程，达到饱和荷电；③ 在边界层尘粒具有垂直于壁面的分速度；④ 忽略电场、气流分布不均匀、二次尘化等影响。

多依奇方程式表示为

$$\eta = 1 - \exp\left(-\frac{A}{L}\omega\right) \tag{8.57}$$

式中　A——总的集尘面积，m^2；
　　　L——处理风量，m^3/s；
　　　ω——驱进速度，m/s。

多依奇方程式概括了除尘效率与集尘极面积、处理风量和粉尘驱进速度之间的关系。在除尘效率一定的情况下，除尘器尺寸和尘粒驱进速度成反比，与处理风量成正比；在除尘器尺寸一定的情况下，除尘效率和气流速度成反比。

3. 有效驱进速度

由于各种因素的影响，由式(8.57)计算的理论除尘效率要比实际值高得多。为此，实际中常常根据在一定的除尘器结构形式和运行条件下测得的除尘效率和集尘极总面积 A、气体流量 L，代入多依奇方程式中反算出相应的驱进速度，称为有效驱进速度，以 ω_e 表示。一般用 ω_e 表示除尘效率方程式，即

$$\eta = 1 - \exp\left(-\frac{A}{L}\omega_e\right) \tag{8.58}$$

4. 粉尘的比电阻

粉尘的比电阻是评定粉尘导电性能的一个重要指标。某一物质在一定的温度下的电阻为

$$R = R_b \frac{l}{A} \tag{8.59}$$

式中　R_b——比电阻(或称电阻率)，$\Omega \cdot cm$；
　　　l——长度，cm；
　　　A——横断面积，cm^2。

由上式可见，某一物质比电阻就是长度和横断面积各为 1 的电阻。粉尘层的比电阻对电除尘器有效运行具有显著的影响，过大($R_b > 10^{11} \sim 10^{12} \Omega \cdot cm$)或过小($R_b < 10^4 \Omega \cdot cm$)都会降低除尘效率。含尘气体的温度和湿度是影响微粒比电阻的两个重要因素。温度较低时，

比电阻随温度升高而增加,达到最大值后,又随温度增加而下降;比电阻随气流湿度增大而减少,但温度较高时,烟气含湿量对比电阻基本没有影响。

5. 影响电除尘器除尘效率的因素

影响电除尘器除尘效率的因素很多,主要有气体的成分和性质、粉尘比电阻、电极形式和尺寸、操作参数等。

(1) 废气的成分。由于不同气体分子与电子的亲和能力不同,不同离子在电场中的迁移速率不同。负电性气体和离子迁移速率低的气体存在,对改善电除尘器工作性能有利。

(2) 气体的温度和压强。气体密度增大,平均自由行程缩短,可供电子加速的时间减少,因此气体温度降低和压强升高,会使起晕电压升高,影响离子迁移速率。

(3) 粉尘比电阻。带电粉尘在集尘极表面沉积的稳定程度与粉尘比电阻有很大关系,电除尘器运行最佳粉尘比电阻范围为 $10^4 \sim 10^{11} \Omega \cdot cm$。比电阻小的粉尘容易在斥力作用下重返气流;比电阻大的粉尘会阻止粉尘向集尘极沉积。另外,带电积尘层如果出现裂缝,会产生反电晕,从而导致电除尘器效率显著下降。

(4) 粉尘浓度。进口浓度不高时,浓度提高,除尘效率会有所提高;进口浓度过高,极间电流减弱,状况反而恶化,容易产生电晕阻塞。

(5) 电极的形状和尺寸。电极的形状和尺寸对电晕放电影响很大,会影响起晕电压。集尘极有效长度与高度之比直接影响振打清灰时二次尘化的多少。比集尘面积 A/L 对除尘效率也有明显影响,比集尘面积增大,尘粒被捕集机会增加。

(6) 气流速度及分布情况。气流速度及分布情况对电除尘器的性能有重要影响,气流速度过高,会产生二次尘化,导致除尘效率的降低;气流分布不均匀,各通道气体流速相差较大,也能导致除尘效率降低。此外,供电装置容量、输出电压高低、电压波形和稳定件以及供电分组等都会影响除尘效率。

8.5.4 电除尘器的选择计算

电除尘器形式和工艺配置,应根据处理含尘气体的性质及处理要求决定,可以归纳出选择和设计电除尘器时需要提供的主要参数为:① 要求的除尘效率或除尘器进出口浓度;② 气体的流量、组成、温度、湿度和压力;③ 粉尘的组成、粒径分布、比电阻、密度、黏性及回收价值等。

设计步骤为:① 根据现有运行和设计经验,确定或计算有效驱进速度;② 根据给定气体流量和要求的除尘效率,计算所需的集尘面积 A;③ 查出与集尘面积相当的电除尘器规格;④ 验算电场风速(电除尘器内气体运动速度,称为电场风速),如验算结果在所选的除尘器允许范围内,则符合要求,否则应重新选择。

单元六 湿式除尘器

湿式除尘器是通过含尘气体与液滴或液膜的接触使尘粒从气流中分离,适宜处理有爆炸危险或同时含有多种有害气体的含尘气流。其优点是结构简单,投资低,占地面积小,除尘效率高,同时进行有害气体的净化;其缺点是有用物料不能干法回收,泥浆需要处理,有时要设置专门的废水处理设备;高温烟气洗涤后,温度下降,会影响烟气在大气的扩散。

8.6.1 湿式除尘器的除尘机理

除尘机理主要有:① 通过惯性碰撞、接触阻留,尘粒与液滴、液膜发生接触,使尘粒加湿、增重、凝聚;② 细小尘粒通过扩散与液滴、液膜接触;③ 由于烟气增湿,尘粒的凝聚性增加;④ 高温烟气中水蒸气凝结时,以尘粒为凝结核,形成液膜包围在尘粒表面,增强了粉尘凝聚性,能改善疏水性粉尘可湿性。粒径为 1~5 μm 的粉尘主要利用第一个机理,粒径在 1 μm 以下的粉尘主要利用后三种机理。

1. 惯性碰撞除尘机理

在除尘技术中,把 x_s 与液滴直径 d_y 的比值称为惯性碰撞数 N_i。根据推导,惯性碰撞数 N_i 可用下式表示:

$$N_i = \frac{x_s}{d_y} = \frac{v_y d_c^2 \rho_c}{18\mu d_y} \tag{8.60}$$

式中　v_y——尘粒与液滴相对运动速度,m/s;
　　　d_y——液滴的直径,m;
　　　d_c——尘粒的直径,m。

惯性碰撞数是和 Re 数一样的准则数,反映惯性碰撞的特征。N_i 数越大,说明尘粒和物体的碰撞机会越多,碰撞越强烈,除尘效率越高。尘粒直径和密度确定后,N_i 数大小取决于尘粒与液滴间相对运动速度和液滴直径。因此,要提高 N_i 值,必须提高气液相对运动速度和减小液滴直径。同时,并不是液滴直径越小越好,当液滴直径过小,液滴容易随气流一起运动,减小了气液相对运动速度,液滴直径约为捕集粒径的 150 倍时,效果最好;过大或过小都会使除尘效率下降,而且气流速度也过高,阻力增加。

2. 扩散除尘机理

由上式可见,当粒径小于 1 μm 时,$N_i \approx 0$。但是实际除尘效率并不一定为零,这是因为尘粒向液体表面的扩散在起作用。粒径在 0.1 μm 左右时,扩散是尘粒运动的主要因素,扩散引起尘粒转移与气体分子扩散是相同的。扩散转移量与尘液接触面积、扩散系数、粉尘浓度成正比,与液体表面的液膜厚度成反比。扩散系数可按下式计算:

$$D = \frac{kTk_c}{3\pi\mu d_c} \tag{8.61}$$

式中　k——波尔兹曼常数,$k = 1.38054 \times 10^{-23}$ J/K;
　　　k_c——库宁汉滑动修正系数。

由上式可见,粒径越大,扩散系数 D 越小,粒径对除尘效率的影响,扩散和惯性碰撞是相反的。另外,扩散除尘效率是随液滴直径、气体黏度、气液相对运动速度减小而增加。在工业上,没有单纯利用扩散机理的除尘装置,但是某些难以捕集的细小尘粒能在湿式除尘器中捕集是与扩散、凝聚等机理有关。

3. 拦截作用

拦截是指尘粒在水滴上直接被阻隔,尘粒被水润湿进入水滴内部,或黏附在水滴表面,使尘粒与含尘气流分离。被拦截的尘粒必须质量很小,且有一定尺寸,当流线绕过水滴拐弯时,尘粒不会离开流线,这时只要尘粒处在围绕捕集物(水滴)流过而相距捕集物不超过 $d_c/2$ 的流线上,尘粒就与捕集物(水滴)接触而被拦截。尘粒在水滴上的拦截作用可用直接拦截比描

述,该比值称为拦截参数 K_y,可表示为

$$K_y = \frac{d_c}{d_y} \tag{8.62}$$

上式表明,拦截作用主要取决于尘粒的粒径与液滴直径的大小,尘粒的粒径越大,液滴直径越小,拦截参数值越大,说明拦截效率越高。

8.6.2 湿式除尘器的类型

湿式除尘器种类很多,按照气液接触方式,分为两大类:

(1)尘粒随气流一起冲入液体内部,尘粒加湿后被液体捕集,其作用是液体洗涤含尘气体。属于这类的湿式除尘器有自激式除尘器、卧式旋风水膜除尘器、泡沫塔除尘器。

(2)用各种方式向气流中喷入水雾,使尘粒与液滴、液膜发生碰撞。属于这类的湿式除尘器有文丘里除尘器、喷淋塔除尘器等。

8.6.2.1 自激式除尘器

自激式除尘器内先要贮存一定量的水,它利用气流与液面的高速接触,激起大量水滴,使尘粒从气流中分离,水浴除尘器、冲激式除尘器等属于此类型。

1.水浴除尘器

如图 8.24 所示,是水浴除尘器示意图,含尘空气以 8～12 m/s 的速度从喷头高速喷出,冲入液体中,激起大量的泡沫和水滴。粗大的尘粒直接在水池内沉降,细小的尘粒在上部空间和水滴碰撞后,由于凝聚、增重而捕集。除尘效率一般为 80%～95%,喷头埋水深度 $h_0 = 20～30$ mm,阻力约为 400～700 Pa。可在现场用砖或钢筋混凝土构筑,适合中小型工厂采用,其缺点是泥浆清理比较困难。

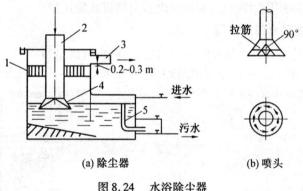

图 8.24 水浴除尘器
1—挡水板;2—进气管;3—排气管;4—喷头;5—溢流管

2.冲激式除尘器

如图 8.25 所示,是冲激式除尘器示意图,含尘气体进入除尘器后转弯向下,冲激在液面上,部分粗大的尘粒直接沉降在泥浆内。随后含尘气体高速通过 S 形通道,激起大量水滴,使粉尘与水滴充分接触。下部装有刮板运输机自动刮泥浆,也可以人工定期排放。在正常情况下,阻力为 1 500 Pa 左右,对 5 μm 的粉尘,效率为 93%,处理风量在 20% 范围内变化时,对除尘效率几乎没有影响,且具有结构紧凑、占地面积小、维护管理简单等特点。但洗涤废水直接排放,会造成水系污染,目前大都采用循环水,也称为水内循环的湿式除尘器。其缺点是:与其他的湿式除尘器相比,金属消耗量大,阻力较高,价格较贵。

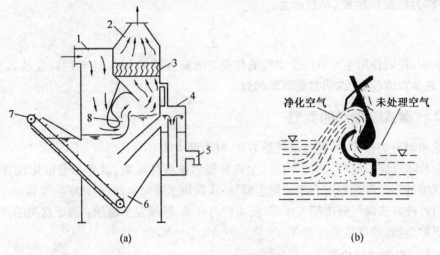

图 8.25 冲激式除尘器

1—含尘气体进口;2—净化气体出口;3—挡水板;4—溢流箱;5—溢流口;6—泥浆斗;7—刮板运输机;8—S形通道

8.6.2.2 卧式旋风水膜除尘器

如图 8.26 所示,是卧式旋风水膜除尘器示意图,它由横卧外筒和内筒构成,内外筒之间设有导流叶片。含尘气体由一端沿切线方向进入,沿导流片旋转运动,在气流带动下液体在外壁形成水膜,同时产生大量水滴。尘粒在惯性离心力作用下向外壁移动,到达壁面后被水膜捕集,部分尘粒与液滴发生碰撞而被捕集。气体连续流经几个螺旋形通道,绝大部分尘粒分离下来。当供水比较稳定,风量变化范围一定,有自动调节作用,水位能自动保持平衡。为了出口气液分离,小型除尘器采用重力脱水,大型除尘器用挡板或旋风脱水。

8.6.2.3 立式旋风水膜除尘器

如图 8.27 所示,是立式旋风水膜除尘器示意图,进口气流沿切线方向进入除尘器,水在上部由喷嘴沿切线方向喷出,筒体内壁形成液膜,粉尘在离心力作用下被甩到筒壁,与液膜接触而被捕集,除尘效率通常可达 90% ~ 95%。

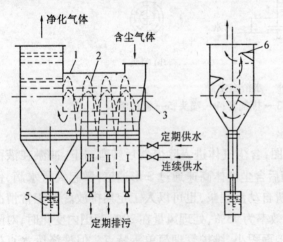

图 8.26 卧式旋风水膜除尘器

1—外筒;2—螺旋导流片;3—内筒;4—灰斗;5—溢流筒;6—檐式挡水板

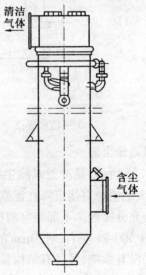

图 8.27 立式旋风水膜除尘器

除尘器筒体内壁形成稳定、均匀水膜是保证正常工作的必要条件。为此必须要求：① 均匀布置喷嘴，间距不宜过大，一般约为 300 ~ 400 mm；② 入口气流速度不能太高，通常为 15 ~ 22 m/s；③ 保持供水压力稳定，一般要求为 30 ~ 50 kPa，最好能设置恒压水箱；④ 筒体内表面要求平整光滑，不允许有凸凹不平及突出的焊缝等。

8.6.2.4 文氏管除尘器

如图 8.28 所示，是典型的文氏管除尘器示意图，主要由三部分组成：引水装置（喷雾器）、文氏管及脱水器，分别在其中实现雾化、凝聚和除尘三个过程。含尘气体由风管 1 进入渐缩管 2，气流速度逐渐增加，静压降低。在喉部 3 中，气流速度达到最高。由于高速气流的冲击，使喷嘴 7 喷出的水滴进一步雾化。在喉管中气液两相充分混合，尘粒与水滴不断碰撞凝聚，成为更大的尘粒。在渐扩管 4 气流速度逐渐降低，静压增高。最后含尘气流经风管 5 进入脱水器 6，将尘粒和水滴一起除下。

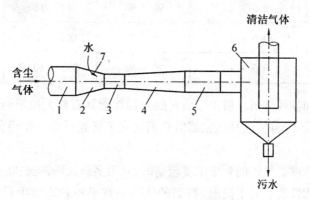

图 8.28 文氏管除尘器
1— 入口风管；2— 渐缩管；3— 喉管；4— 渐扩管；5— 风管；6— 脱水器；7— 喷嘴

文氏管除尘器效率主要取决于以下因素：① 喉管中的气流速度。高效文氏管除尘器的喉管流速高达 60 ~ 120 m/s，但阻力也高达 5 000 ~ 10 000 Pa。当喉管流速为 40 ~ 60 m/s，阻力为 600 ~ 5 000 Pa。② 雾化情况。在文氏管除尘器中，水雾的形成主要依靠喉管中高速气流将水滴粉碎成细小的水雾。喷雾的方式有中心轴向喷水、周边径向内喷等。③ 喷水量或水气比也是决定除尘器性能的重要参数。一般来说，水气比增加，除尘效率增加，阻力也增加，通常为 0.3 ~ 1.5 L/m^3。

文氏管除尘器是一种高效除尘器，对于小于 1 μm 的粉尘仍有很高的除尘效率。它适用于高温、高湿和有爆炸危险的气体，最大缺点是阻力很高。目前主要用于冶金、化工等行业高温烟气净化。

8.6.3 除尘器的选择

选择除尘器时必须全面考虑各种因素的影响，如处理风量、除尘效率、阻力、一次投资、维护管理等。各种常用除尘器的综合性能在表 8.3 中列出，可作为选择时参考。

选择除尘器时，应特别考虑以下因素：

（1）选用的除尘器必须满足排放标准规定的排放浓度。对于运行工况不太稳定的系统，要注意风量变化对除尘器效率和阻力的影响。

表8.3 除尘器的性能

除尘器名称	适用的粒径范围/μm	效 率/%	阻 力/Pa	设备费	运行费
重力沉降室	>50	<50	50~130	少	少
惯性除尘器	20~50	50~70	300~800	少	少
旋风除尘器	5~15	60~90	800~1 500	少	中
水浴除尘器	1~10	80~95	600~1 200	少	中下
卧式旋风水膜除尘器	≥5	95~98	800~1 200	中	中
冲激式除尘器	≥5	95	1 000~1 600	中	中上
电除尘器	0.5~1	90~98	50~130	大	中上
袋式除尘器	0.5~1	95~99	1 000~1 500	中上	大
文氏管除尘器	0.5~1	90~98	4 000~10 000	少	大

(2) 粉尘的性质和粒径分布。粉尘性质对除尘器性能具有较大的影响,不同除尘器对不同粒径除尘效率是完全不同的,选择除尘器时必须首先了解处理粉尘粒径分布和各种除尘器的分级效率。

(3) 气体的含尘浓度。气体的含尘浓度较高时,采用多级处理,先去除粗大尘粒。

(4) 气体的温度和性质。对于高温、高湿的气体不宜采用袋式除尘器,如果粉尘的粒径小、比电阻大,又要求干法除尘,可以考虑尘粒层除尘器。如果气体中同时含有有害气体,必须注意腐蚀问题。

(5) 选择除尘器时,必须同时考虑对除下粉尘的处理问题。对于可以回收利用的粉尘粒状物料,一般采用干法除尘,回收粉尘可以纳入工艺系统。不能纳入工艺系统的粉尘和泥浆必须有一定的处理措施,以免影响环境卫生。除上述因素外,选择除尘器还必须结合国情,考虑能量消耗、一次投资和维护管理等因素。

8.6.4 除尘及有害气体净化注意事项

(1) 局部排风系统排出的有害气体,当其有害物质的含量超过排放标准或环境要求时,应采取有效净化措施。

(2) 放散粉尘的生产工艺过程,当湿法除尘不能满足环保及卫生要求时,应采用其他的机械除尘、机械与湿法联合除尘或静电除尘。

(3) 放散粉尘或有害气体的工艺流程和设备,其密闭形式应根据工艺流程、设备特点、生产工艺、安全要求及便于操作、维修等因素确定。

(4) 吸风点的排风量,应按防止粉尘或有害气体逸至室内的原则通过计算确定。有条件时,可采用实测数据经验数值。

(5) 确定密闭罩吸风口的位置、结构和风速时,应使罩内负压均匀,防止粉尘外逸并不致把物料带走。吸风口的平均风速,不宜大于下列数值:

细粉料的筛分　　　0.6 m/s
物料的粉碎　　　　2 m/s
粗颗粒物料的破碎　3 m/s

(6) 除尘系统的排风量,应按其全部吸风点同时工作计算。

注:有非同时工作吸风点时,系统的排风量可按同时工作的吸风点的排风量与非同时工作吸风点排风量的15%～20%之和确定,并应在各间歇工作的吸风点上装设与工艺设备联锁的阀门。

(7) 除尘风管内的最小风速,不得低于《采暖通风与空气调节设计规范》附录G的规定。

(8) 除尘系统的划分,应按下列规定:

① 同一生产流程、同时工作的扬尘点相距不远时,宜合设一个系统;

② 同时工作但粉尘种类不同的扬尘点,当工艺允许不同粉尘混合回收或粉尘无回收价值时,可合设一个系统;

③ 温湿度不同的含尘气体,当混合后可能导致风管内结露时,应分设系统。

注:除尘系统的划分,尚应符合《采暖通风与空气调节设计规范》第5.1.11条的要求。

(9) 除尘器的选择,应根据下列因素并通过技术经济比较确定:

① 含尘气体的化学成分、腐蚀性、爆炸性、温度、湿度、露点、气体量和含尘浓度;

② 粉尘的化学成分、密度、粒径分布、腐蚀性、亲水性、磨琢度、比电阻、黏结性、纤维性和可燃性、爆炸性等;

③ 净化后气体的容许排放浓度;

④ 除尘器的压力损失和除尘效率;

⑤ 粉尘的回收价值及回收利用形式;

⑥ 除尘器的设备费、运行费、使用寿命、场地布置及外部水、电源条件等;

⑦ 维护管理的繁简程度。

(10) 净化有爆炸危险的粉尘和碎屑的除尘器、过滤器及管道等,均应设置泄爆装置。净化有爆炸危险粉尘的干式除尘器和过滤器,应布置在系统的负压段上。

(11) 用于净化有爆炸危险粉尘的干式除尘器和过滤器的布置,应符合国家现行标准《建筑设计防火规范》(GB 50016)中的有关规定。

(12) 对除尘器收集的粉尘或排出的含尘污水,根据生产条件、除尘器类型、粉尘的回收价值和便于维护管理等因素,必须采取妥善的回收或处理措施;工艺允许时,应纳入工艺流程回收处理。处理干式除尘器收集的粉尘时,应采取防止二次扬尘的措施。含尘污水的排放,应符合国家现行标准《污水综合排放标准》(GB8978)和《工业企业设计卫生标准》(GBZ1)的要求。

(13) 当收集的粉尘允许直接纳入工艺流程时,除尘器宜布置在生产设备(胶带运输机、料仓等)的上部。当收集的粉尘不允许直接纳入工艺流程时,应设储尘斗及相应的搬运设备。

(14) 干式除尘器的卸尘管和湿式除尘器的污水排出管,必须采取防止漏风的措施。

(15) 吸风点较多时,除尘系统的各支管段宜设置调节阀门。

(16) 除尘器宜布置在除尘系统的负压段。当布置在正压段时,应选用排尘通风机。

(17) 湿式除尘器有冻结可能时,应采取防冻措施。

(18) 粉尘净化遇水后,能产生可燃或有爆炸危险的混合物时,不得采用湿式除尘器。

(19) 当含尘气体温度高于过滤器、除尘器和风机所容许的工作温度时,应采取冷却降温措施。

(20) 旅馆、饭店及餐饮业建筑物以及大、中型公共食堂的厨房,应设机械排风和油烟净化装置,其油烟排放浓度不应大于 $2.0\ mg/m^3$。条件许可时,宜设置集中排油烟烟道。

8.6.5 通风设备选择与布置

(1) 选择空气加热器、冷却器和除尘器等设备时,应附加风管等的漏风量。风管允许漏风量应符合规范中相关条款的规定。

(2) 选择通风机时,应按下列因素确定:

① 通风机的风量应在系统计算的总风量上附加风管和设备的漏风量。注:正压除尘系统不计除尘器的漏风量。

② 采用定转速通风机时,通风机的压力应在系统计算的压力损失上附加10% ~ 15%。

③ 采用变频通风机时,通风机的压力应以系统计算的总压力损失作为额定风压,但风机电动机的功率应在计算值上再附加15% ~ 20%。

④ 风机的选用设计工况效率,不应低于风机最高效率的90%。

(3) 输送非标准状态空气的通风、空气调节系统,当以实际容积风量用标准状态下的图表计算出的系统压力损失值,并按一般的通风机性能样本选择通风机时,其风量和风压均不应修正,但电动机的轴功率应进行验算。

(4) 当通风系统的风量或阻力较大,采用单台通风机不能满足使用要求时,宜采用两台或两台以上同型号、同性能的通风机并联或串联安装,但其联合工况下的风量和风压应按通风机和管道的特性曲线确定。不同型号、不同性能的通风机不宜串联或并联安装。

(5) 在下列条件下,应采用防爆型设备:

① 直接布置在有甲、乙类物质场所中的通风、空气调节和热风采暖的设备;

② 排除有甲、乙类物质的通风设备;

③ 排除含有燃烧或爆炸危险的粉尘、纤维等丙类物质,其含尘浓度高于或等于其爆炸下限的25%时的设备。

(6) 排除有爆炸危险的可燃气体、蒸汽或粉尘气溶胶等物质的排风系统,当防爆通风机不能满足技术要求时,可采用诱导通风装置;当其布置在室外时,通风机应采用防爆型的,电动机可采用密闭型。

(7) 空气中含有易燃易爆危险物质的房间中的送风、排风系统应采用防爆型的通风设备。送风机如设置在单独的通风机室内且送风干管上设置止回阀门时,可采用非防爆型通风设备。

(8) 用于甲、乙类的场所的通风、空气调节和热风采暖的送风设备,不应与排风设备布置在同一通风机室内。

用于排除甲、乙类物质的排风设备,不应与其他系统的通风设备布置在同一通风机室内。

(9) 甲、乙类生产厂房的全面和局部送风、排风系统,以及其他建筑物排除有爆炸危险物质的局部排风系统,其设备不应布置在建筑物的地下室、半地下室内。

(10) 排除、输送有燃烧或爆炸危险混合物的通风设备和风管,均应采取防静电接地措施

（包括法兰跨接），不应采用容易积聚静电的绝缘材料制作。

(11) 符合下列条件之一时，通风设备和风管应采取保温或防冻等措施：

① 不允许所输送空气的温度有较显著升高或降低时；

② 所输送空气的温度较高时；

③ 除尘风管或干式除尘器内可能有结露时；

④ 排出的气体在排入大气前，可能被冷却而形成凝结物堵塞或腐蚀风管时；

⑤ 湿法除尘设施或湿式除尘器等可能冻结时。

单元七　除尘设计

8.7.1　除尘设计的基本参数

(1) 车间空气中粉尘最高容许浓度（附录10）。

(2) 粉尘爆炸浓度极限（表8.4）。

表8.4　几种粉尘爆炸浓度下限

序号	名称	爆炸下限/(g·m^{-3})	序号	名称	爆炸下限/(g·m^{-3})
1	铝粉末	58.0	8	泥炭粉	16.1
2	煤末	114.0	9	电子尘	30.0
3	沥青	15.0	10	胶木灰	7.6
4	硫磺	2.3	11	亚麻皮屑	16.7
5	硫矿粉	13.9	12	棉花	25.2
6	硫的磨细粉末	10.1	13	糖	10.3
7	页岩粉	58.0	14	淀粉	7.0

(3) 工艺设备抽出空气含尘的参考数据（表8.5）。

表8.5　工艺设备抽出空气含尘的参考数据

序号	工艺设备	粉尘类别	含尘浓度/(mg·m^{-3})	粉尘粒径/μm				
				0~5	5~10	10~20	20~40	40~60	>60
1	磨粉分级筛	碳化硅	850~1 500	1.86	2.40	14.66	53.84	26.10	1.14
2	工具磨床	磨料、铁屑	100~300	13.04	12.06	22.80	22.92	21.74	7.44
3	球磨机煤粉锅炉	灰分	20 000~26 000	—	25.60	24.50	23.00	11.90	15.00
4	圆磨机煤粉锅炉	灰分	27 000~50 000	—	10.70	11.20	21.81	15.20	41.16
5	水泥磨	水泥	40 000~45 000	7.60	9.02	23.10	22.60	15.14	22.54
6	螺旋输送机	陶土	650~850	22.10	18.02	30.90	23.37	4.09	1.50

表 8.5 工艺设备抽出空气含尘的参考数据

序号	工艺设备	粉尘类别	含尘浓度 /(mg·m^{-3})	粉尘粒径/μm					
				0~5	5~10	10~20	20~40	40~60	>60
7	电炉	锰铁合金	900~1 200	2.32	1.00	20.00	47.70	10.35	18.63
	电炉	硅铁合金	<150	0.50	10.00	41.38	48.05	0.64	0.03
	电炉	电石(石灰、煤)	9 500~11 500	55.30	17.80	14.60	7.30	5.00	—
8	球磨机	煤	9 500~11 500	72.30		19.20		4.30	4.20
9	喷砂室 10 m³	砂	4 000~6 000	6.00	12.00	6.80	32.80	8.40	34.00
	2 m³	砂	6 000~10 000	5.80	8.50	7.90	15.90	15.80	46.10
10	石棉梳棉机	石棉、尘土	72~225	0~6	6~10	10~24	>24		
				4.60	37.40	52.70	5.30		

(4) 工业粉尘的真密度和容积密度(表 8.6)。

表 8.6 工业粉尘的真密度和容积密度

粉尘名称	真密度 /(g·cm^{-3})	容积密度 /(g·cm^{-3})	粉尘名称	真密度 /(g·cm^{-3})	容积密度 /(g·cm^{-3})
滑石粉	2.75	0.59~0.71	烟灰(0.7~56 μm)	2.2	1.07
烟尘	2.15	1.2	硅酸盐水泥(0.7~91 μm)	3.12	1.5
炭黑	1.85	0.04	造型用黏土	2.47	0.72~0.8
硅砂粉(105 μm)	2.63	1.55	烧结矿粉	3.8~4.2	1.5~2.6
硅砂粉(30 μm)	2.63	1.45	氧化铜(0.9~42 μm)	6.4	2.64
硅砂粉(8 μm)	2.63	1.15	锅炉炭末	2.1	0.6
硅砂粉(0.5~72 μm)	2.63	1.26	烧结炉	3~4	1.0
电炉	4.5	0.6~1.5	转炉	5.0	0.7
化铁炉	2.0	0.8	铜精炼	4~5	0.2
黄铜溶解炉	4~8	0.25~1.2	石墨	2	~0.3
亚铅精炼	5	0.5	铸物砂	2.7	1.0
铅精炼	6	—	铅再精炼	~6	~1.2
铝二次精炼	3.0	0.3	黑液回收	3.1	0.13
水泥干燥窑	3	0.6	石灰粉尘	2.7	1.10
白云石粉尘	2.8	0.9			

(5) 工业粉尘的比电阻值(表8.7)。

表8.7 工业粉尘的比电阻值

粉尘种类	温度/℃	湿度/%	比电阻/($\Omega \cdot cm$)	粉尘种类	温度/℃	湿度/%	比电阻/($\Omega \cdot cm$)
水泥窑尘	120~180		5×10^9 ~ 5×10^{10}	回转窑氧化铝微尘	20 65.5		3×10^8 3×10^{11}
水泥磨和烘干机尘	60 95	10 10	10^{12} 10^{13}	烧结机粉尘	烘干		1.3×10^{10}
回转窑氧化铝微尘	121 177 232		2×10^{12} 5×10^{10} 8×10^5	高炉粉尘	未烘干		2.2×10^8 ~ 3.40×10^8
				转炉粉尘	烘干		2.18×10^{11}
				白云石粉尘	150		4×10^{12}
铜焙烧烟尘	144 250	22	2×10^9 1×10^8	白云石粉尘	130		5×10^{12}
铅烧结机烟尘	144 52 40	10 9 7.5	1×10^{12} 2×10^{10} 1×10^6	菱铁矿、镁砖、镁砂粉尘	160		3×10^{13}
				氧化镁粉尘	180		3×10^{12}
				平炉粉尘	232		9×10^8
铅鼓风炉烟尘	204 149	5 5	4×10^{12} 2×10^{13}	飞灰	121 177 232		8×10^3、2×10^{11}、7×10^{12} 1×10^6、4×10^{11}、5×10^{12} 1×10^6、1×10^{11}、7×10^{11}
含锌渣烟化炉烟尘	204 149	1.3 1.3	4×10^9 2×10^{10}				
回转窑氧化镍烟尘	20 65.5 121 177 232		3×10^{10} 8×10^9 6×10^9 5×10^{10} 8×10^8	石灰	121 177		1×10^{11} 3×10^{11}

(6) 锅炉烟尘最高允许排放浓度和烟气黑度限制(表8.8)。

表8.8 锅炉烟尘最高允许排放浓度和烟气黑度限制

锅炉类别		适用区域	烟尘排放浓度/($mg \cdot m^{-3}$)		烟气黑度(林格曼黑度,级)
			Ⅰ时段	Ⅱ时段	
燃煤锅炉	自然通风锅炉[<0.7 MW(1 t/h)]	一类区	100	80	1
		二、三类区	150	120	
	其他锅炉	一类区	100	80	1
		二类区	250	200	
		三类区	350	250	

续表 8.8

锅炉类别		适用区域	烟尘排放浓度/(mg·m^{-3})		烟气黑度(林格曼黑度,级)
			Ⅰ时段	Ⅱ时段	
燃油锅炉	轻柴油、煤油	一类区	80	80	1
		二、三类区	100	100	
	其他燃料油	一类区	100	80 *	1
		二、三类区	200	150	
燃气锅炉		全部区域	50	50	1

8.7.2 密闭排尘

1. 防尘密闭罩的设置原则

(1) 放散粉尘的工艺设备,应尽量采用密闭措施。其密闭方式应根据设备的特点和工艺要求,设置局部密闭罩、整体密闭罩或大容积密闭罩。

(2) 密闭罩的设置应不妨碍操作和检修,必须设置的操作孔、检修孔及观察孔应避开气流速度较高的部位。

(3) 密闭罩应力求严密,所设备各种门孔应开关灵活并保证严密。通过物料的孔口应装设弹性材料制成的遮尘帘。

(4) 密闭罩应避免直接连接于振动或往复运动的设备机体上,密闭罩可能受物料撞击和磨损的部分,须用坚固的材料制成。

2. 密闭罩排尘口及排尘罩的设计

(1) 密闭罩排尘口的选择,要能有效地控制含尘气流不致从密闭罩逸出,同时避免吸粉料。通常排尘口应正对含尘气流中心,但对破碎、筛分和运输设备,排尘口应避开含尘气流中心,以防吸入大量粉料。对于皮带运输机受料点密闭罩的排尘口与卸料溜槽相邻两边之间的距离应为溜槽边长的 0.75 ~ 1.5 倍,通常取 300 ~ 500 mm,排尘口距离皮带机表面的高度不应小于皮带机宽度的 0.6 倍。

(2) 排尘口接管宜垂直设置,以防物料进入造成阻塞。

(3) 排尘口的平均风速不宜大于下列数值:

细粉料的筛分　　　0.6m/s
物料的粉碎　　　　2.0 m/s
粗颗粒物料的粉碎　3.0 m/s

(4) 排尘口与接管连接时收缩角不宜大于60°。

(5) 在工艺设备无法安装密闭罩时,可视具体情况装设局部排尘罩,如磨削机床的壳罩及侧吸罩等。

8.7.3 除尘风管

1. 除尘风管设计

(1) 除尘风管采用枝状或集合管式。集合管有水平、垂直两种形式(图 8.29、图 8.30)。水平集合管内风速取 3 ~ 4 m/s,垂直集合管取 6 ~ 10 m/s。枝状除尘风管宜垂直或倾斜布置,必须水平布置时,风管不宜过长,且风速必须大于规定的最小风速(见表 8.9)。

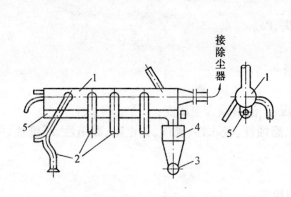
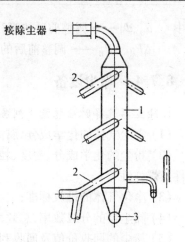

图 8.29 水平集合管
1—集合管；2—支风管；3—泄尘阀；
4—集尘箱；5—螺旋输送机

图 8.30 垂直集合管
1—集合管；2—支风管；
3—泄尘阀

表 8.9 除尘风管的最小风速(m/s)

粉尘类别	粉尘名称	垂直风管	水平风管	粉尘类别	粉尘名称	垂直风管	水平风管
纤维粉尘	干锯末、小刨屑、纺织尘	10	12	矿物粉尘	轻矿物粉尘	12	14
	木屑、刨花	12	14		灰土、砂尘	16	18
	干燥粗刨花、大块干木屑	14	15		干细型砂	17	20
	潮湿粗刨花、大块湿木屑	18	20		金刚砂、刚玉粉	15	19
	棉絮	8	10	金属粉尘	钢铁粉尘	13	15
	麻	11	13		钢铁屑	19	23
	石棉粉尘	12	18		铅尘	20	25
矿物粉尘	耐火材料粉尘	14	17	其他粉尘	轻质干燥尘末(木加工磨床粉尘、烟草灰)	8	10
	黏土	18	16				
	石灰石	14	16		煤尘	11	13
	水泥	12	18		焦炭粉尘	14	18
	湿土(含水 2% 以下)	15	18		谷物粉尘	10	12
	重矿物粉尘	14	16				

(2) 除尘风管宜明设，尽量避免地沟内敷设。

(3) 为清扫方便，在风管的适当部位应设清扫口。

(4) 支风管应尽量从侧面或上部与主风管连接。三通的夹角一般取 15°～30°。

(5) 除尘器后风速以 8～10 m/s 为宜。

(6) 有可能发生静电积聚的除尘风管应设计接地措施。

(7) 各支风管之间的不平衡压力差应小于 10%。

2. 除尘风管压力平衡计算

$$d_H = d_Q \left(\frac{\Delta P_C}{\Delta P_H}\right)^{0.225} \tag{8.63}$$

式中　d_Q、d_H——调整前后的管径,mm;
　　　ΔP_C、ΔP_H——调整前后的压力损失,Pa。

8.7.4　除尘设备

1. 除尘器选择时应注意下列各点
(1) 含尘气体的化学成分、腐蚀性、温湿度、流量及含尘浓度;
(2) 粉尘的化学成分、密度、粒径分布、腐蚀性、吸水性、硬度、比电阻、黏结性、纤维性、可燃性及爆炸性等;
(3) 净化气体的排放标准;
(4) 除尘器的分级效率、总效率及压力损失;
(5) 粉尘的回收价值及回收利用形式;
(6) 维护管理的繁简程度;
(7) 各种除尘器的性能及使用范围可参见表 8.10。

表 8.10　各种除尘器的性能及能耗指标

类　型	除尘效率/%	最小捕集粒径/μm	压力损失/Pa	能耗/(kJ·m⁻³)
重力沉降室	< 50	10 ~ 50	50 ~ 120	
惯性除尘器	50 ~ 70	20 ~ 50	300 ~ 800	
通用型旋风除尘器	60 ~ 85	20 ~ 40	400 ~ 800	0.8 ~ 6.0
高效型旋风除尘器	80 ~ 90	5 ~ 10	1 000 ~ 1 500	1.6 ~ 4.0
袋式除尘器	95 ~ 99	< 0.1	800 ~ 1 500	3.0 ~ 4.5
电除尘器	90 ~ 98	< 0.1	125 ~ 200	0.3 ~ 1.0
喷淋塔	70 ~ 85	10	25 ~ 250	0.8
泡沫除尘器	85 ~ 95	2	800 ~ 3 000	1.1 ~ 4.5
文氏管除尘器	90 ~ 98	< 0.1	5 000 ~ 20 000	8.0 ~ 35.0
自激式除尘器	~ 99	< 0.1	900 ~ 1 800	4.0 ~ 4.5
卧式旋风水膜除尘器	~ 98	2 ~ 5	750 ~ 1 250	3.0 ~ 4.0

2. 除尘器效率

一级除尘:

$$\eta = \frac{G_1 - G_2}{G_1} \times 100\% \tag{8.64}$$

式中　G_1——除尘器入口气体的含尘质量浓度,mg/m³;
　　　G_2——除尘器出口气体的含尘质量浓度,mg/m³。

二级除尘:

$$\eta_{1-2} = \eta_1 + (1 - \eta_1)\eta_2 \tag{8.65}$$

式中　η_1,η_2——第一、二级除尘器效率,%。

各种旋风除尘器的概略效率可参见表 8.11。

表8.11 各种旋风除尘器效率(%)

粉尘粒径/μm	通用型	高效型	粉尘粒径/μm	通用型	高效型
<5	<50	50~80	25~40	80~95	95~99
5~20	50~80	80~90	>40	95~99	95~99

注:通用型,相对断面比 $K = 4 \sim 6$;高效型,相对断面比 $K = 6 \sim 13.5$。

3. 旋风除尘器的选用

(1)旋风除尘器除尘效率,可参见表8.11。

(2)适用于净化密度大和粒径大于 5 μm 的粉尘。

(3)性能相同的旋风除尘器一般不宜两级串联。

(4)为避免堵塞,不适用于净化黏结性强的粉尘。当处理高温和高湿的含尘气体时,应防止结露。

4. 袋式除尘器的选用

(1)袋式除尘器除尘效率高,对微细粉尘效率可达99%以上。

(2)不宜净化含有油雾、凝结水和粉尘黏结度大的含尘气体,以及有爆炸危险或带有火花的烟气。

(3)当含尘质量浓度大于 10 g/m^3 时,宜增设预净化除尘器。

(4)袋式除尘器推荐的过滤风速见表8.12。

表8.12 袋式除尘器推荐的过滤风速(m/min)

等级	粉 尘 种 类	清灰方式		
		振打与逆气流联合	脉冲喷吹	反吹风
1	炭黑*,氧化硅(白炭黑),铅*,锌*的升华物以及其他在气体中由于冷凝和化学反应而形成的气溶胶,化妆粉,去污粉,奶粉,活性炭,由水泥窑排出的水泥*	0.45~0.6	0.8~2.0	0.33~0.45
2	铁*及铁合金*的升华物,铸造尘,氧化铝*,由水泥磨排出的水泥*,碳化炉升华物*,石灰*,刚玉,安福粉及其他肥料,塑料,淀粉	0.6~0.75	1.5~2.5	0.45~0.55
3	滑石粉,煤,喷砂清理尘,飞灰*,陶瓷生产的粉尘,炭黑(二次加工),颜料,高岭土,石灰石*,矿尘,铝土矿,水泥(来自冷却器)*,搪瓷*	0.7~0.8	2.0~3.5	0.6~0.9
4	石棉,纤维尘,石膏、珠光石,橡胶生产中的粉尘,盐,面粉,研磨工艺中的粉尘	0.8~1.5	2.5~4.5	—
5	烟草,皮革粉,混合饲料,木材加工中的粉尘,粗植物纤维(大麻、黄麻等)	0.9~2.0	2.5~6.0	—

注:带*符号者指基本上为高温的粉尘,多采用反吹风清灰。

5. 湿式除尘器的选用

(1)除尘效率高,对细粉尘也有很高的效率。

(2)不宜用于疏水性及水硬性粉尘的净化。

(3) 对产生的污水应有妥善处理措施。
(4) 寒冷地区需注意采取防冻措施。

6. 电除尘器的选用

(1) 电除尘器适用于捕集比电阻 $10^4 \sim 5 \times 10^5 \Omega \cdot cm$ 范围内的粉尘。常见粉尘的比电阻见表8.7。

(2) 根据入口含尘质量浓度(一般不大于 $30 \sim 40 \text{ g/m}^3$)和出口含尘质量浓度,按公式计算所要求的除尘效率。

(3) 确定尘粒的有效驱进速度,可按表8.13采取。

表8.13 各种粉尘的有效驱进速度(m/s)

粉尘名称	范围	平均值	粉尘名称	范围	平均值
电站锅炉飞灰	4 ~ 20	12	熔炼炉		2.0
煤粉炉飞灰	10 ~ 14	12	立炉	5 ~ 14	9.5
纸浆及造纸锅炉	6.5 ~ 10	8.25	平炉	5 ~ 6	5.5
石膏	16 ~ 20	18	闪烁炉		7.6
硫酸	6 ~ 8.5	7.25	冲天炉	3 ~ 4	3.5
热磷酸	1 ~ 5	3	多膛焙烧炉		8.0
水泥(湿法)	9 ~ 12	10.5	高炉	6 ~ 14	10.0
水泥(干法)	6 ~ 7	6.5	催化剂粉尘		7.6
铁矿烧结灰尘	6 ~ 20	13	镁砂		4.7
氧化亚铁(FeO)	7 ~ 22	14.5	氧化锌、氧化铝		4.0
焦油	8 ~ 23	15.5	氧化铝		6.4
石灰石	3 ~ 55	29	氧化铝熟料		13

(4) 根据所要求的除尘效率和有效驱进速度,按下式求出比表面积:

$$\eta = 1 - e^{-vf} \tag{8.66}$$

式中 η——所要求的除尘效率,%;
v——尘粒的有效驱进速度,m/s;
f——比表面积,$m^2 \cdot s/m^3$。

(5) 由比表面积和处理风量,计算尘板总面积 $F(m^2)$,选定型号:

$$F = Qf \tag{8.67}$$

式中 Q——除尘器要求的处理风量,m^3/s;
f——比表面积,$m^2 \cdot s/m^3$。

单元八 除尘器的安装

除尘器种类甚繁,其安装的共同要求如下:

(1) 各类除尘器安装均必须严密不漏,如法兰连接处,湿式除尘器的水管连接处和存水部位,除尘器的排灰阀、卸料阀、排泥阀的安装等均必须严密,否则会影响除尘器的除尘效率。例如旋风除尘器,由外壁向中心静压是逐渐下降的,据测定,有的旋风除尘器当进口处静压为 +900 Pa 时,除尘器下部直到灰斗处静压为 -300 Pa,如果除尘器下部不保持严密,渗入外部空气,会将已经分离的粉尘重新卷入内涡旋而将粉尘带走,严重影响除尘效率。据资料介绍,灰斗漏风1%，净化效率降低5%～10%；漏风5%，将降低30%；漏风15%，净化效率将趋于零。因此，保持除尘器的严密性就是保证其除尘效率的关键问题。

（2）安装除尘器要求位置正确，保持垂直、牢固、平稳。平面位移允许偏差10 mm，安装标高允许偏差±10 mm，垂直度允许偏差每米不应大于2 mm，垂直度总偏差不应大于10 mm。

（3）安装除尘器时，首先弄清方向，除尘器有时设计在风机的负压端，有时布置正压端，不得装反。

（4）安装除尘器，其转动或活动件应灵活可靠，湿式除尘器的排水管道应畅通。

（5）脉冲袋式除尘器安装分整体式和组装式两种。整体式脉冲袋式除尘器安装，应对外观及各部件进行检查，若无松动、破损等缺陷，整体完成，则可安装。组装式脉冲袋式除尘器安装时，应弄清其装配形式，按设计要求正确安装。现场组装的布袋除尘器还应符合下列规定：各部件连接处必须严密；布袋应松紧适当，连接牢固；脉冲除尘器喷吹管的孔眼应对准文氏管的中心，同轴的允许偏差应不大于2 mm；振打式脉冲吹刷系统，应正常可靠。

8.8.1 静电除尘器的安装

1. 安装前的准备

安装静电除尘器前，参加安装人员首先必须熟悉图纸、产品安装使用说明书及其他有关技术文件，了解设计意图，注意各零部件的技术要求，检查和清点由制造厂运来的零部件。然后组织好参加安装工作人员，制订安装方案和计划。因目前较普遍使用卧式静电除尘器，我们介绍卧式静电除尘器的一般安装程序。

静电除尘器的安装特点如下：

（1）两极间距有严格要求。当同极间距为300 mm时，其偏差应小于±8 mm。电晕极线应位于两排收尘极板中央，其偏差应小于±(3～5)mm。任何过大的间距偏差都会影响除尘器的性能。

（2）内部各构件不得有尖端、棱角。连接螺栓均焊牢。

（3）静电除尘器必须密封良好。为防止由于壳体的散热而引起烟气中水分的冷凝，一般壳体应敷设保温层。

（4）由于静电除尘器是在高电压条件下进行工作，为保证人身安全，所有设备的壳体、人孔门、保温箱等均须接地，且接地电阻应小于4 Ω。

2. 钢质壳体卧式静电除尘器的安装程序

（1）把柱脚支座板固定在地脚螺栓上，并调整使其水平，确保各底板在同一标高上。

（2）按图纸要求，安装柱脚下的固定支座和活动支座。

（3）安装柱和梁（上梁和底梁），在安装中应注意斜撑的连接和固定。

（4）安装两侧面的侧板及进出口的上、下山墙板，侧板安装要平整。

（5）把收尘极板的悬挂梁（或角钢）焊于顶梁的下端，并仔细校验其间距，偏差应小于±(3～5) mm。

（6）安装保温箱。

（7）装入电晕极框的连接架，并用吊管悬吊于保温箱上。

（8）每个电场均从两侧壁逐一安装每排收尘极板和电晕极板，并随时检查，调整极间间隙，然后把连接螺栓用电焊焊牢。

（9）安装支承电晕极的石英套管和电晕框架吊管。

（10）分别安装收尘极和电晕极的振打装置。

(11) 安装下灰斗和气流分布板。灰斗下口应在一条水平线上。

(12) 安装高压电缆接头和保温箱内部构件。

(13) 安装静电除尘器屋顶板、顶部保温层、屋面板。

(14) 安装高压硅整流器和所有电气装置。

(15) 在检查电场内部无异物后,向静电除尘器的电场试送电,并从进出口喇叭处(未装)观察电场的放电情况(最好在夜间)。如果两极安装尺寸准确的话,空载电压可升至 60 kV 以上。否则会在安装尺寸不准确处首先发生放电,需记下放电部位并进行必要的调整。

(16) 启动两极的振打机构,检查其运转情况。

(17) 安装出口喇叭和气流分布装置。

(18) 安装下部排灰装置和输灰设备。

(19) 敷设保温层时应注意检修门、检查孔等边缘处的连接。

(20) 安装楼梯、平台。将检查门、保温箱箱体应做接地处理,并检查接地电阻是否小于 4 Ω。

3. 在安装过程中注意事项

(1) 若发现收尘极板和电晕极在运输过程中产生较大变形时,需在两极安装前,在除尘器外部对极板进行预装,检查其变形的大小和部位,然后进行适当的校正。

(2) 由于静电除尘器正常工作时其内部通过一定温度的烟气(一般大于 100 ℃),因此在安装过程中需考虑留有必要的热伸缩量。例如,收尘极振打装置的振打锤头在冷态安装时需打在撞击杆的中心线以下若干毫米处。

4. 静电除尘器安装质量要求

在静电除尘器的整个安装期间,对每一部分的质量要求随各部分机能的要求而定。只有每部分的质量都能达到所规定的要求,才能保证除尘器长期稳定运行并保持很高的除尘效率。

(1) 基础部分质量要求

① 由于基础垫块的耐压力差,故台架装配结束后要迅速充填灰浆。

② 预留孔灰浆充填前,用水仔细进行清扫,灰浆的混合比符合要求。

③ 使用无收缩剂时,要按商品目录混合后使用。

④ 基础螺栓的中心线误差要求在 5 mm 以内。

⑤ 基础中心线要从规定的主基准点进行确认(主基准点,一般从主厂房的坐标点引出)。

⑥ 基础螺栓埋设时为防止螺纹部分生锈或损伤,要用涂过油脂的棉纱或空罐保护。

(2) 框架立柱部分质量要求

① 如果发现立柱地脚板和基础螺栓尺寸不符,原则上应扩大地脚板孔径,此时应在地脚板上焊一垫圈,其厚度与地脚板一样,孔径要大于基础螺栓直径 1 mm,地脚板与基础螺栓之间的偏差 ≤ 5 mm。

② 安装在台架上的轴承等,要按设计所示按延伸方向正确安装。

③ 支柱轴承上面,在标高差 3 mm 以内调整垫圈后完全紧固。

④ 台架底板中心线与基础中心线允许偏差 ± 30 mm。

⑤ 台架柱垂直度 1/1 000,最大偏差 10 mm。

⑥ 支撑、横架等要贴紧。

⑦ 高强地脚螺栓要照设计转矩紧固。

⑧ 注意事项:a. 高强地脚螺栓保管时应防止不同摩擦系数的螺栓相混淆,并应防止垃圾

附着或生锈;b. 接头部安装时要清除垃圾、油垢;c. 高强地脚螺栓的连接必须有压紧力,为此应设定紧固转矩;d. 高强地脚螺栓紧固后,要在 24 h 后按检查要领检查紧固转矩。

(3) 除尘器外壳部分质量要求

① 下部梁和侧壁的焊接要仔细进行,防止漏焊。

② 以侧壁立柱为基准进行安装。

③ 前后壁以侧壁立柱为基准进行安装。

④ 前后壁与下部梁的焊接,通常角焊焊缝高度为 6 mm。

⑤ 装配后内部尺寸偏差 ≤ 5 mm。

⑥ 中间柱下梁与前后壁的连接焊接按图纸要求。

(4) 灰斗部分质量要求

① 上部及下部灰斗的前后壁。下部梁与灰斗上面的贴合面的间隙要小于 3 mm,周围连续角焊缝其高度为 6 mm。

② 完全紧固顶部固定螺栓后,密封焊接。

③ 灰斗内壁的焊接,要防止漏焊,为防止积灰,对焊缝突点用砂轮机磨光滑。

④ 安装在下部梁的前后壁及中间柱下梁,应安装加强材料,并且要全周焊接。

⑤ 上下部灰斗的法兰结合面错位误差不大于 5 mm。

(5) 外壳柱部分质量要求

① 下部梁与主柱底板的焊接尺寸 < 10 mm。

② 由于下部梁的临时固定螺栓是决定主柱位置的,所以主柱上部要用临时斜撑。

③ 主柱侧壁装配后的尺寸公差:a. 水平 ≤ 5 mm;b. 主柱垂直度 < 1/1 000,最大 < 10;c. 两主柱间距最大 10 mm(上、中、下);d. 纵方向 ±5 mm。

④ 人孔门的走廊平台栏杆等不能妨碍人的走动。

⑤ 主柱与中间柱间的偏差 ≤ 5 mm。

(6) 振打装置质量要求

① 锤打棒的纵向扭曲必须校正到 ±5 mm 以内,支撑梁和锤打棒的中心线要订正。

② 锤打棒和锤的中心误差必须在 9 mm 以内,打击面应设定为直角。

③ 锤打棒下面与下部隔板下面的间隙,应在 70 mm 以上,收尘电极应能平滑地热膨胀。

④ 锤固定孔和锤打捧的中心误差需在 9 mm 以内,打击面应设定为直角。

⑤ 轴中心线位置与锤打棒锤打面高度符合设计要求。

⑥ 检查旋转方向,以免试转时出现反转。

⑦ 轴端联轴器 2 个面之间的空隙应在(20 ±4) mm 以内,联轴器径向错位在 1 mm 以内。

⑧ 在 48 h 以上锤打试转后,检查一下是否仍能正确锤打,并对螺栓、螺母、重新紧固后焊牢。

⑨ 锤打用绝缘子的衬套与销应平滑配合。

⑩ 键板用固定螺栓应可靠紧固,止动板应正确固定。

⑪ 下部升降棒上、下动作时,不应碰撞或接触下部曲柄等部件。

⑫ 螺栓、螺母应可靠紧固,止动板应正确固定。

⑬ 杠杆的平衡锤应不接触锥形销的头部,组装后充分打入销,然后将销头多余部分割去。

⑭ 锤上摆角螺栓应向上流侧安装(对气流而言)。

(7) 收尘电极质量要求

① 收尘极板和锤打棒之间的紧固高强螺栓需按设计要求和规定的转矩紧固，紧固件不要放在收尘极板的凸部上。

② 每个气流通道的收尘极板的啮合重叠按要求进行，装配时每块即使给予振动也不发生移动。

③ 收尘极板的装入方向应按设计指出的方向。

④ 将收尘极板固定在锤打棒上之后，其扭曲控制在 $< \pm 5$ mm。

⑤ 使用"固定件组装工具"紧固蝶形螺栓，平行安装在收尘极板上，紧固要充分，并且都要进行止转焊接。

(8) 电晕电极质量要求

① 电晕电极的芒刺正确地调整至针对收尘极凹处方向。

② 电晕电极应无松弛现象，均匀受到张力。

③ 电晕电极装好后，全部要进行可靠的紧固，并做固定焊接。

④ 装入时框架扭曲等应校正到 $< \pm 5$ mm。

⑤ 吊入时应不碰撞凸起部，以免变形。

⑥ 绝缘子室内放电极锤打机构的各部分均应正确安装，各紧固螺栓应确实紧固。

⑦ 要正确定出支柱绝缘子的绝缘套管和曲柄的中心。

⑧ 安装时应保证升降棒和曲柄轴心的偏移方向。

⑨ 锤打用绝缘子安装后要充分紧固螺母，并与绝缘子两侧间隙保持均等。

⑩ 锤打用绝缘子应与销能平滑地滑动。

⑪ 检查曲柄，应充分紧固。

⑫ 杠杆件动作时应不碰倒锥形销、曲柄部件等，而灵活地动作。

⑬ 法兰螺栓调整后，螺母要充分紧固，并用带舌的垫圈可靠地止动。

⑭ 安装角钢件时应使其与挡块平行接触。

⑮ 带眼螺栓与销之间应圆滑回转。

8.8.2 布袋除尘器的安装

1. 安装中的注意事项

(1) 设备的吊装要注意防止变形，在设备出厂时，对关键部件均焊有吊耳，请用吊耳进行吊装。

(2) 箱体、袋室、进出风口、灰斗等安装后，全部连接处应保证密闭不漏气，要求焊接密封的，必须实行气密焊，用紧固件连接的，必须加密封垫，并将全部紧固件拧紧。对局部漏风处，应用硅胶或环氧树脂进行堵漏。除尘器的密封好坏是影响正常运行和寿命的重要因素，气箱脉冲袋式除尘器要求漏风率小于 3%。

(3) 组装气路部分时，主气管（接电磁脉冲阀）在厂内已分别制作好，现场只要组装，控制气管（接提升阀气缸）要现场进行下料、套扣等安装，要求全部管路内必须清理干净，无任何杂物存在，全部接头均应填充密封材料，并经试压不漏气。

(4) 安装袋笼和滤袋是全部安装中最小心和仔细的工作，因此应放在最后进行安装，安装时，滤袋切不可与尖硬物碰撞、钩划，即使是小的划痕，也会使除尘滤袋的寿命大大缩短。安装滤袋的方法是先将除尘布袋由箱体花板孔中放入袋室，然后将袋口上部的弹簧圈捏成凹型，放入箱体的花孔板中，再使弹簧圈复原，使其紧密地压紧在花孔圆周上，最后将袋笼从袋口轻轻插入，直到袋笼上部的护盖确实压在箱体内花板孔上为止。为防止滤袋踩坏，要求每装好一个滤袋,就装一个除尘骨架。

(5) 煤磨用气箱脉冲袋式除尘器上的袋笼装好后,还要安装压板,以便使滤袋上的接地线、袋笼、花板三者紧密接触。煤磨用气箱脉冲袋式除尘器上的防爆门,出厂前已经调好,安装时不需再调。

2. 脉冲布袋除尘器(图 8.31)调试步骤及注意事项

(1) 顶部人孔检修门部分,其压紧装置一端靠机构压紧,另一端靠手柄压紧,分别调整螺栓和螺母,使关闭后橡胶密封条能压紧在门框上,打开时无卡碰现象,并锁紧螺栓。

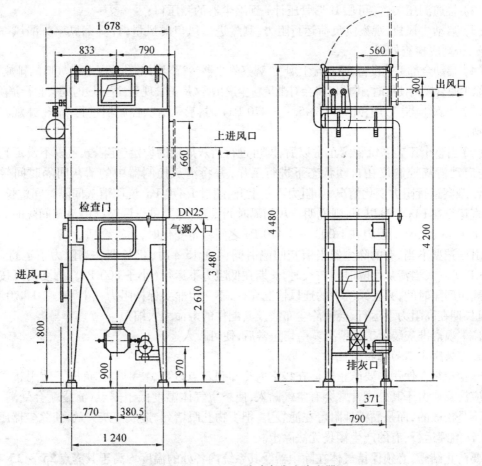

图 8.31　MC24 - Ⅱ 脉冲布袋式除尘器

(2) 调整提升阀部分,阀门气缸为缓冲式,要求在阀关闭到达闭合位置时,气缸应进入缓冲区,否则应调节阀板两侧螺母。气缸的运动速度可通过气缸两端的节流阀螺栓进行调节,要求提升阀关闭时间不大于 2 s,最好 1 s 之内,开启时可适当慢些。然后检查阀板闭合后的间隙,最大不超过 0.8 mm。若现场焊接后阀板孔发生变形则应进行找平,较简单的办法是将阀板放在阀板孔上,找出间隙大的部位用工具扳平。上述调整均应接压缩空气源,其压力可通过气源三联件上的减压阀来调整(一般为 0.3 MPa),使阀板闭合后变形 2 ~ 3 mm,上述调速均通过电磁阀上的手动开关进行,不必接电源,调试完毕,将手动开关复原,并拧紧阀板两侧螺母。

注意:在调试提升阀时,绝不可使电磁脉冲阀动作,否则强大的气流会对人身造成伤害。

(3) 调整灰斗内的输送设备、锁风设备及其传动机构,全部运动部件均应加注润滑油。

(4) 调整清灰控制器(详细阅读脉冲控制仪说明书),要求提升阀、脉冲阀动作顺序正确,各室清灰顺序正确,时间连续可调,为了更好地保证系统阻力平衡及输灰装置的动力平衡,对室数较多(大于7室)的除尘器来说,各室清灰顺序应是跳跃式的。

注意:进行上述调整时,应将全部人孔检修门关闭、锁紧,以防脉冲阀的喷吹气流对人身造成伤害。

上述全部调整工作完毕以后,便可进行空负荷调试和负荷调试,当然在进行这一工作时,整个工艺系统应能正常运行。负荷调试应进行以下工作:

(1) 接通全部电源,压缩空气源,启动输灰设备,除尘控制器置于手动状态;

(2) 接通测压装置(可用U形管压计)到除尘器的测压口;

(3) 启动主风机,观察空负荷运行阻力,测量进出风口的风量,计算漏风率。漏风率应小于3%,否则应检查处理。

(4) 启动全部工艺设备,通入含尘烟气,观察除尘器运行阻力上升情况及排气口的排放情况,在新除尘滤袋投入使用时,排放口将会有微量粉尘逸出,这是正常现象,过一段时间会自行消除。

(5) 当除尘器阻力上升到(1 245 ~ 1 470 Pa)时,启动清灰控制器进行清灰,并观察压力下降情况。

(6) 当整个工艺系统稳定正常以后,即可进行清灰周期的设定(定阻式可以不设定),方法是,先启动清灰控制仪在自动状态下进行工作,并将清灰控制器中的清灰间隔时间暂定在1 min,观察运行阻力变化情况,如阻力不断上升,超过1 470 Pa,说明清灰间隔时间过长,如阻力一直运行在1 000 Pa以下,则说明清灰间隔时间太短,都要进行调整(注:清灰间隔时间最短不能小于15 s),直到阻力在1 000 ~ 1 470 Pa之间稳定变化时,才算合适。

由于选型不当,有的除尘器当清灰间隔时间调到15 s时,仍长期在高阻力下运行(大于1 800 Pa)。或当清灰间隔时间较长时,长期在低阻力下运行(小于800 Pa)。此时,可按实际情况确定间隔时间,只要系统中的通风情况允许,不一定非要保持阻力在1 000 ~ 1 470 Pa之间,但长期在高阻力下运行,会使除尘布袋及其配件的寿命大大缩短。

(7) 观察排灰装置工作情况。一切正常后,便可投入运行。

3. 布袋除尘器的维护措施

除尘布袋在使用中要防止气体在袋室内冷却到露点以下,特别是在负压下使用布袋除尘器更应注意。由于其外壳常常会有空气漏入,使袋室气体温度低于露点,滤袋就会受潮,致使灰尘不是松散的,而是黏糊地附着在滤袋上,把织物孔眼堵死,造成清灰失效,使除尘器压降过大,无法继续运行,有的产生糊袋无法除尘。

要防止结露,必须保持气体在除尘器及其系统内各处的温度均高于其露点25 ~ 35 ℃(如窑磨一体机的露点温度58 ℃,运行温度应在90 ℃以上),以保证滤袋的良好使用效果。其措施如下:

(1) 采取适当的加温措施。如在除尘器内设远红外电加热器、电热器,或者在袋室内增设暖气片,可以适当提高主机的烟气温度。加强除尘器和除尘系统的温度监测,以便掌握袋式除尘器的使用条件,防止结露产生。

(2) 减少漏风。除尘器本体部分缝隙的漏风,袋式除尘器本体漏风应控制在3.5%以下。在除尘器系统中工艺设备的漏风如球磨机的卸料口的密闭卸灰阀、除尘器下的密闭排灰阀的漏风、管道法兰连接处等,这些都往往被维护管理人员所忽视,因而,增加了不必要的漏风量,恶化了袋式除尘器的运行条件。

(3) 增设原料堆棚。在水泥生产中各种的原料、燃料及混合材含水量不等,若放在固定的堆棚内,防止雨淋则可大大降低物料的含水量,这是减少物料水分的有效措施。在我国南方的水泥厂这种情况比较普通,但物料堆棚有的过小,有的则无,因此,给袋式除尘器的使用造成了一定的困难。

(4) 做好除尘器、管道等有关各处的保温与防雨。实践证明,良好的保温措施可使袋式除尘器进、出口温度相差很小,这是防止结露的一项有效措施。

(5) 含尘气体在除尘器内应均匀分布,防止在边角出现涡流使这里通过的气体量减少形成局部低温而产生结露问题。

4. 布袋除尘器的保养

布袋除尘器作为最基本的除尘配件,对于它的清理工作需要认真对待,这样可以相当大的延长它的使用寿命。

(1) 滤袋清扫用风风压维持在 0.5 MPa 以上,要求油水分离,气包要及时放水。经常检查袋除尘器内部风路开闭、控制清扫用风等。检查滤袋堵塞程度,发现轻度堵塞,要及时抽出,干燥、拍打清堵。保证通风能力维持正常,避免堵塞仍继续运转形成恶性循环。

(2) 配备磨内喷水的磨机,要保证雾化良好。停磨前提前一刻钟停水。避免水分蒸发滞后对滤袋带来不良影响。

(3) 对废气处理系统漏风进行经常性检查,实施全面堵漏,对出磨废气系统进行必要的外保温。

(4) 做好生产调度工作,在入磨水分偏大时尽可能连续运转,减少停磨次数及停磨时间;停磨尽量躲开后半夜及上午等气温低的时段,低温季节要尤其注意。

(5) 低温季节冷磨开机,尽量避免温升期物料过大水分入磨;要注意控制加料速度;圈流磨可加大回粉量,提升磨内风温。停磨前尽可能适当延长止料时间,及早对高水分含量的混合材止料,停磨后适当延长磨内排风时间,同时做好磨体转置。

(6) 仓研磨体填充量要适宜,避免影响中空轴部位的通风面积。箅缝堵塞要及时清理,禁止混合材中混有铁渣之类物质入磨,以避免堵塞箅缝。要维持磨内通风能力稳定在良好水平;一旦有变化,仍可由排风机抽力来调整维持磨内最佳通风量,如工厂订购了不易堵箅缝的隔仓板及出料箅板,稳定通风面积。

5. 袋式除尘器在运转期间的注意事项

除尘布袋的运转可分为试运转时期和日常运转时期。要注意主机设备负荷的变化会对除尘器性能产生的影响。在机器开动之后,应密切注意袋式除尘器的工作状况,做好有关记录。在日常运转中,仍应进行必要的检查,特别是对袋式除尘器的性能的检查。

在新的袋式除尘器试运行时,应特别注意检查下列各点:

(1) 风机的旋转方向、转速、轴承振动和温度。单一部件进行检查,然后作适应性运转。

(2) 处理风量和各测试点压力与温度是否与设计相符。

(3) 滤袋的安装情况,在使用后是否有掉袋、松口、磨损等情况发生,投运后可目测烟囱的排放情况来判断。

(4) 要注意袋室结露情况是否存在,排灰系统是否畅通。防止堵塞和腐蚀发生,积灰严重时会影响主机的生产。

(5) 清灰周期及清灰时间的调整,这项工作是左右捕尘性能和运转状况的重要因素。清灰时间过长,将使附着粉尘层被清落掉,成为滤袋泄漏和破损的原因。

如果清灰时间过短,滤袋上的粉尘尚未清落掉,就恢复过滤作业,将使阻力很快地恢复并逐渐增高起来,最终影响其使用效果。两次清灰时间间隔称清灰周期,一般希望清灰周期尽可能地长一些,使除尘器能在经济的阻力条件下运转。因此,必须对粉尘性质、含尘浓度等进行慎重的研究,并根据不同的清灰方法来决定清灰周期和时间,并在试运转中进行调整达到较佳的清灰参数。

8.8.3 旋风除尘器的安装

(1) 在旋风除尘器的安装过程中注意碰撞,应轻拿轻放。

(2) 多管旋风除尘器在安装时,箱体与灰斗法兰、进出口法兰连接时中间必须使用石棉绳,并用螺栓拧紧,绝对防止漏风,影响除尘效果。

(3) 在投入正常运行后,务必按时清灰,一般不超过 4 h/次,以防止灰斗内集尘过多。

(4) 设计使用单位应根据锅炉的烟气流量,配套使用除尘器,也可根据锅炉现场设计除尘器的布置。

(5) 安装后应在 120 ℃ 以下烘烤(20 t 以下可安装后即用)三天,缓慢将除尘器内施工砌筑水分排出,再投入正常运行。

旋风除尘器可在楼板孔洞、地面钢支架以及墙面上安装,如图 8.32、图 8.33 及图 8.34 所示。

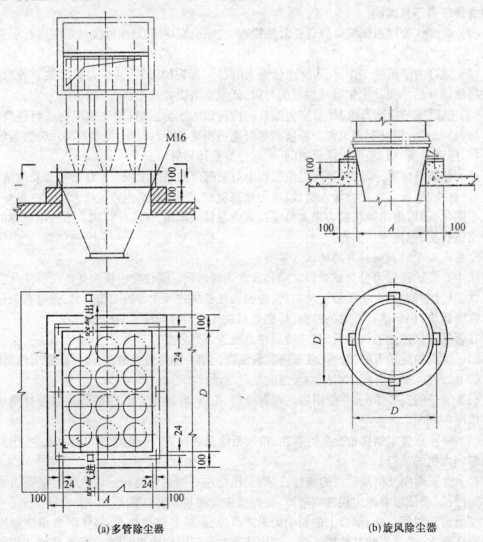

(a) 多管除尘器　　　　　　　　　　　(b) 旋风除尘器

图 8.32　旋风除尘器在楼板孔洞的安装

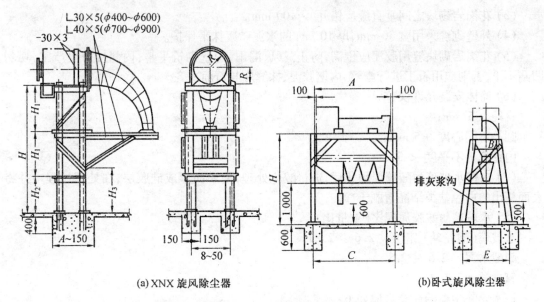

(a) XNX 旋风除尘器 (b) 卧式旋风除尘器

图 8.33　旋风除尘器在地面钢支架上的安装

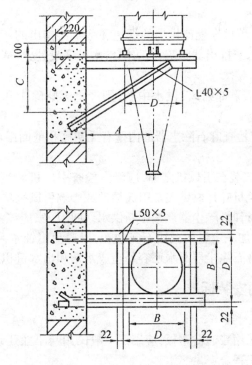

图 8.34　旋风除尘器在墙上安装

8.8.4　麻石水膜除尘器的安装

(1) 每层花岗岩砌块形状尺寸不同,砌筑前要按图纸查找核对,对出现裂痕、缺角等不合格的砌块,不应使用。

(2) 各砌块之间砌缝采用水玻璃耐酸胶泥黏接,水玻璃胶泥严格按照配比调制,施工环境温度不低于 15 ℃,施工过程中严禁雨水浇淋和曝晒。

(3) 花岗岩砌块之间垂直缝应错开 > 100 mm。
(4) 外壁砌缝采用宽 50 mm，厚 10 mm 的水泥砂浆抹平保护。
(5) 花岗岩砌块缝用胶泥应饱满，防止漏风、漏雨，内壁砌筑平整，内侧接口要严密，切勿凹凸不平，否则应用石工进行修整，内壁胶泥，抹缝应与石面平齐。
(6) 筒体安装允许误差：

直径 ±5 mm；
圆心不同心度 ±5 mm；
内壁每米不平度 < 5 mm。

(7) 内壁水玻璃耐酸胶泥硬化后，进行酸化处理，使表面形成硅胶层，在处理过程中并将表面析出的白色盐类结晶清刷干净。
(8) 水玻璃耐酸胶泥配比（重量比）

水玻璃（泡花碱）密度 2.6 ~ 2.81
耐酸水泥 2.6 ~ 2.8
氟硅酸钠 0.15

该水膜除尘器的注意事项如下：

① 启动引风机后，检查麻石水膜除尘器各部是否漏风，特别是进口接合处，灰水出口密封处严密性要良好。

② 锅炉正常运行中，可根据烟囱排出的烟色和除尘器排出的灰水颜色，适当调整给水的供应量。若发现烟气带水或排出絮状灰物，表明给水过多或过少，是否水膜破裂，或烟速不稳，应研究采取改进措施。

③ 如麻石水膜除尘器下部漏风，供水中断，则严重影响除尘和脱硫效果，应及时采取措施，消除故障。

④ 结合锅炉停炉，应检查麻石除尘器的内壁有无灰瘤和壁面结块物，若有以上情况，应予以清除。

⑤ 麻石水膜除尘器安装在引风机之前，应经常检查引风机的运转有无异常情况，防止因调整不当烟气带水造成风机叶片黏结飞灰引起振动或影响引风机功能。

注意：锅炉在正常运行时，除尘器严禁中断供水，使用厂家应该考虑在使用循环水的同时（循环水应在循环水池中加一定量的碱或石灰中和，以避免腐蚀水泵和管道，造成锅炉停产）应增加一条备用水管。麻石除尘器断水还容易造成水槽和出水口积灰，筒体渗水。

8.8.5 除尘器的安装标准

1. 范围

本工艺标准适用于采用普通薄钢板，应用于一般民用与工业建筑除尘系统及锅炉除尘系统的除尘器制作与安装工程。

2. 施工准备

(1) 材料要求及主要机具

① 所使用的主要材料应具有出厂合格证明书或质量鉴定文件，板材应薄厚均匀，板面光滑。

② 除尘器制作的板厚应按设计要求、标准样本材料明细表执行。

③ 龙门剪板机、震动式曲线剪板机、卷圆机、型钢切割机、角钢卷圆机、冲孔机、台钻、电焊设备、油漆喷枪、小吊车、倒链、扳手、水平尺、线坠等。

(2) 作业条件

① 除尘器制作应有宽敞、明亮、洁净、地面平整、不潮湿的厂房。
② 加工地点要有相应加工工艺的机具、设施及电源安全防护装置、消防器材等。
③ 除尘器制作应有设计图纸、大样图,并有施工员书面的技术、质量、安全交底。
④ 土建施工完毕已具备安装条件,无障碍及杂物。

3. 操作工艺

(1) 工艺流程

领料 → 验料 → 放大样 → 下料 → 圈圆 → 组装 → 法兰焊接与零件焊接 → 成型 → 喷漆 → 检验 → 出厂 → 安装。

(2) 常用画线工具有钢板尺、角尺、划规、划针、样冲等。根据不同规格型号的除尘器样本要求分别进行放样展开。

(3) 板材剪切时必须先进行尺寸复核,以免有误,按画线形状尺寸用切板机及震动剪进行剪切。

(4) 除尘器筒体外径或矩形外边尺寸的允许偏差不应大于5‰,其内外表面应平整光滑,弧度均匀。

(5) 除尘器壳体拼接应平整,纵向拼缝应错开;法兰连接处及装有检查门的部位应严密。整体除尘器的漏风率,在设计工作压力下为5%,其中离心式除尘器为3%。

(6) 卷圆时,注意左右回旋的方向,以免卷错方向。

(7) 组装时除尘器的进出口应平直,筒体排出管与锥体下口应同轴,其偏心不得大于2 mm。

(8) 旋风除尘器的进口短管应与筒体内壁成切线方向;螺旋导流板应垂直于筒体,螺距应均匀一致。

(9) 焊接时应先段焊然后满焊,避免通焊后变形。

(10) 除尘器成形后应外刷防锈漆两遍,再刷灰色调和漆一遍。

(11) 除尘器安装时,按说明书的安装方式进行安装、找平找正。引风机入口要连接除尘器芯管法兰(即净化气体出口),引风机出口连接至烟道通过烟囱排入大气,切勿接反。

(12) 安装连接各处法兰时密闭垫应加在螺栓内侧,以保证密封。

(13) 除尘器涡旋方向要与风机涡旋方向一致,即右旋除尘器配用右旋引风机、左旋除尘器配用左旋引风机。

(14) 组装除尘器主体与牛角锥体的连接大法兰和牛角锥体的小法兰与储灰罐法兰连接时必须保证密封。

4. 质量标准

(1) 保证项目

① 除尘器的规格和尺寸必须符合设计要求。

检验方法:尺量和观察检查。

② 除尘器组装及各部件的连接处必须严密,进出口方向必须符合设计要求。

检验方法:观察检查。

(2) 基本项目

① 除尘器制作内表面平整,无凹凸、圆弧均匀、拼缝错开;焊缝表面无裂纹、夹渣、砂眼、气孔等缺陷。

检验方法:观察检查。

② 除尘器的活动或转动件应灵活可靠,松紧适度。
检验方法:手板动检查。
(3) 允许偏差项目
除尘器安装的允许偏差和检验方法应符合表 8.14 的规定。

表 8.14 除尘器安装的允许偏差和检验方法

项次	项 目		允许偏差/mm	检 验 方 法
1	平面位移		10	用经纬仪或拉线、尺量检查
2	标 高		±10	用水准仪或水平尺、直尺、拉线和尺量检查
3	垂直度	每 m	2	吊线和尺量检查
		总偏差	10	

5. 成品保护
(1) 除尘器的成品要放在宽敞、干燥的地方排放整齐。
(2) 除尘器搬运装卸应轻拿轻放、防止损坏成品。

6. 应注意的质量问题
除尘器制作应注意的质量问题见表 8.15。

表 8.15 除尘器制作应注意的质量问题

序号	质 量 通 病	防 治 措 施
1	异形排出管与筒体连接不平	在圈圆时用各种样板找准各段弧度
2	芯子的螺旋叶片角度不对	组装时边点焊边检查

7. 质量记录
(1) 现场组装除尘器、空调机漏风检测记录表。
(2) 除尘器制作与安装分项工程质量检验评价表。

8.8.6 除尘器等通风设备施工质量验收

1. 一般规定
(1) 本部分适用于工作压力不大于 5 kPa 的通风机与空调设备安装质量的检验与验收。
(2) 通风与空调设备应有装箱清单、设备说明书、产品质量合格证书和产品性能检测报告等随机文件,进口设备还应具有商检合格的证明文件。
(3) 设备安装前,应进行开箱检查,并形成验收文字记录。参加人员为建设、监理、施工和厂商等方单位的代表。
(4) 设备就位前应对其基础进行验收,合格后方能安装。
(5) 设备的搬运和吊装必须符合产品说明书的有关规定,并应做好设备的保护工作,防止因搬运或吊装而造成设备损伤。

2. 主控项目
除尘器的安装应符合下列规定:
(1) 型号、规格、进出口方向必须符合设计要求。
(2) 现场组装的除尘器壳体应做漏风量检测,在设计工作压力下允许漏风率为 5%,其中离心式除尘器为 3%。
(3) 布袋除尘器、电除尘器的壳体及辅助设备接地应可靠。

检查数量:按总数抽查20%,不得少于1台;接地全数检查。
检查方法:按图核对、检查测试记录和观察检查。
3. 一般项目
(1)除尘设备的安装应符合下列规定:
①除尘器的安装位置应正确、牢固平稳,允许误差应符合表8.16的规定;

表8.16 除尘器安装允许偏差和检验方法

项次	项目		允许偏差/mm	检验方法
1	平面位移		≤10	用经纬仪或拉线、尺量检查
2	标高		±10	用水准仪、直尺、拉线和尺量检查
3	垂直度	每m	≤2	吊线和尺量检查
		总偏差	≤10	

②除尘器的活动或转动部件的动作应灵活、可靠,并应符合设计要求;
③除尘器的排灰阀、卸料阀、排泥阀的安装应严密,并便于操作与维护修理。
检查数量:按总数抽查20%,不得少于1台。
检查方法:尺量、观察检查及检查施工记录。
(2)现场组装的静电除尘器的安装,还应符合设备技术文件及下列规定:
①阳极板组合后的平面度允许偏差为5 mm,其对角线允许偏差为10 mm;
②阴极小框架组合后主平面的平面度允许偏差为5 mm,其对角线允许偏差为10 mm;
③阴极大框架的整体平面度允许偏差为15 mm,整体对角线允许偏差为10 mm;
④阳极板高度小于或等于7 m的电除尘器,阴、阳极间距允许偏差为5 mm。阳极板高度大于7 m的电除尘器,阴、阳极间距允许偏差为10 mm;
⑤振打锤装置的固定,应可靠;振打锤的转动,应灵活。锤头方向应正确;振打锤头与振打砧之间应保持良好的线接触状态,接触长度应大于锤头厚度的0.7倍。
检查数量:按总数抽查20%,不得少于1组。
检查方法:尺量、观察检查及检查施工记录。
(3)现场组装布袋除尘器的安装,还应符合下列规定:
①外壳应严密、不漏,布袋接口应牢固。
②分室反吹袋式除尘器的滤袋安装,必须平直。每条滤袋的拉紧力应保持在25~35 N/m;与滤袋连接接触的短管和袋帽,应无毛刺。
③机械回转扁袋式除尘器的旋臂,转动应灵活可靠,净气室上部的顶盖,应密封不漏气,旋转应灵活,无卡阻现象。
④脉冲袋式除尘器的喷吹孔,应对准文氏管的中心,同心度允许偏差为2 mm。
检查数量:按总数抽查20%,不得少于1台。
检查方法:尺量、观察检查及检查施工记录。

8.8.7 除尘器性能的测定

除尘器的性能主要包括除尘器处理风量、除尘器漏风率、阻力及效率等几个方面。
测定除尘器性能时,所用的测定方法及仪表均与前述的风量、风压、含尘浓度的测定相同。

1. 除尘器风量的测定

除尘器处理风量是反映除尘器处理气体能力的指标。除尘器处理风量应以除尘器进口的流量为依据,除尘器的漏风量或清灰系统引入的风量均不能计入处理风量之内。因此,测定除尘器处理风量时,其测定断面应设于除尘器进口管段上(图 8.35)。

2. 除尘器漏风率的测定

除尘器的漏风率是除尘器一项重要的技术指标。它对除尘器的处理风量和除尘效率均有重大影响。因此,某些除尘器的制造标准中对漏风量提出了具体要求。如 CDWY 系列除尘器要求漏风率 < 7%,大型的袋式除尘器要求漏风率 < 5% 等。

漏风率的测定方法有风量平衡法、热平衡法和碳平衡法等。风量平衡法是最常用的方法。

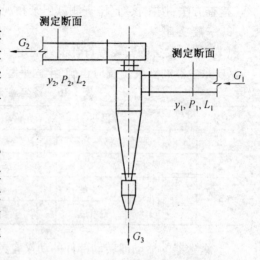

图 8.35 除尘器性能测定图

根据定义,除尘器的漏风率用下式表示:

$$\varepsilon = \frac{L_2 - L_1}{L_1} \times 100\% \tag{8.67}$$

式中 L_1—— 除尘器进口处风量,m^3/s;
L_2—— 除尘器出口处风量,m^3/s。

从公式(8.67)可以看出,只要测出除尘器进、出口处的风量,即可求得漏风率 ε。

采用风量平衡法测定漏风率时,要注意温度变化对气体体积的影响。对于反吹清灰的袋式除尘器,清灰风量应从除尘器的出口风量中扣除。

3. 除尘器阻力的测定

除尘器前后的全压差即为除尘器的阻力。

$$\Delta P = P_1 - P_2 \tag{8.68}$$

式中 ΔP—— 除尘器的阻力,Pa;
P_1—— 除尘器进口处的平均全压,Pa;
P_2—— 除尘器出口处的平均全压,Pa。

4. 除尘器效率的测定

现场测定时,由于条件限制,一般用浓度法测定除尘器的全效率。除尘器的全效率为

$$\eta = \frac{y_1 - y_2}{y_1} \times 100\% \tag{8.69}$$

式中 y_1—— 除尘器进口处的平均含尘质量浓度,mg/m^3;
y_2—— 除尘器出口处的平均含尘质量浓度,mg/m^3。

现场使用的除尘系统总会有少量漏风,为了消除漏风对测定结果的影响,应按下列公式计算除尘器的全效率。

在吸入段($L_2 > L_1$):

$$\eta = \frac{y_1 L_1 - y_2 L_2}{y_1 L_1} \times 100\% \tag{8.70}$$

在压出段($L_1 > L_2$):

$$\eta = \frac{y_1 L_1 - y_1(L_1 - L_2) - y_2 L_2}{y_1 L_1} \times 100\% = \frac{L_2}{L_1}\left(1 - \frac{y_2}{y_1}\right) \times 100\% \quad (8.71)$$

式中 L_1——除尘器进口断面风量,m^3/s;

L_2——除尘器出口断面风量,m^3/s。

测定除尘器分级效率时,应首先测出除尘器进、出口的粉尘粒径分布或测出进口和灰斗中粉尘的粒径分布,然后再计算除尘器的分级效率。

粉尘的性质及系统运行工况对除尘器效率影响较大,因此给出除尘器全效率时,应同时说明系统的运行工况,以及粉尘的真密度、粒径分布,或者直接给出除尘器的分级效率。

8.8.8 车间工作区含尘浓度的测定

测定空气中粉尘浓度的方法有滤膜测尘、光散射测尘、β 射线测尘、压电晶体测尘等,常用的是滤膜测尘和光散射测尘。

1. 滤膜测尘

如图 8.36 所示,在测定点用抽气机抽吸一定体积的含尘空气,当其通过滤膜采样器(图 8.37)时,在滤膜上留下粉尘,根据采样器前后滤膜的增重(即集尘量)和总抽气量,即可算出质量含尘浓度。

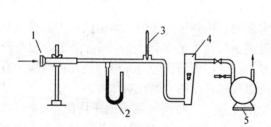
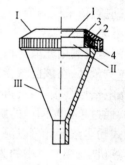

图 8.36 测定工作区空气含尘浓度的采样装置 　　图 8.37 滤膜采样器
1—滤膜采样品;2—压力计;　　　　　　Ⅰ—顶盖;Ⅱ—滤膜夹;Ⅲ—漏斗;1—滤膜;
3—温度计;4—流量计;5—抽气机　　　　2—固定盖;3—锥形环;4—螺丝底座

滤膜是一种带有电荷的高分子聚合物。在一般的温、湿度下($t < 60\ ℃, \varphi = 25\% \sim 90\%$),滤膜的质量不会发生变化。滤膜可分为平面滤膜和锥形滤膜两种,被固定盖紧压在锥形环和螺丝底座中间。平面滤膜的直径为 40 mm,容尘量小,适于空气含尘质量浓度小于 200 mg/m³ 的场合。锥形滤膜是由直径 75 mm 的平面滤膜折叠而成,容尘量较大,适用于含尘质量浓度大于 200 mg/m³ 的场合。

测定前首先要用感量为万分之一克的分析天平进行滤膜称重,记录质量并编号。然后将采样装置架设在测尘点,检查装置是否严密,开动抽气机,将流量迅速调整至采样流量(通常为 15 ~ 30 L/min),同时进行计时,在整个采样过程中应保持流量稳定。一般采样时间不得小于 10 min,滤膜的增重不小于 1 mg。对平面滤膜采尘质量应不大于 20 mg。

通常滤膜测尘装置中的流量计是转子流量计,是在 $t = 20\ ℃, P = 101.3\ kPa$ 的状况下标定的。因而当流量计前采样气体的状态与标定的状态有较大差异时,需对流量进行修正。修正公式为

$$L = L'\sqrt{\frac{101.3 \times (273 + t)}{(B + P) \times (273 + 20)}} \quad (8.72)$$

式中　　L——实际流量，L/min；
　　　　L'——流量计读数，L/min；
　　　　B——当地大气压力，kPa；
　　　　P——流量计前压力计读数，kPa；
　　　　t——流量计前温度计读数，℃。

实际抽气量为

$$V_t = L \cdot \tau \quad (L) \tag{8.73}$$

式中　　τ——采样时间，min。

将 V_t 换算成标准状况下的体积，即

$$V_0 = V_t \times \frac{273}{273 + t} \times \frac{B + P}{101.3} \tag{8.75}$$

空气含尘浓度为

$$y = \frac{G_2 - G_1}{V_0} \times 10^3 \quad (\text{mg/m}^3) \tag{8.76}$$

式中　　G_1, G_2——采样前后的滤膜质量，mg；
　　　　V_0——换算为标准状况的抽气量，L。

两个平行样品测出的含尘浓度偏差小于20%，为有效样品，取平均值作为采样点的含尘浓度。否则，应重新采样测尘。

2. 光散射测尘

光散射测尘是利用光散射粉尘浓度计来实现的。被测量的含尘气体由仪器内的抽气泵吸入，通过尘粒测量区，在该区域受到由专门光源经透镜产生的平行光的照射，由于尘粒会产生散射光，被光电倍增管接受后，再转变为电讯号。如果将散射光经过光电转换元件变换为有比例的电脉冲，通过单位时间内的脉冲计数，就可以知道悬浮粉尘的相对浓度。

光散射式粉尘浓度计可以测出瞬时的粉尘浓度及一定时间间隔内的平均浓度，并可将数据储存于计算机中，量测范围约为 $0.01 \sim 100 \text{ mg/m}^3$。对于不同的粉尘，光散射式粉尘浓度计需要重新标定。

洁净室的浓度通常用计数浓度表示，一般由光散射式尘埃粒子计数器测得。

8.8.9　管道内空气含尘浓度的测定

8.8.9.1　采样装置

管道中气流含尘浓度的测定装置如图8.38所示。它与工作区采样装置的不同之处是：在滤膜采样器之前增设采样管2，含尘气流经采样管进入采样装置3，因此采样管也称引尘管。采样管头部设有可更换的尖嘴形采样头1，如图8.39所示。滤膜采样器的结构也略有不同，在滤膜夹前增设了圆锥形漏斗，如图8.40所示。

在高浓度的场合下，为增大滤料的容尘量，可以采用8.41所示的滤筒收集尘样。滤筒的集尘面积大、容尘量大、阻力小、过滤效率高，对 $0.3 \sim 0.5 \mu m$ 尘粒捕集效率在99.5%以上。国产的玻璃纤维滤筒有加胶合剂的和不加胶合剂的两种。加胶合剂的滤筒能在200℃以下使用，不加胶合剂的滤筒可在400℃以下使用，国产的刚玉滤筒可在850℃以下使用。有胶合剂的玻璃纤维滤筒，含有少量的有机黏合剂，在高温下使用时，由于黏合剂蒸发，滤筒质量会有某些减轻。因此使用前、后必须加热处理，去除有机物质，使滤筒质量保持稳定。

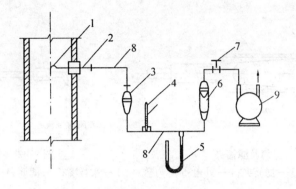

图 8.38 管道采样示意图
1—采样头；2—采样管；3—滤膜采样器；4—温度计；5—压力计；
6—流量计；7—螺旋夹；8—橡皮管；9—抽气机

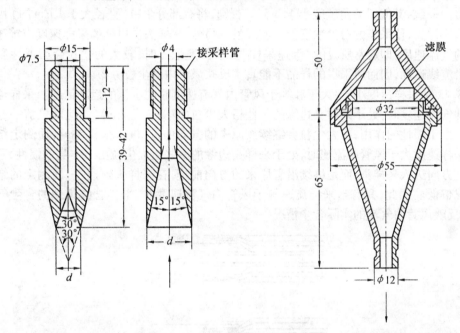

图 8.39 采样头　　　　图 8.40 管道采样用的滤膜采样器

按照积尘装置(滤膜、滤筒)所放位置的不同,采样方式分为管内采样和管外采样两种。图 8.38 中的滤膜放在管外,称为管外采样。如果滤膜或滤筒和采样头一起直接插入管内(图 8.42),称为管内采样。管内采样的主要优点是尘粒通过采样嘴后直接进入集尘装置,沿途没有损耗。管外采样时,尘样要经过较长的采样管才能进入集尘装置,沿途有可能黏附在采样管壁上,使采集到的尘量减少,不能反映真实情况。尤其是高温、高湿气体,在采样管中容易产生冷凝水,尘粒黏附于管壁,造成采样管堵塞。管外采样大都用于常温下通风除尘系统的测定,管内采样主要用于高温烟气的测定。

管道中采样的方法与步骤和工作区采样不完全相同,它有两个特点:一是采样流量必须根据等速采样的原则确定,即采样头进口处的采样速度应等于风管中该点的气流速度。二是考虑到风管断面上含尘浓度分布不均匀,必须在风管的测定断面上多点采样,求得平均的含尘浓度。

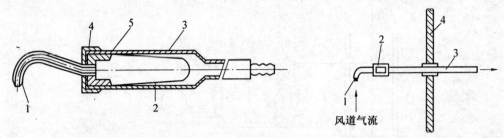

图 8.41 滤筒及滤筒夹　　　　　　　　图 8.42 管内采样
1—采样嘴;2—滤筒;3—滤筒夹;4—外盖;5—内盖　　1—采样嘴;2—滤筒;3—采样管;4—风道壁

8.8.9.2 等速采样

在风管中采样时,为了取得有代表性的尘样,要求采样头进口正对含尘气流,采样头轴线与气流方向一致,其偏斜的角度应小于 ±5°。否则,将有部分尘粒(直径大于 4 μm 的)因惯性不能进入采样头,使采集的粉尘浓度低于实际值。另外,采样头进口处的采样速度应等于风管中该点的气流速度,即通常所说的"等速采样"。非等速采样时,较大的尘粒会因惯性影响不能完全沿流线运动,因而所采得的样品不能真实反映风管内的尘粒分布。

图 8.43 是采样速度小于、大于和等于风管内气流速度时的尘粒的运动情况。采样流速小于风管的气流速度时,处于采样头边缘的一些粗大尘粒($> 3 \sim 5$ μm),本应随气流一起绕过采样头。由于惯性的作用,粗大尘粒会继续按原来的方向前进,进入采样头内,使测定结果偏高。当采样速度大于风管中流速时,处于采样头边缘的一些粗大尘粒由于本身的惯性,不能随气流改变方向进入采样头,而是继续沿着原来的方向前进,在采样头外通过,使测定的结果比实际情况偏低。因此,只有当采样流速等于风管内气流速度时,采样管收集到的含尘气流样品,才能反映风管内气流的实际含尘情况。

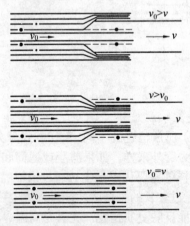

图 8.43 在不同采样速度时尘粒的运动情况

在实际测定中,不易做到完全等速采样。经研究证明,当采样速度与风管中气流速度误差在 -5% ~ +10% 以内时,引起的误差可以忽略不计。采样速度高于气流速度时所造成的误差,要比低于气流速度时小。

为了保持等速采样,最普遍采用的是预测流速法,另外还有静压平衡法和动压平衡法等。

1. 预测流速法

为了做到等速采样，在测尘之前，先要测出风管测定断面上各测点的气流速度，然后根据各测点速度及采样头进口直径算出各点采样流量，进行采样。为了适应不同的气流速度，备有一套进口内径为 4 mm、5 mm、6 mm、8 mm、10 mm、12 mm、14 mm 的采样头。采样头一般做成渐缩锐边圆形，锐边的锥度以 30°为宜。

根据采样头进口内径 $d(\mathrm{mm})$ 和采样的气流速度 $v(\mathrm{m/s})$，即可算出等速采样的抽气量：

$$L = \frac{\pi}{4}\left(\frac{d}{1\,000}\right)^2 \times v \times 60 \times 1\,000 = 0.047 d^2 v \quad (\mathrm{L/min}) \tag{8.77}$$

若计算的抽气量 L 超出了流量计或抽气机的工作范围，应改换小号的采样头及采样管，再按上式重新计算抽气量。

2. 静压平衡法

管道内气流速度波动大时，按上述方法难以取得准确的结果，为简化操作，可采用图 8.44 所示的等速采样头。在等速采样头的内、外壁上各有一根静压管。对于采用锐角边缘、内外表面精密加工的等速采样头，可以近似认为气流通过采样头时的阻力为零。因此，只要采样头内外的静压差保持相等，采样头内的气流速度就等于风管内的气流速度(即采样头内外的动压相等)。采用等速采样头采样，不需预先测定气流速度，只要在测定过程中调节采样流量，使采样头内、外静压相等，就可以做到等速采样。采用等速采样头可以简化操作，缩短测定时间。但是，由于管内气流的紊流、摩擦以及采样头的设计和加工等因素的影响，实际上并不能完全做到等速采样。等速采样头目前主要用于工况不太稳定的锅炉烟气测定。

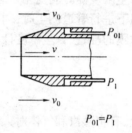

图 8.44　等速采样头示意图

应当指出，等速采样头是利用静压而不是用采样流量来指示等速情况的，其瞬时流量在不断变化着，所以记录采样流量时不能用瞬时流量计，要用累计流量计。

8.8.9.3　采样点的布置

测定管内气流的含尘浓度，要考虑气流的运动状况和管道内粉尘的分布情况。研究证实，风管断面上含尘浓度的分布是不均匀的。在垂直管中，含尘浓度由管中心向管壁逐渐增加。在水平管中，由于重力的影响，下部的含尘浓度较上部大，而且粒径也大。因此，一般认为，在垂直管段采样，要比在水平管段采样好。要取得风管中某断面上的平均含尘浓度，必须在该断面进行多点采样。在管道断面上应如何布点，才能测得平均含尘浓度，目前尚未取得一致的看法。

目前常用的采样方法有以下几种：

1. 多点采样法

分别在已定的每个采样点上采样，每点采集一个样品，然后再计算出断面的平均粉尘浓度。这种方法可以测出各点的粉尘浓度，了解断面上的浓度分布情况，找出平均浓度点的位置。缺点是测定时间长，工序繁琐。

2. 移动采样法

为了较快测得管道内粉尘的平均浓度，可以用同一集尘装置，在已定的各采样点上，用相同的时间移动采样头连续采样。由于各测点的气流速度是不同的，要做到等速采样，每移动一个测点，必须迅速调整采样流量。在测定过程中，随滤膜上或者滤筒内粉尘的积聚，阻力也会不断增加，必须随时调整螺旋夹，保证各测点的采样流量保持稳定。每个采样点的采样时间不得少于 2 min。

这种方法测定结果精度高，目前应用较为广泛。

3. 平均流速点采样法

找出风管测定断面上的气流平均流速点，并以此点作为代表点进行等速采样。把测得的粉尘浓度作为断面的平均浓度。

4. 中心点采样法

在风管中心点进行等速采样，以此点的粉尘浓度作为断面的平均浓度。这种方法测点定位较为方便。

对于粉尘浓度随时间变化显著的场合，采用上述两种方法测出的结果较为接近实际。

在常温下进行管道测尘时，同样要考虑温度、压力变化对流量计读数的影响，具体的修正方法以及滤膜的准备、含尘浓度计算等，与工作区采样基本相同。

复习思考题

1. 粉尘、有害蒸汽和气体对人体有何危害以及对人体危害的影响因素？
2. 写出下列物质在车间空气中的最高容许浓度，并指出何种物质的毒性最大（一氧化碳、二氧化硫、氯、丙烯醛、铅烟、五氧化砷、氧化镉）。
3. 粉尘、有害气体和蒸汽浓度的表示方法。
4. 排放标准规定空气中二氧化硫的含量为 0.1 mg/m^3，试将该值换算为 mL/m^3。
5. 阐述防治工业有害物的综合措施。
6. 阐述局部排风系统的组成。
7. 分析下列各种局部排风罩的工作原理和特点：(1) 密闭罩；(2) 外部吸气罩；(3) 接受罩。
8. 影响吹吸式排风罩工作的主要因素是什么？
9. 槽边排风罩上为什么 $\dfrac{f}{F_1}$ 越小条缝口速度分布越均匀。
10. 有一尺寸为 300 mm × 600 mm 的矩形排风罩（四周无边），要求在距罩口 $x = 900$ mm 处，造成 $v_x = 0.25$ m/s 的吸入速度，计算该排风罩的排风量。
11. 有一侧吸罩口尺寸为 300 mm × 300 mm。已知其排风量 $L = 0.54 \text{ m}^3/\text{s}$，按下列情况计算距罩口 0.3 m 处的控制风速。
    (1) 自由悬挂，无法兰边；
    (2) 自由悬挂，有法兰边；
    (3) 放在工作台上，无法兰边。
12. 某工业槽宽 $B = 2.0$ m，长 $l = 2.0$ m，槽内溶液温度 $t = 40$ ℃，采用吹吸式排风罩。计算吹、吸风量及吹、吸风口的高度。
13. 有一金属熔化炉（坩埚炉）平面尺寸为 600 mm × 600 mm，炉内温度 $t = 600$ ℃。在炉口上部 400 mm 处设接受罩，周围横向风速 0.3 m/s。确定排风罩罩口尺寸及排风量。
14. 为什么两个型号相同的除尘器串联运行时，它们的除尘效率是不同的？哪一级的除尘效率高？
15. 袋式除尘器有哪些主要组成部分？对滤料的选择有什么基本要求？

16. 电除尘器除尘的基本过程有哪些？影响电除尘器除尘效率的因素有哪些？

17. 有一两级除尘系统，第一级为旋风除尘器，第二级为电除尘器，用于处理起始含尘质量浓度为 12 g/m³，游离二氧化硅含量 10% 以上的粉尘，已知旋风除尘器的除尘效率为 80%，若达到国家规定的排放标准，选用的电除尘器的效率至少应是多少？

18. 有一两级除尘系统，用来处理含石棉粉尘的气体。已知含尘气体流量为 2.5 m³/s，工艺设备的产尘量为 22.5 g/s，各级除尘效率分别为 83% 和 96%。(1) 计算该除尘器总除尘效率和粉尘量，粉尘排放浓度是否达标？(2) 若仅使用第一级除尘，粉尘排放浓度是否达标？

19. 一直径为 10.9 μm 的单分散相气溶胶通过一重力沉降室，宽 20 cm，长 50 cm，共 18 层，层间距 0.124 cm，气体流速是 8.61 m/min，并观测到其操作效率为 64.9%。问需要设置多少层才能得到 80% 的操作效率？

20. 温度为 200 ℃，压力为 0.101 MPa 的含尘气体通过一旋风除尘器，筒体直径为 D，筒长度 $L = 2D$，锥体高度 $H = 2D$，进口宽度 $b = \frac{1}{5}D$，进口高度 $h = \frac{3}{5}D$，尘粒密度为 2 000 kg/m³。若旋风除尘器筒体直径为 0.65 m，进口气速为 21 m/s。试求：(1) 气体处理量（标态）；(2) 气体通过旋风除尘器的压力损失；(3) 尘粒的临界粒径。

21. 经过测试，某种粉尘的粒径分布和分级除尘效率数据如下，试确定总除尘效率。

平均粒径 /μm	0.25	1.0	2.0	3.0	4.0	5.0	6.0	7.0	8.0	10.0	14.0	20.0	>23.5
频率分布 /%	0.1	0.4	9.5	20.0	20.0	15.0	11.0	8.5	5.5	5.5	4.0	0.8	0.2
分级效率 /%	8	30	47.5	60	68.5	75	81	86	89.5	95	98	99	100

22. 安装一袋式除尘器处理含尘气体，已知系统进口处质量浓度为 10.2 g/m³，布袋破裂前出口处质量浓度为 0.05 g/m³，含尘气体体积流量为 1 415 m³/min，滤袋室个数为 6 个，每室中滤袋数为 100 条，滤袋直径为 15 cm，长度为 250 cm，破裂的布袋数为 2 个。假设除尘效率与滤袋的过滤面积成正比，试估算布袋破裂时粉尘的出口浓度。

23. 板间距为 25 cm 的板式电除尘器的分割直径为 0.9 μm，使用者希望总效率不小于 98%。有关法规规定排气中含尘量不得超过 0.5 g/m³。假定电除尘器入口处粉尘质量浓度为 30 g/m³，且粒径分布如下：

频率分布 /%	0 ~ 20	20 ~ 40	40 ~ 60	60 ~ 80	80 ~ 100
平均粒径 /μm	3.5	8.0	13.0	19.0	45.0

假定多依奇方程的形式为 $\eta = 1 - e^{-Kd_c}$，其中 η 为捕集效率，K 为经验常数，d_c 为尘粒粒径 (μm)。试确定：(1) 该除尘器的效率是否等于或大于 98%；(2) 出口处烟气中含尘浓度是否满足环保规定；(3) 是否满足使用者需要。

24. 阐述电除尘器的安装方法。

25. 阐述袋式除尘器的安装方法。

学习项目四　工业厂房局部送风系统安装

【能力目标要求】

掌握局部送风系统的组成；了解进气净化用的空气过滤器的作用、分类和特点；掌握局部送风系统的安装方法；了解大门空气幕的种类、原理和设计计算方法；掌握大门空气幕的安装方法与维护；了解局部淋浴系统的基本原理及组成。

任务九　车间岗位送风系统的设计与安装

【任务描述】

介绍局部送风系统的组成；进气净化用的空气过滤器的作用、分类、结构和特点；系统安装方法。

【目标要求】

掌握局部送风系统的组成；了解进气净化用的空气过滤器的作用、分类、结构和特点；掌握局部送风系统的安装方法。

单元一　局部送风系统构成与设计

9.1.1　局部送风系统的构成

向局部工作地点送风，保证工作区有良好的空气环境的方式，称局部送风。

对于面积较大，工作地点比较固定，操作人员较少的生产车间，用全面通风的方式改善整个车间的空气环境，既困难又不经济。通常在这种情况下，就可以采用局部送风，形成对工作人员合适的局部空气环境。局部送风系统分为系统式和分散式两种。如图9.1是铸造车间局部送风系统图，空气经集中处理后送入局部工作区。分散式局部送风一般使用轴流风扇或喷雾风扇，采用室内再循环空气。

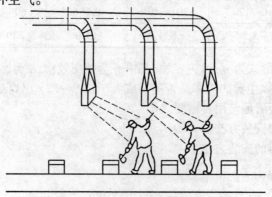

图9.1　系统式局部送风系统

9.1.2 进气净化用的空气过滤器

9.1.2.1 空气过滤器的用途及分类

空气过滤器主要用于进气净化,除去其中的尘粒。此外,某些生产过程的排气中含有细小的污染物(如放射性物质、油雾等),这类净化虽然属于排气净化,由于它净化要求高,也需采用空气过滤器。

进气净化的特点是处理空气中含尘浓度低、尘粒细小,要求的净化效率高。根据净化效率的不同,空气过滤器的分类及性能见表9.1。

表9.1 空气过滤器的分类及性能

过滤器形式		过滤效率[①]		阻力 /Pa	容尘量 /(g·m^{-2})	备 注
		粒径/μm	/%			
一般通风用过滤器	粗效过滤器	≥5.0	20~80	≤50	500~2 000	过滤速度以 m/s 计,通常小于 2 m/s
	中效过滤器	≥1.0	20~70	≤80	300~800	滤料实际面积与迎风面积之比在 10~20 以上,滤速以 dm/s 计
	高中效过滤器	≥1.0	70~99	≤100		
	亚高效过滤器	≥0.5	95~99.9	≤120	70~250	滤料实际面积与迎风面积之比在 20~40 以上,滤速以 cm/s 计
高效过滤器		0.3	>99.97	200~250	50~70	滤料实际面积与迎风面积之比在 50~60 以上,滤速以 cm/s 计,通常 <20 m/s

注:① 一般过滤器采用大气尘计数法,高效过滤器采用DOP法。

9.1.2.2 典型空气过滤器的结构

1. 泡沫塑料过滤器

泡沫塑料过滤器采用聚乙烯或聚酯泡沫塑料作滤层。泡沫塑料要预先进行化学处理,把内部气孔薄膜穿透,使其具有一系列连通的空隙。含尘气流通过时,由于惯性、扩散等作用粉尘黏附在孔壁上,使空气得到净化。泡沫塑料的内部结构类似于丝瓜筋,孔径约为 200~300 μm。

泡沫塑料不能和丙酮、丁酮、醋酸乙酯、四氯化碳、乙醚等有机溶剂接触,否则容易膨胀损坏。可以耐弱酸弱碱,汽油、机器油、润滑油等,对其没有影响。

根据结构可以分为箱式泡沫塑料过滤器和卷绕式泡沫塑料过滤器。图9.2为箱式泡沫塑料过滤器,它由金属框架和泡沫塑料滤料组成。泡沫塑料滤料在箱体内做成折叠式(用铁丝作支架),以扩大过滤面积,增大每一单体的过滤风量。每一单体的过滤风量为 200~400 m³/h。泡沫塑料层的厚度为 10~15 mm。含尘空气通过滤料后,粉尘积聚于滤料层内,虽然净化效率有所提高,但阻力也升高。当阻力达到额定值(一般为 200 Pa)时,将泡沫塑料滤料取下,用水清洗,晾干后再用。清洗后滤料性能有所降低。

2. 纤维填充式过滤器

纤维填充式过滤器由框架和滤料组成。根据对净化效率和阻力的要求不同,可采用不同粗细的各种纤维作为填料,如玻璃纤维(直径约 10 μm)、合成纤维(聚苯乙烯)等。填充密度对效率和阻力有很大影响。过滤厚度及填充密度需根据具体要求确定。

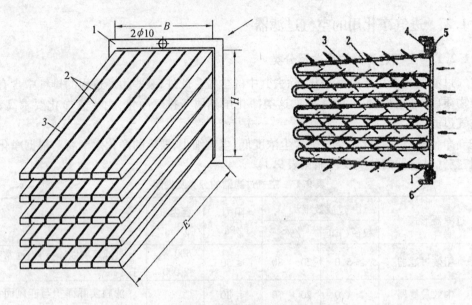

图9.2 泡沫塑料过滤器
1—边框;2—铁丝支撑;3—泡沫塑料过滤层;4—螺栓;5—螺母;6—现场安装框架

图9.3是玻璃纤维过滤器。纤维填料层两侧用铁丝网夹持,每个单元由两块过滤块组成,含尘气流由中间进入到单元内,穿过两侧的过滤层使气流得到净化。

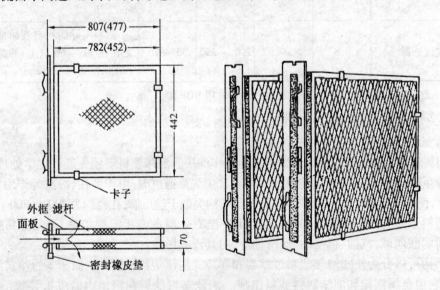

图9.3 玻璃纤维过滤器

3. 纤维毡过滤器

这种过滤器是用各种纤维(如涤纶、维纶等)做成的无纺布(毡)作滤料。通常做成袋式或卷绕式两种。

(1)袋式纤维毡过滤器。它用无纺布滤料做成折叠式或V形滤袋,以扩大过滤面积,降低过滤风速。它的净化效率较高,常用作中效过滤器,这种过滤器的形式很多,每个单体的过滤风量为200 m^3/h左右,过滤风速约为20 cm/s,人工尘的计重效率为80%。

(2)自动卷绕式过滤器。它可以用泡沫塑料或无纺织布作为滤料,每卷滤料长约20 m。

过滤器由上、下箱、立框、挡料栏、传动机构及滤料卷组成,如图9.4所示。滤料积尘后,可自动卷动更新,一直到整卷滤料全部积尘后,取下来更换。每卷滤料通常可使用8个月至1年。

过滤风速通常取0.8~2.5 m/s,终阻力为90~100 Pa,常用作粗效过滤器。

卷绕滤料的控制方法有定压控制和定时控制两种。

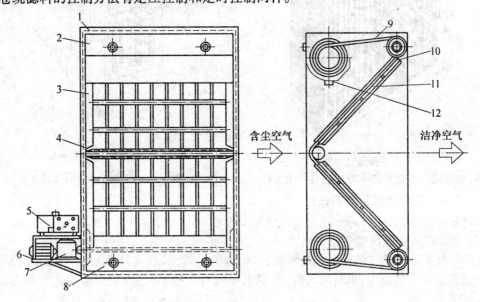

图9.4 自动卷绕式空气过滤器

1—连接法兰;2—上箱;3—滤料滑槽;4—改向棍;5—自动控制箱;6—支架;7—双级蜗轮减速器;8—下箱;9—滤料;10—挡料栏;11—压料栏;12—限位器

4. 纸过滤器

纸过滤器是一种亚高效和高效过滤器,用作滤料的滤纸有:(1)植物纤维素滤纸(用于亚高效过滤器);(2)蓝石棉纤维滤纸(用作高效过滤器);(3)超细玻璃纤维滤纸(可用于亚高效和高效过滤器)。

由于滤纸的阻力较高,其过滤风速较低,为增大过滤面积,可将滤纸做成折叠式(图9.5),在其中间用波纹状的分隔板隔开。分隔板可用优质牛皮纸经热滚压做成,也可采用塑料或铝板。外框可用木板、塑料板、铝板、钢板等材料制作。

在过滤器端部外框与滤料间要用密封胶密封,这对于保证过滤器的高效率是非常重要的。

国产纸过滤器每一单元的过滤面积为12 m^2,额定风量为1 000 m^3/h,初阻力为200~250 Pa。由于在前面有粗、中过滤器的保护,高效过滤器的寿命可达两年左右。

5. 静电过滤器

进气净化用的静电过滤器和工业除尘用的电除尘器的主要不同点为:(1)采取双区结构,粉尘的荷电和收尘在不同区段进行。考虑到荷电过程需要不均匀电场,而收尘则在均匀电场中最为有效,所以把荷电和收尘分两段进行;(2)为避免过多的臭氧进入室内,采用正电晕。由于正电晕容易从电晕放电向火花放电转移,所以电压较低,电极间距较小。

图9.6是静电过滤器的结构示意图。荷电区是一系列等距离平行安装的流线型管柱状接地电极(也有平板状的),管柱之间安装电晕极,电晕线接正极。放电极上施加电压为10~20 kV。尘粒在荷电区获得正离子,随后进入收尘区。收尘区的集尘极板用铝板制作,极板间距约10 mm,极间电压为5~7 kV,在极板之间形成均匀电场。荷正电或负电的粉尘分别沉降在与其极性相反的极板上。定期用水或油清洗。

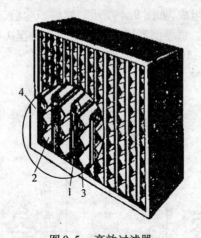 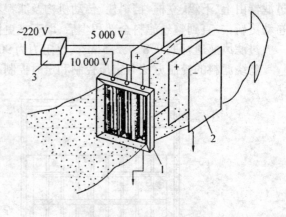

图9.5 高效过滤器
1—滤纸;2—分隔片;3—密封胶;4—木外框

图9.6 静电过滤器示意图
1—荷电区;2—收尘区;3—高压整流器

9.1.2.3 局部送风系统的设计

1. 搜集设计所需的原始资料(包含分组与角色划分)

(1) 食品厂所在地区的气象资料

食品厂所在地区的气象资料包括海拔高度,室外计算温度(冬季采暖、冬季通风、夏季通风),采暖期室外平均温度,采暖期天数,冬季主导风向及频率,冬季和夏季的大气压力,最大冻土层深度。

(2) 工艺资料

① 食品厂车间的功能与工艺需要,食品厂车间平面布置图9.7中标出的1、2、3、4的位置为工作岗位;

② 食品厂车间建筑图,如图9.7及图9.8所示;

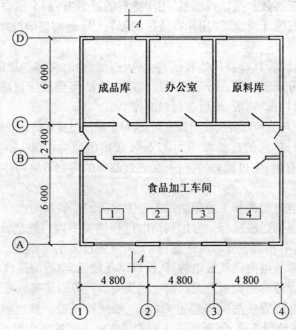

食品厂车间平面图 1:100

图9.7 食品厂车间平面布置图

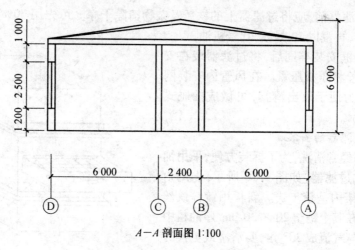

图 9.8　食品厂车间剖面图

③ 负荷情况与应用时间。

(3) 相关设计与施工规范、操作规程、预算定额与质量标准。

2. 系统设计方案的选择

设计中可能出现几个可供选择的方案,应考虑技术经济方面的合理性,然后采用比较合理的方案。

3. 局部送风系统的设计

(1) 计算送风量;

(2) 确定风管道断面尺寸与风管部件选择;

(3) 空气处理设备的选型计算。

4. 风机选型设计

计算局部送风系统的总阻力及总送风量,得出要求的风机压头和流量,按说明书选用。

5. 绘制图纸

应完成局部送风系统平面布置图、系统轴测图各 1 张,列出设备材料表。

6. 整理设计说明书

单元二　局部送风系统的安装

9.2.1　局部送风系统的安装

针对单元一设计出来的局部送风系统,进行安装。通风机、风管道的具体安装方法及注意事项参见本书前面各相关单元中的介绍,在此不再赘述。下面针对送风系统中过滤器的安装进行介绍。

1. 网状过滤器的安装

(1) 按设计图纸的要求,制作角钢外框、底架和油槽,安装固定。

(2) 在安装框和角钢外框之间垫 3 mm 厚的石棉橡胶板或毛毡衬垫。

(3) 将角钢外框和油槽固定在通风室预留洞内预埋的木砖上。角钢外框与木砖连接处应严密。

(4) 安装过滤器前,应将过滤器上的铁锈及杂物清除干净。可先用70%的热碱水清洗,经清水冲洗晾干,再浸以12号或20号机油。

(5) 角钢外框安装牢固后,将过滤器装在安装框内,并用螺栓将压板压紧。在风管内安装网格干式过滤器,为便于取出清扫,可做成抽屉式的,如图9.9所示。

2. 铺垫式过滤器的安装

因滤料需要经常清洗,为了拆装方便,采用铺垫式横向踏步式过滤器,如图9.10所示,先用角钢做成框架,框架内呈踏步式。斜板用镀锌铁丝制成斜形网格,在其上铺垫20~30 mm厚的粗中孔泡沫塑料垫,与气流成30°角,要清洗或更换时就可从架子上取下。使用和维修方便,这种过滤器一般在棉纺厂的空气处理室中作为初效过滤。

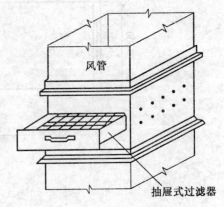

图9.9 抽屉式过滤器

凡用泡沫塑料做滤料的,在装入过滤器前,都应用浓度为5%的碱溶液进行透孔处理。

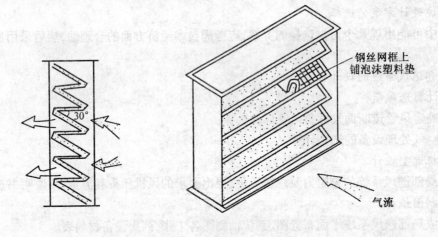

图9.10 横向踏步式过滤器

3. 金属网格浸油过滤器的安装

金属网格浸油过滤器出厂时一般都涂以机油防锈,但在运输和存放后,就会黏附上灰尘,故在安装时应先用70~80 ℃的热碱水清洗油污,晾干后在浸12号或20号机油。相互邻接波状网的波纹应互相垂直,网孔尺寸应沿气流方向逐次减少,如图9.11所示。

4. 自动浸油过滤器

自动浸油过滤器由过滤层、油槽及传动机构三部分组成。过滤层有多种形式:有用金属丝织成的网板,有用一系列互相搭接成链条式的网片板等,如图9.12所示。自动浸油过滤器,安装时应注意以下几点:

(1) 安装前,应与土建配合好,按设计要求预留孔洞,并预埋角钢框。

(2) 将过滤器油槽擦净,并检查轴的旋转情况。

(3) 将金属网放在煤油中刷洗,擦干后卷起,再挂在轴上,同时纳入导槽,绕过上轴、下轴的内外侧后,用对接的销钉将滤网的两端接成连续网带。检查滤网边在导槽里的位置合适后,再用拉紧螺栓将滤网拉紧。

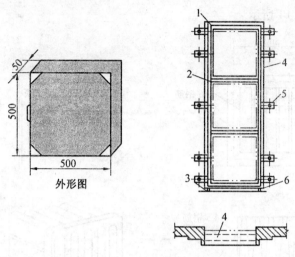

图9.11 金属网格浸油过滤器安装
1—上边框;2—边框;3—底架;4—过滤器外框;5—固定卡子;6—油槽

（4）开动电动机,先检查滤网转动方向,进气面的滤网应自上向下移动。再在油槽内加满机油,转动1 h,使滤网沾油;然后停车半小时,使余油流回油槽,并将油加到规定的油位。

（5）将过滤器用螺栓固定在预埋的角钢框上。连接处加衬垫,使连接严密,无漏风之处。

（6）两台或三台并排安装时,应用扁钢和螺栓连接。过滤器之间应加衬垫。其传动轴的中心线应成一条直线。

5. 卷绕式过滤器

卷绕式过滤器一般为定型产品,整体安装,大型的可以在现场组装。安装时应注意上下卷筒平行,框架平整,滤料松紧适当,辊轴及传动机构灵活,如图9.13所示。

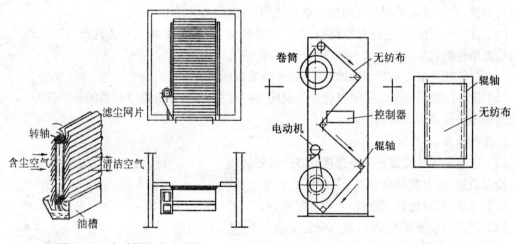

图9.12 自动浸油式过滤器　　　　图9.13 自动卷绕式过滤器

6. 袋式过滤器

袋式过滤器一般作中效过滤器,采用多层不同空隙率的无纺布作滤料,把滤料加工成扁布袋形状,袋口固定在角钢框架上,然后用螺栓固定在空气处理室的型钢框上,中间加法兰垫片。由多个扁布袋平行排列,袋身用钢丝架撑起或是袋底用挂钩吊住,安装时要注意袋口方向符合设计要求,如图 9.14 所示。

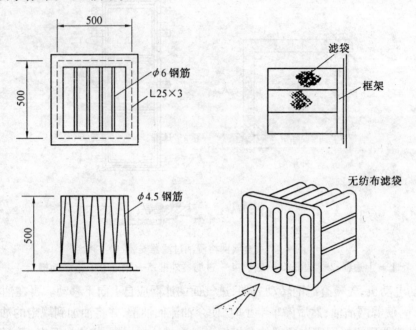

图 9.14　袋式过滤器安装

9.2.2　过滤器等通风设备施工质量验收

1. 一般规定

(1)本部分适用于工作压力不大于 5 kPa 的通风机与空调设备安装质量的检验与验收。

(2)通风与空调设备应有装箱清单、设备说明书、产品质量合格证书和产品性能检测报告等随机文件,进口设备还应具有商检合格的证明文件。

(3)设备安装前,应进行开箱检查,并形成验收文字记录。参加人员为建设、监理、施工和厂商等方单位的代表。

(4)设备就位前应对其基础进行验收,合格后方能安装。

(5)设备的搬运和吊装必须符合产品说明书的有关规定,并应做好设备的保护工作,防止因搬运或吊装而造成设备损伤。

2. 主控项目

(1)静电空气过滤器金属外壳接地必须良好。

检查数量:按总数抽查 20%,不得少于 1 台。

检查方法:核对材料、观察检查或电阻测定。

(2)干蒸汽加湿器的安装,蒸汽喷管不应朝下。

检查数量:全数检查。

检查方法:观察检查。

(3)过滤吸收器的安装方向必须正确,并应设独立支架,与室外的连接管段不得泄漏。

检查数量:全数检查。

检查方法:观察或检测。

3. 一般项目

(1) 空气过滤器的安装应符合下列规定：

① 安装平整、牢固，方向正确。过滤器与框架、框架与围护结构之间应严密无穿透缝；

② 框架式或粗效、中效袋式空气过滤器的安装，过滤器四周与框架应均匀压紧，无可见缝隙，并应便于拆卸和更换滤料；

③ 卷绕式过滤器的安装，框架应平整，应松紧适度、上下筒体应平行。

检查数量：按总数抽查 10%，且不得少于 1 台。

检查方法：观察检查。

(2) 转轮除湿机安装应牢固，转轮及传动部件应灵活、可靠，方向正确；处理空气与再生空气接管应正确；排风水平管须保持一定的坡度，并坡向排出方向。

检查数量：按总数抽查 20%，且不得少于 1 台。

检查方法：观察检查。

(3) 蒸汽加湿器的安装应设置独立支架，并固定牢固；接管尺寸正确、无渗漏。

检查数量：全数检查。

检查方法：观察检查。

任务十 车间大门风幕的设计与安装

【任务描述】

介绍大门空气幕的种类、原理和设计计算方法；大门空气幕的安装方法与维护；局部淋浴系统的基本原理及组成。

【目标要求】

掌握大门空气幕的种类、原理和设计计算方法；掌握大门空气幕的安装方法与维护；了解局部淋浴系统的基本原理及组成。

单元一 风幕分类、构造与设计应用

10.1.1 空气幕的分类和原理

空气幕是利用条形空气分布器喷出一定速度和温度的幕状气流，借以封闭大门、门厅、通道、门洞、柜台等，减少或隔断外界气流的侵入，以维持室内或某一工作区的环境条件，同时还可以阻挡粉尘、有害气体及昆虫的进入。空气幕的隔断、隔冷、隔虫特性不仅可以维护室内环境而且还可以节约建筑能耗。空气幕可由空气处理设备、风机、风管系统及空气分布器组成。

10.1.1.1 按照空气分布器的安装位置不同

按照空气分布器的安装位置不同可以分为上送式、侧送式、下送式三种。

1. 上送式空气幕

上送式空气幕是把条缝形吹风口设在大门上方，气流由上而下，如图 10.1 所示，喷出气流的卫生条件较好，安装简便，占空间面积小，不影响建筑美观，适用于一般的公共建筑，如影剧院、会堂、商场、体育馆等，仪表、纺织、电子等工业厂房也常采用该种形式的空气幕。尽管上送式空气幕阻挡室外冷风的效率不如下送式空气幕，但它仍然是目前最有发展前途的一种形式。

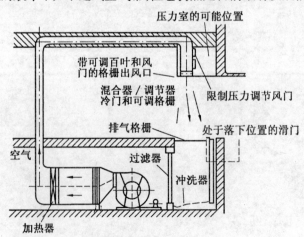

图 10.1 设有回风口的上送式空气幕

2. 侧送式空气幕

侧送式空气幕是把条缝形吹风口设在大门的侧面，设在一侧的称为单侧，在大门两侧设吹风口的称为双侧。如图 10.2 所示，单侧空气幕适用于宽度小于 4 m 的门洞和车辆通过门洞时间较短的工业厂房。双侧空气幕适用于门洞宽度大于 4 m，或车辆通过门洞时间较长的厂房。工业建筑的门洞较高时常采用侧送式空气幕，但由于它占据建筑面积使用时受到一定的限制。为了不阻挡气流，装有侧送式空气幕的大门严禁向内开启。

3. 下送式空气幕

下送式空气幕气流由下部地下风道吹出，如图 10.3 所示，冬季阻挡室外冷风的效果最好，而且不受大门开启方向的影响。由于它采用下部送风，风口容易被脏物堵塞，送风射流会受到运输工具的阻挡，而且会把地面的灰尘吹起。因此，仅适用于运输工具通过时间较短，工作场地较为洁净的车间。

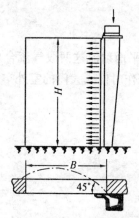

图 10.2 侧送式空气幕

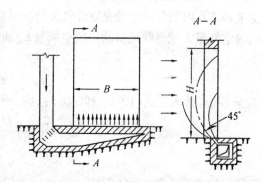

图 10.3 下送式空气幕

10.1.1.2 按送出气流温度的不同

按送出气流温度的不同可以分为热空气幕、等温空气幕和冷空气幕三种。

1. 热空气幕

在空气幕内设有加热器，以热水、蒸汽或电为热媒，将送出空气加热到一定温度。它适用于寒冷地区。

2. 等温空气幕

空气幕内不设加热（冷却）装置，送出空气不经处理，因而构造简单、体积小，适用范围更广，是目前非寒冷地区主要采用的形式。

3. 冷空气幕

空气幕内设有冷却装置，送出一定温度的冷风，主要用于炎热地区而且有空调要求的建筑物大门。

一般的大门空气幕其目的只是阻挡室外冷（热）空气，通常只设吹风口，不设回风口，让射流和地面接触后自由向室内外扩散，这种大门空气幕称为简易空气幕。

10.1.2 空气幕的设计计算

大门空气幕的计算方法较多，下面介绍一种理论的计算方法，它的计算结果和实验结果是相似的。如图 10.3 所示，下送式大门空气幕工作时，理论计算流入大门的空气量 L 为

$$L = L_w - B\varphi v_0\sqrt{b_0 H} = BHv_w - B\varphi v_0\sqrt{b_0 H} \tag{10.1}$$

式中 L_w——射流的出口流量，m^3/s；
　　　B——大门宽度，m；
　　　H——大门高度，m；
　　　v_w——无空气幕工作时，大门门洞上室外空气流速，m/s；
　　　v_0——射流的出口流速，m/s；
　　　b_0——吹风口宽度，m。

其中

$$\varphi = \frac{\sqrt{3}}{2}\sqrt{\frac{a}{\cos\alpha}}\,\text{th}\,\frac{\cos\alpha\sin\alpha}{a} \tag{10.2}$$

式中 a——吹风口的紊流系数；
　　　α——射流出口轴线与 x 轴的夹角；
　　　th——双曲线正切函数。

而空气幕工作时的气流运动是室外气流和吹风口吹出的平面射流这两股气流合成，因而流入大门的空气量 L 就是吹风口吹出的空气量 L_0 和空气幕工作时侵入大门的室外空气量 L'_w 之和。

$$L = L_0 + L'_w \tag{10.3}$$

把 $L_0 = Bb_0v_0$ 代入公式(10.2)和(10.3)，则

$$L_0 = \frac{L_w - L'_w}{1 + \varphi\sqrt{\dfrac{H}{b_0}}} \tag{10.4}$$

当吹风口的紊流系数 $a = 0.2$ 时，φ 值与 α 角的关系见表10.1。

令

$$\eta = \frac{L_w - L'_w}{L_w} \tag{10.5}$$

η 称为空气幕效率，它表示空气幕所能阻挡的室外空气量大小。

表 10.1 φ 值

喷射角 α	φ
10°	0.26
20°	0.36
30°	0.41
40°	0.45
50°	0.46

把公式(10.5)代入公式(10.4)中，则

$$L_0 = \frac{\eta L_w}{1 + \varphi\sqrt{\dfrac{H}{b_0}}} \tag{10.6}$$

计算侧送式大门空气幕时,应把公式(10.6)中的 H 改为大门的宽度 B。

空气幕设计时应注意以下问题:

(1) 公共建筑宜采用上送式;生产厂房宜采用双侧送风,外门宽度小于 4 m 时可采用单侧送风。受条件限制不能采用侧送风时,可用上送式。一般不宜采用下送式。

(2) 出于经济上的考虑,空气幕效率 η 一般采用下列数值:

下送式空气幕 $\eta = 0.6 \sim 0.8$;

侧送式空气幕 $\eta = 0.8 \sim 1.0$。

(3) 侧送时射流的喷射角 α 一般取 45°。下送时,为了避免射流偏向地面,取 $\alpha = 30° \sim 40°$。

(4) 热空气幕的送风温度,应根据计算确定。对于公共建筑和生产厂房的外门,不宜高于 50 ℃;对于高大的外门,不应高于 70 ℃,同时保证空气幕射流与室外空气混合后的温度不宜过低,否则大门附近的工人会有吹冷风感。下送时,混合温度 t_h 应不低于 5 ℃;侧送时,混合温度 t_h 应不低于 10 ℃。

(5) 空气幕出口风速应根据计算确定。对于民用及商业建筑其速度可采用 4~9 m/s;对于工业建筑其速度可采用 8~24 m/s,不宜大于 25 m/s。

【例 10.1】 某车间大门尺寸为 3 m × 3 m,当地室外计算温度 $t_w = -12$ ℃,室内空气温度 $t_n = 15$ ℃,室外风速 $v_w = 2.5$ m/s。因大门经常开启,设置侧送式大门空气幕。要求混合温度等于 10 ℃,计算该空气幕吹风量及送风温度。

解 因不考虑热压作用,只有室外风作用,空气幕不工作时流入室内的室外空气量为

$$L_w = HBv_w = (3 \times 3 \times 2.5) \text{ m}^3/\text{s} = 22.5 \text{ m}^3/\text{s}$$

设 $\alpha = 40°$,紊流系数 $a = 0.2$,由表 4.2.1 查得 $\varphi = 0.45$。

设空气幕的效率 $\eta = 100\%$,吹风口宽度 $b_0 = 0.2$ m。

根据公式(10.6),空气幕吹风量为

$$L_0 = \frac{\eta L_w}{1 + \varphi \sqrt{\dfrac{B}{b_0}}} = \frac{22.5}{1 + 0.45\sqrt{\dfrac{3}{0.2}}} \text{ m}^3/\text{s} = 8.2 \text{ m}^3/\text{s}$$

出口流速为

$$v_0 = \frac{L_0}{Hb_0} = \frac{8.2}{3 \times 0.2} \text{ m/s} = 13.7 \text{ m/s}$$

根据流体力学,对于空气幕的平面射流在射流末端的空气量为

$$L_1' = L_0 \times 1.2 \left(\frac{aB}{b_0/2} + 0.41\right)^{\frac{1}{2}} = 8.2 \times 1.2 \times \left(\frac{0.2 \times 3}{0.2/2} + 0.41\right) \text{ m}^3/\text{s} = 24.9 \text{ m}^3/\text{s}$$

卷入射流中的室外空气量为

$$L_w'' = \frac{1}{2}(L_1' - L_0) = \frac{1}{2} \times (24.9 - 8.2) \text{ m}^3/\text{s} = 8.35 \text{ m}^3/\text{s}$$

假设周围卷入空气和空气幕吹出空气得到充分混合,在射流末端射流的平均温度(即混合温度)$t_h = 10$ ℃时,空气幕送风温度 t_0 可根据下列热平衡方程式求出:

$$8.2t_0 + 8.35 \times 15 + 8.35 \times (-12) = 24.9 \times 10$$

解上式求得

$$t_0 = 27.3 \text{ ℃}$$

空气幕加热器的加热量为

$$Q_0 = L_0 \rho c(t_0 - t_n) = [8.2 \times 1.2 \times 1 \times (27.3 - 15)] \text{kJ/s} = 121 \text{ kJ/s}$$

10.1.3 热风采暖及热空气幕的应用

(1) 符合下列条件之一时,应采用热风采暖:
① 能与机械送风系统合并时;
② 利用循环空气采暖,技术经济合理时;
③ 由于防火防爆和卫生要求,必须采用全新风的热风采暖时。

注:循环空气的采用,应符合国家现行《工业企业设计卫生标准》和《采暖通风与空气调节设计规范》(GB 50019) 第 5.3.6 条。

(2) 热风采暖的热媒宜采用 0.1 ~ 0.3 MPa 的高压蒸汽或不低于 90 ℃ 的热水。当采用燃气、燃油加热或电加热时,应符合国家现行标准《城镇燃气设计规范》(GB 50028) 和《建筑设计防火规范》(GB 50016) 的要求。

(3) 位于严寒地区或寒冷地区的工业建筑,采用热风采暖且距外窗 2 m 或 2 m 以内有固定工作地点时,宜在窗下设置散热器,条件许可时,兼做值班采暖。当不设散热器值班采暖时,热风采暖不宜少于两个系统(两套装置)。一个系统(装置)的最小供热量,应保持非工作时间工艺所需的最低室内温度,但不得低于 5 ℃。

(4) 选择暖风机或空气加热器时,其散热量应乘以 1.2 ~ 1.3 的安全系数。

(5) 采用暖风机热风采暖时,应符合下列规定:
① 应根据厂房内部的几何形状,工艺设备布置情况及气流作用范围等因素,设计暖风机台数及位置;
② 室内空气的换气次数,宜大于或等于每小时 1.5 次;
③ 热媒为蒸汽时,每台暖风机应单独设置阀门和疏水装置。

(6) 采用集中热风采暖时,应符合下列规定:
① 工作区的风速应按《采暖通风与空气调节设计规范》(GB 50019) 第 5.2 条的规定确定,但最小平均风速不宜小于 0.15 m/s;送风口的出口风速,应通过计算确定,一般情况下可采用 5 ~ 15 m/s。
② 送风口的高度不宜低于 3.5 m,回风口下缘至地面的距离宜采用 0.4 ~ 0.5 m。
③ 送风温度不宜低于 35 ℃ 并不得高于 70 ℃。

(7) 符合下列条件之一时,宜设置热空气幕:
① 位于严寒地区、寒冷地区的公共建筑和工业建筑,对经常开启的外门,且不设门斗和前室时;
② 公共建筑和工业建筑,当生产或使用要求不允许降低室内温度时或经技术经济比较设置热空气幕合理时。

(8) 热空气幕的送风方式:公共建筑宜采用由上向下送风。工业建筑,当外门宽度小于 4 m 时,宜采用单侧送风;当大门宽度为 4 ~ 18 m 时,应经过技术经济比较,采用单侧、双侧送风或由上向下送风;当大门宽度超过 18 m 时,应采用由上向下送风。

注:侧面送风时,严禁外门向内开启。

(9) 热空气幕的送风温度,应根据计算确定。对于公共建筑和工业建筑的外门,不宜高于 50 ℃;对高大的外门,不应高于 70 ℃。

(10) 热空气幕的出口风速,应通过计算确定。对于公共建筑的外门,不宜大于 6 m/s;对于工业建筑的外门,不宜大于 8 m/s;对于高大的外门,不宜大于 25 m/s。

单元二　局部淋浴

在生产车间中,工人经常会停留在某一固定的工作岗位,工作岗位辐射照度和空气温度较高,且工艺条件又不允许有水滴,或工作地点散发有害气体或粉尘不允许采用再循环空气时,应采用局部淋浴。

设置局部淋浴时,工作地点的温度和平均风速应按表 10.2 确定。

表 10.2　工作地点的温度和平均风速

辐射照度 /(W·m^{-2})	冬季		夏季	
	温度/℃	风速/(m·s^{-1})	温度/℃	风速/(m·s^{-1})
350 ~ 700	20 ~ 25	1 ~ 2	26 ~ 31	1.5 ~ 3
700 ~ 1 400	20 ~ 25	1 ~ 3	26 ~ 30	2 ~ 4
1 400 ~ 2 100	18 ~ 22	2 ~ 3	25 ~ 29	3 ~ 5
2 100 ~ 2 800	18 ~ 22	3 ~ 4	24 ~ 28	4 ~ 6

10.2.1　局部淋浴的组成

1. 风管

送风系统中输送气体的管道称为风管,常采用薄钢板材料或塑料板。

2. 风口

根据工作地点大小及工人活动范围而定,当工作地点固定时,亦可采用带有渐扩短管的圆形送风口,如图 10.4(a) 所示。当工作场地较大时,宜采用大型送风口或旋转送风口如图 10.4(b) 所示,旋转送风口带有导流叶片,且风口与风管间采用可转动的活动连接,这样可任意调节送风方向,其尺寸见表 10.3。

表 10.3　旋转送风口尺寸

型号	D	A	B	E	K	H	G	C	有效截面积/m²	当量面积直径 d_0
1	265	265	410	1 010	216	125	375	410	0.109	0.443
2	285	285	440	1 060	231	132	403	440	0.250	0.476
3	320	320	490	1 145	291	127	435	490	0.157	0.532
4	375	375	580	1 280	296	128	530	570	0.218	0.627
5	440	440	680	1 455	301	130	623	680	0.300	0.735

注:当量面积直径 $d_0 = 1.13\sqrt{BG}$,式中 B、G 分别为矩形送风口的边长。

3. 风机

为了克服送风系统中阻力,需设置风机向送风系统提供空气流动的动力。

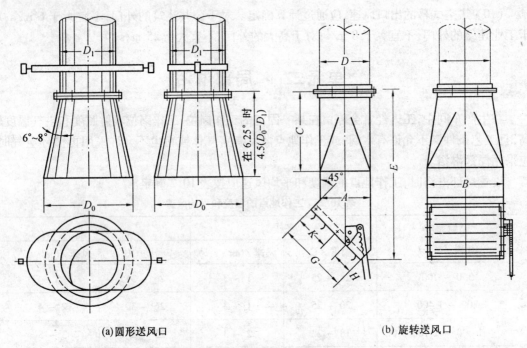

(a) 圆形送风口　　　　　　　　　(b) 旋转送风口

图 10.4　带有渐扩短管的圆形送风口

10.2.2　局部淋浴的设计

1. 设计局部淋浴时,应符合下列要求

(1) 不得将有害物质或热气流吹向人体。

(2) 送风气流宜从人体的前侧或前侧上方斜吹到头、颈和胸部,或从上向下垂直送风。

(3) 送到人体上的有效气流宽度,宜采用 1 m;对于室内散热量小于 23 W/m³ 的轻作业者,可采用 0.6 m。

2. 局部淋浴的计算

设置局部淋浴的目的就是要在工作地点造成一定的风速和空气温度,在表 10.2 中要求达到温度和风速是指有效部分的平均温度和风速,而不是整个射流断面上的平均温度和风速。因此,局部淋浴公式经过换算后见表 10.4。

表 10.4　局部淋浴计算公式

项目	起始段 $\dfrac{a_s}{D_0} \leq 0.355$	基本段
轴心速度 $\dfrac{v_s}{v_0}$	1.0	$\dfrac{0.48}{\dfrac{a_s}{D_0} + 0.145}$
按流量的平均流速 $\dfrac{v_{sp}}{v_0}$	$1 - 0.8 \dfrac{a_s}{D_0}$	$\dfrac{0.34}{\dfrac{a_s}{D_0} + 0.145}$
平均温差 $\dfrac{t_{sp} - t_n}{t_0 - t_n}$	$1 - 0.45 \dfrac{a_s}{D_0}$	$\dfrac{0.41}{\dfrac{a_s}{D_0} + 0.145}$

续表 10.4

项目	起始段 $\dfrac{a_s}{D_0} \leq 0.355$	基本段
有效部分宽度 $\dfrac{D_s}{D_0}$	$2.76 \dfrac{a_s}{D_0} + 0.36$	$4\left(\dfrac{a_s}{D_0} + 0.145\right)$
流量 $\dfrac{L_s}{L_0}$	$1 + 1.52 \dfrac{a_s}{D_0} + 5.28 \left(\dfrac{a_s}{D_0}\right)^2$	$4.36\left(\dfrac{a_s}{D_0} + 0.145\right)$

注：脚码"s"指离送风口 s 米处的距离；"0"指送风口的数值，"n"指室内空气参数。

首先应根据卫生要求，确定工作地点所需要求的温度和风速，然后利用空气自由射流的运动规律，求出送风口出口风速、送风量、送风口尺寸以及送风温度。

【例 10.2】 已知夏季室外通风计算温度 $t_w = 30\ ℃$，车间工作地点空气温度 $t_n = 35\ ℃$，辐射照度为 $1\ 400\ W/m^2$。在该处设置局部淋浴送风系统，送风口至工作地点距离 $s = 1.5\ m$，送风气流作用范围 $D_s = 1.4\ m$，需确定送风口的尺寸及送风参数。

解 根据表 10.2，在局部工作地点送风射流的平均温度 $t_{sp} = 29\ ℃$，平均风速 $v_{sp} = 3.4\ m/s$。

(1) 计算送风口的当量直径

$$\frac{D_s}{D_0} = 4\left(\frac{a_s}{D_0} + 0.145\right)$$

$$D_0 = \frac{D_s - 4a_s}{0.58} = \frac{1.4 - 4 \times 0.2 \times 1.5}{0.58} = 0.344\ m$$

根据表 10.3，选用 No.1 旋转式送风口，送风口面积 $F_0 = 0.109\ m^2$，当量直径 $D_0 = 0.443\ m$。

(2) 确定送风温度

$$\frac{t_{sp} - t_n}{t_0 - t_n} = \frac{0.41}{\dfrac{a_s}{D_0} + 0.145} = \frac{0.41}{\dfrac{0.2 \times 1.5}{0.443} + 0.145} = 0.50$$

送风温度

$$t_0 = t_n + \frac{t_{sp} - t_n}{0.5} = \left(35 + \frac{29 - 35}{0.5}\right)℃ = 23\ ℃$$

(3) 确定送风口出口流速

$$\frac{v_{sp}}{v_0} = \frac{0.34}{\dfrac{a_s}{D_0} + 0.145} = \frac{0.34}{\dfrac{0.2 \times 1.5}{0.443} + 0.145} = \frac{0.34}{0.882} = 0.41$$

$$v_0 = \frac{v_{sp}}{0.41} = \frac{3.4}{0.41}\ m/s = 8.2\ m/s$$

(4) 送风口送风量

$$L_0 = v_0 F_0 = (0.82 \times 0.109)\ m^3/s = 0.89\ m^3/s = 3\ 217\ m^3/h$$

单元三　风幕安装与维护

10.3.1　空气幕的安装

1. 空气幕的安装

(1) 空气幕安装位置方向应正确、牢固可靠,与门框之间应采用弹性垫片隔离,防止空气风幕机的振动传递到门框上产生共振。

(2) 空气幕的安装不得影响其回风口过滤网的拆卸和清洗。

(3) 空气幕的安装高度应符合设计要求,风幕机吹出的空气应能有效地隔断室内外空气的对流。

(4) 空气幕的安装纵向垂直度和横向水平度的偏差均不大于2/1 000。

2. 上送式空气幕的安装要求

(1) 应安装在室内侧门框上方。

(2) 门洞宽度必须小于或等于风幕机长度,若门洞过宽,可将数台风幕机连接安装使用。

(3) 安装底板必须牢固地固定在墙上(或柱子上),防止由于松动而引起的振动。

(4) 安装搬动时,不允许将导风板当提手去提,以免导风板脱落或断裂。

(5) 安装搬动时,由两个人分别托在风幕机后面的金属底板上,防止塑料外壳因受力不均而碎裂。

(6) 下列地点不宜使用和安装空气幕:

① 会发生冻结;

② 产生蒸汽的地方;

③ 产生粉尘的地方;

④ 产生油烟的地方;

⑤ 爆炸性粉尘或气体产生的地方;

⑥ 产生腐蚀性气体的地方;

⑦ 会被溅水之处;

⑧ 窗帘等易燃物附近(电辅加热遥控型);

⑨ 距地面低于2.3 m地方。

(7) 水平安装,出风口垂直向下。

(8) 为防止漏电必须保证接地良好。

(9) 连接线路时必须在电源侧使用漏电保护器和电机电流断路开关。

(10) 不要埋入天花板安装(电辅加热遥控型)。

3. 上送式空气幕安装方法

对应安装底板上螺栓孔的位置,安排8个螺栓的相对尺寸位置,把螺栓预埋在水泥中,或者直接在混凝土上钻孔用膨胀螺丝固定。

(1) 待砂浆充分干后,将安装板用垫圈螺母固定在螺栓上。

(2) 机体挂脚一定要插入安装板上安装孔中。

4. 空气幕安装后的验收

空气风幕机的安装,位置方向应正确、牢固可靠,纵向垂直度与横向水平度的偏差均不应大于 2/1 000。

检查数量:按总数 10% 的比例抽查,且不得少于 1 台。

检查方法:观察检查。

10.3.2 空气幕的维护保养

(1)风幕机琴键开关,一只通断电源,另两只控制转速,有高低两挡;

为了保持室内温度,使用时开低速挡;

为了防尘、防气味、防蛀等,使用时开高速挡。

(2)风幕机风向调节板的方向

当室内供暖时,转动导风板,风口向外;

当室内供冷时,转动导风板,风口向内;

当用之防尘、防蛀、防气味等时转动导风板,风口向外。

(3)风幕机保养

① 检查、清洗风幕机前应切断电源;

② 用一块柔软的织物用清洗剂沾湿,清洗进风百窗板、风帘叶片和罩壳;

③ 清洗叶片时,用力轻柔,否则将引起变形和颠振。

复习思考题

1. 简述空气幕的分类和原理。

2. 某车间大门尺寸为 3 m × 3 m,室外风速 v_w = 2 m/s。当地室外计算温度 t_w = -20 ℃,室内空气温度 t_n = 15 ℃,不考虑热压作用。在大门上采用侧送式大门空气幕,空气幕的 η = 100%,计算空气幕的吹风量,要求混合温度等于 10 ℃,计算送风温度及空气幕所需的加热量(α = 40°)。

3. 简述空气幕的安装方法。

学习项目五　建筑防排烟系统安装

【能力目标要求】

了解火灾的危害;了解防排烟的设计依据;掌握防排烟系统施工图的识读;掌握防火防烟分区划分原则;掌握控制烟气的各种方法,掌握防火排烟系统的设计及安装方法。

任务十一　排烟系统安装

【任务描述】

介绍防排烟系统施工图的识读;火灾的危害;防烟、排烟的设计依据;防火、防烟分区划分原则;建筑防火排烟的分类、选择方式和设计方法;防火排烟系统的设计与安装方法。

【目标要求】

了解火灾的危害;了解防排烟的设计依据;了解防火、防烟分区划分原则;掌握防排烟系统施工图的识读,能够识读和绘制防排烟系统施工图;掌握建筑防烟、排烟的分类、选择方式和设计方法;掌握防火排烟系统的安装方法。

单元一　防排烟系统施工图的识读

11.1.1　通风排烟施工图的识读

通过前面单元的学习,我们已经全面掌握了建筑通风的流程、方式,设备,以及管材、阀门、设备图表示的方法和内容,这就为我们进行防排烟施工图的识读奠定了基础。图纸目录、选用图集(纸)目录、设计施工说明、图例、设备及主要材料表是看图的辅助材料,为看图打下基础。总图、工艺图是仅次于系统图、平面图、剖面图和详图的图纸,看懂总图、工艺图能了解工程概貌,有助于看懂各平面图、剖面图、系统图。详图的熟悉有助于设备管道的安装与施工,在工程设计与施工安装中,平面图和剖面图是最重要的图纸,应多在平面图和剖面图的识读上下功夫。

识读建筑通风排烟设备图的步骤应是:

第一步:看图纸目录和选用图集(纸)目录,清理全套图纸的张数与相应的图纸名称。

第二步:看设计施工说明、图例、设备及主要材料表,为看平面图、剖面图做准备。

第三步:看总图、工艺图和系统图,了解各种管道工程的关系和作用。

第四步:针对建筑通风防排烟工程,重点看该工程的平面图、剖面图,并沿空气的流向看图纸。送风工程沿进风口 — 空气处理装置 — 风机,干管 — 横支管 — 送风口方向看。排风工程沿排风口 — 横支管 — 干管 — 风机 — 空气处理装置 — 排风帽方向看。

第五步:在安装中,平面图、剖面图和其他图表达不清的细部和局部地方,看对应的详图。

11.1.2 施工图的识读实例

附录14为某综合楼通风排烟工程施工图节选。该综合楼属一类高层民用建筑,大楼地下二层,地上二十六层。地下一层主要设有空调制冷机房、变配电房及水泵房。地下二层为课桌椅储藏室,战时转换为两个六级(二等)人防单元。在此节选其中的部分设计说明和相应的图纸对防排烟系统进行介绍。

1. 防排烟系统的设计说明

(1) 排烟系统

地下二层为课桌椅储藏间,分为三个防烟分区,设置三套排烟(风)系统。风量取防烟 $60 \text{ m}^3/(\text{m}^2 \cdot \text{h})$,排风机选用双速风机,平时低速运行,火灾时高速运行;合用一套机械补风系统,风量为三个防烟分区排烟风量的50%。

六层以上内走道按垂直分区设置一个排烟系统,按 $120 \text{ m}^3/(\text{m}^2 \cdot \text{h})$ 确定系统排烟量;内走道每层设置两个排烟口,并与系统排烟风机联锁,排烟防火阀可就地开启,也可由消控中心遥控。

所有排烟风机前均设280 ℃排烟防火阀,且与风机联锁。

(2) 防烟系统

大楼防烟楼梯间、前室(合用)分设独立的机械加压送风系统,并按规范要求确定系统加压风量。地上防烟楼梯间每隔两层设一个远控多叶送风口,维持正压值为40 Pa。地下一层设一个远控多叶送风口,地上楼层发生火灾时,打开地上楼层送风口并联动送风机,地下层发生火灾时,打开地下一层送风口并联动送风机。

前室每层设置加压风口一个,维持正压值为30 Pa,每三层风口组成一联动单元,并与系统自身风机联动,送风口可就地开启,也可由消控中心联动。加压风机均设在二十八层专用风机房内。

(3) 通风与空气调节系统防火措施

通风、空调系统风管在穿越防火分区、空调机房及垂直风管与每层水平风管交接处的水平风管上均设70 ℃防火阀。管道及保温所采用的材料均应符合消防相关规定。

2. 防排烟系统的图纸识读

附录14中图号20/20为防排烟系统原理图。在阅读防排烟图时,应与下面介绍的通风系统图相结合。在图号20/20原理图中有三套排烟(风)系统,分别为JS-1、2、3系统图,因为地下二层分了三个防烟分区。在图号10/20中可找到JS-1、2、3对应的管道井的平面位置。

JS-1系统图,在地下一层设有600 mm×2 500 mm远控多叶送风口,下边缘离楼板500 mm,在一层及以上层共设有13个500 mm×500 mm远控多叶送风口,下边缘离楼板500 mm,顶部设有排烟机。

JS-2、3系统图参照JS-1系统图阅读。

PY-1系统图,一层接有PY-D1-1高温排烟风机,具体接线见上部a接线图,二层至七层出来接有常闭排烟阀,280 ℃动作,具体接线见上部b接线图,顶端见c、d接线图。

3. 通风系统施工图的识读

(1) 通风系统的设计说明

①空调区域。公共卫生间排风量按换气次数 >10次/h计,排风管接入一至二十六层卫

生间机械排风系统。排风系统按垂直分区,分为两套排风系统,除每层的公共卫生间设置天花板型换气扇外,另每套系统设置屋顶排风机在顶层屋面。

②地下室。地下一层变配电房、泵房及制冷机房分别设置独立机械排风系统,合用一套机械送风系统,该系统与地下一层内走道的补风系统合用,火灾发生时内走道的常闭排烟口打开,各设备用房内的常开排烟阀关闭,仅对内走道进行补风。

(2) 通风系统的图纸识读

施工图首页为图纸目录,图号 1/20 ~ 4/20 为图纸设计说明。图号 5/20 为设备材料明细表,图号 6/20 为平时地下二层通风平面图,图号 10/20 为地下一层通风及制冷机房平面图,图号 13/20 为一层空调平面图,图号 19/20 为屋顶平面图。

排风系统图见图号 20/20 防排烟系统原理图中的 P-1 系统图,P-2 与 P-1 对称。风从天花板型换气扇通过防火阀(70 ℃ 关闭)进入排风竖井,与屋顶的 DWF-I7 屋顶轴流排风机相连接。

图号 6/20 中,地下二层通风主要有 4 条管道系统,中间一条进口为一台 SF-D2-1 低噪声混流风机,向下走通过一个防火阀(70 ℃ 关闭),然后向两边送风,管道上共有 8 个 600 mm×300 mm 配多叶对开调节阀的单层活动百叶风口,图中亦标明了各节管道的直径规格、标高等。在这个管道系统周围还有三个管道系统,前端为 PY(F)D2-1、2、3 双速排烟风机,进来后通过一个 $\phi600$ 排烟防火阀(280 ℃ 关闭),在管道上布有配多叶对开调节阀的单层百叶风口,规格 450 mm × 200 mm,一共有 22 个,图中同时标明了各节管道的直径规格、标高等。在图的右部前室与电梯竖井间还有一个 JS-3 低噪声混流风机进行加压送风。

图号 10/20 中,地下一层通风及制冷机房平面图的阅读与地下二层大同小异,其中 PF-D1-1、2、3、4 为低噪声轴流风机。

图号 13/20 中卫生间的通风主要通过安装天花板型换气扇通风,管道的一端与排风竖井中的 P-1、2 相连接。图号 19/20 为屋顶平面图,装有 DWF-I7 轴流屋顶排风机两部,风量 12 000 m^3/h,全压 212 Pa,功率 1.5 kW。P-1、2 系统图见图号 20/20。

(3) 人防通风系统的设计说明

① 设计依据:《人民防空地下室设计规范》(GB 50038)。

② 人防地下室面积约 800 m^2,为一个防火分区,设四个防烟分区,平时为健身房。

③ 地下室二层战时设一个六级(二等)人防掩蔽单元,掩蔽面积为 600 m^2,掩蔽人数为 500 人。人防单元设清洁式、滤毒式和隔绝式三防通风方式,并允许在外部染毒时部分人员出入人防单元。

④ 进风系统设消波装置(活门+扩散室)、除尘器、过滤吸收器、配置电动脚踏两用风机。清洁式、滤毒式均采用机械送风,全工事超压排风,排风经活门口排至室外。各通风方式风量取值为:清洁式 $\geq 5\ m^3/(h \cdot 人)$,滤毒式 $\geq 2\ m^3/(h \cdot 人)$,滤毒式通风时满足防毒通道大于 30 次/h 的换气次数,隔绝防护时间大于 3 h。

⑤ 人防通风系统安装与材料

单元内风管用镀锌钢板制作、法兰连接,板厚按国标选用,染毒区内风管采用 3 mm 厚钢板焊接。风管穿越进风、排风口部位和人防单元密闭墙处预埋 3 mm 厚短管,短管应高出墙面 100 mm,管外焊接宽度 50 mm 密闭肋。过滤吸收器前后管道应留测压孔,钢板风管制作完毕后刷红丹两道、面漆两道,其他预埋件防腐同上。

超压排气阀、手动密闭阀、过滤吸收器、滤毒室换气堵头、工事测压装置、测压管穿密闭墙、轴流送风机及电动脚踏两用风机等制作、预埋、安装分别参见相关手册。口部染毒区的进、排风管道均应有向外设不小于0.005的坡度。人防单元战时使用的通风设备及管道暂不安装,但系统所需的预留洞和预埋件土建施工时应全部到位,以满足战时系统迅速转换的要求。

(4) 人防通风系统的图纸识读

图号 8/20 为战时进风系统原理图、人防材料表、A-A 剖面图,图号 7/20 为战时地下二层通风平面图。

由图号 8/20 可知,该战时进风系统设扩散室、粗过滤器、密闭阀门、增压管、通风机、过滤吸收器、消声器、防火阀、插板阀、换气堵头、测压管、增压管旋塞阀等。人防单元设清洁式、滤毒式和隔绝式三防通风方式,每种方式的操作顺序可由图中看出,如清消式通风中开启阀门 3-3、3-4,关闭阀门 3-1、3-2、9、13,开风机 5。

A-A 剖面图应对照图号 7/20 和设备表进行识读。通风的流程如下:

清洁式通风时,室内空气—手动密闭阀 12、14—排风管道—扩散室—排风竖井,关闭密闭阀 11;滤毒式通风时,室内空气—自动排气活门 10—简易洗消间—通风短管 9—防毒通道—手动密闭阀 11—排风管道—扩散室—排风竖井。

单元二　排烟系统的设计与安装

现代化的高层民用建筑,装修、家具、陈设等采用可燃物较多,这些可燃物在燃烧过程中,由于热分解释放出大量的热量、光、燃烧气体和可见烟,同样要消耗大量的氧气。

火灾烟气会造成严重危害,主要有毒害性、减光性和恐怖性。对人体的危害可以概括为生理危害和心理危害。烟气的毒害性和减光性是生理危害,恐怖性则是心理危害。

火灾烟气的毒害主要是因燃烧产生的有毒气体所引起的窒息和对人体器官的刺激,以及高温作用。

据统计资料表明,由于 CO 中毒窒息死亡或其他有毒烟气熏死者,一般占火灾总死亡人数的 40%～50%,最高达 65% 以上;而被火烧死的人当中,多数是先中毒窒息晕倒后再被火烧死。美国消防局的统计,在火灾死亡人数中的 80% 是由于吸入毒气而致死的。

(1) 窒息作用。建筑物内当火灾燃烧旺盛时,二氧化碳的浓度可达 15%～23%。一般人员接触浓度为 10% 左右的二氧化碳,会引起头晕;严重者,会发生昏迷、呼吸困难,甚至处于大脑停顿状态,失去知觉。接触浓度为 20% 左右的二氧化碳,人体的神经中枢系统出现麻痹,导致死亡。

(2) 刺激作用。火灾时可燃物热分解的产物中有一些气体对人体会产生较强的刺激作用,如氯化氢、氨气、氟化氢、二氧化碳、烟气和二氧化氮等。

(3) 高温作用。建筑物内发生火灾,温度达到可燃点后室内温度可达 500 ℃ 以上,甚至高达 800 ℃。高温也是导致火灾迅速蔓延扩大、损失增大的主要原因。烟气还会影响人的视觉,给人造成恐怖感,延误人员的疏散和灭火行动。

由此可见,在建筑中必要的位置设置防排烟系统对建筑的火灾防控和扑救及保证人员的安全疏散起着重要的作用,防排烟设计对保证建筑物内的人员安全和防止烟气的扩散十分重要。

建筑防排烟分为防烟和排烟。防烟的目的是将烟气封闭在一定区域内,以确保疏散线路畅通,无烟气侵入。排烟的目的是将火灾时产生的烟气及时排除,防止烟气向防烟分区外扩散,以确保疏散通路和疏散所需时间。为达到排烟的目的,必须在建筑物中设置周密、可靠的防排烟系统和设施。建筑防排烟设计必须严格遵照现行国家有关防火设计规范的规定。

11.2.1 防排烟设计依据

我国现行的《建筑设计防火规范》、《人民防空工程设计防火规范》、《高层民用建筑设计防火规范》、《汽车库、修车库、停车场设计防火规范》等是进行防排烟设计的依据,在设计、审核和检查时,必须结合工程实际,严格执行。

(1)《建筑设计防火规范》使用于下列新建、扩建和改建的建筑:
① 9 层及 9 层以下的居住建筑(包括设置商业服务网点的居住建筑);
② 建筑高度小于等于 24.0 m 的公共建筑;
③ 建筑高度大于 24.0 m 的单层公共建筑;
④ 地下、半地下建筑(包括建筑附属的地下、半地下室);
⑤ 厂房;
⑥ 仓库;
⑦ 甲、乙、丙类液体储罐(区);
⑧ 可燃、助燃气体储罐(区);
⑨ 可燃材料堆场;
⑩ 城市交通隧道。

不适用于炸药厂(库)、花炮厂(库)、人防工程、地下铁道、炼油厂和石油化工企业的生产区。

(2)《人民防空工程设计防火规范》适用于下列新建、扩建和改建的人防工程:
① 商场、医院、旅馆、餐厅、展览厅、公共娱乐场所、小型体育场所和其他使用的民用场所等;
② 按火灾危险性分类属于丙、丁、戊类的生产车间和物品库房等。

(3)《高层民用建筑设计防火规范》适用于下列新建、扩建和改建的高层建筑及其裙房:
① 10 层及 10 层以上的居住建筑(包括首层设置商业服务网点的住宅);
② 建筑高度超过 24 m 的公共建筑。

不适用于单层主体建筑超过 24 m 的体育馆、会堂、剧院等公共建筑以及高层建筑中的人民防空地下室。

(4)《汽车库、修车库、停车场设计防火规范》适用于新建、扩建、改建的汽车库、修车库、停车场的防火设计,不适用于消防站的车库防火设计。

当设计条件无法满足防火设计规范或高层建筑高度超过 250 m 时,应采用特殊的防火措施或进行消防性能化设计,并提交国家消防主管部门组织专题研究及论证。

11.2.2 防火分区和防烟分区

11.2.2.1 防火分区

1. 防火分区的概念

防火分区是指采用防火墙、耐火楼板及其他防火分隔物人为划分出的、能在一定时间内防止火灾向同一建筑的其余部分蔓延的局部空间。划分防火分区的目的在于有效地控制和防止火灾沿垂直方向或水平方向向同一建筑物的其他空间蔓延,减少火灾损失,同时能够为人员安全疏散、灭火扑救提供有利条件。防火分区是控制耐火建筑火灾的基本空间单元。

防火分区按照限制火势向本防火分区以外扩大蔓延的方向可分为两类:一类为竖向防火分区,用耐火性能较好的楼板及窗间墙(含窗下墙),在建筑物的垂直方向对每个楼层进行的防火分隔。竖向防火分区用以防止多层或高层建筑物层与层之间竖向发生火灾蔓延;另一类为水平防火分区,用防火墙或防火门、防火卷帘等防火分隔物将各楼层在水平方向分隔出的防火区域。水平防火分区用以防止火灾在水平方向扩大蔓延。

2. 防火分区划分原则

建筑设计划分防火分区时,每个防火分区之间可用建筑构件或防火分隔物隔断。防火分隔物可以是防火墙、耐火楼板、防火门、防火窗、防火卷帘、防火阀、排烟防火阀等。防火分区划分得越小,越有利于保证建筑物的防火安全。但如果划分得过小,则势必会影响建筑物的使用功能,这样显然是不可行的。防火分区面积大小的确定应考虑建筑物的使用功能及性质、重要性、火灾危险性、建筑物高度、消防扑救能力以及火灾蔓延的速度等因素。

我国现行的《建筑设计防火规范》、《人民防空工程设计防火规范》、《高层民用建筑设计防火规范》、《汽车库、修车库、停车场设计防火规范》等均对建筑的防火分区面积作了具体规定,必须结合工程实际,严格执行。

根据高层民用建筑的火灾危险性及高层建筑的特点,《高层民用建筑设计防火规范》规定,高层民用建筑每个防火分区的最大允许建筑面积不应超过表11.1 的规定。

表11.1　高层建筑每个防火分区的允许最大建筑面积

建筑类别	每个防火分区建筑面积/m²
一类建筑	1 000
二类建筑	1 500
地下室	500

高层建筑内的营业厅、展览厅等,当设有火灾自动报警和自动灭火系统且采用不燃烧或难燃烧材料装修时,地上部分分区的最大建筑面积为4 000 m²,地下部分为2 000 m²。一类建筑的电信楼,其防火分区的允许最大建筑面积可按表11.1 增加50%。

当高层建筑与其裙房之间设有防火墙等防火分隔设施时,其裙房的防火分区不应大于2 500 m²,当设有自动喷水灭火系统时,防火分区允许最大建筑面积可增加一倍。

多层建筑内的营业厅、展览厅等,当设有火灾自动报警系统和自动灭火系统且采用不燃烧或难燃烧材料装修时,地上部分分区的最大建筑面积为10 000 m²,地下部分为2 000 m²。

11.2.2.2　防烟分区

1. 防烟分区的概念

防烟分区是指采用挡烟垂壁、隔墙或从顶板下突出不小于50 cm 的梁等具有一定耐火性能的不燃烧体来划分的防烟、蓄烟空间。

防烟分区是为有利于建筑物内人员安全疏散和有组织排烟而采取的技术措施。大量火灾事故表明,建筑物内发生火灾时,烟气是阻碍人们逃生和灭火扑救行动、导致人员死亡的主要原因之一。因此,将高温烟气有效地控制在设定的区域,并通过排烟设施迅速排除室外,才能有效地减少人员伤亡和财产损失,防止火灾的蔓延。

屋顶挡烟隔板是指设在屋顶内,能对烟和热气的横向流动造成障碍的垂直分隔体。挡烟垂壁是指用不燃烧材料制成,从顶棚下垂不小于 50 cm 的固定或活动的挡烟设施。活动挡烟垂壁系指火灾时因感温、感烟或其他控制设备的作用,自动下垂的挡烟垂壁。挡烟垂壁起阻挡烟气的作用,同时可以增强防烟分区排烟口的吸烟效果。挡烟垂壁应采用非燃烧材料制作,如钢板、夹丝玻璃、钢化玻璃等。挡烟垂壁可采用固定或活动式的,当建筑物净空较高时,可采用固定式的,将挡烟垂壁长期固定在顶棚上,如图 11.1(a) 所示;当建筑物净空较低时,宜采用活动式的挡烟垂壁,如图 11.1(b) 所示。

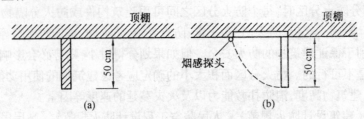

图 11.1　挡烟垂壁示意图

活动挡烟垂壁应由感烟控制器控制,或与排烟口联动,或受消防控制中心控制,但同时应能就地手动控制。活动挡烟垂壁落下时,其下端距地面的高度应大于 1.8 m。从挡烟效果来看,挡烟隔墙比挡烟垂壁的效果要好些。因此,要求在安全区域的场所,宜采用挡烟隔墙,如图 11.2 所示。有条件的建筑物,可利用钢筋混凝土梁或钢梁作挡烟梁进行挡烟,如图 11.3 所示。

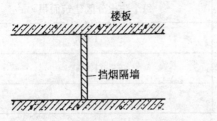 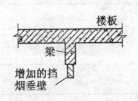

图 11.2　挡烟隔墙示意图　　　　图 11.3　挡烟梁示意图

当顶棚为非燃烧材料或难燃材料时,则挡烟垂壁或挡烟隔墙只紧贴顶棚平面即可,不必完全隔断,如图 11.4 所示;当顶棚为可燃材料时,则挡烟垂壁或挡烟隔墙要穿过顶棚平面,并紧贴非燃烧体楼板或顶板,如图 11.5 所示。

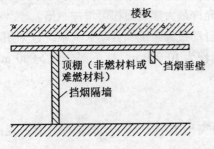 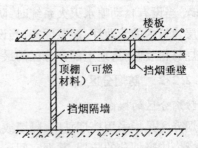

图 11.4　挡烟隔墙或挡烟垂壁在顶棚内不隔断示意图　　图 11.5　挡烟隔墙或挡烟垂壁在顶棚内隔断示意图

2. 防烟分区划分原则

设置防烟分区主要是保证在一定时间内,使火场上产生的高温烟气不致随意扩散,并能迅速排除,达到控制火灾蔓延和减少火灾损失的目的。

设置防烟分区时,面积划分必须合适,如果面积过大,会使烟气波及面积扩大,增加受灾面,不利于安全疏散和扑救;如果面积过小,不仅影响使用,还会提高工程造价。防烟分区应根据建筑物的种类和要求不同,可按其功能、用途、面积、楼层等划分。防烟分区一般应遵守以下原则设置:

(1)不设排烟设施的房间(包括地下室)和走道,不划分防烟分区;走道和房间(包括地下室)按规定设置排烟设施时,可根据具体情况分设或合设排烟设施,并按分设或合设的情况划分防烟分区;一座建筑物的某几层需设排烟设施,且采用垂直排烟道(竖井)进行排烟时,其余按规定不需设排烟设施的各层,如增加投资不多,可考虑扩大设置排烟范围,各层也亦划分防烟分区和设置排烟设施。

(2)防烟分区不应跨越防火分区设置。

(3)对有特殊用途的场所,如地下室、防烟楼梯间、消防电梯、避难层间等应单独划分防烟分区。

(4)防烟分区一般不跨越楼层,某些情况下,如一层的面积过小,允许包括一个以上的楼层,但以不超过三层为宜。

(5)对于高层民用建筑和其他建筑,每个防烟分区的面积不宜大于500 m^2,当顶棚(顶板)高度在6 m以上时,可不受此限制;但对于人民防空地下建筑的人防队员及人员隐蔽所的使用面积(抗爆单元)不应大于400 m^2。

(6)设有机械排烟系统的汽车库,其每个防烟分区的建筑面积不宜超过2 000 m^2,且防烟分区不应跨越防火分区。

(7)民用建筑中设置排烟设施的走道、净高不超过6 m的房间,应划分防烟分区。

3. 划分防烟分区的注意事项

(1)凡需要设置排烟设施的走道、净空不超过6 m的房间,应采用挡烟垂壁、隔墙或从顶棚下凸出不小于50 cm的梁划分防烟分区。

(2)走道按规定需要设排烟设施,而房间(包括地下室)不设,且房间与走道相通的门为防火门时,可只按走道面积划分防烟分区;如房间与走道相通的门不是防火门时,防烟分区面积的划分包括房间的面积。

(3)房间(包括地下室)按规定设排烟设施而走道不设,并且房间与走道相通的门是防火门时,可只按房间的面积划分防烟分区;如房间与走道相通的门不是防火门,则防烟分区面积的划分应包括走道的面积。

(4)走道和房间(包括地下室)按规定均设排烟设施时,可根据具体情况分设或合设排烟设施,按分设或合设排烟设施的情况划分防烟分区。

(5)当建筑面积较大时,可将每个防烟分区划分成几个排烟系统,并将竖风道分散布置在相应防烟分区之内,以便尽量缩短水平风道,这样不仅经济,而且排烟效果好。

11.2.2.3 防火分区与防烟分区的划分实例

图11.6表示某百货大楼在设计时的防火分区、防烟分区划分实例。此例是将顶棚送风的空调系统和防烟分区结合在一起考虑的。

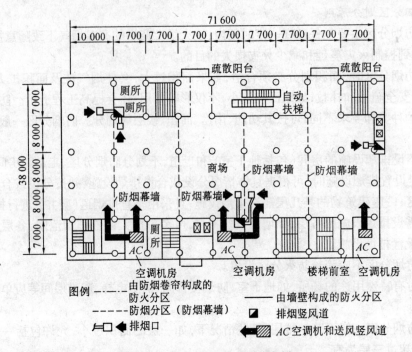

图 11.6 防火、防烟分区划分实例

11.2.3 建筑防烟、排烟

11.2.3.1 建筑设置防烟、排烟方式的分类

建筑中的防烟方式可采用机械加压送风的防烟方式和可开启外窗的自然排烟方式。

建筑中的排烟方式可采用机械排烟方式和可开启外窗的自然排烟方式。

11.2.3.2 防排烟设计的原则

1. 基本原则

防烟与排烟设计是在建筑平面设计中研究可能起火房间的烟气流动方向和人员疏散路线,通过不同的假设,找出最经济有效的防烟与排烟的设计方案和控制烟气的流动路线,选用适当的防排烟设备,合理安排进风口、排烟口的位置,计算管道面积并确定管道的位置。

2. 防烟楼梯间及消防电梯的设置

有防烟楼梯间和消防电梯才有前室及合用前室,才有加压送风的存在。没有这两者,也就没有加压送风,加压送风是伴随它而来的,把握住了防烟设计的部位就掌握了工作的主动权。

(1) 应该设置防烟楼梯间的建筑物(见表 11.2);

(2) 应该设置消防电梯的建筑物(见表 11.3)。

3. 高层、非高层民用建筑应设置防烟设施的部位

(1) 防烟楼梯间及其前室。

(2) 防烟楼梯间及消防电梯合用前室。

(3) 消防电梯前室。

(4) 高层建筑避难层(包括封闭式与非封闭式)。

表 11.2 应该设置防烟楼梯间的建筑物

序号	建筑类别	应设防烟楼梯间的高层、非高层建筑	备 注
1	高层建筑	一类高层建筑	《高规》6.2.1 条
2		除单元式和通廊式住宅外的建筑高度超过 32 m 的二类建筑及塔式住宅	《高规》6.2.1 条
3		19 层及 19 层以上的单元式住宅	《高规》6.2.3.3 条
4		超过 11 层的通廊式住宅	《高规》6.2.4 条
5		不能靠外墙,且不能直接天然采光和自然通风的封闭式楼梯间应按防烟楼梯间的规定设置。应设封闭楼梯间的有:① 裙房和除单元式和通廊式住宅外的建筑高度不超过 32 m 的二类建筑;②12 层至 18 层的单元式住宅	《高规》6.2.2 条 《高规》6.2.3.2 条
6	非高层建筑	地下商店和设置歌舞、娱乐、放映场所的地下建筑:当地下层数在 3 层及 3 层以上,或地下室内地面与室外出入口地坪高差大于 10 m 时,均应设置防烟楼梯间	《建规》5.3.12 条
7		以下应设封闭楼梯间的公共建筑,当封闭楼梯间无条件靠外墙设置,楼梯间内不能直接天然采光和自然通风室,下列公共建筑,应按防烟楼梯间设置:① 医院疗养院的病房楼;② 旅馆;③ 超过 2 层的商店等人员密集的公共建筑;④ 超过 5 层的其他公共建筑;⑤ 设置歌舞、娱乐、放映场所,且建筑层数超过 2 层的建筑;⑥ 其他形式的居住建筑,当层数超过 6 层或任一层建筑面积大于 500 m²	《建规》7.4.2 条 《建规》7.4.3 条 《建规》5.3.5 条 《建规》5.3.11 条

表 11.3 应该设置消防电梯的建筑物

序号	应设消防电梯的高层建筑	备 注
1	一类公共建筑	《高规》6.3.1 条、6.3.2 条 每层建筑面积不大于 1 500 m² 设一台,1 500~4 500 m² 设两台,大于 4 500 m² 设三台
2	塔式住宅	
3	12 层及 12 层以上的单元式住宅和通廊式住宅	
4	建筑高度超过 32 m 的其他公共建筑	

4.高层、非高层民用建筑应设置排烟设施的部位及限定条件

高层、非高层民用建筑应设置排烟设施的部位及限定条件,见表 11.4。

5.民用建筑防排烟设施的分类及采用原则

(1)民用建筑防烟设施,应分为机械加压送风防烟设施和可开启外窗的自然排烟的防烟设施。

(2)民用建筑排烟设施,应分为机械排烟设施和可开启外窗的自然排烟设施。

(3)当自然排烟防烟与机械加压送风防烟,以及自然排烟与机械排烟二者都具备设置的条件且规范上允许时,应优先采用自然排烟防烟和自然排烟设施。

表 11.4　民用建筑应设置排烟设施的部位及限定条件

部位			限定条件	
地上房间	非高层民用建筑		公共建筑面积超过 300 m²	经常有人停留或可燃物较多
	高层民用建筑		面积超过 100 m²	
	地下房间		总面积超过 200 m² 或一个房间面积超过 50 m²	
疏散内走道	非高层民用建筑	地下	长度超过 20 m(指房间门至前室入口门的水平距离)	
		地上 公共建筑	长度超过 20 m(指房间门至前室入口门的水平距离)	
		地上 其他建筑	长度超过 40 m(指房间门至前室入口门的水平距离)	
	高层民用建筑		长度超过 20 m(指房间门至前室入口门的水平距离)	
			非封闭式避难层,两个以上朝向的排烟外窗(每个不小于 2 m²)	
中庭			净空高度 ≤ 12 m 和 > 12 m	
地下汽车库			面积超过 2 000 m²	

11.2.3.3　防排烟的一般规定

① 机械防排烟系统的风速(见表 11.5)。

表 11.5　机械防排烟系统风速(m/s)

风管和风口类型	内表面光滑的混凝土风管	金属风管	排烟口	加压送风口
允许风速/(m·s⁻¹)	应 ≤ 15	应 ≤ 20	宜 ≤ 10	宜 ≤ 7

② 机械防排烟系统的选材:通风机、风管、风阀、风口等必须采用不燃材料制作。

③ 安装在吊顶内的排烟管道,应采用不燃保温材料隔热,并与可燃物的距离不应小于 150 mm。

④ 机械防排烟系统的风机选用和设置应符合通风机选择的有关要求。

多台风机并联运行的,每台风机应装设防回流装置(止回阀)或与风机连锁开闭的电动风阀。止回阀的流速不应小于 8 m/s;各台风机均应装设调节风量和风压的调节阀。

⑤ 机械防排烟系统的风机,宜设置在通风机房内,设置在室外的风机应有防护措施,并方便维护检修。

⑥ 机械加压送风防烟系统负担层数和竖向划分的排烟系统负担的层数都不应超过32层,如果超过,应分段设计。

⑦ 进风口宜低于排风(烟)口,且不应小于 3 m;当进、排风口在同一高度时,宜在不同方向设置,且水平距离不宜小于 10 m。

⑧ 进风口的底部距室外地坪的高度不宜低于 2.0 m,设在绿化地带时,不宜低于 1.0 m。

⑨ 平时运行的进、排风口噪声应符合环保要求,否则应采取消声措施。

⑩ 机械通风系统宜按使用性质、使用时间,分别设置独立的排风系统,对于散发有爆炸性气体的房间应设置独立的排风系统,并应采用防爆型风机。

⑪ 对散发大量余热(或余湿)的房间,如商场、柴油发电机房等场所,采用全面通风换气时,除应保证人员所需的新风量之外,应保证商店室内温度不超过 32 ℃,柴油发电机房不宜超过 35 ℃。宜按消除余热计算送风量 L:

$$L = \frac{Q}{0.337(t_p - t_s)} \quad (m^3/h)$$

式中 　　L——通风换气量，m^3/h；

　　　　Q——室内显热发热量，W；

　　　　t_p——室内排风设计温度，℃；

　　　　t_s——送风温度，取当地通风温度，℃。

⑫ 地下汽车库平时的排风量按表 11.6 方法计算。

表 11.6　地下汽车库平时的排风量的确定

序号	车辆出入频度及建筑类型	车库形式及计算条件	
		单层车库按换气次数 /(次·h⁻¹)	全部或部分为双层车库，按每辆所需排风量/(m³·辆⁻¹·h⁻¹)
1	出入频度较大的商业建筑	6	500
2	出入频度为一般的建筑	5	400
3	出入频度较小的住宅建筑	4	300

⑬ 汽车库设置机械送风系统时，送风量宜为排风量的 80% ~ 85%，送风口宜设在下部或汽车通道上部。

⑭ 汽车库平时排风风口宜均匀布置，可只考虑上排风。

⑮ 当汽车库层高较低，无法均匀布置排风口时，宜采用诱导通风方式。

⑯ 汽车库机械通风系统的风机，可采用多台并联、双速、变速风机等，夜间及出入不频繁时，风量可减少 50%。

⑰ 防火阀或防火风口，不能阻隔 70 ℃ 以下烟气的蔓延，因此在地上、地下共用楼梯间的防火门或隔墙上不宜安设。

⑱ 民用建筑不受基地面积和附有居住区人数的限制，同一时间内的火灾次数只考虑一次。防、排烟系统中不论防火分区数量多少，只按同时发生一次火灾计算。对于担负多个（2个或2个以上）防烟分区的排烟系统，按 2 个防烟分区同时着火计算（在一个防火分区内）其排烟量按最大防烟分区面积乘以 120 $m^3/(m^2 \cdot h)$。

11.2.3.4　建筑防排烟的任务

① 就地排烟通风降低烟气浓度：将火灾产生的烟气在着火房间就地及时排除，在需要部位适当补充人员逃生所需空气。

② 防止烟气扩散：控制烟气流动方向，防止烟气扩散到疏散通道和减少向其他区域蔓延。

③ 保证人员安全疏散：保证疏散扑救用的防烟楼梯及消防电梯间内无烟，使着火层人员迅速疏散，为消防队员的灭火扑救创造有利条件。

11.2.3.5　需要设置防排烟的部位

（1）高层建筑需要设置防排烟的部位：

① 防烟楼梯间及其前室、消防电梯间前室或合用前室；

② 一类建筑和高度超过 32 m 的二类建筑，长度超过 20 m 的内走道，或长度超过 60 m 的外

走道；

③ 建筑面积超过 100 m^2 经常有人停留或可燃物较多的房间；

④ 避难层；

⑤ 中庭；

⑥ 各房间总面积超过 200 m^2 或单个面积超过 50 m^2，且经常有人停留或可燃物较多的地下房间。

(2) 面积超过 2 000 m^2 的地下汽车库，应设置机械排烟系统。

(3) 人防工程需要设置防排烟的部位：

① 防烟楼梯间及其前室或合用前室；

② 避难走道的前室；

③ 面积超过 50 m^2，且经常有人停留或可燃物较多的地下房间、大厅和丙、丁类生产车间；

④ 总长度大于 20 m 的疏散走道；

⑤ 电影放映间、舞台等；

⑥ 丙、丁、戊类物品库宜采用密闭防烟措施。

(4) 厂房、库房、单层或多层建筑中需要设置防排烟的部位：

① 防烟楼梯间及其前室、消防电梯间前室或合用前室应设置防烟设施。

② 丙类厂房中建筑面积大于 300 m^2 的地上房间；人员、可燃物较多的丙类厂房或高度大于 32.0 m 的高层厂房中长度大于 20.0 m 的内走道；总建筑面积大于 5 000 m^2、室内净高度大于 12.0 m 的丁类厂房。

③ 占地面积大于 1 000 m^2 的丙类仓库。

④ 公共建筑中经常有人停留或可燃物较多，且建筑面积大于 300 m^2 的地上房间；长度大于 20.0 m 的内走道。

⑤ 中庭。

⑥ 设置在一、二、三层且房间建筑面积大于 200 m^2 或设置在四层及四层以上或地下、半地下的歌舞娱乐放映游艺场所。

⑦ 总建筑面积大于 200 m^2 或一个房间建筑面积大于 50 m^2 且经常有人停留或可燃物较多的地下、半地下建筑(室)。

⑧ 其他建筑中长度大于 40.0 m 的疏散走道。

⑨ 地上商店的营业厅、展览建筑的展览厅。

⑩ 地下商店。

⑪ 布置在建筑的除首层、二层、三层外的歌舞厅、录像厅、夜总会、放映厅、卡拉 OK 厅、游艺厅(含电子游艺厅)、不包括洗浴部分的桑拿室、网吧等歌舞娱乐放映场所。

(5) 通行机动车的一、二、三、四类隧道应设置机械排烟系统，通行机动车的四类隧道可采取自然排烟方式。

11.2.3.6 建筑防烟、排烟方式的选择

建筑防烟、排烟方式的选择见表 11.7。

表 11.7 建筑防烟、排烟方式

序号	防烟、排烟方式	适用部位
1	自然排烟（开窗）	房间、走道、防烟楼梯间及其前室、消防电梯间前室、合用前室、通行机动车的四类隧道
2	机械排烟	房间、走道、通行机动车的一～三类隧道
3	机械排烟、机械进风	地下室及密闭场所
4	机械加压送风（设置竖井正压送风）	防烟楼梯及其前室、消防电梯间前室、合用前室

11.2.3.7 建筑防排烟的设计方法

建筑物内一个完整的防排烟工程的基本内容有：
① 划分防烟分区；
② 选择防排烟方式及控制方式；
③ 计算排烟风量、加压送风量、排烟补风量；
④ 布置排烟风口、送风口、补风口的位置及风管位置；
⑤ 计算风口及风管尺寸和排烟系统、加压送风系统、排烟补风系统的阻力；
⑥ 选择排烟系统、加压送风系统、排烟补风系统的风机及风口；
⑦ 设置防排烟系统的联锁控制；
⑧ 构成建筑整体防排烟系统；
⑨ 需要时进行消防性能化设计及分析。

进行防排烟设计时，首先要了解清楚建筑物的防火分区，并且合理划分防烟分区。防烟分区应在同一防火分区内，其建筑面积不宜过大，一般不超过 500 m²、汽车库防烟分区不超过 2 000 m²。然后，再确定合理的防排烟方式和进一步选择合理的防排烟系统，继而确定送风道、排风道、排烟口、防火阀等位置。

11.2.4 建筑自然排烟

自然排烟，是在自然力作用下，利用可开启外窗，使室内外空气对流进行排烟。这种排烟方式经济、简单、易操作，并具有不需使用动力及专用设备的优点。

1. 自然排烟的形式

自然排烟的方式可分为：
① 利用可开启的外窗进行自然排烟，如图 11.7 所示。
② 利用室外阳台或凹廊进行自然排烟，如图 11.8 所示。

2. 自然排烟设计条件

自然排烟是最简单、不消耗动力、无需连锁控制的排烟方式。无论是防烟还是排烟，采取可开启外窗的自然排烟方式，由于系统无复杂的控制及控制过程、操作简单，对于满足自然排烟条件的建筑，首先应考虑采取自然排烟方式。

（1）根据《高层民用建筑设计防火规范》规定，在防排烟系统中，对于建筑高度超过 50 m 的一类公共建筑和超过 100 m 的居住建筑以外的防烟楼梯间及前室、消防电梯间前室、中庭和房间允许采用可开启外窗的自然排烟方式，但可开启外窗的面积，应满足下列条件：
① 防烟楼梯间前室、消防电梯间前室可开启外窗面积不应大于 2.00 m²，合用前室不小于 3.00 m²；

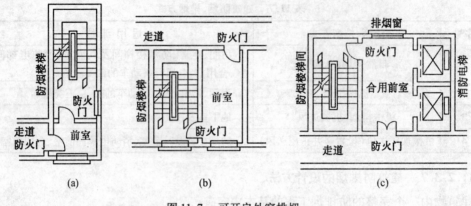

图 11.7 可开启外窗排烟

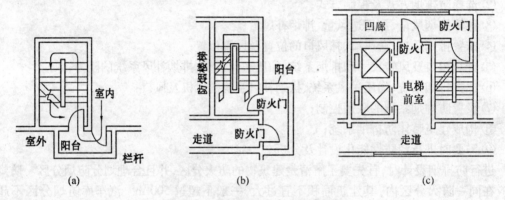

图 11.8 利用室外阳台或凹廊排烟

②靠外墙防烟楼梯间每五层内有可开启外窗总面积之和不小于 2.00 m²；

③长度不超过 60 m 的内走道可开启外窗面积不应小于走道面积的 2%；

④需要排烟的房间可开启外窗面积不应小于该房间面积的 2%；

⑤净空高度小于 12 m 的中庭可开启的天窗或高侧窗的面积不应小于该中庭地板面积的 5%；

⑥防烟楼梯间前室或合用前室，利用敞开的阳台，凹廊或前室内有不同朝向的可开启外窗自然排烟时，该楼梯间可不设防烟设施，如图 11.9 所示。

(2) 根据《建筑设计防火规范》规定，通行机动车的四类隧道可采取自然排烟方式。带敞开的阳台、凹廊的防烟楼梯间前室、合用前室可以采用自然排烟方式防烟。对于下列情况允许采用可开启外窗的自然排烟方式：

①丙类厂房中建筑面积大于 300 m² 的地上房间；

②人员、可燃物较多的丙类厂房或高度大于 32.0 m 的高层厂房中长度大于 20.0 m 的内走道；

③总建筑面积大于 5 000 m²、室内净高度大于 12.0 m 的丁类厂房；

④占地面积大于 1 000 m² 的丙类仓库；

⑤公共建筑中经常有人停留或可燃物较多，且建筑面积大于 300 m² 的地上房间；

⑥长度大于 20.0 m 的内走道；

⑦中庭；

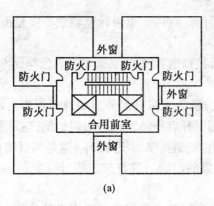
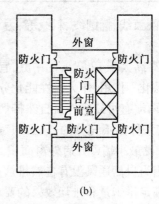

(a)　　　　　　　　　　　(b)

图 11.9　有不同朝向的可开启外窗防烟楼梯间合用前室

⑧设置在一、二、三层且房间建筑面积大于 200 m² 或设置在四层及四层以上或地下、半地下的歌舞娱乐放映游艺场所；

⑨总建筑面积大于 200 m² 或一个房间建筑面积大于 50 m² 且经常有人停留或可燃物较多的地下、半地下建筑（室）；

⑩其他建筑中长度大于 40.0 m 的疏散走道。

但可开启外窗的自然排烟口净面积，应满足下列条件：

①防烟楼梯间前室、消防电梯间前室，不应小于 2.0 m²；合用前室，不应小于 3.0 m²。

②靠外墙的防烟楼梯间，每 5 层内可开启排烟窗口净面积不应小于 2.0 m²。

③中庭、剧院舞台，不应小于该中庭、剧场舞台楼地面面积的 5%。

④其他场所，宜取该场所建筑面积的 2% ~ 5%。

(3) 根据《人民防空工程设计防火规范》规定，自然排烟口的总面积大于本防烟分区面积的 2% 时，宜采用自然排烟；自然排烟口底部距室内地平不应小于 2 m，并应常开或发生火灾时能自动开启。

3. 自然排烟的一般规定

(1) 自然排烟口应设于房间或内走道净高的 1/2 以上，宜设在距顶棚或顶板下 800 mm 以内（以排烟口的下边缘计）。自然进风口应设于房间净高的 1/2 以下（以进风口上边缘计）。

(2) 内走道和房间的自然排烟口，至该防烟分区最远点烟气流动路线的水平距离不应大于 30 m。

(3) 自然排烟窗、排烟口、送风口应采用非燃材料制作，宜设置手动或自动开启装置，手动开关应设在距地坪 0.8 ~ 1.5 m 处。

(4) 非封闭避难层（间）应设有两个或两个以上不同朝向的可开启外窗或百叶窗，两个朝向时每个朝向自然排烟的面积均应 ≥ 2.0 m²。

4. 自然排烟设计

利用阳台、凹廊及前室或合用前室多个朝向可开启外窗自然排烟，防烟楼梯间可不设机械加压送风防烟。

自然排烟的设计要点如下：

(1) 规范条文中所谓防烟分区内最远点与排烟口的水平距离不应超过 30 m，为烟气流动路线的水平距离，与人员疏散距离无关。

(2) 对于形状复杂的内走道，最远点距排烟口烟气流动路线水平距离的量度方法，比较复杂,有折线、圆弧线、椭圆线、斜线等,为了方便计算,对内走道可按其轴线长度量度,忽略其微小差异。

(3) 对净高大于 12.0 m 的中庭,宜采用机械排烟方式,如必须采用自然排烟方式时,应考虑烟气的"层化"作用,作火灾性能化分析。

(4) 对两端有可开启外窗自然排烟的内走道,要求可开启外窗的总面积为内走道排烟面积的 2%,其条件是不充分的,还必须考虑两端可开启外窗面积的均匀分配,应该要求两端各占 1%,或者说最小端可开启外窗面积 ≥ 计算内走道排烟面积的 1%(这是与直接自然通风提法的区别,因为自然通风没有自然排烟量和效果的内涵),这样按二等分分配后,60 m 长的内走道,才能满足排烟量和排烟效果的要求。

自然排烟设计是与建筑专业共同研究的设计问题。根据自然排烟设计条件,需要对排烟部位的有效可开启的外窗面积进行校核计算。为了使烟气能顺利排除,自然排烟的设计还应考虑以下几点:

(1) 可开启的天窗,应尽量设置在上方,并有能便于迅速开启的装置。

(2) 为了减少室外风压对自然排烟的影响,排烟口部位尽可能设置挡风措施。

(3) 内走道的排烟窗,应尽量设置两个或两个以上,尽量使排烟窗不同朝向。

(4) 不设防烟设施的防烟楼梯间的前室或合用前室,除利用敞开的阳台、凹廊外,前室内应有不同朝向的可开启外窗。

5. 自然排烟存在的问题

自然排烟方式虽然结构简单、经济,不使用动力及专用设备,但还存在着一些问题,因此当采用自然排烟方式时,应结合建筑物特征进行充分的研究。自然排烟存在下列问题:

(1) 对建筑设计的制约

由于自然排烟的烟气是通过靠外墙上可开启的外窗直接排至室外,所以需要排烟的房间必须面对室外,而且进深不能太大,按自然排烟设计条件还需要有一定的开窗面积。这样,即使有明确要求作分隔的房间,也必须设置外窗,所以对隔音、防尘等带来困难。

(2) 具有火势蔓延至上层的危险性

利用外部开口进行排烟时,若火灾房间的温度很高,烟气中又含有大量未燃烧的气体,则烟气排出后就会形成火焰,这将会引起火势向上蔓延。

(3) 影响自然排烟的因素多

由于自然排烟的效果是靠烟气的浮力作用的,假使由于某种原因使烟气冷却而失掉浮力,则烟气就失去排除的能力。此外,在室外风力很强,且排烟窗处在迎风面时,当室外风压大于烟气水平流动的动压时,则会引起排烟困难,甚至发生烟气倒灌,反而使烟气蔓延到其他区域。不仅如此,对于高层建筑中由于室内外温差引起的热压作用,经常使其存在着上、下层之间的压力差,从理论上讲,一般中和面大致在建筑高度的 1/2 附近,如果在中和面以下的外墙上开口,当冬季发生火灾时,不仅不能从开口部向外排烟,相反还会从开口处吸入室外空气,在这种情况下,如果防烟分区没有妥善安排,则楼梯井、电梯井会助长烟气的传播。同样,在夏季时建筑物内产生的下降气流,将会使烟气向下层传播。

综上所述,在自然排烟方式中,排烟效果存在许多不稳定因素,因此,对自然排烟设计范围要有一定的限制。对于以下条件的建筑物各部位,不能采取自然排烟措施规避火灾风险:

① 建筑高度超过 50 m 的一类公共建筑的防烟楼梯间及其前室、消防电梯前室及两者合用的前室,不宜采取可开启外窗的自然排烟措施。当建筑物高度超过 100 m 时,这些部位不应采

取可开启外窗的自然排烟措施。

②不具备自然排烟条件的防烟楼梯间、消防电梯间前室或合用前室。

③采用自然排烟措施的防烟楼梯间,其不具备自然排烟条件的前室。

④高层建筑净空高度超过 12 m 的室内中庭。

⑤高层建筑长度超过 60 m 的内走道。

⑥建筑高度超过 50 m 的厂房和仓库。

⑦单层及多层建筑中可开启外窗面积小于地面面积的 5% 的中庭、剧场舞台。

⑧当可开启外窗面积小于建筑面积 2% 的其他需要设置排烟设施的场所。

⑨通行机动车的一、二、三类隧道应设置机械排烟系统。

11.2.5 建筑机械排烟

采用排风机进行强制排烟称机械排烟。它由挡烟垂壁、排烟口、防火排烟阀门、排烟道、排烟风机和排烟出口组成。

据有关资料介绍,一个设计优良的机械排烟系统在火灾时能排出 80% 的热量,使火灾温度和有害烟气大大降低,并提高了火场的能见距离,从而对人员安全疏散和扑救起着重要的作用。为了确保机械排烟系统在火灾时能有效地发挥作用,应对机械排烟部位的确定、防烟分区的划分、排烟口的位置、风道等的设计,进行认真的考虑与分析。

11.2.5.1 机械排烟设置部位的确定

(1)根据《高层民用建筑设计防火规范》的规定,对一类建筑和高层超过 32 m 的二类建筑的下列走道和房间设置机械排烟设施:

①无直接自然通风,且长度超过 20 m 的内走道。

②虽有直接采光和自然通风,但长度超过 60 的内走道。

③面积超过 100 m^2,且经常有人停留或可燃物较多的地上无窗房间、可开启外窗面积不足该房间面积的 2% 或设固定窗的房间。

④可开启天窗、侧窗面积小于地面面积 5% 或净空高度超过 12 m 的中庭。

⑤除利用窗井等采用可开窗自然排烟措施的房间除外,房间总面积超过 200 m^2 或一个房间面积超过 50 m^2,且经常有人停留或可燃物较多的地下室。

(2)根据《建筑设计防火规范》规定,应在下列位置设置机械排烟:

①对于丙类厂房中建筑面积大于 300 m^2 的地上房间;人员、可燃物较多的丙类厂房或高度大于 32.0 m 的高层厂房中长度大于 20.0 m 的内走道;总建筑面积大于 5 000 m^2、室内净高度大于 12.0 m 的丁类厂房;占地面积大于 1 000 m^2 的丙类仓库;公共建筑中经常有人停留或可燃物较多,且建筑面积大于 300 m^2 的地上房间;长度大于 20.0 m 的内走道;设置在一、二、三层且房间建筑面积大于 200 m^2 或设置在四层及四层以上或地下、半地下的歌舞娱乐放映游艺场所;总建筑面积大于 200 m^2 或一个房间建筑面积大于 50 m^2 且经常有人停留或可燃物较多的地下、半地下建筑(室);其他建筑中长度大于 40.0 m 的疏散走道等,可开启外窗的自然排烟口净面积小于该场所建筑面积的 2% 时。

②中庭、剧院舞台,不应小于该中庭、剧院舞台楼地面面积的 5%。

③商店的营业厅、展览建筑的展览厅不满足可开启外窗的自然排烟口净面积小于该场所建筑面积的 2% ~ 5% 时。

④建筑高度超过 50 m 的厂房、仓库。

(3) 面积超过 2 000 m² 的地下汽车库。
(4) 人防工程需要设置防排烟的部位：
① 面积超过 50 m²，且经常有人停留或可燃物较多的地下房间、大厅及丙、丁类生产车间；
② 总长度大于 20 m 的疏散走道；
③ 电影放映间、舞台等。

11.2.5.2　机械排烟方式

机械排烟可分为局部排烟和集中排烟两种方式。局部排烟方式，是在每个需要排烟的部位，设置独立的排烟风机，直接进行排烟；集中排烟方式，是将建筑物划分为若干个区，在每个区内设置排烟风机，通过排烟风道排烟。

局部排烟方式投资大，而且排烟风机分散，维修管理麻烦，所以很少采用。采用时，一般与通风换气要求相结合，即平时可兼作通风排气使用。

11.2.5.3　机械排烟的一般规定

(1) 走道的排烟系统宜竖向设置；房间的机械排烟系统宜按防烟分区设置。
(2) 排烟风机可采用离心风机或采用排烟轴流风机，并应在其机房入口处设有当烟气温度超过 280 ℃ 能自动关闭的排烟防火阀。排烟风机应保证在 280 ℃ 时能连续工作 30 min。
(3) 机械排烟系统中，当任一排烟口或排烟阀开启时，排烟风机应能自行启动。
(4) 械排烟系统与通风、空气调节系统宜分开设置，若合用时，必须采取可靠的防火安全措施，并应符合排烟系统要求。
(5) 排烟风机的全压应按排烟系统最不利环路进行计算，选择排烟风机安全系数，压头宜附加 10%，风量宜附加 20%。
(6) 排烟口距该防烟分区内任一点烟气流动的水平距离不应大于 30 m，与疏散出口的水平距离不小于 1.5 m。
(7) 机械排烟系统在有条件时可与平时通风排气系统合用。
(8) 一个防烟分区内设有多个排烟口时，可采用一般耐高温的百叶风口，在该防烟分区的支管上设常闭型防火阀。
(9) 防火阀的设置位置应靠近防火墙、楼板等防火隔断物，距防火隔断物的距离不宜大于 200 mm。

11.2.5.4　机械排烟的设计要点

(1) 设置机械排烟的地下室，应考虑不小于 50% 的机械补风或自然补风，补风通道上最大速度不宜大于 5 m/s，总阻力不宜大于 50 Pa。
(2) 对于地下汽车库平时排风的补风可利用汽车坡道等进行自然补风，对于排烟系统火灾时的补风问题分以下三种情况：
① 当汽车库坡道与停车区隔开采用的是水幕，或车库及汽车坡道上均设有自动灭火系统时，可利用该防火分区内的汽车坡道自然补风。
② 当汽车库坡道与停车区隔开采用的是防火卷帘时，根据《汽车库规》第 6.0.1 条，人、车疏散出口分设的原则及第 5.3.3 条坡道与停车区需要隔断的原则，地下车库火灾时疏散以人为本(不考虑车辆疏散，即使车辆疏散只采用火灾时卷帘下降到 1.8 m，也起不到隔开的作用)。根据《火灾自动报警系统设计规范》(GB 50716) 第 6.3.8.3 条规定："用作防火隔断的防火卷帘，火灾探测器动作后，卷帘应下降到底"。此处已进不了风，应设机械补风设施。

③当汽车坡道与停车区隔开采用防火门时,防火门两边空气被它隔断,不能自然补风,必须设置机械补风或采取其他措施补风。

(3) 当内走道两旁的房间都设有机械排烟,且内走道的装修材料是不燃材料时,内走道可不设排烟设施。

(4) 走道的机械排烟系统宜竖向布置,房间的机械排烟系统,对地下汽车库应按防烟分区设置,每个防烟分区设一个排烟系统。其他房间的排烟系统应在防火分区内设置,一个防火分区可划分为多个防烟分区(指高度小于 6 m 的房间),一个排烟系统可担负多个防烟分区的排烟,但防烟分区不应跨越防火分区。

(5) 地下汽车库每个防烟分区的建筑面积不宜超过 2 000 m²,但设有自动灭火系统时,防火分区的建筑面积允许不超过 4 000 m²,不能套用《高规》或《建规》按一个排烟系统担负两个防烟分区设计,应按每个防烟分区设置排烟系统。

(6) 对于房间和走道的排烟,当一个排烟系统担负多个防烟分区排烟时,在划分防烟分区时,应尽可能使防烟分区面积接近或相等,保证火灾时防烟分区内排烟支管和排烟口的速度不超过规范规定的限值。

(7) 下列部位可不设排烟系统:

① 机械立体汽车库及建筑面积小于 2 000 m² 的单层汽车库。

② 无人停留且其房间门为防火门的机电用房(如空调机房、通风机房、水泵房、换热设备用房等)。

(8) 地下汽车库排烟系统的自然补风问题,应根据以下规范规定设置:

①《汽车库规》第 6.0.1 条规定:"人员的安全出口和汽车疏散出口应分开设置"。第 5.3.3 条规定:"汽车库坡道的出入口,应采用水幕、防火卷帘或设置甲级防火门等措施与停车场隔开。当汽车库和汽车坡道上均设有自动灭火系统时,可不受此限。"

②《火灾自动报警系统设计规范》(GB 50116) 第 6.3.8.3 条规定:"用作防火分隔的防火卷帘,火灾探测器动作后,卷帘应下降到底。"

③ 以上两种规范的三条规定可得出以下结论:

a. 如果汽车库坡道上采用的防火门和防火卷帘作为隔断火灾时,利用车道自然补风空气是进不来的。

b. 如果汽车坡道上设的是水幕或汽车库和汽车坡道上都设有自动灭火系统时,此两种情况都可利用汽车坡道自然补风。

(9) 地下自行车库:《高规》第 8.4.1.4 条与《建规》第 9.1.3 条第 6 款对地下的房间有相同的规定。"总建筑面积超过 200 m² 或一个房间的建筑面积大于 50 m² 且经常有人停留或可燃物较多,应设置排烟设施。"面积是满足的,关键在于可燃物较多或经常有人停留,可燃物较多的定量标准按《高规》第 5.2.8 条条文说明,当可燃物平均重量超过 30 kg/m² 时叫可燃物较多,经多次调查统计自行车库的可燃物平均重量不到 5 kg/m²,自然应判定为可燃物不多。

根据《汽车库规》第 8.2.4 条条文说明"地下汽车库发生火灾,可燃物较少,发烟量不大,且人员较少,基本无人停留……"可参照此规定认定为:汽车库被定义为基本无人停留,自行车库更应认为是"无人停留"。因此,自行车库应属于不需要设置排烟设施的部位。

(10) 排烟风机不论是水平方向或是垂直方向,担负两个或两个以上防烟分区排烟时,只按两个防烟分区同时排烟确定排烟风机的风量(《高规》第 8.4.2 条条文说明)。

(11) 排烟风机宜设置于排烟系统最高排烟口上部,排烟风机应与排烟口连锁,任一排烟口开启,排烟风机都应能启动,排风机入口总管上应设 280 ℃ 能自动关闭排烟风机的防烟防火阀。

(12) 地下汽车库建筑面积超过 2 000 m² 时,应设排烟设施,对下沉式的地下室或上部有条件开启的天窗、侧窗,进行自然排烟的单建式汽车库,可采用自然排烟设施,当无自然排烟条件时,应采用机械排烟设施。

(13) 内走道排烟面积:应按走道面积与最大一间需要排烟的房间面积之和(当房间为防火门时,内走道排烟面积即走道地面面积)。

(14) 吊顶为可燃材料或可渗漏空气的格栅式吊顶时,挡烟垂壁等应穿过顶棚平面,并紧贴非燃烧体楼板或顶板。

11.2.5.5 内走道和房间机械排烟系统布置

内走道和房间的机械排烟系统宜竖向布置,面积较大,走道较长时,可在水平方向划分成多个排烟系统,如图 11.10 所示。需要排烟的房间较多且竖向布置有困难时,可采用水平式与竖向相结合的布置,如图 11.11 所示。

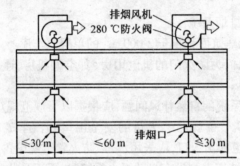

图 11.10 竖式布置的走道排烟系统

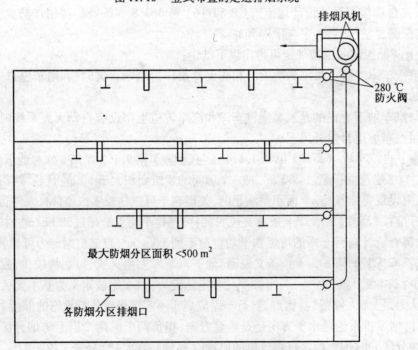

图 11.11 水平与竖向相结合布置的房间排烟系统

11.2.5.6 机械排烟系统排烟量计算

(1)民用建筑排烟量计算如下:

① 当排烟风机担负一个防烟分区时或净空高度大于6.0 m的不划防烟分区的房间,应按该防烟分区面积不小于60 m³/(m²·h)计算。单台风机最小排烟量不应小于7 200 m³/h;当担负两个或两个以上防烟分区时,应按最大防烟分区面积不小于120 m³/(m²·h)计算。

② 中庭的排烟量以其体积大小,按4～6次/h换气计算。当室内中庭体积小于或等于17 000 m³时,其排烟量按其体积的6次/h换气计算;中庭体积大于17 000 m³时,其排烟量按其体积的4次/h换气计算,但最小排烟量不应小于102 000 m³/h。

③ 选择排烟风机,应附加漏风系数,一般采用10%～30%。排烟风机的全压按排烟系统最不利管道进行计算。

(2)汽车库排烟风机的排烟量应按换气次数不小于6次/h计算确定。

(3)人防地下室的排烟风机和风管的风量计算应符合下列要求:

① 担负一个或两个防烟分区排烟时,应按该部分总面积每平方米不小于60 m³/h计算,但排烟风机的最小排烟量不应小于7 200 m³/h;

② 担负三个或三个以上防烟分区排烟时,应按其中最大防烟分区面积每平方米不小于120 m³/h计算。

(4)机械排烟的补风及补风量的计算

①《高层民用建筑设计防火规范》中规定:设置机械排烟的地下室应同时设置送风系统,且送风量不宜小于排烟量的50%。

②《建筑设计防火规范》中规定:在地下建筑和地上密闭场所中设置机械排烟系统时,应同时设置补风系统。当设置机械补风系统时,其补风量不宜小于排烟量的50%。

③《人民防空工程设计防火规范》中规定:

a.当补风通路的空气阻力不大于50 Pa时,可自然补风;

b.当补风通路的空气阻力大于50 Pa时,应设置火灾时可转换成补风的机械送风系统或单独的机械补风系统,补风量不应小于排风量的50%。

④《汽车库、修车库、停车场设计防火规范》中规定:汽车库内无直接通向室外的汽车疏散出口的防火分区,当设置机械排烟系统时,应同时设置进风系统,且送风量不宜小于排烟量的50%。

(5)排烟风道各管段风量的计算:

见以下实例(如图11.12所示),每个排烟口负担的防烟分区面积:

1区——240 m²;2区——250 m²;
3区——230 m²;4区——220 m²;
5区——250 m²;6区——230 m²;
7区——260 m²;8区——250 m²。

各管段排烟风量及排烟风机风量的计算可按表11.8进行。

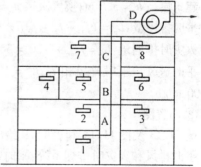

图11.12 排烟风道各管段风量

表 11.8 排烟风道各管段风量计算表

管段	负担防烟区段号	通过风量/(m³·h⁻¹)	备注
1－A	1	60×240＝14 400	
2－A	2	60×250＝15 000	
3－A	3	60×230＝13 800	
A－B	1、2、3	120×250＝30 000	2区排烟口负担面积最大
4－5	4	60×220＝13 200	
5－B	4、5	120×250＝30 000	5区排烟口负担面积最大
6－B	6	60×230＝13 800	
B－C	1、2、3、4、5、6	120×250＝30 000	2、5区排烟口负担面积最大
7－C	7	60×260＝15 600	
8－C	8	60×250＝15 000	
C－D	1、2、3、4、5、6、7、8	120×260＝31 200	7区排烟口负担面积最大

(6) 方案比较

① 概况

房间平时排风,火灾时排烟,平时送风,火灾时补风的组合型通风系统的几种方案的优缺点比较;排风、排烟和送风、补风系统,都是负担三个用隔墙分隔的防烟分区的风量。

防烟分区1:面积$f_1=300$ m²;防烟分区2:面积$f_2=100$ m²;防烟分区3:面积$f_3=100$ m²。

建筑层高$h=3.5$ m;换气次数$n=6$次/h。

平时排风量:$L_p=(f_1+f_2+f_3)\times h\times 6=10\,500$ m³/h。

火灾时排烟量:$L_y=f_{max}\times 120=36\,000$ m³/h。

平时送风与平时排风相等:$L_s=10\,500$ m³/h;火灾时补风量L_B为排烟量的50%:$L_B=18\,000$ m³/h。

② 布置图

图11.13及图11.14和表11.9给出了多种方案的布置和优缺点比较。

平时排风和火灾时排烟系统:平时$L_p=10\,500$ m³/h;火灾时$L_y=36\,000$ m³/h;分为5个方案(图11.13)。

送风和补风由于划分防烟分区的分隔物为隔墙,与分隔物为挡烟垂壁不同,此处是三个封闭空间,火灾时补风和平时送风都应到位。同样可分为5个方案(图11.14)。

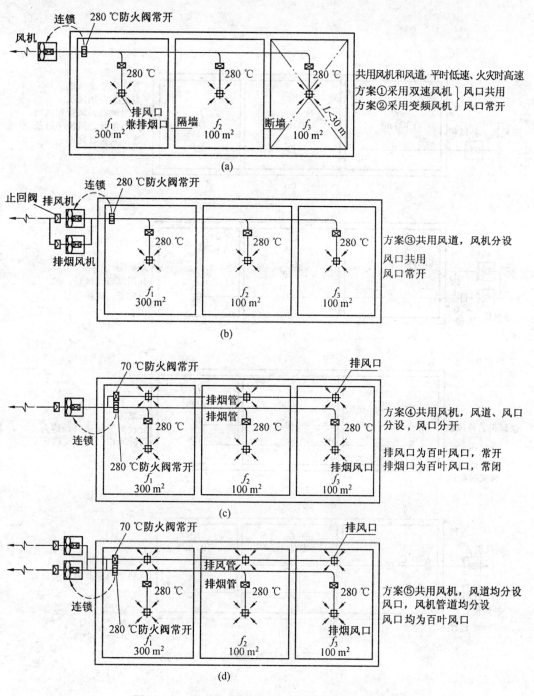

图 11.13 平时排风与火灾排烟系统多种方案的布置

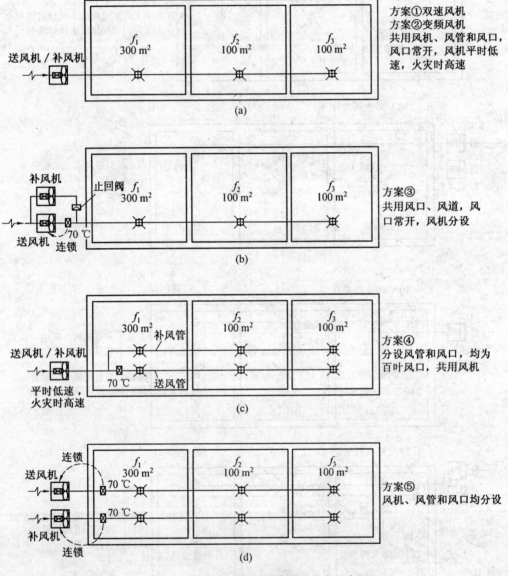

图 11.14 送风和补风系统多种方案的布置

表 11.9 几种方案的优缺点比较

方案	方案① 共用风机和风道 用双速风机	方案② 共用风机和风道 用变频风机	方案③ 共用风道 风机分设	方案④ 共用风机 风道分设	方案⑤ 风道和风机都分设
优点	1.节省空间; 2.投资少; 3.平时都在运行,对火灾时使用的可靠性提高	1.节省空间,噪声低,寿命长; 2.风量、压头好匹配,节省运行费用; 3.平时都在运行,对火灾时使用的可靠性提高; 4.平时可根据有害物浓度改变转速,空气质量有保证,可按不同工况运行	1.节省空间; 2.运行费用比方案①低,比方案②高; 3.风机噪声低	1.节省一台风机费用; 2.平时都在运行,对火灾时使用的可靠性提高	噪声比方案①、方案③、方案④低,但不如方案②
缺点	1.排风排烟用双速风机,其风量较难匹配,此处风量比为3.43,造成浪费,运行费用高; 2.排烟风机做排风用,噪声较大; 3.高温风机平时使用,寿命会降低	风机变频器、控制器等使初投资费用有所增加	1.增加了一套风机的费用; 2.多占用了一套风机的安装位置	1.增加了风道的费用; 2.风道占用的空间多; 3.排风排烟用双速风机,其风量、压头都较难匹配; 4.噪声较大; 5.寿命降低	1.风道和风机投资费用都增加; 2.风道与风机占用的空间都增加,实际很难实施

11.2.5.7 排烟系统的基本要求

1.排烟系统的布置

(1)机械排烟系统的设置原则:

①横向宜按防火分区设置;

②竖向穿越防火分区时,垂直排烟管道宜设置在管井内;

③穿越防火分区的排烟管道应在穿越处设置排烟防火阀。排烟防火阀应符合现行国家标准《排烟防火阀的试验方法》(GB 15931)的规定。

(2)走道与房间的排烟系统宜分开设置,走道的排烟系统宜竖向布置,房间的排烟系统宜按防烟分区布置。

(3)排烟气流、排烟所需的补风气流及机械加压送风的气流应合理组织,应尽量考虑火灾时的烟气流动方向与疏散人流方向相反。

(4)机械排烟系统与通风、空气调节系统宜分开独立设置。若合用时,必须采取可靠的防火安全措施,并应符合排烟系统要求。如设有在火灾时能将通风和空气调节系统自动切换为排烟系统的装置。

(5)为保证排烟效果,排烟系统竖直方向可分成多个系统,但是不能采用将上层烟气引向下层风道的布置方式。

(6)每个排烟系统设有排烟口的数量不宜超过30个。

(7) 排烟风机和用于排烟补风的送风风机,宜设置在通风机房内。为确保防排烟系统在火灾时的安全运行,本防烟分区内的排烟系统和用于排烟的补风系统不宜设置在该防烟分区内。如设置在本防烟分区内应将冷却风管接到室外。

(8) 机械加压送风防烟系统和排烟补风系统的室外进风口宜布置在室外排烟口的下方,且高差不宜小于 3.0 m;当水平布置时,水平距离不宜小于 10.0 m。

2. 排烟口

(1) 排烟口或排烟阀应按防烟分区设置。

(2) 排烟口应尽量设在防烟分区的中心部位,排烟口至该防烟分区最远点的水平距离不应超过 30 m,如图 11.15 所示。

(3) 在排烟支管上应设有当烟气超过 280 ℃ 时能自行关闭的排烟防火阀。

(4) 排烟口应设在顶棚上或靠近顶棚的墙面上,且与附近安全出口沿走道方向相邻边缘之间的最小水平距离不应小于 1.50 m;设在顶棚上的排烟口距可燃构件或可燃物的距离不应小于 1.00 m。

(5) 为防止顶部排烟口处的烟气外溢,可在靠近排烟口的来烟气流的另一侧装设防烟幕墙,起到排烟口蓄烟和防止向别处扩散的作用,如图 11.16 所示。

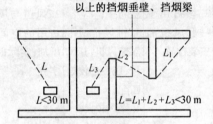

图 11.15 排烟口距最远点的水平距离

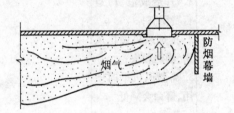

图 11.16 防烟幕墙与排烟口位置

(6) 排烟口的风速不宜大于 10.0 m/s。

(7) 排烟口或排烟阀应与排烟风机连锁,当任一排烟口或排烟阀开启时,排烟风机应能自行启动。

(8) 排烟口的尺寸,可根据烟气通过排烟口有效断面时的速度不宜大于 10 m/s 进行计算确定。

(9) 同一防烟分区内设置数个排烟口时,要求做到所有排烟口能同时开启,排烟量应等于各排烟口排烟量的总和。

(10) 排烟口平时关闭时,应设置有手动和自动开启的装置。

3. 排烟风道

(1) 排烟风道不应穿越防火分区。竖直穿越各层的竖风道应用耐火材料制成,并宜设在管道井内或采用混凝土风道。

(2) 排烟风道因火灾时排出烟气温度较高,除应采用金属板、混凝土等非金属非燃烧材料制作外,还应安装牢固,排烟时温度升高不变形、不脱落,并应具有良好的气密性。

(3) 排烟道构造和施工要求:

混凝土砌块等非金属材料排烟道,其灰缝必须饱满,防止漏烟。通过闷顶的部分,必须勾缝或抹水泥砂浆。

排烟风道外表面与木质等可燃构件的距离不应小于 15 cm,或在排烟道外表面包有厚度不小于 10 cm 的保温材料进行隔热。

排烟道穿过挡烟墙时,风道与挡烟墙之间的空隙,应用水泥砂浆等非燃材料严密填塞。

排烟风道与排烟风机的连接,宜采用法兰连接,或采用非燃的软性连接。

需隔热的金属排烟道,必须采用非燃保温材料,如矿棉、玻璃棉、岩棉、硅酸盐等材料。

(4)排烟风道的钢板壁厚可按高压系统设置,详见表 11.10。

表 11.10　排烟风管钢板厚度表

风管直径或边长尺寸 b	$D(b) \leq 320$	$320 < D(b) \leq 450$	$450 < D(b) \leq 630$	$630 < D(b) \leq 1\,000$
板材厚度/nm	0.75	0.75	0.75	1.0
风管直径 D 或边长尺寸 b	$1\,000 < D(b) \leq 1\,250$	$1\,250 < D(b) \leq 2\,000$	$1\,000 < D(b) \leq 4\,000$	—
板材厚度/nm	1.0	1.2	按设计	—

(5)烟气排出口的设置,应根据建筑物所处的条件(风向、风速、周围建筑物以及道路等情况)考虑确定,必须避开有燃烧危险的部位或对其他建筑物造成火灾威胁。不能妨碍人员避难、逃生和灭火活动的进行,更不能让排出的烟气被加压送风或补风管通风或空调设备吸入。此外,烟气排出口应防止雨水、虫鸟等侵入,并要求在排烟时坚固而不脱落。

11.2.6　中庭排烟

1.中庭式建筑的主要类型及常用的排烟方式和特点,见表 11.11。

表 11.11　中庭式建筑主要类型及其特点

中庭式建筑类型	建筑特点	常用排烟方式及其设计要求	
		排烟方式	设计要求
第一类	中庭与周围建筑之间无任何间隔,中庭与周围之间空气自由流通	中庭集中排烟	1.中庭与四周房间的面积之和不应超过防火分区面积的限值,面积超过限值时,应按《高规》5.1.5.1～2 条规定分隔; 2.正确计算排烟量; 3.合理布置进风口
		分散式排烟	不属中庭排烟范畴,排烟量应按《高规》8.4.2 条,《建规》9.4.5 条计算
		集中排烟与分散排烟相结合	1.中庭与四周房间之间应设防火卷帘分隔; 2.中庭与四周房间的排烟量分别计算
第二类	中庭与周围建筑之间采用玻璃间隔,中庭与周围之间无空气流通	中庭集中排烟	1.中庭与四周房间之间应设防火卷帘分隔; 2.中庭面积和体积为本身的地面面积和体积
		集中排烟与分散排烟相结合	1.中庭与四周房间之间为普通玻璃分隔; 2.中庭与四周房间的排烟量分别计算
第三类	中庭与周围建筑走廊相通,走廊与周围房间之间采用玻璃或墙间隔,中庭与周围房间之间无空气流通	中庭集中排烟	计算排烟量的体积应为中庭和回廊体积之和

(2)中庭式建筑防火分区面积及排烟体积的确定,见表 11.12。

表 11.12　中庭式建筑防火分区面积及排烟体积的确定

中庭与周围房间的分隔情况	中庭防火分区面积	中庭的排烟体积
中庭空间与周围房间相通,无防火卷帘分隔	应按上、下层连通的面积叠加计算(即包括中庭在内以及与中庭相通的内部各楼层的全部空间面积)	中庭以及与中庭相通的内部各楼层的全部空间的体积
中庭空间与周围房间相通,但有防火卷帘分隔	中庭面积	中庭空间本身的体积
中庭空间只与中庭回廊相通,而与周围房间不相通	包括中庭在内以及与中庭相通的内部各楼层回廊的面积	中庭以及与中庭相通的各楼层回廊的全部空间的体积
中庭空间只与中庭回廊相通,但回廊与中庭之间设有防火卷帘分隔	中庭面积	中庭空间本身的体积
中庭空间与周围房间不相通,有防火隔墙或防火卷帘分隔	中庭面积	中庭空间本身的体积

(3)中庭排烟的分类

① 自然排烟

净空高度不大于 12 m 的中庭,当有可开启的天窗或高侧窗的面积不小于中庭地面面积的 5% 时,宜采用自然排烟,如图 11.17(a) 所示。

② 机械排烟

无自然排烟条件或净空高度大于 12 m 的中庭,应采用机械排烟,如图 11.17(b) 所示。排烟量计算方法见表 11.13。

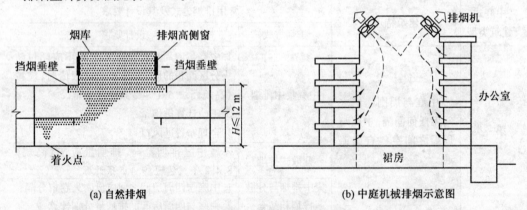

图 11.17　中庭排烟示意图

表 11.13　中庭排烟量的计算

条件	排烟量计算换气次数/(次·h^{-1})	备　注
中庭体积 ≤ 17 000 m^3	6	
中庭体积 > 17 000 m^3	4	最小排烟量不小于 102 000 m^3/h

(4)中庭排烟的方式及图示

① 集中式排烟:在中庭顶部设置排烟设施,进行自然或机械排烟,如图 11.17 所示。

② 分散式排烟:利用设在建筑物内各个部位的排烟风管将烟气直接排至室外,如图 11.18

所示。

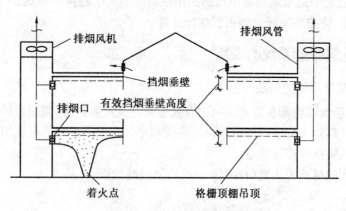

图 11.18　分散式排烟

火灾时,着火部位烟感器发出报警信号,消防控制中心将着火处的排烟阀或排烟口打开,排烟风机联动开启排烟。自然排烟时也可分层设置可开启的外窗进行排烟。

③集中与分散相结合的排烟:当中庭与周围部分房间之间,没有空气流动或空气流动不畅时,应根据工程情况采用集中与分散相结合的排烟方式。

(5)中庭排烟设计要点

①中庭建筑属高大空间,由于蓄烟仓容积大,人员应争取在烟气下降到人体特征高度前逃离火场。从计算机模拟得出的结论看出,多数情况下大空间产生轰燃的可能性比一般房间要小,这些都是对安全疏散有利的一面。

由于着火地点产生的烟气首先达到屋顶,与卷入的热气流向水平方向扩散,冲向四壁,烟气与壁面换热后开始下降,有可能淹没人流区,这叫烟气的"层化"现象,下降的烟气对人员疏散极为不利,特别是净高大于 12 m 的中庭更严重。因此,在设计中必须采取措施(如分段设置排烟的方式等)充分利用其有利的一面,遏止其不利的一面。

②合理划分防火分区,正确确定中庭排烟体积;中庭空间大,气流通道复杂,其排烟量是按换气次数确定的,中庭体积是关键数据,必须准确。

③剧场大厅和舞台、多功能体育馆比赛大厅、展览厅等都属高大空间,与中庭有很多共同之处,可以借鉴。如顶部都有蓄烟仓,有利于安全疏散,也存在烟气"层化"的问题。但更重要的是要重视其各自的特点,如建筑空间布局的差异,火灾强度等因素的影响。剧场上下层都有观众,一般在烟气下降以前,剧场上层的人员不一定能逃离火场,因此必须在此空间上部设计尽可能大的蓄烟空间,并利用舞台、屋顶设计便于开启的排烟高侧窗或屋顶上设屋顶排烟风机,自然排烟时可开启外窗总面积不小于舞台地面面积的 5%。

多功能体育馆比赛大厅与剧场类似,除了利用顶部蓄烟仓延缓烟气下降的时间外,应考虑在大厅中央顶部设置可开启的排烟窗,面积不够时,可在四周侧墙上部开窗,可开启窗户的有效面积不小于大厅面积的 2%。或者在顶部或侧墙上设机械排烟设施。对于展厅,其火灾强度高,面积大,使用功能上有不少特殊要求,当采用自然排烟设施有困难时,应采用机械排烟。

④对上述比较复杂的高大空间的排烟,由于排烟设施设置条件的限制,或建筑和使用功能上的特殊要求,不能按规范规定的要求设置时,应召集相关专业协调,采取切实可行的综合技术措施,并进行必要的火灾性能评估分析,来判定综合措施的有效性和安全可靠性。

⑤凡烟气不能经中庭蓄烟仓集中排出的排烟系统不属中庭排烟范畴,不能按中庭6次/h换气计算其排烟量,应按房间排烟的面积指标计算。

11.2.7 建筑排烟系统的安装

11.2.7.1 防火风管的安装

火灾发生时,防火风管能在防火时间内有效地抑制火灾蔓延,并保证通风排烟系统的正常运行。它适用于穿越防火分区时的机械排烟系统和穿越防火分区时的机械加压送风系统。也可作为厨房、浴室、厕所等排风管道。

防火风管常用的材质为火克(Hawk)纤维增强硅酸盐板。

1. 材质性能

(1) 物理性能:按 JC/T564 的标准检测

密度为 1 250 kg/m³,抗折强度为 12.5 MPa,导热系数为 0.13 W/(m·K)(平均温度 25.6 ℃),含水率为 6.8%,螺钉拔出力为 83.6 N/mm,湿胀力为 0.17%。

(2) 燃烧性能:根据《建筑材料燃烧性能分级方法》(GB 8624)检测,板材燃烧性能达到 A 级不燃材料。

(3) 环保性能:依据《轻质墙体板材》HBC19 检测,板材不含石棉。

(4) 防火性能:根据《通风管道防火试验方法》(GB 17428)检测:

①8 mm 厚板材制作的自撑式防火风管防火性能达到 120 min 内可以保持完整性和稳定性;

②12 mm 厚板材制作的自撑式防火风管防火性能达到 180 min 内可以保持完整性和稳定性;

③9 mm 厚板材制作的金属风管防火包覆构件防火性能达到 180 min 内可以保持完整性和稳定性。

(5) 板材规格:板材的标准规格(长×宽)2 440 mm×1 220 mm,厚度为 6~12 mm。选用的厚度由风管的防火极限(小时)确定。

(6) 材料加工性:已加工,可切割,可制成任何规格的防排烟风管及金属风管外侧的防火包覆。

2. 防火风管及金属风管防火包覆层的制作与安装

(1) 风管制作

① 风管板材尽量避免拼接,需拼接时采取加固措施。

② 板材与 L 形龙骨的固定用自攻螺钉,间距为 200 mm;管段与管段、管段与弯管、三通的拼接螺钉间距为 150 mm,自攻螺钉 φ2.8 mm。

③ 板与板的接缝处应采用不燃性密封胶填塞、刮平。

④ 风管每节管段(包括三通、弯管等管件)的两端应平行,与管中线垂直。

⑤ 制作弯管时,当其内弧半径小于等于 300 mm 时,圆弧用弦代替;内弧半径大于 300 mm 时,圆弧用折线代替。

⑥ 制作内外直角弯管、内斜线外直角弯管时,当长边尺寸 $b > 500$ mm 时,应设置导流叶片,导流叶片片数宜按风管长边尺寸 b 确定:当 $b \leq 1\ 000$ mm 时,设 1 片;当 $1\ 000$ mm $< b \leq 1\ 500$ mm 时,设 2 片;当 $b > 1\ 500$ mm 时,设 3 片。导流叶片采用镀锌钢板制作。

（2）风管加固

当风管长边尺寸 $b \leq 1\ 000$ mm 时,不需要加固;当 $1\ 000$ mm $< b \leq 1\ 500$ mm 时,应在每节管段的转角处设置 1 根 2.0 mm 厚 L 形钢板加固;当 $b > 1\ 500$ mm 时,每节管段接头用 L 50×4 角钢法兰连接。

（3）安装

① 风管水平吊装用的横梁、吊杆规格及支架间距见表 11.14。

表 11.14 横梁、吊杆规格及支架间距

风管长边尺寸 b/mm	$b \leq 1\ 000$	$1\ 000 < b \leq 1\ 500$	$1\ 500 < b \leq 2\ 000$	$2\ 000 < b \leq 2\ 400$
角钢横梁	L 30×3	L 40×4	L 50×4	L 50×5
圆钢吊杆	$\phi 8$	$\phi 8$	$\phi 10$	$\phi 10$
吊架间距	2 440	1 220	1 220	1 220

② 在不受力的前提下,两风管接口处用自攻螺钉将 100 mm 宽的板条覆于接缝处,所有自攻螺钉需沉入板内 1 mm。

③ 风阀等部件及设备与防火风管连接时,应单独设置支吊架,风管的支吊架距风口、风阀及控制机构的距离不少于 200 mm。

④ 在弯管、三通、四通处,吊装时应加强。

⑤ 垂直风管,安装支架的间距差不超过 2.4 m,每根风管支架数量不少于 2 个,并应适当增加支吊架与风管的接触面积。

11.2.7.2 防火柔性连接管的安装

防火柔性连接管采用多种高性能金属有机材料及无机材料制成,并配加数种金属类添加剂,耐火等级为不燃(A)级,并具备耐酸碱、耐压、耐老化、消声、可挠曲等特点。矩形防火柔性连接管参见图 11.19。

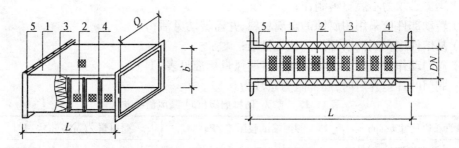

图 11.19 矩形防火柔性连接管
1—外部保护壳;2—硅玻钛金防火软管;3—保温材料;4—骨架;5—法兰

11.2.7.3 排烟风机的安装

（1）当风机在屋面或楼板上安装时,风机荷载应提交结构专业设计人员进行计算。

（2）防排烟设备在安装前必须根据工程设计图进行检查验收,待检查合格后方能施工安装。

（3）防排烟设备的混凝土基础和支架、吊架埋固用混凝土强度等级应由结构专业确定,但不应低于 C20,其地脚螺栓预留孔灌注混凝土强度等级不应低于 C25。

(4）排烟风机和防烟风机支吊架只承受风机荷载，不得将连接风管重量作用于该支吊架上。

(5）排烟防烟风机在屋顶或地面上安装，如有隔振要求时，轴（混、斜）流风机用橡胶隔振垫，离心风机用弹簧减震器。

(6）支架、吊架的制作安装应满足现行《钢结构工程施工质量验收规范》(GB 50205)的要求。

(7）支、吊架钢材材质全部采用 Q235 - AF 钢。

(8）安装支吊架采用连续焊接，焊缝高度为焊件的最小高度，焊缝不应有漏焊、气孔、裂纹、砂眼和熔穿等缺陷，电焊条全都采用 E43 - E4313 型。

(9）当设计选用预埋钢板、杆件或混凝土基础时，应密切配合结构专业统一考虑，选用胀锚螺栓作固定件时，注意勿将混凝土中的钢筋打断。

(10）支架、吊架、支座等在涂底漆前必须清除表面灰尘、污垢、锈斑及焊渣，再涂防锈漆两道，室内明露部分再涂调和漆两道。

(11）排烟、防烟风机基础施工前应先校核实际到货的风机地脚螺栓位置尺寸，基础安装平面要求平整、光洁。

(12）排烟、防烟风机钢支座制作安装完毕，不得有歪斜扭曲现象。

(13）排烟、防烟风机穿墙安装时，应避开混凝土内的钢筋。

(14）当排烟风机和平时排风风机合用时，应设弹簧减震器。安装弹簧减震器时，不设地脚螺栓安装孔。安装弹簧减震器前应先安装设备，然后放置弹簧减震器，并根据重心位置进行调整。

11.2.7.4 防火、防排烟阀（口）的安装

1. 防火、防排烟阀（口）的执行标准

(1)《防火阀试验方法》(GB 19530)；

(2)《排烟防火阀试验方法》(GB 19531)；

(3)《排烟风口》(GA 481)。

2. 技术性能

(1）阀体必须为不燃材料制作；

(2）转动部件应采用耐腐蚀的金属材料，并需转动灵活；

(3）易熔件应得到消防部门的认可批准；

(4）阀门动作需可靠，关闭时严密，其漏风量标准见表 11.15。

(5）阀门叶片全开启时，局部阻力系数为 0.57。

表 11.15 防火、防排烟阀（口）漏风量标准

风管长边尺寸 b/mm	阀两端试验压差 /Pa		漏风量 /($m^3 \cdot m^{-2} \cdot h^{-1}$)	
角钢横梁	标准	高气密	标准	高气密
防火阀	300	300	≤ 700	≤ 220
排烟阀	1 000	1 000	≤ 700	≤ 350
排烟阀（口）	1 000	—	≤ 700	≤ 700

3. 防火、防排烟阀（口）的安装

(1）安装前应检查阀门的操作机构是否完好，动作是否灵活有效。

(2）阀门应单独吊装，以防止发生火灾时管道变形影响性能。

(3）阀门在吊顶或墙内侧安装时要留出检查开闭状态和运行手动复位的操作空间，阀门

的操作机构一侧应有不小于200 mm的净空。

(4)防火阀应安装在紧靠墙或楼板的风管管段中,阀至防火墙的风管壁厚大于等于2.0 mm。管道穿墙的缝隙应采用防火泥、防火密封胶等封堵。防火阀两侧2.0 m范围内的风管及其保温材料和黏结剂应采用不燃材料。

(5)防火阀的熔断片应安装在朝向火灾危险性较大的一侧。

(6)法兰连接的阀门,法兰安装孔要与风管法兰配钻。

(7)吊杆直径及螺母、垫圈根据阀体的重量确定。

(8)防火风口的铝合金百叶风口可以拆卸,安装时,取下百叶风口,用拉铆钉或自攻螺钉将阀体固定在连接法兰上,然后将百叶风口安装归位。

(9)固定连接法兰或风管的铆钉或自攻螺钉数量和同尺寸风管配用的铆钉数量相同。

(10)排风口在吊顶安装时,排烟管道安装底标高距吊顶面的尺寸应大于250 mm,多叶排烟口大于320 mm以上;安装多叶排烟口时,排烟短管的长度或垂直方向上应增加250 mm,以安装执行器。

(11)排烟口的安装,首先将排烟口的内法兰安装在短管内,定位好后用铆钉固定,然后将排烟口装入管段内,用螺栓和螺母固定,也可用自攻螺钉把排烟口外框固定在短管上。

(12)排烟口贴吊顶表面安装时,为了防止下垂,排烟管道与排烟口短管连接处用吊杆固定。

(13)远控装置的电气接线及控制缆绳采用$DN20$套管,控制缆绳套管的弯曲半径不小于250 mm,弯曲数量一般不多于2处,缆绳长度一般不大于6 m。

(14)排烟口安装完毕,控制机构性能应灵活可靠。

(15)余压阀、防火风口组件安装时,先分开各部件,然后将防火阀用自攻螺钉固定在连接阀框上,再分别将百叶风口和余压阀装上。

11.2.7.5 排烟系统安装质量验收

(1)防火阀和排烟阀(排烟口)必须符合有关消防产品标准的规定,并具有相应的产品合格证明文件。

检查数量:按种类、批抽查10%,不得少于2个。

检查方法:核对产品的合格证明文件、性能检测报告。

(2)防爆风阀的制作材料必须符合设计规定,不得自行替换。

检查数量:全数检查。

检查方法:核对材料品种、规格,观察检查。

(3)防排烟系统柔性短管的制作材料必须为不燃材料。

检查数量:全数检查。

检查方法:核对材料品种的合格证明文件。

(4)防火风管的本体、框架与固定材料、密封垫料必须为不燃材料,其耐火等级应符合设计的规定。

检查数量:按材料与风管加工批数量抽查10%,不应少于5件。

检查方法:查验材料质量合格证明文件、性能检测报告,观察检查与点燃试验。

(5)防火阀、排烟阀(口)的安装方向、位置应正确。防火分区隔墙两侧的防火阀,距墙表面不应大于200 mm。

检查数量:按数量抽查20%,不得少于5件。

检查方法:尺量、观察检查,动作试验。

任务十二　　加压送风系统安装

【任务描述】

介绍加压送风防烟施工图的识图;加压送风防烟部位的确定;加压送风防烟系统送风量的计算方法;加压送风防烟系统的基本要求、安装方法以及系统的维护管理。

【目标要求】

掌握加压送风防烟施工图的识图,能够识读和绘制加压送风防烟施工图;掌握加压送风防烟部位的确定方法;掌握加压送风防烟系统送风量的计算方法;掌握加压送风防烟系统的基本要求、安装方法以及系统的维护管理。

单元一　　加压送风系统施工图的识读

12.1.1　机械加压送风防烟设备图的表示方法

在对机械加压送风防烟施工图进行识读之前,必须要掌握防排烟系统中相关设备在施工图中的表示方法,见表12.1。

表12.1　防排烟设备图表示方法

名　称	图　例	名　称	图　例
离心式风机		电动对开多叶调节阀	
管道式风机		风管止回阀	
压差传感器	ΔP	手动密闭阀	
压力传感器	P	余压阀	
风管软接头	※	百叶风口	
70 ℃ 常开防火阀	70℃	排烟口	280℃
280 ℃ 常闭排烟防火阀	280℃	气流方向	→
280 ℃ 常开排烟防火阀	280℃	人流方向	⇒

12.1.2　机械加压送风防烟不同设置的图示

(1)防烟楼梯间地上与地下部分合用送风道(图12.1)。

本图适用于地下部分不具备设置独立加压送风系统的场所。当地下层数较少时,为减小加压送风口面积,地下部分宜每层都设加压送风口。加压送风口为常开风口。在加压风机出口处装止回阀或电动阀,防止空气倒灌。无论地上还是地下发生火灾,由消防控制室电讯号控制开启加压送风机,地上与地下同时加压送风。

(2) 防烟楼梯间地上与地下部分风别设置送风道(图12.2)。

当地上发生火灾时,由消防控制室电讯号控制开启地上部分加压送风系统风机;当地下发生火灾时,由消防控制室电讯号控制开启地下部分加压送风系统风机。

(3) 剪刀楼梯间合用一个加压送风道(图12.3)。

剪刀楼梯间合用一个加压送风道时,其风量应按两个楼梯间风量计算,加压送风口应分别设置。加压送风口每层设置,相当于每个剪刀楼梯间隔一层设置一个风口。

(4) 剪刀楼梯间分设两个加压送风道(图12.4)。

剪刀楼梯间分设两个加压送风道时,两个风道上的加压送风口可分别在1、3、5、……层设置。相当于每个剪刀楼梯间隔一层设置一个风口。

(5) 超过32层高层建筑防烟楼梯间的加压送风(图12.5)。

超过32层的高层建筑,其加压送风系统及送风量应分段设计。加压送风口的设置要求及控制要求与32层以下建筑防烟楼梯间相同。当加压送风口为常开风口时,应在加压送风机出口处安装止回阀或电动阀,防止空气倒灌。

(6) 超过32层高层建筑消防前室的加压送风(图12.6)。

防烟楼梯间的前室或合用前室的加压送风口为常闭风口,应每层设置1个。常闭加压送风口均应设置现场手动和消防控制室电信号启动装置,并与加压送风机的启动装置联锁。

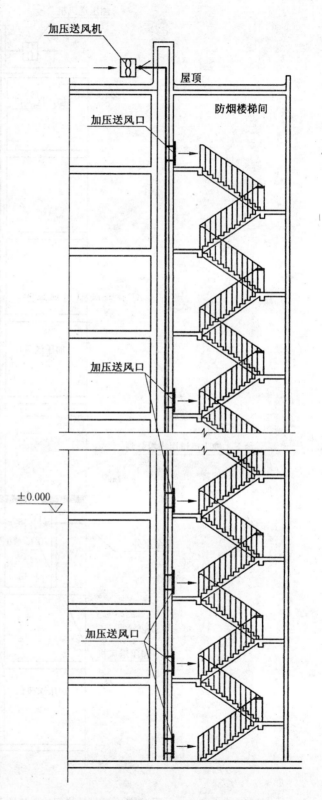

图12.1 防烟楼梯间地上与地下部分合用送风道

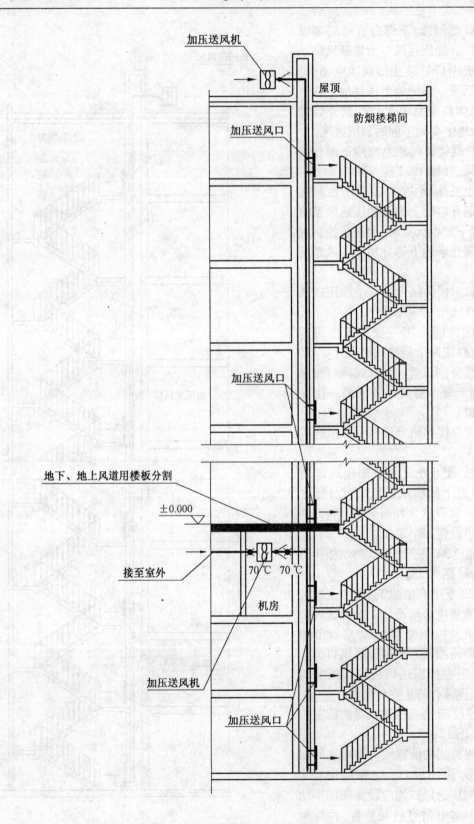

图12.2 防烟楼梯间地上与地下部分分设送风道

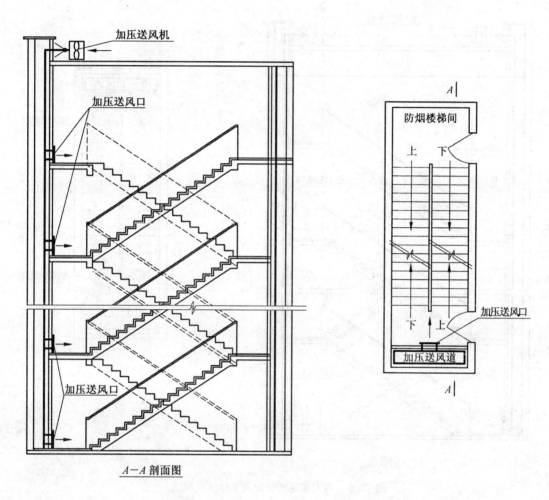

图 12.3　剪刀楼梯间合用一个加压送风道

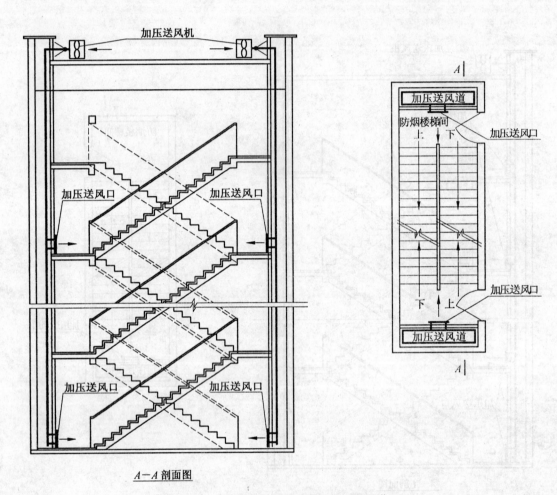

$A-A$ 剖面图

图 12.4 剪刀楼梯间分设两个加压送风道

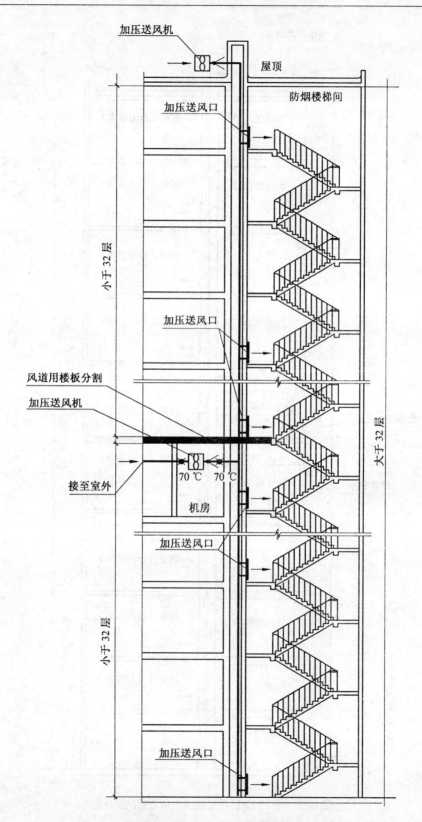

图 12.5 超过 32 层高层建筑防烟楼梯间的加压送风

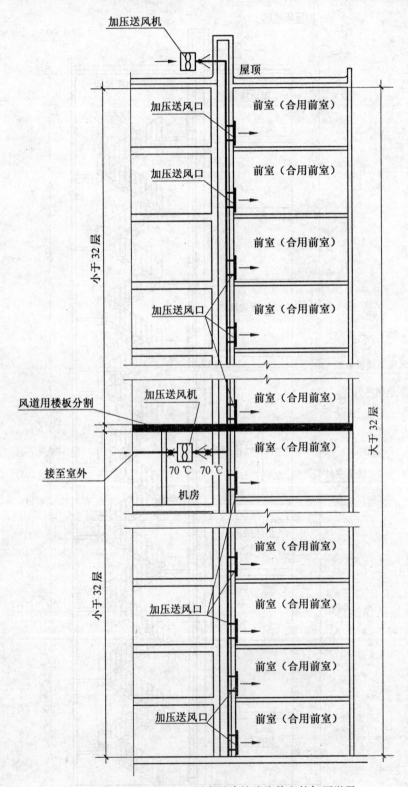

图 12.6 超过 32 层高层建筑消防前室的加压送风

12.1.3 机械加压送风防烟施工图识读实例

仍以附录5.1的某高层民用建筑综合楼通风排烟工程节选施工图为例,介绍加压送风防烟的识读。

大楼防烟楼梯间、前室(合用)分设独立的机械加压送风系统,并按规范要求确定系统加压风量。地上防烟楼梯间每隔两层设一个远控多叶送风口,维持正压值为40 Pa。地下一层设一个远控多叶送风口,地上楼层发生火灾时,打开地上楼层送风口并联动送风机,地下层发生火灾时,打开地下一层送风口并联动送风机。

前室每层设置加压风口一个,维持正压值为30 Pa,每三层风口组成一联动单元,并与系统自身风机联动,送风口可就地开启,也可由消控中心联动。加压风机均设在二十八层专用风机房内。

单元二 加压送风系统的设计与安装

设置机械加压送风防烟系统的目的是为了在建筑物发生火灾时,提供不受烟气干扰的疏散线路和避难场所。因此,加压部位必须使关闭的门对着火楼层保持一定的压力差,同时应保证在打开加压部位的门时,在门洞断面处有足够大的气流速度,能有效地阻止烟气的入侵,保证人员疏散与避难。

机械加压送风是利用送风机供给疏散通道中的防烟楼梯间及其前室、防烟楼梯间、消防电梯前室或合用前室这些空间以室外新鲜空气,满足以下三个条件:

(1)关门时维持这些空间一定的正压值,防烟楼梯间 $\geqslant$ 50 Pa,前室或合用前室 $\geqslant$ 25 Pa;

(2)开门时前室或合用前室与走道之间的在门洞处保持 $\geqslant$ 0.7 m/s 的风速,形成一种与烟气扩散方向相反的气流,阻止烟气向正压空间扩散入侵,以确保疏散通道的安全。

(3)疏散时推门力不大于10 kg。

12.2.1 机械加压送风防烟部位的确定

1.民用建筑的下列部位应设置独立的机械加压送风的防烟设施:

(1)不具备自然排烟条件的防烟楼梯间及其前室、消防电梯前室或合用前室,如图12.7所示。

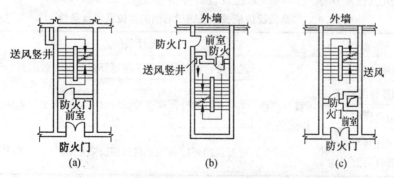

图12.7 不具备自然排烟条件的防烟楼梯间及其前室示意图

(2)采用自然排烟措施的防烟楼梯间,其不具备自然排烟条件的前室。

(3)高层建筑的封闭避难层(间)。

（4）带裙房的高层建筑防烟楼梯间及其前室、消防电梯前室和合用前室，当裙房以上部分能采用可开启外窗自然排烟措施时，其裙房以内部分如不具备自然排烟条件的前室或合用前室，应设置局部加压送风系统。

对防烟楼梯间及其前室、消防电梯前室和合用前室，由于各部位采用机械加压送风与可开启外窗自然排烟这两种方式的组合不同，需要根据不同的组合情况，确定设置机械加压送风系统设施的部位，见表12.2。

表12.2 机械加压送风部位

组合关系	防烟布置部位
不具备自然排烟条件的楼梯间与其前室	楼梯间
采用自然排烟的前室或合用前室与不具备自然排烟条件的楼梯间	楼梯间
采用自然排烟的楼梯间与不具备自然排烟条件的前室或合用前室	前室或合用前室
不具备自然排烟条件的楼梯间与合用前室	楼梯间、合用前室
不具备自然排烟条件的消防电梯间前室	消防电梯前室
封闭式避难层	避难层

高层建筑机械加压送风防烟的部位及设计条件参见表12.3。

表12.3 高层建筑机械加压送风防烟的部位及设计条件

序号	部位	设计条件	
1	防烟楼梯间	不具备自然排烟条件	高层建筑：（规范规定：建筑高度不超过50 m的一类建筑和建筑高度不超过100 m的居住建筑，建议不作为限定条件）	无可开启的外窗或每5层可开启外窗有效面积小于2.0 m²
2	防烟楼梯间前室		高层建筑：（规范规定：建筑高度不超过50 m的一类建筑和建筑高度不超过100 m的居住建筑，建议不作为限定条件）	无可开启的外窗或可开启外窗面积小于2.0 m²
3	消防电梯前室			
4	防烟楼梯间与消防电梯合用前室			无可开启的外窗或可开启外窗有效面积小于3.0 m²
5	避难层	全封闭式避难层		

非高层建筑机械加压送风防烟的部位及设计条件参见表12.4。

表12.4 非高层建筑机械加压送风防烟的部位及设计条件

序号	部位	设计条件	
1	防烟楼梯间	不具备自然排烟条件	无可开启的外窗或每5层可开启外窗有效面积小于2.0 m²
2	防烟楼梯间前室		无可开启的外窗或可开启外窗有效面积小于2.0 m²
3	消防电梯前室		
4	防烟楼梯间与消防电梯合用前室		可开启的外窗或可开启外窗有效面积小于3.0 m²

2. 人防工程需要设置独立的机械加压送风的防烟设施：
① 防烟楼梯间及其前室或合用前室；
② 避难走道的前室。

12.2.2 机械防烟系统方式选择

机械防烟是向防烟楼梯间及其前室、消防电梯前室和合用前室加压送风,造成房间与疏散走道之间一定的压力差,防止烟气入侵。防烟楼梯间及其前室,消防电梯前室及合用前室的加压送风系统的方案及压力控制见表12.2、表12.5。

表12.5 防烟楼梯间及消防电梯间加压送风方式

序号	加压送风系统方式	图 示
1	仅对防烟楼梯间加压送风(前室不送风)	
2	对防烟楼梯间及其前室分别加压	
3	对防烟楼梯间及消防电梯间的合用前室分别加压	
4	仅对消防电梯间前室加压	
5	防烟楼梯间具有自然排烟条件,仅对前室或合用前室加压	

12.2.3 加压送风防烟系统送风量的计算方法

1. 压差法

采用机械加压送风的防烟楼梯间及其前室;消防电梯间前室及合用前室的加压送风量按门关闭时保持一定正压值计算:

$$L_Y = 0.827 \Delta P^{\frac{1}{b}} f \times 3\,600 \times 1.25 \tag{12.1}$$

式中 L_Y——加压送风量,m^3/h;

ΔP——门窗两侧压差值,根据加压方式和部位取25~50 Pa;

1.25——不严密处附加系数;

b——指数,对于门缝及较大漏风面积取2,对窗缝取1.6;

0.827——漏风系数(常数);

f——门、窗缝隙的计算漏风面积,m^2。四种类型标准门的漏风面积见表12.6。

如防烟楼梯间有外窗仍采用加压送风时,其单位长度可开启窗缝的最大漏风量($\Delta P = 50$ Pa)根据窗户类型确定如下:单层木窗15.3 $m^3/(m \cdot h)$;双层木窗10.3 $m^3/(m \cdot h)$;单层钢窗10.9 $m^3/(m \cdot h)$;双层钢窗7.6 $m^3/(m \cdot h)$。

门缝宽度:疏散门为0.002~0.004 m,电梯门为0.005~0.006 m。

表12.6 四种类型标准门的漏风面积

门窗类型	高×宽/m	缝隙长/m	漏风面积/m²
开向正压间的单扇门	2×0.8	5.6	0.01
从正压间向外开启的单扇门	2×0.8	5.6	0.02
双扇门	2×1.6	9.2	0.03
单扇门	2×2.0	8	0.06

注：如设计的门与标准门尺寸不符时，漏风面积应按实际尺寸计算。

2.风速法（流速法）

采用机械加压送风的防烟楼梯间及其前室、消防电梯间前室及合用前室，当门开启时，相对保持门洞处一定的风速。

$$L_V = \frac{nFv(1+b)}{a} \times 3600 \quad (12.2)$$

式中 L_V——正压送风量，m³/h；
  F——每个门的开启面积，m²；
  v——开启门洞处的平均风速，取 0.7~1.2 m/s；
  a——备压系数，根据加压间密封程度取 0.6~1.0；
  b——漏风附加率，取 0.1~0.2；
  n——同时开启门的计算数量。当建筑物为20层以下时取2，当建筑物为20层及其以上时取3。

以上按压差法和风速法分别计算出的风量，取其中大值作为系统计算加压送风量。

3.泄压阀开启面积计算

单独的消防电梯前室加压送风系统，如按保持开启门洞处一定风速所需风量远大于保持正压所需风量时，可能造成消防电梯前室等加压空间超压，宜考虑设置泄压阀，其阀板开启面积按前室和走道静压差值不超过60 Pa计算。

$$F = \frac{L_V - L_Y}{3600 \times 6.41} \quad (12.3)$$

式中 F——阀板开启面积，m²；
  L_V——按风速法计算的正压送风量，m³/h；
  L_Y——按压差法计算的正压送风量，m³/h。

4.加压送风量控制标准

①高层建筑防烟楼梯间及其前室、合用前室和消防电梯间前室的机械加压送风量应由计算确定或按表12.7~12.11的规定确定。当计算值和本表不一致时，应按计算值与表值中的较大值确定。

表12.7 防烟楼梯间（前室不送风）的加压送风量

系统负担层数	<20层	20层~32层
加压送风量/(m³·h⁻¹)	25 000~30 000	35 000~40 000

表12.8　防烟楼梯间及其合用前室的分别加压送风量

系统负担层数	送风部位	加压送风量/(m³·h⁻¹)
<20层	防烟楼梯间	16 000 ~ 20 000
<20层	合用前室	12 000 ~ 16 000
20层~32层	防烟楼梯间	20 000 ~ 25 000
20层~32层	合用前室	18 000 ~ 22 000

②高层厂房和甲、乙、丙类多层厂房,建筑高度大于32 m且任一层人数超过10人的高层厂房,地下商店和设置歌舞娱乐放映游艺场所的地下建筑等的防烟楼梯间当不能天然采光和自然通风时机械加压送风量详见表12.11。

表12.9　消防电梯间前室的加压送风量

系统负担层数	<20层	20层~32层
加压送风量/(m³·h⁻¹)	15 000 ~ 20 000	22 000 ~ 27 000

③人民防空工程的防烟楼梯间的机械加压送风量不应小于25 000 m³/h。当防烟楼梯间与前室或合用前室分别送风时,防烟楼梯间的送风量不应小于16 000 m³/h,前室或合用前室的送风量不应小于12 000 m³/h。

表12.10　防烟楼梯间采用自然排烟,前室或合用前室不具备自然排烟件时的送风量

系统负担层数	<20层	20层~32层
加压送风量/(m³·h⁻¹)	22 000 ~ 27 000	28 000 ~ 32 000

表12.11　防烟楼梯间、前室或合用前室的最小机械加压送风量

条件和部位		加压送风量/(m³·h⁻¹)
前室不送风的防烟楼梯间		25 000
防烟楼梯间及其合用前室分别加压送风	防烟楼梯间	16 000
防烟楼梯间及其合用前室分别加压送风	合用前室	13 000
消防电梯间前室		15 000
防烟楼梯间采用自然排烟,前室或合用前室加压送风		22 000

注:表内风量数值为按开启宽×高 = 1.5 m×2.1 m 的双扇门为基础的计算值。当采用单扇门时,其风量宜按表列数值乘以0.75确定;当前室有2个或2个以上门时,其风量应按表列数值乘以1.50 ~ 1.75确定。开启门时,通过门的风速不应小于0.70 m/s。

12.2.4　机械加压送风防烟系统的基本要求

(1)机械加压送风风机可以采用轴流式风机或中、低压离心式风机,其安装位置根据供电条件、风量分配均衡、新风入口不受烟火威胁等因素确定。

(2)楼梯间宜每隔2 ~ 3层设一个加压送风口;前室的加压送风口应每层设一个。

(3)送风口不宜设置在被门挡住的部位,送风口的风速不宜大于7 m/s。

(4)送风管道应采用不燃烧材料制作,当采用金属风道时,管道风速不应大于20 m/s;当采用内表面光滑的混凝土等非金属材料风道时,不应大于15 m/s。

(5) 加压送风管应避免穿越有火灾可能的区域,当建筑条件限制时穿越有火灾可能区域的风管的耐火极限应不小于 1 h。

(6) 送风井道应采用耐火极限不小于 1 h 的隔墙与相邻部位分隔,当墙上必须设置检修门时,高层建筑应采用丙级防火门(《高层民用建筑设计防火规范》),单层及多层建筑应采用乙级防火门(《建筑设计防火规范》7.2.9)。

(7) 超过 32 层或建筑高度超过 100 m 的高层建筑,其送风系统和送风量应分段设计。

(8) 剪刀楼梯间可合用一个机械加压送风道,其风量应按两个楼梯间风量计算,送风口应分别设置。

(9) 剪刀楼梯间应分别设置前室。当塔式住宅由于设置一个前室困难时,剪刀楼梯间的两个楼梯应分别加压送风系统。

(10) 封闭避难层(间)的机械加压送风量应按避难层(间)净面积每平方米不少于 30 m^3/h 计算。

(11) 机械加压送风机的全压,除计算最不利环路管道压力损失外,尚应有余压。规范中规定的余压值应符合下列要求:

① 前室、合用前室、消防电梯前室、封闭避难层(间)为 25 ~ 30 Pa;
② 防烟楼梯间为 40 ~ 50 Pa。

(12) 当加压送风系统的余压超过规范规定的余压值较多时,宜设泄(限)压装置,可采用如下方法:

① 可设置带防火阀的泄压阀;
② 可通过在楼梯间或前室适宜位置的压力传感器,控制加压送风机出口的旁通阀,旁通多余压力。

12.2.5 机械加压送风系统的设计要点

(1) 对于《高规》表 8.3.2 - 1 ~ 4 下注释中,出入口个数的修正系数,其出入口个数如何确定的问题,对前室和合用前室按平面图可以确定,但对消防电梯门算不算出入口个数的问题,在工程设计中仍然是一个争论不休的问题,因为涉及加压送风量的修正系数是否要乘以 1.50 ~ 1.75 的问题。

出入口数,从词义上讲,是对人来说的,我们的目的是计算风量,显而易见,实质上是对气流而言的,火灾过程中防火门始终处于忽开忽关的状态,加压空间的空气从这些忽开忽关的门所形成的空气通道中流失,门是人员疏散时推开的,因此与人员出入口数挂上了钩,消防电梯的门,在扑救工作过程中,即使将电梯门较长时间地置于开启状态,也不可能在整个门洞上形成一个气流通道,只是存在缝隙的漏风而已,与关闭时没有太大的区别(二者的差别一般可以忽略),而缝隙的漏风量已在风量计算中计入。因此,消防电梯的门不应算作出入口数,而普通电梯的门更不应列入出入口数了,因为火灾发生时,规定普通电梯必须下降到底层停止使用。但对于防烟楼梯间则应从楼梯间整个空间来确定,因为这个大空间上、下都是相通的。

(2) 加压送风量的计算方法有两种,压差法中包括了不严密处附加的漏风系数25%,而流速法的公式中有的没有(如《高规》8.3.2 条条文说明的公式(6)),详细计算时分项计算比较准确。而流速法计算的风量一般都比压差法大,最终取值都是流速法。因此,应重视漏风量的计算,对前室和合用前室应注意关闭了的加压进风口的漏风量,其次是门窗缝隙的漏风量,特别是当风机压头采用过高时,漏风更严重。对于防烟楼梯间的漏风主要是门、窗缝隙。对于前室或合用前室主要是关闭了的送风口的缝隙漏风量。

(3) 关于加压风机压头的问题,应由计算确定,但计算也是比较复杂的,有一条是肯定的,当系统负担层数相同、竖井最大风速相同时,防烟楼梯间加压送风系统需要的压头一般比前室和合用前室加压送风系统的压头要小,因为前者是常开风口,各风口都是途泄流量,竖井越往下游风速越小。而前室和合用前室加压送风系统,当采用的是常闭型风口时,当下层着火时,上部风口都是关闭的,它的途泄流量只是每个关闭风口在其压差情况下的漏风量,区别是很大的,应予重视。

(4) 对塔式住宅剪刀楼梯合用一个出入口的三合一前室的组合方案,除对两座楼梯间加压送风外,并宜对三合一前室进行加压。

(5) 只负担地下一层的加压送风时的最小风量限值见表 12.12。

表 12.12 只负担地下一层的加压送风时的最小风量限值

序号	组合方案	加压部位	高层建筑《高规》8.3.2 条	非高层建筑《建规》9.3.2 条	地下人防《人防规》6.2.1 条
1	防烟楼梯间及其前室	防烟楼梯间	25 000	25 000	25 000
2	防烟楼梯间及其合用前室	防烟楼梯间	16 000	16 000	16 000
		合用前室	12 000	13 000	12 000
3	单独消防电梯前室	前室	15 000	15 000	—
4	采用自然排烟的防烟楼梯间及其无自然排烟条件的前室或合用前室	前室或合用前室	22 000	22 000	—

(6) 前室或合用前室加压送风口的开启方式,现行规范没有明确的规定,通常的做法有三种:

1) 采用常闭型加压送风口,火灾时开启着火层及其上、下相邻两层(共三层)。这时应根据系统负担层数按以下原则区别对待:

① 开启的风口数应与计算加压送风量时,采用的同时开启门的数量 n 相对应。

a. 当系统负担层数为 3~19 层时,火灾时,只开启着火层及其上部 1 层共两层风口($n=2$)。

b. 当系统负担层数为 20~32 层时,火灾时,开启着火层及其上、下相邻两层共三层风口($n=3$)。

② 系统负担层数很少时,应按工程实际情况确定,当系统负担层数为 1~2 层,火灾时,只开启着火层一层;当风口尺寸较大,设置困难时,可适当提高送风口速度。

2) 采用常闭型加压送风口,火灾时只开启着火层一层(上海市地方标准《民用建筑防排烟技术规程》7.2 条作了规定:"……因为火灾时,虽然三层同时疏散,但产生烟气只有一层。所以,只需开启火灾层本层风口,阻挡烟气。"),本方法的加压送风效果是好,但当风口尺寸较大时设置有困难;这时可加大出口风速,但不宜超过 10 m/s。

3) 采用自垂式或常开百叶风口,火灾时,所有各层风口全开;本方法的特点是系统简单,造价较低,但很难阻挡烟气入侵前室,效果较差。

(7) 负担层数较少的机械加压进风系统

宜在前室走道之间设置泄压设施,压力传感器应设置在容易造成超压的部位。

余压阀、折叶板的排气面积 $A(m^2)$,可按下式计算:

$$A = \frac{L}{0.827 \Delta P^{1/2} \times 3\,600} \tag{12.4}$$

式中　　L——泄压风量,m^3/h;

　　　　ΔP——允许压差,Pa,一般取 $\Delta P = 60$ Pa。

(8) 正压间关闭门缝隙漏风量的计算

每个关闭门的漏风量 L_m 按下式计算:

$$L_m = 0.827 \times A \times \Delta P^{1/2} \times 3\,600 \tag{12.5}$$

式中　　A——漏风(并联)面积,m^2;

　　　　ΔP——门两侧的压差,Pa。

几种不同漏风面积和不同压差的门,其漏风量的计算结果见表12.13。

表12.13　不同面积和不同压差下门的漏风量(m^3/h)

	门的规格/m	缝长/m	漏风面积 A/m^2	ΔP = 25 Pa	ΔP = 30 Pa	ΔP = 40 Pa	ΔP = 50 Pa
正压间向外开的门	2.0 × 1.6 双扇	9.2	0.368	548	600	693	775
	2.0 × 2.0 电梯门	10	0.06	893	978	1 130	1 263
	2.0 × 1.2 单扇	6.4	0.025 6	381	417	482	539
	2.0 × 1.0 单扇	6	0.024	357	391	452	505
	2.0 × 0.8 单扇	5.6	0.022 4	327	359	414	463
开向正压间的门	2.0 × 1.6 双扇	9.2	0.018 4	284	311	359	402
	2.0 × 1.2 单扇	6.4	0.012 8	191	209	241	269
	2.0 × 1.0 单扇	6	0.012	179	196	226	253
	2.0 × 0.8 单扇	5.6	0.011 2	167	183	211	239

(9) 关闭风口和阀门的漏风量

风口包括加压送风口,阀门包括排烟阀与防火阀,这些风口和阀门即使在关闭状态下漏风量都是不能忽视的。这里的风口和阀门都是指符合制作标准的风口和阀门,按制作标准的要求规定当两侧压差为250 Pa时,允许单位面积(指规格尺寸 $A \times B$ 的乘积 m^2)阀门或风口关闭的漏风量 $\leq 1\,000\ m^3/(m^2 \cdot h)$ 为合格。或者压差为1 000 Pa,允许值为2 000 $m^3/(m^2 \cdot h)$,据此推算出风口、阀门的漏风面积率为 $\psi = 0.021\,3\ m^2/m^2$,即单位面积的漏风面积,以此来表示合格产品的密闭性特征。

关闭的防火阀(排烟阀)和加压送风口的漏风量可按下式计算:

$$L_f = 0.827 \times \psi \times A \times \Delta P^{1/2} \times 3\,600 \tag{12.6}$$

式中　　A——防火阀门、加压送风口的规格尺寸面积,m^2;

　　　　ΔP——阀门两侧的压差,Pa。

在不同压差下关闭风口、阀门单位面积($A \times B = 1\ m^2$)的漏风量见表12.14。

表 12.14　不同压差下关闭风口、阀门单位面积的漏风量

ΔP/Pa	L_f/(m³·m⁻²·h⁻¹)	ΔP/Pa	L_f/(m³·m⁻²·h⁻¹)	ΔP/Pa	L_f/(m³·m⁻²·h⁻¹)
5	142	105	648	400	1 265
10	200	110	663	450	1 342
15	245	115	678	500	1 414
20	283	120	693	550	1 483
25	316	125	707	600	1 549
30	346	130	721	650	1 613
35	374	135	735	700	1 673
40	400	140	748	750	1 732
45	424	145	762	800	1 789
50	447	150	775	850	1 844
55	469	155	787	900	1 898
60	490	160	800	950	1 950
65	510	165	812	1 000	2 000
70	529	170	825	1 050	2 050
75	548	175	837	1 100	2 098
80	566	180	849	1 150	2 145
85	583	200	895	1 200	2 191
90	600	250	1 000	1 250	2 836
95	617	300	1 096	1 300	2 281
100	633	350	1 183	1 350	2 324

注：① 采用常开型风口或自垂百叶风口的系统，如防烟楼梯间不应计算阀门的漏风量。

② 前室、合用前室等采用常闭型风口的加压送风系统和垂直划分的排烟系统的常闭型排烟系统的风口，关闭状态下应考虑其漏风量。

(10) 加压送风量、漏风量叠加原则：

① 加压送风系统漏风量的计算方法分为两种，即系统附加系数法和缝隙法。系统附加系数法按漏风量占加压送风量的百分数附加(作为估算值，准确性较差)；缝隙法按部位或部件如门缝、窗缝、关闭阀门的缝隙面积与两侧压力差 ΔP 的关系式计算出漏风量 ΔL，与算得的基本加压送风量相加，漏风量不应重复计算。

② 加压送风系统只有同一时刻出现的风量才能叠加，例如：加压送风系统风量计算方法中的"压差法"是加压空间防火门关闭时保证一定的正压值所需的风量，"流速法"是开门时保证门洞处一定的风速的风量。二者不是同一时刻出现的，故不能叠加。

③ 两个相邻空间只要有压力差和缝隙存在，就有漏风存在，选择部件漏风量数据时，要注意确定压力差的大小和缝隙漏风面积的大小。

(11) 前室或合用前室加压送风系统风口的选择：

① 选择原则：前室或合用前室宜采用常闭型加压送风口，每层设一个。

② 开启方式应根据系统负担层数与计算风量时采用的同时开启的防火门个数一致。

非高层建筑和高层建筑(1～2层)时,只开启着火层一层。

高层建筑:<20层时,开启着火层及其相邻上部一层共2层;20～32层时,开启着火层及其相邻上、下层共3层。

③ 加压送风口按火灾时相应的同时开启的层数计算风口尺寸,每个风口面积 f 按下式计算:

$$f = \frac{L}{3\,600 \times n \times \eta \times 7} \tag{12.7}$$

式中　L——加压送风量,m^3/h;

　　　n——加压送风口同时开启的层数(或门数);

　　　7——风口风速,m/s,取为 7 m/s;

　　　η——风口有效面积率,一般取85%(计算中可取 $\eta = 100\%$,因风速7 m/s是从影响人的舒适性出发的限值,火灾时,可不考虑)。

12.2.6　消防电梯井的机械加压送风

《高规》8.3.1条条文说明提到:"考虑到防烟技术的发展和要求,在有技术条件和足够的技术资料的情况下,可采用消防电梯井加压送风防烟方式。"在消防电梯井设有加压送风防烟设施后,消防电梯前室或合用前室则不再设加压送风防烟设施。但合用前室计算电梯井加压送风量时,应按有前室考虑,电梯井布置如图12.8所示。

加压送风量 $L(m^3/h)$:

当有前室时:

$$L = F_4 \times 0.001\,4(A_s + a_4) \times 3\,600$$

当无前室时:

$$L = F_4 \times (0.002\,3d_4 + 0.001\,4a_4) \times 3\,600$$

式中　F_4——电梯井机械加压送风量系数,如图12.9所示;

　　　a_4——电梯井围护墙的面积,m^2;

　　　A_s——电梯井前室侧壁面积,m^2;

　　　d_4——开向电梯井的门的总数,当每扇门的周长(c)大于6 m时,应乘以 $c/6$ 的调整系数。

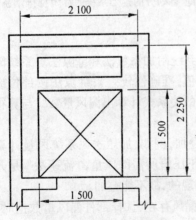

图12.8　电梯井布置

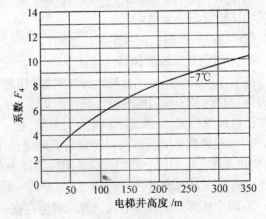

图12.9　电梯井机械加压送风量系数

注:双开门按两扇门处理,如门有密封装置时按1/2扇门计算

12.2.7　地上、地下共用楼梯间的加压送风系统设计

由于地上、地下共用楼梯间根据《高规》6.2.8条规定:在首层地下或半地下层的出入口处设置了耐火极限不低于2 h的隔墙和乙级防火门,因此防烟楼梯间的地上与地下被防火门隔成两个互不通气的空间,原防烟楼梯间地上地下共用的加压送风系统已不适用。比如,当地上火灾时,加压送风口全开,地下风口要分流一部分空气到地下,使地上的加压送风量减少。特别是地下层火灾时,风口全开,大部分空气分流到地上,地下层加压送风量很少,一般都满足不了规范要求的风量。

现以防烟楼梯间及其前室,只向防烟楼梯间加压送风系统为例,假设地上18层,地下1层,按《高规》8.3.2-1表要求原设计加压送风量为25 000 m³/h,采用自垂式百叶风口,地上加压送风口9个,地下1个,系统全开时:

分配到地上的风量为:

$$L_s = \left(25\ 000 \times \frac{9}{9+1}\right) \text{m}^3/\text{h} = 22\ 500\ \text{m}^3/\text{h}$$

分配到地下的风量为:

$$L_x = \left(25\ 000 \times \frac{1}{9+1}\right) \text{m}^3/\text{h} = 2\ 500\ \text{m}^3/\text{h}$$

根据《人防规》(GB 50098)第6.2.1条地下一层防烟楼梯间及其前室组合形式,只向防烟楼梯间加压送风时其最小风量为25 000 m³/h,而加压送风系统实际分配到地下的只有2 500 m³/h,只有需要风量的1/10,差得太远。因此必须采取措施,从本例分析,比较简单,因为地上为18层,火灾时,需要的加压送风量为25 000 m³/h,地下一层火灾时需要的加压送风量也为25 000 m³/h。在这种情况下,地上、地下可共用加压送风系统(共用风机和送风竖井),只需将原设计的自垂式百叶风口,改为常闭型加压送风口即可,地上地下加压送风口总面积 f 是一样的。$f = 25\ 000/(3\ 600 \times 7)\ \text{m}^2 = 0.992\ \text{m}^2 \approx 1\ \text{m}^2$。

地上9个风口每个规格为360 mm × 320 mm,地下一个风口规格为1 000 mm × 1 000 mm 或850 mm × 1 200 mm。

注:①因《高规》8.1.5.3条对送风口要求风速不宜大于7 m/s,而且风速7 m/s,从条文说明是从舒适条件考虑的,在风口位置比较紧张时可考虑风口面积的有效率为1.0;②合用前室或前室加压送风系统不管地上、地下是否共用楼梯间,加压送风系统设计不受影响,系统不变。

现将防烟楼梯间及其前室和防烟楼梯间及其合用前室两种组合方案,地上、地下需要的风量相接近或风量相差很远等,组成的多种方案,相应采取的措施汇总后列于表12.15(前室和合用前室加压送风系统不管地上、地下防烟楼梯间共用与否都不变)。

表 12.15 地下地上共用楼梯间的加压送风系统设计方案汇总表

序号	条件				措施			加压送风口形式
	地上地下风量大小	防烟系统负担层数	防烟系统组合方式	防烟楼梯间风量 /(m³·h⁻¹)	加压送风防烟系统设置和风口开启方式			
1	地上地下加压送风量相等或接近时	地上<20层	防烟楼梯间及其前室只向楼梯间加压送风	25 000～30 000	可合用风机和送风竖井方案		1. 地上层火灾时开启地上层所有风口; 2. 地下层火灾时开启地下层所有风口	为常闭型电控风口
		地下1～3层		25 000				
2		地上<20层	防烟楼梯间及其合用前室二者分别加压送风	16 000				
		地下1～3层		16 000				
3	地上地下加压送风量相差较大时	地上20～32层	防烟楼梯间及其前室,只向楼梯间加压	35 000～40 000	1. 合用竖井分设风机方案	1. 选用两台分别适合地上、地下风量的风机并联	1. 地上层火灾时开启与地上对应的风机和风口; 2. 地下层火灾时开启与地下层对应的风机和风口	
		地下1～3层		25 000	2. 合用竖井,合用变频或双速风机	2. 选用一台变频或双速风机	1. 地上或地下层发生火灾时,分别开启与之对应的风量挡位和风口	
4		地上20～32层	防烟楼梯间及其合用前室二者分别加压	20 000～25 000	1. 合用竖井分设风机方案	1.同上1	1.同上1、2	
		地下1～3层		16 000	2. 合用竖井合用风机方案	1. 选用一台双速风机或变频(变速)风机	1. 地上或地下层火灾时开启与之对应的风机转速和相应的风口	
						2. 按地上、地下二者中最大风量选择一台风机	1. 风机出口设旁通泄流阀; 2. 不设旁通泄流阀,而是打开地上预先设置的风口(或是地上部分加压风口)向地上层泄流	

12.2.8 加压送风系统的安装与维护管理

12.2.8.1 加压送风系统的安装

加压送风系统中各部件的安装方法,参见排烟系统安装部分的相关内容,在此不再赘述。

12.2.8.2 加压送风系统的维护管理

1. 系统使用前准备

(1) 机械防烟、排烟系统的使用管理单位应由经过专门培训的人员负责系统的管理操作和维护。

(2) 机械防烟、排烟系统正式启用时,应具有下列文件资料:系统竣工图、系统主要设备、材料的检验报告及其他技术资料;公安消防机构出具的有关法律文书;系统的操作规程及维护保养管理制度;系统操作人员名册及相应的工作职责。

(3) 机械防烟、排烟系统的使用单位应建立技术档案。

2. 系统设施、设备要求

(1) 机械防烟、排烟、通风空调系统所采用的机械加压送风机、送风口(阀)、防火阀、挡烟垂壁、机械排烟风机、排烟口(阀)、排烟防火阀、电动排烟窗、电动防火阀、风机控制柜等设备应是经国家消防产品质量监督检验部门检测合格的产品,有国家消防产品质量监督检验部门出具的检验报告及出厂合格证,其型号规格应符合设计要求;在设备的明显部位应设有耐久性名牌标识,其内容清晰,设置牢固。

(2) 机械加压送风系统、机械排烟系统的控制柜应有注明系统名称和编号的标志;仪表、指示灯显示应正常,开关及控制按钮应灵活可靠;应有手动、自动切换装置。

(3) 机械加压送风系统、机械排烟系统的风机应有注明系统名称和编号的标志;传动皮带的防护罩、新风入口的防护网应完好;启动运转平稳,叶轮旋转方向正确,无异常振动与声响。

(4) 送风阀、排烟阀、排烟防火阀、电动排烟窗应安装牢固;开启与复位操作应灵活可靠,关闭时应严密,反馈信号应正确。

(5) 机械加压送风系统应能自动和手动启动相应区域的送风阀、送风机,并向火灾报警控制器反馈信号;送风口的风速不宜大于 7 m/s;防烟楼梯间的余压值应为 40~50 Pa,前室、合用前室的余压值应为 25~30 Pa。

(6) 机械排烟系统应能自动和手动启动相应区域排烟阀、排烟风机,并向火灾报警控制器反馈信号。设有补风的系统,应在启动排烟风机的同时启动送风机;排烟口的风速不宜大于 10 m/s,排烟量应符合设计要求;当通风与排烟合用风机时,应能自动切换到高速运行状态。

(7) 电动排烟窗系统应具有直接启动或联动控制开启功能。

(8) 电动防火阀应完好无损,开启与复位应灵活可靠,关闭时应严密;应在相关火灾探测器动作后自动关闭并反馈信号。

3. 监控显示要求

消防控制室应能显示系统的手动、自动工作状态及系统内的防烟排烟风机、防火阀、排烟防火阀的动作状态。应能控制系统的启、停及系统内的防烟、排烟风机、防火阀、排烟防火阀、常闭送风口、排烟口、电控挡烟垂壁的开、关,并显示其反馈信号。应能停止相关部位正常通风的空调,并接收和显示通风系统内防火阀的反馈信号。

4. 系统运行

(1) 机械防烟、排烟系统应始终保持正常运行,不得随意断电或中断。

(2) 正常工作状态下,加压送风机、排烟风机、通风空调风机电控柜等受控设备应处于自动控制状态,严禁将受控的加压送风机、排烟风机、通风空调风机等电控柜设置在手动位置。

5. 系统的每日检查和巡查

系统的使用或管理维护单位,每日应对设置的机械防烟、排烟系统的相关设备进行逐个检查或巡查,并认真填写记录。

(1) 查看机械加压送风系统、机械排烟系统控制柜的标志、仪表、指示灯、开关和控制按钮;用按钮启停每台风机,查看仪表及指示灯显示。

(2) 查看机械加压送风系统、机械排烟系统风机的外观和标志牌;在控制室远程手动启、停风机,查看运行及信号反馈情况。

(3) 查看送风阀、排烟阀、排烟防火阀、电动排烟窗的外观;手动、电动开启,手动复位,动作和信号反馈情况。

6. 半年检查与系统功能试验

机械加压送风系统、机械排烟系统至少每半年应按下列操作步骤、方法检查和试验系统的下列功能,并按要求填写相应的记录。

(1) 现场启动送风机组。操作步骤、方法:手动操作送风机组控制柜的启、停按钮,观察送风机组动作情况及控制室消防控制设备信号显示情况。检查标准要求:在送风机组现场控制柜上手动操作送风机组的启、停按钮,送风机组启、停功能正常,并向控制室消防控制设备反馈其动作信号。

(2) 远程启动送风机。操作步骤、方法:在控制室消防控制设备上和手动直接控制装置上分别手动启动任一个防烟分区的送风机组,观察送风机组动作情况及消防控制设备启动的信号显示情况。检查标准要求:在消防控制室手动启动一个防烟分区的送风机组,送风机组启、停功能正常,并向消防控制设备反馈其动作信号。

(3) 自动启动送风机。操作步骤、方法:自动控制方式下,分别触发防烟分区内的两个相关的火灾探测器,查看相应送风阀、送风机的动作及消防控制设备信号反馈情况;采用微压计,在保护区域的顶层、中间层及最下层,测量防烟楼梯间、前室、合用前室的余压;全部复位,恢复到正常警戒状态。检查标准要求:当防烟分区的火灾探测器发出火灾报警信号后,该防烟分区的前室本层及上下相邻层送风口(阀)应能自动开启(常开风口、阀除外),同时启动与其联动的送风机,并向消防控制设备反馈其动作信号;所测试的余压值应符合要求。

(4) 手动复位送风口(阀)。操作步骤、方法:手动试验,观察送风口(阀)复位动作情况及消防控制设备信号显示情况。检查标准要求:现场手动操作常闭式送风口(阀)的手动复位装置,送风口(阀)应复位,并向消防控制设备反馈其动作信号。

(5) 现场启动排烟风机。操作步骤、方法:手动操作排烟风机控制柜上的启、停按钮,观察排烟风机动作情况及控制室消防控制设备信号显示情况。检查标准要求:在排烟风机现场控制柜上手动操作排烟风机的启、停按钮,排烟风机启、停功能正常,并向控制室消防控制设备反馈其动作信号。

(6) 远程启动排烟风机。操作步骤、方法:在控制室消防控制设备上和手动直接控制装置上分别手动启动防烟分区的排烟风机,观察排烟风机动作情况及消防控制设备启动的信号显示情况。检查标准要求:在消防控制室手动启动防烟分区的排烟风机,排烟风机启、停功能正常,并向消防控制设备反馈其动作信号。

(7) 自动启动排烟风机。操作步骤、方法:由被试防烟分区的火灾探测器发出火灾报警信号(给探测器加烟),观察排烟风机动作情况及消防控制设备信号显示情况;开启被试防烟分区的任一排烟口或排烟阀,观察与其联动的排烟风机动作情况和消防控制设备信号显示情况。可用报纸或纸张测试排烟机启动时,排烟口或排烟阀是否将其纸张吸附。检查标准要求:当防烟分区的火灾探测器发出火灾报警信号后,该防烟分区的排烟口(阀)应能自动开启,且启动与其联动的排烟风机,并向消防控制设备反馈其动作信号。当排烟口(阀)无自动开启功能时,排烟风机接到消防控制设备的联动指令后,应直接自动启动,并向消防控制设备反馈信号。防烟分区任一排烟口(阀)开启时,与其联动的排烟风机均能自动启动,并向消防控制设备反馈其动作信号。

(8) 手动复位排烟口(阀)。操作步骤、方法:手动试验,观察排烟口(阀)复位动作情况及消防控制设备信号显示情况。检查标准要求:现场手动操作排烟口(阀)的手动复位装置,排烟口(阀)应复位,并向消防控制设备反馈其动作信号。

(9) 活动式挡烟垂壁。操作步骤、方法:由被试防烟分区的火灾探测器发出火灾报警信号(给探测器加烟),观察该防烟分区的活动式挡烟垂壁动作情况及消防控制设备信号反馈情况。检查标准要求:当一个防烟分区发生火灾时,该防烟分区的挡烟垂壁接到消防控制设备的联动指令后,应能自动降落,并向消防控制室的消防控制设备反馈其动作信号。

(10) 系统联动控制功能。操作步骤、方法:自动控制方式下,分别触发两个相关的两个火灾探测器,查看相应排烟阀、排烟风机、送风机的动作和信号反馈情况。通风与排烟合用系统,同时查看风机运行状态的转换情况;全部复位,恢复到正常警戒状态。检查标准要求:当消防控制设备接到防烟分区发出的火灾(烟或温)报警信号后,立即向该防烟分区的防烟、排烟系统发出如下指令,并接收其动作反馈信号:停止空调机组运行;开启送风口(阀);启动送风机组;开启排烟口(阀);启动排烟风机。

复习思考题

1. 火灾烟气的危害是什么?
2. 防排烟设计依据是什么?
3. 防火分区和防烟分区的概念是什么?如何进行防火分区和防烟分区?
4. 建筑防烟、排烟方式是什么?各自的特点是什么?
5. 建筑防排烟的设计方法是什么?
6. 试述防火风管的安装方法。
7. 说明防烟、排烟风机的安装方法。
8. 阐述加压送风系统的维护管理的内容。

附　录

附录1　风管单位长度沿程损失线算图

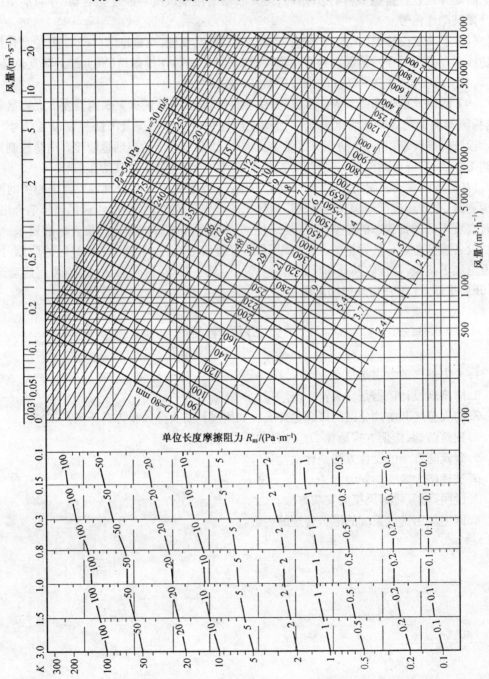

附录2　钢板圆形风管计算表

附表2.1　钢板圆形风管计算表

速度/(m·s^{-1})	动压/Pa	风管断面直径/mm									上行:风量/(m^3·h^{-1}) 下行:单位摩擦阻力/(Pa·m^{-1})
		100	120	140	160	180	200	220	250	280	
1.0	0.60	28	40	55	71	91	112	135	175	219	
		0.22	0.17	0.14	0.12	0.10	0.09	0.08	0.07	0.06	
1.5	1.35	42	60	82	107	136	168	202	262	329	
		0.45	0.36	0.29	0.25	0.21	0.19	0.17	0.14	0.12	
2.0	2.40	55	80	109	143	181	224	270	349	439	
		0.76	0.60	0.49	0.42	0.36	0.31	0.28	0.24	0.21	
2.5	3.75	69	100	137	179	226	280	337	437	548	
		1.13	0.90	0.74	0.62	0.54	0.47	0.42	0.36	0.31	
3.0	5.40	83	120	164	214	272	336	405	542	658	
		1.58	1.25	1.03	0.87	0.75	0.66	0.58	0.50	0.43	
3.5	7.35	97	140	191	250	317	392	472	611	768	
		210	1.66	1.37	1.15	0.99	0.87	0.78	0.66	0.57	
4.0	9.60	111	160	219	286	362	448	540	698	877	
		2.68	2.12	1.75	1.48	1.27	1.12	0.99	0.85	0.74	
4.5	12.15	125	180	246	322	408	504	607	786	987	
		3.33	2.64	2.17	1.84	1.58	1.39	1.24	1.05	0.92	
5.0	15.00	139	200	273	357	453	560	675	873	1 097	
		4.05	3.21	2.64	2.23	1.93	1.69	1.50	1.28	1.11	
5.5	18.15	152	220	300	393	498	616	742	960	1 206	
		4.84	3.84	3.16	2.67	2.30	2.02	1.80	1.53	1.33	
6.0	21.60	166	240	328	429	544	672	810	1 048	1 316	
		5.69	4.51	3.72	3.14	2.71	2.38	2.12	1.08	1.57	
6.5	25.35	180	260	355	465	589	728	877	1 135	1 425	
		6.61	5.25	4.32	3.65	3.15	2.76	2.46	2.10	1.82	
7.0	29.40	194	280	382	500	634	784	945	1 222	1 535	
		7.60	6.03	4.96	4.20	3.62	3.17	2.83	2.41	2.10	
7.5	33.75	208	300	410	536	679	840	1 012	1 310	1 645	
		8.66	6.87	5.65	4.78	4.12	3.62	3.22	2.75	2.39	
8.0	38.40	222	320	437	572	725	896	1 080	1 397	1 754	
		9.78	7.76	6.39	5.40	4.66	4.09	3.64	3.10	2.70	
8.5	43.35	236	340	464	608	770	952	1 147	1 484	1 864	
		10.96	8.70	7.16	6.06	5.23	4.58	4.08	3.48	3.03	

续附表2.1

速度 /(m·s⁻¹)	动压 /Pa	风管断面直径 /mm				上行:风量/(m³·h⁻¹) 下行:单位摩擦阻力/(Pa·m⁻¹)				
		100	120	140	160	180	200	220	250	280
9.0	48.60	249	360	492	643	815	1 008	1 215	1 571	1 974
		12.22	9.70	7.98	6.75	5.83	5.11	4.55	3.88	3.37
9.5	54.15	263	380	519	679	861	1 064	1 282	1 659	2 083
		13.54	10.74	8.85	7.48	6.46	5.66	5.04	4.30	3.74
10.0	60.00	277	400	546	715	906	1 120	1 350	1 746	2 193
		14.93	11.85	9.75	8.25	7.12	6.24	5.56	4.74	4.12
10.5	66.15	291	420	574	751	951	1 176	1 417	1 833	2 303
		16.38	13.00	10.70	9.05	7.81	6.85	6.10	5.21	4.53
11.0	72.60	305	440	601	786	997	1 232	1 485	1 921	2 412
		17.90	14.21	11.70	9.89	8.54	7.49	6.67	5.69	4.95
11.5	79.35	319	460	628	822	1 042	1 288	1 552	2 008	2 522
		19.49	15.47	12.84	10.77	9.30	8.15	7.26	6.20	5.39
12.0	86.40	333	480	656	858	1 087	1 344	1 620	2 095	2 632
		21.14	16.78	13.82	11.69	10.09	8.85	7.88	6.72	5.84
12.5	93.75	346	500	683	894	1 132	1 400	1 687	2 183	2 741
		22.86	18.14	14.94	12.64	10.91	9.57	8.52	7.27	6.32
13.0	101.40	360	521	710	929	1 178	1 456	1 755	2 270	2 851
		24.64	19.56	16.11	13.62	11.76	10.31	9.19	7.84	6.82
13.5	109.35	374	541	737	965	1 223	1 512	1 822	2 357	2 961
		26.49	21.03	17.32	14.65	12.64	11.09	9.88	8.43	7.33
14.0	117.60	388	561	765	1 001	1 268	1 568	1 890	2 444	3 070
		28.41	22.55	18.87	15.71	13.56	11.89	10.60	9.04	7.86
14.5	126.15	402	581	792	1 036	1 314	1 624	1 957	2 532	3 180
		30.39	24.13	19.87	16.81	14.51	12.72	11.34	9.67	8.41
15.0	135.00	416	601	819	1 072	1 359	1 680	2 025	2 619	3 290
		32.44	25.75	21.21	17.94	15.49	13.58	12.10	10.33	8.98
15.5	144.15	430	621	847	1 108	1 404	1 736	2 092	2 706	3 399
		34.56	27.43	22.59	19.11	16.50	14.47	12.89	11.00	9.56
16.0	153.60	443	641	874	1 144	1 450	1 792	2 160	2 794	3 509
		36.74	29.17	24.02	20.32	17.54	15.38	13.71	11.70	10.17

续附表 2.1

速度 /(m·s^{-1})	动压 /Pa	风管断面直径 /mm				上行:风量/(m^3·h^{-1}) 下行:单位摩擦阻力/(Pa·m^{-1})				
		320	360	400	450	500	560	630	700	800
1.0	0.60	287	363	449	569	703	880	1 115	1 378	1 801
		0.05	0.04	0.04	0.03	0.03	0.02	0.02	0.02	0.02
1.5	1.35	430	545	674	853	1 054	1 321	1 673	2 066	2 701
		0.10	0.09	0.08	0.07	0.06	0.05	0.04	0.04	0.03
2.0	2.40	574	727	898	1 137	1 405	1 761	2 230	2 755	3 601
		0.17	0.15	0.13	0.11	0.10	0.09	0.08	0.07	0.06
2.5	3.75	717	908	1 123	1 422	1 757	2 201	2 788	3 444	4 501
		0.26	0.23	0.20	0.17	0.15	0.13	0.11	0.10	0.08
3.0	5.40	860	1 090	1 347	1 706	2 108	2 641	3 345	4 133	5 402
		0.37	0.32	0.28	0.24	0.21	0.18	0.16	0.14	0.12
3.5	7.35	1 004	1 272	1 572	1 991	2 459	3 081	3 903	4821	6 302
		0.49	0.42	0.37	0.32	0.28	0.24	0.21	0.19	0.16
4.0	9.60	1 147	1 454	1 796	2 275	2 811	3 521	4 460	5 510	7 202
		0.62	0.54	0.47	0.41	0.36	0.31	0.27	0.24	0.20
4.5	12.15	1 291	1 635	2 021	2 559	3 162	3 962	5 018	6 199	8 102
		0.78	0.67	0.59	0.51	0.45	0.39	0.34	0.30	0.25
5.0	15.00	1 434	1 817	2 245	2 844	3 513	4 402	5 575	6 888	9 003
		0.94	0.82	0.72	0.62	0.55	0.48	0.41	0.36	0.31
5.5	18.15	1 578	1 999	2 470	3 128	3 864	4842	6 133	7 576	9 903
		1.13	0.98	0.86	0.74	0.65	0.57	0.49	0.43	0.37
6.0	21.60	1 721	2 180	2 694	3 412	4 216	5 282	6 691	8 265	10 803
		1.33	1.15	1.01	0.87	0.77	0.67	0.58	0.51	0.43
6.5	25.35	1 864	2 362	2919	3 697	4 567	5 722	7 248	8 954	11 703
		1.55	1.34	1.17	1.02	0.89	0.78	0.68	0.59	0.51
7.0	29.40	2 008	2 544	3 143	3 981	4 918	6 163	7 806	9 643	12 604
		1.78	1.54	1.35	1.17	1.03	0.90	0.78	0.68	0.58
7.5	33.75	2 151	2 725	3 368	4 266	5 270	6 603	8 363	10 332	13 504
		2.02	1.75	1.54	1.33	1.17	1.02	0.88	0.78	0.66
8.0	38.40	2 295	2 907	3 592	4 550	5 621	7 043	8 921	11 020	14 404
		2.29	1.98	1.74	1.51	1.32	1.15	1.00	0.88	0.75
8.5	43.35	2 438	3 089	3 817	4 834	5 972	7 483	9 478	11 709	15 304
		2.57	2.22	1.95	1.69	1.49	1.30	1.12	0.99	0.84

续附表 2.1

速度 /(m·s^{-1})	动压 /Pa	风管断面直径 /mm				上行:风量/(m³·h^{-1}) 下行:单位摩擦阻力/(Pa·m^{-1})				
		320	360	400	450	500	560	630	700	800
9.0	48.60	2 581	3 271	4 041	5 119	6 324	7 923	10 036	12 398	16 205
		2.86	2.48	2.18	1.88	1.66	1.44	1.25	1.10	0.94
9.5	54.15	2 725	3 452	4 266	5 403	6 675	8 363	10 593	13 087	17 105
		3.17	2.74	2.41	2.09	1.84	1.60	1.39	1.22	1.04
10.0	60.00	2 868	3 634	4 490	5 687	7 026	8 804	11 151	13 775	18 005
		3.50	3.03	2.66	2.30	2.02	1.77	1.53	1.35	1.15
10.5	66.15	3 012	3 816	4 715	5 972	7 378	9 244	11 709	14 464	18 906
		3.84	3.32	2.92	2.53	2.22	1.94	1.68	1.48	1.26
11.0	72.60	3 155	3 997	4 939	6 256	7 729	9 684	12 266	15 153	19 806
		4.20	3.63	3.19	2.76	2.43	2.12	1.84	1.62	1.38
11.5	79.35	3 298	4 179	5 164	6 541	8 080	10 124	12 824	15 842	20 706
		4.57	3.95	3.47	3.01	2.65	2.31	2.00	1.76	1.50
12.0	86.40	3 442	4 361	5 388	6 825	8 432	10 564	13 381	16 530	21 606
		4.96	4.29	3.77	3.26	2.87	2.50	2.17	1.91	1.62
12.5	93.75	3 585	4 542	5 613	7 109	8 783	11 005	13 939	17 219	22 507
		5.36	4.64	4.08	3.53	3.10	2.71	2.35	2.07	1.76
13.0	101.40	3 729	4 724	5 837	7 394	9 134	11 445	14 496	17 908	23 407
		5.78	5.00	4.40	3.81	3.35	2.92	2.53	2.23	1.90
13.5	109.35	3 872	4 906	6 062	7 678	9 485	11 885	15 054	18 597	24 307
		6.22	5.38	4.73	4.09	3.60	3.14	2.72	2.39	2.04
14.0	117.60	4 016	5 087	6 286	7 962	9 837	12 325	15 611	19 286	25 207
		6.67	5.77	5.07	4.39	3.86	3.37	2.92	2.57	2.19
14.5	126.15	4 159	5 269	6 511	8 247	10 188	12 765	16 169	19 974	26 108
		7.13	6.17	5.42	4.70	4.13	3.60	3.12	2.75	2.34
15.0	135.00	4 302	5 451	6 735	8 531	10 539	13 205	16 726	20 663	27 008
		7.61	6.59	5.79	5.01	4.41	3.85	3.33	2.93	2.50
15.5	144.15	4 446	5 633	6 960	8 816	10 891	13 646	17 284	21 352	27 908
		8.11	7.02	6.17	5.34	4.70	4.10	3.55	2.13	2.66
16.0	153.60	4 589	5 814	7 184	9 100	11 242	14 086	17 842	22 041	28 808
		8.62	7.46	6.56	5.68	5.00	4.36	3.78	2.32	2.83

续附表 2.1

速度 /(m·s⁻¹)	动压 /Pa	风管断面直径 /mm 上行:风量/(m³·h⁻¹) 下行:单位摩擦阻力/(Pa·m⁻¹)							
		900	1 000	1 120	1 250	1 400	1 600	1 800	2 000
1.0	0.60	2 280	2 816	3 528	4 397	5 518	7 211	9 130	11 276
		0.01	0.01	0.01	0.01	0.01	0.01	0.01	0.01
1.5	1.35	3 420	4 224	5 292	6 595	8 277	10 817	13 696	16 914
		0.03	0.03	0.02	0.02	0.02	0.01	0.01	0.01
2.0	2.40	4 560	5 632	7 056	8 793	11 036	14 422	18 261	22 552
		0.05	0.04	0.04	0.03	0.03	0.02	0.02	0.02
2.5	3.75	5 700	7 040	8 819	10 992	13 795	18 028	22 826	28 190
		0.07	0.06	0.06	0.05	0.04	0.04	0.03	0.03
3.0	5.40	6 840	8 448	10 583	13 190	16 554	21 633	27 391	33 828
		0.10	0.09	0.08	0.07	0.06	0.05	0.04	0.04
3.5	7.35	7 980	9 865	12 347	15 388	19 313	25 239	31 956	39 465
		0.14	0.12	0.11	0.09	0.08	0.07	0.06	0.05
4.0	9.60	9 120	11 265	14 111	17 587	22 072	28 845	36 522	45 103
		0.18	0.15	0.14	0.12	0.10	0.09	0.08	0.07
4.5	12.15	10 260	12 673	15 875	19 785	24 831	32 450	41 087	50 741
		0.22	0.19	0.17	0.15	0.13	0.11	0.10	0.08
5.0	15.00	11 400	14 081	17 639	21 983	27 590	36 056	45 652	56 379
		0.27	0.24	0.21	0.18	0.16	0.13	0.12	0.10
5.5	18.15	12 540	15 489	19 403	24 182	30 349	39 661	50 217	62 017
		0.32	0.28	0.25	0.22	0.19	0.16	0.14	0.12
6.0	21.60	13 680	16 897	21 167	26 380	33 108	43 267	54 782	67 655
		0.38	0.33	0.29	0.25	0.22	0.19	0.16	0.14
6.5	25.35	14 820	18 305	22 930	28 579	35 867	46 872	59 348	73 293
		0.44	0.39	0.34	0.30	0.26	0.22	0.19	0.17
7.0	29.40	15 960	19 713	24 694	30 777	38 626	50 478	63 913	78 931
		0.50	0.44	0.39	0.34	0.30	0.25	0.22	0.19
7.5	33.75	17 100	21 121	26 458	32 975	41 385	54 083	68 478	84 569
		0.57	0.51	0.44	0.39	0.34	0.29	0.25	0.22
8.0	38.40	18 240	22 529	28 222	35 174	44 144	57 689	73 043	90 207
		0.65	0.57	0.50	0.44	0.38	0.33	0.28	0.25
8.5	43.35	19 381	23 937	29 986	37 372	46 903	61 295	77 608	95 845
		0.73	0.64	0.56	0.49	0.43	0.37	0.32	0.28

续附表 2.1

速度 /(m·s^{-1})	动压 /Pa	风管断面直径 /mm				上行:风量/(m^3·h^{-1}) 下行:单位摩擦阻力/(Pa·m^{-1})			
		900	1 000	1 120	1 250	1 400	1 600	1 800	2 000
9.0	48.60	20 521	25 345	31 750	39 570	49 663	64 900	82 174	101 483
		0.81	0.72	0.63	0.55	0.48	0.41	0.35	0.31
9.5	54.15	21 661	26 753	33 514	41 769	52 422	68 506	86 739	107 121
		0.90	0.79	0.69	0.61	0.53	0.45	0.39	0.35
10.0	60.00	22 801	28 161	35 278	43 967	55 181	72 111	91 304	112 759
		0.99	0.88	0.76	0.67	0.59	0.50	0.43	0.38
10.5	66.15	23 941	29 569	37 042	40 165	57 940	75 717	95 869	118 396
		1.09	0.96	0.84	0.74	0.64	0.55	0.48	0.42
11.0	72.60	25 081	30 978	38 805	48 364	60 699	79 322	100 434	124 034
		1.19	1.05	0.92	0.80	0.70	0.60	0.52	0.46
11.5	79.35	26 221	32 386	40 569	50 562	63 458	82 928	105 000	129 672
		1.30	1.14	1.00	0.88	0.77	0.65	0.57	0.50
12.0	86.40	27 361	33 794	42 333	52 760	66 217	86 534	109 565	135 310
		1.41	1.24	1.08	0.95	0.83	0.71	0.62	0.54
12.5	93.75	28 501	35 202	44 097	54 959	68 976	90 139	114 130	140 948
		1.52	1.34	1.17	1.03	0.90	0.77	0.67	0.59
13.0	101.40	29 641	36 610	45 861	57 157	71 735	93 745	118 695	146 586
		1.64	1.45	1.27	1.11	0.97	0.83	0.72	0.63
13.5	109.35	30 781	38 018	47 625	59 355	74 494	97 350	123 260	152 224
		1.77	1.56	1.36	1.19	1.04	0.89	0.77	0.68
14.0	117.60	31 921	39 426	49 389	61 554	77 253	100 956	127 826	157 862
		1.90	1.67	1.46	1.28	1.12	0.95	0.83	0.73
14.5	126.15	33 061	40 834	51 153	63 752	80 012	104 561	132 391	163 500
		2.03	1.79	1.56	1.37	1.20	1.02	0.89	0.78
15.0	135.00	34 201	42 242	52 916	65 950	82 771	108 167	136 956	169 138
		2.17	1.19	1.67	1.46	1.28	1.09	0.95	0.83
15.5	144.15	35 341	43 650	54 680	68 149	85 530	111 773	141 521	174 776
		2.31	2.03	1.78	1.56	1.36	1.16	1.01	0.89
16.0	153.60	36 481	15 058	56 444	70 347	88 289	115 378	146 086	180 414
		2.45	2.16	1.89	1.66	1.45	1.23	1.07	0.95

附录3 钢板矩形风管计算表

附表3.1 钢板矩形风管计算表

速度 /(m·s⁻¹)	动压 /Pa	风管断面宽×高 /mm				上行:风量/(m³·h⁻¹) 下行:单位摩擦阻力/(Pa·m⁻¹)				
		120	160	200	160	250	200	250	200	250
		120	120	120	160	120	160	160	200	200
1.0	0.60	50	67	84	90	105	113	140	141	176
		0.18	0.15	0.13	0.12	0.12	0.11	0.09	0.09	0.08
1.5	1.35	75	101	126	135	157	169	210	212	264
		0.36	0.30	0.27	0.25	0.25	0.22	0.19	0.19	0.16
2.0	2.40	100	134	168	180	209	225	281	282	352
		0.61	0.51	0.46	0.42	0.41	0.37	0.33	0.32	0.28
2.5	3.75	125	168	210	225	262	282	351	353	440
		0.91	0.77	0.68	0.63	0.62	0.55	0.49	0.47	0.42
3.0	5.40	150	201	252	270	314	338	421	423	528
		1.27	1.07	0.95	0.88	0.87	0.77	0.68	0.66	0.58
3.5	7.35	175	235	294	315	366	394	491	494	616
		1.68	1.42	1.26	1.16	1.15	1.02	0.91	0.88	0.77
4.0	9.60	201	268	336	359	419	450	561	565	704
		2.15	1.81	1.62	1.49	1.47	1.30	1.16	1.12	0.99
4.5	12.15	226	302	378	404	471	507	631	635	792
		2.67	2.25	2.01	1.85	1.83	1.62	1.45	1.40	1.23
5.0	15.00	251	336	421	449	523	563	702	706	880
		3.25	2.74	2.45	2.25	2.23	1.97	1.76	1.70	1.49
5.5	18.15	276	369	463	494	576	619	772	776	968
		3.88	3.27	2.92	2.69	2.66	2.36	2.10	2.03	1.79
6.0	21.60	301	403	505	539	628	676	842	847	1 056
		4.56	3.85	3.44	3.17	3.13	2.77	2.48	2.39	2.10
6.5	25.35	326	436	547	584	681	732	912	917	1 144
		5.30	4.47	4.00	3.68	3.64	3.22	2.88	2.78	2.44
7.0	29.40	351	470	589	629	733	788	982	988	1 232
		6.09	5.14	4.59	4.23	4.18	3.70	3.31	3.19	2.81
7.5	33.75	376	503	631	674	785	845	1 052	1 059	1 320
		6.94	5.86	5.23	4.82	4.77	4.22	3.77	3.64	3.20
8.0	38.40	401	537	673	719	838	901	1 123	1 129	1 408
		7.84	6.62	5.91	5.44	5.39	4.77	4.26	4.11	3.61
8.5	43.35	426	571	715	764	890	957	1 193	1 200	1 496
		8.79	7.42	6.63	6.10	6.04	5.35	4.78	4.61	4.06

续附表 3.1

速度 /(m·s^{-1})	动压 /Pa	风管断面宽×高 /mm								
		120	160	200	160	250	200	250	200	250
		120	120	120	160	120	160	160	200	200
9.0	48.60	451	604	757	809	942	1 014	1 263	1 270	1 584
		9.80	8.27	7.39	6.80	6.73	5.96	5.32	5.14	4.52
9.5	54.15	476	638	799	854	995	1 070	1 333	1 341	1 672
		10.86	9.17	8.19	7.54	7.46	6.61	5.90	5.70	5.01
10.0	60.00	501	671	841	899	1 047	1 126	1 403	1 411	1 760
		11.97	10.11	9.03	8.31	8.23	7.28	6.51	6.28	5.52
10.5	66.15	526	705	883	944	1 099	1 183	1 473	1 482	1 848
		13.14	11.09	9.91	9.12	9.03	7.99	7.14	6.89	6.06
11.0	72.60	551	738	925	989	1 152	1 239	1 544	1 552	1 936
		14.36	12.12	10.83	9.97	9.87	8.74	7.80	7.54	6.63
11.5	79.35	576	772	967	1 034	1 204	1 295	1 614	1 623	2 024
		15.63	13.20	11.79	10.86	10.74	9.51	8.50	8.20	7.21
12.0	86.40	602	805	1 009	1 078	1 256	1 351	1 684	1 694	2 112
		16.96	14.32	12.79	11.78	11.65	10.32	9.22	8.90	7.83
12.5	93.75	627	839	1 051	1 123	1 309	1 408	1 754	1 764	2 200
		18.34	15.48	13.83	12.74	12.60	11.16	9.97	9.63	8.46
13.0	101.40	625	873	1 093	1 168	1 361	1 464	1 824	1 835	2 288
		19.77	16.69	14.91	13.73	13.59	12.03	10.75	10.38	9.13
13.5	109.35	677	906	1 135	1 213	1 413	1 520	1 894	1 905	2 376
		21.25	17.94	16.03	14.76	14.61	12.93	11.55	11.16	9.81
14.0	117.60	702	940	1 178	1 258	1 466	1 577	1 965	1 976	2 464
		22.79	19.24	17.19	15.83	15.67	13.87	12.39	11.97	10.52
14.5	126.15	727	973	1 220	1 303	1 518	1 633	2 035	2 046	2 552
		24.38	20 59	18.39	16.94	16.76	14.84	13.26	12.80	11.26
15.0	135.00	752	1 007	1 262	1 348	1 570	1 689	2 105	2 117	2 640
		26.03	21.98	19.64	18.08	17.89	15.84	14.15	13.67	12.02
15.5	144.15	777	1 040	1 304	1 393	1 623	1 746	2 175	2 188	2 728
		27.73	23.41	20.92	19.26	19.06	16.88	15.08	14.56	12.80
16.0	153.60	802	1 074	1 346	1 438	1 675	1 802	2 245	2 258	2 816
		29.48	24.89	22.24	20.48	20.26	17.94	16.03	15.48	13.61

续附表 3.1

速度 /(m·s⁻¹)	动压 /Pa	风管断面宽×高 /mm								上行:风量/(m³·h⁻¹) 下行:单位摩擦阻力/(Pa·m⁻¹)
		320	250	320	400	320	500	400	320	500
		160	250	200	200	250	200	250	320	250
1.0	0.60	180	221	226	283	283	354	354	363	443
		0.08	0.07	0.07	0.06	0.06	0.06	0.05	0.05	0.05
1.5	1.35	270	331	339	424	424	531	531	544	665
		0.17	0.14	0.14	0.13	0.12	0.12	0.11	0.10	0.10
2.0	2.40	360	441	451	565	566	707	708	726	887
		0.29	0.24	0.24	0.22	0.21	0.20	0.18	0.18	0.17
2.5	3.75	450	551	564	707	707	884	885	907	1 108
		0.44	0.36	0.37	0.33	0.31	0.30	0.28	0.26	0.25
3.0	5.40	540	662	677	848	849	1 061	1 063	1 089	1 330
		0.61	0.50	0.51	0.46	0.43	0.42	0.39	0.37	0.35
3.5	7.35	630	772	790	989	990	1 238	1 240	1 270	1 551
		0.81	0.66	0.68	0.61	0.58	0.56	0.51	0.49	0.46
4.0	9.60	720	882	903	1 130	1 132	1 415	1 417	1 452	1 773
		1.04	0.85	0.87	0.79	0.74	0.72	0.66	0.63	0.60
4.5	12.15	810	992	1 016	1 272	1 273	1 592	1 594	1 633	1 995
		1.29	1.06	1.08	0.98	0.92	0.90	0.82	0.78	0.74
5.0	15.00	900	1 103	1 129	1 413	1 414	1 769	1 771	1 815	2 216
		1.57	1.29	1.32	1.19	1.12	1.09	1.00	0.95	0.90
5.5	18.15	990	1 213	1 242	1 554	1 556	1 945	1 948	1 996	2 438
		1.88	1.54	1.57	1.42	1.33	1.31	1.19	1.13	1.08
6.0	21.60	1 080	1 323	1 354	1 696	1 697	2 122	2 125	2 177	2 660
		2.22	1.81	1.85	1.68	1.57	1.54	1.40	1.33	1.27
6.5	25.35	1 170	1 433	1 467	1 837	1 839	2 299	2 302	2 359	2 881
		2.57	2.11	2.15	1.95	1.83	1.79	1.63	1.55	1.48
7.0	29.40	1 260	1 544	1 580	1 978	1 980	2 476	2 479	2 540	3 103
		2.96	2.42	2.47	2.24	2.10	2.06	1.87	1.78	1.70
7.5	33.75	1 350	1 654	1 693	2 120	2 122	2 653	2 656	2 722	3 325
		3.37	2.76	2.82	2.55	2.39	2.34	2.13	2.03	1.93
8.0	38.40	1 440	1 764	1 806	2 261	2 263	2 830	2 833	2 903	3 546
		3.81	3.12	3.18	2.88	2.70	2.65	2.41	2.30	2.19
8.5	43.35	1 530	1 874	1 919	2 420	2 405	3 007	3 010	3 085	3 768
		4.27	3.50	3.57	3.23	3.03	2.97	2.71	2.58	2.45

续附表 3.1

速度 /(m·s⁻¹)	动压 /Pa	风管断面宽×高 /mm				上行:风量/(m³·h⁻¹) 下行:单位摩擦阻力/(Pa·m⁻¹)				
		320	250	320	400	320	500	400	320	500
		160	250	200	200	250	200	250	320	250
9.0	48.60	1 620	1 985	2 032	2 544	2 546	3 184	3 188	3 266	3 989
		4.76	3.90	3.98	3.61	3.38	3.31	3.02	2.87	2.73
9.5	54.15	1 710	2 095	2 145	2 585	2 687	3 360	3 365	3 480	4 211
		5.28	4.32	4.41	4.00	3.75	3.67	3.34	3.18	3.03
10.0	60.00	1 800	2 205	2 257	2 826	2 829	3 537	3 542	3 629	4 433
		5.82	4.77	4.86	4.41	4.13	4.05	3.69	3.51	3.34
10.5	66.15	1 890	2 315	2 370	2 968	2 970	3 714	3 719	3 810	4 654
		6.39	5.23	5.34	4.84	4.53	4.44	4.05	3.85	3.67
11.0	72.60	1 980	2 426	2 483	3 109	3 112	3 891	3 986	3 992	4 876
		6.98	5.72	5.84	5.29	4.95	4.86	4.42	4.21	4.01
11.5	79.35	2 070	2 536	2 596	3 250	3 253	4 068	4 073	4 173	5 098
		7.60	6.23	6.35	5.76	5.39	5.29	4.82	4.59	4.37
12.0	86.40	2 160	2 646	2 709	3 391	3 395	4 254	4 250	4 355	5 319
		8.25	6.76	6.89	6.24	5.85	5.74	5.23	4.98	4.47
12.5	93.75	2 250	2 757	2 822	3 533	3 536	4 422	4 427	4 536	5 541
		8.92	7.31	7.46	6.75	6.33	6.20	5.65	5.38	5.12
13.0	101.40	2 340	2 867	2 935	3 674	3 678	4 598	4 604	4 718	5 763
		9.62	7.88	8.04	7.28	6.83	6.69	6.09	5.80	5.52
13.5	109.35	2 430	2 977	3 048	3 815	3 819	4 775	4 781	4 899	5 984
		10.34	8.47	8.64	7.83	7.34	7.19	6.55	6.24	5.94
14.0	117.60	2 520	3 087	3 160	3 957	3 960	4 952	4 958	5 081	6 260
		11.19	0.90	9.27	8.40	7.87	7.71	7.03	6.69	6.37
14.5	126.15	2 610	3 198	3 273	4 098	4 102	5 129	5 136	5 262	6 427
		11.87	9.72	9.92	8.98	8.42	8.25	7.52	7.16	6.82
15.0	135.00	2 700	3 308	3 386	4 239	4 243	5 306	5 313	5 444	6 649
		12.67	10.38	10.59	9.59	8.99	8.81	8.03	7.64	7.28
15.5	144.15	2 790	3 418	3 499	4 831	4 385	5 483	5 490	5 625	6 871
		13.49	11.06	11.28	10.22	9.58	9.39	8.55	8.14	7.75
16.0	153.60	2 880	3 528	3 612	4 522	4 526	5 660	5 667	5 806	7 092
		14.35	11.75	11.99	10.86	10.18	9.98	9.09	8.66	8.24

续附表 3.1

速度 /(m·s⁻¹)	动压 /Pa	风管断面宽×高 /mm				上行:风量/(m³·h⁻¹) 下行:单位摩擦阻力/(Pa·m⁻¹)				
		400	630	500	400	500	630	500	630	800
		320	250	320	400	400	320	500	400	320
1.0	0.60	454	558	569	569	712	716	891	896	910
		0.04	0.04	0.04	0.04	0.03	0.04	0.03	0.03	0.03
1.5	1.35	682	836	853	853	1 068	1 073	1 337	1 344	1 364
		0.09	0.09	0.08	0.08	0.07	0.07	0.06	0.06	0.07
2.0	2.40	909	1 115	1 137	1 138	1 424	1 431	1 782	1 792	1 819
		0.15	0.15	0.14	0.13	0.12	0.12	0.10	0.10	0.11
2.5	3.75	1 136	1 394	1 422	1 422	1 780	1 789	2 228	2 240	2 274
		0.23	0.23	0.21	0.20	0.17	0.19	0.15	0.16	0.17
3.0	5.40	1 363	1 673	1 706	1 706	2 136	2 147	2 673	2 688	2 729
		0.32	0.32	0.29	0.28	0.24	0.26	0.21	0.22	0.24
3.5	7.35	1 590	1 951	1 990	1 991	2 492	2 504	3 119	3 136	3 183
		0.43	0.43	0.38	0.37	0.33	0.35	0.28	0.29	0.32
4.0	9.60	1 817	2 230	2 275	2 275	2 848	2 862	3 564	3 584	3 638
		0.55	0.55	0.49	0.47	0.42	0.44	0.36	0.37	0.40
4.5	12.15	2 045	2 509	2 559	2 560	3 204	3 220	4 010	4 032	4 093
		0.68	0.68	0.61	0.59	0.52	0.55	0.45	0.46	0.50
5.0	15.00	2 272	2 788	2 843	2 844	3 560	3 578	4 455	4 481	4 548
		0.83	0.83	0.74	0.72	0.63	0.67	0.55	0.56	0.61
5.5	18.15	2 499	3 066	3 128	3 129	3 916	3 935	4 901	4 929	5 002
		0.99	0.99	0.89	0.86	0.76	0.80	0.65	0.67	0.73
6.0	21.60	2 726	3 345	3 412	3 413	4 272	4 293	5 346	5 377	5 457
		1.17	1.17	1.04	1.01	0.89	0.94	0.77	0.79	0.86
6.5	25.35	2 935	3 624	3 696	3 697	4 627	4 651	5 792	5 825	5 912
		1.36	1.36	1.21	1.18	1.03	1.10	0.90	0.92	1.00
7.0	29.40	3 180	3 903	3 980	3 982	4 983	5 009	6 237	6 273	6 367
		4.57	1.56	1.40	1.35	1.19	1.26	1.03	1.06	1.15
7.5	33.75	3 408	4 148	4 265	4 266	5 339	5 366	6 683	6 721	6 822
		1.78	1.78	1.59	1.54	1.36	1.44	1.17	1.21	1.31
8.0	38.40	3 635	4 460	4 549	4 551	5 695	5 724	7 158	7 169	7 276
		2.02	2.01	1.80	1.74	1.53	1.63	1.33	1.36	1.48
8.5	43.35	3 862	4 739	4 833	4 835	6 051	6 082	7 574	7 617	7 731
		2.26	2.25	2.02	1.96	1.72	1.82	1.49	1.53	1.67

续附表 3.1

速度 /(m·s^{-1})	动压 /Pa	风管断面宽×高 /mm				上行:风量/(m^3·h^{-1}) 下行:单位摩擦阻力/(Pa·m^{-1})				
		400 320	630 250	500 320	400 400	500 400	630 320	500 500	630 400	800 320
9.0	48.60	4 089	5 018	5 118	5 119	6 407	6 440	8 019	8 065	8 186
		2.52	2.51	2.25	2.18	1.92	2.03	1.66	1.71	1.86
9.5	54.15	4 316	5 297	5 402	5 404	6 763	6 798	8 465	8 513	8 641
		2.80	2.78	2.90	2.42	2.13	2.25	1.84	1.89	2.06
10.0	60.00	4 543	5 575	5 686	5 688	7 119	7 155	8 910	8 961	9 095
		3.08	3.07	2.75	267	2.34	2.49	2.03	2.09	2.27
10.5	66.15	4 771	5 854	5 971	5 973	7 475	7 513	9 356	9 409	9 550
		3.38	3.37	3.02	2.93	2.57	2.73	2.23	2.39	2.49
11.0	72.60	4 998	6 133	6 255	6 257	7 831	7 871	9 801	9 857	10 005
		3.70	3.68	3.30	3.20	2.81	2.98	2.44	2.50	2.72
11.5	79.35	5 225	6 412	6 539	6 541	8 187	8 229	10 247	10 305	10 460
		4.03	4.01	3.59	3.48	3.06	3.25	2.65	2.73	2.97
12.0	86.40	5 432	6 690	6 824	6 826	8 543	8 586	10 692	10 753	10 914
		4.37	4.35	3.90	3.78	3.32	3.52	2.88	2.96	3.22
12.5	93.75	5 679	6 969	7 108	7 110	8 899	8 944	11 138	11 201	11 369
		4.73	4.70	4.22	4.09	3.59	3.81	3.11	3.20	3.48
13.0	101.40	5 906	7 248	7 392	7 395	9 255	9 302	11 583	11 649	11 824
		5.10	5.07	4.55	4.41	3.88	4.11	3.36	3.45	3.75
13.5	109.35	6 134	7 527	7 677	7 679	9 611	9 660	12 029	12 097	12 279
		5.48	5.45	4.89	4.74	4.17	4.42	3.61	3.71	4.04
14.0	117.60	6 361	7 805	7 961	7 694	7 967	10 017	12 474	12 546	12 734
		5.88	5.85	5.24	5.08	4.47	4.74	3.87	3.98	4.33
14.5	126.15	6 588	8 084	8 245	8 248	10 323	10 375	12 920	12 994	13 188
		6.29	6.26	5.61	5.44	4.78	5.07	4.14	4.26	4.63
15.0	135.00	6 815	8 363	8 530	8 532	10 679	10 733	13 365	13 442	13 643
		6.71	6.68	5.99	5.81	5.11	5.41	4.42	4.55	4.59
15.5	144.15	7 042	8 642	8 814	8 817	11 035	11 091	13 811	13 890	14 098
		7.15	7.12	6.38	6.19	5.44	5.777	4.71	4.84	5.27
16.0	153.60	7 269	8 920	9 098	9 101	11 391	11 449	14 256	14 338	14 553
		7.60	7.57	6.78	6.58	5.78	6.13	5.01	5.15	5.60

续附表 3.1

速度 /(m·s^{-1})	动压 /Pa	风管断面宽×高 /mm									上行:风量/(m^3·h^{-1}) 下行:单位摩擦阻力/(Pa·m^{-1})
		630	1 000	800	630	1 000	800	1 250	1 000	800	
		500	320	400	630	400	500	400	500	630	
1.0	0.60	1 122	1 138	1 139	1 415	1 425	1 426	1 780	1 784	1 799	
		0.03	0.03	0.03	0.02	0.02	0.02	0.02	0.02	0.02	
1.5	1.35	1 383	1 707	1 709	2 123	2 137	2 139	2 670	2 676	2 698	
		0.05	0.06	0.06	0.04	0.05	0.05	0.05	0.04	0.04	
2.0	2.40	2 244	2 276	2 278	2 831	2 850	2 852	3 560	3 568	3 598	
		0.09	0.10	0.09	0.08	0.09	0.08	0.08	0.07	0.07	
2.5	3.75	2 805	2 844	2 848	3 538	3 562	3 565	4 450	4 460	4 497	
		0.13	0.16	0.14	0.11	0.13	0.12	0.12	0.11	0.10	
3.0	5.40	3 365	3 413	3 417	4 246	4 275	4 278	5 340	5 351	5 397	
		0.19	0.22	0.20	0.16	0.18	0.16	0.17	0.15	0.14	
3.5	7.35	3 726	3 982	3 987	4 953	4 987	4 991	6 229	6 243	6 296	
		0.25	0.29	0.26	0.21	0.24	0.22	0.22	0.20	0.19	
4.0	9.60	4 487	4 551	4 556	5 661	5 700	5 704	7 119	7 135	7 196	
		0.32	0.38	0.33	0.27	0.31	0.28	0.29	0.25	0.24	
4.5	12.15	5 048	5 120	5 126	6 369	6 412	6 417	8 009	8 027	8 095	
		0.39	0.47	0.42	0.34	0.38	0.35	0.36	0.32	0.30	
5.0	15.00	5 609	5 689	5 695	7 076	7 125	7 130	8 899	8 919	8 995	
		0.48	0.57	0.51	0.41	0.47	0.42	0.43	0.39	0.36	
5.5	18.15	6 170	6 258	6 265	7 784	7 837	7 843	9 789	9 811	9 894	
		0.57	0.68	0.61	0.49	0.56	0.51	0.52	0.46	0.43	
6.0	21.60	6 731	6 827	6 834	8 492	8 549	8 556	10 679	10 703	10 794	
		0.68	0.80	0.71	0.58	0.66	0.60	0.61	0.54	0.51	
6.5	25.35	7 292	7 396	7 404	9 199	9 262	9 269	11 569	11 595	11 693	
		0.79	0.93	0.83	0.68	0.76	0.70	0.71	0.63	0.59	
7.0	29.40	7 853	7 964	7 974	9 907	9 974	9 982	12 459	12 487	12 593	
		0.90	1.07	0.95	0.78	0.88	0.80	0.82	0.73	0.68	
7.5	33.75	8 414	8 533	8 543	10 614	10 687	10 695	13 349	13 379	13 492	
		1.03	1.22	1.09	0.89	1.00	0.91	0.93	0.83	0.77	
8.0	38.40	8 975	9 102	9 113	11 322	11 399	11 408	14 239	14 271	14 392	
		1.16	1.38	1.23	1.00	1.13	1.03	1.05	0.94	0.87	
8.5	43.35	9 536	9 671	9 682	12 030	12 112	12 121	15 129	15 163	15 291	
		1.31	1.55	1.38	1.12	1.27	1.16	1.18	1.05	0.98	

续附表 3.1

速度 /(m·s⁻¹)	动压 /Pa	风管断面宽×高 /mm								
		630	1 000	800	630	1 000	800	1 250	1 000	800
		500	320	400	630	400	500	400	500	630
9.0	48.60	10 096	10 240	10 252	12 737	12 824	12 834	16 019	16 054	16 191
		1.46	1.73	1.54	1.25	1.41	1.29	1.32	1.17	1.09
9.5	54.15	10 657	10 809	10 821	13 445	13 537	13 547	16 909	16 946	17 090
		1.61	1.92	1.70	1.39	1.57	1.43	1.46	1.30	1.21
10.0	60.00	11 218	11 378	11 391	14 153	14 249	14 260	17 798	17 838	17 990
		1.78	2.11	1.88	1.53	1.73	1.58	1.61	1.43	1.34
10.5	66.15	11 779	11 947	11 960	14 860	14 962	14 973	18 688	18 730	18 889
		1.95	2.32	2.06	1.68	1.90	1.73	1.77	1.57	1.47
11.0	72.60	12 340	12 516	1 2 530	15 568	15 674	15 686	19 578	19 622	19 789
		2.13	2.54	2.26	1.84	2.07	1.89	1.93	1.72	1.61
11.5	79.35	12 901	13 084	13 099	16 276	16 386	16 399	20 468	20 514	20 688
		2.32	2.76	2.46	2.00	2.26	2.06	2.11	1.87	1.75
12.0	86.40	13 462	13.653	13 669	16 983	17 099	17 112	21 358	21 406	21 588
		2.52	3.00	2.66	2.17	2.45	2.24	2.28	2.03	1.90
12.5	93.75	14 023	14 222	14 238	17 691	17 811	17 825	22 248	22 298	22 4897
		2.73	3.24	2.88	2.35	2.65	2.42	2.47	2.20	2.05
13.0	101.40	14 584	14 791	14 808	18 398	18 524	18 538	23 138	23 190	23 387
		2.94	3.50	3.11	2.54	2.86	2.61	2.66	2.37	2.21
13.5	109.35	15 145	15 360	15 377	19 106	19 236	19 251	24 028	24 082	24 286
		3.16	3.76	3.34	2.73	3.07	2.81	2.87	2.55	2.38
14.0	117.60	15 706	15 929	15 947	19 814	19 949	19 964	24 918	24 974	25 186
		3.39	4.03	3.58	2.92	3.30	3.01	3.07	2.73	2.55
14.5	126.15	16 267	16 498	16 517	20 521	20 661	20 677	25 808	25 866	26 085
		3.63	4.31	3.83	3.13	3.53	3.22	3.29	2.92	2.73
15.0	135.00	16 827	17 067	17 068	21 229	21 374	21 390	26 698	26 757	26 985
		3.88	4.60	4.09	3.34	3.77	3.44	3.51	3.12	2.91
15.5	144.15	17 388	17 636	17 656	21 937	22 086	22 103	27 588	27 649	27 884
		4.13	4.19	4.36	3.56	4.01	3.66	3.74	3.32	3.11
16.0	153.60	17 949	18 204	18 225	22 644	22 799	22 816	28 478	28 541	28 748
		4.39	5.22	4.64	3.78	4.27	3.89	3.98	3.53	3.30

上行:风量/(m³·h⁻¹)
下行:单位摩擦阻力/(Pa·m⁻¹)

续附表3.1

速度 /(m·s^{-1})	动压 /Pa	风管断面宽×高 /mm								
		1 250	1 000	800	1 250	1 600	1 000	1 250	1 000	1 600
		500	630	800	630	500	800	800	1 000	630
1.0	0.60	2 229	2 250	2 287	2 812	2 812	2 854	2 861	3 578	3 602
		0.02	0.02	0.02	0.02	0.02	0.01	0.01	0.01	0.01
1.5	1.35	3 343	3 376	3 430	4 218	4 282	4 291	5 362	5 368	5 402
		0.04	0.03	0.03	0.03	0.04	0.03	0.03	0.03	0.03
2.0	2.40	4 457	4 501	4 574	5 624	5 709	5 721	7 150	7 157	7 203
		0.07	0.06	0.06	0.05	0.06	0.05	0.04	0.04	0.05
2.5	3.75	5 572	5 626	5 717	7 030	7 136	7 151	8 937	8 946	9 004
		0.10	0.09	0.09	0.08	0.09	0.07	0.07	0.06	0.07
3.0	5.40	6 686	6 751	6 860	8 436	8 563	8 582	10 725	10 735	10 805
		0.14	0.12	0.12	0.11	0.13	0.10	0.09	0.09	0.10
3.5	7.35	7 800	7 876	8 004	9 842	9 990	10 012	12 512	12 525	12 605
		0.18	0.17	0.16	0.15	0.17	0.14	0.12	0.12	0.14
4.0	9.60	8 914	9 002	9 147	11 248	11 417	11 442	11 442	14 300	14 314
		0.23	0.21	0.20	0.19	0.22	0.18	0.16	0.16	0.18
4.5	12.15	10 029	10 127	10 290	12 654	12 845	12 873	16 087	16 103	16 207
		0.29	0.26	0.25	0.24	0.27	0.22	0.20	0.19	0.22
5.0	15.00	11 143	11 252	11 434	14 060	14 272	14 303	17 875	17 892	18 008
		0.35	0.32	0.31	0.29	0.33	0.27	0.24	0.24	0.27
5.5	18.15	12 257	12 377	12 577	15 466	15 699	15 733	19 662	19 681	19 809
		0.42	0.39	0.37	0.35	0.39	0.33	0.29	0.28	0.32
6.0	21.60	13 372	13 503	13 721	16 872	17 126	17 164	21 450	21 471	21 609
		0.50	0.45	0.44	0.41	0.46	0.38	0.34	0.33	0.38
6.5	25.35	14 486	14 628	14 864	18 278	18 553	18 594	23 237	23 260	23 410
		0.58	0.53	0.51	0.48	0.54	0.45	0.40	0.39	0.44
7.0	29.40	15 600	15 753	16 007	19 684	19 980	20 024	25 025	25 049	25 211
		0.67	0.61	0.58	0.55	0.62	0.51	0.46	0.44	0.50
7.5	33.75	16 715	16 878	17 151	21 090	21 408	21 454	26 812	26 838	27 012
		0.76	0.69	0.66	0.63	0.71	0.58	0.52	0.51	0.57
8.0	38.40	17 829	18 003	18 294	22 496	22 835	25 885	28 600	28 627	28 812
		0.86	0.78	0.75	0.71	0.80	0.66	0.59	0.57	0.65
8.5	43.35	18 943	19 129	19 437	23 902	24 262	24 315	30 387	30 417	30 613
		0.97	0.88	0.84	0.80	0.89	0.74	0.66	0.64	0.73

上行:风量/(m³·h^{-1})
下行:单位摩擦阻力/(Pa·m^{-1})

续附表 3.1

速度 /(m·s⁻¹)	动压 /Pa	风管断面宽×高 /mm			上行:风量/(m³·h⁻¹) 下行:单位摩擦阻力/(Pa·m⁻¹)					
		1 250	1 000	800	1 250	1 600	1 000	1 250	1 000	1 600
		500	630	800	630	500	800	800	1 000	630
9.0	48.60	20 058	20 254	20 581	25 308	25 689	25 745	32 175	32 206	32 414
		1.08	0.98	0.94	0.89	1.00	0.83	0.74	0.72	0.81
9.5	54.15	21 172	21 379	21 724	26 714	27 116	27 176	33 962	33 995	34 215
		1.20	1.08	1.04	0.99	1.11	0.92	0.82	0.79	0.90
10.0	60.00	22 286	22 504	22 868	28 120	28 543	28 606	35 749	35 784	36 015
		1.32	1.20	1.15	1.09	1.22	1.01	0.90	0.88	0.99
10.5	66.15	23 401	23 629	24 011	29 526	29 971	30 036	37 537	37 574	37 816
		1.45	1.31	1.26	1.19	1.34	1.11	0.99	0.96	1.09
11.0	72.60	24 515	24 755	25 154	30 932	31 398	31 467	39 324	39 363	39 617
		1.58	1.44	1.38	1.30	1.46	1.21	1.08	1.05	1.19
11.5	79.35	25 629	25 880	26 298	32 338	32 825	32 897	41 112	41 152	41 418
		1.72	1.56	1.50	1.42	1.59	1.32	1.18	1.15	1.30
12.0	86.40	26 743	27 005	27 441	33 744	34 252	34 327	42 899	42 941	43 219
		1.87	1.70	1.63	1.54	1.73	1.43	1.28	1.24	1.41
12.5	93.75	27 858	28 130	28 584	35 150	35 679	35 757	44 687	44 730	45 019
		2.02	1.84	1.76	1.67	1.87	1.55	1.39	1.34	1.52
13.0	101.40	28 972	29 256	29 728	36 556	37 106	37 188	46 474	46 520	46 820
		2.18	1.98	1.90	1.80	2.02	1.67	1.49	1.45	1.64
13.5	109.35	30 086	30 381	30 871	37 962	38 534	38 618	48 262	48 309	48 621
		2.35	2.13	2.04	1.93	2.17	1.80	1.61	1.56	1.76
14.0	117.60	31 201	31 506	32 015	39 368	39 961	40 048	50 049	50 098	50 422
		2.52	2.28	2.19	2.07	2.33	1.93	1.72	1.67	1.89
14.5	126.15	32 315	32 631	33 158	40 774	41 388	41 479	51 837	51 887	52 222
		2.69	2.44	2.34	2.22	2.49	2.06	1.85	1.79	2.02
15.0	135.00	33 429	33 756	34 301	42 180	42 815	42 909	53 624	53 676	54 023
		2.87	2.61	2.50	2.37	2.66	2.20	1.97	1.91	2.16
15.5	144.15	34 544	34 882	35 445	43 586	44 242	44 339	55 412	55 466	55 824
		3.06	2.78	2.66	2.52	2.83	2.35	2.10	2.04	2.30
16.0	153.60	35 658	36 007	36 588	44 992	45 669	45 769	57 199	57 255	57 625
		3.25	2.95	2.83	2.68	3.01	2.49	2.23	2.16	2.45

续附表 3.1

速度 /(m·s⁻¹)	动压 /Pa	风管断面宽 × 高 /mm						
		\-上行:风量/(m³·h⁻¹)\- 下行:单位摩擦阻力/(Pa·m⁻¹)						
		1 250	1 600	2 000	1 600	2 000	1 600	2 000
		1 000	800	800	1 000	1 000	1 250	1 250
1.0	0.60	4 473	4 579	5 726	5 728	7 163	7 165	8 960
		0.01	0.01	0.01	0.01	0.01	0.01	0.01
1.5	1.35	6 709	6 868	8 589	8 592	10 745	10 748	13 440
		0.02	0.02	0.02	0.02	0.02	0.02	0.02
2.0	2.40	8 945	9 157	11 452	11 456	14 327	14 330	17 921
		0.04	0.04	0.04	0.03	0.03	0.03	0.03
2.5	3.75	11 181	11 447	14 314	14 321	17 908	17 913	22 401
		0.06	0.06	0.06	0.05	0.05	0.04	0.04
3.0	5.40	13 418	13 736	17 177	17 185	21 490	21 495	26 881
		0.08	0.08	0.08	0.07	0.06	0.06	0.05
3.5	7.35	15 654	16 025	20 040	20 049	25 072	25 078	31 361
		0.11	0.11	0.10	0.09	0.09	0.08	0.07
4.0	9.60	17 890	18 315	22 903	22 913	28 653	28 661	35 841
		0.14	0.14	0.13	0.12	0.11	0.10	0.09
4.5	12.15	20 126	20 604	25 766	25 777	32 235	32 235	32 243
		0.17	0.18	0.16	0.15	0.14	0.13	0.12
5.0	15.00	22 363	22 893	28 629	28 641	35 817	35 826	44 801
		0.21	0.22	0.20	0.18	0.17	0.16	0.14
5.5	18.15	24 599	25 183	31 492	31 505	39 398	39 408	49 281
		0.25	0.26	0.24	0.22	0.20	0.19	0.17
6.0	21.60	26 835	27 472	34 355	34 369	42 980	42 991	53 762
		0.29	0.31	0.28	0.26	0.24	0.22	0.20
6.5	25.36	29 071	29 761	37 218	37 233	46 562	46 574	58 242
		0.34	0.36	0.33	0.30	0.27	0.26	0.23
7.0	29.40	31 308	32 051	40 080	40 098	50 143	50 156	62 722
		0.39	0.41	0.38	0.35	0.31	0.30	0.27
7.5	33.75	33 544	34 340	42 943	42 962	53 725	53 739	67 202
		0.45	0.47	0.43	0.39	0.36	0.34	0.30
8.0	38.40	35 780	36 629	45 806	45 826	57 307	57 321	71 682
		0.50	0.53	0.49	0.45	0.41	0.38	0.34
8.5	43.35	38 016	38 919	48 669	48 690	60 888	60 904	76 162
		0.57	0.60	0.55	0.50	0.46	0.43	0.38

续附表 3.1

速度 /(m·s⁻¹)	动压 /Pa	风管断面宽×高 /mm			上行:风量/(m³·h⁻¹) 下行:单位摩擦阻力/(Pa·m⁻¹)			
		1 250	1 600	2 000	1 600	2 000	1 600	2 000
		1 000	800	800	1 000	1 000	1 250	1 250
9.0	48.60	40 253	41 208	51 532	51 554	64 470	64 486	80 642
		0.63	0.66	0.61	0.56	0.51	0.48	0.43
9.5	54.15	42 489	4.497	54 395	54 418	68 052	68 069	85 122
		0.70	0.74	0.68	0.62	0.56	0.53	0.47
10.0	60.00	44 725	45 787	57 258	57 282	71 633	71 652	89 603
		0.77	0.81	0.75	0.68	0.62	0.58	0.52
10.5	66.15	46 961	48 076	60 121	60 146	75 215	75 234	94 083
		0.85	0.89	0.82	0.75	0.68	0.64	0.57
11.0	72.60	49 198	50 365	62 983	63 010	78 797	78 817	98 563
		0.93	0.97	0.90	0.82	0.75	0.70	0.63
11.5	79.35	51 434	52 655	65 846	65 876	82 378	82 399	103 043
		1.01	1.06	0.98	0.89	0.81	0.76	0.68
12.0	86.40	53 670	54 944	68 709	68 739	85 960	85 982	107 523
		1.10	1.15	1.06	0.97	0.88	0.83	0.74
12.5	93.75	55 906	57 233	71 572	71 603	89 542	89 564	112 003
		1.19	1.25	1.15	1.05	0.95	0.90	0.80
13.0	101.40	58 143	59 523	74 435	74 467	93 123	93 147	116 483
		1.28	1.34	1.24	1.13	1.03	0.97	0.87
13.5	109.35	60 379	61 812	77 298	77 331	96 705	96 730	120 964
		1.37	1.44	1.33	1.22	1.11	1.04	0.93
14.0	117.60	62 615	64 101	80 161	80 195	100 287	100 312	125 444
		1.47	1.55	1.43	1.30	1.19	1.11	1.00
14.5	126.15	64 851	66 391	83 024	83 059	103 868	103 895	129 924
		1.58	1.66	1.53	1.40	1.27	1.19	1.07
15.0	135.00	37 088	68 680	85 887	85 923	107 450	107 477	134 404
		1.68	1.77	1.63	1.49	1.35	1.27	1.14
15.5	144.15	68 324	70 969	88 749	88 787	111 031	111 060	138 884
		1.79	1.89	1.74	1.59	1.44	1.36	1.22
16.0	153.60	71 560	73 259	91 612	91 651	114 613	114 643	143 364
		1.91	2.01	1.85	1.69	1.53	1.44	1.29

附录 4 局部阻力系数

附表 4.1 局部阻力系数

序号	名称	图形和断面	局部阻力系数 ζ（ζ 值以图内所示的速度 v 计算）										
1	伞形风帽（管边尖锐）			h/D_0									
				0.1	0.2	0.3	0.4	0.5	0.6	0.7	0.8	0.9	1.0	∞
			进风	2.63	1.83	1.53	1.39	1.31	1.19	1.15	1.08	1.07	1.06	0.16
			排风	4.00	2.30	1.60	1.30	1.15	1.10	—	1.00	—	1.00	—
2	带扩散管的伞形风帽		进风	1.32	0.77	0.60	0.48	0.41	0.30	0.29	0.28	0.25	0.25	0.25
			排风	2.60	1.30	0.80	0.70	0.60	0.60	—	0.60	—	0.60	—
3	渐扩管		$\dfrac{F_1}{F_0}$	$\alpha(°)$					
				10	15	20	25	30	
			1.25	0.02	0.03	0.05	0.06	0.07	
			1.50	0.03	0.06	0.10	0.12	0.13	
			1.75	0.05	0.09	0.14	0.17	0.19	
			2.00	0.06	0.13	0.20	0.23	0.26	
			2.25	0.08	0.16	0.26	0.38	0.33	
			2.50	0.09	0.19	0.30	0.36	0.39	
4	渐扩管		$\alpha(°)$	22.5		30		45		90	
			ζ_1	0.6		0.8		0.9		1.0	
5	突扩		$\dfrac{F_1}{F_2}$	0	0.1	0.2	0.3	0.4	0.5	0.6	0.7	0.9	1.0
			ζ_1	1.0	0.81	0.64	0.49	0.36	0.25	0.16	0.09	0.01	0
6	突缩		$\dfrac{F_2}{F_1}$	0	0.1	0.2	0.3	0.4	0.5	0.6	0.7	0.9	1.0
			ζ_2	0.5	0.47	0.42	0.38	0.34	0.30	0.25	0.20	0.09	0
7	渐缩管		当 $\alpha \leqslant 45°$ 时，$\zeta = 0.10$										

续附表 4.1

序号	名称	图形和断面	局部阻力系数 ζ（ζ 值以图内所示的速度 v 计算）					
8	伞形罩		$\alpha(°)$	20	40	60	90	120
			圆形	0.11	0.06	0.09	0.16	0.27
			矩形	0.19	0.13	0.16	0.25	0.33
9	圆（方）弯管							

序号	名称	图形和断面	r/b	a/b										
				0.25	0.5	0.75	1.0	1.5	2.0	3.0	4.0	5.0	6.0	8.0
10	矩形弯头		0.5	1.5	1.4	1.3	1.2	1.1	1.0	1.0	1.1	1.1	1.2	1.2
			0.75	0.75	0.52	0.48	0.44	0.40	0.39	0.39	0.40	0.42	0.43	0.44
			1.0	0.27	0.25	0.23	0.21	0.19	0.18	0.18	0.19	0.20	0.27	0.21
			1.5	0.22	0.20	0.19	0.17	0.15	0.14	0.14	0.15	0.16	0.17	0.17
			2.0	0.20	0.18	0.16	0.15	0.14	0.13	0.13	0.14	0.14	0.15	0.15

序号	名称	图形和断面	局部阻力系数
11	板弯头带导叶		(1) 单叶式 $\zeta = 0.35$ (2) 双叶式 $\zeta = 0.10$

序号	名称	图形和断面							
12	Z 形管		l_0/D_0	0	1.0	2.0	3.0	4.0	5.0	6.0
			R_0/D_0	0	1.90	3.74	5.60	7.46	9.30	11.3
			ζ	0	0.15	0.15	0.16	0.16	0.16	0.16

续附表 4.1

序号	名称	图形和断面	局部阻力系数 ζ（ζ 值以图内所示的速度 v 计算）									
13	乙形管		l/b_0	0	0.4	0.6	0.8	1.0	1.2	1.4	1.6	1.8	2.0
			ζ	0	0.62	0.89	1.61	2.63	3.61	4.01	4.18	4.22	4.18
			l/b_0	2.4	2.8	3.2	4.0	5.0	6.0	7.0	9.0	10.0	∞
			ζ	3.75	3.31	3.20	3.08	2.92	2.80	2.70	2.5	2.41	2.30
14	Z形管		l/b_0	0	0.4	0.6	0.8	1.0	1.2	1.4	1.6	1.8	2.0
			ζ	1.15	2.10	2.90	3.31	3.44	3.40	3.36	3.28	3.20	3.11
			l/b_0	2.4	2.8	3.2	4.0	5.0	6.0	7.0	9.0	10.00	∞
			ζ	3.16	3.18	3.15	3.00	2.89	2.78	2.70	2.50	2.41	2.30

局部阻力系数 ζ（ζ_1、ζ_2 值以图内所示的速度 v_1、v_2 计算）

序号	名称	图形和断面	$\dfrac{F_2}{F_3}$	L_2/L_3										
				0.00	0.03	0.05	0.1	0.2	0.3	0.4	0.5	0.6	0.7	0.8	1.0
15		$F_1+F_2=F_3$ $\alpha=30°$	\multicolumn{13}{c}{ζ_2}
			0.06	-1.13	-0.07	-0.30	1.82	10.1	23.3	41.5	65.2	—	—	—	—
			0.10	-1.22	-1.00	-0.76	0.02	2.88	7.34	13.4	21.1	29.4	—	—	—
			0.20	-1.50	-1.35	-1.22	-0.84	0.05	1.4	2.70	4.46	6.48	8.70	11.4	17.3
			0.33	-2.00	-1.80	-1.70	-1.40	-0.72	-0.12	0.52	1.20	1.89	2.56	3.30	4.80
			0.50	-3.00	-2.80	-2.6	-2.24	-1.44	-0.91	-0.36	0.14	0.56	0.84	1.18	1.53
			\multicolumn{13}{c}{ζ_1}
			0.01	0	0.06	0.04	-0.10	-0.81	-2.10	-4.07	-6.60	—	—	—	—
			0.10	0.01	0.10	0.08	0.04	-0.33	-1.05	-2.14	-3.60	-5.40	—	—	—
			0.20	0.06	0.10	0.13	0.16	0.06	-0.24	-0.73	-1.40	-2.30	-3.34	-3.59	-8.64
			0.33	0.42	0.45	0.48	0.51	0.52	0.32	0.07	-0.32	-0.83	-1.47	-2.19	-4.00
			0.50	1.40	1.40	1.40	1.36	1.26	1.09	0.86	0.53	0.15	-0.52	-0.82	-2.07

续附表 4.1

序号	名称	图形和断面	$\frac{L_2}{L_3}$	\multicolumn{7}{c}{局部阻力系数 ζ(ζ_1、ζ_2 值以图内所示的速度 v_1、v_2 计算)}
				\multicolumn{7}{c}{F_2/F_3}
				0.1	0.2	0.3	0.4	0.6	0.8	1.0
				\multicolumn{7}{c}{ζ_2}
16	合流三通(分支管)	$v_1 F_1$, $v_2 F_2$, $v_3 F_3$; $F_1+F_2>F_3$; $F_1=F_3$; $\alpha=30°$	0	-1.00	-1.00	-1.00	-1.00	-1.00	-1.00	-1.00
			0.1	0.21	-0.46	-0.57	-0.60	-0.62	-0.63	-0.63
			0.2	3.1	0.37	-0.06	-0.20	-0.28	-0.30	-0.35
			0.3	7.6	1.5	0.50	0.20	0.05	-0.08	-0.10
			0.4	13.50	2.95	1.15	0.59	0.26	0.18	0.16
			0.5	21.2	4.58	1.78	0.97	0.44	0.35	0.27
			0.6	30.4	6.42	2.60	1.37	0.64	0.46	0.31
			0.7	41.3	8.5	3.40	1.77	0.76	0.56	0.40
			0.8	53.8	11.5	4.22	2.14	0.85	0.53	0.45
			0.9	58.0	14.2	5.30	2.58	0.89	0.52	0.40
			1.0	83.7	17.3	6.33	2.92	0.89	0.39	0.27
				\multicolumn{7}{c}{F_2/F_3}
			$\frac{L_2}{L_3}$	0.1	0.2	0.3	0.4	0.6	0.8	1.0
				\multicolumn{7}{c}{ζ_1}
17	合流三通(直管)	$v_1 F_1$, $v_2 F_2$, $v_3 F_3$; $F_1+F_2>F_3$; $F_1=F_3$; $\alpha=30°$	0	0.00	0	0	0	0	0	0
			0.1	0.02	0.11	0.13	0.15	0.16	0.17	0.17
			0.2	-0.33	0.01	0.13	0.18	0.20	0.24	0.29
			0.3	-1.10	-0.25	-0.01	0.10	0.22	0.30	0.35
			0.4	-2.15	-0.75	-0.30	-0.05	0.17	0026	0.36
			0.5	-3.60	-1.43	-0.70	-0.35	0.00	0.21	0.32
			0.6	-5.40	-2.35	-1.25	-0.70	-0.20	0.06	0.25
			0.7	-7.60	-3.40	-1.95	-1.2	-0.05	-0.15	0.10
			0.8	-10.1	-4.61	-2.74	-1.82	-0.90	-0.43	-0.15
			0.9	-13.0	-6.02	-3.70	-2.55	-1.40	-0.80	-0.45
			1.0	-16.30	-7.70	-4.75	-3.35	-1.90	-1.17	-0.75

续附表 4.1

序号	名称	图形和断面	ζ 值									
18	合流三通	(45° 合流三通示意图，$F_2 L_2$、$F_1 L_1$、$F_3 L_3$)	支 管 ζ_{31}（对应 v_3）										

$\dfrac{F_2}{F_1}$	$\dfrac{F_3}{F_1}$	\multicolumn{10}{c}{L_3/L_2}
		0.2	0.4	0.6	0.8	1.0	1.2	1.4	1.6	1.8	2.0
0.3	0.2	-2.4	-0.01	2.0	3.8	5.3	6.6	7.8	8.9	9.8	11
	0.3	-2.8	-1.2	0.12	1.1	1.9	2.6	3.2	3.7	4.2	4.6
0.4	0.2	-1.2	0.93	2.8	4.5	5.9	7.2	8.4	9.5	10	11
	0.3	-1.6	-0.27	0.81	1.7	2.4	3.0	3.6	4.1	4.5	4.9
	0.4	-1.8	-0.72	0.07	0.66	1.1	1.5	1.8	2.1	2.3	2.5
0.5	0.2	-0.46	1.5	3.3	4.9	6.4	7.7	8.8	9.9	11	12
	0.3	-0.94	0.25	1.2	2.0	2.7	3.3	3.8	4.2	4.7	5.0
	0.4	-1.1	-0.24	0.42	0.92	1.3	1.6	1.9	2.1	2.3	2.5
	0.5	-1.2	-0.38	0.18	0.58	0.88	1.1	1.3	1.5	1.6	1.7
0.6	0.2	-0.55	1.3	3.1	4.7	6.1	7.4	8.6	9.6	11	12
	0.3	-1.1	0	0.88	1.6	2.3	2.8	3.3	3.7	4.1	4.5
	0.4	-1.2	-0.48	0.10	0.54	0.89	1.2	1.4	1.6	1.8	2.0
	0.5	-1.3	-0.62	-0.14	0.21	0.47	0.68	0.85	0.99	1.1	1.2
	0.6	-1.3	-0.69	-0.26	0.04	0.26	0.42	0.57	0.66	0.75	0.82
0.8	0.2	0.06	1.8	3.5	5.1	6.5	7.8	8.9	10	11	12
	0.3	-0.52	0.35	1.1	1.7	2.3	2.8	3.2	3.6	3.9	4.2
	0.4	-0.67	-0.05	0.43	0.80	1.1	1.4	1.6	1.8	1.9	2.1
	0.6	-0.75	-0.27	0.05	0.28	0.45	0.58	0.68	0.76	0.83	0.88
	0.7	-0.77	-0.31	-0.02	0.18	0.32	0.43	0.50	0.56	0.61	0.65
	0.8	-0.78	-0.34	-0.07	0.12	0.24	0.33	0.39	0.44	0.47	0.50
1.0	0.2	0.40	2.1	3.7	5.2	6.6	7.8	9.0	11	11	12
	0.3	-0.21	0.54	1.2	1.8	2.3	2.7	3.1	3.7	3.7	4.0
	0.4	-0.33	0.21	0.62	0.96	1.2	1.5	1.7	2.0	2.0	2.1
	0.5	-0.38	0.05	0.37	0.60	0.79	0.93	1.1	1.2	1.2	1.3
	0.6	-0.41	-0.02	0.23	0.42	0.55	0.66	0.73	0.80	0.85	0.89
	0.8	-0.44	-0.10	0.11	0.24	0.33	0.39	0.43	0.46	0.47	0.48
	1.0	-0.46	-0.14	0.05	0.16	0.23	0.27	0.29	0.30	0.30	0.29

直 管 ζ_{21}（对应 v_2）

$\dfrac{F_2}{F_1}$	$\dfrac{F_3}{F_1}$	\multicolumn{10}{c}{L_3/L_2}
		0.2	0.4	0.6	0.8	1.0	1.2	1.4	1.6	1.8	2.0
0.3	0.2	5.3	-0.01	2.0	1.1	0.34	-0.20	-0.61	-0.93	-1.2	-1.4
	0.3	5.4	3.7	2.5	1.6	1.0	0.53	0.16	-0.14	-0.38	-0.58
0.4	0.2	1.9	1.1	0.46	-0.07	-0.49	-0.83	-1.1	-1.3	-1.5	-1.7
	0.3	2.0	1.4	0.81	0.42	0.08	-0.20	-0.43	-0.62	-0.78	-0.92
	0.4	2.0	1.5	1.0	0.68	0.39	0.16	-0.04	-0.21	-0.35	-0.47
0.5	0.2	0.77	0.34	-0.09	-0.48	-0.81	-1.1	1.3	-1.5	-1.7	-1.8
	0.3	0.85	0.56	0.25	0.03	-0.27	-0.48	-0.67	-0.82	-0.96	-1.1
	0.4	0.88	0.66	0.43	0.21	0.02	-0.15	-0.30	-0.42	-0.54	-0.64
	0.5	0.91	0.73	0.54	0.36	0.21	0.06	-0.06	-0.17	-0.26	-0.35

19	通风机出口变径管	(示意图：$v_0 A_0$，A_1，α)	$\alpha(°)$	\multicolumn{6}{c}{A_0/A_1}

$\alpha(°)$	1.5	2	2.5	3	3.5	4
10	0.08	0.09	0.1	0.1	0.11	0.11
15	0.10	0.11	0.12	0.13	0.11	0.15
20	0.12	0.14	0.15	0.16	0.17	0.18
25	0.15	0.18	0.21	0.23	0.25	0.26
30	0.18	0.25	0.30	0.33	0.35	0.35
35	0.21	0.31	0.38	0.41	0.43	0.44

续附表 4.1

序号	名称	图形和断面	局部阻力系数 ζ（ζ 值以图内所示的速度 v 计算）								
20	分流三通	（45°，$1.5D_3$）	支管道（对应 v_3）								
			v_3/v_1	0.2	0.4	0.6	0.7	0.8	0.9	1.0	1.1	1.2
			ζ_{13}	0.76	0.60	0.52	0.50	0.51	0.52	0.56	0.6	0.68
			v_3/v_1	1.4	1.6	1.8	2.0	2.2	2.4	2.6	2.8	3.0
			ζ_{13}	0.86	1.1	1.4	1.8	2.2	2.6	3.1	3.7	4.2
			主管道（对应 v_2）								
			v_2/v_1	0.2	0.4	0.6	0.8	1.0	1.2	1.4	1.6	1.8	2.0
			ζ_{12}	0.14	0.06	0.05	0.09	0.18	0.30	0.46	0.64	0.84	1.0

序号	名称	图形和断面	L_2/L_1	F_2/F_3			F_2/F_3	
				0.25	0.50	1.0	0.5	1.0
21	90°矩形断面吸入三通			ζ_2（对应 v_2）			ζ_3（对应 v_3）	
			0.1	−0.6	−0.6	−0.6	0.20	0.20
			0.2	0.0	−0.2	−0.3	0.20	0.22
			0.3	0.4	0.0	−0.1	0.10	0.25
			0.4	1.2	0.25	0.0	0.0	0.24
			0.5	2.3	0.40	0.1	−0.1	0.20
			0.6	3.6	0.70	0.2	−0.2	0.18
			0.7	—	1.0	0.3	−0.3	0.15
			0.8	—	1.5	0.4	−0.4	0.00

序号	名称	图形和断面	F_2/F_1	0.5	1
22	矩形三通		分流	0.304	0.247
			合流	0.233	0.072

序号	名称	图形和断面	合流（$R_0/D_1 = 2$）										
23	圆形三通	（$\alpha=90°$）	L_2/L_1	0	0.10	0.20	0.30	0.40	0.50	0.60	0.70	0.80	0.90	1.0
			ζ_1	−0.13	−0.10	−0.07	−0.03	0	0.03	0.03	0.03	0.03	0.05	0.08
			分流（$F_3/F_1 = 0.5, L_3/L_1 = 0.5$）										
			R_0/D_1	0.5	0.75	1.0	1.5	2.0					
			ζ_1	1.10	0.60	0.40	0.25	0.20					

续附表 4.1

序号	名称	图形和断面	局部阻力系数 ζ(ζ 值以图内所示的速度 v 计算)						
24	直角三通		v_2/v_1	0.6	0.8	1.0	1.2	1.4	1.6
			ζ_{12}	1.18	1.32	1.50	1.72	1.98	2.28
			ζ_{23}	0.6	0.8	1.0	1.6	1.9	2.5
25	矩形送出三通		\multicolumn{6}{l}{$v_2/v_1 < 1$ 时可不计,$v_2/v_1 \geqslant 1$ 时}	$\Delta P = \zeta \dfrac{\rho v_1^2}{2}$
			x	0.25	0.5	0.75	1.0	1.25	
			ζ_2	0.21	0.07	0.05	0.15	0.36	
			ζ_3	0.30	0.20	0.30	0.4	0.65	
			\multicolumn{6}{l}{表中:$x = \left(\dfrac{v_2}{v_1}\right) \times \left(\dfrac{a}{b}\right)^{1/4}$}	

序号	名称	图形和断面							
26	矩形吸入三通		v_1/v_3	0.4	0.6	0.8	1.0	1.2	1.5
			$\dfrac{F_1}{F_3} = 0.75$	-1.2	-0.3	0.35	0.8	1.1	—
			$\dfrac{F_1}{F_3} = 0.67$	-1.7	-0.9	-0.3	0.1	0.45	0.7
			$\dfrac{F_1}{F_3} = 0.60$	-2.1	-0.3	-0.8	0.4	0.1	0.2
			ζ_2	-1.3	-0.9	-0.5	0.1	0.55	1.4

$\Delta P = \zeta \dfrac{\rho v_3^2}{2}$

序号	名称	图形和断面			L_2/L_0			
27	侧孔吸风		$\dfrac{F_2}{F_1}$	0.1	0.2	0.3	0.4	0.5
						ζ_0		
			0.1	0.8	1.3	1.4	1.4	1.4
			0.2	-1.4	0.9	1.3	1.4	1.4
			0.4	-9.5	0.2	0.9	1.2	1.3
			0.6	-21.2	-2.5	0.3	1.0	1.2
			$\dfrac{F_2}{F_1}$	0.1	0.2	L_2/L_0 0.3	0.4	
						ζ_1		
			0.1	0.1	-0.1	-0.8	-2.6	
			0.2	0.1	0.2	-0.01	-0.6	
			0.4	0.2	0.3	0.3	0.2	
			0.6	0.2	0.3	0.4	0.4	

续附表 4.1

序号	名称	图形和断面	局部阻力系数 ζ（ζ 值以图内所示的速度 v 计算）									
28	调节式送风口		$\alpha(°)$	30	40	50	60	70	80	90	100	110
			流线型叶片	6.4	2.7	1.7	1.6	—	—	—	—	—
			简易叶片	—	—	—	1.2	1.2	1.4	1.8	2.4	3.5
29	带外挡板的条缝形送风口		v_1/v_0	0.6		0.8	1.0	1.2		1.5		2.0
			ζ_1	2.73		3.3	4.0	4.9		6.5		10.4
30	侧面送风口		$\zeta = 2.04$										
31	45°的固定金属百叶窗		F_1/F_0	0.1	0.2	0.3	0.4	0.5	0.6	0.7	0.8	0.9	1.0
			进风 ζ	—	45	17	6.8	4.0	2.3	1.4	0.9	0.6	0.5
			排风 ζ	—	58	24	13	8.0	5.3	3.7	2.7	2.0	1.5
			F_0 — 净面积										
32	单面空气分布器		当网格净面积为 80% 时　$r = 2.0D$　$R = 1.2D$ 　　　　　　　　　　　$b = 0.7D$　$l = 1.25D$ $\zeta = 1.0$　　　　　　　　$K = 1.8D$										

序号	名称	图形和断面		局部阻力系数 ζ										
33	侧面孔口（最后孔口）		F/F_0	0.2	0.3	0.4	0.5	0.6	0.7	0.8	0.9	1.0	1.2	1.4	1.6	1.8
			送出 单孔 ζ	65.7	30.0	16.4	10.0	7.30	5.50	4.48	3.67	3.16	2.44	—	—	—
			送出 双孔 ζ	67.7	33.0	17.2	11.6	8.45	6.80	5.86	5.00	4.38	3.47	2.90	2.52	2.25
			吸入 单孔 ζ	64.5	30.0	14.9	9.00	6.27	4.54	3.54	2.70	2.28	1.60	—	—	—
			吸入 双孔 ζ	66.5	36.5	17.0	12.0	8.75	6.85	5.50	4.54	3.84	2.76	2.01	1.40	1.10

续附表 4.1

序号	名称	图形和断面	局部阻力系数 ζ（ζ 值以图内所示的速度 v 计算）											
34	墙孔		$\frac{l}{h}$	0.0	0.2	0.4	0.6	0.8	1.0	1.2	1.4	1.6	1.8	2.0	4.0
			ζ	2.83	2.72	2.60	2.34	1.95	1.76	1.67	1.62	1.6	1.6	1.55	1.55

序号	名称	图形和断面	局部阻力系数 ζ
35	孔板送风口		开孔率

	v	0.2	0.3	0.4	0.5	0.6	
	0.5	30	12	6.0	3.5	2.3	
	1.0	33	13	6.8	4.1	2.7	$\Delta P = \zeta \frac{v^2 \rho}{2}$
	1.5	35	14.5	7.4	4.6	3.0	v 为面风速
	2.0	39	15.5	7.8	4.9	3.2	
	2.5	40	16.5	8.3	5.2	3.4	
	3.0	41	17.5	8.0	5.5	3.7	

序号	名称	图形和断面	ζ 值（相应风速为管内风速 v_0）										
36	插板阀		h/D_0	0	0.1	0.125	0.2	0.3	0.4	0.5	0.6	0.7	0.8	0.9	1.0
			(1) 圆管											
			F_h/F_0	0	—	0.16	0.25	0.38	0.50	0.61	0.71	0.81	0.90	0.96	1.0
			ζ	∞	—	97.9	35.0	10.0	4.60	2.06	0.98	0.44	0.17	0.06	0
			(2) 矩形管											
			ζ	∞	193	—	44.5	17.8	8.12	1.02	2.08	0.95	0.39	0.09	0

附录5 通风管道统一规格

附表5.1 圆形通风管道规格

外径 D/mm	钢板制风管 外径允许偏差/mm	钢板制风管 壁厚/mm	塑料制风管 外径允许偏差/mm	塑料制风管 壁厚/mm	外径 D/mm	钢板制风管 外径允许偏差/mm	钢板制风管 壁厚/mm	塑料制风管 外径允许偏差/mm	塑料制风管 壁厚/mm
100					80 90 100				
120		0.5		3.0	110 120				
140					(130) 140				
160					(150) 160				
180					(170) 180				
200					190 200				
220			±1		(210) 220		1.5		2.0
250					(240) 250				
280					(260) 280				
320					(300) 320				
360		0.75			(340) 360				
400				4.0	(380) 400				
450	±1				(420) 450	±1		1	
500					(480) 500				
560					(530) 560				
630					(600) 630				
700					(670) 700				
800		1.0		5.0	(750) 800				3.0 ~ 4.0
900					(850) 900		2.0		
1 000			±1.5		(950) 1 000				
1 120					(1 060) 1 120				
1 250					(1 180) 1 250				
1 400		1.2 ~ 1.5		6.0	(1 320) 1 400				
1 600					(1 500) 1 600				4.0 ~ 6.0
1 800					(1 700) 1 800		3.0		
2 000					(1 900) 2 000				

附表5.2 矩形通风管道规格

外边长 $A \times B$ /mm	钢板制风管 外边长允许偏差 /mm	塑料制风管 外边长允许偏差 /mm	壁厚 /mm	外边长 $A \times B$ /mm	钢板制风管 外边长允许偏差 /mm	壁厚 /mm	塑料制风管 外边长允许偏差 /mm	壁厚 /mm
120 × 120				630 × 500				
160 × 120				630 × 630				
160 × 160			0.5	800 × 320				
220 × 120				800 × 400				5.0
200 × 160				800 × 500				
200 × 200				800 × 630				
250 × 120				800 × 800		1.0		
250 × 160			3.0	1 000 × 320				
250 × 200				1 000 × 400				
250 × 250				1 000 × 500				
320 × 160				1 000 × 630				
320 × 200		−2		1 000 × 800				
320 × 250	−2			1 000 × 1 000	−2		−3	6.0
320 × 320				1 250 × 400				
400 × 200			0.75	1 250 × 500				
400 × 250				1 250 × 630				
400 × 320				1 250 × 800				
400 × 400				1 250 × 1 000				
500 × 200				1 600 × 500				
500 × 250			4.0	1 600 × 630		1.2		
500 × 320				1 600 × 800				
500 × 400				1 600 × 1 000				8.0
500 × 500				1 600 × 1 250				
630 × 250				2 000 × 800				
630 × 320		1.0	−3.0	5.0	2 000 × 1 000				
630 × 400					2 000 × 1 250				

注:① 本通风管道统一规格经"通风管道定型化"审查会议通过,作为通用规格在全国使用。
② 除尘、气密性风管规格中分基本系列和辅助系列,应优先采用基本系列(即不加括号数字)。

附录6　通风工程质量验收记录表

1. 通风与空调工程施工质量验收记录说明

（1）通风与空调分部工程的检验批质量验收记录由施工项目本专业质量检查员填写，监理工程师（建设单位项目专业技术负责人）组织项目专业质量检查员等进行验收，并按各个分项工程的检验批质量验收表的要求记录。

（2）通风与空调分部工程的分项工程质量验收记录由监理工程师（建设单位项目专业技术负责人）组织施工项目经理和有关专业设计负责人等进行验收。

（3）通风与空调分部（子分部）工程的质量验收记录由总监理工程师（建设单位项目专业技术负责人）组织项目专业质量检查员等进行验收。

2. 通风与空调工程施工质量检验批质量验收记录

（1）风管与配件制作检验批质量验收记录见表1、表2。

（2）风管部件与消声器制作检验批质量验收记录见表3。

（3）风管系统安装检验批质量验收记录见表4。

（4）通风机安装检验批质量验收记录见表5。

（5）通风与空调设备安装检验批质量验收记录见表6。

（6）防腐与绝热施工检验批质量验收记录见表7。

（7）工程系统调试检验批质量验收记录见表8。

3. 通风与空调分部工程的分项工程质量验收记录

通风与空调分部工程的分项工程质量验收记录见表9。

4. 通风与空调分部（子分部）工程的质量验收记录

（1）通风与空调各子分部工程的质量验收记录按下列规定：

①送、排风系统子分部工程见表10。

②防、排烟系统子分部工程见表11。

③除尘通风系统子分部工程见表12。

（2）通风与空调分部（子分部）工程的质量验收记录见表13。

附表6.1 风管与配件制作检验批质量验收记录(金属风管)

工程名称				分项工程名称			验收部位	
施工单位				专业专长 (施工员)			项目经理	
施工执行标准 名称及编号								
分包单位				分包项目经理			施工班组长	
		质量验收规范的规定				施工单位自检检查	监理(建设)单位验收记录	
主控项目	1	材质种类、性能及厚度			4.2.1条			
	2	防火风管材料及密封垫材料			4.2.3条			
	3	风管强度及严密性、工艺性检测			4.2.5条			
	4	风管的连接			4.2.6条			
	5	风管的加固			4.2.10条			
	6	矩形弯管制作及导流			4.2.12条			
	7	净化空调风管			4.2.13条			
一般项目	1	圆形弯管制作			4.3.1-1条			
	2	风管外观质量和外形尺寸			4.3.1-2.3条			
		允许偏差	风管外径或边长≤300		2			
			风管外径或边长>300		3			
			平口平面度		2			
	3	焊接风管			4.3.1-4条			
	4	法兰风管制作			4.3.2条			
	5	铝板或不锈钢板风管			4.3.2-4条			
	6	无法兰矩形风管制作			4.3.3条			
	7	无法兰圆形风管制作			4.3.3条			
	8	风管的加固			4.3.4条			
	9	净化空调风管			4.3.11条			
		施工操作依据						
		质量检查记录						

施工单位检查 结果评定	项目专业 质量检查员:	项目专业 技术负责人: 年 月 日
监理(建设) 单位验收结论	专业监理工程师: (建设单位项目专业技术负责人)	年 月 日

附表6.2 风管与配件制作检验批质量验收记录(非金属、复合材料风管)

工程名称				分项工程名称		验收部位	
施工单位				专业专长(施工员)		项目经理	
施工执行标准名称及编号							
分包单位				分包项目经理		施工班组长	
		质量验收规范的规定			施工单位自检检查	监理(建设)单位验收记录	
主控项目	1	材质种类、性能及厚度		4.2.2条			
	2	复合材料风管的材料		4.2.4条			
	3	风管强度及严密性工艺性检测		4.2.5条			
	4	风管的连接		4.2.6-7条			
	5	复合材料风管的连接		4.2.8条			
	6	砖、混凝土风道的变形缝		4.2.9条			
	7	风管的加固		4.2.11条			
	8	矩形弯管导流片		4.2.12条			
	9	净化空调风管		4.2.13条			
一般项目	1	风管的外形尺寸		4.3.1条			
	2	硬聚氯乙烯风管		4.3.5条			
	3	有机玻璃钢风管		4.3.6条			
	4	无机玻璃钢风管		4.3.7条			
	5	砖、混凝土风道		4.3.8条			
	6	双面铝箔绝热板风管		4.3.9条			
	7	铝箔玻璃纤维板风管		4.3.10条			
	8	净化空调风管		4.3.11条			
		施工操作依据					
		质量检查记录					
施工单位检查结果评定		项目专业质量检查员:		项目专业技术负责人:			年 月 日
监理(建设)单位验收结论		专业监理工程师:(建设单位项目专业技术负责人)					年 月 日

附表6.3 风管部件与消声器制作检验批质量验收记录

工程名称					分项工程名称			验收部位	
施工单位					专业专长(施工员)			项目经理	
施工执行标准名称及编号									
分包单位					分包项目经理			施工班组长	

		质量验收规范的规定					施工单位自检检查	监理(建设)单位验收记录
主控项目	1	一般风阀			5.2.1条			
	2	电动风阀			5.2.2条			
	3	防火阀、排烟阀			5.2.3条			
	4	防爆风阀			5.2.4条			
	5	净化空调系统风阀			5.2.5条			
	6	特殊风阀			5.2.6条			
	7	防排烟柔性短管			5.2.7条			
	8	消声弯管、消声器			5.2.8条			
一般项目	1	调节风阀			5.3.1条			
	2	止回风阀			5.3.2条			
	3	插板风阀			5.3.3条			
	4	三通调节阀			5.3.4条			
	5	风量平衡阀			5.3.5条			
	6	风罩			5.3.6条			
	7	风帽			5.3.7条			
	8	矩形弯管导流片			5.3.8条			
	9	柔性短管			5.3.9条			
	10	消声器			5.3.10条			
	11	检查门			5.3.11条			
	12	圆形风口	直径	≤250	>250			
			允许偏差	0~2	0~3			
		矩形风口	边长	<300	300~800	>800		
			允许偏差	0~1	0~-2	0~3		
			对角线长度	<300	300~500	>500		
			对角线长度之差	≤1	≤2	≤3		

施工操作依据	
质量检查记录	

施工单位检查结果评定	项目专业质量检查员:	项目专业技术负责人: 年 月 日
监理(建设)单位验收结论	专业监理工程师: (建设单位项目专业技术负责人)	年 月 日

附表6.4 风管系统安装检验批质量验收记录(送排风、排烟系统)

工程名称				分项工程名称		验收部位		
施工单位				专业专长 (施工员)		项目经理		
施工执行标准 名称及编号								
分包单位				分包项目经理		施工班组长		
		质量验收规范的规定			施工单位自检检查		监理(建设)单位验收记录	
主控项目	1	风管穿越防火、防爆墙		6.2.1 条				
	2	风管内严禁其他管线穿越		6.2.2 条				
	3	易燃、易爆环境风管		6.2.2-2 条				
	4	室外立管的固定拉索		6.2.2-3 条				
	5	高于80℃风管系统		6.2.3 条				
	6	风阀的安装、风管部件的安装		6.2.4 条				
	7	防火阀、排烟阀(口)安装		6.2.5 条				
	8	风管严密性检验		6.2.8 条				
	9	手动密闭阀安装		6.2.9 条				
一般项目	1	风管系统安装		6.3.1 条				
	2	无法兰风管系统的安装		6.3.2 条				
	3	风管连接的水平、垂直质量		6.3.3 条				
		允许偏差	明装水平风管、水平度	3/1 000 最大20				
			明装垂直风管、垂直度	3/1 000 最大20				
	4	风管的支、吊架		6.3.4 条				
	5	非金属风管的安装		6.3.5 条				
	6	复合材料风管的安装		6.3.6 条				
	7	集中式真空吸空系统安装		6.3.7 条				
	8	风阀的安装		6.3.8 条				
	9	风帽的安装		6.3.9 条				
	10	吸、排风罩的安装		6.3.10 条				
	11	风口安装允许偏差	位置和标高	不应大于 10 mm				
			水平度	不应大于 3/1 000				
			垂直度	不应大于 2/1 000				
	施工操作依据							
	质量检查记录							

施工单位检查 结果评定	项目专业 质量检查员:	项目专业 技术负责人:	年 月 日
监理(建设) 单位验收结论	专业监理工程师: (建设单位项目专业技术负责人)		年 月 日

附表6.5 通风机安装检验批质量验收记录

工程名称			分项工程名称			验收部位	
施工单位			专业专长（施工员）			项目经理	
施工执行标准名称及编号							
分包单位			分包项目经理			施工班组长	

		质量验收规范的规定			施工单位自检检查	监理（建设）单位验收记录
主控项目	1	通风机的安装		7.2.1条		
	2	通风机安全措施		7.2.2条		
一般项目	1	叶轮与机壳安装		7.3.1-1条		
	2	轴流风机叶片安装		7.3.1-2条		
		允许偏差	水平度	1/1 000		
	3	隔振器地面高度误差2 mm		7.3.1-3条		
	4	隔振器支吊架安装		7.3.1-4条		
	5	通风机安装允许偏差/mm				
		中心线的平面位移		10		
		标高		±10		
		皮带轮轮宽中心平面偏移		1		
		传动轴水平度	纵向	0.2/1 000		
			横向	0.3/1 000		
		联轴器	两轴芯径向位移	0.05		
			两轴线倾斜	0.2/1 000		
	施工操作依据					
	质量检查记录					

施工单位检查结果评定	项目专业质量检查员：	项目专业技术负责人： 年　月　日
监理（建设）单位验收结论	专业监理工程师： （建设单位项目专业技术负责人）	年　月　日

附表6.6 通风与空调设备安装检验批质量验收记录(通风系统)

工程名称				分项工程名称		验收部位	
施工单位				专业专长(施工员)		项目经理	
施工执行标准名称及编号							
分包单位				分包项目经理		施工班组长	
		质量验收规范的规定			施工单位自检检查	监理(建设)单位验收记录	
主控项目	1	通风机的安装		7.2.1条			
	2	通风机的安全措施		7.2.2条			
	3	除尘器的安装		7.2.4条			
	4	布袋与静电除尘器的接地		7.2.4-3条			
	5	静电空气过滤器安装		7.2.7条			
	6	电加热器的安装		7.2.8条			
	7	过滤吸收器的安装		7.2.10			
一般项目	1	通风机安装允许偏差	中心线的平面位移		10 mm		
			标高		±10 mm		
			皮带轮轮宽中心平面偏移		1 mm		
			传动轴水平度		纵向0.2‰ 横向0.3‰		
		联轴器	两轴芯长向位移		0.05 mm		
			两轴线倾斜		0.2‰		
	2	除尘设备安装允许偏差	除尘器部件及阀安装		7.3.5-2,3条		
			平面位移		≤10 mm		
			标高		±10 mm		
			垂直度	每米	≤2 mm		
				总偏差	≤10 mm		
	3	现场组装静电除尘器安装		7.3.6条			
	4	现场组装面袋除尘器安装		7.3.7条			
		脉冲袋式除尘器喷吹孔同心度允许偏差2 mm		3.3.7-4条			
	5	消声器安装		7.3.13条			
	6	空气过滤器安装		7.3.14条			
	7	蒸汽加湿器安装		7.3.18条			
	8	空气风幕机安装允许偏差	水平度		2/1 000		
			垂直度		2/1 000		
		施工操作依据					
		质量检查记录					
施工单位检查结果评定		项目专业质量检查员:			项目专业技术负责人: 年 月 日		
监理(建设)单位验收结论		专业监理工程师: (建设单位项目专业技术负责人)			年 月 日		

附表6.7 防腐与绝热施工检验批质量验收记录(风管系统)

工程名称			分项工程名称		验收部位	
施工单位			专业专长（施工员）		项目经理	
施工执行标准名称及编号						
分包单位			分包项目经理		施工班组长	
质量验收规范的规定				施工单位自检检查	监理(建设)单位验收记录	
主控项目	1	材料的验证	10.2.1条			
	2	防腐涂料或油漆质量	10.2.2条			
	3	电加热器与防火墙风管、管道和绝热层	10.2.3条			
	4	低温风管的绝热	10.2.4条			
	5	洁净室内风管	10.2.5条			
一般项目	1	防腐涂层质量	10.3.1条			
	2	空调设备、部件油漆或绝热	10.3.2条 10.3.3条			
	3	绝热材料厚度及平整度允许偏差 当采用卷材或板材	5 mm			
		采用涂抹或其他方式	10 mm			
	4	风管绝热黏接固定	10.3.5条			
	5	风管绝热层保温钉固定	10.3.6条			
	6	绝热涂料	10.3.7条			
	7	玻璃布保护层的施工	10.3.8条			
	8	金属保护壳的施工	10.3.12条			
施工操作依据						
质量检查记录						
施工单位检查结果评定	项目专业质量检查员：		项目专业技术负责人： 年 月 日			
监理(建设)单位验收结论	专业监理工程师：（建设单位项目专业技术负责人）				年 月 日	

续附表6.7 防腐与绝热施工检验批质量验收记录(管道系统)

工程名称			分项工程名称		验收部位	
施工单位			专业专长(施工员)		项目经理	
施工执行标准名称及编号						
分包单位			分包项目经理		施工班组长	

		质量验收规范的规定			施工单位自检检查	监理(建设)单位验收记录
主控项目	1	材料的验证		10.2.1条		
	2	防腐涂料或油漆质量		10.2.2条		
	3	电加热器与防火墙2 m管道		10.2.3条		
	4	低温风管的绝热		10.2.4条		
	5	洁净室内风管		10.2.5条		
一般项目	1	防腐涂层质量		10.3.1条		
	2	空调设备、部件油漆或绝热		10.3.2条 10.3.3条		
	3	绝热材料厚度及平整度允许偏差	当采用卷材或板材	5 mm		
			采用涂抹或其他方式	10 mm		
	4	绝热涂料		10.3.7条		
	5	玻璃布保护层的施工		10.3.8条		
	6	管道阀门的绝热		10.3.9条		
	7	管道绝热层的施工		10.3.10条		
	8	管道防潮层的施工		10.3.11条		
	9	金属保护层的施工		10.3.12条		
	10	机房内制冷管道色标		10.3.13条		
施工操作依据						
质量检查记录						

施工单位检查结果评定	项目专业质量检查员:	项目专业技术负责人: 年 月 日
监理(建设)单位验收结论	专业监理工程师:(建设单位项目专业技术负责人)	年 月 日

附表6.8 工程系统调试检验批质量验收记录

工程名称			分项工程名称		验收部位	
施工单位			专业专长（施工员）		项目经理	
施工执行标准名称及编号						
分包单位			分包项目经理		施工班组长	
		质量验收规范的规定		施工单位自检检查		监理(建设)单位验收记录
主控项目	单机试运转及调试	通风机、空调机组单机度运转及调试	11.2.2-1条			
		水泵单机试运转及调试	11.2.2-2条			
		冷却塔单机试运转及调试	11.2.2-3条			
		制冷机组单机试运转及调试	11.2.2-4条			
		电控防、排烟阀的动作试验	11.2.2-5条			
	无负荷联合试转及调试	系统风量的调试	11.2.3-1条			
		空调水系统的总流量测试	11.2.3-2条			
		空调温度、湿度地测量	11.2.3-3条			
		防、排系统调试	11.2.4条			
		净化空调系统的调试	11.2.5条			
一般项目	单机试运转	风机、空调机组、热泵、风机盘管	11.3.1-2,3条			
		水泵的安装	11.3.1-1条			
	通风工程系统调试	风口风量的平衡	11.3.2-2条			
	空调系统调试	水系统的试运行	11.3.3-1,3条			
		水系统检测元件的工作	11.3.3-2条			
		空调房间的参数	11.3.3-4,5,6条			
		工程的控制和监测元件和执行结构	11.3.4条			
施工操作依据						
质量检查记录						

施工单位检查结果评定	项目专业质量检查员：	项目专业技术负责人： 年 月 日
监理(建设)单位验收结论	专业监理工程师：（建设单位项目专业技术负责人）	年 月 日

附表6.9 通风与空调分部工程的分项工程质量验收记录

工程名称		结构类型		检验批数	
施工单位		项目经理		项目技术负责人	
分包单位		分包单位负责人		分包项目经理	
序号	检验批部位、区、段		施工单位检查评定结果	监理(建设)单位验收结论	
检查结论	项目专业技术负责人： 年 月 日			验收结论	监理工程师： (建设单位项目专业技术负责人) 年 月 日

附表6.10 通风与空调各子分部工程的质量验收记录(送、排风系统)

工程名称		结构类型		层数	
施工单位		技术部门负责人		质量部门负责人	
分包单位		分包单位负责人		分包技术负责人	
序号	分项工程名称	检验批数	施工单位检查评定意见		验收意见
1	风管与配件制作				
2	部件制作				
3	风管系统安装				
4	风机与空气处理设备安装				
5	消声设备制作与安装				
6	风管与设备防腐				
7	系统调试				
质量控制资料					
安全和功能检验(检测)报告					
观感质量验收					
验收单位	分包单位		项目经理:		年 月 日
	施工单位		项目经理:		年 月 日
	勘察单位		项目负责人:		年 月 日
	设计单位		项目负责人:		年 月 日
	监理(建设)单位	总监理工程师: (建设单位项目专业负责人)			年 月 日

附表6.11　通风与空调各子分部工程的质量验收记录(防、排烟系统)

工程名称		结构类型		层数		
施工单位		技术部门负责人		质量部门负责人		
分包单位		分包单位负责人		分包技术负责人		
序号	分项工程名称	检验批数		施工单位检查评定意见	验收意见	
1	风管与配件制作					
2	部件制作					
3	风管系统安装					
4	风机与空气处理设备安装					
5	排烟风口、常闭正压风口安装					
6	风管与设备防腐					
7	系统调试					
8	消声设备制作与安装（合用系统时检查）					
质量控制资料						
安全和功能检验(检测)报告						
观感质量验收						
验收单位	分包单位			项目经理：	年　月　日	
	施工单位			项目经理：	年　月　日	
	勘察单位			项目负责人：	年　月　日	
	设计单位			项目负责人：	年　月　日	
	监理(建设)单位		总监理工程师： (建设单位项目专业负责人)		年　月　日	

附表6.12 通风与空调各子分部工程的质量验收记录(除尘通风系统)

工程名称		结构类型		层数		
施工单位		技术部门负责人		质量部门负责人		
分包单位		分包单位负责人		分包技术负责人		
序号	分项工程名称		检验批数	施工单位检查评定意见		验收意见
1	风管与配件制作					
2	部件制作					
3	风管系统安装					
4	风机安装					
5	除尘器与排污设备安装					
6	风管与设备防腐					
7	风管与设备绝热					
8	系统调试					
质量控制资料						
安全和功能检验(检测)报告						
观感质量验收						
验收单位	分包单位		项目经理:			年 月 日
	施工单位		项目经理:			年 月 日
	勘察单位		项目负责人:			年 月 日
	设计单位		项目负责人:			年 月 日
	监理(建设)单位		总监理工程师: (建设单位项目专业负责人)			年 月 日

附表6.13 通风与空调分部(子分部)工程的质量验收记录

工程名称			结构类型		层数	
施工单位			技术部门负责人		质量部门负责人	
分包单位			分包单位负责人		分包技术负责	

序号	分项工程名称	检验批数	施工单位检查评定意见	验收意见
1	送、排风系统			
2	防、排风系统			
3	除尘系统			
4	空调系统			
5	净化空调系统			
6	制冷系统			
7	空调水系统			

质量控制资料	
安全和功能检验(检测)报告	
观感质量验收	

验收单位	分包单位	项目经理:	年 月 日
	施工单位	项目经理:	年 月 日
	勘察单位	项目负责人:	年 月 日
	设计单位	项目负责人:	年 月 日
	监理(建设)单位	总监理工程师: (建设单位项目专业负责人)	年 月 日

附录7　漏光法检测与漏风量测试

1. 漏光法检测

（1）漏光法检测是利用光线对小孔的强穿透力，对系统风管严密程度进行检测的方法。

（2）检测应采用具有一定强度的安全光源。手持移动光源可采用不低于 100 W 带保护罩的低压照明灯或其他低压光源。

（3）系统风管漏光检测时，光源可置于风管内侧或外侧，但其相对侧应为黑暗环境。检测光源应沿着被检测接口部位与接缝做缓慢移动，在另一侧进行观察，当发现有光线射出，则说明查到明显漏风处，并应做好记录。

（4）对系统风管的检测，宜采用分段检测、汇总分析的方法。在严格安装质量管理的基础上，系统风管的检测以总管和干管为主。当采用漏光法检测系统的严密性时，低压系统风管以每 10 m 接缝，漏光点不大于 2 处，且 100 m 接缝平均不大于 16 处为合格；中压系统风管每 10 m 接缝，漏光点不大于 1 处，且 100 m 接缝平均不大于 8 处为合格。

（5）漏光检测中对发现的条缝形漏光，应作密封处理。

2. 测试装置

（1）漏风量测试应采用经检验合格的专用测量仪器，或采用符合现行国家标准《流量测量节流装置》规定的计量元件搭设的测量装置。

（2）漏风量测试装置可采用风管式或风室式。风管式测试装置采用孔板做计量元件；风室式测试装置采用喷嘴做计量元件。

（3）漏风量测试装置的风机，其风压和风量应选择分别大于被测定系统或设备的规定试验压力及最大允许漏风量的 1.2 倍。

（4）漏风量测试装置试验压力的调节，可采用调整风机转速的方法，也可采用控制节流装置开度的方法。漏风量值必须在系统经调整后，保持稳压的条件下测得。

（5）漏风量测试装置的压差测定应采用微压计，其最小读数分格不应大于 2.0 Pa。

（6）风管式漏风量测试装置：

① 风管式漏风量测试装置由风机、连接风管、测压仪器、整流栅、节流器和标准孔板等组成（附图 7.1）。

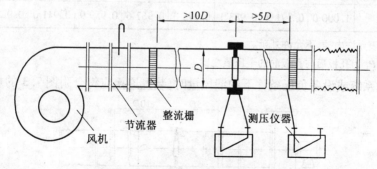

附图 7.1　正压风管式漏风量测试装置

② 本装置采用角接取压的标准孔板。孔板 β 值范围为 0.22 ~ 0.7（$\beta = d/D$）；孔板至前、后整流栅及整流栅外直管段距离，应分别符合大于 10 倍和 5 倍圆管直径 D 的规定。

③ 本装置的连接风管均为光滑圆管。孔板至上游 $2D$ 范围内其圆度允许偏差为 0.3%；下

游为 2%。

④ 孔板与风管连接,其前端与管道轴线垂直度允许偏差为 1°;孔板与风管同心度允许偏差为 $0.015D$。

⑤ 在第一整流栅后,所有连接部分应该严密不漏。

⑥ 用下列公式计算漏风量:

$$Q = 3\,600\varepsilon\alpha A_n\sqrt{\frac{2}{\rho}\Delta P}$$

式中 Q——漏风量,m^3/h;
  ε——空气流束膨胀系数;
  α——孔板的流量系数;
  A_n——孔板开口面积,m^2;
  ρ——空气密度,kg/m^3;
  ΔP——孔板差压,Pa。

⑦ 孔板的流量系数与 β 值的关系根据附图 7.2 确定,其适用范围应满足下列条件,在此范围内,不计管道粗糙度对流量系数的影响。

$$10^5 < Re < 2.0 \times 10^6$$
$$0.05 < \beta^2 \leq 0.49$$
$$50 \text{ mm} < D \leq 1\,000 \text{ mm}$$

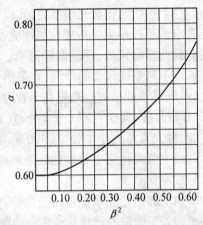

附图 7.2 孔板流量系数图

雷诺数小于 10^5 时,则应按现行国家标准《流量测量节流装置》求得流量系数 α。

⑧ 孔板的空气流束膨胀系数 ε 值可根据附表 7.1 查得。

附表 7.1 采用角接取压标准孔板流束膨胀系数 ε 值($k = 1.4$)

β^4 \ P_2/P_1	1.0	0.98	0.96	0.94	0.92	0.90	0.85	0.80	0.75
0.08	1.000 0	0.993 0	0.986 6	0.980 3	0.974 2	0.968 1	0.953 1	0.938 1	0.923 2
0.1	1.000 0	0.992 4	0.985 4	0.978 7	0.972 0	0.965 4	0.949 1	0.932 8	0.916 6
0.2	1.000 0	0.991 8	0.984 3	0.977 0	0.969 8	0.962 7	0.945 0	0.927 5	0.910 0
0.3	1.000 0	0.991 2	0.983 1	0.975 3	0.967 6	0.959 9	0.941 0	0.922 2	0.903 4

注:① 本表允许内插,不允许外延。
  ② P_2/P_1 为孔板后与孔板前的全压值之比。

⑨ 当测试系统或设备负压条件下的漏风量时,装置连接应符合附图 7.3 的规定。

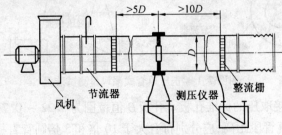

附图 7.3 负压风管式漏风量测试装置

(7) 风室式漏风量测试装置：

① 风室式漏风量测试装置由风机、连接风管、测压仪器、均流板、节流器、风室、隔板和喷嘴等组成，如附图7.4所示。

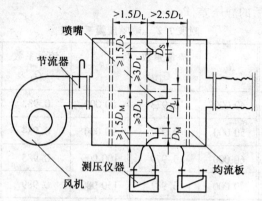

附图7.4　正压风室式漏风量测试装置

D_S—小号喷嘴直径；D_M—中号喷嘴直径；D_L—大号喷嘴直径

② 测试装置采用标准长颈喷嘴（附图7.5）。喷嘴必须按附图7.4的要求安装在隔板上，数量可为单个或多个。两个喷嘴之间的中心距离不得小于较大喷嘴喉部直径的3倍；任一喷嘴中心到风室最近侧壁的距离不得小于其喷嘴喉部直径的1.5倍。

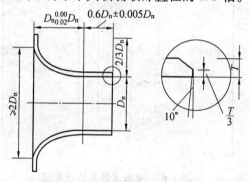

附图7.5　标准长颈喷嘴

③ 风室的断面面积不应小于被测定风量按断面平均速度小于0.75 m/s时的断面积。风室内均流板（多孔板）安装位置应符合附图7.4的规定。

④ 风室中喷嘴两端的静压取压接口，应为多个且均布于四壁。静压取压接口至喷嘴隔板的距离不得大于最小喷嘴喉部直径的1.5倍。然后，并联成静压环，再与测压仪器相接。

⑤ 采用本装置测定漏风量时，通过喷嘴喉部的流速应控制在15～35 m/s范围内。

⑥ 本装置要求风室中喷嘴隔板后的所有连接部分应严密不漏。

⑦ 用下列公式计算单个喷嘴风量：

$$Q_n = 3\,600 C_d A_d \sqrt{\frac{2}{\rho} \Delta P}$$

多个喷嘴风量：

$$Q = \sum Q_n$$

式中　Q_n——单个喷嘴漏风量，m^3/h；

C_d——喷嘴的流量系数(直径 127 mm 以上取 0.99,小于 127 mm 可按附表 7.2 或附图 7.6 查取);

A_d——喷嘴的喉部面积,m^2;

ΔP——喷嘴前后的静压差,Pa。

附表 7.2 喷嘴流量系数表

R_e	流量系数 C_d	R_e	流量系数 C_d	R_e	流量系数 C_d	R_e	流量系数 C_d
12 000	0.950	40 000	0.973	80 000	0.983	200 000	0.991
16 000	0.956	50 000	0.977	90 000	0.984	250 000	0.993
20 000	0.961	60 000	0.979	100 000	0.985	300 000	0.994
30 000	0.969	70 000	0.981	150 000	0.989	350 000	0.994

注:不计温度系数。

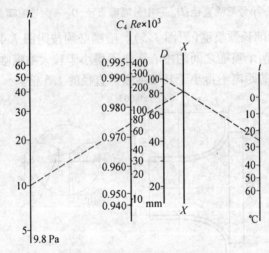

附图 7.6 喷嘴流量系数推算图

注:先用直径与温度标尺在指数标尺(X)上求点,再将指数与压力标尺点相连,可求取流量系数值。

⑧ 当测试系统或设备负压条件下的漏风量时,装置连接应符合附图 7.7 的规定。

3. 漏风量测试

(1) 正压或负压系统风管与设备的漏风量测试,分正压试验和负压试验两类。一般可采用正压条件下的测试来检验。

(2) 系统漏风量测试可以整体或分段进行。测试时,被测系统的所有开口均应封闭,不应漏风。

(3) 被测系统的漏风量超过设计和本规范的规定时,应查出漏风部位(可用听、摸、观察、水或烟检漏),做好标记;修补完工后,重新测试,直至合格。

(4) 漏风量测定值一般应为规定测试压力下的实测数值。特殊条件下,也可用相近或大于规定压力下的测试代替,其漏风量可按下式换算:

$$Q_0 = Q\left(\frac{P_0}{P}\right)^{0.65}$$

式中 P_0——规定试验压力,500 Pa;
  Q_0——规定试验压力下的漏风量,$m^3/(h \cdot m^2)$;
  P——风管工作压力,Pa;
  Q——工作压力下的漏风量,$m^3/(h \cdot m^2)$。

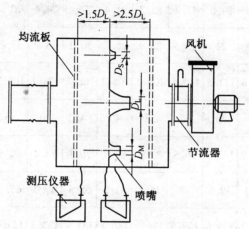

附图 7.7 负压风室式漏风量测试装置

附录 8 成年男子散热散湿量

附表 8.1 成年男子散热散湿量

活动程度	热湿量	室温 t_n/℃											
		16	17	18	19	20	21	22	23	24	25	26	27	28
静坐（剧场等）	显热	98.9	93	89.6	87.2	83.7	81.4	77.9	74.4	70.9	67.5	62.8	58.2	53.5
	潜热	17.4	19.8	22	23.3	25.9	26.7	30.2	33.7	37.2	40.7	45.4	50.0	54.7
	全热	116.3	112.8	111.6	110.5	109.3	108.2	108.2	108.2	108.2	108.2	108.2	108.2	108.2
	散湿	26	30	33	35	38	40	45	50	56	61	68	75	82
极轻活动（办公室、旅馆）	显热	108.2	104.7	100.0	96.5	89.6	84.9	79.1	74.4	69.8	65.1	60.5	56.9	51.2
	潜热	33.7	36.1	39.5	43	46.5	51.2	55.8	59.3	63.9	68.6	73.3	76.8	82.6
	全热	141.9	140.7	139.6	139.6	136.1	136.1	134.9	133.7	133.7	133.7	133.7	133.7	133.7
	散湿	50	54	59	64	69	76	83	89	96	102	109	115	123
轻度活动（商店、站立、工厂轻劳动等）	显热	117.5	111.6	105.8	98.9	93	87.2	81.4	75.6	69.8	64	58.2	51.2	46.2
	潜热	70.9	74.4	79.1	83.7	89.6	94.1	100.0	105.8	111.6	117.5	123.3	130.3	134.9
	全热	188.4	186.1	184.9	182.6	182.6	181.4	181.4	181.4	181.4	181.4	181.4	181.4	181.4
	散湿	105	110	118	126	134	140	150	158	167	175	184	194	203
中等活动（工厂中劳动）	显热	150	141.9	133.7	125.6	117.5	111.6	103.5	96.5	88.4	82.6	74.4	67.5	60.5
	潜热	86.1	94.2	102.3	110.5	117.5	123.3	131.4	138.5	146.5	152.4	160.5	167.5	174.5
	全热	236.1	236.1	236.1	236.1	234.9	234.9	234.9	234.9	234.9	234.9	234.9	234.9	234.9
	散湿	128	141	153	165	175	184	196	207	219	227	240	250	260
重度活动（工厂重劳动）	显热	191.9	186.1	180.3	174.5	168.6	162.8	157	151.2	145.4	139.6	133.7	127.9	122.1
	潜热	215.2	220.9	226.8	232.6	238.4	244.2	250	255.9	261.7	267.5	273.3	279.1	284.9
	全热	407.1	407.1	407.1	407.1	407.1	407.1	407.1	407.1	407.1	407.1	407.1	407.1	407.1
	散湿	321	330	339	347	356	365	373	382	391	400	408	417	425

注：表中显热、潜热、全热单位为 W/人，散湿量单位为 g/(h·人)。

附录9 居住区大气中有害物质最高允许浓度(摘要)

附表9.1 居住区大气中有害物质最高允许浓度(摘要)

物质名称	最高允许浓度/(mg·m^{-3})		物质名称	最高允许浓度/(mg·m^{-3})	
	一次	日平均		一次	日平均
一氧化碳	3.00	1.00	氧化氮(换算成NO_2)	0.15	
乙醚	1.01		砷化物(换算成As)		0.003
二甲苯	0.30		敌百虫	0.10	
二氧化硫	0.50	0.15	氢氰酸		0.01
二硫化碳	0.04		酚	0.02	
五氧化二磷	0.15	0.05	硫化氢	0.01	
丙烯腈		0.05	硫酸	0.30	0.10
丙烯醛	0.10		硝基苯	0.01	
丙酮	0.80		铅及其无机化合物(换算成F)		0.000 7
甲醇	3.00	1.00	铍		0.000 01
甲醛	0.05		氯	0.1	0.03
汞		0.000 3	氯丁二烯	0.1	
汽油(换算成C)	5.00	1.50	氯化氢	0.05	0.015
吡啶	0.08		铬	0.001 5	
苯	2.40	0.80	锰及其化合物(换算成MnO_2)	0.03	0.01
苯乙烯	0.01		灰尘自然沉降量*	0.3	
苯胺	0.10	0.03	煤烟	0.15	0.05
氟化物(换算成F)	0.02	0.007	飘尘	0.50	0.15
氨	0.20				

注:① 一次最高允许浓度,指任何一次测定结果的最大允许值。
② 日平均最高允许浓度,指任何一日的平均浓度的最大允许值。
③ 表中 * 是在当地清洁区基础上允许增加的数值。

附录10 车间空气中有害物质最高允许浓度(摘要)

附表10.1 车间空气中有害物质最高允许浓度(摘要)

物质名称	最高允许浓度/(mg·m^{-3})	物质名称	最高允许浓度/(mg·m^{-3})
一、有毒物质		氟化氢	1
一氧化碳[①]	30	氨	30
一甲烷	5	臭氧	0.3
乙醚	500	氧化氮(换算成 NO_2)	5
乙腈	3	氧化锌	5
二甲胺	10	氧化镉	0.1
二甲苯	100	砷化氢	0.3
二氧化硫	15	铅及其化合物	
二氧化硒	0.1	铅烟	0.03
二硫化碳(皮)	10	铅尘	0.05
丁烯	100	四乙基铅(皮)	0.005
丁二烯	100	硫化铅	0.5
二氧化二砷及五氧化二砷	0.3	铍及其化合物	0.001
吡啶	4	铀(可溶性化合物)	0.015
汞及其化合物		三氧化铬、铬酸盐、重铬酸盐(换算成 Cr_2O_3)	0.05
金属汞	0.01	五氧化二磷	1
升汞	0.1	六六六	0.1
有机汞化合物(皮)	0.005	丙酮	400
松节油	300	丙烯腈(皮)	2
环氧乙烷	5	丙烯醛	0.3
苯(皮)	40	甲苯	100
苯及其同系物一硝基化合物(硝基苯及硝基甲苯等)(皮)	5	甲醛	3
苯及其同系物的二及三硝基化合物(二硝基苯、三硝基甲苯等)(皮)	1	光气	0.5
苯胺、甲苯胺、二甲苯胺(皮)	5	有机化合物	
苯乙烯	40	乐果(皮)	1
钒及其化合物		敌百虫(皮)	1
五氧化二钒粉尘	0.5	敌敌畏(皮)	0.3
钽	0.05	氯	1
苛性碱(换算成NaOH)	0.5	氯化氢及盐酸	15
氯代烃		氯苯	50

续附表 10.1

物质名称	最高允许浓度/(mg·m^{-3})	物质名称	最高允许浓度/(mg·m^{-3})
二氯乙烷	25	二、生产性粉尘	
三氯乙烯	30	含有10%以上的游离二氧化硅的粉尘(石英、石英岩等)②	2
四氯化碳(皮)	25	石棉粉尘及含有10%以上石棉的粉尘	2
氯乙烯	30	含有10%以下游离二氧化硅的滑石粉尘	4
氯丁二烯(皮)	2	含有10%以下游离二氧化硅水泥粉尘	6
溶剂汽油	350	铀(不可溶性化合物)	0.075
滴滴涕	0.3	黄磷	0.03
钨及碳钨	6	酚(皮)	5
醋酸酯		氰化氢及氢氰酸盐(换算成HCN)(皮)	0.3
醋酸甲酯	100	硫酸及三氧化硫	2
醋酸乙酯	300	锆及其化合物	5
醇		锰及其化合物(换算成MnO_2)	0.2
甲醇	50	含有10%以下游离二氧化硅煤尘	10
丙醇	200	铝、氧化铝、铝合金粉尘	4
丁醇	200	玻璃棉和矿渣棉粉尘	5
戊醇	100	烟草及茶叶粉尘	3
糖醛	10	其他粉尘③	10
磷化氢	0.3		

注:1. 表中最高允许浓度是工人工作地点空气中有害物所不应超过的数值。工作地点是指工人在观察和管理生产过程而经常或定时停留的地点,如生产操作在车间内许多不同地点进行,则整个车间均为工作地点。

2. 有(皮)标记的为容易经皮肤吸收的有害物。

3. 工人在车间内停留的时间短暂,经采取措施仍不能达到上表浓度时,可与当地卫生主管部门协商解决。

4. 表中①是指一氧化碳的最高允许浓度在作业期间短暂时可以放宽:作业时间在1 h以内,一氧化碳允许浓度达到50 mg/m³;0.5 h以内 100 mg/m³;15~20 min 200 mg/m³。在上述条件下反复作业时,两次之间间隔2 h以上。

表中②是指80%以上游离二氧化硅的生产粉尘,应力求达到1 mg/m³。

表中③其他粉尘是指游离二氧化硅含量在10%以下,不含有毒性物质的矿物性和动植物性粉尘。

附录11 大气污染物综合排放标准

本标准规定的最高允许排放速率,现有污染源分为一、二、三级,新污染源分为二、三级。按污染源所在的环境空气质量功能区类别,执行相应级别的排放速率标准,即:

位于一类区的污染源执行一级标准(一类区禁止新、扩建污染源,一类区现有污染源改建时执行现有污染源的一级标准);

位于二类区的污染源执行的二级标准;

位于三类区的污染源执行三级标准。

附表11.1 现有污染源大气污染物排放限值

序号	污染物	最高允许排放浓度 /(mg·m^{-3})	最高允许排放速率/(kg·h^{-1})				无组织排放监控浓度限值	
			排气筒高度/m	一级	二级	三级	监控点	浓度/(mg·m^{-3})
1	二氧化碳	1 200 (硫、二氧化硫、硫酸和其他含硫化合物生产) 700 (硫、二氧化硫、硫酸和其他含硫化合物使用)	15 20 30 40 50 60 70 80 90 100	1.6 2.6 8.8 15 23 33 47 63 82 100	3.0 5.1 17 30 45 64 91 120 160 200	4.1 7.7 26 45 69 98 140 190 240 310	无组织排放源上风向设参照点,下风向设监控点①	0.5 (监控点与参照点浓度差值)
2	氮氧化物	1 700 (硝酸、氮肥和火炸药生产) 420 (硝酸使用和其他)	15 20 30 40 50 60 70 80 90 100	0.47 0.77 2.6 4.6 7.0 9.9 14 19 24 21	0.91 1.5 5.1 8.9 14 19 27 37 47 61	1.4 2.3 7.7 14 21 29 41 56 72 92	无组织排放源上风向设参照点,下风向设监控点	0.15 (监控点与参照点浓度差值)
3	颗粒物	22 (炭黑尘、染料尘)	15 20 30 40	禁 排	0.60 1.0 4.0 6.8	0.87 1.5 5.9 10	周界外浓度最高点②	肉眼不可见
		80③ (玻璃棉尘、石英粉尘、矿渣棉尘)	15 20 30 40	禁 排	2.2 3.7 14 25	3.1 5.3 21 37	无组织排放源上风向设参照点,下风向设监控点	2.0 (监控点与参照点浓度差值)
		150 (其他)	15 20 30 40 50 60	2.1 3.5 14 24 36 51	4.1 6.9 27 46 70 100	5.9 10 40 69 110 150	无组织排放源上风向设参照点,下风向设监控点	5.0 (监控点与参照点浓度差值)

续附表 11.1

序号	污染物	最高允许排放浓度 /(mg·m^{-3})	最高允许排放速率/(kg·h^{-1})				无组织排放监控浓度限值	
			排气筒高度/m	一级	二级	三级	监控点	浓度/(mg·m^{-3})
4	氯化氢	150	15 20 30 40 50 60 70 80	禁排	0.30 0.51 3.0 4.5 6.4 9.1 12	0.46 0.77 2.6 4.6 6.9 14.19	周界外浓度最高点	0.25
5	铬酸雾	0.080	15 20 30 40 50 60	禁排	0.009 0.015 0.089 0.14 0.19	0.014 0.023 0.078 0.13 0.21 0.29	周界外浓度最高点	0.007 5
6	硫酸雾	1 000 (火炸药厂) 70 (其他)	15 20 30 40 50 60 70 80	禁排	1.8 3.1 10 18 27 39 55 74	2.8 4.6 16 27 41 59 83 110	周界外浓度最高点	1.5
7	氟化物	100 (普钙工业) 11 (其他)	15 20 30 40 50 60 70 80	禁排	0.12 0.20 0.69 1.2 1.8 2.6 3.6 4.9	0.18 0.31 1.0 1.8 2.7 3.9 5.5 7.5	无组织排放源上风设参照点,下风向设监控点	20 μg/m^3 (监控点与参照点浓度差值)
8	氯气④	85	25 30 40 50 60 70 80	禁排	0.60 1.0 3.4 5.9 9.1 13.3 1.8	0.90 1.5 5.2 9.0 14 20 28	周界外浓度最高点	0.50

续附表 11.1

序号	污染物	最高允许排放浓度 /(mg·m^{-3})	最高允许排放速率/(kg·h^{-1})				无组织排放监控浓度限值	
			排气筒高度/m	一级	二级	三级	监控点	浓度/(mg·m^{-3})
9	铅及其化合物	0.90	15	禁排	0.005	0.007	周界外浓度最高点	0.0015
			20		0.007	0.011		
			30		0.031	0.048		
			40		0.055	0.083		
			50		0.085	0.13		
			60		0.12	0.18		
			70		0.17	0.26		
			80		0.23	0.35		
			90		0.31	0.47		
			100		0.39	0.60		
10	汞及其化合物	0.015	15	禁排	1.8×10^{-3}	2.8×10^{-3}	周界外浓度最高点	0.0015
			20		3.1×10^{-3}	4.6×10^{-3}		
			30		10×10^{-3}	16×10^{-3}		
			40		18×10^{-3}	27×10^{-3}		
			50		27×10^{-3}	41×10^{-3}		
			60		39×10^{-3}	59×10^{-3}		
11	镉及其化合物	1.0	15	禁排	0.060	0.090	周界外浓度最高点	0.050
			20		0.10	0.15		
			30		0.34	0.52		
			40		0.59	0.90		
			50		0.91	1.4		
			60		1.3	2.0		
			70		1.8	2.8		
			80		2.5	3.7		
12	铍及其化合物	0.015	15	禁排	1.3×10^{-3}	2.0×10^{-3}	周界外浓度最高点	0.0010
			20		2.2×10^{-3}	3.3×10^{-3}		
			30		7.3×10^{-3}	11×10^{-3}		
			40		13×10^{-3}	19×10^{-3}		
			50		19×10^{-3}	29×10^{-3}		
			60		27×10^{-3}	41×10^{-3}		
			70		39×10^{-3}	58×10^{-3}		
			80		52×10^{-3}	79×10^{-3}		

续附表 11.1

序号	污染物	最高允许排放浓度 /(mg·m^{-3})	最高允许排放速率/(kg·h^{-1})				无组织排放监控浓度限值	
			排气筒高度/m	一级	二级	三级	监控点	浓度/(mg·m^{-3})
13	镍及其化合物	5.0	15 20 30 40 50 60 70 80	禁排	0.18 0.46 1.6 2.7 4.1 5.5 7.4	0.28 0.46 1.6 2.7 4.1 5.9 8.2 11	周界外浓度最高点	0.050
14	锡及其化合物	10	15 20 30 40 50 60 70 80	禁排	0.36 0.61 2.1 3.5 5.4 7.7 11 15	0.55 0.93 3.1 5.4 8.2 12 17 22	周界外浓度最高点	0.30
15	苯	17	15 20 30 40	禁排	0.60 1.0 3.3 6.0	0.90 1.5 5.2 9.0	周界外浓度最高点	0.50
16	甲苯	60	15 20 30 40	禁排	3.6 6.1 21 36	5.5 9.3 31 54	周界外浓度最高点	3.0
17	二甲苯	90	15 20 30 40	禁排	1.2 2.0 6.9 12	1.8 3.1 10 18	周界外浓度最高点	1.5
18	酚类	115	15 20 30 40 50 60	禁排	0.30 0.51 1.7 3.0 4.5 6.4	0.46 0.77 2.6 4.5 6.9 9.8	周界外浓度最高点	0.25
19	甲醛	30	15 20 30 40 50 60	禁排	0.30 0.51 1.7 3.0 4.5 6.4	0.46 0.77 2.6 4.5 6.9 9.8	周界外浓度最高点	0.25

续附表11.1

序号	污染物	最高允许排放浓度 /(mg·m^{-3})	最高允许排放速率/(kg·h^{-1})				无组织排放监控浓度限值	
			排气筒高度/m	一级	二级	三级	监控点	浓度/(mg·m^{-3})
20	乙醛	150	15 20 30 40 50 60	禁排	0.060 0.10 0.17 0.34 0.59 1.3	0.090 0.15 0.52 0.90 1.4 2.0	周界外浓度最高点	0.050
21	丙烯腈	26	15 20 30 40 50 60	禁排	0.91 1.5 5.1 8.9 14 19	1.4 2.3 7.8 13 21 29	周界外浓度最高点	0.75
22	丙烯醛	20	15 20 30 40 50 60	禁排	0.61 1.0 3.4 5.9 9.1 13	0.92 1.5 5.2 9.0 14 20	周界外浓度最高点	0.50
23	氰化氢⑤	2.3	25 30 40 50 60 70 80	禁排	0.18 0.31 1.0 1.8 2.7 3.9 5.5	0.28 0.46 1.6 2.7 4.1 5.9 8.3	周界外浓度最高点	0.030
24	甲醇	220	15 20 30 40 50 60	禁排	6.1 10 34 59 91 130	9.2 15 52 90 140 200	周界外浓度最高点	15
25	苯胺类	25	15 20 30 40 50 60	禁排	0.61 1.0 3.4 5.9 9.1 13	0.92 1.5 5.2 9.0 14 20	周界外浓度最高点	0.50

续附表 11.1

序号	污染物	最高允许排放浓度 /(mg·m⁻³)	最高允许排放速率/(kg·h⁻¹)				无组织排放监控浓度限值	
			排气筒高度/m	一级	二级	三级	监控点	浓度/(mg·m⁻³)
26	氯苯类	85	15	禁排	0.67	0.92	周界外浓度最高点	0.50
			20		1.0	1.5		
			30		2.9	4.4		
			40		5.0	7.6		
			50		7.7	12		
			60		11	17		
			70		15	23		
			80		21	32		
			90		17	41		
			100		34	52		
27	硝基苯类	20	15	禁排	0.060	0.090	周界外浓度最高点	0.050
			20		0.10	0.15		
			30		0.34	0.52		
			40		0.59	0.90		
			50		0.91	1.4		
			60		1.3	2.0		
28	氯乙烯	65	15	禁排	0.91	1.4	周界外浓度最高点	0.75
			20		1.5	2.3		
			30		5.0	7.8		
			40		8.9	13		
			50		14	21		
			60		19	29		
29	苯并[a]芘	0.50×10⁻³（沥青、碳素制品生产和加工）	15	禁排	0.06×10⁻³	0.09×10⁻³	周界外浓度最高点	0.01 μg/m³
			20		0.10×10⁻³	0.15×10⁻³		
			30		0.34×10⁻³	0.51×10⁻³		
			40		0.59×10⁻³	0.89×10⁻³		
			50		0.90×10⁻³	1.4×10⁻³		
			60		1.3×10⁻³	2.0×10⁻³		
30	光气⑤	5.0	25	禁排	0.12	0.18	周界外浓度最高点	0.10
			30		0.20	0.31		
			40		0.69	1.0		
			50		1.2	1.8		
31	沥青烟	280（吹制沥青） 80（熔炼、浸涂） 150（建筑搅拌）	15	0.11	0.22	0.34	生产设备不得有明显无组织排放存在	
			20	0.19	0.36	0.55		
			30	0.82	1.6	2.4		
			40	1.4	2.8	4.2		
			50	2.2	4.3	6.6		
			60	3.0	5.9	9.0		
			70	4.5	8.7	13		
			80	6.2	12	18		

续附表 11.1

序号	污染物	最高允许排放浓度 /(mg·m^{-3})	最高允许排放速率/(kg·h^{-1})				无组织排放监控浓度限值	
			排气筒高度/m	一级	二级	三级	监控点	浓度/(mg·m^{-3})
32	石棉尘	2 根(纤维)/cm^3 或 20 mg/m^3	15 20 30 40 50	禁排	0.65 1.1 4.2 7.2 11	0.98 1.7 6.4 11 17	生产设备不得有明显无组织排放存在	
33	非甲烷总烃	150（使用溶剂汽油或其他混合烃类物质）	15 20 30 40	6.3 10 35 61	12 20 63 120	18 30 100 170	周界外浓度最高点	5.0

注：① 一般应于无组织排放源上风向 2~50 m 范围内设参考点，排放源下风向 2~50 m 范围内设监控点。
② 周界外浓度最高点一般应设于排放源下风向的单位周界外 10 m 范围内。如预计无组织排放的最大落地浓度点越出 10 m 范围，可将监控点移至该预计浓度最高点。
③ 均指含游离二氧化硅 10% 以上的各种尘。
④ 排放氯气的排气筒不得低于 25 m。
⑤ 排放氰化氢的排气筒不得低于 25 m。
⑥ 排放光气的排气筒不得低于 25 m。

附录12　新污染源大气污染物排放限值

附表 12.1　新污染源大气污染物排放限值

序号	污染物	最高允许排放浓度 /(mg·m^{-3})	最高允许排放速率/(kg·h^{-1})			无组织排放监控浓度限值	
			排气筒高度/m	二级	三级	监控点	浓度 /(mg·m^{-3})
1	二氧化硫	960（硫、二氧化硫、硫酸和其他含硫化合物生产）	15	2.6	3.5	周界外浓度最高点	0.40
			20	4.3	6.6		
			30	15	22		
			40	25	38		
			50	39	58		
		550（硫、二氧化硫、硫酸和其他含硫化合物使用）	60	55	83		
			70	77	120		
			80	110	160		
			90	130	200		
			100	170	270		
2	氮氧化物	1 400（硝酸、氮肥和火炸药生产）	15	0.77	1.2	周界外浓度最高点	0.12
			20	1.3	2.0		
			30	4.4	6.6		
			40	7.5	11		
			50	12	18		
		240（硝酸使用和其他）	60	16	25		
			70	23	35		
			80	31	47		
			90	40	61		
			100	52	78		
3	颗粒物	18（炭黑尘、染料尘）	15	0.51	0.74	周界外浓度最高点	肉眼不可见
			20	0.85	1.3		
			30	3.4	5.0		
			40	5.8	8.5		
		60[②]（玻璃棉尘、石英粉尘、矿渣棉尘）	15	1.9	2.6	周界外浓度最高点	1.0
			20	3.1	4.5		
			30	12	18		
			40	21	31		
		120（其他）	15	3.5	5.0	周界外浓度最高点	1.0
			20	5.9	8.5		
			30	23	34		
			40	39	59		
			50	60	94		
			60	85	130		

续附表 12.1

序号	污染物	最高允许排放浓度 /(mg·m⁻³)	最高允许排放速率/(kg·h⁻¹)			无组织排放监控浓度限值	
			排气筒高度/m	二级	三级	监控点	浓度/(mg·m⁻³)
4	氯化氢	100	15	0.26	0.39	周界外浓度最高点	0.20
			20	0.43	0.65		
			30	1.4	2.2		
			40	2.6	3.8		
			50	3.8	5.9		
			60	5.4	8.3		
			70	7.7	12		
			80	10	16		
5	铬酸雾	0.070	15	0.008	0.012	周界外浓度最高点	0.006 0
			20	0.013	0.20		
			30	0.043	0.066		
			40	0.076	0.12		
			50	0.12	0.18		
			60	0.16	0.25		
6	硫酸雾	430（火炸药厂） 45（其他）	15	1.5	2.4	周界外浓度最高点	1.2
			20	2.6	3.9		
			30	8.8	13		
			40	15	23		
			50	23	35		
			60	33	50		
			70	46	70		
			80	63	95		
7	氟化物	90（普钙工业） 9.0（其他）	15	0.10	0.15	周界外浓度最高点	20 μg/m³
			20	0.17	0.26		
			30	0.59	0.88		
			40	1.0	1.5		
			50	1.5	2.3		
			60	2.2	3.3		
			70	3.1	4.7		
			80	4.2	6.3		
8	氯气③	65	25	0.52	0.78	周界外浓度最高点	0.40
			30	0.87	1.3		
			40	2.9	4.4		
			50	5.0	7.6		
			60	7.7	12		
			70	11	17		
			80	15	23		

续附表 12.1

序号	污染物	最高允许排放浓度 /(mg·m^{-3})	最高允许排放速率/(kg·h^{-1})			无组织排放监控浓度限值	
			排气筒高度/m	二级	三级	监控点	浓度/(mg·m^{-3})
9	铅及其化合物	0.70	15	0.004	0.006	周界外浓度最高点	0.006 0
			20	0.006	0.009		
			30	0.027	0.041		
			40	0.047	0.071		
			50	0.072	0.11		
			60	0.10	0.15		
			70	0.15	0.22		
			80	0.20	0.30		
			90	0.26	0.40		
			100	0.33	0.51		
10	汞及其化合物	0.012	15	1.5×10^{-3}	2.4×10^{-3}	周界外浓度最高点	0.001 2
			20	2.6×10^{-3}	3.9×10^{-3}		
			30	7.8×10^{-3}	13×10^{-3}		
			40	15×10^{-3}	23×10^{-3}		
			50	3×10^{-3}	35×10^{-3}		
			60	33×10^{-3}	50×10^{-3}		
11	镉及其化合物	0.85	15	0.050	0.080	周界外浓度最高点	0.040
			20	0.090	0.13		
			30	0.29	0.44		
			40	0.50	0.77		
			50	0.77	1.2		
			60	1.1	1.7		
			70	1.5	2.3		
			80	2.1	3.2		
12	铍及其化合物	0.012	15	1.1×10^{-3}	1.7×10^{-3}	周界外浓度最高点	0.000 8
			20	1.8×10^{-3}	2.8×10^{-3}		
			30	6.2×10^{-3}	9.4×10^{-3}		
			40	11×10^{-3}	16×10^{-3}		
			50	16×10^{-3}	25×10^{-3}		
			60	23×10^{-3}	35×10^{-3}		
			70	33×10^{-3}	50×10^{-3}		
			80	44×10^{-3}	67×10^{-3}		
13	镍及其化合物	4.3	15	0.15	0.24	周界外浓度最高点	0.040
			20	0.26	0.34		
			30	0.88	1.3		
			40	1.5	2.3		
			50	2.3	3.5		
			60	3.3	5.0		
			70	4.6	7.0		
			80	6.3	10		

续附表 12.1

序号	污染物	最高允许排放浓度 /(mg·m^{-3})	最高允许排放速率/(kg·h^{-1})			无组织排放监控浓度限值	
			排气筒高度/m	二级	三级	监控点	浓度/(mg·m^{-3})
14	锡及其化合物	8.5	15 20 30 40 50 60 70 80	0.31 0.52 1.8 3.0 4.6 6.6 9.3 13	0.47 0.79 2.7 4.6 7.0 10 14 19	周界外浓度最高点	0.24
15	苯	12	15 20 30 40	0.50 0.90 2.9 5.6	0.80 1.3 4.4 7.6	周界外浓度最高点	0.40
16	甲苯	40	15 20 30 40	3.1 5.2 18 30	4.7 7.9 27 46	周界外浓度最高点	2.4
17	二甲苯	70	15 20 30 40	1.0 1.7 5.9 10	1.5 2.6 8.8 15	周界外浓度最高点	1.2
18	酚类	100	15 20 30 40 50 60	0.10 0.17 0.58 1.0 1.5 2.2	0.15 0.26 0.88 1.5 2.3 3.3	周界外浓度最高点	0.080
19	甲醛	25	15 20 30 40 50 60	0.26 0.43 1.4 2.6 3.8 5.4	0.39 0.65 2.2 3.8 5.9 8.3	周界外浓度最高点	0.20
20	丙烯腈	22	15 20 30 40 50 60	0.77 1.3 4.4 7.5 12 16	1.2 2.0 6.6 11 18 25	周界外浓度最高点	0.60

续附表 12.1

序号	污染物	最高允许排放浓度 /(mg·m^{-3})	最高允许排放速率/(kg·h^{-1})			无组织排放监控浓度限值	
			排气筒高度/m	二级	三级	监控点	浓度/(mg·m^{-3})
22	丙烯醛	16	15 20 30 40 50 60	0.52 0.87 2.9 5.0 7.7 11	0.78 1.3 4.4 7.6 12 17	周界外浓度最高点	0.40
23	氰化氢④	1.9	25 30 40 50 60 70 80	0.15 0.26 0.88 1.5 2.3 3.3 4.6	0.24 0.39 1.3 2.3 3.5 5.0 7.0	周界外浓度最高点	0.024
24	甲醇	190	15 20 30 40 50 60	5.1 8.6 29 50 77 100	7.8 13 44 70 120 170	周界外浓度最高点	12
25	苯胺类	20	15 20 30 40 50 60	0.52 0.87 2.9 5.0 7.7 11	0.78 1.3 4.4 7.6 12 17	周界外浓度最高点	0.40
26	氯苯类	60	15 20 30 40 50 60 70 80 90 100	0.52 0.87 2.5 4.3 6.6 9.3 13 18 23 29	0.78 1.3 3.8 6.5 9.9 14 20 27 35 44	周界外浓度最高点	0.4
27	硝基苯类	16	15 20 30 40 50 60	0.050 0.090 0.29 0.50 0.77 1.1	0.080 0.13 0.44 0.77 1.2 1.7	周界外浓度最高点	0.040

续附表 12.1

序号	污染物	最高允许排放浓度 /(mg·m^{-3})	最高允许排放速率/(kg·h^{-1}) 排气筒高度/m	二级	三级	无组织排放监控浓度限值 监控点	浓度 /(mg·m^{-3})
28	氯乙烯	36	15 20 30 40 50 60	0.77 1.3 4.4 7.5 12 16	1.2 2.0 6.6 11 18 25	周界外浓度最高点	0.60
29	苯并[a]芘	0.30×10^{-3} (沥青及碳素制品生产和加工)	15 20 30 40 50 60	0.050×10^{-3} 0.085×10^{-3} 0.29×10^{-3} 0.50×10^{-3} 0.77×10^{-3} 1.1×10^{-3}	0.080×10^{-3} 0.13×10^{-3} 0.43×10^{-3} 0.76×10^{-3} 1.2×10^{-3} 1.7×10^{-3}	周界外浓度最高点	0.008 μg/m^3
30	光气⑤	3.0	15 20 30 40	0.10 0.17 0.59 1.0	0.15 0.26 0.88 1.5	周界外浓度最高点	0.080
31	沥青烟	140(吹制沥青) 40(熔炼、浸涂) 75(建筑搅拌)	25 30 40 50 60 70 80	0.18 0.30 1.3 2.3 5.6 7.4 10	0.27 0.45 2.0 3.5 5.4 7.5 11 15	生产设备不得有明显的无组织排放存在	
32	石棉尘	1根(纤维)/cm^3 或 10 mg/m^3	15 20 30 40 50	0.55 0.93 3.6 6.2 9.4	0.83 1.4 5.4 9.3 14	生产设备不得有明显的无组织排放存在	
33	非甲烷总烃	120(使用溶剂汽油或其他混合烃类物质)	15 20 30 40	10 17 53 100	16 27 83 150	周界外浓度最高点	4.0

注:① 周界外浓度最高点一般应设置于无组织排放源下风向的单位周界外 10 m 范围内,若预计无组织排放的最大落地浓度点越出 10 m 范围,可将监控点移至该预计浓度最高点。
② 均指含游离二氧化硅超过 10% 以上的各种尘。
③ 排放氯气的排放筒不得低于 25 m。
④ 排放氰化氢的排气筒不得低于 25 m。
⑤ 排放光气的排气筒不得低于 25 m。

附录13　镀槽边缘控制点的吸入速度

附表13.1　镀槽边缘控制点的吸入速度(m/s)

槽的用途	溶液中主要有害物	溶液温度 /℃	电流密度 /(A·cm^{-2})	v_x /(m·s^{-1})
镀铬	H_2SO_4、CrO_3	55~58	20~35	0.5
镀耐磨铬	H_2SO_4、CrO_3	68~75	35~70	0.5
镀铬	H_2SO_4、CrO_3	40~50	10~20	0.4
电化学抛光	H_3PO_4、H_2SO_4、CrO_3	70~90	15~20	0.4
电化学腐蚀	H_2SO_4、KCN	15~25	8~10	0.4
氰化镀锌	ZnO、NaCN、NaCN	40~70	5~20	0.4
氰化镀铜	CuCN、KCN、NaCN	55	2~4	0.4
镍层电化学抛光	H_2SO_4、CrO_3、$C_3H_5(OH)_3$	40~45	15~20	0.4
铝件电抛光	H_3PO_4、$C_3H_5(OH)_3$	85~90	30	0.4
电化学去油	NaOH、Na_2CO_3、Na_3PO_4、Na_2SiO_3	80	3~8	0.35
阳极腐蚀	H_2SO_4	15~25	3~5	0.35
电化学抛光	H_3PO_4	18~20	1.5~2	0.35
镀镉	NaCN、NaOH、Na_2SO_4	15~25	1.5~4	0.35
氰化镀锌	ZnO、NaCN、NaOH	15~30	2~5	0.35
镀铜锡合金	NaCN、CuCN、NaOH、Na_2SnO_3	65~70	2~2.5	0.35
镀镍	$NiSO_4$、NaCl、$COH_6(SO_3Na)_2$	50	3~4	0.35
镀锌(碱)	Na_2SNO_2、NaOH、CH_3COONa、H_2O_2	65~75	1.5~2	0.35
镀锌(滚)	Na_2SnO_3、NaOH、CH_3COONa	70~80	1~4	0.35
镀锌(酸)	SnO_4、NaOH、H_2SO_4、C_6H_5OH	65~75	0.5~2	0.35
氰化电化学腐蚀	KCN	15~25	3~5	0.35
镀金	$K_4Fe(CN)_6$、Na_2CO_3、$H(AuCl)_4$	70	4~6	0.35
铝件电抛光	Na_3PO_4	—	20~25	0.35
钢件电化学氧化	NaOH	80~90	5~10	0.35
退铬	NaOH	室温	5~10	0.35
酸性镀铜	$CuCO_3$、H_2SO_4	15~25	1~2	0.3

续附表 13.1

槽的用途	溶液中主要有害物	溶液温度 /℃	电流密度 /(A·cm^{-2})	v_x /(m·s^{-1})
氰化镀黄铜	$CuCN$、$NaCN$、Na_2SO_3、$Zn(CN)_2$	20~30	0.3~0.5	0.3
氰化镀黄铜	$CuCN$、$NaCN$、$NaOH$、Na_2SO_3、$Zn(CN)_2$	15~25	1~1.5	0.3
镀镍	$NiSO_4$、Na_2SO_4、$NaCl$、$MgSO_4$	15~25	0.5~1	0.3
镀锡铅合金	Pb、Sn、H_3BO_4、HBF_4	15~25	1~1.2	0.3
电解纯化	Na_2CO_3、K_2CrO_4、H_2CO_5	20	1~6	0.3
铝阳极氧化	H_2SO_4	15~25	0.8~2.5	0.3
铝件阳极绝缘氧化	$C_2H_4O_4$	20~45	1~5	0.3
退铜	H_2SO_4、CrO_3	20	3~8	0.3
退镍	H_2SO_4、$C_3H_5(OH)_3$	20	3~8	0.3
化学去油	$NaOH$、Na_2CO_3、Na_3PO_4	—	—	0.3
黑镍	$NiSO_4$、$(NH_4)_2SO_4$、$ZnSO_4$	15~25	0.2~0.3	0.25
镀银	KCN、$AgCl$	20	0.5~1	0.25
预镀银	KCN、K_2CO_3	15~25	1~2	0.25
镀银后黑化	Na_2S、Na_2SO_3、$(CH_3)_2CO$	15~25	0.08~0.1	0.25
镀铍	$BeSO_4$、$(NH_4)_2Mo_7O_{24}$	15~25	0.005~0.02	0.25
镀金	KCN	20	0.1~0.2	0.25
镀钯	Pa、NH_4Cl、NH_4OH、NH_3	20	0.25~0.5	0.25
铝件铬酐阳极氧化	CrO_3	15~25	0.01~0.02	0.25
退银	$AgCl$、KCN、Na_2CO_3	20~30	0.3~1.0	0.25
退锡	$NaOH$	65~75	1	0.25
热水槽	水蒸气	>50	—	0.25

注:v_x 值是根据溶液浓度、成分、温度和电流密度等因素综合确定。

附录14 建筑通风防排烟施工图实例

附表14.1 建筑通风防排烟施工图实例

×××× 建筑设计院 建设部甲级××××××号		图纸目录						工程编号	
								设计阶段	设施
		工程名称						日期	
		建设单位						共 页 第 页	
序号	专业类别及图纸编号	图纸名称	图幅张数					修改版次	备注
			0#	1#	2#	2.25#	2.5#	3#	
1	设施01	暖通设计说明(一)							
2	设施02	暖通设计说明(二)							
3	设施03	暖通设计说明(三)							
4	设施04	暖通设计说明(四)							
5	设施05	设备材料明细表							
6	设施06	平时地下二层通风平面图							
7	设施07	战时地下二层通风平面图							
8	设施08	战时进风系统原理图、人防设计说明及材料表、A-A剖面图							
9	设施09	地下一层空调水平面图							略
10	设施10	地下一层通风及制冷机房平面图							
11	设施11	1-1剖面图、2-2剖面图、3-3剖面图、4-4剖面图							略
12	设施12	空调水系统原理图、主要设备明细表							略
13	设施13	一层空调平面图							
14	设施14	一层空调水平面图							略
15	设施15	二层至二十六层空调平面图							略
16	设施16	二层至二十六层空调水平面图							略
17	设施17	二十七层空调平面图							略
18	设施18	二十八层空调平面图							略
19	设施19	屋顶平面图							
20	设施20	防排烟系统原理图							
21	设施21								
22	设施22								
23	设施23								
24	设施24								
25	设施25								

本工程折算 1#图共_____张

专业负责人_____ 设计_____ 校对_____

设计说明

1. 设计依据
(1)《采暖通风与空气调节设计规范》(GB 50019—2003)。
(2)《旅游旅馆建筑热工与空气调节节能设计标准》(GB 50189—1993)。
(3)《人民防空地下室设计规范》(GB 50038—1994)。
(4)《高层民用建筑设计防火规范》(GB 50045—1995)(2001 年版)。
(5)《汽车库、修车库、停车场设计防火规范》(GB 50067—1997)。
(6)《人民防空工程设计防火规范》(GB 50098—1998)。
(7)《通风与空调工程施工质量验收规范》(GB 50243—2002)。
(8)《建筑给排水及采暖工程施工质量验收规范》(GB 50242—2002)。
(9) 前期设计审批文件。
(10) 业主对本工程的有关要求。

2. 工程概况
本综合楼位于××市××区,属一类高层民用建筑。大楼地下二层,地上二十六层,其中大楼总建筑面积约××平方米,建筑地面总高度××米。地下层建筑面积约××平方米,地上层建筑面积约××平方米。

地下一层主要设有空调制冷机房、变配电房及水泵房。地下二层为课桌储藏室,战时转换为两个六级(二等)人防单元。

地上一至三层、六至二十五层为办公用房,四层为会议室,五层为架空层,大楼空调面积约为××平方米。

3. 设计内容
本综合楼通风与空气调节设计主要涉及:
(1) 一至二十五层夏季舒适性空调设计。
(2) 大楼各部分通风及防排烟设计。
(3) 地下室人防通风设计。

4. 设计参数
(1) 室外设计参数
室外设计参数选取××地区,其中:
① 夏季大气压:999.1 hPa。
② 夏季空调室外计算温度:33.4 ℃。
③ 夏季空调室计算湿球温度:27.6 ℃。
④ 夏季空调室外计算日平均温度:29.9 ℃。
⑤ 夏季通风室外计算温度:31 ℃。
⑥ 夏季室外风速:3.0 m/s。
⑦ 冬季大气压:1 013.8 hPa。
⑧ 冬季空调室外计算温度:6 ℃。
⑨ 冬季空调室外计算相对湿度:73%。
⑩ 冬季通风室外计算温度:13 ℃。
⑪ 冬季室外风速:3.5 m/s。

(2) 室内设计参数

依据本综合楼各房间使用要求,确定室内设计计算参数见附表14.2。

附表14.2 室内设计参数

房间名称	夏季		新风量 /(m³·h⁻¹·人⁻¹)
	湿度/℃	相对湿度/%	
陈列室、展览厅	26～28	55～65	30
活动室	25～27	55～65	30
会议室	25～27	55～65	30
门厅、大堂	26～28	55～65	
办公	24～26	55～65	30

5. 空调系统

(1) 空调方式

① 根据建筑功能、平面分布及业主的使用要求,综合技术、经济、管理诸因素,设计考虑大楼一至二十六层设中央空调系统。

② 一至二十六层的所有办公室、会议室等场所采用风机盘管加新风系统。分层设置新风系统,冷负荷由新风机承担,新风机设在专用机房内。房间内气流组织方式为侧送顶回,综合考虑气流组织与装修需要,风口选用侧送双层百叶风口。

③ 消控中心设分体空调器,根据需要独立、灵活运行。

(2) 空调冷、热源

本大楼中央空调部分计算冷负荷为2 900 kW,设计选择两台水冷式螺杆机组,一台制冷量为1 920 kW,一台制冷量为1 020 kW。选用两台冷冻水泵,两台冷却水泵和冷水机组一一对应。冷冻机房设在地下一层制冷机房内。

(3) 空调冷冻水系统

① 中央空调冷冻水系统采用一次泵系统,下供下回,冷冻水供、回水温度为7/12 ℃。空调冷冻水系统分两路供水,分别为一路供给一至五层,一路供给六至二十五层。冷冻水系统采取水平同程、垂直异程布置。

② 制冷机房供、回水缸之间设一套差压旁通装置,随着末端负荷变化,电动二通阀开或关,自动调整供、回水缸间旁通水量,自动调整冷水机组出力与运行台数,以达到平衡系统水量、调节灵活节能的目的。

③ 空调冷冻水系统膨胀水箱设在二十七层储藏间,由给水高位水箱自动补水。

④ 为防止空调冷冻水系统结垢,保证冷水机组高效运行,在水系统环路上设置过滤器、电子式水处理仪,同时要求水系统在正式投入运行前,还须对水系统进行加药处理。

(4) 空调冷凝水系统

空调冷凝水根据就近排放、相对集中的原则,由施工单位结合本图所示冷凝水立管和装修情况,施工现场予以布置。空调箱冷凝水排出口需设水封,空调冷凝水集中后排入明沟或地漏,不允许与污水管直接连接。

(5) 空调冷却水系统

① 对应两台冷水机组,配置两台无风机冷却塔,一大一小,与冷水机组一一对应,额定冷

却水循环量分别为 500 m³/h、250 m³/h，冷却塔放置在二十七层露台上。空调冷却泵设置两台，一大一小，冷却水为二供一回，塔、泵与冷水机组一一对应。冷却水供、回水温度为 32 ℃/37 ℃。冷却塔由高位水箱自动补水。

②冷却水系统环路上设置过滤器、电子式水处理仪，以防止水系统结垢。

6. 通风系统

(1) 空调区域

公共卫生间排风量按换气次数 ≥10 次/h 计，排风管接入一至二十六层卫生间机械排风系统。

排风系统按垂直分区，分为两套排风系统，除每层的公卫设置天花板型换气扇外，另每套系统设置屋顶排风机在顶层屋面。

(2) 地下室

地下一层变配电房、泵房及制冷机房分别设置独立机械排风系统，合用一套机械送风系统，该系统与地下一层内走道的补风系统合用，火灾时内走道的常闭排烟口打开，各设备用房内的常开排烟阀关闭，仅对内走道进行补风。内走道另设一套机械排烟系统，火灾时打开排烟防火阀进行排烟。

地下二层为课桌椅储藏间，分为三个防烟分区，设置三套排烟(风)系统，风量取防烟 60 m³/(m²·h)，排风机选用双速风机，平时低速运行，火灾时高速运行；合用一套机械补风系统，风量为三个防烟分区排烟风量的 50%。

地下一、二层设备用房送、排风系统的风量均按换气次数确定，详见附表 14.3。

附表 14.3 地下层各房间通风换气次数

房间名称	换气次数/(次·h⁻¹)	
	进风	排风
课桌椅储藏间	5	6
变配电房	5	10
水泵房、冷冻机房	5	6
电梯机房	自然补风	10

7. 防排烟系统与防火措施

(1) 排烟系统

地下层排烟系统如前所述。

六层以上内走道按垂直分区设置一个排烟系统，按 120 m³/(m²·h) 确定系统排烟量；内走道每层设置两个排烟口，并与系统排烟风机联锁，排烟防火阀可就地开启，也可由消控中心遥控。

所有排烟风机前均设 280 ℃ 排烟防火阀，且与风机联锁。

(2) 防烟系统

大楼防烟楼梯间、前室(合用)分设独立的机械加压送风系统，并按规范要求确定系统加压风量。地上防烟楼梯间每隔两层设一个远控多叶送风口，维持正压值为 40 Pa。

地下一层设一个远控多叶送风口，地上楼火灾时，打开地上楼层送风口并联动送风机，地下层火灾时，打开地下一层送风口并联动送风机。

前室每层设置加压风口一个,维持正压值为30 Pa,每三层风口组成一联动单元,并与系统自身风机联锁,送风口可就地开启,也可由消控中心联动。加压风机均设在二十八层专用风机房内。

(3) 通风与空气调节系统防火措施

通风、空调系统风管在穿越防火分区、空调机房及垂直风管与每层水平风管交接处的水平风管上均设70 ℃防火阀。管道及保温所采用的材料均应符合消防相关规定。

8. 消声与减振

风机和空调箱均设减震器,冷水机组、水泵、空调箱、新风箱、风机盘管等设备进出口水路设橡胶避震喉,通风空调设备安装均设减振吊架,设备与风管以软接头连接,空调送、回风总管上设置消声器,空调室设防火隔声门。

9. 自动控制

(1) 空调系统

空调区域温度控制均通过控制进入空调末端设备的冷水流量来实现。在风机盘管和立柜式、吊顶空调器回水管上设电动二通阀和恒温控制器,自动改变进入末端设备冷水量,实现区域温度自动控制。

对应空调负荷侧流量变化,在制冷机房供、回水缸之间设置一套压差旁通装置,以平衡负荷侧流量变化。

冷水机组、水泵实行一一对应的电气联锁控制。要求冷水机组自身均应具有自动调节水温、水压、断流等各项安全保护措施。

(2) 通风、防排烟系统

大楼防排烟系统采用就地手动控制和消控中心遥控相结合方式,排烟阀、前室加压送风口,以及空调、通风系统总管上的防火阀均与系统风机联锁。通风系统风机开关均能就地控制,也可消控中心遥控。

10. 安装与材料

(1) 设备

设备应按设计要求的技术参数订货,并应按设计图纸和供货厂家提供的设备说明安装。应认真核对到货设备型号、规格及随机资料是否齐全,设备基础应待设备到货,核对型号、尺寸无误后再进行施工,并按设计要求进行隔声、减震处理。吊装设备就位前应做好预埋件或采取其他安全可靠的固定措施。

地下二层的高温排烟风机应用双层石膏板外包,双层石膏板的耐火极限2 h,燃烧性能为不燃烧体。

(2) 风管

① 所有地下室及排烟系统、卫生间排风系统风管均采用镀锌钢板加工制作、法兰连接,板厚按高压系统选用;风管用角钢法兰连接,角钢大小按规范规定;普通风管法兰间垫4 mm厚橡胶垫,防、排烟系统风管法兰间垫石棉垫。

② 所有空调系统风管均采用三文治风管,管材为酚醛,导热系数为$0.02 \text{ W}/(\text{m}^2 \cdot \text{K})$,为不燃A级,厚度均为20 mm。

③ 通风系统隔振软接头采用腈纶帆布制作,防、排烟系统隔振软接头应采用保温复合软管或达到防火要求的专用软接头。

④ 所有空调箱(落地、吊挂新风箱)总出风干管上均设留风量测试口,节点详见国标图。

⑤ 风管上的调节阀和防火阀型号应符合图纸要求,安装前必须检验其灵活性和可靠性,安装位置应保证不影响阀杆和阀柄的动作。

⑥ 风管穿越需要封闭的防火、防爆的墙体或楼板时应设预埋管或防护套管,做法详见《通风与空调工程施工质量验收规范》(GB 50243—2002)中的规定。防、排烟竖井内壁应随砌随抹,做到壁面光滑、不漏风,确保满足使用要求,施工中应主动密切配合,并切记提醒土建施工。

(3) 水管

① 小于100 mm 空调冷冻水、冷却水、冷凝水均选用镀锌钢管,丝接;大于DN100的采用无缝钢管,法兰连接或焊接。采用的无缝钢管其规则见附表14.4。

附表14.4 无缝钢管规则

| DN125 | 133 × 4 | DN150 | 159 × 4.5 | DN175 | 194 × 6 |
| DN200 | 219 × 6 | DN250 | 273 × 7 | DN300 | 325 × 8 |

② 供、回水缸施工详见国际92T907,水路安装中应适当增设临时过滤器,在连接设备之前,结合通水试压进行分段清洗,以免污物堵塞设备。空调冷冻水系统竖向立管最高点设排气装置,最低点设排污阀或丝堵,空调凝结水管支管坡度不得小于1%,干管坡度不得小于0.2%。

③ 水管安装前必须用机械或人工清除污垢和锈斑,再用压缩空气吹污,当管内外壁干净后,用牛皮纸包口待装。所有阀门安装前需做性能检查,动作是否正确、灵活;关断是否严密,不合格的阀门不能使用。

④ 风管和水管视现场具体情况一般每隔2～3 m设一个支吊架,弯头、阀门、过滤器等局部加重处需增加支吊架,防火阀、消声器处需单独设置支吊架,支吊架施工详见国标T616。冷冻水管因管径粗、荷重大,切不可按管道的最大允许间距设置支吊架,必须考虑结构的承载能力。

⑤ 所有穿墙、板、剪力墙水管均应预留套管,套管比相应通过管道含保温层厚度大20～30 mm,平面套管应高出楼面50～100 mm防水,管道之间缝隙用柔性不燃材料封死,施工参见《建筑设备施工安装图册》CN42甲型刚性防水套管。屋面风机或穿屋面管四周应按设计要求加强防水处理,确保不渗不漏,施工详见国标94T118和R409"管道穿屋面及地沟顶板防雨措施"。冷冻水管支吊架处须垫与保温厚度相同且浸过沥青的木块。

⑥ 水压试验:水管安装完毕应进行水压试验,管道系统的试验压力为工作压力的1.5倍,10 min内压力不得下降,10 min后再将压力降至工作压力(本综合楼工作压力为1.3 MPa),在60 min内压力不得下降、且外观检查无渗漏为合格。

11. 防腐与保温

(1) 防腐

非镀锌金属构件去锈后刷红丹漆两道,外刷调和漆两道。

(2) 保温

空调送风管、回风管、新风管均采用玻璃棉风管。冷冻水管、冷凝水管均应保温,保温材料采用橡塑板材和管材,DN≤100 mm空调供、回水管及阀门均采用KF19系列厚度的保温管材,DN>100 mm采用KF32系列板材保温。保温施工详见国标98T902,或在厂家指导下安装。保温材料须采用消防部门检测合格的生产厂家。

12. 系统调试

（1）单机试运转

所有空调通风、防排烟设备均应进行单机试运转及调试，并应符合有关规范的要求。空调系统调试应达到风量平衡、水量平衡，各房间温、湿度符合设计和业主的要求。

（2）联合试运转

防排烟系统试运转与调试应达到有关消防规范的规定。

13. 其他

（1）图中标高以米计，其他尺寸以毫米计。

（2）图中矩形管标高为管顶标高，圆形管为管中标高。

（3）各种管道安装中应仔细核算安装尺寸并遵循先后顺序，在各种管道交汇处如发生"碰撞"，一般按小管让大管，有压管让无压管原则处理。

（4）因目前大楼暂未做二次装修设计，且业主也未明确空调设备品牌，因此本设计所提供的设备和配件，无论是型号、数量、规格均仅供参考，不能直接用于订货，应在确定二次装修设计、并向设计提供最终供货厂家相关技术资料、经设计进一步核算、确认后方可组织订货，以确保满足业主今后使用要求，避免造成经济上的损失。

（5）本说明未及部分应按《通风与空调工程施工质量验收规范》(GB 50243—2002)、《建筑给排水及采暖工程施工质量验收规范》GB(50242—2002)及《制冷设备、空气分离设备安装工程施工及验收规范》(GB 50274—98)中有关规定及设计交底进行施工安装。

14. 图例

附表 14.5　图例

名称	图例	名称	图例
冷冻水供水横管、立管	——— L ——— Ⓛ	平衡阀	
冷冻水回水横管、立管	------ L ------ Ⓛ	可挠性橡胶软接头	
冷却供水横管、立管	——— LQ ——— ⓁⓆ	闸阀	
冷却回水横管、立管	------ LQ ------ ⓁⓆ	Y形过滤器	
膨胀水管	——— PZ ———	自动放气阀	
冷凝水横管、立管	—·— nl —·— ⓝⓛ	防火阀	
信号管横管、立管	——— XH ——— ⓍⒽ	排烟防火阀	
止回阀		电子除垢仪	
蝶阀			

附表14.6 设备材料明细表

序号	名称及编号	规格及型号	单位	数量	备注
1	风机盘管	YGFC03S 风量（高档）559 m³/h,制冷量 3.24 kW,水量 0.160 l/s,功率 30 W	台	106	
2	风机盘管	YGFC04S 风量（高档）753 m³/h,制冷量 4.42 kW,水量 0.223 01/s,功率 55 W	台	23	
3	风机盘管	YGFC06S 风量（高档）1 067 m³/h,制冷量 5.03 kW,水量 0.252/s,功率 82 W	台	364	
4	风机盘管	YGFC08S 风量（高档）1 547 m³/h,制冷量 8.60 kW,水量 0.420/s,功率 145 W	台	65	
5	风机盘管	YGFC10S 风量（高档）1 853 m³/h,制冷量 10.09 kW,水量 0.495 s,功率 167 W	台	4	
6	吊挂式新风机组	YAH02 风量 2 000 m³/h,4 排,制冷量 29 kW,水量 1.51/s,0.32 kW	台	2	全新风工况
7	吊挂式新风机组	YAH03 风量 3 000 m³/h,4 排,制冷量 43 kW,水量 2.31/s,功率 2×0.32 kW	台	10	全新风工况
8	立柜式新风机组	YSE30 风量 5 000 m³/h,4 排,制冷量 80 kW,水量 3.81/s,功率 1.1 kW	台	13	全新风工况
9	立柜式新风机组	YS50 风量 8 000 m³/h,4 排,制冷量 124 kW,水量 5.91/s,功率 2.2 kW	台	1	全新风工况
10	排烟防火阀	800×320 FPY-2 SFD 电讯号 DC24 开启或手动开启,280 ℃ 重新关闭	台	21	
11	排烟防火阀	600×250 FPY-2 SFD 电讯号 DC24 开启或手动开启,280 ℃ 重新关闭	个	1	
12	排烟防火阀	500×200 FPY-2 SFD 电讯号 DC24 关闭或手动关闭	个	2	
13	排烟防火阀	500×250 FPY-2 SFD 电讯号 DC24 关闭或手动关闭	个	1	
14	防火阀	1 000×320 FPY-2 280 ℃ 关闭	个	3	
15	防火阀	1 400×400 FFH-1 70 ℃ 关闭	个	1	
16	防火阀	800×250 FFH-1 70 ℃ 关闭	个	14	
17	防火阀	500×200 FFH-1 70 ℃ 关闭	个	2	
18	防火阀	600×200 FFH-1 70 ℃ 关闭	个	10	
19	防火阀	φ200 FFH-1 70 ℃ 关闭	个	52	

续附表 14.6

序号	名称及编号	规格及型号	数量	单位	备注
20	防火阀	φ800 FPY-2 280 ℃ 关闭	个	1	
21	防火阀	300×120 FFH-170 ℃ 关闭	个	2	
22	钢制蝶阀	300×120	个		详图纸
23	钢制蝶阀	200×120	个		详图纸
24	钢制蝶阀	120×120	个		详图纸
25	方形散流器	200×200	个		详图纸
26	方形散流器	400×400 FK-10 配套 FK-11 调节阀	个		详图纸
27	双层百叶侧送风口	同风机盘管出口尺寸 DGSELF 型	个		详图纸
28	单层百叶回风口（带过滤器）	400×300 FK-2 配 FK-5 过滤器	个		详图纸
29	单层百叶回风口（带过滤器）	500×300 FK-2 配 FK-5 过滤器	个		详图纸
30	单层百叶回风口（带过滤器）	同风机盘管出口尺寸	个		详图纸
31	单层百叶排风口	500×300 FK-2 配 FK-13 对开多叶调节阀	个	6	
32	单层百叶排风口	400×200 FK-2 配 FK-13 对开多叶调节阀	个	1	
33	单层百叶排风口	400×200 FK-2 配 FK-13 对开多叶调节阀	个	22	
34	远控多叶送风口	500×500 PYK-31	个	13	
35	远控多叶送风口	300×300 PYK-31	个	13	
36	远控多叶送风口	600×600 PYK-31	个	29	
37	远控多叶送风口	600×1 800 PYK-31	个	1	
38	远控多叶送风口	600×2 500 PYK-31	个	1	
39	PY(F)-D2-1 双速排烟风机		台	1	
40	PY(F)-D2-2 双速排烟风机	风量低速 9 330 m^3/h，全压 286 Pa，转速 690 r/min，功率 2 kW	台	1	
41	PY(F)-D2-3 双速排烟风机	HTF-H-6S1 风量高速 14 093 m^3/h，全压 652 Pa，转速 1 450 r/min，功率 6 kW	台	1	
42	PY-D1-1 高温排烟风机	HTF-P5-D 风量 8 900 m^3/h，全压 540 Pa，转速 2 900 r/min，功率 3 kW	台	1	
43	PF-D1-1 低噪声轴流风机	DZF-13 4C 风量 5 200 m^3/h，全压 167 Pa，转速 1 400 r/min，功率 0.37 kW	台	1	
44	PF-D1-2 低噪声轴流风机	DZF-13 3.2D 风量 3 200 m^3/h，全压 206 Pa，转速 2 800 r/min，功率 0.37 kW	台	1	
45	PF-D1-3 低噪声轴流风机	DZF-13 3.2D 风量 3 200 m^3/h，全压 206 Pa，转速 2 800 r/min，功率 0.37 kW	台	1	

续附表 14.6

序号	名称及编号	规格及型号	数量	单位	备注
46	PF-D1-4 低噪声轴流风机	DZF-13 3.2D 风量 3 200 m^3/h,全压 206 Pa,转速 2 800 r/min,功率 0.37 kW	1	台	
47	SF-D1-1 低噪声混流风机	SHF No.4.5C 风量 6 569 m^3/h,全压 325 Pa,转速 1 450 r/min,功率 1.1 kW	1	台	
48	SF-D2-1 低噪声混流风机	SHF No.6.5C 风量 19 797 m^3/h,全压 679 Pa,转速 1 450 r/min,功率 7.5 kW	1	台	
49	JS-1 低噪声混流风机	SHF No.8C 风量 38 500 m^3/h,全压 1 028 Pa,转速 1 450 r/min,功率 18.5 kW	1	台	
50	JS-2 低噪声混流风机	SHF No.7C 风量 24 726 m^3/h,全压 787 Pa,转速 1 450 r/min,功率 11 kW	1	台	
51	JS-3 低噪声混流风机	SHF No.7C 风量 24 726 m^3/h,全压 787 Pa,转速 1 450 r/min,功率 11 kW	1	台	
52	PY-1 高温排烟风机	HTF-P6.5C 风量 18 000 m^3/h,全压 490 Pa,转速 1 450 r/min,功率 5.5 kW	1	台	
53	P-1 屋顶轴流排风机	DWF-17 风量 12 000 m^3/h,全压 212 Pa,转速 960 r/min,功率 1.5 kW	1	台	
54	P-2 屋顶轴流排风机	DWF-17 风量 12 000 m^3/h,全压 212 Pa,转速 960 r/min,功率 1.5 kW	1	台	
55	天花板型换气扇	FV-27CD8C 风量 2 700 m^3/h,全压 100 Pa,功率 26 kW	52	台	
56	P-3 低噪声轴流排风机	DZF-13 3.2D 风量 3 200 m^3/h,全压 206 Pa,转速 2 800 r/min,功率 0.37 kW	1	台	

注:上表中所列风机盘管均为 3 排制冷盘管,吊顶暗装或吊顶暗装带回风箱型,具体形式详见各层空调平面图。

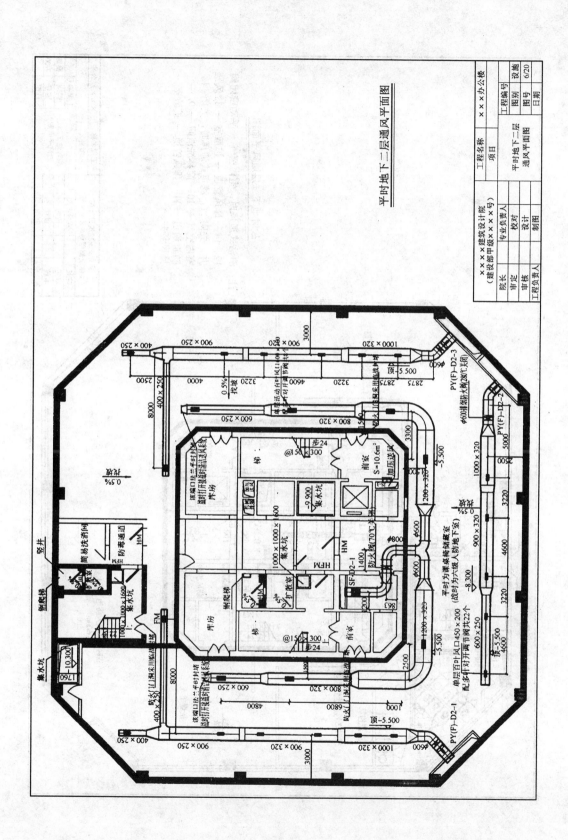

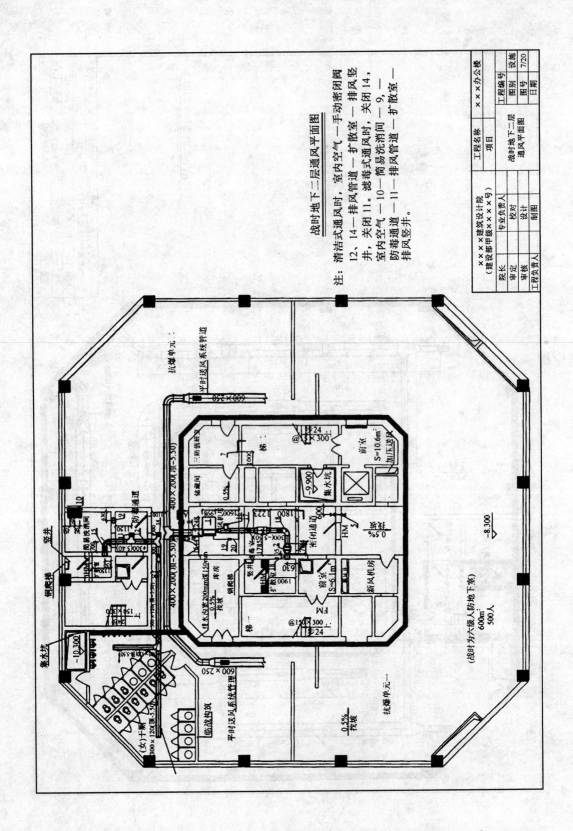

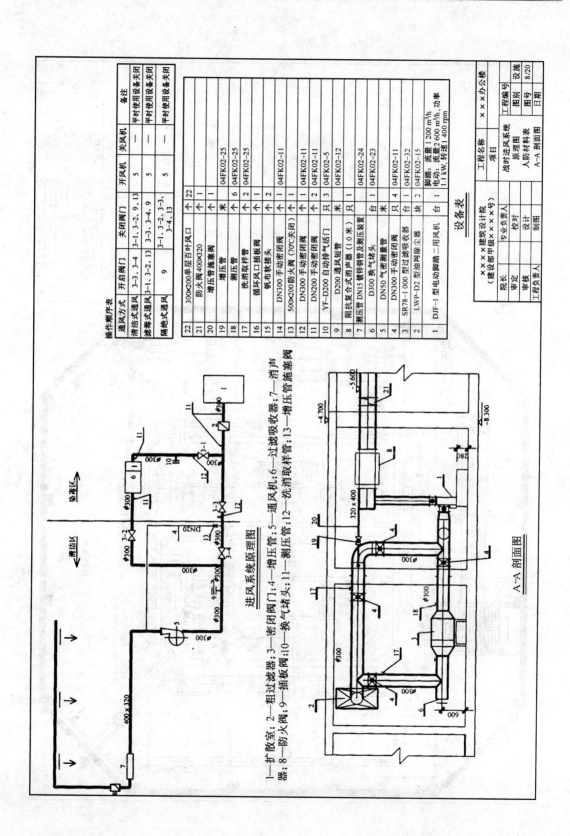

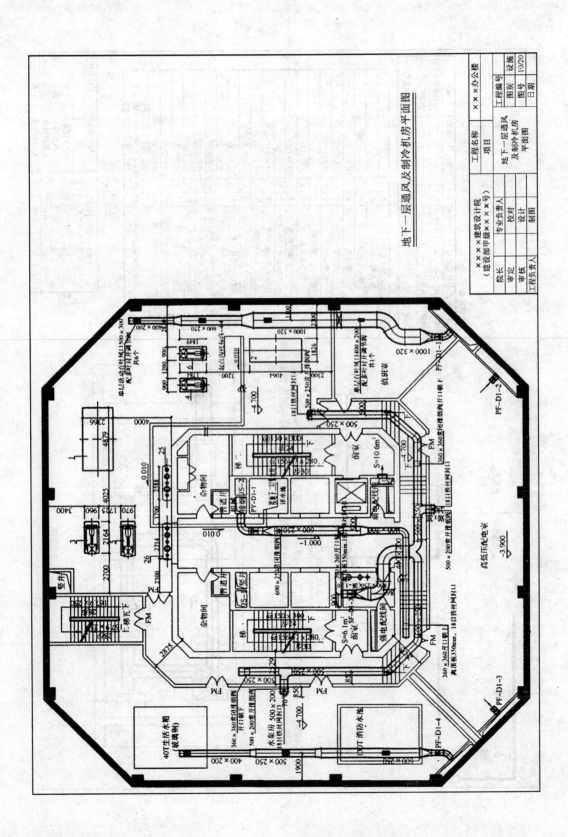

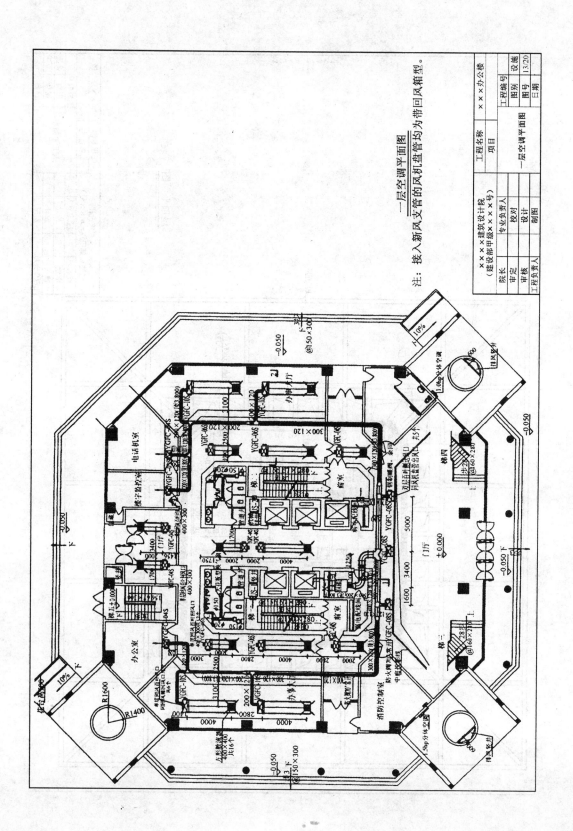

一层空调平面图

注：接入新风支管的风机盘管均为带回风箱型。

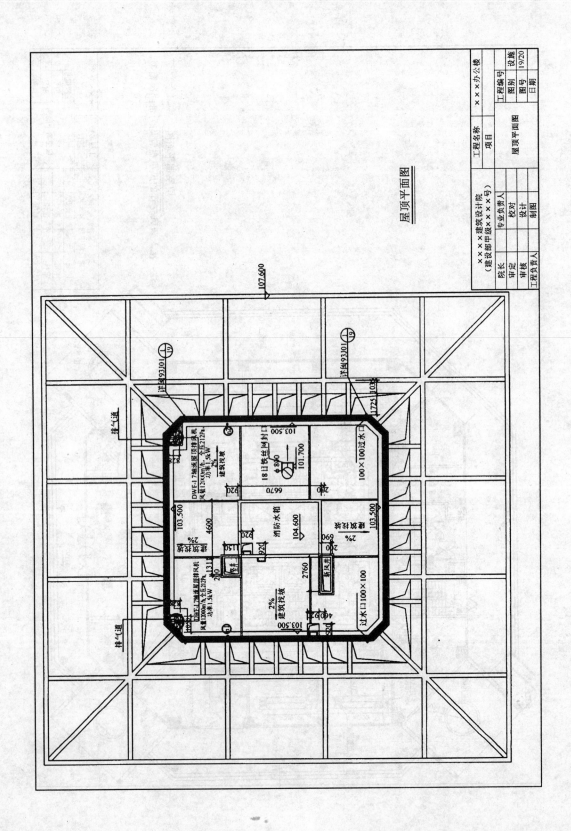

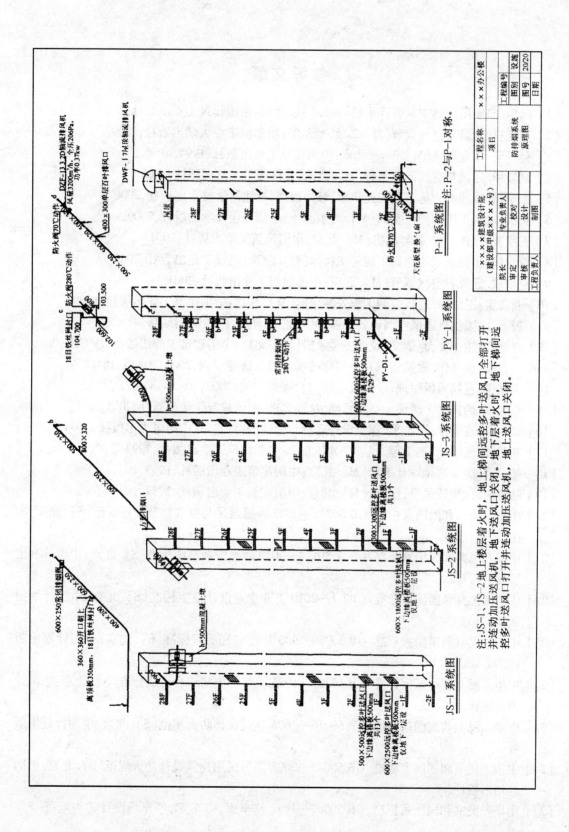

参考文献

[1] 陆耀庆.实用供热空调设计手册[M].2版.北京:中国建筑工业出版社,2008.
[2] 苏德权.通风与空气调节[M].2版.哈尔滨:哈尔滨工业大学出版社,2009.
[3] 孙一坚.工业通风[M].3版.北京:中国建筑工业出版社,1994.
[4] 赵岐华.通风与空气调节工程[M].武汉:武汉理工大学出版社,2008.
[5] 王全凤.暖通空调施工图快速识读[M].福州:福建科学技术出版社,2006.
[6] 阮文.通风工工种操作实训[M].哈尔滨:哈尔滨工业大学出版社,2009.
[7] 王宇清.流体力学 泵与风机[M].北京:中国建筑工业出版社,2001.
[8] 贾永康.供热通风与空调工程施工技术[M].北京:机械工业出版社,2007.
[9] 赵淑敏.通风与空气调节[M].北京:中国建筑工业出版社,2001.
[10] 龚崇实,王福祥.通风空调工程安装手册[M].北京:中国建筑工业出版社,1989.
[11] 殷平.中国供热通风空调设备手册[M].北京:机械工业出版社,1994.
[12] 赵培森,竺士文,赵炳文.设备安装手册[M].北京:中国建筑工业出版社,1997.
[13] 马仁民,连之伟.置换通风几个问题的探讨[J].暖通空调,2000,30(4):18-22.
[14] 李强民.置换通风原理、设计及应用[J].暖通空调,2000,30(5):41-47.
[15] 刘金言.给排水·暖通·空调百问[M].北京:中国建筑工业出版社,2001.
[16] 刘政满,富荣萍,靳志平.建筑设备运行与管理[M].北京:中国电力出版社,2004.
[17] 刘芙蓉,杨珊壁.热工理论基础[M].北京:中国建筑工业出版社,1997.
[18] 孙一坚.简明通风设计手册[M].北京:中国建筑工业出版社,1997.
[19] 陆耀庆.供暖通风设计手册[M].北京:中国建筑工业出版社,1987.
[20] 中华人民共和国国家标准.GB 50019—2003 采暖通风与空气调节设计规范[S].北京:中国计划出版社.
[21] 中华人民共和国国家标准.GB/T 50114—2010 暖通空调制图标准[S].北京:中国计划出版社.
[22] 中华人民共和国国家标准.GBZ 1—2010 工业企业设计卫生标准[S].北京:中国计划出版社.
[23] 中华人民共和国国家标准.GB 3095—1996 环境空气质量标准[S].北京:中国计划出版社.
[24] 中华人民共和国国家标准.GB 16297—1996 大气污染物综合排放标准[S].北京:中国计划出版社.
[25] 中华人民共和国国家标准.GB 50016—2006 建筑设计防火规范[S].北京:中国计划出版社.
[26] 中华人民共和国国家标准.GB 50045—2005 高层民用建筑设计防火规范[S].北京:中国计划出版社.
[27] 中华人民共和国国家标准.GB 50067—1997 汽车库,修车库,停车场设计防火规范[S].

北京:中国计划出版社.
[28] 中华人民共和国国家标准. GB 50098—2009 人民防空工程设计防火规范[S]. 北京:中国计划出版社.
[29] 中华人民共和国国家标准. GB 50284—1998 飞机库设计防火规范[S]. 北京:中国计划出版社.
[30] 中华人民共和国国家标准. GB 50243—2002 通风与空调工程施工质量验收规范[S]. 北京:中国计划出版社.
[31] 中华人民共和国国家标准. GB 50275—1998 压缩机,风机,泵安装工程施工管理及验收规范[S]. 北京:中国计划出版社.